Aaron Sahr

Die monetäre Maschine

Aaron Sahr

DIE MONETÄRE MASCHINE

Eine Kritik der finanziellen Vernunft

C.H.Beck

Satz: Janß GmbH, Pfungstadt
Druck und Bindung: Druckerei C.H.Beck, Nördlingen
Umschlaggestaltung: geviert.com, Christian Otto
Gedruckt auf säurefreiem, alterungsbeständigem Papier
Printed in Germany
ISBN 978 3 406 78232 9

klimaneutral produziert
www.chbeck.de/nachhaltig

Inhalt

Teil II
Weichenstellungen

Teil III
Die Architektur modernen Geldes

Teil IV
Hoheitsansprüche in Krisenzeiten

Anhang

Einleitung

Im Angesicht gesellschaftlicher, ökonomischer und ökologischer Verwerfungen der Gegenwart können wir es uns nicht länger leisten, Geld wie ein unpolitisches Hilfsmittel für den Betrieb von Märkten zu behandeln. Stattdessen müssen wir es als öffentliche Infrastruktur erkennen und einsetzen. Kurz: Wir müssen unser Geld politisieren. Gewohnheitsgemäß greifen wir in akademischen wie politischen Debatten auf ein traditionelles ökonomisches Geldverständnis zurück, in dem Geld als ein Werkzeug erscheint, von dem einige mehr und andere weniger haben, ein Hilfsmittel, das den Austausch von Gütern auf Märkten erleichtert. Jeder Geldbetrag in der Kasse eines Ladengeschäfts, im Portemonnaie eines Kunden oder auf dem Konto einer Sparerin erscheint so als eine – je individuelle – Ausprägung dieses Werkzeugs, das wir zum Tauschen verwenden. Diese grundlegende *geldtheoretische* Ausrichtung unseres Denkens verhindert nicht nur ein tiefenscharfes Studium *geldwirtschaftlicher* Zusammenhänge, sondern auch öffentliche Willensbildungsprozesse über *geldpolitische* Fragen, die demokratischen Standards angemessen wären. Das Theoriedreieck aus Geld, Geldwirtschaft und Geldpolitik ist der Gegenstand des vorliegenden Buches.

«Geld» wird in der akademischen und der öffentlichen Debatte, die von der traditionellen Volkswirtschaftslehre geprägt sind, zumeist mit einem Set von vier Funktionen gleichgesetzt. Zunächst fungiert Geld als allgemein akzeptiertes *Tauschmittel* (1. Funktion). Demzufolge wird Geld als ein Vermögenswert verstanden, den man im Austausch gegen die eigene Arbeitskraft als Lohn oder Gehalt oder beim Verkauf von Wertgegenständen aus dem eigenen Besitz entgegennimmt, nicht, um ihn zu konsumieren oder damit etwas herzustellen, sondern um ihn in einem nächsten Kaufakt wieder abzugeben. Geld ist also offenbar eine Art Ware (etwa einem Auto oder einem Haus ähnlich), die wir für den Weiterverkauf erwerben. Anders als andere Waren können wir den Geldbetrag aber ausschließlich wieder eintauschen; die spezielle «Ware» Geld ist in diesem Sinne eben ein individuell verwendbares Werkzeug, um all die Sachen in Besitz zu nehmen, die begehrt werden und die man sich leisten kann.

Das funktioniert, weil wir den Wert der zum Verkauf stehenden Dinge auch in Geldbeträgen berechnen, ihnen also einen Preis geben. Geld ist also nicht nur universelles Tauschmittel, sondern auch *Recheneinheit* für Preise (2. Funktion). Zudem hilft Geld dabei, Wert durch die Zeit zu transferieren. Durch den Verkauf meiner Arbeitskraft gegen den *Wertspeicher* Geld (3. Funktion) kann indirekt die Arbeitskraft des einen Tages mit Verzögerung gegen den Wert eines Einkaufs an einem anderen Tag getauscht werden; die Arbeitsleistung wird dementsprechend gespeichert. Schließlich kann man Geldbeträge dazu verwenden, Schulden zu tilgen. Geld ist also auch ein *Zahlungsmittel* für monetäre Verpflichtungen (4. Funktion).

Die funktionalistische Betrachtung von Geld als Werkzeug vermittelt den Eindruck einer genuin unpolitischen gesellschaftlichen Technologie: Geld erleichtert uns das Wirtschaften, indem es Güter mit Preisen versieht, ihren Austausch vermittelt und zur individuellen Vermögensbildung bereitsteht. Diese Ordnungs- und Ermöglichungsleistungen erbringt das Geld für alle wirtschaftenden Akteure gleichermaßen, es ist als Werkzeug der Marktwirtschaft – so jedenfalls ein mit der Werkzeugperspektive häufig einhergehender Eindruck – selbst unparteiisch. Nicht sein Funktionieren, sondern lediglich seine *Verteilung* kann sinnvoll politisch thematisiert und problematisiert werden, kann als Quelle und Ausdruck von Machtungleichheit und Parteilichkeit moniert und adressiert werden. Ob Werkzeuge wie eine Schlagbohrmaschine oder ein Schraubenschlüssel zuverlässig das tun, was sie tun sollen, ist eine technische Frage, deren Klärung an Ingenieure delegiert werden muss. Zu einer politisch auszuhandelnden Angelegenheit werden die Werkzeuge Schlagbohrmaschine oder Schraubenschlüssel nur im Hinblick auf ihre Verfügbarkeit, d. h. ihre Verteilung: Haben alle Menschen, die Hängeschränke anbringen wollen, auch hinreichenden Zugriff auf Schlagbohrmaschinen? Besitzen wenige Haushalte fast alle Schraubenschlüssel, so dass die traurige Mehrheit ihre Möbel nicht zusammenbauen kann?

Was am Beispiel solcher Werkzeuge albern wirkt, beschreibt unseren gesellschaftlichen Streit über Geld aber recht treffend. Die Auseinandersetzung über die stets ungleiche Verteilung verfügbarer Geldmittel gehört sogar zum Grundinventar unseres politischen Diskurses. Routiniert wird in Parlamenten, in der Kneipe, in Plenarveranstaltungen oder in Fernsehtalkshows darüber disputiert, wer wie viel Geld hat, wer wie viel Geld verdient, wer mehr oder wer weniger Geld bekommen sollte. Welche Lohnforderungen sind angemessen, welche überzogen, wer sollte wie viel von dem Geld haben, das es zu verteilen gibt? Wir ringen um eine Vermittlung zwischen denjenigen, die zahlungsfähig sind, und jenen, die es nicht oder nur unzureichend sind, schlicht deswegen, weil in Geldgesellschaften wie der unsrigen erst der Besitz von Geld lebens- und *über*lebensfähig macht – weil Geld, kurz gesagt, Handlungsfähigkeit, also: Macht bedeutet.

Wünschen sich die einen bei seiner Verteilung vor allem freie Märkte am Werk, die das Geld dorthin leiten, wo die größten Renditen zu erwarten sind (oder die effizienteste Nutzung, wenn man Märkten so etwas zutraut), fordern andere staatliche Umverteilung, die sich an sozialen und politischen Maßstäben orientiert. Der Konflikt zwischen einer *Distribution* von Zahlungsfähigkeit nach Gesichtspunkten der Marktlogik und ihrer *Redistribution* nach Kriterien der Moral definiert, wie einige meinen, sogar ganz grundlegend die politisch-ökonomische Gesellschaftsverfassung kapitalistischer Ökonomien im 20. und 21. Jahrhundert, die dank sich durchsetzender Volkssouveränität, Rechts- und Wohlfahrtsstaatlichkeit zu *demokratischen Kapitalismen* werden.[1]

Doch so entscheidend solche Fragen von Haben oder Nichthaben auch sein mögen, soll in diesem Buch ein noch grundlegenderes Anliegen verfolgt werden. Denn aus dem in der vorliegenden Arbeit eingenommenen wirtschaftssoziologischen Blickwinkel ist das Geld selbst nicht nur ein Tauschmittel, eine spezielle Art von Vermögen, das man hat oder nicht hat, sondern es ist selbst eine, wie Wolfgang Streeck es treffend formuliert, «machtdurchschossene soziale Institution».[2] Damit meint Streeck eben nicht die Verteilung und Verwendung von Geldvermögen, sondern die «Verfassung»[3] des Geldes, seine, wie ich im Folgenden sagen werde, genuin *politische Architektur*.

Wer sich für diese politische Architektur interessiert, nimmt die Funktionslogiken des Geldes stets zusammen mit dessen *Konstruktionsprinzipien* und *Reproduktionsmechanismen* in den Blick. Wir werden uns also sehr wohl dafür interessieren, was Geld tut, was es für eine Gesellschaft leistet oder leisten kann, auch wenn ich es nicht, wie es so häufig geschieht, mit seinen Funktionen für den Markttausch gleichsetzen werde. Geld ist eben nicht nur ein Set von Funktionen, sondern es ist auch eine Konstruktion, ein soziales Gebilde, dessen Aufbau selbst soziologisch analysiert und gesellschaftlich wahrgenommen und debattiert werden muss. Konstruktionsprinzipien und Funktionslogiken bedingen sich wechselseitig. Geld wird schließlich nicht nur *verwendet*, sondern muss auch *hergestellt* und *bewahrt* werden; und diese Herstellungs- und Erhaltungsverfahren verändern sich und können verändert werden – und damit auch ihr Zusammenwirken mit den Leistungen, die Geld erbringt. Dabei geht es nicht um Prozesse des physischen Bedruckens von Papier zu Banknoten oder des Prägens von Münzen, sondern um die Schöpfung neuer Geldbeträge, um den Eintritt von neuer Zahlungsfähigkeit in das ökonomische System, ihre Stabilisierung und auch um ihre Zerstörung.

Im scharfen Kontrast zur Allgegenwärtigkeit verteilungspolitischer Auseinandersetzungen waren und sind Kontroversen über die *Herstellung* von Zahlungsfähigkeit, also: die *Geldschöpfung*, öffentlichen Debatten fremd. Die Frage, ob die gesellschaftliche Produktion des Geldes gut oder schlecht geregelt ist, wer in unserer Gesellschaft die Geldschöpfung übernehmen sollte; wer entscheiden darf, wie viel Geld es gibt und für wen, das heißt: zu welchem Zweck, für welche Zahlung es ursprünglich geschaffen wird und nach welchen (konkurrierenden) Maßstäben eine solche Entscheidung zu bewerten und zu beurteilen wäre, beschäftigt kaum ein Kneipengespräch, keine Sondersendungen nach den Abendnachrichten und keine Talkshow zur Prime Time, jedenfalls nicht explizit. Aber gerade *weil* von der Verfügbarkeit von Geld in unserer Geldgesellschaft so viel abhängt, nicht alles zwar, aber doch mehr, als uns manchmal lieb ist, muss man die Geldschöpfung als eine der wichtigsten Machtressourcen im Herzen des modernen Kapitalismus bezeichnen. Sie fristet gleichsam ein Schattendasein, abseits der großen Konflikte, Proteste und Parteiprogramme.

Das ist kein Zufall. Geldschöpfung ist der öffentlichen Diskussion entzogen worden. Ich werde in diesem Buch argumentieren, dass die Ausblendung der Geldschöpfung aus unseren politischen Diskursen auf dem Siegeszug einer Ideologie beruht, die das Geld selbst zu depolitisieren versucht hat – und damit erfolgreich war. Diese Ideologie eines an sich unpolitischen Geldes hat die ideelle und institutionelle Trennung der Geldschöpfung von parlamentarisch-demokratischen Willensbildungsprozessen gefordert und legitimiert, eine Vorstellung des Geldes als einer bloß funktionell zu verstehenden und zu betreuenden Technologie des Markttausches (das Werkzeug) begründet und propagiert und damit eine Architektur des Geldes souffliert und stabilisiert, in der Geld als Privatangelegenheit erscheint, an der die öffentliche Hand nur noch als räuberische Nehmerin partizipieren kann. Das war ein Fehler mit gewaltigen Konsequenzen. Diese Ideologie eines unpolitischen Geldes gilt es deswegen zu überwinden, wenn man unser Geld verstehen und die finanziellen Missstände unserer Zeit bezwingen will. Wie Roy Kreitner schreibt, «gibt es kein politischeres Manöver als die Isolierung eines bestimmten Handlungsfeldes von der Politik»[4] – und damit auch kein politischeres Begehren, als diese Isolierung zu demontieren. Ziel dieses Buches ist also nicht weniger als die Überwindung eines herrschenden Denkens, das unser Verständnis der monetären Welt verzerrt und damit unsere Wahrnehmung finanzieller Möglichkeiten und Abhängigkeiten verschleiert – eine Kritik der finanziellen Vernunft.

Mangel und Überfluss

Von welchen finanziellen Missständen spreche ich? Erkundigt man sich etwa nach der Verfügbarkeit des Artefakts Geld, stößt man auf eine seltsame Gleichzeitigkeit von Mangel und Überfluss. Auf der einen Seite – und dies ist diejenige, die den meisten bekannt sein dürfte und über die am heftigsten öffentlich diskutiert wird – fehlt es stets und überall an Geld. Der langsame, aber stetige Rückgang des Wirtschaftswachstums geistert als Gespenst einer «säkularen Stagnation» durch die Presse, händeringend wird allerorts nach Geld gesucht, um Investitionen anzukurbeln. Darunter haben vor allem die Arbeiterinnen und Arbeiter zu leiden: Wie wir spätestens seit den Arbeiten von Thomas Piketty wissen, sind die dürftigen Wohlstandszuwächse seit den 1970er Jahren vor allem in den Taschen der Großverdiener und Großvermögensbesitzer gelandet. Für alle reicht das Geld jedenfalls offensichtlich nicht, weder für Lohnsteigerungen noch, um überhaupt alle in Lohn und Brot zu bringen.[5]

Neben diesen langfristigen Mangelerscheinungen fehlt es immer wieder auch ganz akut an Geld – in Finanzkrisen. Der Internationale Währungsfonds (IWF) verzeichnet zwischen 1970 und 2017 weltweit 151 systembedrohende Zahlungskrisen nationaler Finanzbranchen. Diese Zahlungskrisen machten teilweise umfangreiche Rettungsprogramme der betroffenen Staaten notwendig und trugen somit ihren Teil zu den in dieser Datenbank und für diesen Zeitraum ebenfalls verzeichneten 79 schweren Krisen *öffentlicher* Zahlungsfähigkeit bei.[6]

Um die Geldversorgung der öffentlichen Hand scheint es besonders prekär bestellt. Staaten geben in der Regel mehr aus, als sie durch Steuern und Abgaben einnehmen. Die Tatsache, dass der deutschen Regierung für einige Jahre das Gegenteil gelungen ist, war so außergewöhnlich, dass die berühmt-berüchtigte «schwarze Null» zum geflügelten Wort und fetischisierten Symbol wurde. Überall mangelt es an Mitteln für die Bereitstellung öffentlicher Güter. Weltweit fehlen 15 Billionen US-Dollar für notwendige Infrastrukturausgaben (bis 2040). Selbst das vergleichsweise robust finanzierte Deutschland lebt «von der Substanz»: Zwischen 2012 und 2017 überstieg der Wertverlust die für Infrastrukturen vorgesehenen Ausgaben. Der Zustand unserer Infrastruktur wurde nicht nur nicht verbessert, sondern er verschlechterte sich.[7] Und der augenscheinliche Geldmangel der öffentlichen Hand beeinträchtigt nicht nur die Versorgung mit materiellen Fundamentalgütern wie Strom, Wasser oder Transport und Kommunikation: Darüber hinaus fehlen allein hierzulande zehntausende Lehrkräfte, Schulgebäude verfallen, der «Pflegenotstand» ist zu einem geflügelten (Un-)Wort geworden (bekanntermaßen hat ja nicht erst die Pandemie des Sars-CoV-2-Erregers die Unterfinanzierung der Krankenhäuser offenbart), die Digitalisierung hinkt ein Jahrzehnt hinterher und die Kommunen betteln regelmäßig um Finanzhilfen. Diese Liste ließe sich problemlos verlängern. Die Budgets der öffentlichen Hand reichen offenbar kaum mehr für die Aufrechterhaltung basaler Staatsaufgaben.

Langfristige Investitionen der öffentlichen Hand mussten vor allem im letzten Jahrzehnt auch aufgrund von krisenhaften Mangelerscheinungen in der Privatwirtschaft zurückstecken, die auf Kosten staatlicher Budgets bekämpft wurden. Die globale Finanzkrise von 2008 provozierte bis 2010 weltweit staatliche Zahlungen von etwa 2,4 Billionen Dollar,[8] freilich nicht einmal annähernd genug, um die realwirtschaftlichen Folgen der «großen Rezession» signifikant abzumildern. Die Wachstums- und Jobverluste sind bis heute in vielen Ländern kaum kompensiert, und der öffentliche Sektor ist zu einem dauerhaften Sorgenkind geworden. In der Folge begannen teilweise rigorose Haushaltskonsolidierungen, Ausgaben wurden zusammengestrichen und Einnahmen zusammengehalten. Die Austeritätspolitik vertiefte den ökonomischen Abschwung mit teilweise dramatischen Folgen für die Versorgung vieler Menschen. Adam Tooze hat deswegen nicht übertrieben, als er die Finanzkrise von 2008 als «erste Krise eines globalen Zeitalters»[9] bezeichnet hat.

Es besteht allerdings wohl kaum Hoffnung, dass die offenen Rechnungen der öffentlichen Hand in absehbarer Zeit kleiner werden. Schließlich entstand 2020 ein mit 2008 vergleichbarer, ja ihn teilweise sogar übertreffender weltweiter Bedarf an staatlicher Zahlungsfähigkeit und Zahlungsbereitschaft – eine zweite (Zahlungs-)Krise eines globalen Zeitalters. Als im Frühjahr 2020 die von Sars-CoV-2 verursachte Pandemie ausgerufen wurde, verordneten viele Länder Einschränkungen des öffentlichen Lebens und beruflichen Alltags. Die ökonomischen Folgen virusbedingter Veränderungen des Konsumverhaltens, verstärkt durch die teilweise strikten «Lockdowns» auf der ganzen Welt, waren dramatisch. Die Arbeitslosenzahlen explodierten, die globalen Warenströme wurden unterbrochen oder eingeschränkt, der innerstädtische Einzelhandel und internationale Transportdienstleister standen gleichermaßen vor dem Abgrund. Der IWF sprach in seinem Wirtschaftsausblick im Juni 2020 von einer «Krise wie keine andere» und malte einen fast fünfprozentigen Rückgang der globalen Wirtschaftsleistung in nur einem Jahr an die Wand; eine Kontraktion, die an die Weltwirtschaftskrise der 1930er Jahre erinnerte und 2008 in den Schatten stellen sollte. Die Kontraktion gefährdet nach Ansicht des IWF nicht nur Wohlstands- und Wohlfahrtszuwächse, sondern auch die seit den 1990er Jahren erzielten Fortschritte bei der globalen Armutsbekämpfung.

Auch diese zweite Zahlungskrise des 21. Jahrhunderts zwang wieder einmal alle Länder, die es sich leisten konnten, dazu, ihre Geldbörsen zu öffnen. Globale Staatsausgaben zur Bekämpfung der Pandemie und ihrer Folgen summieren sich bereits im Spätsommer 2020 auf zwölf Billionen Dollar, Tendenz steigend.[10] In der Eurozone mussten die strengen Regeln für öffentliche Verschuldung gelockert werden, und auch in Deutschland diskutiert man im Frühjahr 2021 über eine Korrektur der 2009 in das Grundgesetz aufgenommenen Schuldenbremse. Die langfristigen Folgen für die Zahlungsfähigkeit vieler Staaten dürfte derzeit kaum abschätzbar sein. Allerdings wurde die Situation der wohlhabenden und privilegierten Länder durch das frühzeitige und energische Reagieren ihrer Zentralbanken entschärft, die aus der Krise 2008 gelernt hatten. Der Geldbedarf der öffentlichen Hand ist vielerorts somit sowohl strukturell (in Bezug auf Infrastrukturinvestitionen und sozialstaatliche Leistungen) als auch situativ (durch die zwei großen globalen Zahlungskrisen des 21. Jahrhunderts) gigantisch – es mangelt an Geld.

Die fiskalischen Mangelerscheinungen sind allerdings noch viel größer, berücksichtigt man, dass wir uns bereits in einer dritten Zahlungskrise der öffentlichen Hand befinden. Schließlich konnte die Coronakrise nur einen kurzen Moment davon ablenken, dass mit der Klimakrise bereits seit zu vielen Jahren weiterer Geldbedarf aufgehäuft wird, der offensichtlich ohne kollektive Anstrengungen und Ausgaben, also ohne die Geldbörse der öffentlichen Hand, nicht zu decken sein wird. Die klimabedingten Risiken seien nur kategorisch angedeutet: drastische Einbrüche bei landwirtschaftlichen Einnahmen, erschwerter und damit kostenintensiverer Zugang zu Trinkwasser, die Folgen unbewohnbarer Küstenstreifen, steigende Versicherungskosten gegen zunehmend wahrscheinlicher werdende Extremwetterepisoden, explodierende Gesundheitsausgaben zur Bekämpfung von Krankheiten, die durch Hitze, Unwetter, Staub und Smog ausgelöst werden etc. Die Klimakrise erfordert zwar sicherlich einen kulturellen Wandel, das heißt ein Umdenken in Bezug auf gesellschaftliche Werte und individuelles (Konsum-)Verhalten; aber sie erfordert eben ferner und vor allem auch eines: Geld! So komplettiert sich ein im Ganzen fatales Bild: Geld ist angesichts der Höhe der bereits ausgestellten und zu erwartenden Rechnungen zweifellos Mangelware. An dieser Einsicht dürfte also nicht zu rütteln sein. Aber ist das wirklich so?

Tatsächlich gibt diese Perspektive nur die eine Seite der monetären Verfassung der Welt wieder. So vertraut uns öffentliche Debatten über Geldmangel nämlich sein mögen, so seltsam erscheinen sie doch vor dem Hintergrund der Verfügbarkeit von Geld in Langzeitperspektive. Und damit wären wir beim Thema Überfluss. Während die Wirtschaftswachstumsraten langfristig abzunehmen begannen, dehnten sich die Geldbestände nämlich weiter beharrlich aus. Die in der OECD organisierten Länder brachten es im Jahr 1980 auf etwa 40 Prozent der heutigen Leistungsfähigkeit (Stand 2018), wobei damals nur etwa *ein* Prozent der heute verfügbaren Menge an Geld zirkulierte. In den Ländern der Eurozone wurden noch 1995 etwa drei Viertel der ökonomischen Leistung von 2018 erbracht, mit weniger als 20 Prozent der Geldmenge von 2018. Die Menge an verfügbarem Geld ist also um ein Vielfaches stärker gewachsen als die Leistung der Wirtschaft. Es gab immer mehr Geld, aber nicht in gleichem Ausmaß mehr Dinge, die man damit kaufen kann. Geht man in den Statistiken auf der globalen Ebene noch einmal zwanzig Jahre zurück, zeigt sich der Trend ebenso deutlich: Im Jahr 1960 gab es weltweit Geld in einem Umfang von etwa der Hälfte der globalen Wirtschaftsleistung, 2015 waren es 124 Prozent. Produktion und Geld klaffen auseinander.[11]

Wer nun vermutet, die zunehmenden Geldmengen seien ein rechnerisches Artefakt, weil das viele Geld durch Inflation an Wert verloren hätte, also de facto gar nicht wirklich *mehr* Geld sei – weil es nur den reinen Zahlen nach vervielfältigt wurde, aber man nicht mehr damit kaufen kann –, irrt. Der Anstieg der Verbraucherpreise hält mit der annähernd exponentiellen Geldmengenausdehnung über Jahrzehnte nicht Schritt. Im Gegenteil: Seit den 1980er Jahren ist die Inflation in den westlichen kapitalistischen Ökonomien weithin unter Kontrolle, weil auf lange Sicht moderate Steigerungsraten zur Norm wurden. Ganz anders das Geld, dessen rasante Vermehrung gerade seit den 1980er Jahren zu beobachten war, als sich die Inflationsraten beruhigten. Obwohl sich die Konsumentenpreise in Europa seit 1980 auch fast versiebenfacht haben, stehen sie doch im Schatten einer verhundertfachten Geldmenge.

Dieser Nicht-Zusammenhang von Geldvermehrung und Geldwertentwicklung wird besonders in den vergangenen gut zehn Jahren spürbar, weil die großen Notenbanken der USA, Englands, Japans und der Eurozone zur Bewältigung der Finanzkrise Unmengen frischer Geldmittel produziert haben. In der Eurozone gab es (in einer engen Definition der Geldmenge) 2007 nur etwa zwei Drittel der 2015 verfügbaren Mittel; bis 2019 ist die Menge nochmal um 37 Prozentpunkte angestiegen. Im gleichen Zeitraum stiegen die sogenannten harmonisierten Verbraucherpreise nur um etwa 15 (2007–2015) respektive 4,8 (2015–2019) Prozentpunkte. Und paradoxerweise befürchtet man parallel zu dem extremen Geldwachstum der letzten 40 Jahre keine Inflation, sondern gerade Deflation, also eine Stagnation oder gar ein Absinken des Preisniveaus, was eigentlich als ein Indikator für Geldmangel gilt. Wenn nämlich die Preise insgesamt fallen, so die üblicherweise angebrachte Überlegung, ist schlicht nicht genug Geld da, um alle Waren zu kaufen – und das, obwohl es immer weiter vermehrt wird.[12]

Die Europäische Zentralbank (EZB) peilt mit ihrer Politik bekanntlich einen moderaten Preisniveauanstieg von zwei Prozent pro Jahr an, der ihr als stabile Grundlage ökonomischer Prosperität gilt. Um es klar zu machen: Die EZB kämpft also dafür, dass eine leichte Inflation Bestand hat – und dies, obwohl sie aufgrund der genannten Geldvermehrung mehr als einfach zu haben sein müsste. Das heißt aber auch: Selbst nach Jahrzehnten bestechender Geldmengenausweitung erschien in den zehn Jahren nach der globalen Finanzkrise der EZB die Gefahr einer Deflation größer als jene einer Inflation. Und in der Tat war die Abschwächung des deflationären Drucks eine der Hauptbegründungen außergewöhnlicher nationaler wie europäischer Zentralbankpolitiken nach 2008, durch die (noch) mehr Geld in die Wirtschaft gebracht wurde. Nicht einmal die unglaubliche Summe von 2,6 Billionen Euro, die allein durch die EZB zwischen 2015 und 2018 zusätzlich in die Wirtschaft gepumpt wurde, führte zu einem merklichen Anstieg des allgemeinen Preisniveaus, also zu Inflation. Geld ist offenbar allerorts knapp, obwohl es mit enormer Geschwindigkeit vermehrt wird.

Und der Trend hält an: Die EZB wollte ihr «Quantitative Easing» gerade zurückfahren, als im Frühjahr 2020 die Coronakrise ausbrach. Wieder standen die großen Zentralbanken bereit und fluteten die Wirtschaft mit frisch erzeugtem Geld. Die Federal Reserve Bank vergrößerte ihre zwischen 2008 und 2019 bereits etwa verfünffachte Bilanzsumme von Februar bis Mai 2020 noch einmal um 60 Prozent. Das heißt: Die US-amerikanische Zentralbank hat Wertpapiere – Staatsschulden, aber auch mehr oder weniger riskante private Schuldpapiere – mit kolossalen Mengen frisch hergestelltem Geld vom Markt aufgekauft. Die EZB erweiterte ihr Aufkaufprogramm für Wertpapiere Anfang März 2020 um 120 Milliarden Euro und reduzierte ihre Ansprüche an die Qualität jener Anlagen, die Banken als Pfand hinterlegen müssen, um sich neues Geld zu leihen (bis mindestens September 2021 können Privatbanken sogar eher unsichere Wertpapiere mit der niedrigsten Bewertung BBB- als Pfand hinterlegen, wenn sie sich neues

Geld bei der EZB leihen). Danach erweiterte die EZB noch einmal ihre Ankäufe für Wertpapiere um das Pandemic Emergency Purchase Program (PEPP), das zunächst mit einem Umfang von 750 Milliarden Euro angesetzt war, aber bereits Anfang Juni 2020 auf 1,3 Billionen Euro erhöht wurde – eine Summe, die bis Sommer 2021 in die Märkte fließen soll. EZB-Präsidentin Christine Lagarde machte klar, die Bereitschaft zur Finanzierung des Euro durch neu geschaffene Geldmittel sei unbegrenzt.

Während die EZB also private Investorinnen und Investoren mit kognitiv kaum mehr greifbaren Mengen an Geld zahlungsfähig macht, werden im Bundestag und den Wirtschaftsteilen der Tageszeitungen düstere Bilder von künftigen Staatshaushalten gezeichnet. Man müsse sich schon jetzt, in der Krise, so der Tenor, auf einen harten Sparkurs in der Zukunft einstellen. Zahlungsfähigkeit scheint also – siehe die Maßnahmen der Zentralbanken – gleichzeitig beliebig verfügbar und – siehe die Debatten in den Parlamenten – fürchterlich knapp zu sein.[13] Die Zahlungskrisen der öffentlichen Hand – Finanzkrise, Coronakrise und Klimakrise – bedrohen den Zusammenhalt und Fortbestand ganzer Gesellschaften. Es ist deswegen wenig verwunderlich, wenn denen zugehört wird, die einen Ausweg versprechen. Einer davon ist Beardsley Ruml.

Beardsley Rumls zweiter Frühling

Der Ökonom, Statistiker, Psychologe und Soziologe Beardsley Ruml wurde 1894 als Nachfahre böhmischer Einwanderer im US-Bundesstaat Iowa geboren. Ruml promovierte in Psychologie und half danach der US-Armee bei der Entwicklung statistischer Persönlichkeitstests, arbeitete als Manager für die Rockefeller Stiftung, beriet seinen Freund Präsident Hoover in agrarpolitischen Belangen und half mit, die soziologische Abteilung der University of Chicago aufzubauen. Ein späterer Präsident dieser Universität, Robert Maynard Hutchins, nannte Ruml sogar einen der Gründer US-amerikanischer Sozialforschung. Danach wechselte der vielseitig begabte Ruml in die freie

Wirtschaft und landete schließlich bei der Notenbank der USA in New York City, der Federal Reserve Bank (Fed), wo er zwischen 1937 und 1946 verschiedene leitende Funktionen innehatte.

Im Jahr 1945, als Chairman der Fed, hielt Ruml einen Vortrag vor Juristen der American Bar Association. Der Vortrag, einer von unzähligen in Rumls facettenreicher Karriere, wäre wohl in den Annalen verloren gegangen, hätte ihn nicht das Magazin *American Affairs* für die Nachwelt abgedruckt. Dessen damaliger Herausgeber Garet Garrett erklärte im Editorial, was ihn zu diesem Abdruck bewogen hatte. Dem Vortrag gebühre die Aufmerksamkeit eines größeren Publikums, so erläutert Garrett, weil dessen These – immerhin nicht von irgendwem, sondern von einem Hochoffiziellen innerhalb des Geldsystems aufgestellt –, so sie denn wahr wäre, den politischen Betrieb auf den Kopf stellen könnte. Der Chairman der amerikanischen Notenbank behauptete in seinem Vortrag schließlich, die Vereinigten Staaten von Amerika könnten künftig darauf verzichten, ihre Staatsausgaben durch Steuern zu finanzieren. Die These war bereits im Titel des Vortrags unmissverständlich formuliert. Ins Deutsche übersetzt lautete er: «Steuern sind als Einnahmequelle überholt», im Original: *Taxes for Revenue are Obsolete*.[14]

Der Zentralbanker Ruml wollte damit allerdings nicht sagen, dass Steuern unnötig seien, weil er Staatsausgaben für überflüssig oder gar gefährlich hielt. Er war also weder Anarchist noch hyperliberaler Verfechter eines auf seine Grundmauern reduzierten Nachtwächterstaates, der schlicht keine Steuern erheben brauchte, weil sein Ausgabenplan nur das Allernötigste umfasste. Ruml hielt nicht die Staats*ausgaben* für obsolet, sondern die Staats*einnahmen* – über Steuern. Ebenso wenig schlug er vor, dass sich die USA ausschließlich durch freiwillige Darlehen ihrer Bürgerinnen und Bürger und auch nicht, wie es in Deutschland vor einigen Jahren der Philosoph Peter Sloterdijk anregte, nur noch durch Spenden finanzieren sollte. In einer im Angesicht der Finanzturbulenzen von 2008 über die Zukunft des Kapitalismus sinnierenden Reihe der *Frankfurter Allgemeinen Zeitung* rief Sloterdijk zur «Revolution der gebenden Hand» auf (so zumindest der redaktionelle Titel des Texts). Er warnte davor, ein immer gieriger werdender Steuerstaat würde als eine Art Kleptokratie, die ihre reichen und deswegen ja augenscheinlich produktiven Bürgerinnen und Bürger bestiehlt, nach und nach an Legitimität verlieren. Die «gebende Hand», also die in der Wirtschaft schuftenden Bürgerinnen und Bürger, stünden deswegen angesichts wachsender Steuerbelastungen durch den gierigen Fiskus vor einer «Revolution». Deswegen schlug der Philosoph vor, von einer Staatsfinanzierung durch Zwangsabgaben abzurücken und das Gemeinwesen fortan durch freiwillige Spenden zu bezahlen.[15] Auch Ruml proklamierte lange vor Sloterdijk eine Art «Revolution der gebenden Hand», nur sah er eben gerade nicht die wirtschaftenden Bürgerinnen und Bürger als jene an, die geben konnten.

Ruml hatte vielmehr neben Einnahmen und Leihgaben von Geld eine dritte Möglichkeit im Sinn, wie die USA zahlungsfähig werden und bleiben konnten: die Geldschöpfung. Schließlich wurde in der ersten Hälfte des 20. Jahrhunderts etwas erprobt, das gemeinhin «Fiat-Geld» genannt wird, eine Form von Geld, in der die einzelnen Geldbeträge nicht mehr aus einem wertvollen Material bestehen oder bei einer Bank wie der Federal Reserve in ein solches wertvolles Material umgetauscht werden können. Durch die lange und turbulente Phase des Ersten und Zweiten Weltkriegs war dieser Rechtsanspruch auf Eintauschbarkeit stoffwertloser Banknoten und Bankguthaben in Silber oder Gold, der sogenannte Edelmetallstandard, zusammengebrochen. Zwar sollte er später, im System von Bretton-Woods, mit stark reduzierter Wirksamkeit zurückkehren (und Anfang der 1970er Jahre bis auf weiteres verschwinden), aber schon zum Zeitpunkt von Rumls Vortrag hatte die Welt eine soziale Technologie zur Verfügung, die bis heute gewissermaßen erstaunlich ist: Fiat-Geld, eigentlich stoffwertlose Geldbeträge, die dennoch als wertvoll erachtet, begehrt und akzeptiert werden. Die Herstellung neuer Banknoten, Münzen und vor allem die Herstellung der immer wichtiger werdenden Kontostände – simple Ziffern im Hauptbuch einer Bank oder im Speicher einer ihrer Computerserver – wurden also nicht länger durch die Verfügbarkeit natürlich vorkommender und deswegen endlicher Ressourcen aus Edelmetall begrenzt.

Dadurch ergaben sich für den Produzenten dieser Geldbeträge ungeheure Handlungsoptionen, so Ruml. Geld ist außerordentlich nützlich, weil man damit unzählige am Markt angebotene Güter und Dienste erwerben kann, und es ist dennoch, materiell betrachtet, wahnsinnig einfach herzustellen. Selbst wenn man kein Papier zur Verfügung hätte, um Banknoten mit beliebigen Beträgen zu bedrucken, könnte man Fiat-Geld einfach dadurch herstellen, dass man eine Zahl – die gewünschte Summe – in das Hauptbuch der Zentralbank einträgt und damit den Kontostand der Regierung der Vereinigten Staaten von Amerika aufbucht. Warum sich also um Einnahmen sorgen, wenn man die Notenpressen und Kontobücher der Federal Reserve Bank zur Verfügung hat, die einem einfach frische Geldbeträge ausspucken können? Die US-Regierung, so bringt es der Herausgeber Garrett mit Blick auf Rumls Vortrag in seinem Vorwort auf den Punkt, sei deswegen genau genommen ein für alle Mal «von allen Geldsorgen befreit».

Beardsley Rumls Vorschlag dürfte in den meisten Ohren irrwitzig klingen. So sah das wohl auch sein Zeitgenosse, der in Lemberg geborene, Anfang der 1940er Jahre in die USA emigrierte berühmte Ökonom Ludwig von Mises, als er Anfang der 1950er Jahre in eine Neuauflage der englischen Übersetzung seines Standardwerks *Theorie des Geldes und der Umlaufmittel* von 1924 einen Kommentar zu Rumls Vorschlag einfügte. Aus dem Kommentar lässt sich mit etwas hermeneutischem Geschick zwischen den Zeilen ein leichter Anflug von sarkastischer Geringschätzung für Rumls Argument herauslesen. Mises schreibt:

> «Für den naiven Geist hat die Ausgabe von Fiat-Geld etwas Wunderbares an sich. Ein von der Regierung gesprochenes Zauberwort schafft aus dem Nichts eine Sache, die gegen jede Ware eingetauscht werden kann, die man gerne haben möchte. Wie blass ist die Kunst der Zauberer, Hexen und Beschwörer im Vergleich zum Finanzministerium! Die Regierung, so sagen uns Professoren, ‹kann all das Geld aufbringen, das sie benötigt, indem sie es druckt.› Steuern für Einnahmen, verkündete ein Vorsitzender der Federal Reserve Bank von New York, sind ‹überholt›. Wie wunderbar! Und wie bösartig und menschenfeindlich sind jene hartnäckigen Verfech-

ter einer veralteten wirtschaftlichen Orthodoxie, die die Regierungen auffordern, ihre Haushalte auszugleichen, indem sie alle Ausgaben aus den Steuereinnahmen bestreiten.»[16]

Mit dieser verächtlichen Bemerkung könnte man Ruml nun zurück zu den Akten legen und fortfahren. Schließlich dürften die meisten Leserinnen und Leser Mises' Kritik intuitiv nachvollziehbar finden. Ganz offensichtlich verstößt Ruml gegen eine Art ökonomisches Naturgesetz, das fast schon zu trivial ist, um es auszusprechen: Ausgaben können die Einnahmen nicht (jedenfalls nicht ständig und auf lange Sicht) übersteigen, kurz: *Geld muss erwirtschaftet werden*. Man kann es nicht einfach drucken, jedenfalls nicht, wenn man zum Kreis der Vernunftbegabten gezählt werden möchte. Geld wird verdient, indem man arbeitet oder die Früchte seiner Arbeit verkauft, manchmal wird es auch gewonnen, man bekommt es vererbt oder geschenkt, aber selbst dann muss es zuvor von irgendwem erwirtschaftet werden, bevor wir es ausgeben können, alles andere, so scheint es doch, wäre absurder Kinderglaube, eine Welt der Alchemie, in der Zauberinnen und Hexer regieren.

Rumls irritierender Vorschlag ist trotz Mises' Intervention in den wirtschaftspolitischen Diskurs zurückgekehrt, in Gestalt der sogenannten Modern Monetary Theory, kurz: MMT. Eine ihrer führenden Vertreterinnen, die amerikanische Ökonomin Stephanie Kelton, trug nicht zuletzt deshalb zur Popularisierung der MMT bei, weil sie als Beraterin dem bekannten US-Senator Bernie Sanders zur Seite stand, der sich zweimal (erfolglos) um die Präsidentschaftskandidatur bewarb. Ihr Buch *The Deficit Myth* wurde 2020 zu einem internationalen Bestseller. Darin behauptet sie, ganz im Sinne Rumls, die allgemeine Überzeugung, man bräuchte Steuern, um Staatsausgaben zu finanzieren, sei «reine Fantasie».[17]

Die MMT wird seit gut 20 Jahren auf abseitigen Nebenstraßen der Volkswirtschaftslehre aus Versatzstücken des Keynesianismus montiert und propagiert. Auf diesen Nebenstraßen sind Autoren wie Warren B. Mosler, L. Randall Wray, William Mitchell oder Pavlina Tcherneva unterwegs. Sie sehen sich in der direkten Tradition nicht nur von John Maynard Keynes, sondern speziell des Schumpeter-Schülers Hyman Minsky oder auch von Abba P. Lerners *functional finance approach*. (Ludwig von Mises bezieht sich in seiner zuvor zitierten Geringschätzung übrigens auch auf Lerner.) Die MMT wird seit der globalen Finanzkrise von 2008 zaghaft und seit gut zwei Jahren mit zunehmender Intensität in sozialen, traditionellen öffentlichen und akademischen Medien diskutiert. Das britische Wochenblatt *The Economist* betrachtete diese Entwicklung mit Argwohn, gönnte der aufkeimenden politischen Bewegung 2019 aber immerhin eine Titelseite und einen Namen: *millennial socialism*.[18] Auch andere wirtschaftswissenschaftliche Schwergewichte wie Kenneth Rogoff melden sich warnend zu Wort.[19] Allein der Umstand aber, dass der ökonomische Mainstream nun vor der ehemaligen Randerscheinung MMT warnen muss, zeigt den Wandel des öffentlichen Debattenspektrums: «Jetzt haben ihre Ideen den Mainstream erreicht», schreibt der Wirtschaftsnachrichtendienst *Bloomberg* dazu im März 2019, «jahrelang ignoriert, steht die MMT plötzlich im Mittelpunkt der amerikanischen Wirtschaftsdebatte».[20] Einige US-Senatoren beantragten sogar, der Kongress möge diese Geldtheorie offiziell missbilligen – ein womöglich einzigartiger Vorstoß, äußern sich doch Parlamente in der Regel selten zu akademischen Theoriestreitigkeiten.[21] Auch in Deutschland sind Wirtschaftsjournalismus, Politik und Wissenschaft hellhörig geworden; im Januar 2019 fand die (nach eigenen Angaben) erste europäische MMT-Konferenz in Berlin statt, Stephanie Kelton wurde großformatig von *Süddeutscher Zeitung* und *Die Zeit* interviewt,[22] harschen Kritiken wurden auch hierzulande umfangreiche Kommentarspalten zur Verfügung gestellt, und polit-ökonomische und soziologische Beiträge warfen vorsichtig Sonden in die hitzige Debatte um die neue Geldtheorie.[23]

Ihre Popularität verdankt die Theorie wohl auch ihrer engen Verzahnung mit ambitionierten politischen Programmen. Erstens brachte Kelton als Beraterin des beliebten Senators Bernie Sanders den *Green New Deal* (GND) in die amerikanischen Medien. Er wurde von der Kongressabgeordneten Alexandria Ocasio-Cortez («AOC») und dem Senator Ed Markey 2019 vorgestellt und von den meisten der (inzwischen gescheiterten) Bewerberinnen und Bewerber um die Präsidentschaftskandidatur der Demokratischen Partei (zumindest im Grundsatz) befürwortet. Der (oder besser: *dieser*) GND ist ein gewaltiges, nicht nur dem Namen nach mit den US-Aufbauprogrammen in den 1930er Jahren vergleichbares Investitionsprogramm in eine klimaverträgliche und ökologisch nachhaltige Wirtschaft. Es geht um nichts weniger als eine radikale Dekarbonisierung und Ökologisierung aller ökonomischen Sektoren der USA. Innerhalb von nur zehn Jahren sollen Infrastruktur, Industrie, Verkehr und Energie vollständig umgebaut werden, um das Klima und die unter seinem Wandel leidenden US-Bürgerinnen und US-Bürger zu retten. Angesichts der eindrucksvollen Ambitionen dieses Programms und der im Verlauf der letzten Jahre drastisch erhöhten Sensibilisierung für klimapolitische Fragen (sichtbar beispielsweise in der weltweiten Bewegung *Fridays for Future*) überrascht das Interesse am *Green New Deal* nicht (der nicht mit dem im Vergleich deutlich weniger ambitionierten «Green Deal» der Europäischen Kommission verwechselt werden darf, den die frisch gewählte Präsidentin Ursula von der Leyen im Dezember 2019 vorgestellt hat). Der konsequente Hochgeschwindigkeitsumbau der gesamten US-Wirtschaft braucht allerdings neben demokratischen Mehrheiten und Unmengen ingenieurstechnischer Expertise vor allem eines: viel Geld. Sanders veranschlagte in seinem Plan mehr als 16 Billionen Dollar für zehn (oder 15) Jahre, der Thinktank *American Action Foundation* befürchtete Kosten von 93 Billionen Dollar, der konservative US-Fernsehsender Fox News malte einen Betrag von bis zu 44,6 Billionen Dollar an die Wand.[24]

Das Interesse am GND dürfte aber nicht nur durch seine transformativen Ambitionen zu erklären sein, sondern auch durch seinen Brückenschlag zwischen Klima- und Sozialpolitik. Der Umbau der Wirtschaft soll nach den Vorstellungen von AOC und Kelton nämlich nicht nur mit einer umfassenden öffentlichen Krankenversorgung («medicare for all»), sondern auch mit einer universellen *Job Guarantee* verbunden werden, dem gesetzlich verbrieften Anrecht auf eine Beschäftigung durch den Staat. Damit verbindet der *Green New Deal* den radikalen ökologischen und klimatisch nachhaltigen Umbau der

Wirtschaft mit einer kaum weniger radikalen Neuorganisation der Arbeitswelt. Schließlich geht es hier um nichts weniger als den Vorschlag, *Arbeitslosigkeit abzuschaffen* – und die Behauptung, das auch bezahlen zu können.[25]

Das finanzielle Selbstbewusstsein der MMT-inspirierten Politikerinnen und Politiker speist sich aus Beardsley Rumls Argument: Sie bringen die US-Regierung als Geldschöpfer ins Spiel. Nachhaltigkeit und Beschäftigung dürften nicht am Geld scheitern, so offenbar die Behauptung, solange Staatsausgaben durch die Zentralbank finanziert werden könnten, indem diese das neu benötigte Geld auf das Konto der Regierung aufbucht, also mittels simpler Buchhaltungsverfahren «druckt».[26] Wirklich?

Die Finanzierung von Staatsausgaben durch die Schöpfung neuen Geldes wird auch als «monetäre Staatsfinanzierung» bezeichnet. Eine solche Form der Haushaltsführung wurde von vielen Ökonominnen und Wirtschaftspolitikern nicht erst seit den ersten Experimenten mit Papiergeld kritisiert. Lange vorher schon, vor der Existenz des modernen Geldes, war etwa das Entwerten umlaufender Gold- oder Silbermünzen und die Herausgabe neuer, weniger gehaltvoller Zahlungsmittel durch raffgierige Fürsten Gegenstand einer ganz ähnlichen Kritik. Im 20. Jahrhundert konnten und können derartige Missbilligungen deshalb als besonders plausibel erscheinen, weil der exzessive, fast schon sprichwörtliche Einsatz der «Druckerpressen» landläufigen Meinungen zufolge nach dem Ersten Weltkrieg in vielen Ländern, insbesondere in Deutschland, zu einer Hyperinflation geführt habe, was den Nationalsozialisten den Weg bereitet habe, die wiederum den Zweiten Weltkrieg mithilfe des Papiergelddrucks finanziert hätten. So oder so ähnlich wird die Geschichte jedenfalls gerne erzählt: Monetäre Staatsfinanzierung hat letztlich das Dritte Reich ermöglicht, weshalb wir sie um jeden Preis verhindern müssen. Nicht nur im deutschen Sprachraum gehören staatliche Geldschöpfung und ihre katastrophalen Folgen zum Schreckensbild «Weimarer Verhältnisse».[27]

Diese allzu rasch und gerne gezogene kausale Verbindungslinie zwischen inflationärer Geldmengenausweitung und der Machtergreifung der Nationalsozialisten geht an der Realität vorbei. Tatsächlich waren die Wahlerfolge von Hitlers NSDAP dort am größten, wo die anschließende Austeritätspolitik durch die Kürzung staatlicher Programme oder die Erhöhung von Steuern am stärksten in die Lebenswelt eingriff. Sparpolitik und Deflation, nicht Geldmengenausweitung und Inflation, haben Hitler möglich gemacht, wenn man denn auf eine einfache Kausalformel hinauswollte.[28] Wichtig ist dennoch die Feststellung, dass dieser quasi-gesetzliche Zusammenhang in der Öffentlichkeit gebetsmühlenhaft wiederholt wird: Staatliche Druckerpressen führen zu Geldentwertung und Chaos.

Das ökonomische Naturgesetz scheint hier unerbittlich zu sein: Wertschöpfung findet in der (Privat-)Wirtschaft statt, nicht in der vermeintlich kollektivistischen Zusammenarbeit von Regierungen und Zentralbanken, die heute gemeint ist, wenn vor dem «Heißlaufen der Druckerpressen» gewarnt wird. Echte Werte entstehen doch wohl durch Arbeit und/oder (je nach politischer Couleur) Unternehmertum, jedenfalls durch reale Produktion, nicht durch die Erzeugung von Geld mittels Bilanzspielereien und Druckmaschinen. Wieder landen wir bei der Formel, Geld müsse erwirtschaftet werden. Wer zahlungsfähig werden und bleiben will, muss wirtschaften, Einnahmen erzielen und mit den Ausgaben haushalten, auch und gerade der Staat, der schließlich als «nehmende Hand» vom hart ersparten Geld seiner Bürgerinnen und Bürger lebt. In einer vielzitierten Rede hatte die britische Premierministerin Margaret Thatcher 1983 ein entsprechendes Bonmot geprägt:

> «Eine der großen Debatten unserer Zeit dreht sich darum, wie viel von Ihrem Geld der Staat ausgeben und wie viel Sie für Ihre Familie behalten sollten. Lassen Sie uns diese fundamentale Wahrheit nie vergessen: Der Staat hat keine andere Geldquelle als das Geld, das die Menschen selbst verdienen. […] Es gibt kein öffentliches Geld; es gibt nur das Geld der Steuerzahlerinnen und Steuerzahler.»[29]

Der letzte Satz dürfte für viele als eine simple Tatsache, eine deskriptive und politisch ungefärbte Wahrheit gelten: Unabhängig davon, wie man selbst zu Steuern steht, gibt es am Ende nur das Geld, das von den Bürgerinnen und Bürgern verdient wird – *es gibt nur das Geld der Steuerzahlerinnen und Steuerzahler.* Geld entsteht durch privates Wirtschaften und existiert als privates Vermögen – diese Formel ist so tief in unseren geldtheoretischen, geldwirtschaftlichen und damit (Thatcher hält hier ja eine politische Rede) auch geldpolitischen Diskurs eingedrungen, dass die Vorschläge von Ruml, Kelton und Co. nicht einmal ansatzweise mit unseren bisherigen Debatten in Beziehung zu setzen sind. Dementsprechend harsch fielen viele Reaktionen auf die MMT aus. «Schulden machen ohne Reue» betitelte die *Frankfurter Allgemeine Zeitung* im April 2019 eine dringliche Warnung vor diesem Programm. Die *Washington Post* hoffte, die politische Linke könne sich dem «Sirenengesang der MMT» entziehen, man solle nicht an das «Schlaraffenland» glauben, mahnt hierzulande die *Süddeutsche.* Der Ökonom Larry Summers tut die ganze Idee verächtlich als«Voodoo-Volkswirtschaftslehre» ab, die ehemalige Leiterin der Fed Janet Yellen bezeichnet die Vertreterinnen und Vertreter der MMT als «verwirrt», und Olaf Scholz, der sich in seiner Funktion als Finanzminister noch als würdiger Erbe von Wolfgang Schäubles «schwarzer Null» zu gerieren wusste, fand die «neue Wirtschaftstheorie aus den USA» bloß noch «skurril».[30]

Nur wenige Monate nach dieser Äußerung scheint Olaf Scholz allerdings von der Wirklichkeit überholt worden zu sein. Im Zuge der Pandemie im Frühjahr und Sommer 2020 hat sich die Debatte um die MMT intensiviert. Nachdem die großen Zentralbanken wie die Fed, die Europäische Zentralbank (EZB), die Bank of Japan (BoJ) oder die Bank of England (BoE) bereits nach der Finanzkrise von 2008 in großem Ausmaß geldschöpfend tätig geworden waren und damit (zumindest indirekt) auch Staatshaushalte saniert hatten, gab die sogenannte Coronakrise dieser direkten oder verdeckten monetären Staatsfinanzierung noch einmal Auftrieb – und damit auch jener Denkschule, die, neben vielen anderen Dingen, dieses lang gepflegte Tabu des «Gelddruckens» beseitigen will. Die Federal Reserve Bank kaufte als Reaktion auf die ökonomischen Kontraktionen im Frühjahr 2020 wie wild Staatsanleihen (und Unternehmensanteile) vom Markt auf und bezahlte mit immer mehr und mehr frischem Geld; die

Zentralbankbilanz blähte sich allein zwischen Februar und Juni um 60 Prozent auf. Ihr Umfang ist im Vergleich zu den ruhigeren ökonomischen Gewässern vor 2008 gigantisch. Nicht allen Leserinnen und Lesern solcher Nachrichten ist dabei ad hoc geläufig, dass Zentralbanken Vermögenswerte, die sie erwerben, mit neu erschaffenen Geldbeträgen bezahlen. Das ist auch verständlich, schließlich entspricht das so gar nicht unserem Alltagsverhältnis zu Geld, in dem Ausgaben sehr wohl aus dem Inhalt des Portemonnaies beglichen werden und auch Dispokredite Limits kennen, weil Geld zunächst «erwirtschaftet werden muss». In einem Fernsehinterview mit dem Sender CBS am 17. Mai 2020 wird deswegen ein Nachfolger von Beardsley Ruml, der Fed-Chairman Jerome Powell, erstaunt gefragt, ob die Zentralbank das ganze Geld tatsächlich einfach «gedruckt» hätte:

> «Wir drucken es digital. Als Zentralbank haben wir die Möglichkeit, Geld digital zu schaffen. Und das tun wir, indem wir Schatzanweisungen oder andere staatlich garantierte Wertpapiere kaufen. Dadurch wird die Geldmenge tatsächlich erhöht. Wir drucken außerdem Bargeld».[31]

Monetäre Staatsfinanzierung ist – wenigstens in dieser indirekten Form – also zurück auf dem politischen Tableau. «Die Stunde der MMT hat geschlagen», verkündete der Ökonom Peter Bofinger, ehemaliges Mitglied des Sachverständigenrats zur Begutachtung der gesamtwirtschaftlichen Entwicklung (der «Wirtschaftsweisen»), des wichtigsten wirtschaftspolitischen Beratungsgremiums der Bundesregierung.[32]

Wie lässt sich diese Entwicklung mit den kontraintuitiven Thesen von Ruml, Kelton und Co. in Einklang bringen? Der erste Schritt in diese Richtung ist die Anerkennung des theoretischen Dissenses, der (viele) Kritikerinnen und Kritiker von der MMT trennt. Die Modern Monetary Theory fordert nämlich nicht einfach, reale Sachzwänge achtlos zu ignorieren, jedes Schamgefühl über Bord zu werfen und die Gelddruckmaschinen wider besseres Wissen bis zur Überhitzung arbeiten zu lassen. Ihre Advokatinnen ignorieren nicht einfach simple Faktenlagen – wie etwa, dass Geld «erwirtschaftet werden muss» –

und können folglich als Verblendete und Verrückte abgetan werden. Vielmehr behaupten sie, dass das Lehrbuchwissen in die Irre führe, dass die Sachgrundlagen unseres ökonomischen Zusammenlebens eben ganz anders seien als allgemein unterstellt. Ihrem eigenen Selbstverständnis nach ist die MMT nämlich eine Kritik der finanziellen Vernunft, kein Abgesang auf die Ratio als solche, keine Werbung für Fahrlässigkeit. Was ihr vorschwebt, nennt Kelton eine *kopernikanische Wende* im wirtschaftlichen Denken.[33] Die Ambitionen dieses Programms verstecken sich also keineswegs hinter Floskeln der Bescheidenheit. In einem Interview mit dem deutschen Wochenblatt *Die Zeit* erinnerte Kelton sogar an den Filmklassiker *Matrix*. Der Hollywoodstreifen erzählt die Geschichte einer durch kalte Maschinenherrscher unterjochten Menschheit, die von ihrem Schicksal nichts weiß, weil sie in einer Simulation gefangen ist. Statt der kalten, feuchten und unfreien Wirklichkeit glaubt jeder Mensch in der Welt von Matrix irrtümlich, das ganz normale, mal mehr, mal weniger triste Leben zu führen, das für die Zuschauer des Films Normalität ist. An einem Wendepunkt der Erzählung, so Kelton, würden dem von Keanu Reeves verkörperten Hauptcharakter zwei Tabletten angeboten: «Wenn er die blaue Pille nimmt, bleibt alles, wie es ist. Nimmt er die rote, erkennt er, dass die Welt nur eine Fiktion ist.» Sie selbst habe «die rote Pille genommen».[34]

Eine rote Pille schlucken, also erkennen, dass gesellschaftliche Visionen wie eine nachhaltige ökologische Transformation oder die Abschaffung der Arbeitslosigkeit «nicht am Geld scheitern»[35] müssen, und damit die drei Zahlungskrisen der öffentlichen Hand auf einen Schlag ins Reich der Legenden verbannen? Ganz so einfach ist es natürlich nicht, auch weil wir den Konflikt, auf den Keltons Forderung nach einer «kopernikanischen Wende» hinweist, noch gar nicht wirklich entdeckt haben. Die Erarbeitung dieser Entdeckung aber lohnt sich. Die MMT steht für eine Familie heterodoxer Theorien, die nicht nur ungewöhnliche Ansichten über Geldpolitik vertreten, sondern diese mit einer auf den ersten Blick sicherlich kuriosen – deswegen: heterodoxen – Perspektive auf Geldwirtschaft und auf das Geld selbst verbinden. Um die politischen Programme von Ruml und der MMT zu verstehen und überhaupt nur sinnvoll diskutieren zu können, muss man sie gleichzeitig als Theorien der Geldpolitik, der Geldwirtschaft und des Geldes an sich lesen. Die Motivation, sich diesem Theorieparadigma zu widmen, anstatt es vorschnell als skurrilen Unsinn abzutun, ist dabei eine doppelte: Erstens versprechen Ruml und die MMT als politisches Programm eine Überwindung der dreifachen Zahlungskrise der öffentlichen Hand, zweitens offerieren sie als Theorie von Geld, Geldwirtschaft und Geldpolitik eine Erklärung und Kritik der Gleichzeitigkeit von monetärem Mangel und Überfluss.

Welche geldpolitischen Positionen wir für sinnvoll oder wenigstens grundsätzlich legitim halten, hängt davon ab, wie wir uns die politische Architektur des Geldes – also seine Konstruktionsprinzipien und Reproduktionslogiken – vorstellen; wie wir diese politische Architektur des Geldes beschreiben und theoretisieren, hängt davon ab, was wir unter «Geld» verstehen. Der Schlüssel zu einem Verständnis der Gleichzeitigkeit aus Geldmangel und Geldüberfluss und – perspektivisch – einer Überwindung der dreifachen Zahlungskrise der öffentlichen Hand ist deswegen die Geldtheorie, weil nur geldtheoretische Reflexionen offenlegen können, welche Annahmen wir gemeinhin im Hinblick auf diese Konstruktionsprinzipien und Reproduktionsmechanismen treffen und inwiefern diese Annahmen der Prüfung durch die Realität standhalten. Geldtheorien sind keine randständigen Sprachspiele volkswirtschaftlicher Spezialistinnen und Spezialisten, die konzeptuelle Feinheiten in ökonomischen Nischen klären, ohne dass dies realweltliche Folgen hätte. Im Gegenteil: Geldtheorien sind Schlüsseltheorien, die auf eine Transparenz der fundamentalen Verfassung monetärer Wirtschaftsformen abstellen. Schließlich ist Geld der Treibstoff, der Wertschöpfungsprozesse ins Leben ruft, Märkte schmiert, Menschen motiviert, kurz: die Wirtschaft und die Welt bewegt.

Geldtheorien stellen dementsprechend Semantiken bereit, die das Ganze betreffen, und sie sind deshalb auch schon immer politisch konnotiert. Sie geben Auskunft über die «Natur» des Geldes und verorten sie dabei innerhalb einer gesellschaftlichen und damit auch politischen Ordnung. Jede Geldtheorie impliziert Konzeptionen der Geldwirtschaft und der Geldpolitik. Was wir meinen, wenn wir «Geld» sagen, formt das, was wir uns unter der Geldwirtschaft vorstellen – also: was eigentlich passiert, wenn mit Geld interagiert wird – und was wir unter Geldpolitik verstehen. Damit präformieren Geldtheorien auch, was als sinnvolles und legitimes und was als fehlgeleitetes und illegitimes Begehren innerhalb dieses Politikfeldes – der Geldpolitik – wahrgenommen werden kann. Geldtheorien erklären (oder verschleiern) Mechanismen und Zwänge, denen Akteure unterworfen sind, die auf den Umgang mit Geld ausgerichtet und angewiesen sind. Geldtheorien formatieren die diskursiven Koordinatensysteme, in denen individuelle Handlungsmöglichkeiten und gesellschaftliche Gestaltungsspielräume anhand der Dimensionen «bezahlbar» und «nicht bezahlbar», machbar und unmöglich, verortet und sortiert werden. Geldtheorien sind so besehen nie unschuldig. Sie selbst sind immer auch Fundamente einer Theorie der Geldpolitik – sie bilden eine Art soziales Betriebssystem, mit dem wir unser Geld beobachten, bewerten und betreiben. Das vorherrschende Betriebssystem ist der Gegenstand einer Kritik der finanziellen Vernunft.

Ein anderes Betriebssystem

Um die Welt um uns herum, um uns selbst und andere zu verstehen, brauchen wir kollektive, mehr oder weniger präzise und umfassend geteilte «Betriebssysteme». Betriebssysteme kennen wir als Programme zur Überwachung und Steuerung von Prozessen in unseren Smartphones und Computern: «Windows», «iOS» oder «Android». Sie ermöglichen auf einer grundlegenden und vorbereitenden Ebene das Zusammenwirken von Hard- und Software und stellen dabei Anforderungen, nach denen sich die Programme richten müssen, die auf diesen Geräten laufen wollen. In Analogie dazu kann man nun sagen, dass auch unser Handeln und unsere Verständigung über Sinn und Zweck unseres Handelns durch so etwas wie «gesellschaftliche Betriebssysteme» strukturiert werden. Geteilte Deutungsmuster oder Denkstile, die erklären, womit man es in einem bestimmten Handlungsfeld (einer Praxis) zu tun hat, was zu tun ist oder getan werden kann und was nicht im Bereich des Möglichen liegt.

Ein solches Betriebssystem verwenden wir auch zur Steuerung unseres Geldes. Das heißt: Es gibt einen dominanten Denkstil, mit dem wir uns die Konstruktionsprinzipien und Reproduktionsmechanismen (die politische Architektur) des Geldes vergegenwärtigen, grundlegende Annahmen über geldwirtschaftliche Zusammenhänge kommunizieren und damit legitime von illegitimen und sinnvolle von gefährlichen Positionen in geldpolitischen Debatten unterscheiden. Genau dieses dominierende Betriebssystem ist in den emotionalen Abwehrreaktionen gegen die MMT und gegen Beardsley Ruml zur Anwendung gekommen.

Das dominante Betriebssystem nenne ich die *Ideologie unpolitischen Geldes*. Ihr widmet sich der erste Teil des Buches, der aus drei Kapiteln besteht. Diese Ideologie beruht auf einer bestimmten Lesart der *Tauschtheorie* von Geld, Geldwirtschaft und Geldpolitik. Von dieser Tauschtheorie wenden sich die heterodoxen Stimmen rund um die MMT ab, und diese theoretische Neuausrichtung – ob man sie nun zu einer «kopernikanischen Wende» stilisieren muss, sei dahingestellt – bildet die Grundlage für ein neues gesellschaftliches Betriebssystem unseres Geldes, das die Zahlungsfähigkeit der öffentlichen Hand aus den Abhängigkeiten privater Überschusserwirtschaftung befreit. Denn die Gleichzeitigkeit von einem Überfluss und einem Mangel an Geld verweist ja nicht nur auf einen (unter Umständen) kuriosen Sachverhalt, sondern auch auf handfeste und schmerzhafte Pathologien der Gegenwart: das Ausbleiben von Wachstum, zunehmende Ungleichheit von Einkommen und Vermögen sowie in zahlreichen und wiederkehrenden Finanzkrisen kulminierende Instabilität. Für diese Pathologien – Wohlstandsverluste, Ungleichheit, Instabilität – werden wir die Ideologie des unpolitischen Geldes haftbar machen, die als dominanter Denkstil nicht nur für die begrenzten Spielräume politischer Debatten, sondern auch für die Ausgestaltung der institutionellen Ordnung des Geldes und damit für die Betriebsprobleme unseres Geldes (neuntes Kapitel) verantwortlich zeichnet.

Ich möchte in diesem Buch den folgenden Gedanken entfalten: *Die*

Ideologie unpolitischen Geldes verkauft eine gesellschaftliche Infrastruktur als privates Werkzeug. Sie depolitisiert eine eigentlich zu den Grundbestandteilen unseres Gemeinwesens gehörende Struktur, indem sie eine Vorstellung von Geld propagiert, die eine Abtrennung der Geldpolitik von demokratischen Willensbildungsprozessen fordert und legitimiert. Damit verspielt dieses dominante Betriebssystem nicht nur die Chance der Bewältigung pressierender (Zahlungs-)Krisen und enteignet unsere demokratische Gemeinschaft zugunsten einer von dieser Maskierung profitierenden, immer reicher werdenden Minderheit; die Ideologie des unpolitischen Geldes verhindert sogar, dass wir überhaupt verstehen, was Geld ist.

Das *erste Kapitel* wird die Tauschtheorie des Geldes genauer skizzieren, ihren Wirkungsbereich auch über die klassische Wirtschaftstheorie hinaus abstecken und das ihr implizite Bild einer Geldwirtschaft herausstellen. Diese Tauschtheorie, die meistens bewusst oder unbewusst aufgerufen wird, begreift Geld zuallererst als ein Tauschmittel, d. h. als ein Werkzeug in indirekten Tauschökonomien. Einzelne Geldbeträge erscheinen uns dadurch, ganz so wie die alten Gold- und Silbermünzen, wie ein einzelnes Exemplar dieses Werkzeugs. Jedes Mal, wenn wir etwas verkaufen, seien es hergestellte Produkte oder unsere Arbeitskraft, erhalten wir dafür einen Stellvertreter dieser Leistung – einen Geldbetrag –, mit dem wir die Leistungen anderer erwerben können. Die Summe aller Geldbeträge ist damit die Menge aller individuell, von Privaten und der öffentlichen Hand gehaltenen Werkzeuge. Damit betrachten wir Geld als etwas, das von Individuen eingenommen wird, wenn sie «gut wirtschaften», also Überschüsse produzieren, die sie verkaufen können. Diese Überschüsse sind in der Tauschtheorie die Grundlage der (eigentlichen) Geldentstehung – Geld, das «einfach gedruckt wird», ist dann kein eigentliches, legitimes, also: «erwirtschaftetes» Geld. Dieser Begriff von Geld und Geldwirtschaft wird dementsprechend von einer Konzeption von Geldpolitik flankiert, die auf die Funktion des Geldes als Vermittler und damit auf das Wertverhältnis von erwirtschafteten Waren und dem sie stellvertretenden Geld gerichtet ist.

Das *zweite Kapitel* setzt diese Analyse der Tauschtheorie fort, indem es – gemäß der Trias Geld, Geldwirtschaft, Geldpolitik – auf den Nexus von Geld und Politik aus tauschtheoretischer Perspektive eingeht. Dabei geht es um die nicht so sehr akademisch, sondern vor allem institutionell prägende Doktrin eines politisch neutralen Geldes, das nur dann wirklich funktioniere, wenn sich staatliche Organe auf minimale Gewährleistungsfunktionen zurückziehen. Auf dem Feld der Geldpolitik lässt die Ideologie unpolitischen Geldes einzig eine Form der «Werkzeugpolitik» als legitimes Begehren in monetären Belangen zu: Politik muss sich (oder: darf sich allenfalls) um die Bewahrung der «technischen» Funktion des Werkzeugs bemühen, den Wert zuvor produzierter Waren zu speichern und ihren Austausch zu vermitteln. Konkreter lautet die gängige Idee: Als Tauschwerkzeug braucht Geld einen verlässlichen Tauschwert, und die Politik muss dafür sorgen, diesen Tauschwert zu erhalten. Geldpolitik wird durch die Ideologie unpolitischen Geldes (das dominante «Betriebssystem») ganz grundsätzlich als *Geldwertpolitik* gefasst: eine Politik, die auf die Stabilität des Geldwerts zielt und dabei behauptet, im allgemeinen Interesse zu handeln. In Disziplinen wie der politischen Soziologie und politischen Ökonomie wird diese Denkweise mit großem Einsatz (und zumindest innerakademisch auch mit großem Erfolg) einer eingehenden Kritik unterzogen, weil sie zur Entpolitisierung eines eigentlich von verschiedenen Interessen durchfluteten Feldes beitrage. Dieser kritischen Sichtweise möchte ich mich hier anschließen. Dennoch besteht auch bei der politisch-soziologischen und politikökonomischen Kritik der Ideologie des unpolitischen Geldes das Grundproblem weiter: Auch sie fasst Geldpolitik im Grundsatz als Geldwertpolitik und bleibt damit in entscheidender Hinsicht der Tauschtheorie von Geld, Geldwirtschaft und Geldpolitik verhaftet.

Die Ideologie unpolitischen Geldes, das wird im *dritten Kapitel* herausgearbeitet, degradiert insbesondere Fragen der Geldschöpfung – also wer wie viel neugeschaffenes Geld zu welchen Konditionen bekommen sollte – zu einer rein technischen Stellgröße und subsumiert sie unter die Belange der Geldwertpolitik. Unter der Herrschaft eines so verfassten gesellschaftlichen Betriebssystems können Fragen der Geldschöpfung gar nicht mehr unvoreingenommen politisch artikuliert und in gesellschaftlichen Willensbildungsprozessen gleichwertig mitverhandelt werden. Der radikale Ausschluss der Politik aus monetären Belangen und die – schon theoretische! – Unterordnung der Geldschöpfung unter die Belange der Geldwertpolitik zeigt sich paradigmatisch am Tabu monetärer Staatsfinanzierung, die gegen Ende des dritten Kapitels diskutiert wird und den Teil zur Ideologie unpolitischen Geldes abschließt. Der Abschnitt schlägt also den Bogen zurück zum zweiten Abschnitt der Einleitung (zu Beardsley Ruml und der MMT) und ergründet die hochemotionalen und empörten Abwehrreaktionen auf derlei Vorschläge. Wir werden uns dort also noch einmal – ganz naiv und grundsätzlich! – fragen, warum der Hinweis, dass Staaten doch Geld produzieren könnten, um ihre Zahlungsfähigkeit herzustellen, so irritiert.

Im zweiten Teil des Buches wird mit der Entwicklung des Gegenentwurfs zur Ideologie des unpolitischen Geldes begonnen: einer von der Tauschtheorie abweichenden *Bilanztheorie* der Trias Geld, Geldwirtschaft und Geldpolitik. Geldtheorie bedeutet unter dem neuen Paradigma dann keine Rekonstruktion der Funktion eines passiven Steuerungsmediums von Marktwirtschaften mehr, sondern ist als Semantik zur Beschreibung der politischen Architektur unseres Geldes zu verstehen. Damit werde ich dann argumentieren, Geld sei besser als *gesellschaftliche Infrastruktur* denn als *privates Werkzeug* konzeptualisiert.

Dafür nimmt der zweite Teil zwei konzeptuelle Weichenstellungen vor, einmal zur theoretischen Perspektive (viertes Kapitel) und einmal zum Begriff der Infrastruktur (fünftes Kapitel). Insbesondere der neujustierte Blick auf die Geldwirtschaft mag im ersten Moment verwirrend klingen. Um die politische Architektur unseres Geldes als Infrastruktur zu verstehen und ein alternatives Betriebssystem ernsthaft diskutieren zu können, muss man sich darauf einlassen, Geld, Geldwirtschaft und Geldpolitik *in Bilanzen zu denken*. Dieses Denken wird das *vierte Kapitel* erläutern.

Ein kurzer Abriss ist aber womöglich schon hier notwendig, um etwaige Berührungsängste zu minimieren: In Bilanzen zu denken, klingt zunächst nach trockener Buchhaltung. In der vorliegenden Studie sollen aber keine Excel-Tabellen angelegt und Einnahmen und Ausgaben dokumentiert werden. Die Lektüre dieses Buches setzt keine Vorkenntnisse in Rechnungslegung und auch keinen Grundkurs Mathematik voraus. Beim Denken in Bilanzen geht es vielmehr um eine grundlegende Semantik, die wir anlegen, um zu beschreiben (und dann zu analysieren), was wir sehen, wenn wir auf geldwirtschaftliche Zusammenhänge blicken. Mit dem Ausflug zu Beardsley Ruml und Stephanie Kelton haben wir zuvor ja festgehalten, dass der scharfe Disput zwischen der Modern Monetary Theory und ihren Kritikerinnen und Kritikern viel tiefer geht als bloße Differenzen in der Einschätzung von Risiken unterschiedlicher Politikinhalte. Die MMT gehört zu einer Familie von Ansätzen in der heterodoxen Ökonomik, die man als ein ganzes *Paradigma der Bilanz* bezeichnen kann. Diese Forschungszugänge stehen allesamt (mehr oder weniger eng) in der Tradition von John Maynard Keynes, Joseph Schumpeter und von deren gemeinsamen Schüler Hyman Minsky,[36] der erklärte: «Jede kapitalistische Wirtschaft lässt sich als eine Reihe miteinander verbundener Bilanzen beschreiben».[37] Dieser Grundgedanke wird nun nicht nur im bilanztheoretischen Ansatz der MMT weiterentwickelt, sondern auch im *money view* von Perry Mehrling, dem *accounting view* von Dirk Bezemer oder der *Critical Macro-Finance* von und um Daniela Gabor. Dieses heterodoxe, aber weiterhin *ökonomische* Paradigma hat, so eine Initialüberlegung zu diesem Buch, noch ungenutztes, aber bedeutendes soziologisches Potenzial, gerade weil es – und das soll hier herausgestellt werden – ein Defizit in unseren Gewohnheiten aufzeigen hilft, über Geld, Geldwirtschaft und Geldpolitik akademisch wie politisch nachzudenken und zu sprechen.

In Bilanzen zu denken bedeutet, die Wirtschaft als Praxis der Verschuldung und Schuldentilgung zu analysieren. Damit entsteht eine Opposition zur großen Mehrheit wirtschaftstheoretischer Arbeiten, die den *Tausch* und nicht die *Schuld* als fundamentalen Begriff zur Beschreibung von Ökonomie mobilisieren.[38] Gemeinhin wird Wirtschaft über die Lagergrenzen zwischen liberalen und marxistischen Paradigmen hinweg als Prozess beschrieben und analysiert, in dem Individuen – Einzelpersonen, Unternehmen oder Staaten – Entscheidungen über den Tausch ihres Eigentums treffen: Sie tauschen Geld gegen Arbeitskraft, Arbeitskraft gegen Einkommen oder die Früchte ihrer Arbeit gegen die Produkte, die andere hergestellt und zu Markte getragen haben. Wer in Bilanzen denkt, sieht in der Wirtschaft hingegen nicht zuallererst und schon gar nicht ausschließlich den Einsatz von Arbeitskraft, um Ressourcen in Waren zu verwandeln, die dann auf Märkten getauscht werden; wer in Bilanzen denkt, sieht Akteure, die anderen Akteuren gegenüber (Zahlungs-)Verpflichtungen eingehen und sich darum bemühen (müssen), diese Pflichten zu erfüllen.

Bilanzen sind in der ökonomischen Praxis Darstellungen der Vermögen und der Verbindlichkeiten eines Unternehmens, die darüber Aufschluss geben sollen, wie es um die wirtschaftliche Situation dieses Unternehmens steht. Diese zweispaltigen Tabellen zeigen den Unternehmenseigentümerinnen, Unternehmensleitern oder Steuerbehörden, wie es dem Unternehmen ökonomisch «geht», wie viel seine Einkommen und Vermögenswerte im Verhältnis zu seinen Verbindlichkeiten (Löhnen, Zinsen oder sonstigen Ausgaben, die gezahlt werden müssen) wert sind, also: ob die Firma solvent und liquide ist.

Das Verhältnis von Einkommen und Vermögen («Haben») und Verbindlichkeiten («Soll») beschäftigt aber nicht nur Unternehmen, die tatsächlich eine solche Tabelle schreiben und ihren Aktionären und den Steuerbehörden vorzeigen müssen. Es geht hier vielmehr um eine Perspektive zur Beschreibung und Untersuchung der Geldwirtschaft insgesamt, nicht um Buchhaltung als Dienstleistung. «Haben» und «Sollen» betreffen schließlich jeden ökonomischen Akteur. Jeder von uns hat Soll-Positionen: Wir müssen regelmäßig Mieten zahlen, Grundgebühren für Mitgliedschaften und Mobilfunkverträge, Abonnements für Streamingdienste und Zeitschriften, Steuern und Abgaben und binnen 14 Tagen die Rechnungen auflaufender Onlinebestellungen. Und wir «haben», wenn wir Glück haben, etwa Geld in der Tasche oder auf der Bank oder Vermögenswerte, die man verkaufen könnte, um diese Verbindlichkeiten zu bedienen (Häuser, Kraftfahrzeuge oder Rennpferde), und andere Vermögensansprüche, die Einkommen generieren, weil sie Verbindlichkeiten anderer sind, zum Beispiel Arbeitsverträge, die dem Angestellten einen Lohn zusichern und der Arbeitgeberin eine Zahlungsverpflichtung auferlegen. Wer «in Bilanzen denkt», hält die Schuld – die Verbindlichkeit, die «Soll-Position» – für den Kern ökonomischer Praxis: Zu Wirtschaften heißt, sich beieinander zu verschulden und die Vergeltung dieser Schulden zu organisieren. «Wirtschaft» ist der ständig ablaufende Organisationsprozess von Bilanzen zur Generierung stabiler und funktionierender *Ver- und Entschuldung*.[39]

Zahlungsverpflichtungen (Schulden) sind im Paradigma der Bilanz also keine moralisch womöglich sogar fragwürdigen Hilfsmittel für den Betrieb von Marktwirtschaften, auf die man, so man nur sorgsam – wie eine schwäbische Hausfrau – wirtschaftete, auch verzichten könnte. Solche verqueren und schiefen kollektiven Einstellungen liegen bekanntlich den hohen Zustimmungswerten zu Politiken der Schuldenbremse oder des ausgeglichenen Staatshaushaltes zugrunde. Demgegenüber ist festzuhalten, dass Schulden vielmehr die Matrix der Ökonomie und damit unverzichtbar und notwendig sind. Der Kern des bilanztheoretischen «Betriebssystems» ist deswegen ein *pragmatisches* Verhältnis zu Schulden, welches das vorherrschende *sentimentale* Schuldverhältnis ersetzt, in dem die Aufnahme von Schulden als moralisch und ökonomisch fragwürdige und möglichst zu vermeidende Praxis aufscheint.

Sich ökonomische Akteure buchstäblich als Bilanzen vorzustellen, bedeutet also, sie von vornherein und zuallererst in ihrer relationalen Verbundenheit miteinander zu untersuchen. Die Grundannahme des Paradigmas der Bilanz lautet schlicht, dass es bei der Geldwirtschaft um Beziehungen geht, die geknüpft, aufrechterhalten und geregelt terminiert werden, wenn sie vergolten sind. Diese Beziehungen zwischen Gläubigerinnen (das «Haben» zu einem «Soll») und Schuldnern (das «Soll» zu einem «Haben») sind für erstere Vermögen und für letztere Verpflichtung. Gläubigerinnen und Schuldner tauschen kein Eigentum aus, um dann ihrer Wege zu gehen. Die eine Rolle ist vielmehr die notwendige Kehrseite der jeweils anderen, beide stehen in Relation zueinander. Um die Eigendynamik des Geldes zu verstehen (siehe Abschnitt *Mangel und Überfluss*) und die monetären Potenziale zur Gesellschaftsgestaltung (siehe Abschnitt *Beardsley Rumls zweiter*

Frühling) analytisch einordnen und demokratisch verhandeln zu können, muss man sich darauf einlassen, in solchen Bilanzen zu denken, d. h. Geldwirtschaft schon im Grundsatz als Verschuldungs- und Vergeltungszusammenhang zu begreifen und eine Theorie des Geldes und der Geldpolitik darauf aufzubauen.

Das Denken in Bilanzen ermöglicht es, unser Geld nicht länger als Sammlung von Tauschwerkzeugen, sondern als eine einzelne große Entität zu erkennen, die gesellschaftlich, oder: kollektiv betrieben wird. Wir werden in diesem Buch also das Argument entfalten, unser Geld sei nicht als eine Menge von Werkzeugen zu verstehen, die Akteure haben oder nicht haben, sondern als eine einzige große Struktur, in der alle Bauteile – die Geldbeträge – miteinander so verbunden sind wie die Komponenten einer gigantischen Maschinerie. Als eine gigantische Maschine hat unser Geld viel Ähnlichkeit mit anderen großen Versorgungssystemen, etwa dem Versorgungssystem für elektrische Energie. Statt als Werkzeug ist es also adäquater, das Geld als eine *Infrastruktur* zu beschreiben.

Das *fünfte Kapitel* schließt deswegen die Weichenstellungen für einen bilanztheoretischen Zugang zur Trias Geld, Geldwirtschaft und Geldpolitik ab und leitet zum dritten Teil des Buches über, indem es erklärt, was die Behauptung, Geld sei kein Werkzeug, sondern eine Infrastruktur, eigentlich genau impliziert. Um das klar zu machen, wird diese Weichenstellung nicht am Beispiel des Geldes selbst die Begrifflichkeiten schärfen, sondern am Beispiel der Infrastruktur für elektrische Energie. Der Begriff der «Infrastruktur» wird in diesem Buch nicht – wie es häufig geschieht – rein metaphorisch verwendet, sondern meint etwas sehr Konkretes: die Gestalt des Geldes als *eine einzige große Maschine*. Im *sechsten Kapitel* wird dieser Vergleich zwischen der Geld-Infrastruktur und der Infrastruktur für elektrische Energie gezogen – und damit setzt der dritte Teil des Buches ein.

Wenn ich von modernem Geld als einer «Maschine» spreche, ist damit natürlich keine physische Apparatur aus beweglichen Kolben, metallenen Schwungrädern, Ventilen und Brennräumen gemeint. Vielmehr wird «Maschine» hier als soziologisches Analogiekonzept verwendet. Die Maschine, von der hier die Rede sein wird, besteht also nicht (nur) aus physischen Komponenten, sondern (auch) aus sozialen: aus Institutionen, Regularien, Vorstellungen, Beziehungen, Praktiken und dergleichen. Die Bezeichnung als Maschine meint demnach nicht, Geld sei eine physische Apparatur, die sich bewegt, quietscht, qualmt und kracht. Vielmehr impliziert sie, dass unser Geld, strukturell betrachtet, in Analogie zu einer Maschine beschrieben werden muss – und dass diese Beschreibung etwas enthüllt, das ohne sie im Dunkeln bleiben würde.

Was aber zeichnet «die Maschine» dann aus, das heißt: Welche Eigenschaften werden für die Analogie herangezogen? Der Begriff der Maschine verweist auf wenigstens drei entscheidende Eigenschaften unseres Geldes:

Erstens zeichnet eine Maschine aus, dass es sich bei ihr um eine Entität handelt. Im 18. und 19. Jahrhundert beginnen die kapitalistischen Länder, komplexe Strukturen zur Bereitstellung von Zahlungsfähigkeit aufzubauen, deren unselbständige Bauteile einzelne Guthaben sind: das Geld der Leserinnen und Leser dieses Buches, das Geld des Autors, das Geld unserer Nachbarn und das von Beyoncé Knowles-Carter usw. Die Behauptung, mit der Entstehung modernen Geldes würde gleichsam eine komplexe Entität geschaffen, die fortan Zahlungsfähigkeit bereitstellt, entspricht so gar nicht der üblichen Art und Weise, wie wir über Geld nachdenken und sprechen. Wir sprechen über Geld in der Regel – wie bereits mehrfach angedeutet – als Summe oder Menge aller Geldbeträge, die sich in individuellem Besitz befinden; demzufolge ist Geld, also Zahlungsfähigkeit, etwas, das natürliche oder juristische Personen im Portemonnaie oder auf dem Konto haben: je einzelne Beträge, die allesamt Geld sind, aber eben keine einzige Entität, sondern viele einzelne Ausprägungen derselben Sache, eines Tauschmittels.

Wir stellen uns Geld also gemeinhin nicht als eine einzige Maschine, sondern als eine Sammlung von Werkzeugen vor: «Geld» ist die Bezeichnung eines Funktionselements (ein Tauschmittel, eine Recheneinheit und ein Wertspeicher), philosophisch gesprochen: ein *type*, eine Klassenbezeichnung für viele Einzeldinge. Man könnte etwa sagen, Geld sei ein Tauschmittel, oder mit Karl Marx: ein «universelles Äquivalent»; durch eine solche Definition würde jeder Geldbetrag zu einem Träger dieser Funktion. Jeder einzelne Geldbetrag in einem Portemonnaie oder auf einem Bankkonto ist demnach ein *token* (Exemplar) dieses *types* (Typus «Geld», zum Beispiel: «universelles Äquivalent»), eine Instanz der Funktion – genauso wie es in jeder guten Werkzeugkiste ein *token* des *types* «Schraubenschlüssel» gibt (jeder einzelne Schraubenschlüssel existiert für sich in jemandes Besitz, gehört aber zur Klasse funktionsgleicher Elemente, dem *type* Schraubenschlüssel). Die Analogie zu einer kraftumsetzenden[40] Apparatur hingegen betont die intrinsische Verbundenheit einzelner Geldbeträge, die damit weniger einem Haufen Schraubenschlüssel als vielmehr den Bauteilen eines Motors gleichen; einzelne Guthaben mögen zwar Individuen gehören, sind aber soziologisch als interdependente Maschinenelemente einer Struktur zu begreifen.

Zweitens erbringt eine Maschine durch die dynamische Verschaltung ihrer interdependenten Bauteile eine Leistung. Die Elemente einer Maschine tun nur in Wechselwirkung miteinander das, was wir von der Maschine erwarten; sie existieren nicht für sich, sondern als Teil eines systemischen Verbundes. Kraftumsetzende Maschinen sind in diesem Verbund dynamisch verschaltet, das heißt, ihre Teile sind nicht, wie bei anderen Artefakten, fixiert – wie etwa bei einem Gebäude oder einem Baugerüst –, sondern bewegen sich vor und zurück, schieben sich an und halten sich wechselseitig in Bewegung. Und wie die Zahnräder, Kolben und Keilriemen von Motoren müssen sie auch zueinander passen und ineinandergreifen. Eine solche Interdependenz der Teile bzw. deren dynamische Verschaltung lässt sich auch für unser Geld zeigen, nur sind hier die Teile keine Zahnräder, Kolben oder Keilriemen, sondern, wie im *sechsten Kapitel* zu klären sein wird: *Schulden*. Schulden sind die Zahnräder, Kolben und Keilriemen, aus denen der Motor bzw. die Maschine Geld zusammengesetzt ist. Aus bilanztheoretischer Perspektive betreiben wir also eine einzige große Entität aus dynamisch verschalteten Schulden, um *Zahlungsfähigkeit* bereitzustellen, mit der wir unsere Verbindlichkeiten bedienen und damit unsere Bilanzen operabel halten können.

Drittens ist es, wie das *fünfte Kapitel* erläutern wird, für die großen Maschinerien der Infrastrukturen üblich, dass die von ihnen erbrachten Leistungen genuin politisch sind. Das heißt einerseits, dass sie nicht als passive, neutrale Hilfsmittel beschrieben werden können, sondern das Leben in einem Gemeinwesen mitgestalten. Sie sind keine unschuldigen Technologien (so etwas gibt es genau genommen nicht), sondern Teil der politischen Ordnung. Deswegen wird ihre Leistung in der Regel auch mit gesellschaftlichen Vorgaben versehen; im Falle der Elektrizität wären das beispielsweise Ansprüche an die Reichweite der Versorgung (jeder Haushalt in Deutschland sollte potenziell elektrifiziert sein), an ihren Preis oder auch an die Art ihrer Bereitstellung (etwa im Hinblick auf die verwendeten Ressourcen, man denke nur an die Energiewende). Solcherlei Forderungen wurden durch die Ideologie unpolitischen Geldes für die monetäre Maschine diskreditiert – und diese Diskreditierung gilt es im Hinblick auf die dreifache Zahlungskrise, aber auch im Hinblick auf die akademische Forschung zu überwinden. Die Ideologie des unpolitischen Geldes hat versucht, eine kollektive Maschine als privates Werkzeug zu verkaufen – und das war ein politischer Fehler ebenso wie ein theoretischer Kurzschluss.

Auf der Ebene der Theorie soll diesem Fehler durch eine bilanztheoretische Rekonstruktion der politischen Architektur des Geldes begegnet werden. Konstruktionsprinzipien und Reproduktionsmechanismen unseres Geldes stellen uns als Gesellschaft vor bestimmte Aufgaben, die wir gemeinsam, das heißt: politisch lösen müssen. Sie erzeugen also das, was ich in diesem Buch ein *gesellschaftliches Anforderungsprofil* nennen will. Ein gesellschaftliches Anforderungsprofil verweist auf die Dinge, die erbracht werden müssen, damit eine Infrastruktur aufgebaut und betrieben werden kann. So müssen für die Bereitstellung von Strom nicht nur Staudämme, Kraftwerke und Trassen gebaut, sondern auch fortwährend Treibstoffe erschlossen und gesichert und Koordinationsaufgaben für den Alltag des Netzwerks gelöst werden. Infrastrukturleistungen sind in diesem Sinne in der Regel kollektiv erbrachte Vorleistungen. Das *siebte Kapitel* wird durch einen Ausflug in die Geschichte der monetären Maschine zeigen, inwiefern auch unser Geld diesen Charakter einer «gesellschaftlich betriebenen Vorleistungsmaschine» angenommen hat. Wir müssen als Gesellschaft etwas leisten, damit Geld funktioniert, also wiederum für uns etwas leistet. Dieses Anforderungsprofil unterschätzen wir gemeinhin, weil wir – angeleitet von der kurzsichtigen, aber vorherrschenden Perspektive auf Geld als individuell verfügbares Werkzeug – von einer strukturellen Verzahnung von Geld und Wirtschaft ausgehen, in der «mehr Geld» bedeutet, dass auch der Wohlstand vermehrt, dass mehr «erwirtschaftet» und mehr geleistet wird. Diese Kopplung zwischen Geld und Wirtschaft aber muss aktiv, d.h. politisch hergestellt werden; sie ist Teil des Anforderungsprofils unseres Geldes, dessen Architektur eben gerade nicht strukturell mit der Wirtschaft verkoppelt ist, sondern *eigendynamisch* operiert, wie die Gleichzeitigkeit von Überfluss und Mangel anzeigt. Das Auseinanderdriften von Wirtschafts- und Geldwachstum verweist darauf, dass wir unserer Aufgabe nicht gerecht werden. Um die Kopplung von Geld und Wirtschaft herzustellen, ist eine dezidierte «Geldschöpfungspolitik» notwendig – also die Formulierung und Durchsetzung gesellschaftlicher Vorgaben für die Produktion und die Vernichtung monetärer Mittel. Eine solche Politik aber wird durch das dominante Betriebssystem, die Ideologie unpolitischen Geldes, delegitimiert und diskreditiert. Dadurch ist eine monetäre Maschine entstanden, die Reichtum für einige wenige statt Wohlstand für alle produziert – und die sich selbst und ihr Verhältnis zur Umwelt eigendynamisch destabilisiert.

Der vierte und letzte Teil des Buches wird sich deswegen mit politischen Ansprüchen an die Steuerung der monetären Maschine auseinandersetzen. Er zielt darauf ab, die bilanztheoretische Betrachtung von Geld, Geldwirtschaft und Geldpolitik um jenes dritte Element der Geldpolitik zu komplettieren. Das *achte Kapitel* befasst sich mit der Frage, wer die monetäre Maschine steuert. Es rekonstruiert dabei eine zweidimensionale Privatisierung der Steuerungshoheit, die unter zwei Varianten des Konzepts der «monetären Souveränität» gebracht wird. Unter diesem Regime privatwirtschaftlicher Profitmaximierung hat sich das Geld selbst als Quelle von Ungleichheit und Instabilität hervorgetan und uns die dreifache Zahlungskrise beschert, wie im *neunten Kapitel* ausgeführt wird.

Das abschließende *zehnte Kapitel* wird deswegen mit einigen von der Ideologie unpolitischen Geldes genährten Tabus brechen und Hinweise zusammentragen, warum aus Sicht einer Bilanztheorie wenig gegen und viel für eine Vergesellschaftung der monetären Maschine spricht – also für die Unterordnung der Infrastruktur «Geld» unter eine Reihe möglicher politischer Ziele anstelle eines einzelnen, vermeintlich technischen Imperativs: der Preisstabilität. Eine sich an der Einsicht in den infrastrukturellen Charakter des Geldes orientierende Konzeption von Geldpolitik würde zwei Dinge kombinieren: die Affirmation von Schulden, d.h. ihre Würdigung als Ressource geldwirtschaftlicher Interaktion, mit einem Rollenwechsel von Geldwertpolitik und Geldschöpfungspolitik und einem Bewusstsein für die Notwendigkeit der Steuerung monetärer Reproduktion: also der Lenkung von Geldschöpfung und Geldvernichtung. Geldpolitik als Infrastrukturpolitik wird sich damit auseinandersetzen müssen, wie und für welchen Zweck Geld in die Wirtschaft eintreten (also: geschöpft werden) soll. Dafür müssen sowohl Fragen der territorialen Kontrolle von Zahlungsmitteln und Zahlungsflüssen diskutiert, als auch eine fundamentale Neuausrichtung unserer Erwartungen an das Verhältnis von Staaten und Geldschöpfung vollzogen werden. Kurzum, das abschließende Kapitel wird für eine Vergesellschaftung monetärer Souveränität plädieren, die eine *Politisierung der Geldschöpfung* und damit einen stabileren und gesellschaftlich und klimapolitisch, aber auch ökonomisch verträglicheren Betrieb der monetären Maschine verspricht. Das jedenfalls ist die Hoffnung dieser Kritik der finanziellen Vernunft.

Teil I

Die Ideologie unpolitischen Geldes

1. Das Tauschparadigma

Was ist eine Zahlung?

Wie oft haben Sie heute schon gezahlt? An der Supermarktkasse auf dem Weg zur Arbeit vielleicht, für eine Tageszeitung und einen Milchkaffee to go im wiederverwendbaren Becher, beim Mittagessen in einem angesagten kleinen Bistro um die Ecke, für einen Teriyaki-Bowl und einen Chia-Pudding für den Kollegen, der sein Portemonnaie «vergessen» hatte; oder unbewusst, weil Google-Pay ihr Gold-Abo einer Dating-App automatisch verlängert und den Betrag von ihrem Girokonto abgebucht hat oder die Miete zum Monatswechsel routinemäßig vom Konto eingezogen wurde? All diese Vorgänge sind Zahlungen. Zahlungen prägen unseren Alltag. Die Vertrautheit dieser sozialen Praxis (Zahlungen sind ja kein «Ding», sondern sie sind etwas, das man zusammen mit anderen tut) erklärt auch, warum uns tatsächliche oder mögliche Veränderungen von Zahlungsweisen so interessieren. Viel wird etwa über ein mögliches Ende des Bargelds und das Erstarken digitaler Zahlungen mit dem Smartphone gesprochen. Tatsächlich verschwindet Bargeld – blickt man etwa nach Nordeuropa – in vielen Ländern mehr und mehr von der Bildfläche und wird sogar von manchen Geschäften gar nicht mehr akzeptiert. Die Corona-Pandemie hat auch in Deutschland noch einmal zu einem Schub bargeldlosen Bezahlens geführt, weil die hygienischen Defizite der von einer Hand zur anderen herumgereichten Münzen und Papierscheine den Bedürfnissen eines Schutzes vor Schmierinfektionen entgegenstanden. Einigen bereitet ein mögliches Ende des Bargelds Sorgen, versprechen Münzen und Scheine doch Anonymität und ihre Haptik einen Anker in der Materialität. Tatsache ist jedenfalls, dass bargeldlose Zahlungsmethoden wie Kredit- oder Bankkarten, mobile Apps auf dem Handy, die Rechnungen kontaktlos begleichen, oder sogar ganze virtuelle Geldsysteme wie Bitcoin das Potpourri an Alternativen zu Papier und Metall immer mehr erweitern. In diesem Kapitel stehen allerdings nicht diese Veränderungen von *Zahlungsweisen* im Mittelpunkt als vielmehr die *Praktik der Zahlung* selbst.

Mit Zahlungen nehmen wir Teil an dem, was gemeinhin Ökonomie genannt wird; Zahlungen sind deswegen nicht nur lebensweltlich alltäglich, sondern auch systemisch zentral. Würden wir aufhören, zu zahlen, hatte Niklas Luhmann einmal geschrieben, würde die Wirtschaft selbst aufhören, zu existieren.[1] Damit meinte er, dass der Begriff «Wirtschaft» in einem soziologischen Sinne nicht jede Form der (Selbst-)Versorgung umfassen kann, sondern sich auf eine Praxis beziehen muss, auf einen Interaktionskontext zwischen Menschen, der um die Zahlung herum organisiert ist. Die Zahlung ist der Inbegriff dessen, was Menschen tun, wenn sie wirtschaftlich miteinander interagieren; jedenfalls ist das in «modernen» Wirtschaften der Fall. Es stellt sich angesichts ihrer Alltäglichkeit eine seltsame, bei genauerer Betrachtung dann allerdings doch theoretisch wie politisch hoch relevante Frage: Was zeichnet die wiederkehrende Interaktion – die Praktik – der Zahlungen eigentlich aus? *Was tun wir, wenn wir zahlen?*

Diese vermeintlich harmlose Frage führt mitten in die Geldtheorie. Denn was wir unter einer Zahlung verstehen, hängt unmittelbar davon ab, wie wir uns Geld vorstellen. Diese Bedingtheit gilt es aufzuklären, und dies ist der erste in der Einleitung angekündigte Schritt, um den Zusammenhang zwischen einer Theorie des Geldes und einer Theorie der Geldwirtschaft zu beleuchten. Wenn wir zahlen, nehmen wir an der *Geldwirtschaft* teil. Aber was genau tun wir, wenn wir eine Geldwirtschaft «betreiben», und wie ist vor diesem Hintergrund eine *Theorie des Geldes* zu konzeptualisieren? Darauf gibt es eine populäre Antwort, um die es nun gehen soll.

Üblicherweise versteht man unter einer Zahlung einen Tausch von Eigentum. Eigentum ist im Gegensatz zu Besitz (Verfügungsgewalt) ein Rechtsanspruch. Worin genau er besteht, darüber herrscht in der politischen Eigentumstheorie und Rechtswissenschaft keine Einigkeit. Als kleinster gemeinsamer Nenner könnte jedoch festgehalten werden, dass Eigentum als ein Set an Ansprüchen an Dritte verstanden wird, das diese von der Nutzung einer Sache ausschließt, wobei «Nutzung» das Empfangen von Erträgen aus jener Sache, deren Modifikation oder Verbrauch bedeuten kann. Ein ökonomischer Tausch wäre dann ein Wechsel von Eigentumsrechten über zwei Sachen, die fortan dem jeweils anderen Tauschpartner oder der jeweils anderen Tauschpartnerin gehören. In der Soziologie wird der Begriff «Tausch» zwar gerne mehr oder weniger metaphorisch für alle möglichen Interaktionsformen wie Geschenke, Intimbeziehungen oder politische Vereinbarungen verwendet; im Folgenden meinen wir mit Tausch aber jeweils die wechselseitige Übertragung von Eigentum an einer Sache.

Unter einer Zahlung wird nun nicht nur alltagsweltlich, sondern auch in vielen Theorien und Forschungsansätzen ein Tausch von Waren gegen Geld verstanden, von der Eigentumssache «Ware» gegen die Eigentumssache «Geldbetrag». Der Terminus «Ware» wird ebenso uneinheitlich verwendet wie «Tausch».[2] Hier meinen wir: eine Sache, die jemandem im Sinne von Eigentum gehört (oder gehören kann) und die von anderen begehrt wird, das bedeutet: die einen Tauschwert vis-a-vis anderer Eigentumssachen hat. Es gibt also eine häufig anzutreffende, zumeist allerdings nicht ausführlich explizierte Vorstellung des Umgangs mit Geld, in der mit dem, was wir mit Geld tun, wenn wir zahlen, ein Tausch von Geld gegen Waren gemeint ist. Wenn wir an der Supermarktkasse für unseren Einkauf aus Nudeln, Soße, Milch und Käse zahlen, dann tauschen wir diese Waren gegen unser Geld und übertragen damit wechselseitig Eigentumsrechte an Sachen, nämlich an den Papierscheinen oder Kontoguthaben, mit denen wir bezahlen, und den Nudeln, der Soße, der Milchtüte und den Käsestückchen. Diese alltagsweltlich gebräuchliche Beschreibung ist durchaus sinnvoll und auf den ersten Blick auch unproblematisch, was bedeutet, dass sie als Orientierung hilfreich ist und deswegen die lebensweltliche Realität eines solchen Einkaufs gut abbildet. Deswegen kann es auch soziologisch wertvoll sein, in der Untersuchung monetärer Praktiken (wie etwa dem Einkauf) eine solche tauschtheoretische Interpretation der Praktik der Zahlung anzulegen. Wenn wir später von dieser intuitiv überzeugenden Beschreibung einer Geldzahlung als Tausch von Geldeigentum gegen Wareneigentum abrücken, dann nicht, weil ich ihre soziologische Adäquatheit generell in Frage stellen will, sondern weil man ihr erhebliche Defizite bei der Erfassung des gesellschaftlichen Anforderungsprofils und Leistungspotenzials modernen Geldes nachweisen kann. Die Semantik des Tausches offeriert dennoch wichtige Einsichten in die politische Qualität des Geldes, wie im nächsten Kapitel zumindest kursorisch angemerkt werden soll; allerdings ist sie eben auch mitverantwortlich für die hochemotionale Ablehnung, die Vorschläge einer politischen Nutzung des Geldes seitens Beardsley Ruml und der MMT hervorrufen, gerade weil ihr Blickfeld in Bezug auf Anforderungsprofil und Leistungsangebot eingeschränkt ist. Die Einschränkung im Blickfeld kommt dadurch zustande, dass sich in der Interpretation der Zahlung als Austausch zweier Eigentumssachen eine Kontinuität zwischen vormodernem und modernem Geld zeigt, die tatsächlich die Gestalt der politischen Architektur unseres Geldes eher verstellt als erhellt.[3]

Die archetypische Vorstellung vormodernen Geldes ist eine Münze aus wertvollem Metall. Blicken wir auf eine «vormoderne» Goldmünze und stellen uns eine Zahlung im Vergleich zu einer Zahlung in der Gegenwart vor. Mit einer Goldmünze ging man zu einem Markt, wählte aus, was man begehrte, feilschte um den Preis und überließ der Verkäuferin oder dem Verkäufer schließlich die Münze und nahm dafür sein neu erworbenes Eigentum mit nachhause. In diesem Bild scheint es keinen großen Unterschied zur Gegenwart zu geben, immer noch geht man mit seinem Euro, seinem Papierschein oder seiner Geldkarte auf Märkte und zahlt den Preis für die Produkte, die man erwerben möchte – das heißt: Man übergibt Geldeigentum und erhält im Austausch Wareneigentum. Der einzige Unterschied besteht vermeintlich darin, dass das Geldeigentum nicht mehr aus einem intrinsisch wertvollen Material besteht, sondern aus «Fiat-Geld», also stoffwertlosen Geldbeträgen. Der Praxis der Zahlung aber scheint das nichts angehabt zu haben: Wir tauschen weiter Eigentum gegen Eigentum, ganz so, als handle es sich bei modernen, stoffwertlosen Geldbeträgen, wie wir sie heute verwenden, um immateriell gewordene Goldmünzen.

Bevor die Schwächen dieser Kontinuitätsannahme zwischen «modernem» und «vormodernem» Geld benannt werden können, muss in diesem Kapitel zunächst die Behauptung belegt werden, dass diese Vorstellung einer (modernen) Zahlung als Tausch immaterieller Goldmünzen gegen Waren tatsächlich auch in der Geldforschung überaus präsent ist, ja dass sie eine Art Mainstream darstellt.

Geld als Werkzeug des indirekten Tauschens

Was also wird gemeinhin unter «Geld» verstanden? Nimmt man Adam Smiths *Der Wohlstand der Nationen* von 1776, Karl Marx' ersten Band des *Kapitals* von 1867, Carl Mengers einschlägigen Aufsatz *Geld* von 1900 oder Ludwig von Mises' *Theorie des Geldes und der Umlaufsmittel* von 1912 (deren Neuauflage in der Einleitung schon wegen seiner Skepsis gegenüber Beardsley Ruml zitiert wurde), finden sich dort Variationen desselben Gedankengangs zur Entstehung und Ontologie des Geldes, also zur Frage, woher es kommt und was es ist. Als historische These über die Entstehung des Geldes gilt der Gedankengang weithin als widerlegt, weswegen wir nicht allzu tief in diesen Aspekt einsteigen sollten. Dennoch prägt seine Ontologie einen durch beharrliche Kritik zwar kleiner werdenden, aber noch immer erheblichen Teil des Diskurses bis heute – insbesondere, wenn wir damit nicht nur den wissenschaftlichen, sondern auch den öffentlichen Diskurs meinen.[4]

Die Ausgangsbeobachtung beginnt bei Smith, Marx, Menger und Mises mit gesellschaftstheoretischen Annahmen. Sie erklären das Entstehen des Geldes durch einen Verweis auf die Inkompatibilität einer sozialen Struktur und einer Institution. Die soziale Struktur ist die Arbeitsteilung, die Institution das Privateigentum.[5] Geld entsteht, so ihr Argument, weil Haushalte sich nicht mehr selbst mit all dem versorgen, was sie zum Überleben benötigen. Vielmehr spezialisieren sie sich auf die Bereitstellung eines bestimmten Angebots, werden also Bauer, Tischlerin, Lehrerin oder Soziologe. Solch spezialisierte Haushalte produzieren dann einerseits Überschüsse an ihrem spezifischen

Angebot (landwirtschaftliche Produkte, Möbel, Bildung oder Bücher wie dieses hier), haben durch die Spezialisierung aber Bedarf an vielen anderen Produkten, die sie selbst nicht produzieren. Da ihnen ihre Überschüsse gehören und die Güter, die sie brauchen, anderen Haushalten gehören, muss überschüssiges Eigentum getauscht werden. Austausch von Überschüssen ist deswegen der Inbegriff klassischer Konzeptionen von Wirtschaft. Spätere Definitionen schließen gemeinhin daran an, betonen aber als Voraussetzung die *Knappheit* von Ressourcen und (daraus folgend) der zur Befriedigung des Bedarfs zur Verfügung stehenden Güter. Berühmt ist etwa die Definition des britischen Theoretikers und langjährigen Department-Leiters an der London School of Economics, Lionel Robbins (1898–1984), der die Wirtschaftswissenschaften als Studium des Umgangs mit endlichen Mitteln für endlose Zwecke charakterisierte.

Da Ressourcen (die Mittel) nicht von jedem Haushalt auf jede Weise verwendet werden können, entsteht eine fundamentale Konkurrenzsituation, die man (auch) in der Soziologie «Knappheit» nennt. Knappheit charakterisiert eine Handlungssituation, in der ein bestimmter Zugriff auf Ressourcen andere Zugriffe ausschließt: Wenn ein Baum gefällt und zu einem Haus verbaut ist, kann dieser eine Baum nicht noch für etwas anderes genutzt werden. Haushalte benötigen Zugriff auf endliche Güter anderer Haushalte, auf die nicht nur sie, sondern potenziell alle Haushalte Ansprüche erheben können, die tauschbare Überschüsse anzubieten haben. In diesem Sinne kann man sagen: Klassischerweise konzipieren wir Wirtschaft als Tausch von Eigentumsüberschüssen unter Knappheitsbedingungen.

Weil sich die Ressourcen in Privatbesitz befinden, ist jeder Haushalt darauf angewiesen, auf das (überschüssige) Privateigentum anderer Haushalte zuzugreifen. Man könnte nun vermuten, so die Klassiker der Nationalökonomie, dass die Haushalte einfach ihre durch die Spezialisierung produzierten Überschüsse an Privateigentum gegen andere Überschüsse an Privateigentum tauschen, Eigentumssache gegen Eigentumssache. Ein solch unvermittelter oder direkter Tausch wird auch Realtausch genannt, von Karl Marx mit der berühmten Notation W – W, also Waren gegen Waren, formalisiert. (Im Englischen spricht man auch von *barter.*) Das allerdings funktioniere so einfach nicht, erklärten Smith, Menger und Mises einvernehmlich. Denn damit man die eigenen Waren mit jenen austauschen kann, die man benötigt, müsste in dieser geldlosen Wirtschaft der Zufall mitspielen: Man müsste nicht nur jemanden mit dem richtigen Angebot finden, sondern auch den passenden Bedarf; es müsste eine «doppelte Koinzidenz der Bedürfnisse» eintreten, wie es in der Volkswirtschaftslehre heißt. Ein Haushalt müsste schließlich nicht nur einen Eigentumsüberschuss anbieten, den man braucht, sondern auch etwas von dem Eigentumsüberschuss haben wollen, den man selbst anzubieten hat. W – W scheitert also an der Unwahrscheinlichkeit dieser doppelten Koinzidenz der Bedürfnisse.

Die drei Ökonomen (und viele andere auch) argumentierten nun, dass sich dieses Dilemma von selbst auflösen würde, indem Geld entstehe und zu modernem Geld weiterentwickelt werde. Um das Dilemma der Unwahrscheinlichkeit eines Zusammentreffens beidseitig passenden Angebots zu vermeiden, sollten vernünftige Haushalte doch bereit sein, ihre überschüssigen Waren nicht nur gegen solche zu tauschen, die sie unmittelbar benötigten, sondern auch gegen solche Waren, die beliebt waren; die also von mehr Haushalten häufiger begehrt würden als ihre eigenen Überschüsse. Haushalte sollten ihre produzierten W also nicht nur gegen solche W tauschen, die *sie selbst verbrauchen*, sondern vor allem gegen solche, die sie *handeln*, also leicht wieder eintauschen konnten. Diese begehrteren und dadurch leichter zu tauschenden Waren konnten dann in einem zweiten Schritt gegen die eigentlich begehrten Konsumgüter getauscht werden. Damit eine Wirtschaft als Tausch funktioniert, muss sie also nicht als W – W, sondern als W – W – W betrieben werden. Waren unterscheiden sich nämlich nicht nur nach dem Zweck, zu dem sie konsumiert werden können, sondern auch darin, wie *marktgängig* sie sind, also wie stark sie allgemein begehrt und im Tausch akzeptiert werden. Die Eintauschbarkeit der Eigentumsobjekte ist somit entscheidend.

Wenn nun alle Haushalte danach streben, durch das Tauschen von weniger marktgängigen gegen marktgängigere Waren ihre eigenen *Tauschchancen* zu vergrößern, dann sollte sich die Marktgängigkeit bei einigen wenigen Waren konzentrieren und selbst verstärken, weil sie nach und nach von allen nur noch deswegen im Austausch akzeptiert werden, weil man erwartet, sie leicht selbst eintauschen zu können.[6] Eine solche Ware wäre dann so etwas wie ein allgemein verwendetes Tauschmittel, das als Stellvertreter für die eigenen produzierten Waren in Besitz genommen und später wieder gegen Benötigtes eingetauscht werden kann. Schon Aristoteles hatte Geld deswegen funktional als «eine Art austauschbarer Stellvertreter des Bedarfs» bezeichnet.[7] Durch das allgemeine Streben nach einer Verbesserung der eigenen Tauschchancen wird eine Ware irgendwann nur noch um ihrer Tauschbarkeit wegen begehrt, aus W – W – W wird W – G – W, und erst durch die Existenz dieser *Stellvertreterware* funktioniert die Geldwirtschaft als *indirekte Tauschwirtschaft.*

In diesem Sinne haben sich Smith und Co. (ebenso wie Marx) die Weiterentwicklung des Geldes als eine konsequente Verbesserung der Tauschbarkeit der Stellvertreterware vorgestellt. Zunächst schien es sinnvoll, anstelle von Tauschwaren wie Vieh oder Salz auf Edelmetalle zu setzen, weil diese nicht verdarben, sondern haltbar und je nach Tauschvorhaben auch gut einteilbar waren (so jedenfalls die Erzählung in Smiths *Wohlstand der Nationen*). Weil es wichtig war, den Metallgehalt der Münzen zu kennen, damit klar war, für welche Waren die Spezialware als Stellvertreter dienen konnte, wog und markierte man (mithilfe der Fürsten) die Metallplättchen und erhielt so Münzen. Münzen waren viel leichter tauschbar als Vieh, Salz oder grobe Metallbrocken. Allerdings waren sie auch schwer, so dass es vernünftig schien, die Münzen zentral einzulagern und stattdessen Papierscheine oder sonstige Verweise auf die sicher eingelagerten Münzguthaben zum Zahlen zu verwenden. Die Lagerstätten wurden Banken, und die Einzahlungszertifikate wurden zu Banknoten. Deren Verwendung war so bequem, dass die Funktion der Stellvertreterware sich von ihrer physischen Existenz emanzipierte und reines «Fiat-Geld» entstehen konnte. Ende der Geschichte.

In dieser Rekonstruktion stecken zwei Theoreme, welche die Tauschtheorie auch noch dort prägen, wo man sich von dieser doch einigermaßen simplen Erklärung der Geldentstehung durch Marktkräfte verabschiedet hat, weil die Herleitung der Geldentstehung aus der freien Rationalität tauschhandelnder Haushalte, wie sie Smith, Menger oder Mises vorgeschlagen haben, historisch mittlerweile als widerlegt gilt. Erstens wird Geld hier konzeptuell in Analogie zu anderen Waren gefasst, als eine spezielle, weil *besonders gut eintauschbare Ware*. Zweitens wird die Geldwirtschaft als Praxis des indirekten Tauschens von Waren (W) gegen Stellvertreterwaren (G) imaginiert. Geld wird hier also in denselben konzeptuellen Registern wie Waren theoretisiert: Es ist eine Eigentumssache mit einem hohen Tauschwert, was nicht bedeutet, dass Geld teuer ist, sondern dass es zur marktgängigsten aller Waren wird – zur am einfachsten tauschbaren. Dieses Definitionskriterium findet sich noch heute in Ökonomielehrbüchern, die Geld als das *liquideste Aktivum* oder ähnlich von anderen Waren abgrenzen.[8] Geldvorräte seien deswegen, so auch Menger, bloß eine weitere «Art von Warenlager»[9] neben Lagern für Getreide, Stoffe oder Sonstigem. Auf vergleichbare Weise hatte Karl Marx den ökonomischen Zirkulationsprozess als eine Praxis konzipiert, in der Menschen ihre Waren (W) vorübergehend in eine andere Form von Vermögenswert verwandeln – das Geld (G), nur um es später wieder in eine andere Ware zurückzuverwandeln, indem man es ausgibt. Er spricht dabei von einer «Metamorphose» oder einem «Formwechsel» spezieller Werte (W) in die allgemeine Waren- oder Wertform (G). Geld ist damit zwar eine besondere, aber den anderen Waren wesensgleiche, lediglich verallgemeinerte Sache, die zur Erfüllung einer bestimmten Funktion bereitsteht, nämlich zum Formwechsel von Nutzwerten (über einen Tausch gegen einen reinen Tauschwert) in andere Nutzwerte, W – G – W. Während Warenvermögen Nutz- und Tauschwerte haben, ist Geldvermögen für Marx ein rein «formaler» Gebrauchswert,[10] eben eine Art Spezialware, die den gehandelten Waren zumindest so hinreichend ähnlich ist, dass solche Werte ineinander transformiert werden können: eine Stellvertreterware eben.

Der oben schon zitierte Ökonom und Wirtschaftshistoriker Joseph Schumpeter hatte in diesem Zusammenhang von einem «theoretischen Metallismus» gesprochen. Metallisten sind eigentlich Wirtschaftspolitikerinnen und -politiker, die wollen, dass intrinsisch wertlose Geldbeträge wie Papier- oder Buchgeld mit einem wertvollen Material wie Edelmetall «gedeckt» werden. Nach den Turbulenzen der Finanzkrise von 2008 geisterten viele dieser «gold bugs» durch die Presse und forderten eine Rückkehr zum Goldstandard der 1960er Jahre. *Theoretischer* Metallismus hingegen meint eine konzeptuelle Position, die Geld als eine Menge an Einzeldingen denkt, die sich im Eigentum privater Hände oder der öffentlichen Hand befinden, allgemein begehrt sind und sich deswegen hervorragend zum Tauschen eignen – *so wie* Goldmünzen (nicht: *als* Goldmünzen). Geoffrey Ingham nennt diese Denkweise die *Warentheorie des Geldes*,[11] nicht, weil Geld in dieser Theorietradition mit einer intrinsisch wertvollen Ware gleichgesetzt, sondern weil Geld *im selben semantischen Raster* wie Waren konzeptualisiert wird.[12] Diese Position ist der geldtheoretische Teil der Tauschtheorie. Damit stellt die Tauschtheorie eine Kontinuität zwischen vormodernen Silber- und Goldmünzen und modernem Geld her; wir haben es heute eben mit *stoffwertlosen* Stellvertreterwaren zu tun, aber nichtsdestotrotz mit Stellvertreterwaren. Eine Zahlung mit einer Goldmünze und eine Zahlung mit modernem, stoffwertlosem Geld ist dieselbe Praktik, nämlich der Austausch von Waren. Geld ist Geld, gleichgültig ob es aus Edelmetall besteht oder aus Papier und elektronischen Datenbankeinträgen.

Der Eindruck der Ähnlichkeit von vormodernen Goldmünzen und modernen Geldbeträgen ist aus dem Blickwinkel der Warentheorien durchaus sinnvoll. Die Idee einer Stellvertreterware wird in der klassischen Volkswirtschaftslehre, wie gesagt, aus der Perspektive tauschender Haushalte entwickelt, die zu Geldnutzerinnen und Geldnutzern werden. Man kann deswegen auch von einer mikrologischen Theorie sprechen, weil sie von der Mikroebene, also aus der Handlungssituation von basalen Akteuren abgeleitet wird – genauer gesagt von Akteuren, denen Geld als Werkzeug zur Verfügung steht. Handlungstheoretisch gesprochen ist die Stellvertreterware ein durch Eigentumsrechte individuell verfüg- und einsetzbares Tausch*werkzeug*, mit dem Haushalte auf Märkten auf Waren zugreifen können, die sie zur Befriedigung ihrer Bedürfnisse benötigen. Die später vorzustellende alternative Bilanztheorie wird – und darauf sei hier schon verwiesen –

makrotheoretisch und folglich ganz anders argumentieren. Deswegen eignet sie sich an dieser Stelle noch nicht für eine substanzielle Kritik aller irgendwie warentheoretisch argumentierenden Studien, sondern muss nach der Vorstellung des tauschtheoretischen Ansatzes später als grundsätzlicher Perspektivwechsel eingeführt werden.

Besonders im Hinblick auf die mikrotheoretische Nutzerinnen- und Nutzerebene zeigt auch die Soziologie eine warentheoretische Prägung, obwohl sie die rationalistische Geschichte von der Entstehung des Geldes als Werkzeug zur Erleichterung des Markttausches nur manchmal (man denke hier etwa an Talcott Parsons oder Niklas Luhmann) mitgetragen hat. Die Geldsoziologie interessiere sich, erläutert Paul Kellermann, vornehmlich für «die Vorstellungen von Geld, seiner Anwendung und die sich daraus ergebenden gesellschaftlichen Folgen».[13] Zwar betrachtet die Soziologie die Nutzung des Geldes nicht im Hinblick auf den Funktionsbetrieb von Märkten (allein), sondern als eine in soziale Beziehungsnetzwerke und kulturelle Zusammenhänge eingewobene Praxis.[14] Allerdings kommt etwa auch dort, wo beispielsweise der Netzwerkbegriff besonders prominent ins Spiel gebracht wird, Geld letztendlich als eine Summe individueller Quantitäten tauschwertvoller Eigentumstitel vor, die als Geldbeträge in und mithilfe der Netzwerke verschoben werden. Das trifft auch schon auf die soziologischen Klassiker zu: Für Max Weber bedeutete «Wirtschaften» die «*friedliche* Ausübung von Verfügungsgewalt» im Hinblick auf die Bedürfnisbefriedigung (er nannte das die «Fürsorge für einen Begehr nach Nutzleistungen»).[15] Das heißt: Wirtschaften bedeutet für ihn den Einsatz von Eigentumsrechten zur Befriedigung von Bedarf, der Königsweg dazu ist der Einsatz jener Verfügungsgewalt (Eigentum) über die eigenen Überschüsse für den Tausch gegen andere Überschüsse. Geld wiederum ist ein Schlüssel für das Beschreiten dieses Königswegs, weil es ein «Objekt» mit hoher Akzeptanzwahrscheinlichkeit im Tausch ist und deswegen die Chancen erhöht, dass man tatsächlich an die Objekte kommt, für die man einen Bedarf hat. Georg Simmel spricht zwar nicht prinzipiell von Geld als einem Objekt, doch aber als einem Mittel, das individuelle Akteure begehren, in Besitz nehmen und im Tausch wieder abgeben können; Simmel nennt das eine «Substanziierung der Tauschfunktion».[16] Sinn und Wert des Geldes, so Simmel, liege in seiner Verfassung als Anspruch innerhalb eines Geltungsraumes. Jeder Geldbetrag sei eine «bloße Anweisung [...], deren Realisierung von der Gesamtheit des Wirtschaftskreises [...] abhängt». Auch hier ist Geld also die Menge aller Stellvertreterwaren, die von individuellen Haushalten in Besitz genommen wird, um sie später wieder einzutauschen, also den bloßen Anspruch zu realisieren. Wenn Simmel Geld als Anweisung gegen «eine dritte Instanz» bezeichnet, nämlich «die soziale Gesamtheit, die für das Geld einen entsprechenden Realwert zur Verfügung stellt», dann ist er damit nicht weit von der Vorstellung entfernt, Geld sei ein Vorrat der tauschbarsten oder liquidesten aller Waren. Geld ist sowohl bei Weber als auch bei Simmel also vor allem individuell verfügbare *Kaufkraft*, gleichzusetzen mit der Macht, Waren zu erwerben. Geld als «Anweisung» auf einen «Wirtschaftskreis» zu definieren bedeutet, es als das persönlich verfügbare Werkzeug zu verstehen, welches wir Kaufkraft nennen.

Und das ist auch sinnvoll, denn genau das ist Geld «für uns». Dieser warentheoretischen Nutzerinnen- und Nutzerperspektive schließt sich an, wer Geld als «Beteiligungsmöglichkeit am Sozialprodukt», «Symbol für einen entsprechenden Leistungsanspruch» oder «ein intersubjektiv übertragbares individuelles Eigentumsrecht auf unbestimmte Güter zu einer unbestimmten Zeit» definiert.[17] Dementsprechend heißt es auch in Anton Burghardts *Soziologie des Geldes und der Inflation* von 1977, Geld biete «seinen Besitzern [...] die Chance, auf alle im Tauschbereich befindlichen disponiblen Güter im Austausch der in ihm angelegten Kaufkraft Anspruch zu erheben».[18] Der Soziologe Bruce Carruthers spricht gleichsam von Geld als individualisierbaren und intrinsisch wertlosen Dingen mit Tauschwert, die es Menschen ermöglichen, wertvolle Dinge in Besitz zu nehmen oder andere dazu zu bringen, etwas für sie zu tun. Für ihn ist deswegen Geld – ebenso wie bei Simmel und den anderen Definitionen – die Menge aller einzelnen Geldbeträge, die als Ansprüche auf definitive Werte individuell gehalten werden.[19] All diese Definitionen denken Geld als persönliches Werkzeug «Kaufkraft», das als Stellvertreterware die Geldwirtschaft als indirekte Tauschwirtschaft ermöglicht.

Sie entwickeln ihre Geldtheorie aus der Perspektive der Nutzerinnen und Nutzer und schreiben sich damit in die Analogie von vormodernem Münzgeld und modernem Fiat-Geld ein.

Wie eine Ware, nicht *als* Ware

Andere einschlägige soziologische Theorien des Geldes scheinen sich allerdings von der Münzanalogie zu distanzieren, also Geld gerade nicht als Menge stoffwertloser Tauschwaren verstehen zu wollen. Man könnte hier etwa an die Arbeiten von Talcott Parsons und Niklas Luhmann denken, die Geld als Interaktions- respektive Kommunikationsmedium konzeptualisieren. Bei Parsons ist Geld genau wie bei Luhmann «keine Ware, sondern eigentlich eine spezifische Form von Kommunikation», die als Kontrollmechanismus fungiert,[20] also Handlungen koordiniert. Geld wird von Parsons also gerade nicht als Summe aller Geldbeträge in Analogie zu einem Vorrat an Waren verstanden, die sich in jeweils individuellen Eigentumsbeziehungen zu ihren Halterinnen und Haltern befinden. Geld ist medientheoretisch gedacht nun mal keine Sache, sondern etwas Abstraktes, ein Medium eben. Dennoch sind hier deutliche Spuren der Tauschtheorie zu entdecken, wie neben Ingham auch Streeck zu Recht anmerkt, wenn er schreibt: «Die deutsche theoretische Soziologie freilich, die in den 1980er Jahren zur Reife kam, bezog ihren Geldbegriff [...] von Parsons und damit, über ihn, von der auf Smith zurückgehenden ökonomischen Tradition».[21]

Parsons versteht unter Geld eine Spezialsprache, die nur in einem Teilbereich der Gesellschaft, Wirtschaft genannt, gesprochen wird.[22] Oder andersherum: Wer sich des Geldes bedient, spricht die Sprache des gesellschaftlichen Teilsystems Wirtschaft. Indem es für alle Waren ein einheitliches «Vokabular» bereitstellt, mit dem alle Wertrelationen zwischen diesen Waren durch Preise, d. h. in der Recheneinheit des Geldes, ausgedrückt werden können, werden wiederum einzelne Eigentümerinnen von Geldbeträgen sprechfähig; sie können Geld ausgeben (oder zurückhalten) und sich damit am Sprachspiel beteiligen oder auch nicht. «Geldausgeben ist wie Sprechen»,[23] schreibt Parsons, in dem Sinne, dass der Zahlende ein abstraktes Potenzial (die Marktgängigkeit seines Geldes) in eine konkrete Bedeutung (das gekaufte Produkt) übersetzt. Die von Jürgen Habermas zwar kritisch weiterentwickelte, aber ebenfalls übernommene Analogie zwischen Geld und Sprache gilt der zeitgenössischen Geldsoziologie als problematisch. Sie verdeckt, darauf hatte vor Streeck vor allem Heiner Ganßmann in einem wegweisenden Aufsatz hingewiesen, gerade die Materialität und politische Verfasstheit, man könnte auch sagen: die Nicht-Neutralität der real existierenden Architektur des Geldes. Sprachfähigkeit wird in erster Linie durch Imitation erworben und liegt dann auch schon gewissermaßen auf der Stelle und «für immer» vor, während Geld einerseits zunächst einmal gesellschaftlich bereitgestellt (im Fall von modernem Geld durch spezielle Firmen, nämlich Banken, die bei dieser Bereitstellung eigenen Rationalitäten folgen) und andererseits individuell immer wieder neu eingenommen werden muss. Geldausgeben wäre schließlich nur dann wie sprechen, wenn man die Möglichkeit zu sprechen nach jedem Sprechakt genauso erneuern müsste wie Zahlungsfähigkeit.[24]

Im zusammen mit Neil Smelser verfassten Schlüsselwerk der Wirtschaftssoziologie *Economy and Society* von 1956 erfasst Parsons Geld als Menge individueller Geldbeträge, die für ihre Eigentümerinnen und Eigentümer «Ansprüche an Objekte von ökonomischem Wert» darstellen und deswegen (und darauf kommt es den beiden Autoren an) soziologisch als Mechanismus betrachtet werden sollten.[25] Geld meint hier dann doch wieder besitz- und distributionsfähigen, reinen Tauschwert (Kaufkraft), der als Mechanismus – was letztendlich heißt: als individuell einsetzbares und einzusetzendes Werkzeug – den Warentausch organisieren hilft.[26] Damit soll hier lediglich angezeigt werden, dass auch der von Parsons vordergründig makroskopisch gedachte Begriff des Geldes als Medium, das ein System (die Wirtschaft) zu organisieren hilft, auf der Verwendungsperspektive aufbaut: Geld mag zwar ein makroskopisches Steuerungsinstrument sein und keine Ware, letztlich ist es eine solche dann aber doch, weil es in zahllose Geldbeträge zerfällt, die in individualisierten Eigentumsverhältnissen vorliegen, es bleibt persönliches Vermögen, das als Werkzeug eingesetzt werden kann, um auf Märkten Waren zu erwerben. Die Frage des Geldes wird theoretisch in einer Praxis des indirekten Tauschens von Eigentum verortet, in der Geld, weil es von allen als Stellvertretervermögen begehrt und verwendet wird, insgesamt, also aggregiert, die makroskopische Funktion der Verteilung knapper Ressourcen über ökonomische Märkte erfüllen kann. Geld sei zwar ein «Spezialfall», aber doch mit «physischen Objekten» *als* Eigentum hinreichend «identisch», schreiben Parsons und Smelser und setzen damit die Analogietradition fort.[27]

In der Nachfolge von Parsons erklärte auch Niklas Luhmann, dass «Wirtschaft» die soziologische Bezeichnung für den Umstand sei, dass ständig gezahlt wird und diese Zahlungen neue Zahlungen provozieren. Luhmann bezeichnet den Akt der Zahlung (wobei es bei ihm genau genommen nicht um Handlungen, sondern um Ereignisse der Kommunikation geht) «als Letztelement» des Systems Wirtschaft. Zahlungen treten auf, wenn man seinen Milchkaffee to go abgilt, es sind

> «zeitpunktgemäße Ereignisse. Indem sie beginnen, hören sie auch schon wieder auf. Ein System, das auf der Basis von Zahlungen als letzten, nicht weiter auflösbaren Elementen errichtet ist, muß daher vor allem für immer neue Zahlungen sorgen. Es würde sonst von einem Moment zum anderen schlicht aufhören zu existieren».[28]

Deswegen interessiert Luhmann als Kommunikationstheoretiker auch nicht, aus was Geld besteht, sondern er betrachtet unter der Überschrift «Geld» einen Motivationsmechanismus, der Akteure immer wieder dazu bringt, zahlen zu wollen und Zahlungen zu akzeptieren. Luhmanns Beschreibung dieser Motivation ist, auch wenn sie hier aus Platzgründen nicht weiter dargelegt werden kann, klug und präzise. An dieser Stelle geht es allerdings um die Feststellung, dass Luhmann, auch wenn er die Warenanalogie in seiner Theorie weit von sich weisen würde, doch in entscheidender Hinsicht in der Tauschtheorie verbleibt.[29] Für ihn bedeutet Geldtheorie nämlich auch als Frage kontinuierlicher Zahlungsmotivation ein Nachdenken über die Situation individueller Akteure, die kommunikationstheoretisch zwar nicht Haushalte, sondern Sender und Empfängerin heißen, aber dennoch als Eigentümerinnen von Waren und Geldbeträgen gedacht werden. Genau wie Parsons interessiert sich Luhmann für Dispositionsentscheidungen über Eigentum, über Budgets, die Anschlusskommunikation, also die Entscheidung, zu kaufen oder nicht zu kaufen, ermöglichen. Geld ist ihm eine Spezialform von Eigentum und insofern – zumindest in der Konsequenz – ein Werkzeug, das individuell eingesetzt werden kann, um auf knappe Ressourcen zuzugreifen. Nur weil einige Geld «haben» und andere es haben wollen, es also «nicht haben», funktioniert es insgesamt als Mechanismus (d. h. als Medium). Die Differenz von Haben und Nichthaben bestimmt für Luhmann ökonomische Kommunikation.[30]

Teile der Soziologie betonen im Anschluss an Simmel oder Marx die Funktion des Geldes als Berechnungsmedium für ökonomische Werte. Auch diese Betonung könnte als Bruch mit der Waren- oder Werkzeugperspektive gelesen werden – schließlich geht es bei der Preisbildung nicht um Geld als eine Menge individuell verfügbarer Werkzeuge, sondern um ein abstraktes Symbolsystem der Äquivalenzherstellung. Man misst den Preis nicht mithilfe des individuell verfügbaren Geldbetrags. Der Ökonom Knut Wicksell verglich die Verwendung von Geld mit einer Temperaturmessung, bei der Geld als Recheneinheit dazu diene, die relativen Werte aller Waren zu bestimmen, also zu «messen», wie viel ihrer Überschüsse die Haushalte im Austausch gegen die Stellvertreterware abzugeben bereit wären.[31] Simmel und Marx würden hier scharf widersprechen. Sie argumentierten, die vom Geld als «Preis» (oder Tauschwert) gemessene Eigenschaft sei, anders als die von einem Thermometer gemessene Luft- oder Körpertemperatur, vom Gemessenen keinesfalls unabhängig. Erst das Geld als abstrakte, quantitative Vergleichsebene würde die Grundlage für den Vergleich des Wertes zahlloser unterschiedlicher Güter ermöglichen. Will man Dinge vergleichen, müssen diese eine Eigenschaft teilen, in der gemessen werde, erklärte etwa auch Simmel, aber all die unterschiedlichen Güter und Dienstleistungen auf dem Markt bekämen erst dadurch einen mit Geld gemessenen Wert – den

Preis –, dass das Geld als Recheneinheit, mit dessen Hilfe der Preis zu bestimmen sei, bereits eingeführt ist.[32]

Auch Marx liefert im ersten Band des *Kapitals* vor allem die theoretische Rekonstruktion einer Entwicklung, durch die man von der Praxis, Stoff in Ellen, Eier in Dutzend, Getreide in Tonnen und Gold in Unzen zu messen, dazu übergeht, für jedes dieser Dinge einfach einen Betrag *in Geld* als Vergleichsebene anzugeben und zu akzeptieren. Er beschreibt dies als die Durchsetzung eines «universellen Äquivalents», dessen Rolle von Gold ausgefüllt werde.[33] Die Monetarisierung der Gesellschaft kam somit der Etablierung einer «Doppelexistenz»[34] für alle Güter und Dienstleistungen gleich, die nunmehr sowohl als sie selbst als auch als Waren, d.h. als jene Geldbeträge existierten, die man für ihren Erwerb ausgeben muss. Die Etablierung einer verlässlichen Recheneinheit ist deswegen aus soziologischer Sicht eine Voraussetzung funktionierender Tauschmärkte und kann nicht – wie bei den volkswirtschaftlichen Klassikern – als deren Effekt erklärt werden.[35] Diese Einsichten liefern ein wichtiges Korrektiv der klassisch-ökonomischen Position, verbleiben jedoch in der Semantik der Geldwirtschaft als indirekter Tauschwirtschaft und des Geldes als eines Vorrats von Stellvertretern für den Warenaustausch.[36] Schließlich ist die symbolische Äquivalenzordnung «Geld» bei Simmel und Marx (und Luhmann) letztendlich Bedingung der Möglichkeit des indirekten Tauschens der symbolisch (im Preis) gleichgesetzten Dinge – das universelle Äquivalent ist nichts, wenn es nicht individuell gehandelt werden kann. Geld- und Warenbesitzerinnen stellen für und im Tausch Äquivalente her, indem sie ihr Werkzeug einsetzen.

Dieser Ausflug in die Geschichte und das Feld der Wirtschaftssoziologie sollte vor allem eines demonstrieren: Die in der Soziologie ganz häufig explizit oder implizit verwendete oder unterstellte Warentheorie modernen Geldes als Teil einer Tauschtheorie blickt wie selbstverständlich aus der Perspektive individueller Nutzerinnen und Nutzer auf das Geld. Die Annahmen über seine gesellschaftliche Funktion ließen sich also etwa so formulieren: Was hat und tut jeder Einzelne, wenn er oder sie Geld hat und damit umgeht, und was macht es mit der Wirtschaft (und Gesellschaft) insgesamt, wenn alle Akteure Geld haben (wollen) und verwenden? Die Antwort lautet dann: Für die Einzelnen ist Geld ein reines Tauschvermögen – ein immaterieller Leistungsanspruch gegenüber einer unbestimmten Gruppe möglicher Tauschinteressenten dieses Vermögens. Weil alle dieses Vermögen als uneigentlichen Stellvertreter *eigentlich* begehrter Tauschobjekte akzeptieren, kann es als Tauschmittel Angebot und Nachfrage auf Märkten koordinieren. Damit ruft die tauschtheoretische Konzeptualisierung des Geldes als eines persönlichen Stellvertretervermögens die soziale Praxis der Geldverwendung, also: die Geldwirtschaft, als indirekten Tausch von Eigentum auf und verweist auf meine obige Behauptung, dass jede Geldtheorie auch eine Theorie der Geldwirtschaft impliziert (und dann auch eine Theorie der Geldpolitik).

Mithilfe dieser Perspektive, das sei noch einmal betont, lässt sich die soziale Realität des Geldes in vielerlei Hinsicht für die Sozialforschung fruchtbar abbilden und analysieren. In der Tat ist Geld für uns selbst ein Vermögen, das wir einnehmen, sparen und ausgeben, und es ist gleichzeitig eine abstrakte Recheneinheit, mit deren Hilfe heterogene Dinge vergleichbar, quantifizierbar und dadurch mit Geld bezahlbar werden. Dieser tauschheuristische Blick auf Geld als eine Menge persönlicher Werkzeuge mag deswegen für vielerlei Untersuchungen zur lebensweltlichen Realität des Geldes sinnvoll und gut sein, ist aber als Grundbaustein des «Betriebssystems», welches unseren gesellschaftspolitischen Diskursen und Willensbildungsprozessen zur Geldpolitik gemeinhin zugrundeliegt, unzureichend und letztlich auch politisch problematisch. Denn Geld kann eben nicht von jedem nur eingenommen und ausgegeben, sondern muss immer auch produziert werden. Diese Produktionslogik aber kommt einer Geldtheorie, die sich von vornherein von der Nutzung von Geldbeträgen leiten lässt, gar nicht mehr hinreichend vor die Linse der theoretisch vorgeformten Untersuchung.[37] Die Konzeptualisierung von Geld als einem Vorrat an Stellvertreterwaren, die als individuell verfügbare Werkzeuge den Handel ermöglichen, diskreditiert nämlich bereits im Ansatz gesellschaftliche Ansprüche an die Geldschöpfung. Wenn Geld nur dann Geld ist, wie Simmel schrieb, wenn es in der Praxis «die unmittelbaren Werte vertreten» könne, verengt sich die Vorstellung davon, was «Geldpolitik» eigentlich meint und meinen darf.[38] Diesem tauschtheoretischen Nexus von Geld und Geldpolitik und der Diskreditierung von Geldschöpfungspolitik widmen sich die nächsten beiden Kapitel.

2. Der Nexus von Geld und Politik

Die Tauschtheorie des Geldes, also jene eingespielte Theorieanalogie von modernem Geld als bloß immaterieller Goldmünze, impliziert eine bestimmte Einschätzung des Leistungsangebots dieser gesellschaftlichen Einrichtung. Nach dieser Lesart stellt Geld als Stellvertreterware ökonomischen Einheiten mit Überschussproduktion ein Werkzeug bereit, mit dessen Hilfe sie ihre Bedürfnisse tauschend am Markt befriedigen können. Dieses Leistungsangebot ist demnach, so scheint es jedenfalls, universal, d.h., Geld leistet für alle Akteure dasselbe: als Stellvertreterware den Markttausch zu vermitteln. Dementsprechend haben die Vertreterinnen und Vertreter des tauschtheoretischen Mainstreams der Volkswirtschaftslehre auch das zu diesem Leistungsangebot gehörende Anforderungsprofil universalistisch verstanden. Der Begriff des Anforderungsprofils korrespondiert mit der Vorstellung des Leistungspotenzials und verweist auf die Frage, was Gesellschaften tun müssen, damit ein soziales Konstrukt wie Geld funktioniert, d.h. die Leistung erbringt, die man mit ihm assoziiert. Die tauschtheoretische Antwort auf die Frage, was Gesellschaften erreichen müssen, damit Geld als Geld seine Leistung erbringt, müssen wir in diesem Kapitel aufrufen, weil sie die institutionelle Verfassung unseres Geldsystems ebenso prägt wie unsere geldpolitischen Diskurse.

Die Unschuldsforderung

Die *universalistische* tauschtheoretische Fassung des gesellschaftlichen Anforderungsprofils (die im nächsten Abschnitt von einer *partikularistischen* abgegrenzt wird, die in der Wirtschaftssoziologie und politischen Ökonomie vertreten wird) bezieht sich im Kern auf die Stoffwertlosigkeit moderner Guthaben. Als Ausgangspunkt dient uns das berühmte Zitat des Ökonomen Carl Menger, der sich über die seltsame Angewohnheit seiner Landsleute den Kopf zerbrach, ihre mühevollen Arbeiten gegen schnöden Metalltinnef einzutauschen:

> «Dass ein Gut von seinem Besitzer gegen ein anderes, ihm nützlicheres, in Austausche hingegeben wird, ist ein Vorgang, welcher auch dem gemeinsten Verstande einleuchtet. Dass aber bei allen einigermaßen zivilisierten Völkern jedes wirtschaftende Subjekt bereit, ja eifrig bemüht ist, seine zum Austausche bestimmten Güter gegen kleine, an sich nutzlos erscheinende Metallscheiben, oder gegen diese letzteren vertretende Urkunden, auszutauschen: dies ist ein dem gemeinen Lauf der Dinge so widersprechender Vorgang, dass es uns nicht wundernehmen darf, wenn er selbst einem [...] ausgezeichneten Denker [...] als ‹geheimnisvoll› erscheint.»[1]

In diesem Zitat ruft Menger Geld nach dem bekannten Muster als etwas auf, das wie nützliche Güter eingetauscht wird, obwohl die Metallscheiben und Papierurkunden selbst keinen eigenen Nutzen haben. Sie werden wie Vermögenswerte behandelt, ohne selbst wirklich solche zu sein, jedenfalls keine, die etwas anderes vermögen, als eingetauscht zu werden. Geld wird von Menger also als reines Tauschpotenzial ohne Nutzwert aufgerufen, als Stellvertreterware. Gleichzeitig formuliert er eine Irritation: Die Existenz und Persistenz eines solchen reinen Tauschwerts ist erklärungsbedürftig. Man kann hier auch vom zentralen Bezugsproblem der Geldtheorie sprechen, das nach Menger den Mainstream dieser Theoriesparte dominierte: Geldtheorien müssen erklären, wie es sein kann, dass «vernünftige Menschen» ihre hart erarbeiteten Besitztümer so bereitwillig im Tausch gegen an sich doch wertlose Papierstücke, Metallscheiben und digitale Ziffern abgeben.[2] Geld ist eben, um auf die weiter oben zitierten soziologischen Definitionen zurückzukommen, eine bloße «Beteiligungsmöglichkeit am Sozialprodukt», ein noch unbestimmtes Eigentumsrecht auf vielerlei Güter, eben ein Symbol für einen Leistungsanspruch, nicht selbst schon eine Leistung. Geld ist ein Risiko.

Diese Definition reiht sich in eine Vorstellung von Geld ein, wonach es in gewisser Weise weniger ist als eine gewöhnliche Ware – es hat nämlich keinen seinen Tauschwert ergänzenden Nutzwert –, aber in gewisser Weise eben auch mehr als eine Ware, weil sein Tauschwert «verallgemeinert» oder «universell» ist. Auch Karl Marx hatte sich bekanntlich den ökonomischen Zirkulationsprozess so vorgestellt, dass Menschen ihre Waren (W) vorübergehend in eine andere Form von Vermögenswert verwandeln. Marx spricht bekanntlich vom Geld (G) als einer Verkörperung abstrahierten Wertes, die als universelles Äquivalent alle Waren vergleichbar macht und so die – wie Marx es nennt – «Metamorphose» oder den «Formwechsel» der Warenwerte in die Geldwerte und, in einem erneuten Tausch, eine Metamorphose zurück ermöglicht. Der Leistungsanspruch wird also immer wieder akzeptiert, weil das unbestimmte Eigentumsrecht (G) immer wieder in bestimmte Eigentumsrechte (W) überführbar ist. Diese tauschwerttheoretische Perspektive auf Geld als ein Werkzeug namens Kaufkraft evoziert damit ein gesellschaftliches Anforderungsprofil, das häufig mit dem Begriff des Vertrauens erfasst wird: Damit Geld funktioniert, muss ein allgemeines *Vertrauen* in die Machbarkeit des «Formwechsels», also die Eintauschbarkeit der Geldbeträge aufrechterhalten werden.[3] Anders gesagt: Was soziologisch an der Funktionalität des Geldes zu erklären ist, ist der irritierende Tauschwert eines an sich tauschwertlosen Gutes. Diesen Tauschwert kann zumindest die Soziologie nicht mit dem Verweis auf objektive Rationalitäten erklären. «Soziologisch ausgerichtete Theorien», schreibt Jens Beckert, «betrachten das Geld als einen abstrakten Anspruch seines Besitzers auf die in einer Volkswirtschaft erzeugten Güter. […] Dem Besitzer von Geld werden Güter geschuldet». Ein solcher Anspruch auf Güter muss nicht nur individuell, sondern kollektiv als verbindlich gelten können. Die einzelnen Geldbeträge sind schließlich «nicht an sich wertvoll», vielmehr müsse das Geld «so behandelt werden, als ob es wertvoll wäre» (der Geldwert wird gemeinhin im Konjunktiv theoretisiert – dazu mehr im siebten Kapitel). Deswegen beruhe dessen Funktionalität auf einer intakten «moralischen Atmosphäre, die Vertrauen in das an sich wertlose [Geld] gewährleistet».[4]

Der unbestimmte Anspruch jedes einzelnen Geldbetrags wird überhaupt nur als Anspruch erfahr- und verwendbar, wenn eine vertrauensvolle «Atmosphäre» intakt ist, in der dieser Anspruch auch von anderen erwartbar anerkannt wird. Dieses Vertrauen gilt es zu erhalten, damit Geld funktioniert. Die Aufrechterhaltung dieser Atmosphäre des Vertrauens in die Stellvertretung eigentlicher Werte durch die Geldware müssen Gesellschaften also leisten, um sich modernes Geld (verstanden als stoffwertlose Stellvertreterware, d.h. «Fiat-Geld») leisten zu können. Nachfrage nach Geldbeträgen gibt es offenbar nur dann, wenn diese als *valide* Leistungsansprüche gelten – und darauf muss man vertrauen. Oder wenn einem der Vertrauensbegriff nicht behagt: Geldnutzerinnen und Geldnutzer müssen *erwarten* können, dass ihre Geldbeträge als valide Leistungsansprüche gelten. Etwa das meinte wohl Simmel, als er erklärte, Geld sei eine Anweisung auf eine Gesellschaft; seine Geltung als Geld hänge eben nicht von konkreten Personen ab, sondern davon, ob unbekannte Dritte weiter Geldbeträge im Tausch akzeptierten und für den Tausch begehrten. Mit Max Weber gesprochen geht es also um das Vertrauen in die *materiale Geltung*, d.h. die Erwartung der Eintauschbarkeit, die Barbeträge und Kontostände zu Geld werden lassen.

Die Aufrechterhaltung des Vertrauens in den Tauschwert des Geldes ist auch eine Aufgabe der Politik. Vertrauen in (modernes) Geld hat folglich etwas mit Vertrauen in Institutionen zu tun, die sich um den Erhalt des Tauschwertes sorgen.[5] Einschlägige Soziologien des Geldes beziehen sich auf die Aufrechterhaltung einer, mit Christoph Deutschmann, «Objektivitätsfiktion» als Kernaufgabe geldpolitischer Institutionen des Staates. Die «Objektivitätsfiktion» bedeutet, die immaterielle Goldmünze so zu betreuen, dass sie der materiellen Goldmünze möglichst ähnelt, um die Erwartungsatmosphäre einlösbarer Ansprüche auf Waren zu erhalten. Das Stichwort hier ist Knappheit. Modernes Geld, so die nicht nur bei Deutschmann zu findende Annahme, muss genau so knapp gehalten werden, wie es die Waren von selbst schon sind, die mit dem Geld gehandelt werden: «Die heutigen, scheinbar nominalistischen Währungssysteme müssen in Gestalt der Mengenbeschränkung an einem letzten Rest von Dinglichkeit des Geldes festhalten».[6] Weil Geld nicht mehr aus einem per se knappen Material besteht, übersetzt sich die Knappheit der Ressourcen nicht in die Knappheit des Geldes, sondern verlangt deren Organisation über politisch-institutionelle Versprechen, die Leistungsansprüche genauso gut zu verknappen wie die Leistungen – oder das wenigstens glaubwürdig zu kommunizieren.[7]

In dieser Perspektive steckt das bekannte Bild von der Struktur der Geldwirtschaft, die als Grundlage einer Tauschtheorie der Geldpolitik fungiert. Die Betrachtung von Geld als einem Zwischenschritt im Tauschprozess evoziert damit das Bild einer Geldmenge, die der, mit Marx gesprochen, «Warenmasse» gegenübersteht und sich als Stellvertreter für den «Formwechsel» W – G – W anbietet. G muss dabei (mit Deutschmann) an einem «letzten Rest an Dinglichkeit festhalten», indem es an die strukturelle Begrenztheit der «Warenmasse» angepasst wird; oder, etwas anders formuliert, indem Geld genauso knapp gehalten wird wie Güter und Dienstleistungen. Zuvor schon wurde auf Simmels Übernahme der Vorstellung verwiesen, in der Geldwirtschaft stünden sich ein «Gesamtgeldvorrat» und ein «Gesamtwarenvorrat» gegenüber, wobei ersterer Anweisungen auf letzteren bedeute.[8] Damit wird die Geldwirtschaft als eine Art Feld aufgerufen, in dem sich Waren (Leistungen; kaufbare Dinge) und Geldbeträge wie in einem Raum in individuellen Besitzverhältnissen verteilt vorfinden, wie eine Menge an Schraubenschlüsseln, die alle Instanzen derselben Sache – eines Schraubenschlüssels – sind, aber als je eigenes Exemplar einem je individuellen Baumarkt oder einer je individuellen Handwerkerin gehören.

Um Stellvertreterware sein zu können, muss der Vermögenscharakter des stoffwertlosen Zeichengeldes irgendwie so objektiv sein wie der Vermögenscharakter der «Leistungen», für die der «Leistungsanspruch» Geld eingelöst werden kann. Das heißt: Der Tauschwert muss glaubwürdig sein, damit die Geldware auch de facto die «eigentlichen» Werte vertreten kann. In der Tauschtheorie ist Geldpolitik damit immer und zuallererst Tausch*wert*politik. Die Anforderung der Aufrechterhaltung dieser Objektivitätsfiktion wird durch den Verzicht auf eine wertvolle Konstruktionssubstanz für Geldbeträge (Gold oder Silber etwa) virulent. Die immaterielle Goldmünze muss also institutionell so arrangiert werden, dass sie funktioniert, als wäre sie immer noch eine Goldmünze. Das ist die implizite These der «Objektivitätsfiktion».

Eine solche Fiktion braucht ein Signal, ein Zeichen, das den Akteurinnen und Akteuren der Praxis des indirekten Eigentumstausches anzeigt, dass Leistungen und Leistungsansprüche in einem geordneten Verhältnis stehen und den Leistungsansprüchen deswegen eine mehr oder wenige «objektive» Qualität als Stellvertreter zukommt. Die Volkswirtschaftslehre des 20. Jahrhunderts hat daraufhin vorgeschlagen, sich auf das Preisniveau als Signal für die Objektivität des Geldes zu einigen. Damit hat sie, anders als die (oder Teile der) Wirtschaftssoziologie und die politische Ökonomie, einen Pfad eingeschlagen, der Geld selbst «entpolitisiert». Und mit dieser Entpolitisierung war die Tauschtheorie enorm erfolgreich.

Versteht man unter Geld einen Tauschwert, der als ein Stellvertreter der Waren behalten wird, die gegen den Geldbetrag verkauft wurden, dann gehört die Wertstabilität der Geldbeträge praktisch zu den definierenden Charakteristiken des Geldes. Der Geldbetrag ist nur dann *wirklich* Stellvertreter eines verkauften Laibes Brot, wenn die Bäckerin dafür in einer anderen Bäckerei auch selbst einen Laib Brot erwerben oder irgendetwas dafür eintauschen kann, das subjektiv oder gesellschaftlich-symbolisch (ausgedrückt durch den Preis) gleichwertig ist. Allein in diesem Fall sind die eingetauschten Geld- und Realvermögen äquivalent. Weil die Verkäuferin Geld erhält, indem jemand für ihre Ware zahlt, kann der Geldbetrag nur dann ein verlässlicher Anspruch sein (von einer, um auf die Formulierung Beckerts zurückzukommen, moralischen Atmosphäre der Anerkennung umweht sein), wenn sie mit diesem Geld auch wieder denselben Warenwert zurückkaufen könnte; die Wertrelation – also: die relativen Werte – zwischen Geldmenge und der «Warenmasse» müssen stabil sein. Dies ist keine normative Forderung, sondern in der Tauschtheorie des Geldes die Prämisse, damit man Geld wirklich als Geld bezeichnen kann. Geld ist (tauschtheoretisch) überhaupt nur dann Geld, wenn es *vertritt*, wenn also die Preise (hinreichend) stabil sind. Auch diese Gleichsetzung ist durch Simmel in die Gründungsstatuten der Geldsoziologie eingeschrieben worden:

> «Nur in dem Maße, in dem das Geld, seinem reinen Wesen treu, dem allen entzogen ist, besitzt es Wertkonstanz, die also daran gebunden ist, daß

> Preisschwankungen nicht Änderungen seiner Beziehung zu den Dingen, sondern nur sich ändernde Beziehungen der Dinge untereinander bedeuten; und diese wiederum involvieren, daß der Erhöhung des einen eine Erniedrigung eines anderen korrespondiert. Soweit das Geld also *die ihm wesentliche Eigenschaft der Wertstabilität* wirklich besitzt, verdankt es sie seiner Aufgabe, die wirtschaftlichen Relationen der Dinge, oder: die Relationen, durch die die Dinge zu wirtschaftlich wertvollen werden, in sich in reiner Abstraktheit – durch sein bloßes Quantum – auszudrücken, ohne selbst in sie einzutreten.»[9]

Dieser basale quantitätstheoretische Entsprechungsgedanken ist weit verbreitet. Es leuchtete vielen Menschen intuitiv ein, dass Geldwerte im Verhältnis zu den Warenwerten stabil sein müssen, dass also Inflation (ein stetiger Anstieg des Durchschnittspreises) das «Wesen» des Geldes kompromittiert. Auch der Soziologe Bruce Carruthers und die Soziologin Sarah Babb schreiben, Geld würde «am besten» funktionieren, wenn die Neutralität seines Wertes einfach wie eine Natureigenschaft vorausgesetzt werden kann. Ansonsten drohe der indirekte Tausch zusammenzubrechen.[10] Die Verhinderung oder Bekämpfung von Inflation – einem Anstieg der Durchschnittspreise und damit einer Entwertung nomineller Geldbeträge – wird dadurch zu einem Programm ökonomischer Vernunft, gewissermaßen zu einer logisch begründeten Selbstverständlichkeit. Wenn die relative Wertstabilität des Geldes eine «ihm wesentliche Eigenschaft» ist, wie Simmel behauptet, dann handelt, wer sie zu bewahren versucht, im Interesse des Geldes selbst, also neutral, apolitisch oder universal und nicht im eigenen, partikularen Interesse. Bei «Wertkonstanz» bleibt das Geld «seinem reinen Wesen treu»; eine Manipulation relativer Werte ist Versündigung am Gelde selbst.

Simmel folgt hier der sich in der marginalistischen Revolution der ökonomischen Ideengeschichte des späten 19. und frühen 20. Jahrhunderts herausbildenden neoklassischen Idee monetärer Neutralität.[11] Die Neutralitätsthese hat zwei Dimensionen. Sie behauptet, Geld sei ökonomisch neutral, das bedeutet: in bestimmter Hinsicht folgenlos, und ferner politisch neutral, im Sinne von «universell», d. h. für alle seine Nutzerinnen und Nutzer gleichermaßen funktional, solange die

Tauschwertrelationen zwischen Geldbeträgen und am Markt angebotenen Waren konstant sind. Ökonomisch neutral bedeutet, dass für ökonomische Akteure in letzter Konsequenz reale Werte zählen, nicht nominelle Werte, also Geldpreise.

Das Argument hinter dieser Unterstellung basiert auf der Handlungstheorie des homo oeconomicus, die den Menschen als rational kalkulierenden Nutzenmaximierer versteht. Die neoklassische Volkswirtschaftslehre analysiert die Ökonomie auf Basis der Annahme, dass Wirtschaftsakteure, seien es Menschen oder Firmen, bestimmte Präferenzen darüber hätten, was sie wollen und wie viel sie dafür auszugeben bereit sind. Sie ordnen diese Präferenzen nach Wichtigkeit und setzen dann ihre Mittel so ein, dass sie möglichst relevante Wünsche möglichst umfassend erfüllen können. Einen so kalkulierenden Akteur sollten in letzter Instanz nicht die nominellen Preise interessieren, sondern die relativen Wertverhältnisse zwischen den Dingen. Er achtet nicht darauf, ob eine Ware zehn oder fünfzehn Euro kostet, sondern darauf, wie viel die Ware in Bezug auf andere Waren kostet (und damit auch: wie viel er real dafür hergeben muss) – so zumindest die Annahme des Rationalitätskalküls. Da Geld als Wertmaßstab dabei allein dazu dient, erstens nominelle Preise für Dinge kommunizieren zu können und zweitens als Tauschmittel bereitzustehen, um die eigentlichen Dinge zu handeln, ist es letztendlich eher eine Art «Schleier», der sich über die eigentlichen, also: realen Tauschwerte und -relationen der Waren legt. Damit ist Geld, solange sein Wert konstant gehalten wird, bloßes Werkzeug zur Abbildung der relativen Werte der Waren untereinander, kein eigenständiger Faktor im Wirtschaftsgeschehen. Deswegen ist es auch nur konsequent, wenn beispielsweise der Vertreter der neoklassischen Wirtschaftstheorie Knut Wicksell erst im zweiten Band seiner *Vorlesungen über Nationalökonomie* von 1922 auf Geld zu sprechen kommt.[12]

Wicksell vergleicht dabei die Geldfunktion als Messung objektiver Wertverhältnisse, wie im vorherigen Kapitel bereits erwähnt, mit einem Thermometer: Genauso wie uns ein Thermometer zwar etwas über Temperaturen verrät, aber die Temperaturen nicht beeinflusst, misst auch Geld Wertrelationen zwischen Waren.[13] Wicksell kann dann auch in der Einleitung des zweiten Bandes seiner *Vorlesungen über Nationalökonomie* ganz konsequent und selbstbewusst den Lesern die Tatsache erklären, warum das Geld erst jetzt, also im zweiten Band, von ihm behandelt würde; nämlich: weil sich die Nationalökonomie, auch wenn es Geld gebe, so analysieren lasse, als sei es nicht da – genauso wie sich die Folgen zu hoher oder zu niedriger Körpertemperaturen bei einem Menschen auch dann studieren ließen, wenn man ohne Thermometer keine numerischen Werte zur Bezeichnung von Temperaturen zur Verfügung hätte. Nicht die gemessene Zahl «42 Grad Celsius» ist für Menschen lebensgefährlich, sondern die Körpertemperatur selbst, unabhängig von ihrer Messung. Das Thermometer sei aber nur ein sinnvolles Werkzeug, wenn es bei derselben Temperatur immer dieselbe Gradzahl anzeigen würde. Folglich, so argumentiert Wicksell, sei die Wertkonstanz oberstes Gebot: «Sobald das Geld allgemeiner Wertmaßstab und damit gesetzliches Zahlungsmittel geworden ist, hat das Aufrechterhalten eines möglichst unveränderten Geldwertes [...] allergrößte Wichtigkeit».[14] Wenn das aber der Fall ist, sind wirtschaftliche Prozesse auch ohne eine Analyse des Geldes versteh- und nachvollziehbar.

Freilich ist dieses Theorem in Wahrheit noch deutlich komplexer und müsste unter Umständen besser und facettenreicher erklärt werden. Glücklicherweise ist es für die folgenden Überlegungen aber nur bedingt wichtig. Wesentlich ist hier der zweite Teil der Neutralitätsthese, der Versuch, Geld als ein genuin unpolitisches Phänomen zu fassen. Die Geldordnung, so der Kern dieser *Ideologie unpolitischen Geldes*, sollte so beschaffen sein, dass allenfalls eine basale, rein sachbezogene Verwaltung erfolgt, die natürlich von irgendeiner Regierung oder anderen politischen Institutionen eingesetzt werden muss. Einer solchen Verwaltung sollte es aber allein darum gehen, in unpolitischer Weise – sine ira et studio – die Geldfunktion zu erhalten. Diese Funktion sei nämlich im Hinblick auf Interessengruppen *neutral*, also gleichermaßen im Sinne *aller* Mitglieder der Geldgesellschaft. Preisstabilität wird somit zum Gemeinwohl stilisiert.

Die in dieser Denkweise imaginierte gesellschaftliche Verfassung des Geldes lässt damit nicht nur das Geld, sondern auch die Geldpolitik als Tauschwertpolitik im Kern unpolitisch, ja: *technisch* werden. Weil mit Geld eine so zweckmäßige Erleichterung des Handels möglich ist, obliegt der Politik allenfalls die (verwaltungs-)technische Sicherstellung der Funktionalität des Tauschmittels. Schon Adam Smith wollte dem Staat deswegen allenfalls die Aufgabe zugestanden wissen, den Händlerinnen und Händlern bei der Messung und Garantie des Gold- oder Silbergehalts ihrer Münzen zur Seite zu stehen und dadurch für Vertrauen in die Werthaltigkeit und Wertkonstanz zu werben. Jede Kritik, die diesen Sinn und Zweck der Geldpolitik als Tauschwertverwaltung in Frage stellen würde, ist keine abweichende politische Position, sondern eine per se unlogische, schädliche und unredliche Haltung, welche die Natur des Geldes kompromittiert. Damit wird eine politische Auseinandersetzung über Geld im Grundsatz delegitimiert, Fragen der Geldschöpfung hinter denen des Geldpreises ausgeblendet und Geldpolitik somit entpolitisiert.

In der zweiten Hälfte des 20. Jahrhunderts feierte diese Ideologie eines an sich unpolitischen Geldes ihren politischen Siegeszug. Nach und nach wurden die staatlichen Einflussmöglichkeiten auf das Geldsystem eingeschränkt. Weil die Aufrechterhaltung der Tauschmittelfunktion eine Frage statistischer Berechnungen und ökonomischen Sachverstandes ist, leuchtete es vielen ein, die Geldpolitik an politisch möglichst unabhängige Zentralbanken zu übertragen. Hätte man hingegen Parlamente mit der technischen Steuerung beauftragt, so die Annahme, würden verschiedene Interessengruppen ständig an den Wertrelationen des Tauschmittels herumschrauben und damit die Funktionalität als Tauschmittel und die politisch neutrale Essenz des Geldes selbst kompromittieren: etwa dadurch, dass sie neue Leistungsansprüche für ihr Wählerklientel schaffen würden, ohne dass bereits mehr Leistungen erbracht worden wären, die mit diesem Geld gehandelt werden könnten. Der Philosoph John Locke hatte im England des 17. Jahrhunderts etwa den Befürwortern einer Entwertung existierender Metallmünzen vorgeworfen, mit einer solchen Maßnahme die Kaufkraft ihrer Bürgerinnen und Bürger zu vermindern, sie also praktisch geldpolitisch zu enteignen und damit das Geld selbst unzulässig zu manipulieren.[15] Der Vorwurf der Manipulation impliziert damit das, was vorhin mit der universalistischen Denkweise dieser Ideologie bezeichnet wurde. In den Augen ihrer Vertreterinnen und Vertreter ist nur wertstabiles Geld wirkliches Geld, gleichermaßen für alle Akteure in einer Geldwirtschaft. Die Unabhängigkeit der Zentralbank soll das Geld vor politischen Preismanipulationen schützen. Dementsprechend heißt es in der Selbstdarstellung der EZB:

> «Zentralbanken sind nicht immer unabhängig gewesen. Im Laufe der Zeit wurde die direkte politische Einflussnahme auf die Währungspolitik jedoch immer stärker beschränkt. [...] Als Hüter der Preisstabilität schaffen die Zentralbanken die Voraussetzung für eine gesunde und stabile Wirtschaft. Hätten die Regierungen direkte Kontrolle über die Zentralbanken, könnte dies Politiker dazu verleiten, die Zinssätze zu ihren Gunsten anzupassen, um einen kurzfristigen wirtschaftlichen Aufschwung herbeizuführen, oder Zentralbankgeld zur Finanzierung von politischen Maßnahmen zu nutzen, die große Unterstützung in der Bevölkerung finden. Dies würde der Wirtschaft langfristig erheblichen Schaden zufügen.»[16]

Begründet wurde der Siegeszug unabhängiger Zentralbanken in der Regel mit dem dreistufigen Argument, das wir bereits nachvollzogen haben: Zunächst wird, erstens, Geldpolitik dezidiert als Tauschwertpolitik verstanden, dann, zweitens, Preisstabilität als Ziel einer gemeinwohlorientierten Tauschwertpolitik gesetzt und schließlich, drittens, die von den schädlichen Einflüssen der Regierungsgewalt befreite Zentralbank als ideale Agentin dieses Ziels dargestellt.[17] Die Europäische Zentralbank gilt als idealtypische Verkörperung dieser Argumentation: Die Staaten der Eurozone können nicht nur nicht direkt über geldpolitische Entscheidungen der EZB verfügen; allein die EZB darf zur Wahrung eng definierter geld*wert*politischer Ziele in Märkte eingreifen, und zwar auch nur so, dass sie Wertrelationen möglichst unangetastet lässt. Im Artikel 127 des Vertrags über die Arbeitsweise der Europäischen Union (AEUV) (und im angehängten Protokoll Nummer 4) sind das Grundverständnis von Geldpolitik als Tauschwertpolitik und die universalistische Interpretation von Tauschwertstabilität als Gemeinwohl festgeschrieben. Dort wird der EZB die Aufgabe übertragen, die Geldpolitik der Währungsunion zu definieren und umzusetzen, und gleichsam proklamiert, was darunter zu verstehen sei: «Das vorrangige Ziel des Europäischen Systems der Zentralbanken [...] ist es, die Preisstabilität zu gewährleisten».[18] Der EZB-Rat spezifizierte nach ihrer Gründung, was unter Preisstabilität zu verstehen sei, nämlich ein mittelfristiger Anstieg des sogenannten harmonisierten Verbraucherpreisindexes (HICP) von knapp unter zwei Prozent. Geldpolitik bedeutet im Falle der EZB also primär, Tauschwertpolitik mit dem Ziel der Preisstabilität zu betreiben, wobei sie Preise für stabil erachtet, wenn sie mittelfristig im Durchschnitt um etwas weniger als zwei Prozent pro Jahr ansteigen. Das Grundverständnis von (erstens) Geldpolitik als Tauschwertpolitik und von (zweitens) Preisstabilität als Tauschwertpolitik im Sinne des Gemeinwohls prägt seit den 1990er Jahren «praktisch alle bedeutenden Zentralbanken der Welt».[19]

Die Festschreibung von Preiswertstabilität als Ziel, das sich nur durch (von der «schädlichen» Einflussnahme regierender Politikerinnen und Politiker) unabhängige Zentralbanken erreichen lässt, kann als erfolgreiche Institutionalisierung dieser Ideologie verstanden werden. Und das war durchaus so intendiert, wie etwa der Ökonom und Wirtschaftspolitiker Otmar Issing, einer der Konstrukteure des Euro, zufrieden zusammenfasst: «Der Euro steht für *entpolitisiertes* und damit stabiles Geld. Die Geldpolitik ist aus dem politischen Prozess der Parteien und Wahlen herausgelöst, und es ist der unabhängigen Zentralbank überlassen, die Preisstabilität zu gewährleisten».[20] Jede Anmeldung von Ansprüchen an die Leistung des Geldes, die über die stabile Abbildung von Wertrelationen und damit die Vermittlung indirekten Tauschens hinausgehen, ist eine sinistre Zweckentfremdung eines eigentlich unschuldigen Werkzeugs, dessen Zweck darin besteht, Stellvertreter zu sein.

Der Preiskampf

Die Ideologie unpolitischen Geldes beherrscht zwar die monetären Institutionen und geldpolitischen Diskurse, gilt in der Wirtschaftssoziologie und politischen Ökonomie aber schon lange als widerlegt. Auch die Ideengeschichte heterodoxer Wirtschaftswissenschaften kann als wiederkehrende Infragestellung der politischen Neutralität des Geldes gelesen werden, wie etwa Robert Skidelsky in seiner Monografie *Money and Government* gezeigt hat.[21] Zuletzt haben zahlreiche wirtschaftssoziologische und politökonomische Studien an unzähligen Beispielen herausgearbeitet, dass die Identifikation von stabilen Tauschwertrelationen mit dem Gemeinwohl selbst eine interessengeleitete und damit parteiische Position ist. Jonathan Kirshners Losung, Geldangelegenheiten seien «*immer* und *überall* politisch»[22] mäandert durch ein größer und größer werdendes Forschungskorpus, dessen Ergebnisse in öffentlichen Debatten über geldpolitische Entscheidungen von Zentralbanken und Regierungen noch lange nicht die Rolle spielen, die sie spielen sollten. In diesem Abschnitt will ich sowohl basale Einsichten dieser politischen Soziologie und politischen Ökonomie des Geldes aufrufen als auch festhalten, dass sie zwar in der Regel das Paradigma des Tauschens (oder Komponenten daraus) zum Einsatz bringen, allerdings auch den Übergang zu einem Paradigma der Bilanz vorbereiten. Diesen Denkansatz werde ich dann in den nächsten beiden Teilen des Buches weiterverfolgen.

Dem Framing eines universellen Geldes hat bereits Max Weber, der nun wahrlich kein linker Fantast war, klar widersprochen und damit die Soziologie eigentlich auf den Pfad einer politisch-kritischen Geldforschung gesetzt, den sie leider, wie Geoffrey Ingham oder Wolfgang Streeck betonen, (lange) nicht mit letzter Konsequenz verfolgt hat.[23] Für Weber ist die Grundlage moderner liberaler («autonomer») Wirtschaft der «Marktkampf». Alle Akteure, die auf Märkten um knappe Ressourcen konkurrieren – seien es Produzenten, die Waren verkaufen, Arbeiterinnen, die Lohn erhalten, oder Händler, die kaufen und verkaufen wollen –, bieten ihr Angebot zu einem Preis an und hoffen, dass dieser Preis von jemandem akzeptiert wird. Welchen Lohn – also: welchen Geldpreis für ihre Arbeit – die Arbeiterin verlangen kann, hängt von vielfältig verschachtelten Machtverhältnissen ab. Gleiches gilt aber auch für jedes andere Produkt. Jedes Preisangebot steht für Weber in einem Konflikt um (knappe) Ressourcen und Geldmittel. Dementsprechend sind alle Geldpreise (auch der Preis des Geldes selbst) «Kampf- und Kompromißprodukte, also Erzeugnisse von Machtkonstellationen». In einem solchen «Kampfgeschehen» kann es kein unpolitisches Tauschmittel geben, kein an sich unschuldiges Werkzeug, das entweder «richtig» funktionieren kann oder von eigennützigen Machthabern «manipuliert» wird. Geldbeträge können deswegen nie neutral sein, weder wenn sie stabil noch wenn sie instabil sind. Geldbeträge sind «keine harmlose[n] ‹Anweisung[en] auf unbestimmte Nutzleistungen›, welche man ohne grundsätzliche Ausschaltung des durch Kampf von Menschen mit Menschen geprägten Charakters der Preise beliebig umgestalten könnte, sondern primär: Kampfmittel und Kampfpreis».[24]

Der Tauschwert des Geldes ist nach Weber somit immer Ergebnis von Konfliktkonstellationen und Machtverhältnissen und kein neutrales Fieberthermometer für real-objektive Wertrelationen zwischen Waren. Der bereits kurz zitierte Kirshner hat diese polit-ökonomische Perspektive auf Geld als «Kampfmittel» in einem einschlägigen Aufsatz auf eine Formel gebracht, die insbesondere die Erfahrung der Eurozone einfängt. Demnach sei der politische Charakter des Geldes durch zwei Fragen bestimmt, jene nach dem Preis im Binnenmarkt (auch bekannt als Inflationsrate) und jene nach dem Preis vis-a-vis anderer Währungen (die Wechselkurse).[25] Über diese beiden Fragen würde gestritten, wenn es um Geld gehe. Geldpolitik meint bei Kirshner dementsprechend alles, was auf Inflation oder Wechselkurse – die Preise des Geldes – Einfluss nimmt. In der Tradition Webers ist Geld demnach immer politisch, weil sein Tauschwert Ausdruck von Machtkonstellationen ist. Geldpolitik ist somit im Kern weiter Tauschwertpolitik, aber anders als bei der Ideologie unpolitischen Geldes nicht universalistische, sondern partikularistische Tauschwertpolitik.[26]

Der Wirtschaftshistoriker Glyn Davies geht davon aus, dass die gesamte Geschichte des Geldes von Auseinandersetzungen über die Stabilität des Tauschwerts vorangetrieben wird und somit als serielle Abfolge kurzzeitig akzeptierter «Kompromissprodukte» zwischen widerstreitenden Interessengruppen erzählt und erklärt werden kann. Diese Interessengruppen ordnen sich – und Davies ist in dieser Auseinandersetzung selbst Partei – mehr oder weniger konkret einem von zwei Polen zu, die Davies nicht ohne implizierte moralische Wertung «Qualität» und «Quantität» nennt. Für die «Qualität» einer Geldform votiert, wer sich für die Beschränkung seiner Menge und die Verhinderung neuer Geldsubstitute einsetzt, um den Tauschwert der Geldbeträge stabil zu halten.[27] Hierzu gehören – idealtypisch gesprochen – Kapitalvermögensbesitzer, die ihr Geld anlegen und dabei am Ende nicht nur auf dem Papier (nomineller Geldwert) Profite machen, sondern auch tatsächlich mehr Kaufkraft in den Händen halten wollen (realer Geldwert). Auf «Quantität» setzt hingegen, wer politisch für die Ausweitung der Geldmenge und die Schaffung neuer Geldbeträge (und damit letztendlich, so jedenfalls Davies' quantitätstheoretische Unterstellung, für eine Aufweichung des Tauschwertes) votiert. Hierzu gehören – ebenso idealtypisch – Unternehmen, die sich durch Kredite finanzieren, vor allem aber auch die Mehrheit der vermögenslosen Bevölkerung, die entweder Schulden zu bedienen hat (z. B. Hypotheken), deren Rückzahlung durch eine Vermehrung der monetären Mittel erleichtert wird, oder für welche eine Ausweitung der Geldmenge neue Chancen zur Durchsetzung von Lohnerhöhungen bedeuten könnte. Die beiden Interessenlagen lassen sich besonders eindrücklich als Opposition zweier idealtypischer Gruppen darstellen, die Davies «Schuldnerinnen» (deren Leben durch eine Ausweitung der Zahlungsmittel und einen realen Wertverlust der Kaufkraft erleichtert wird) und «Gläubiger» (die mehr Geldwert aus ihren Investitionen herausholen wollen, als sie hineingegeben haben, und deswegen wenigstens stabile Tauschwertrelationen brauchen) nennt. Davies greift auf diese beiden Figuren (Gläubigerinnen und Schuldner) zurück, um den Tauschwertkonflikt zu charakterisieren – als ewiges Gerangel zwischen jenen, welche die Versorgung der Wirtschaft mit Geld begrenzen und damit seine Qualität – seinen Binnen-

oder Außenwert – bewahren wollen und jenen, die bestehende Geldvorräte ausweiten oder neue Geldformen einführen und damit die Qualität verfügbarer Zahlungsfähigkeit – wieder: den Wert – verwässern wollen.[28]

Um diese strukturelle Annahme in eine These historischer Entwicklungsgesetze zu übersetzen, argumentiert Davies mit einem «Qualität-zu-Quantität-Pendel», einem Hin und Her zwischen stabilen und instabilen Geldwerten, das die gesamte Geldgeschichte vorantreibt.[29] In dieser Geschichte seien, so Davies, die potenziellen Profiteure von einem Qualitätsverlust der Zahlungsmittel historisch betrachtet stets in der Mehrheit, die von einem stabilen Geldwert profitierende Minderheit der «Gläubigerinnen» hingegen zumindest auf lange Sicht zumeist besser darin, ihre Macht zu konsolidieren.

Immer wieder aber kommt es zur Einführung neuer Geldformen, Ersatzzahlungsmittel (Geldsubstitute) oder zur Produktion zusätzlicher Geldmittel, die den vorherigen «Kompromisspreis» des Geldes aufkündigen. Zur Illustration eines solchen Konflikts kann man die Einführung einer Papiergeldwährung in den USA heranziehen. Die frühe politische Geschichte der Vereinigten Staaten von Amerika ist geprägt von öffentlichen Debatten über die politische Architektur des Dollar. Eine besonders eindrückliche und deshalb in der Forschung vergleichsweise vielbeachtete Episode ist die Greenback-Bewegung.[30] Die US-Nordstaaten hatten mit dem Legal Tender Act im Frühjahr 1862 ihr Schatzamt autorisiert, 150 Millionen Dollar in Banknoten auszugeben, die als reines Papiergeld das umlaufende Edelmetallmünzgeld ergänzen sollten. Bis März 1863 wurden daraus sogar noch 450 Millionen Dollar an Papierscheinen. Die auffällige Farbgebung dieser Banknoten war für den Namen «Greenbacks» verantwortlich. Es handelte sich um Fiat-Geld, das nicht mehr per Rechtsanspruch in Edelmetall eintauschbar war. Es stellte eindeutig eine Ausweitung der verfügbaren monetären Mittel im Sinne des Quantitäts-Pols in Davies' Pendel dar.

Und tatsächlich beruhte seine Fortexistenz auf der Formierung politischer Unterstützer, die Vorteile in dieser Ausweitung sahen und sie gegen Gegner verteidigen wollten. Die Greenback-Bewegung bildete sich nach dem Bürgerkrieg mit dem Ziel, das zunächst als außergewöhnlich und für zeitlich begrenzte Kriegsmaßnahmen eingeführte Fiat-Geld zu bewahren und eine Rückkehr zur Edelmetallbindung zu verhindern. Die «Greenbackers» vertraten die Interessen von Rohstoffproduzenten, insbesondere Farmern. Als Erklärung für ihre Unterstützung des flexiblen Papiergeldes kann ihre hohe Schuldenlast herhalten. Deshalb mussten sie bei der Wiedereinführung des Goldstandards eine steigende Belastung befürchten. Zwar hätte eine Kopplung des Papiergelds an Gold selbstredend nicht die nominelle Verpflichtung der Farmer berührt, die auf dem Papier immer noch dieselben Summen geschuldet hätten. Aber eine durch die Golddeckung «gehärtete» Währung hätte die Preise gedrückt und damit die reale Kaufkraft derselben nominellen Geldsumme in der Praxis erhöht. Das hätte bedeutet, dass die Farmer mehr Überschüsse hätten verkaufen müssen, um dieselbe nominelle Summe Geld einzunehmen; dementsprechend hätten sie auch mehr verkaufen müssen, um eine nominell gleichbleibende Schuld abzutragen. Anders gesagt: Ihre *reale* Schuldbelastung wäre durch den Goldstandard angestiegen. Für die «Greenbackers» versprach das ungedeckte Papiergeld also eine institutionalisierte Möglichkeit einer flexiblen Währung, deren Menge qua Druckerpresse zur Justierung des Preisniveaus eingesetzt und damit die Position von Schuldnerinnen und Schuldnern im Gesamtsystem stärken konnte.

Und tatsächlich verloren die Greenback-Banknoten rapide an Wert, jedenfalls in Relation zum Edelmetall. Am Ende des Krieges konnte man mit den 450 Millionen Dollar Papiergeld nur noch eine halb so große Menge an Gold erwerben wie vor ihrer Einführung. Forderungen nach einer Metallpreisstabilisierung wurden laut, vor allem aus den wohlhabenderen Städten und aus den Regionen mit Silberminen. Die Regierung beschloss mit dem Contraction Act von 1865, fortan die Summe umlaufender Papiergeldsummen um 10 Millionen pro Jahr zu vermindern, rückte von dieser Maßnahme aber schon 1868 wieder ab, als die Nachkriegsdepression Geld für Investitionen und Löhne zu einem knappen Gut werden ließ. Zuvor hatten der ebenfalls auf Bundesebene erlassene Currency Act (1863) und der

National Bank Act (1864) die Papiergeldausgabe durch private Bankfirmen erleichtert, die zusätzlich zu den Greenbacks zirkulierten. Eine 1875 gegründete Greenback-Partei brachte 1878 vierzehn ihrer Mitglieder in den Kongress, um die Abschaffung des ungedeckten Papiergeldes und die Rückkehr zu einem Gold- oder Silberstandard (oder eine Kombination) zu verhindern. Dabei ging es nicht nur um eine Erleichterung bei der Schuldrückzahlung: Auch wenn die Greenbacks gegenüber Gold an Wert verloren hatten, so waren die Preise insgesamt in Nordamerika in der zweiten Hälfte des 19. Jahrhunderts eher unter Abwärts- als Aufwärtsdruck. Im Hinblick auf Verbrauchsgüter herrschte also Deflation, ein Indikator für Geldmangel. Dieser Druck verteilte sich nicht gleichermaßen, sondern betraf landwirtschaftliche Produkte stärker als andere, so dass die in der Greenback-Bewegung organisierten Farmer de facto ihre Marktchancen (im Sinne Webers) davonschwimmen sahen und Geld als eines von mehreren Machtmitteln in diesem Konflikt in den Blick nahmen.[31]

Gleiches gilt für die Vertreterinnen und Vertreter eines Silberstandards, die sich, so sieht es zumindest Davies, aus Bewohnern und Investorinnen der Silberminenregionen rekrutierten und deren Marktchancen deswegen noch einmal anders gelagert waren als die der Investorinnen in den nordstaatlichen Metropolen oder die der südstaatlichen Farmer. Mit dem Coinage Act von 1873 wurde der Prägung von Silbermünzen, die zuvor in niedrigen Denominierungen parallel zu Goldmünzen existierten, ein Ende gesetzt. Das wiederum beeinträchtigte die Marktchancen all jener, die unmittelbar oder mittelbar mit dem profitablen Geschäft des Silbers verbandelt waren, und folglich stieß der Beschluss auf politischen Widerstand. Das «Verbrechen von 73» wurde ein Schlagwort öffentlicher Debatten. Der Kongress reagierte mit dem Bland-Allison Act (1878) und begann, wieder Silber zur Münzprägung (und darüber hinaus, insbesondere durch den Silver Purchase Act von 1890) zu kaufen.

Schon dieser kurze Abriss zeigt, inwiefern sich in konkreten historischen Situationen eine Vielfalt monetärer Interessen gegenüberstehen. Von einer stets im Allgemeinwohl agierenden Geldpolitik kann somit nie die Rede sein. Die Ideologie unpolitischen Geldes ist also selbst nur eine Partei im Kampf um Marktchancen:[32] jene der «Qualität» nämlich, die Geldpreise stabilisiert wissen will. Der Tauschwert des Geldes ist immer Ausdruck politischer Machtkämpfe. Seine Variation, sei es als Inflation, Deflation oder Wechselkursschwankungen, kann aus soziologischer Sicht nicht als Korruption einer eigentlich unschuldigen Institution verklärt werden. Das gesellschaftliche Anforderungsprofil modernen Geldes ist deswegen als Aufrechterhaltung einer Objektivitätsfiktion unterbestimmt. Tatsächlich sollten wir uns Werte, seien sie stabil oder nicht, als Kompromisse widerstreitender politischer Kräfte vorstellen. Gesellschaften müssen also mehr leisten als eine einfache Objektivitätsfiktion des Geldwertes, mit der sich alle einfach zufriedengeben. Sie müssen ständig neue Kompromisspreise im Binnen- und Außentauschwert der Geldbeträge produzieren; diese «Waffenstillstände» im Kampf um Marktchancen bilden (oder, etwas weniger konfrontativ: komplettieren) aus Sicht der politisierten Tauschtheorie das Anforderungsprofil (modernen) Geldes. Geldwerte müssen nicht (nur) objektiv sein, sondern auch von Vertreterinnen und Vertretern unterschiedlicher Interessen (zumindest für den Moment) als legitim anerkannt werden, was bedeutet, dass sie nicht gegen den Geldpreis opponieren, ihr Kapital in andere Währungen oder Zahlungsmittel abziehen oder aus dem indirekten Tausch aussteigen. Die Erzeugung und der Erhalt von *Tauschwertlegitimität* sind für die politische Soziologie und politische Ökonomie der Kern des Anforderungsprofils modernen wie jedes anderen Geldes.

Begreift man Geld als eine politische Waffe, müssen auch monetäre Architekturen, die Funktionslogiken und Reproduktionsmechanismen von Geldbeträgen organisieren, stets als Ausdruck von Machtverhältnissen und als «Kompromissprodukte» zwischen verschiedenen Interessengruppen verstanden werden. Deswegen bezeichnet Streeck, wie einleitend zitiert, die politische Architektur jedes Geldes (also seine Konstruktionsprinzipien und Reproduktionsmechanismen) als «machtdurchschossen». Diese Architekturen strukturieren den Machtkampf um den Geldpreis, sie bevorzugen und benachteiligen Akteure und Akteursgruppen in diesem Marktkampf. Die politische Ökonomie des Euro konnte auf Basis von Webers Konflikttheorem etwa herausarbeiten, dass sich die Währungsunion nur dann politisch und ökonomisch verstehen lässt, wenn man den Vereinigungsprozess im Hinblick auf konkurrierende geldwertpolitische Präferenzen analysiert, die aufgrund von «Machtkonstellationen» immer wieder neue «Kompromissprodukte» erproben und alte Kompromisse in Frage stellen, wenn sie nicht mehr mit den eigenen Interessen kongruieren. Dies kommt besonders prägnant in Wolfgang Streecks Aufsatz *Warum der Euro Europa spaltet statt es zu einigen* aus dem Jahr 2015 zum Ausdruck.[33]

Streeck diagnostiziert darin unterschiedliche nationale monetäre Kulturen der Mitgliedsländer der Eurozone, bei denen es sich um gewachsene Präferenzen für Geldpreise handelt, die, warum auch immer, in bestimmten Demokratien mehrheitsfähig sind. Idealtypisch, so Streeck, könne man dabei zwischen dem Norden und dem Süden der Eurozone unterscheiden.[34] Die nördlichen Länder, vor allem Deutschland, hätten ihr Wirtschaftswachstum, das gleichsam als kleinster gemeinsamer Nenner das wirtschaftspolitische Gesamtziel bildet, vor allem durch den Export generiert. Weil diese Strategie für viele Unternehmen und Arbeiterinnen und Arbeiter unmittelbare und mittelbare Erfolge gebracht hat, würde man hier, so Streeck, eine Geldpolitik (als Tauschwertpolitik verstanden) präferieren, die vor allem dem Export hilft. Um auf hochkompetitiven Weltmärkten bestehen zu können, muss die Heimatwährung der Exportfirmen stabil sein, und die Inlandspreise (insbesondere die Löhne) sollten nur bedingt und moderat steigen. Stabile Inlandspreise waren etwa die Grundlage des jahrelangen «Erfolgs» der Deutschen Mark, die als Paradebeispiel einer «harten Währung» galt. Exportorientierte Länder sind deswegen «inflationsavers», so Streeck. Sie tendierten zu politischen Entscheidungen, die eine Ausweitung der Geldmenge beschränken und die Verwässerung der Tauschrelationen minimieren, etwa ausgeglichene Staatshaushalte, restriktive Kreditpolitiken oder Lohnzurückhaltung. Sie wollen «Qualität», um es mit Davies auszudrücken.

Die von Streeck zusammengefassten Länder Südeuropas verfolgten und präferierten hingegen eine gegenteilige Strategie. Sie würden versuchen, Wirtschaftswachstum durch Binnennachfrage zu generieren (und dadurch, in der Begrifflichkeit Webers, ihre «Marktchancen» zu erhöhen). Dazu müssten Löhne und Preise steigen, und diese Steigerungen müssten finanziert werden. Die Länder bevorzugten also eine inflationsfreundliche Geldpolitik, die durch private oder staatliche Verschuldung für einen Nachschub an monetären Mitteln sorgt, um produzierte Waren im Inland absetzbar zu halten.[35] Ihren Interessen entspricht demzufolge, wieder mit Davies, der Einsatz für eine «Quantität» des Geldes.

Die monetäre Architektur der Eurozone selbst identifiziert Streeck nun als institutionelles Arrangement, das ihre Mitglieder in Bezug auf solche Kompromisse unter neue Zwänge setzt, also: die den politischen Kompromissen zugrundeliegende Machtkonstellation verändert. Die EZB trifft geldpolitische Entscheidungen für die gesamte Eurozone («One Size Fits All»), auf eine weitergehende wirtschaftspolitische Integration wurde aber verzichtet. So fehlt es etwa an einem transnationalen Mechanismus zur Lohnkoordination, der es erlauben würde, einen kausalen Schlüsselfaktor des Preisniveaus, nämlich das Lohnniveau, so anzupassen, dass die einheitliche Geldpolitik in allen Ländern gleichermaßen positive Auswirkungen hat.[36] Durch die einheitliche Währung können die Mitgliedsländer ihre Wechselkurse untereinander nicht mehr anpassen, so dass sich der reale Binnenpreis (also die Kaufkraft des Euro) unterscheidet, ohne dass der Außenwert diese Unterschiede austarieren kann. Deswegen konnte beispielsweise Deutschland mit einer hochproduktiven Exportökonomie und (im Verhältnis zur Produktivität) niedrigen Löhnen (die gesellschaftlich akzeptabel sind, weil die Preise stabil blieben) den europäischen Markt mit (zu) günstigen Produkten überschwemmen. Einer solchen Situation könnten Importländer mit der Anpassung des Außenwertes (Wechselkurs) entgegentreten und dadurch ihre Volkswirtschaft vor einem Abfluss an Kaufkraft schützen; aber genau diese Option gibt es in der Eurozone nicht mehr, und sie wurde auch nicht durch einen anderen Machtmechanismus zur Findung neuer Kompromisse ersetzt. Die monetäre Integration der Eurozone verhindert nicht nur das Verfolgen unterschiedlicher geldpolitischer Strategien, sondern präferiert die Hartwährungs- und Exportländer.[37] Freilich ist die Ausbeutung des Südens durch den Norden nur eine Seite der Geschichte. Die Kopplung an die Hartwährungen bescherte den Ländern der Eurozone einen Rabatt auf die Zinsen für öffentliche Neuverschuldung und eine gestärkte Position auf den Weltmärkten. Die Vor- und Nachteile solcher monetären Kompromisse unterliegen demnach Schwankungen und ständigen historischen Wandlungsprozessen, die sich um die Binnen- und Außentauschwerte des «Gesamtgeldvorrats» drehen, zwischen denen praktikable Kompromisse gefunden und so Tauschwertlegitimität hergestellt werden müssen, will man nicht benachteiligte Akteure zum «Exit» aus der Eurozone und damit zur Aufkündigung des Kompromisses zwingen.

Lose Enden

Warum reicht es nicht, den Geldwert als Gegenstand und Ergebnis politischer Konflikte zu entlarven? Kehren wir dafür zu den anfänglichen Irritationen zurück, wie sie einerseits durch die Gleichzeitigkeit von monetärem Überfluss und einer dreifachen Zahlungskrise der öffentlichen Hand und andererseits von den Vorschlägen Rumls und der MMT (die öffentliche Hand solle ihre Zahlungsschwierigkeiten dadurch lösen, dass sie Geld druckt) ausgelöst wurden. Freilich könnte man die ablehnenden, harschen Reaktionen auf diese Vorschläge als einen solchen Tauschwertkonflikt verstehen, den wir mithilfe von Kirshner, Davies oder Streeck an den Beispielen der Greenbacks und der Eurozone als einen klar erkennbaren politischen Konflikttypus geschildert haben. Wer noch Zweifel daran hat, dass es sich um einen politischen Konflikt handelt, der sei an den Antrag von US-Senator David Perdue am 01. Mai 2019 erinnert, der den US-Senat dazu aufforderte, die MMT zu verdammen («to condemn Modern Monetary Theory»), weil sie nach seiner Überzeugung zu Hyperinflation und einem Zusammenbruch des Dollar-Wechselkurses führen würde.[38] Perdue votiert offenbar für einen stabilen Binnen- und Außenwert des Dollars und übernimmt damit die gemeinhin als «sound money» bezeichnete Position, die Davies «Qualität» nennt. Ihm stünden in dieser Logik die «Greenbackers» Beardsley Ruml und Stephanie Kelton gegenüber, die für das Hochfahren der Druckerpressen eintreten und damit das geltende «Kompromissprodukt» auf dem Pendel Richtung «Quantität» verschieben wollen. Diese Debatte stünde dann für einen aufflammenden Konflikt über den Tauschwert des Geldes, weil die Vertreterinnen und Vertreter der MMT im Geiste Rumls herrschende Kompromisse über Staatsschulden und Ausgabepolitiken (insbesondere die Trennung von Geld- und Fiskalpolitik, die für die Ideologie unpolitischen Geldes entscheidend ist) aufkündigen und von einer gläubigerfreundlichen zu einer schuldnerinnenfreundlichen Politik wechseln wollen.

Dennoch verbleibt auch diese Interpretation der politischen Qualität des Geldes im Sinne eines Tauschwertkonflikts (der sich immer wieder in Kompromissen zwischen gesellschaftlichen Interessengruppen temporär befrieden lässt) noch immer innerhalb der Grenzen der Tauschtheorie und nimmt damit das theoretische Angebot der MMT nicht ernst genug. Es soll in diesem Buch nicht darum gehen, die Kritik an einer interessengeleiteten Hartwährungspolitik bloß fortzusetzen. Vielmehr wollen wir den Verdacht erhärten, Beardsley Ruml und der MMT gehe es gerade nicht nur darum, hemmungslos Geld zu drucken und damit den Tauschwert des Geldes zu untergraben. Ihr Ansatz soll uns auf eine Spur führen, die eine grundsätzliche Neuverhandlung der Theorietrias aus Geld, Geldwirtschaft und Geldpolitik erlaubt – kein Geschacher um Finanzierungen, sondern eine Kritik der finanziellen Vernunft.

Ferner stoßen wir mit dem simplen Schema von stabilem versus aufgeweichtem Geldwert als monetärem Fundamentalkonflikt angesichts der Krisen der Gegenwart in eine Sackgasse. Schließlich haben wir in der Einleitung die Entwicklung der Geldmengen und des Verbraucherpreisniveaus als unabhängige Prozesse aufgerufen. Wir haben eine jahrzehntelange Ausweitung der Geldmengen erlebt, die durch die Finanzkrisen von 2008 und 2020 noch einmal in zuvor kaum denkbarem Ausmaß übertroffen wurde. Dennoch kämpfen wir mit Deflation statt mit (Verbraucherpreis-)Inflation. Quantität und Qualität sind offenbar gar keine Enden desselben Pendels, weil wir jahrzehntelang die Quantität erhöhen konnten, ohne die Qualität zu gefährden, also Inflation zu erzeugen. Wo ist also genau der Konflikt? Darüber hinaus wissen wir durch die Arbeiten von Thomas Piketty, dass vor allem eine Minderheit superreicher Haushalte von der wirtschaftlichen und monetären Entwicklung des vergangenen halben Jahrhunderts profitiert hat; es handelt sich um Haushalte, die durch Kapitalanlagen ihr Geld verdienen, «Gläubigerinnen» also. Als solche hätten sie allerdings – siehe das historische Argument von Davies – für eine Begrenzung des Geldvorrats stehen müssen, für «Qualität» statt «Quantität». Angesichts der exorbitanten Ausweitung der Geldmengen, die von allgemeinen Wohlstandszuwächsen ebenso unabhängig zu sein scheint wie von allgemeinen Preisanstiegen, müsste man das vergangene halbe Jahrhundert in der Pendellogik als Kontrollverlust der Kapitaleigner interpretieren, obwohl sie – siehe Piketty – ihre Marktchancen gemessen an den Einkommens- und Vermögenszuwächsen exorbitant ausbauen konnten.[39] Die Gläubigerinnen haben von der Quantitätszunahme profitiert. Hier stimmt also etwas nicht.

Um Licht ins Dunkel zu bringen, sollte man sich von der Unterstellung lösen, die MMT würde sich bezüglich ihrer Argumentation noch innerhalb der Tauschtheorie des Geldes bewegen, würde also lediglich in diesem Rahmen eine andere Politik (nämlich Quantität statt Qualität) präferieren. Stattdessen müssen wir von der Tauschtheorie und ihrer Vorstellung von Geld als einer immateriellen Münze, die sich als persönliches Werkzeug in Eigentumsvorräten verteilt vorfindet, abrücken, weil sich nur so der eklatante Geldüberfluss bei einigen wenigen und die gravierenden Zahlungskrisen bei den vielen mitsamt ihren politischen Präferenzen begreifen lassen.

Mit dem Vorschlag, Geld und Geldpolitik als Konflikt von Gläubigerinnen und Schuldnern zu untersuchen, bietet die politische Soziologie des Geldes allerdings einen Weg, wie wir zu der in der Einleitung unter Berufung auf eine Strömung heterodoxer Ökonominnen und Ökonomen bereits umrissenen Bilanztheorie gelangen. Ihr Kern ist es, Geldwirtschaft aus der Perspektive von Gläubigern und Schuldnern, nicht aus der von tauschenden Eigentümerinnen zu untersuchen. Diesen Blickwechsel hat vor allem Geoffrey Ingham forciert, der mit seiner politischen Soziologie des Geldes einen Theoriewechsel hin zur heterodoxen Geldtheorie verband, wie sie auch der MMT zugrunde liegt. Allerdings verspielt Ingham einige sozialtheoretische Potenziale bilanziell argumentierender Geldtheorien, weil er die politische Qualität des Geldes ebenso auf Tauschwertkonflikte reduziert. Dennoch liefert er den entscheidenden Impuls für eine alternative Geldsoziologie: die Untersuchung von *Geldschöpfung* als *eigenständigem* Teil des gesellschaftlichen Aufgabenprofils speziell modernen Geldes.[40]

Diesen Pfad wollen wir in den nächsten Kapiteln weiterverfolgen und ausbauen. Ziel dabei ist, das gesellschaftliche Anforderungsprofil und Leistungsangebot modernen Geldes gerade nicht nur als weiteren Ausdruck einer jahrtausendealten Pendelgeschichte mit voreingestellten Rollen im Marktkampf zu analysieren, sondern die Differenz in der Gestalt modernen Geldes zu betonen und von dort aus eine Geldpolitik zu entwerfen, die vielleicht zur Lösung sozialer und ökologischer Zahlungskrisen beitragen kann, statt sie zu verschärfen. Die von den zitierten Autorinnen und Autoren ins Spiel gebrachten Rollen von Gläubigerinnen und Schuldnern werden dabei ins Zentrum einer Theorie der Geldwirtschaft rücken, ohne dass mit ihnen per se gesellschaftliche Gruppen oder Interessenverbände angesprochen wären. Die Bilanztheorie versteht die Notationen von Gläubigerinnen und Schuldnern weitreichender und grundlegender, indem sie jeden geldwirtschaftlichen Akteur immer sowohl als Schuldnerin als auch als Gläubiger versteht (dazu mehr im vierten Kapitel). Diese Bilanztheorie erlaubt es, die makroskopische Gestalt modernen Geldes als einer einzelnen großen Entität anstelle eines Vorrats von Werkzeugen zu erfassen, wodurch ihr Charakter als Infrastruktur offenbar wird. Zunächst aber gilt es, noch einmal auf die irritierenden Vorschläge von Beardsley Ruml und der MMT zurückzublicken. Demnach könnten sich Staaten anstatt über Einnahmen durch Abgaben ihrer Bürgerinnen und Bürger auch über ihre Fähigkeit zur Geldschöpfung finanzieren. Wir müssen verstehen, warum diese Idee so abwegig erscheint. Solche Vorschläge scheinen geldtheoretische und geldwirtschaftliche Strukturgesetze zu verletzen – etwa, dass Geld erwirtschaftet werden muss. Das ist jedoch falsch.

3. Gebende und nehmende Hände

Standesgemäß zitierte der Präsident der Deutschen Bundesbank im September 2012 in Frankfurt am Main Goethe. Jens Weidmann hielt in dieser Funktion die Eröffnungsrede einer Tagung des Instituts für bankenhistorische Forschung; der Titel dieser Tagung ließ wenig Raum für Spekulationen über die Intention der Veranstalter, war er doch ganz offenbar als rhetorische Frage formuliert gewesen: *Papiergeld – Staatsfinanzierung – Inflation. Traf Goethe ein Kernproblem der Geldpolitik?* Ein «Nein» in der Eröffnungsrede wäre also peinlich gewesen. Glücklicherweise hatte der Dichterfürst in der Fortsetzung seines Blockbusters *Faust* eine berühmt-berüchtigte Episode verfasst, in der Mephistopheles – der Teufel! – einen arglosen Kaiser aus finanzieller Not befreite, indem er ihm die Erfindung des Papiergeldes schmackhaft machte – Beardsley Ruml lässt grüßen. Der Höllenfürst schlug dem klammen Herrscher vor, seine Rechnungen mit Papierscheinen zu bezahlen, die von den Halterinnen und Haltern in Reichtümer des Kaiserreichs umgetauscht werden konnten. Den Einwand, die Schatzkammern des Palastes gäben dafür nicht genug edles Metall her, wischte Mephistopheles mit dem Argument beiseite, es befänden sich schließlich genug Gold und andere Reichtümer im Boden unter dem Kaiserreich. Die Papierscheine seien außerdem so bequem, dass die Untertanen sie womöglich gar nicht mehr umwechseln wollen würden – und wenn, müsste man halt nach den entsprechenden Metallen suchen, aber das sei allenfalls ein Problem von Morgen! Da, wie der Protagonist Faust höchstselbst anmerkte, nun nur noch die Fantasie die Zahlungsfähigkeit des Fürsten beschränkte, kopierte der eifrige Schatzmeister die von seiner Majestät unterschriebenen Anrechtsscheine und brachte sie in Mengen unter das Volk. Die Maßnahmen zeigten Erfolg, die wirtschaftliche Lage der Untertanen und der Krone verbesserten sich gleichermaßen – zunächst, denn natürlich war das Geschenk des Teufels vergiftet. Genau wie das leere Versprechen der Alchemisten, Gold aus Blei herzustellen, erweist sich das Papiergeld als schal und unzureichend; den Verlockungen des schnellen Reichtums erlegen, stempelt der Schatzmeister des Kaisers Unterschrift auf immer neue Zettel, das Papiergeld überschwemmt das Land und die Inflation rafft die zusätzliche Zahlungsfähigkeit dahin. So berichtet jedenfalls der Bundesbankpräsident, der Goethes Theaterstück als Lehrstück für die Gegenwart liest:

> «Zwar kann sich der Staat im Faust II in einem ersten Schritt seiner Schulden entledigen, während die private Konsumnachfrage stark steigt und einen Aufschwung befeuert. Im weiteren Verlauf artet das Treiben jedoch in Inflation aus und das Geldwesen wird infolge der rapiden Geldentwertung zerstört.»[1]

Staaten, die ihre Ausgaben «monetär», also durch Geldschöpfung finanzieren, gelten als dem Untergang geweihte Bananenrepubliken. Auch US-Senator David Perdue bediente dieses Vorurteil, indem er seine Senatskolleginnen und -kollegen aufforderte, die Modern Monetary Theory höchstoffiziell zu «verdammen», weil sie (in seiner Wahrnehmung wohlgemerkt) für einen schamlosen Einsatz der Druckerpressen stehe und damit die USA dem Schicksal der Weimarer Republik, von Simbabwe oder Venezuela aussetzen würde. Diese Länder haben zu unterschiedlichen Zeiten Episoden einer Hyperinflation, also eines rapiden und alle ökonomischen Prozesse zerstörenden Wertverfalls der eigenen Währung erlebt (Weimar 1923, Simbabwe ca. 2004–2009, Venezuela spätestens ab 2016).[2] Für solche Katastrophen wird gerne direkt ein Schuldiger identifiziert, nämlich – wie auch bei Weidmann – der Staat, der sich – wie schon Goethes Kaiser – angesichts des Machtrauschs der Druckerpressen nicht beherrschen kann. Dementsprechend heißt es in der Onlineversion des *general intellect*, auf Wikipedia, «der Verursacher der (Hyper-)Inflation» sei «immer der Staat».[3]

Halten wir am besten direkt fest, dass diese monokausale Schuldzuweisung Kokolores ist – auch wenn ich mich mit der Inflation als solcher ganz bewusst erst später, im zehnten Kapitel des Buches, beschäftigen werde. Dieser Aufschub ist nicht unbegründet: Die Vorherrschaft der Ideologie des unpolitischen Geldes zeigt sich nicht zuletzt im vorschnellen Brückenschlag zwischen der bloßen Erwähnung von Geldschöpfung (und ihrer möglichen Politisierung) und dem Vorwurf, man würde damit die Inflation entfesseln. Goethe und Wikipedia lassen gleichermaßen grüßen. Dadurch aber wird eine den Zahlungskrisen und empirischen Realitäten angemessene geldpolitische Debatte verunmöglicht. Hier geht es nun zunächst darum, diese Verknüpfung als eine bestimmte Interpretation der Geldpolitik und ihre tiefe Verankerung in der Tauschtheorie des Geldes und der Geldwirtschaft hervorzuheben. Wir müssen uns somit erstmal einen anderen, ich würde sagen: nüchternen Blick erarbeiten, bevor wir auf das Reizthema der (Hyper-)Inflation zurückkommen. Und auch dann darf keine spezielle Inflationstheorie erwartet werden. Die Angst vor der (Hyper-)Inflation ist genau das, was unsere geldpolitischen Debatten im Kern lähmt. Die Wikipedia-Verkürzung ist ebenso absurd wie gefährlich, weil sie politische Hoheitsansprüche ohne Evidenzbasierung diskreditiert. Es geht also darum, weniger und nicht noch mehr über Inflation zu sprechen.

Als Vorgriff sei aber schon jetzt angemerkt, warum die in Goethes Faust, in Weidmanns Rede und auf Wikipedia zementierte Schuldzuweisung den Fakten nicht standhalten kann. Erstens lassen sich Ereignisketten, die wir «Hyperinflation» nennen, weder monokausal auf eine Ausweitung der Geldmenge noch auf einen Staat zurückführen, der diese Kette in Gang setzt. Schon die Behauptung, eine steigende Geldmenge sei (mono-)kausal für ein steigendes Gesamtpreisniveau verantwortlich (das ist die monetaristische These Milton Friedmans, Inflation sei immer und überall ein «monetäres», d.h. durch Geldschöpfung ausgelöstes Phänomen), ist empirisch betrachtet wenig überzeugend. Sicherlich gehört die Geldmengenausweitung zu den Bedingungen (rapider) Preissteigerungen, allerdings ist der kausale Vektor dieser überhaupt nicht eindeutig: Das Wachstum der Geldmenge scheint häufiger eher eine Reaktion auf Preissteigerungen zu sein als deren Ursache. In der Realität sind insbesondere Hyperinflationsepisoden komplexe Vorgänge, bei denen ökonomische Schwächen und Zerstörungen, Finanzspekulationen und institutionelle Zusammenbrüche eine mindestens ebenso große Rolle spielen wie die Ausweitung des Gesamtgeldvorrats. Darüber hinaus erweisen sich weder Staatsschulden noch monetäre Staatsfinanzierung als notwendigerweise besonders inflationär, wie sich etwa für die lange und erfolgreiche Geschichte solcher Politiken in Kanada (1948–1971) zeigen lässt.[4] Interessanterweise ist auch die von Bundesbankpräsident Weidmann gezogene Lehre aus *Faust II* zumindest anteilig dem Reich der Dichtkunst zuzuordnen: Von inflationären Folgen des mephistotelischen Papiergeldexperiments berichtet der Autor des Stücks nämlich entgegen der Behauptung Weidmanns nicht oder zumindest kaum, von der erzeugten wirtschaftlichen Dynamik aber seitenweise.[5]

Die reflexartige Zurückweisung der bloßen Idee eines Staates, der sich zur Finanzierung seiner Ausgaben der Kapazitäten zur Geldschöpfung bedient, führt uns an dieser Stelle aber zunächst weg von der Empirie von Inflationskausalitäten und hin zum theoretischen Problem eines – auch Weidmanns Rede zugrundeliegenden – Denkstils. Es handelt sich – wieder einmal – um die antipolitische Interpretation der Tauschtheorie. Die Ideologie des unpolitischen Geldes transportiert eine bestimmte Vorstellung davon, woher Geld kommt – nicht (nur) wie es historisch entsteht, sondern auf welche Weise Zahlungsfähigkeit ständig (re)produziert wird und werden muss. Schon auf Basis dieser Theoriedoktrin sind wir geneigt, Weidmann zuzustimmen und den herrschaftlichen Zugriff auf die Druckerpressen als gefährlich und schlechterdings irrational zu diskreditieren. Vereinfacht gesagt geht es um die Annahme, Geld müsse als Stellvertreterware einen «echten» Wert vertreten, den es schon gibt.

Die zuvor besprochene tauschtheoretische Leitidee vom Ursprung der Zahlungsfähigkeit basiert auf der Unterscheidung zwischen einer ökonomischen und einer politischen Sphäre. Die (letztendlich) private ökonomische Sphäre *generiert* den monetären Wert, der Staat als institutionelle Verkörperung der politischen Sphäre *verwendet* diesen Wert. Diese Differenzierung, der sich dieses Kapitel widmen wird, ruht auf einer tauschtheoretischen Unterordnung von Geldschöpfung unter die Geldwertpolitik (siehe vorheriges Kapitel). Die basale Delegitimierung konkurrierender und eigenständiger Ansprüche an die Kapazitäten zur Geldschöpfung kulminiert in der theoretischen und moralischen Tabuisierung monetärer Staatsfinanzierung, also einer konsequenten Politisierung der Geldschöpfung.

Wo entsteht Zahlungsfähigkeit?

Nichts sei «so normal wie die Tatsache», schrieb Peter Sloterdijk im Kontext einer von ihm initiierten Debatte um die Legitimität von Steuern, «dass sich die öffentliche Hand am produktiven wie am konsumtiven ‹Leben› der Gesellschaft durch alle Arten von Steuererhebungen und Abgabenerzwingung ‹beteiligt›». Genau wie «jeder seiner Vorgänger» sei auch der moderne Staat «ein nehmender Staat».[6] Traditionell verbinden sich zwei verschiedene politische Affekte mit dieser «nehmenden Hand»: Während Liberale das Zugreifen dieser öffentlichen Hand auf die Produktivität der Bürgerinnen und Bürger zurückweisen, plädieren Linke für eine «parasitäre Autonomie»[7] des Steuerstaats, der Marktungleichheiten zu korrigieren und allgemeine Leistungen – soziale und technische Infrastrukturen – verspricht. Die einen wünschen sich eine bescheidene, die anderen eine energische nehmende Hand. Einig sind sich beide Lager allerdings in der Beschreibung fundamentaler Abhängigkeiten: Ein Staat kann auf das Geld seiner Bürgerinnen und Bürger zugreifen, um zahlungsfähig zu werden, oder er kann es lassen; eine dritte Möglichkeit gibt es offenbar nicht, er ist von den Einkommen seiner Bürgerinnen und Bürger monetär abhängig.

Versetzen wir uns einen Moment in die Position eines naiven Beobachters, dem diese offenbar eindeutige Aufteilung der Geldwirtschaft in «nehmende» (öffentliche) und «gebende» (private) Hände nicht zur Verfügung steht. Dieser naive Beobachter könnte überlegen: Geld zu haben, also zahlungsfähig zu sein, ist in modernen Geldwirtschaften von kaum zu unterschätzender Bedeutung. Zahlungsfähigkeit ist eine der primären Quellen von Handlungsfähigkeit; wir alle müssen ständig zahlen, um uns Obdach, Nahrung, Zerstreuung und andere Ressourcen zu sichern. Selbst wenn man soziologisch von einer Binnendifferenzierung moderner Gesellschaften in viele, nach eigenen Logiken operierende Subsysteme wie Wirtschaft, Politik, Kunst oder Wissenschaft ausgeht, so bleibt eine kontinuierliche Geldeinnahme und Geldausgabe doch die transversale Voraussetzung, in all diesen sozialen Sphären agieren bzw. kommunizieren zu können. Der Einsatz und die Erneuerung von Zahlungsfähigkeit gehören zum Alltag von Individuen, Organisationen und auch von Kollektivinstitutionen wie dem Staat. Firmen und Verbände müssen sich ebenso fortwährend um die Erneuerung ihrer Zahlungsfähigkeit bemühen wie Familien und Einzelhaushalte oder Gesellschaften und Staaten; Zahlungsfähigkeit wird ständig benötigt, weil alle in Zahlungsverpflichtungen verstrickt sind und Waren am Markt erwerben müssen.

Zahlungsfähigkeit erscheint somit zunächst und vordergründig als ein Problem, dem sich Individuen stellen müssen. Der Zwang, zahlungsfähig werden und bleiben zu müssen, ist ein Imperativ, der jeden einzelnen Akteur einer Geldwirtschaft, ob Person, Haushalt, Unternehmen oder Staat, zum Handeln zwingt. *Wir selbst* müssen schließlich Geld einnehmen, um zahlungsfähig zu bleiben, egal ob «wir» ein Mensch oder ein Gemeinwesen sind. In der Regel bedeutet das, Geld von anderen zu bekommen, entweder, indem wir unsere Arbeitskraft anbieten oder Produkte unserer Arbeit auf dem Markt verkaufen. Auch Geschenke, Darlehen oder (staatliche) Zuwendungen können die Zahlungsfähigkeit eines Haushalts erneuern und vergrößern. Ob Einkommen, Geschenke, Sozialleistungen oder Darlehen: Um zahlungsfähig zu werden, muss man andere überzeugen, einem ihr Geld zu überlassen. Aus der individuellen Perspektive ist Zahlungsfähigkeit ein Verteilungsproblem. Dieser Logik folgen, wie gesagt, unsere politischen Debatten.

Dabei muss das Artefakt Geld, das eingenommen, ausgegeben, wegbesteuert und anderen überlassen werden kann, natürlich erschaffen, d.h. von jemandem und nach gewissen Kriterien bereitgestellt werden. Zahlungsfähigkeit muss produziert werden, und wer Geld schöpfen kann, kann sich oder andere zahlungsfähig machen, ohne auf das Geld anderer angewiesen zu sein. Wer die gesellschaftlich organisierte Bereitstellung und Verwaltung von Zahlungsfähigkeit insgesamt kontrolliert, kontrolliert geldwirtschaftliche Handlungsfähigkeit – die zentrale Machtressource kapitalistischer Gesellschaften. Trotzdem diskutieren wir diese Mechanismen und Kriterien der Geldschöpfung politisch nur sehr selten abseits von hitzigen Detaildiskussionen zwischen Fachleuten. Die Frage, ob die Produktion des Geldes gesellschaftlich gut oder schlecht geregelt ist, wer die Geldschöpfung übernehmen sollte, wer entscheiden soll (und wer überhaupt entscheiden kann), wie viel Geld es gibt und für wen, das heißt: zu welchem Zweck, für welche Zahlung, es ursprünglich geschaffen wird und nach welchen (konkurrierenden) Maßstäben eine solche Entscheidung zu bewerten und zu beurteilen wäre, beschäftigt keine Sondersendungen nach den Abendnachrichten und keine Talkshow zur Prime Time, jedenfalls nicht explizit.

Diese Ausblendung erscheint kurios, wenn man sich die schon genannten nackten Zahlen expandierender Geldmengen (siehe Einleitung) im Lichte der Bedeutung des Geldes für unser aller Leben vergegenwärtigt – und die monetäre Wucht, mit welcher die Zentralbanken, die offensichtlichen Schlüsselinstitutionen der Geldschöpfung, handeln können, wenn sie wollen. Wenn also Milliarden und Abermilliarden wie von Zauberhand bereitstehen, um Investorinnen und Investoren Wertpapiere mit frisch gedrucktem Geld abzukaufen – und genau das ist im Programm des «Quantitative Easing» der EZB nach der Finanzkrise von 2008 oder in den Ankaufprogrammen zur Bekämpfung der Coronakrise schließlich passiert –, warum dann nicht auch ganz unmittelbar zur Finanzierung von Staatshaushalten? Warum genau ist die öffentliche Hand davon abhängig, dass die Bürgerinnen und Bürger – wie auch immer das genau geschieht, steht bei Sloterdijk nicht – Zahlungsfähigkeit erzeugen, die dann vom Fiskus entnommen werden kann?

Wenn nun die Argumentation von Beardsley Ruml und der MMT das klassische Verteilungsschema monetär abhängiger Haushalte beiseiteschiebt und auf das «Gelddrucken» als Ausweg aus dem sozioökologischen Kollaps der USA verweist, dann handelt es sich dabei um keine eingespielte Position auf dem Links-Rechts-Schema der Staatsfinanzierung durch Umverteilung der in der Wirtschaft erzeugten Geldbeträge (hohe und viele Steuern versus niedrige und wenige Steuern), sondern um eine Infragestellung der diesem Schema zugrundeliegenden Theorie. Man könnte auch sagen: Diese Argumentation stellt das in unseren fiskalpolitischen Debatten angewendete Paradigma auf den Kopf, die grundlegende Axiomatik der ganzen Darstellung und Argumentation. Nach dem Paradigma, das gleichsam liberale Steuerverächter und linke Steuerfreunde zur Anwendung bringen, kommt Geldschöpfung als Quelle der Herstellung staatlicher Zahlungsfähigkeit gar nicht vor. Er, der Staat, ist in beiden Fällen ein nehmender Staat.

Auch die Wirtschaftssoziologie geht häufig schon in ihren grundlegenden Prämissen von einer Abhängigkeit der Staatsfinanzierung von Steuereinnahmen aus. So heißt es beispielsweise im einschlägigen *Handbook of Economic Sociology*: «Der Staat und die Wirtschaft sollten als sich gegenseitig konstituierende Handlungsfelder betrachtet werden [...]. Die eine Seite dieser wechselseitigen Abhängigkeit ist *unstrittig*: Staaten sind *offensichtlich* auf die Wirtschaft angewiesen, wenn es um die Einkommensströme geht, die die staatliche Tätigkeit finanzieren».[8] Geld muss folglich *zunächst erwirtschaftet* werden und kann erst dann in die öffentliche Hand gelangen. Das ist offenbar unstrittig, eine schlichte Tatsache. Der Staat nimmt, er ist also – mit Charles Tilly gesprochen – nicht mehr als eine institutionalisierte Räuberbande,[9] die sich die Taschen füllt – mit Geld, das seine Bürgerinnen und Bürger offenbar selber machen (wie sie das tun, bleibt meist ungeklärt). Auch Margaret Levi hat diese These in *Of Rule and Revenue* einschlägig vertreten. Aus ihrer Sicht ist staatliche Herrschaft «immer räuberisch» (*predatory*); Staaten *nehmen* sich also (nicht nur) durch Steuern jene Ressourcen, die sie begehren.[10] Der Staat ist somit offenbar ohne jeden Zweifel «Steuerstaat», also «derjenige Staat, der sich durch die hoheitliche Auferlegung von Geldleistungspflichten auf privatwirtschaftliche Gewinne und deren Verwendung finanziert».[11] Ganz nach dem einleitend zitierten Bonmots Thatchers: «Es gibt kein öffentliches Geld. Es gibt nur das Geld der Steuerzahlerinnen und Steuerzahler».

Warum aber soll es nur das Geld der Steuerzahlerinnen geben? Diese «unstrittige» Tatsache bildet ebenfalls den Rahmen der Debatte um die schwindende finanzielle Gestaltungsfähigkeit vieler Demokratien im 21. Jahrhundert. Wäre das Abhängigkeitsverhältnis von gebenden (privaten) und nehmenden (öffentlichen) Händen keine Selbstverständlichkeit, würden wir auf dem politischen Parkett wohl nicht ständig über Steuern streiten, oder? In den Kommentarspalten der großen Zeitungen, in politischen Talkshows oder in Blogs und Podcasts wird routinemäßig über steuerliche Be- und Entlastungen gerungen, seien es die Vermögens- oder die Erbschaftssteuer, der Solidarzuschlag oder die Steuerentlastung von Hotelbetten oder Damenhygieneprodukten. Mit großer Empörung teilen wir die Hashtags zu den #Panamapapers, zu #CumEx und anderen Steuerhinterziehungsskandalen in den sozialen Medien, weil dem Fiskus durch die Steuerhinterziehung dringend benötigte Mittel fehlten. Wir freuen wir uns über einen Überschuss im Staatshaushalt, über die «Schwarze Null», weil sie bedeutet, dass unser Staat zahlungsfähig ist und nicht noch mehr Zahlungsfähigkeit von uns braucht. Einige Soziologinnen und Soziologen gehen sogar davon aus, dass der Konflikt zwischen denen, die Geld erwirtschaften, und denen, die kein Geld erwirtschaften, aber es dennoch brauchen, die ganze politisch-ökonomische Gesellschaftsform bestimmt, in der wir leben. Wolfgang Streeck nennt das den «demokratischen Kapitalismus»,[12] in welchem dem Staat die hoheitliche Aufgabe zukommt, zwischen den beiden Gruppen zu vermitteln, indem er die Reichen besteuert und die Armen mit dieser Umverteilung unterstützt. Nur weil Geld erwirtschaftet werden muss, bevor es verteilt werden kann, können die Geldverdiener und Geldbesitzerinnen politisch legitimer Weise fordern, nicht zu viel von ihrem Vermögen abgeben zu müssen, weil ihr Eigentum durch den Steuerstaat das gesellschaftliche Zusammenleben bezahlt. Würde der Staat keine Steuern mehr brauchen, weder zur Finanzierung seines eigenen Betriebs oder öffentlicher Güter noch zur Versorgung der Armen, wäre es doch gleichermaßen grotesk, das Geld den einen wegzunehmen und den anderen dennoch nur das Nötigste zu geben.

Mit dem Aufkommen des sogenannten Konsolidierungsstaats,

also in dem Maße, wie schuldfinanzierte Ausgabenpolitik politisch ebenso schwierig wird (erneutes Stichwort: Fetisch der «schwarzen Null») wie eine Erhöhung der Steuereinnahmen, schwinden gesellschaftliche Machtspielräume, weil es den Demokratien an Geld fehlt. Das jedenfalls ist die vielerzählte Geschichte in den letzten Jahren zwangsweise enger geschnallter fiskalischer Gürtel. Das sich in den Steueroasen tummelnde, mobile globalisierte Geldkapital versteckt sich vor den Fängen des Steuerstaates, die Wahlbevölkerungen präferieren offenbar eine ausgeglichene Haushaltspolitik (Austerität), und «die Märkte» bestrafen übermäßige Staatsverschuldung. Staatliche Geldsorgen sind ein Dauerthema. Kurz: Es ist allgemein bekannt, dass die finanziellen Erträge der Bürgerinnen und Bürger Staatsausgaben finanzieren – und diese Erträge reichen kaum mehr für das Nötigste. Was der Staat sich von ihnen nicht leihen kann oder was er den Bürgerinnen und Bürgern nicht durch fiskalische Extraktion wegnehmen kann, steht der öffentlichen Hand nicht zur Verfügung. Staaten sind, so könnte man die in diesen Beispielen aufscheinende gängige Meinung zur Finanzierungsthematik zusammenfassen, *monetär abhängig* von den ökonomischen Aktivitäten ihrer Bürgerinnen und Bürger, sie benötigen deren Geld, um zu funktionieren. Niklas Luhmann bringt es in *Die Wirtschaft der Gesellschaft* mit jener Präzision auf den Punkt, die Leserinnen und Leser vom Bielefelder Leittheoretiker gewohnt sind: «Die Wirtschaft [...] zahlt Steuern und ermöglicht damit Politik».[13]

Wenn uns nun die MMT und mit ihr verwandte Theorien auf die Mechaniken der Geldschöpfung verweisen und gleichsam versprechen, dass die Einsicht in deren genuin politischen Charakter die drei Zahlungskrisen der öffentlichen Hand – Finanzkrise, Coronakrise, Klimakrise – zu überwinden helfen kann, weil es «am Geld nicht scheitern» muss, so spielen sie nicht einfach nur einen altbekannten Ball in einem klar abgesteckten Debattenraum von links nach rechts (oder rechts nach links?) zurück. Sie verändern mit ihrem Argument vielmehr die Spielregeln der gesellschaftlichen Selbstvergewisserung über geldpolitische Rahmenbedingungen, führen also eine Position jenseits des Links-Rechts-Schemas ein und unterlaufen damit – programmatisch zumindest! – auch diesen Aspekt der Ideologie unpolitischen Geldes.

Schließlich bezeichnen Ruml, Kelton und Co. die Abhängigkeit der öffentlichen Hand von der Finanzierung durch produktive Vorleistungen privater Hände nicht als Begehren eines politischen Gegners, als von ihren eigenen Überzeugungen abweichende normative Koordinaten, sondern als «Fantasie», als Fake News, als sachlich falsch. Nicht die Steuerzahlerinnen und Steuerzahler seien die «gebende Hand», die das raffgierige Gemeinwesen finanziere, nein, es sei das Gemeinwesen, welches das Geld vorstrecke, mit dem dann Unternehmen und Privatleute wirtschaften könnten – das ist die Behauptung. Damit begehen diese Theorien (und das erklärt auch die emotionalen Reaktionen auf die Vorschläge der MMT) in der Wahrnehmung ihrer Kritikerinnen ein argumentatives Foulspiel, das wir uns verständlich machen müssen. Sie stellen basale und tradierte Annahmen über Geldtheorie, Geldpolitik und Geldwirtschaft in Frage, die im Zusammenspiel dafür gesorgt haben, dass Geldschöpfung als politisches Begehren – als Feld legitimer (und legitim konkurrierender) gesellschaftlicher Ansprüche – als solches abgeschattet wurde. Denn: Weder von Margaret Thatcher noch im Handbuch-Artikel, weder bei Charles Tilly noch von Margaret Levi erfährt man viel darüber, woher die Bürgerinnen und Bürger das Geld eigentlich *haben*, das der räuberische Staat ihnen ständig abknöpft.

Geld wird «erwirtschaftet»!

Die Vorschläge von Beardsley Ruml und der MMT mit ihrem (scheinbar) sorglosen Umgang mit Budgetbegrenzungen irritieren, weil sie den Kern der Ideologie unpolitischen Geldes berühren. Letztere legt uns nahe, Geld und Geldwirtschaft insgesamt als Prozess des Tauschens von Waren und ihren Stellvertretern (Geld) zu betrachten; dadurch erscheint Zahlungsfähigkeit vornehmlich als Verteilungsproblem, als angestrebte positive Differenz einer Einnahmen-Ausgaben-Rechnung, nicht als Produktionsproblem, d.h. als Frage der

Geldschöpfung. Diese kann dann wiederum nur noch als Erfüllungsgehilfin einer Geldwertpolitik auftauchen, nicht mehr als eigenes Feld politischer Artikulation. Erinnern wir uns zum besseren Verständnis dieses argumentativen Zusammenhangs an die Einleitung zurück.

Aus traditioneller wirtschaftswissenschaftlicher Sicht ist Geld alles, was ein Set von Funktionen erfüllt. Das, was wir einleitend die politische Architektur des Geldes genannt haben, also die ganz konkreten historischen Konstruktionsprinzipien und Reproduktionsmechanismen von Geldbeträgen, ist in einer solch funktionalistischen Definition von vornherein in den Schatten der Aufmerksamkeit verbannt. Wenn man tauschtheoretisch über Geld als eine spezielle Ware nachdenkt, erscheint die Stoffwertlosigkeit oder Immaterialität heutiger Geldbeträge die ausschlaggebende Eigenschaft *modernen* Geldes zu sein. Modernes Geld wird zum Fiat-Geld. Der Name «Fiat-Geld» ist dabei immer auch die Chiffre einer Verblüffung darüber, dass die immateriellen und ungedeckten Geldbeträge ebenso gut – in mancher Hinsicht sogar besser – als Tauschmittel fungieren konnten wie ihre metallenen Vorfahren, die Gold- und Silbermünzen. Die Funktion des Geldes als Vermittler von Tauschvorgängen hatte sich, so interpretierte Georg Simmel diese Erfahrung, verselbständigt und ganz offensichtlich vom Material emanzipiert. Geldbeträge funktionierten weiter wie Silber- und Goldmünzen, obwohl man ihre vermeintlich entscheidende Eigenschaft, nämlich ihren wertvollen Kern, entfernt hat.[14]

Die Entstehung von Fiat-Geld lieferte in der tauschtheoretischen Geschichte den Beweis, dass der Austausch von Waren gegen Geld und Geld gegen Waren nicht deswegen so gut funktioniert, weil das Geld ebenso intrinsisch wertvoll war wie die Waren, die man mit seiner Hilfe erwarb; vielmehr waren Geldbeträge auch ohne Stoffwert ebenso wertvoll wie Waren, weil man sie wie wertvolle Waren behandelte. «Geld» zu sein erwies sich nicht als Eigenschaft, die Geldbeträge bereits qua ihrer Substanz mitbrachten, sondern die man von ihnen *erwartete*: Fiat-Geld funktionierte, sofern man davon ausgehen konnte, es noch einmal im Tausch einsetzen zu können. Die volkswirtschaftliche Notation von «modernem Geld» als «Fiat-Geld» denkt modernes Geld, wie wir gesehen haben, in Kontinuität zu vormodernem Münzgeld; modernes Geld ist zwar stoffwertlos, aber sein Kern ist in der funktionalen Theorie mit dem seiner stoffwertlichen Vorgänger identisch. Genau wie die alte Goldmünze ist es ein Vermittler, ein Zwischenschritt im Tausch, der individuell im Austausch gegen Arbeitskraft oder Güter in Besitz genommen wird, um damit zu einem späteren Zeitpunkt wieder abgegeben zu werden. Es steht damit zwar als eine der wichtigsten ökonomischen Wertformen – nämlich eben als reiner Tauschwert – im Zentrum der Geldwirtschaft. Der reine Tauschwert ist gleichsam aber – und das wird sich als das Problematische und Schiefe in dieser Theorietradition herausstellen – auch genau das: ein reiner Tauschwert, ein (um eine Formulierung Martin Heideggers auszuleihen) «uneigentlicher» Wert, *ein abgeleiteter, vermittelter, unselbständiger Vermögenswert*, der demzufolge nur dann einen Sinn macht, wenn man ihn gegen «eigentliche» Werte abgeben kann. Schließlich würde Geld – nochmal mit Simmel – «die unmittelbaren Werte» bloß «vertreten».[15] In der Figur der Vertretung liegt bereits die Crux: Um die Wende von einer tausch- zu einer bilanztheoretischen Trias aus Geld, Geldwirtschaft und Geldpolitik zu schaffen, müssen wir die monetäre Denkfigur der *Vertretung* durch die der *Vorleistung* ersetzen – aber ich greife vor.

Diese Unterscheidung zwischen «eigentlichen» Werten und ihren «uneigentlichen» monetären Stellvertretern meint nicht bloß die Differenzierung zwischen Tausch- und Nutzwerten, sondern beinhaltet ein problematisches Theorem der Differenzierung und Hierarchisierung zweier Sphären: Auf der einen Seite ist die Wirtschaft, gemeint ist hier die *Produktion* aller Arten von Waren und ihr *Handel*; auf der anderen Seite ist die Sphäre des *Geldes*, die als passives Funktionselement mit «der Wirtschaft» (in diesem Sinne) interagiert, aber eben nicht mehr als ein passives, abgeleitetes Werkzeug ist. Der Wert des Geldes ist somit dem Wert der in der wirtschaftlichen Sphäre hergestellten Waren untergeordnet. Es besteht also eine Hierarchie zwischen beiden Sphären: *Echte* Werte schafft die Produktion von und der Handel mit Waren wie Autos, Serviceleistungen, Häusern oder Smartphones; der Geldwert als Wert eines Tauschmittels *reflektiert* (vertritt) diese echten Werte lediglich – in diesem Paradigma, wohlgemerkt.

Der dominante tauschtheoretische Denkstil stellt sich den Wert des Geldes damit sozusagen als Effekt und Reflexion *vergangener* ökonomischer Aktivität vor, wie Perry Mehrling betont.[16] Und das ist wichtig für die konzeptuelle Brücke von der Geldtheorie zur Geldwirtschaftstheorie (über die Geldpolitiktheorie): Weil Geld in seinen Funktionen als Tauschmittel und Wertspeicher ökonomisch vorgeleistete Werte reflektiert (und speichert) und durch diese Vertretung handelbar macht, muss Geld(schöpfung) zunächst *erwirtschaftet* werden, es muss Werte geben, die vom Wertspeicher gespeichert, d.h. Waren, die vom Stellvertreter vertreten werden können. Die Formulierung, Geld müsse selbstverständlich erwirtschaftet werden (und dürfe deswegen nicht «einfach gedruckt» werden), ist alltagsweltlich hochplausibel und im monetären Diskurs gut etabliert; sie impliziert aber in diesem Sinne aus soziologischer Perspektive keine Aussage über notwendigerweise reale Kausalitäten, sondern über *Legitimität*. Denn natürlich kann Fiat-Geld faktisch gedruckt werden, ohne dass zuvor produziert wurde; nur wäre das eben (unter dem Einfluss der Tauschtheorie betrachtet) keine echte, d.h. *legitime* Schöpfung von Geld, sondern eben bloßes Bedrucken von Papier, ein Täuschungsversuch, kurz: Es wäre Falschgeld. Das Bedrucken von Papier zu Banknoten oder das Aufschreiben neuer Kontoguthaben erscheint nur dann als gerechtfertigt, wenn es auf produktive Vorleistungen der Wirtschaft verweisen kann – andernfalls wird es diskursiv als Täuschungsversuch markiert.

Man kann hier von einem Produktionsbias unseres Nachdenkens über Geldwirtschaft sprechen, der lagerübergreifend anzutreffen ist. In seiner *Metaphysik der Sitten* definierte Immanuel Kant das Geld beispielsweise als das «allgemeine Mittel, den Fleiß der Menschen gegeneinander zu verkehren».[17] Freilich stehen auch Dinge zum Verkauf, deren Produktionsaufwand, vorsichtig formuliert, gering ist. Man denke nur etwa an die 2019 mittels Klebebandes an der Wand befestigte Banane, die das Ehepaar Billy und Beatrice Cox dem Künstler Maurizio Cattelan für um die 120 000 Dollar abkaufte. Dennoch vermittelt Kants Fleißhypothese etwas Vertrautes, die Idee nämlich, dass wir alle Einkommen erzielen müssen, bevor wir Geld ausgeben können; wir selbst, ganz individuell, müssen also natürlich Geld «erwirtschaften». Selbst wenn wir es uns leihen, muss es schließlich ein Einkommen geben, das dieses Darlehen begleicht. Und diese Alltagsgewissheit der Nutzerinnen wird auf die makroskopische Ebene übertragen – die Losung lautet: Geld muss nicht nur individuell, sondern auch mit Blick auf die Gesamtwirtschaft «erwirtschaftet» werden.

Viele Wirtschaftstheorien denken die Frage der Wertschöpfung konsequent von der Güterproduktion aus und verbannen das Geld damit schon axiomatisch in die Rolle eines Nebendarstellers. Alles beginnt mit der Arbeit, dem Fleiß, der Herstellung von überschüssigen Waren, die auf dem Markt gegen Geld feilgeboten werden. Am Anfang steht die Produktion, nicht nur in der Marx'schen Arbeitswertlehre; auch Adam Smiths Axiom einer natürlichen Neigung des Menschen zum Tauschen setzt das Herstellen (oder Ergattern) von etwas Tauschbarem (W) an den Anfang, auch, wie im ersten Kapitel erwähnt, an den Anfang einer Theorie der Geldwirtschaft. Im *Wohlstand der Nationen* beginnt die Theorie der Arbeitsteilung mit einer Beschreibung von Berufen, die sich herausbilden, weil die Menschen sich von der Spezialisierung eine Vergrößerung ihrer Tauschchancen und damit eine bessere Versorgung ihrer Bedürfnisse versprechen. Wir lesen von Bogenmachern, Zimmermännern, Jägern und Gerbern, die mehr herstellen, als sie brauchen, um zu tauschen.

> «Die Gewissheit, alle überschüssigen Erzeugnisse seiner Arbeit, die über seinen eigenen Verbrauch hinausgehen, für solche Erzeugnisse anderer, wie er sie gerade braucht, austauschen zu können, [spornt, A.S.] einen jeden an, sich einer besonderen Beschäftigung zu widmen».[18]

Aus diesem Bestreben, so hatten wir weiter oben schon festgestellt, entsteht in der traditionellen Volkswirtschaftslehre auch die Spezialware Geld, als eben ein solcher Überschuss unter vielen, der dann von allen im Austausch gegen ihre selbstproduzierten Überschüsse eingetauscht wird. Am Anfang steht der Fleiß, die Arbeit, die Produktion von Waren.

Als neueres Beispiel für eine solche Axiomatik in der Wirtschaftssoziologie sei hier auf Richard Swedbergs Aufsatz zur Wirtschaftssoziologie des Kapitalismus (*Economic Sociology of Capitalism*) hingewiesen, der Kapitalismus als eine Organisationsform von Wirtschaft definiert, in der Produktion, Verteilung und Konsum dadurch miteinander verschaltet sind, dass Firmen Profit erwirtschaften wollen.[19] Konsumentinnen können konsumieren, weil es für Firmen profitabel ist, Güter zu produzieren und sie auf Märkten zum Kauf anzubieten. Insofern sind die drei strukturellen Elemente jeder Organisationsform von Wirtschaft aus Swedbergs Sicht Produktion (von Waren), Verteilung (von Waren) und Konsum (von Waren). Sie sind durch das Streben nach Profit in ihre kapitalistische Ausprägung gebracht und miteinander verkoppelt, weil dadurch immer wieder neu produziert wird, um die konsumierten Waren durch neue zu ersetzen und dabei immer wieder Überschüsse zu akkumulieren. Alles entspringt der Herstellung von Waren für den Vertrieb auf Märkten. «Produktion kommt im ökonomischen Prozess ‹zuerst›»,[20] bemerkt Swedberg wie selbstverständlich, so dass die Sichtachsenbeschränkung – der *Bias* der Theorie – kaum auffällt.[21]

Geld gehört für Swedberg als Tauschmittel zu den Funktionsbedingungen der Distributionssphäre, wo es den Austausch von Eigentum erleichtert. Märkte sind es, «wo Geld ins Spiel kommt».[22] Wirtschaft ist laut Swedberg also von der Produktion von tauschbaren Gütern her zu verstehen, die dann mit denen getauscht werden, die sie am Ende konsumieren werden. Geld hingegen kommt nicht als eigenständiger, schon gar nicht eigendynamischer Faktor vor. Es ist für Swedberg als Hilfsmittel für Tauschmärkte ein Element der Distributionssphäre,[23] kann dort angespart und dann als Kapital eingesetzt werden, um neue Produktionsprozesse anzustoßen. Alles aber beginnt mit der Produktion, alles beginnt mit dem Fleiß.

Wenn Wertschöpfung nur in der wirtschaftlichen Produktion erfolgen kann und Geld lediglich ein Speicher dieser Werte und ein Werkzeug ihres Austausches ist, dann ist Geldschöpfung *an sich* schon prekär; allein schon, darüber nachzudenken, neues Geld zu schaffen, weil man es *braucht*, erscheint irrational. Wie könnte man einen Wertspeicher erschaffen, ohne einen Wert zu haben, wieso sollte jemand ein Tauschmittel bekommen, ohne dafür etwas eingetauscht zu haben? Kurz: Wir erwarten gemeinhin, dass neu zu schöpfende Geldbeträge durch die Produktion von Waren *vorgeleistet* werden – schließlich soll die Stellvertreterware «echte» Werte vertreten.

Geldbeträge sind nur so viel Wert wie die Häuser, Lebensmittel, Schuhe, Haarschnitte und Autos, die mit ihnen gekauft werden können. Geld bedeutet Kaufkraft, und Kaufkraft ist ein vermitteltes Handlungspotenzial, das ohne die Erwerbsgüter bedeutungslos wäre. Der Soziologe Georg Simmel hatte in seiner berühmten *Philosophie des Geldes* monetäres Vermögen dementsprechend, wie gesehen, eine «bloße Anweisung auf [...] definitive Werte» genannt, «eine Anweisung, deren Realisierung von der Gesamtheit des Wirtschaftskreises [...] abhängt».[24] Geld zu haben macht logischerweise nur Sinn, wenn man darauf vertraut, es gegen produzierte Güter tauschen zu können, von denen es nicht unendlich viele gibt. Die Anweisung auf Güter muss auch realisierbar sein. Das Verhältnis von Geld und Gütern muss demnach irgendwie stimmig erscheinen; in solch vereinfachter Form durchziehen Spuren der sogenannten Quantitätstheorie des Geldes Fachdiskurse und Volkswissen. Als indirekte Vermögen bilden die verfügbaren Geldbeträge, mit Simmel, einen «Gesamtgeldvorrat», der von seinem Verhältnis zu einem «Gesamtwarenvorrat» funktional abhängig ist.[25]

Vergrößert sich der Geldvorrat ohne ein vergleichbares Angebot im Gesamtwarenvorrat, so die quantitätstheoretische Intuition, versucht mehr Geld in gleich viele Güter umgesetzt zu werden; der Durchschnittspreis der Waren steigt und die Ausdehnung des Geldvorrats verpufft, weil es zwar nominell mehr Geldbeträge gibt, aber ihre Kaufkraft nicht zugenommen hat – sie also nicht in mehr Waren umgesetzt werden können, weil es gar nicht mehr Waren gibt. Wer hier allerdings einen signifikanten Kausalzusammenhang vermutet, irrt: Schon das exponentielle Wachstum der Geldmengen in Zeiten langfristig abnehmender Teuerungsraten zeigt, dass die simplifizierende Losung der Quantitätstheoretiker, Geldmengenausweitung löse einen entsprechenden Anstieg des allgemeinen Preisniveaus aus, empirisch schlicht falsch ist. Die Berechnung eines Durchschnittspreises des

«Gesamtwarenvorrats» ist eine rein statistische Fiktion, deren Bewegungen nach oben (Inflation) oder nach unten (Deflation) mehr ver- als aufdecken. So hat sich – das neunte Kapitel wird sich damit auseinandersetzen – in vielen Ländern ein divergierender Trend gezeigt: Während die Preise für Produkte des täglichen Verbrauchs nur langsam (und tendenziell immer langsamer) stiegen, explodierten die Preise für Immobilien und Unternehmensbeteiligungen förmlich. Die Preise des «Gesamtwarenvorrats» entwickeln sich also zumindest nicht gleichförmig parallel zur Entwicklung des «Gesamtgeldvorrats». Verschiedene oder sogar divergierende Tendenzen von Preisniveaus verlangen nach differenzierten und ganzheitlichen, also sozio-ökonomische Kontexte und Zusammenhänge berücksichtigende Erklärungen, die über die Summe der Geldbeträge weit hinausreichen. Dazu aber später mehr.

An dieser Stelle geht es gar nicht um die Richtigkeit der Annahme, Veränderungen des Gesamtgeldvorrats würden sich auf die Preise des Gesamtwarenvorrats auswirken, sondern um den diesem Argument zugrundeliegenden Gedanken des «Gesamtgeldwertes» als Repräsentation des «Gesamtwarenwertes» im Hinblick auf Fragen der Geldschöpfung. Diese Abhängigkeitsthese zieht nämlich eine Analogie zwischen der Situation von Nutzerinnen und Nutzern von Geldbeträgen (die wollen, dass ihre monetären Ansprüche in Waren erfüllbar sind) und der Frage der Geldschöpfung. Kant führt in seinem kurzen Beitrag zur Geldtheorie aus, es sei absolut notwendig, ja praktisch gar nicht anders möglich, als auch die *Herstellung* des Geldes vom *Fleiß* abhängig zu machen. Würde die Produktion des Geldes keinen Fleiß erfordern, so Kant, würden schließlich alle Menschen nur noch Geld herstellen, statt sich mit der mühevollen Produktion von Gütern und Dienstleistungen abzurackern, um diese auf dem Markt zu verkaufen. Kant schreibt:

> «Die Sache nun, welche Geld heißen soll, muß also selbst soviel Fleiß gekostet haben, um sie hervorzubringen, oder auch anderen Menschen in die Hände zu schaffen, daß dieser demjenigen Fleiß, durch welchen die Waren [...] ha[ben] erworben werden müssen und gegen welchen jener

ausgetauscht wird, gleichkomme. Denn wäre es leichter, den Stoff, der Geld heißt, als die Ware anzuschaffen, so käme mehr Geld zu Markte, als Waren feil stehen».[26]

Auch wenn man sich selten auf Kant berufen wird, um Beardsley Ruml oder die MMT zu kritisieren, so repräsentiert dieser Passus doch ein verbreitetes Unbehagen, das in Mises' emotionaler Reaktion ebenso zum Tragen kommt wie in Formulierungen wie «skurril» oder «Voodoo»: Wer Geld als Anweisungen auf Güter erzeugt, nur weil ihm Rechnungen ins Haus flattern, und nicht, weil diese Neuschöpfung durch neue Güter – durch eine Vorleistung in Fleiß – legitimiert worden wäre, der tut etwas Ungehöriges. Er schafft einen Stellvertreter ohne etwas, das vor der Stellvertretung bereits existiert hat. Geld ist tauschtheoretisch gedacht ein indirekter Wert, ein persönlicher Anspruch auf echte Leistungen für seine Halterinnen und Halter; wer also Geld herstellt, mit Simmel: mehr Anweisungen auf den gesamten verfügbaren Vorrat an Ressourcen und daraus produzierten Waren druckt, nur weil er gerade knapp bei Kasse ist, der handelt nicht nur gefährlich, sondern betrügt die Halter bisheriger Ansprüche und damit sozusagen auch das Geld selbst. Es wird dann eben nicht «erwirtschaftet», also in Form von Waren vorgeleistet, sondern «bloß gedruckt».

Auch Marx erklärte, bekanntlich auf den Schultern seiner eigenen Arbeitswertlehre stehend, Geld trete notwendig im Austausch gegen ein «Arbeitsprodukt von demselben Wert» in die Wirtschaft ein, jemand muss also zuvor, wie Kant zustimmt, «fleißig» gewesen sein.[27] Papiergeld erschien Marx geradezu eine Verletzung monetärer Gesetze zu sein, weil es *nicht* «direkt aus der *Verwandlung* der Waren» stammt, wie, in seinen Augen, Gold.[28] Als Tausch- oder (bei Marx) Zirkulationsmittel wäre reguläres Geld wie Gold «die entäußerte Gestalt seiner veräußerten Ware, Produkt des Verkaufs oder der ersten Warenmetamorphose W – G».[29]

Kant, Marx, Smith, Simmel und Swedberg bestätigen das Dilemma der Tauschtheorie: Weil sie Geld von seiner je individuellen Verwendung her denken (Nutzerinnenperspektive), führen sie die Idee einer produktiven Vorleistung ein, die politische Auswirkungen hat; als reiner Vermittler im Handel wird monetäres Vermögen im Austausch gegen zuvor produziertes entgegengenommen – je individuell als «erwirtschaftet». Daraus wird im tauschtheoretischen Denken dann ein Legitimationskriterium für Geldschöpfung abgeleitet: Auch neues Geld dürfte genau genommen nur als eine Art Tausch, d. h. gegen eine vorgeleistete Warenproduktion legitim in den Wirtschaftskreislauf eintreten, als Fleiß- und Arbeitsprodukt. Auch neues Geld soll also zuvor erwirtschaftet werden. Die mit der Identifikation von Geld mit einer Sammlung an Stellvertreterwaren mitgeführte Entwicklung einer Geld-, Geldwirtschafts- und Geldpolitiktheorie aus dem Blickwinkel von Nutzerinnen und Nutzern einzelner Geldbeträge legt sich somit bereits auf ein Bewertungsraster von Geldschöpfungsfragen fest: Sie zieht eine scharfe Unterscheidung zwischen *angemessener* Geldschöpfung und *unangemessener* Geldschöpfung in den Diskurs ein; angemessen ist jede Geldschöpfung, die sich durch den Verweis auf zusätzliche Warenleistungen (Indikator: Preisstabilität) rechtfertigt (also etwa mit dem Argument: Wir müssen Geld schöpfen, weil es sonst Deflation gibt, die wir als Geldmangel vis-a-vis des Warenvorrats interpretieren); unangemessen erscheint hingegen jede Form der Geldschöpfung, die sich durch den Verweis auf einen Zahlungsbedarf rechtfertigt, so wie es Beardsley Ruml, die MMT und des Kaisers treuer Berater Mephistopheles vorschlagen (also indem etwa argumentiert wird: Wir brauchen neues Geld, weil wir offene Rechnungen haben) – aus tauschtheoretischer Sicht kompromittiert ein solches (politisches) Ansinnen die Institution des Geldes selbst.

Echtes Geld repräsentiere, so Marx, gleichzeitig «verkaufte» [sic!] und «kaufbare» Ware, es vertrete bereits geleistete Arbeit (oder bereits akkumulierten Warenwert) – ein Theorem, das heute nunmehr ideologisch zwischen «guten» und «schlechten», zwischen legitimen und illegitimen Produktionsweisen von Zahlungsfähigkeit unterscheiden will und damit einen Keil in die politischen Gestaltungsmöglichkeiten treibt, die sich aus gesellschaftlichen Steuerungsansprüchen an das Geld ergeben könnten (siehe die kursorischen Verweise auf den *Green New Deal* oder die Arbeitsplatzgarantie in der Einleitung, das zehnte Kapitel kommt darauf zurück). Die Denkfigur der Vertretung ist also eine normative Denkfigur. Im Lichte von Kant, Smith, Marx und Swedberg würde nämlich schon jede Bemühung, über Geldschöpfung anders zu sprechen als im Hinblick auf erbrachte Arbeitsvorleistungen, d.h. bereits erwirtschaftetes Sparkapital, theoretisch diskreditiert, weil sie den Zusammenhang zwischen Waren und Geld zu verraten scheint. Aufgrund von Finanzierungsbedarf produziertes Geld ist «bloß gedruckt», es mag «kaufbare» Waren repräsentieren, aber kann in seiner Entstehungsgeschichte nicht auf den vorhergehenden Verkauf, den Einsatz von «Fleiß» verweisen, den es als «eigentliche» Zahlungsfähigkeit legitimiert hätte. Deswegen ist jedes (politische) Begehren, Zahlungsfähigkeit aufgrund eines Finanzierungsbedarfs (und nicht aufgrund erfolgter Produktion) herzustellen, von Anfang an in einer argumentativen Bringschuld, die kaum zu tilgen ist. Diese theoretische Diskreditierung von Geldschöpfungspolitik ist ein Kernelement der Ideologie unpolitischen Geldes, weil sie den Raum grundsätzlich legitimer geldpolitischer Ansprüche schon konzeptuell massiv reduziert.

Das Tabu monetärer Staatsfinanzierung

Damit erreichen wir über einen Ausflug in die Theorie von Geld und Geldwirtschaft nun wieder das Verhältnis des Staates zu seinen Geldschöpfungskapazitäten – Mephistopheles lässt grüßen. Auch staatliche Zahlungsfähigkeit kann unter der Anleitung dieses Denkmusters nur als (Um-)Verteilung der produktiven Leistungen seiner Bürgerinnen und Bürger gedacht werden. Geldschöpfung ohne einen solchen Zugriff auf Leistungen wäre «bloßes Drucken», weil die Schöpfung von Geld *selbst* nicht als Wertschöpfung gilt. Geldschöpfung kann überhaupt nur dann Legitimität beanspruchen, wenn sie durch die Existenz einer zusätzlichen Ware gerechtfertigt ist, durch die der geschöpfte Leistungsanspruch im Tausch erfüllt werden kann. Sie kann also politisch vernünftigerweise nur als Erfüllungsgehilfin der Preispolitik zum Einsatz kommen, sofern diese – so die Theorie – auf das Verhältnis von Waren und Geldwerten abzielt. Dementsprechend kommt Geldschöpfung in Modellen der ökonomischen Gesamtschau häufig gar nicht als eigenständige (und schon gar nicht eigendynamische) Struktur vor.

Wer Geldschöpfung anders als mit geldwertpolitischen Stabilitätszielen begründen will, hat auf Basis der Ideologie unpolitischen Geldes bereits verloren. Dementsprechend ist uns insbesondere der Einsatz von Geldschöpfung zur Herstellung der eigenen Zahlungsfähigkeit ein Dorn im Auge. Die Kritik daran richtet sich traditionell auf die Politik und äußert sich in der *Tabuisierung* monetärer Staatsfinanzierung,[30] also in der Diskreditierung einer politischen Nutzung von Geldschöpfung nicht (notwendigerweise) zur Stabilisierung des Geldwertes, sondern zur Herstellung der Zahlungsfähigkeit von Herrschern, seien es Königinnen, Goethes Kaiser oder eine demokratische Regierung. Das Tabu monetärer Staatsfinanzierung – in diesem weiteren Sinne als herrschaftliche Nutzung von Geldschöpfung zu «eigenen» Zwecken – verbindet dabei das theoretische Argument, zum Zwecke der Finanzierung eingesetzte (also nicht durch vorgeleistete Produktion und Geldwerterwägungen tauschtheoretisch legitimierte) Geldschöpfung sei als Manipulation eines eigentlich neutralen Werkzeugs zu verstehen, mit der Befürchtung, Macht über die Geldschöpfung sei zu verlockend, um sie nicht einzusetzen. Besonders für demokratische Herrscher befürchten viele deswegen, sie würden zur Sicherung von Stimmen für die eigene Wiederwahl zu kostspieligen Entscheidungen neigen, dabei gesamtwirtschaftliche Erfordernisse hintenanstellen und so, zum eigenen Vorteil, Inflation erzeugen.

Die Geldgeschichtsschreibung enthält eine Fülle von Warnungen vor gierigen Herrschern, die durch Eingriffe in die monetäre Ordnung ihre eigene Zahlungsfähigkeit per Dekret wiederhergestellt oder verbessert haben. Tatsächlich ist die Geburt der Disziplin der Nationalökonomie mit Autoren wie John Locke, Adam Smith, David Ricardo oder John Stuart Mill auch als Versuch zu verstehen, merkantilistischen Herrschern ihre schädliche Fixierung auf Geld auszutreiben. Diese frühen Schriften argumentieren in Schlüsselpassagen gegen eine Politik der Anhäufung großer monetärer Reichtümer in den Schatzkammern der Könige, indem sie auf den indirekten Charakter des Geldwertes als bloßen Anspruchs auf Waren verweisen. Hatte sich die frühneuzeitliche Politik des Merkantilismus noch darauf verlegt, möglichst viele Güter zu exportieren, um möglichst viel Geld, d.h. Gold oder Silber, ins Land zu schaffen, wollten die Nationalökonomen nun demgegenüber vermitteln, dass wirtschaftliche Leistungsfähigkeit nicht mit der Menge gehorteten Metalls identisch war, sondern mit Produktionsvolumen und Produktivität. Wahrer volkswirtschaftlicher Reichtum läge in Arbeitskraft, Güterherstellung und Handel, in Kapazitäten zur Warenproduktion, nicht in Geld; auf die Vorleistungen käme es an, nicht auf die Repräsentation durch die Stellvertreterware.

Als indirekter, abgeleiteter, uneigentlicher Wert reflektiert Geld im tauschtheoretischen Denken bereits geleistete ökonomische Aktivität, den Fleiß vergangener Leistungen. Als Zwischentauschmittel sei Geld, so schon das Argument der frühen Nationalökonomen, so etwas wie eine indirekt wertvolle Ware, deren Anhäufung nur dann sinnvoll wäre, wenn es gleichzeitig auch mehr direkte Werte gäbe, die gehandelt werden könnten. Herrscher, die ihre Politik darauf ausrichteten, selbst über möglichst viel Geld zu verfügen, indem sie einseitig auf den Export von Gütern (und damit den Import ausländischer Zahlungsfähigkeit) oder gar auf Geldschöpfung durch eine Verschlechterung der Münzqualität setzten, würden echten volkswirtschaftlichen Reichtum verspielen. Robert Skidelsky sieht sogar einen Hauptzweck dieser Konsolidierungsphase der Volkswirtschaftslehre darin, Herrscher vom Herumspielen mit dem Geld *ihrer Bürgerinnen und Bürger* zu entwöhnen.[31] Sie sollten sich auf Wirtschaftspolitik konzentrieren und aus der Geldschöpfung möglichst raushalten. Herrscher, die für die eigene Tasche Geld schöpften (zum Beispiel, um Kriege zu führen), nahmen dabei, so das tauschtheoretische Argument, eine Zerstörung des Eigentums ihrer Untertanen billigend in Kauf.[32] Die Möglichkeiten solcher – aus Sicht der Ideologie unpolitischen Geldes – *Manipulationen* sind mit der Umstellung von wertvollen Münzen auf intrinsisch wertloses Fiat-Geld noch leichter geworden.

Die durch den Vorschlag der monetären Staatsfinanzierung von

Beardsley Ruml und der MMT (wohlgemerkt würden sich Vertreterinnen dieser Schule einer solchen Bezeichnung verweigern, hier geht es aber um ihre Wahrnehmung) ausgelösten Irritationen sind deswegen mehr als politisch motivierte Abwehrreaktionen liberaler Denker, denen merkantilistisch agierende Herrscher ein Dorn im Auge waren. Sie fußen stattdessen auf weithin akzeptierten Annahmen darüber, was Geld ist, wie es funktioniert und woher es kommt, wer «gebende» und wer «nehmende» Hand ist. Geld gilt in diesem Denkstil als ein persönliches Werkzeug, in dem Sinne, dass jeder, der einen hinreichend großen Geldbetrag besitzt, damit auf Märkten auf Güter und Dienstleistungen zugreifen kann, so wie man mit dem «Werkzeug» Fahrrad persönlich mobil werden oder mit dem «Werkzeug» Computer ein Manuskript verfassen kann. Als Tauschmittel haben Geldwerte ihren *eigentlichen* Ursprung in der Wirtschaft: nicht in der Druckerpresse, sondern in der Produktion jener Waren, die sie stellvertreten sollen. Deswegen sind Staaten, auch wenn sie natürlich theoretisch bunte Papierscheine drucken und diese «Geld» nennen könnten, monetär abhängig von vorgeschalteter ökonomischer Produktivität. Wer ohne vorherige Wertschöpfung Geldmittel ausgibt, also nicht nur auf die Verteilung produktiver Leistungen mittels Einnahmen setzt, der «druckt Geld», und Gelddrucken gilt als inflationär, gefährlich und schon in der Sache als ein Missbrauch des Werkzeuges Geld.

Damit haben wir einen Dreiklang aus «unstrittigen» Überzeugungen, die unsere Debatte um die gesellschaftliche Produktion von Zahlungsfähigkeit im Hinblick auf staatliche Zahlungsfähigkeit rahmen: Geld ist als Tauschmittel nur insofern wertvoll, als dass jeder Geldbetrag in eine Ware von «echtem» Wert eingetauscht werden kann. Das «Drucken» (simple Erzeugen) eines Geldbetrags ist noch keine Wertschöpfung. Zahlungsfähigkeit muss deswegen individuell wie systemisch erwirtschaftet, d. h. von der warenproduzierenden Wirtschaft durch «echte Werte» vorgeleistet werden. Eine Politik, die sich nicht darauf beschränkt, als nehmende Hand das Geld ihrer Bürgerinnen und Bürger an sich zu reißen, sondern dieses vielmehr sogar druckt, handelt irrational und fahrlässig, entgegen offensichtlicher Sachzwänge und Funktionalitätsvoraussetzungen.

Dabei ist, wie gesehen, die harsche Ablehnung staatlicher Geldschöpfung, wie sie etwa in den Reaktionen auf Ruml oder die MMT aufscheint, nicht nur liberale Moralisierung, sondern auch eine Hypothese über grundlegende Zusammenhänge der Geldwirtschaft: die Annahme nämlich, Geldentstehung müsse durch produktive Wertschöpfungsprozesse vorgeleistet werden, damit der Geldwert vergangene (also: bereits erfolgte) Produktion von Tauschwerten (Waren) reflektiere und vertrete. Genau diese Vorleistung ist im Primat der Preisstabilität angelegt, da die Stabilität des Preisniveaus indizieren und sicherstellen soll, dass die Vorleistung (Warenproduktion) bereits stattgefunden hat, der neue Geldbetrag als Leistungsanspruch also bereits seine Entsprechung in der Warenwelt der Leistungen findet.

Zur Rekapitulation: Das Tauschparadigma macht sich Geld als eine Spezialware verständlich, als ein allein tauschwertvolles Eigentum, das als Stellvertreter im Austausch von Gütern und Dienstleistungen fungiert. Jeder Geldbetrag ist damit so etwas wie ein persönliches Werkzeug, mit dem, wann immer sich ein Bedarf bildet und ein passendes Angebot zu finden ist, auf Märkten Waren akquiriert werden können. Damit ist jeder einzelne Geldbetrag sozialtheoretisch betrachtet ein individueller Leistungsanspruch, der gegen Leistungen getauscht werden kann (und andersherum). Das gesellschaftliche Leistungsangebot modernen Geldes besteht darin, ein Set an Tauschwerkzeugen bereitzustellen, die eine indirekte Tauschwirtschaft ermöglichen. Die Ideologie unpolitischen Geldes erklärt nun, dass Geld nur dann ist, was es sein soll, wenn sich mit der Stellvertreterware, die man im Tausch gegen die eigenen Überschüsse entgegennimmt, auch wieder in etwa so viele Überschüsse zurücktauschen lassen. Nur dann *ist* es ein Stellvertreter für Waren. Der Umfang der Leistungsansprüche muss stabil sein, damit Geld wirklich Geld ist. Politisch kann es also nur darum gehen, das Verhältnis des «Gesamtgeldvorrats» und des «Gesamtwarenvorrats» in ein Gleichgewicht zu bringen. Der Indikator dieses Gleichgewichts, darauf hat man sich in langen und auch konfliktreichen Aushandlungsprozessen über das 19. und 20. Jahrhundert hinweg geeinigt, ist der Durchschnittspreis der Waren auf dem Konsumentenmarkt. Jedenfalls setzte sich nach dem

Zweiten Weltkrieg mehr oder weniger umfassend das Ideal einer unabhängigen Zentralbank durch, die damit beauftragt ist, dieses Preisniveau stabil zu halten, also Verbraucherpreisinflation zu verhindern.

Die Wirtschaftssoziologie und die politische Ökonomie haben nachdrücklich auf die *politische* Qualität der Unschuldsbehauptung hingewiesen. Preisstabilität ist zunächst Partikularinteresse, nicht notwendig Gemeinwohl. Sie erweitern damit den Nexus von Geld und Politik zu einem Konfliktfeld widerstreitender Interessen, die um Vorherrschaft ringen. An diesem Befund ist im Grundsatz nichts auszusetzen. Allerdings werden in vielen der aufgerufenen Ansätze Versatzstücke des Tauschparadigmas weitergeführt. So etwa ist die Definition von Geld als individuell verfügbarer Anspruch auf Waren und damit als Menge an Stellvertreterwaren oder die basale Charakterisierung der Geldwirtschaft als indirekter Tauschwirtschaft präsent. Und ebenso – wie wir mit Verweis auf Luhmann, ein Handbuch der Wirtschaftssoziologie oder die Steuersoziologie gesehen haben – die mehr oder weniger diffuse, aber nichtsdestoweniger fundamentale Annahme, Geldwerte würden «erwirtschaftet», und zwar von privaten Händen, so dass der öffentlichen Hand nichts bleibt, als das Geld der Steuerzahlerinnen und Steuerzahler abzugreifen. Weil die Stellvertreterware den Wert bereits erreichter Produktionsergebnisse repräsentiert, so die geldtheoretische Brücke, ist jede Geldschöpfung, die durch den Zahlungsbedarf (etwa) der öffentlichen Hand und nicht allein durch das Verhältnis von W zu G begründet wird, anrüchiges Gelddrucken. Allein schon die Erwägung, neues Geld nicht nur zu geldwertpolitischen Zwecken zu emittieren, wird damit im Prinzip delegitimiert. Geld als Werkzeug des indirekten Tausches, Geldwirtschaft als Produktion von Waren, die durch die reine Stellvertreterware bloß repräsentiert werden, und eine Geldpolitik, die als Werkzeugpolitik mit dem Wertverhältnis zwischen Waren und ihren Stellvertretern befasst ist – und damit Geldschöpfung als eigenes Feld legitimer politischer Willensbildung ausblendet – bilden eine traditionelle triadische Theorieverknüpfung. Es wird nun darum gehen, sie aufzulösen.

Teil II

Weichenstellungen

4. Soll und Haben

Wer unser Geld und seine politischen Implikationen verstehen will, muss sich darauf einlassen, die Geldwirtschaft in Bilanzen zu denken. Eine Kritik der finanziellen Vernunft erfordert eine semantische Umstellung, das heißt einen Wechsel der basalen Beschreibungslogik ökonomischer Praxis – eine Umstellung von Tausch auf Beziehung als Fundamentalkategorie. Wir sind es gewohnt, Ökonomie als Tausch von Eigentum zu begreifen. Wir denken die Ökonomie also normalerweise, wie es der Soziologe Niklas Luhmann ausdrückte, von der Differenz von «Haben» und «Nichthaben» her: als fortwährendes Aufeinandertreffen zweier Eigentümerinnen, die irgendetwas haben, aber irgendetwas anderes brauchen und deswegen ihre «Haben» austauschen. So oder so ähnlich beginnen die großen Klassiker der Wirtschaftstheorie ebenso wie zeitgenössische Lehrbücher zur Betriebs- und Volkswirtschaftslehre; diese Semantik des Tausches liegt gemeinhin Kommentaren, Forschungspapieren und Essays zu wirtschaftlichen Fragen zugrunde. Nach dem Austausch ihrer «Haben» verfügen die beiden archetypischen Haushalte nicht mehr über das, was sie zuvor hatten, dafür aber über das, was ihr Gegenüber auf den Marktplatz getragen hat. Entsteht ein neuer Bedarf, wird wieder etwas, das man hat, angeboten, um es gegen etwas anderes zu tauschen, das man nicht hat, aber braucht. Die gesamte Praxis der Wirtschaft verdichtet sich in diesem Moment des Austausches von Eigentum des einen gegen das Eigentum einer anderen – das ist die Axiomatik, auf deren Basis wir gemeinhin über Wirtschaft sprechen und unsere wirtschaftspolitischen Debatten aufbauen.

Eine Perspektive der Bilanz bedeutet hingegen, Geld und Geldwirtschaft vom «Sollen» her zu verstehen, nicht vom «Haben». Der Grundbegriff einer solchen theoretischen Blickrichtung ist die Verpflichtung, nicht das Eigentum, nicht also die momentane Interaktion des Tausches, sondern die soziale Form der Beziehung. Wer anderen gegenüber Verpflichtungen eingeht, ist mit ihnen verbunden, nicht nur in einer momentanen Interaktion im Hier und Jetzt, sondern auf Zeit. Eine Verpflichtung legt uns auf Handlungen in der Zukunft oder über einen Zeitraum hinweg fest, auf Handlungen, die wir für andere leisten, denen wir verpflichtet sind. In Bilanzen zu denken, bedeutet nun, ökonomische Akteure als Gegenüber solcher Beziehungen zu begreifen, als verstrickt in Verpflichtungen, durch die sie für andere handeln müssen und andere für sie. Diese wechselseitigen Verpflichtungen, in die wir alle verstrickt sind und in die wir uns verstricken müssen, bedingt jenes Handlungsfeld, das wir «Wirtschaft» nennen. Wirtschaften als gesellschaftliche Praxis erscheint dann nicht als Produktion und Austausch von Dingen, sondern muss als eine Praxis des Eingehens von Verbindlichkeiten und der Sorge für ihre Vergeltung beschrieben werden. Das heißt freilich nicht, dass es kein Eigentum – kein «Haben» – gäbe; wohl aber schon, dass die Semantik unserer Analyse nicht darauf gründet. Wir arbeiten, um etwas zu haben, weil es uns ermöglicht, ein Soll zu erfüllen, also Verpflichtungen abzugelten, die uns mit anderen Personen verbinden. Wir sind auf das «Haben» angewiesen, weil wir zum «Sollen» verpflichtet sind. Die Perspektive von Soll und Haben erschließt uns die Trias von Geld, Geldwirtschaft und Geldpolitik.

Im ersten Teil dieses Buches haben wir uns der tauschtheoretischen Argumentationsweise gewidmet, die unsere alltägliche Wahrnehmung und unsere gesellschaftlichen Diskussionen über die Trias von Geld, Geldwirtschaft und Geldpolitik in der Regel strukturiert. Dabei wurde schnell klar, wie eng diese drei Theoriesegmente zusammenhängen. Geld*theorie* ist immer auch – oder: untrennbar verbunden mit – *Theorien* von Geldwirtschaft und Geldpolitik. Das Tauschparadigma beschreibt Wirtschaft grundsätzlich als den Austausch von Eigentumsrechten. Der Vordenker moderner Volkswirtschaftslehre Adam Smith hatte in seinem Hauptwerk *Wohlstand der Nationen* bekanntlich die fast schon sprichwörtliche Behauptung aufgestellt, die natürliche «Neigung zum Tausch» begründe die Entstehung und die Grundlage alles Ökonomischen.[1] Auf diesem axiomatischen

Fundament ruht die moderne orthodoxe Volkswirtschaftslehre, die, wie der Kultur- und Wirtschaftstheoretiker Joseph Vogl es formuliert, stets davon ausgeht, «dass sich noch die komplexesten Transaktionen letztendlich auf elementarste Tauschakte zurückführen lassen». Er nennt das eine«Mythologie des einfachen Tauschs».[2]

Diese liberale oder auch orthodoxe Perspektive beschreibt *modernes Geld* als einen Vorrat stoffwertloser Stellvertreterwaren, die echten Warenwerten als Menge individuellen Eigentums an Geldbeträgen wie auf einem Feld verteilt gegenüberstehen, das «*Geldwirtschaft*» heißt. Diesem Begriffspaar ordnet sich eine Konzeption von *Geldpolitik* als Geldwertpolitik bei, die das Anforderungsprofil der Reproduktion von Zahlungsfähigkeit als Betreuung des Warencharakters der Stellvertreterware begreift, als Erhalt und Stabilisierung des Tauschwertes der Geldbeträge. Kurz: Geld erscheint hier als Werkzeug in einer indirekten Tauschwirtschaft, das durch eine Art «Werkzeugpolitik» funktional gehalten werden soll.

Um den infrastrukturellen Charakter des Geldes sehen und beschreiben und daraus analytische wie politische Konsequenzen ziehen zu können, müssen wir unseren Blick nun neu ausrichten. Wir müssen vom Paradigma des Tausches auf das Paradigma der Bilanz umstellen. Damit ist – dieses Versprechen aus der Einleitung soll nicht gebrochen werden – kein Ausflug in die Feinheiten der Rechnungsprüfung und des Buchhaltungswesens verbunden. Man braucht also keinen Abschluss in Accounting, um in Bilanzen denken zu können. Es geht vielmehr darum, Wirtschaft als eine soziale Praxis zu betrachten, in der natürliche (Menschen) und juristische (Firmen, Staaten) Personen ständig Beziehungen eingehen, diese pflegen und wieder auflösen. Diese Beziehungen lassen sich als Bilanzen darstellen, d. h. als *Aufstellungen von Haben und Soll* – oder: Vermögen und Verbindlichkeiten – einer Person.

In den Vermögensstatistiken unterscheidet man Geldvermögen von Sachvermögen. Sachvermögen sind Dinge wie Maschinen, Häuser oder Patente, Sachen also, die einer natürlichen oder juristischen Person gehören (können), ohne gleichzeitig Verpflichtungen einer bestimmten anderen Person zu sein. Geldvermögen sind in diesen Statis-

Bilanz

Haben (Vermögen)	*Soll (Schulden)*
Sachvermögen Finanzvermögen (Forderungen)	Forderungen

Abb. 1: Die Bilanz

tiken etwa Einlagen bei Banken, Unternehmensanteile wie Aktien, Wertpapiere, Investmentfondsanteile oder Ansprüche gegenüber Versicherungen und Pensionskassen. All diese Dinge sind Vermögen für eine Person, weil es sich um rechtlich kodifizierte Zahlungsverpflichtungen einer anderen Person handelt. Eine Bank, ein Unternehmen, ein Staat, ein Fonds oder eine Versicherung verspricht, zu zahlen (auf Verlangen oder zu einem bestimmten Zeitpunkt); das macht die Kontrakte wertvoll, macht sie zu Vermögen. Ihrer sozialen Form nach sind solche Forderungen also *Beziehungen* zwischen einer Gläubigerin und einem Schuldner, das heißt: Beziehungen zwischen einem Akteur, der einer Pflicht unterliegt, und einem Akteur, dem etwas geschuldet wird. In Deutschland gab es im Jahr 2018 private Sachvermögen im Wert von 8,6 Billionen Euro und Geldvermögen im Wert von etwa sechs Billionen Euro.[3]

Was für die einen Schulden sind, ein «Soll», ist für die anderen Vermögen, ein «Haben». Man hat also gesamtwirtschaftlich betrachtet immer nur so viel Geldvermögen, wie es Schulden gibt. Wer immer Schulden erzeugt, erzeugt also auch Vermögen – und wer Schulden abbaut, baut auch Vermögen ab. Immer wenn sich jemand also über «Schuldenberge» echauffiert, die etwa von Staaten «angehäuft» werden, kann man das Wort «Schuldenberg» auch durch «Vermögensberg» ersetzen. Gleichsam kann man statt «Schuldenabbau» auch «Vermögensabbau» sagen, die medienwirksam den Pegelstand der Staatsverbindlichkeiten protokollierenden «Schuldenuhren» sind auch «Vermögensuhren» und so weiter.

Wir alle sind aber in der Regel in noch viel mehr Verbindlichkeiten verstrickt als in jene, die statistisch zu den Geldvermögen gezählt werden. Wer beispielsweise eine Wohnung mietet, unterschreibt einen Vertrag, der zu regelmäßigen Zahlungen verpflichtet. Durch diesen Vertrag kann die Wohnung genutzt werden, und man ist vor Wind und Wetter geschützt. Da es uns hier nicht um statistische oder buchhalterische Konventionen geht, sondern um eine konzeptuelle soziologische Semantik, können und sollten wir auch Mietverträge zu den Schulden zählen, die sich in Form einer Bilanz darstellen lassen. Der Mietvertrag ist eine Verpflichtung (Soll) des Mieters und ein Vermögen (Haben) der Vermieterin. Miete ist eine Gläubigerin-Schuldner-Beziehung des Mieters als Schuldner und der Vermieterin als Gläubigerin; der Mieter muss regelmäßig zahlen, um die monatliche Schuld zu tilgen. Das Geld für die Mietzahlungen stammt womöglich aus einer Anstellung, durch die regelmäßig Gehalt auf dem Konto des Mieters eingezahlt wird. Auch hier haben wir es wieder mit einer Verbindlichkeit zu tun, einer Zahlungsverpflichtung: Der Vertrag zwischen dem Mieter (als Arbeitnehmer) und seinem Arbeitgeber ist ebenfalls eine Gläubiger-Schuldner-Beziehung, in der der Arbeitnehmer Gläubiger und der Arbeitgeber Schuldner ist; ersterer hat einen Anspruch auf Zahlungen von letzterem.

Genauso wie Miet- oder Arbeitsverträge können auch Kaufverträge als Schulden gelesen werden – unabhängig davon, ob sie schriftlich aufgesetzt werden und eine Zahlung innerhalb von 14 Tagen nach Rechnungseingang verlangen oder ob sie implizit bleiben und sofort vergolten werden. Auch beim Einkauf im Supermarkt kommt an der Kasse eine Zahlungsverpflichtung zustande, die wir gewohntermaßen sofort begleichen. Nichtsdestotrotz ist auch ein Kauf als die Entstehung – und eben: Auflösung – einer Gläubiger-Schuldner-Beziehung zu lesen; unser Mieter und Arbeitnehmer, der sich für den Feierabend mit Lebensmitteln versorgen will, wird dafür zum Schuldner des Supermarkts und tilgt diese Schuld sofort wieder, indem er zahlt. Jede monetäre Transaktion ist, wie Geoffrey Ingham sagt, eine Form der Verschuldung oder Schuldentilgung.[4] Zahlungen sind Tilgungen, kein Austausch zweier gleichwertiger Waren; sie bedienen oder terminieren Beziehungen vom Typ der Verpflichtung.

Alle diese Vorgänge ließen sich in Form von Bilanzen und den Beziehungen und Beziehungsänderungen untereinander darstellen. Ein Mietvertrag ist (im bilanziellen Sinne) eine Verbindlichkeit des Mieters, steht also jeden Monat in seiner Soll-Spalte. Derselbe monatliche Betrag würde bei der Vermieterin als Haben auftauchen. Die Identität der beiden Summen verweist darauf, dass Soll und Haben als Beziehung – als Gläubigerin-Schuldner-Beziehung – zwischen den beiden existieren. Das Gehalt steht in der Bilanz des Arbeitgebers als Soll und in der Bilanz unseres Mieters (und Angestellten) als Haben, dafür schlägt – für einen Moment an der Kasse – der Preis des Lebensmitteleinkaufs als Soll zu Buche. Bezahlt er, ist diese Schuld getilgt und die Beziehung beendet.

Der basale Gedanke einer bilanztheoretischen Betrachtung von Wirtschaft schält sich damit heraus: Sie beginnt ihre Beschreibung ökonomischer Praxis nicht mehr mit Haushalten, die unabhängig voneinander «Haben» produzieren, dann merken, dass ihnen etwas fehlt, was sie dazu zwingt, sich zum Austausch ihres «Habens» mit anderen zu treffen und nach dem Austausch – modellhaft gedacht – wieder ihrer Wege zu gehen. Vielmehr sehen wir nun eine Praxis vor uns, in der natürliche und juristische Personen (Individuen, Unternehmen, Staaten) als Kundinnen und Kunden, Mieterinnen und Mieter, Arbeitgeberinnen oder Arbeitnehmer, Käuferinnen und Verkäufer, Kreditgeberinnen und Kreditnehmer und so weiter miteinander in Beziehung stehen. Diese Beziehungen *fordern* Handlungen von ihnen – die Zahlung der Miete, des Lohns, des Kaufpreises oder die Rückzahlung des Darlehens. Solche Forderungen bilden die Matrix ökonomischer Praxis. Sachvermögen und Waren wie Häuser, Lebensmittel oder Automobile und damit auch ihre Produktion und ihr Handel sind aus bilanztheoretischer Perspektive nicht das Alpha und das Omega der Wirtschaft. Denken wir an dieser Stelle zur Verdeutlichung an Richard Swedbergs formale Darstellung ökonomischer Prozesse als Verschaltung von (erstens) *Produktion* und (zweitens) *Handel* zum Zwecke der (drittens) *Konsumption* zurück. Sie kann stellvertretend für die dominante Art stehen, in der wir über Wirtschaft nachdenken. Hier bilden Herstellung und Austausch (in letzter Instanz) konsumierbarer, also: bedürfnisbefriedigender Dinge die Matrix ökonomischer Praxis. Geld und Finanzen sind (in dieser Perspektive) den Prozess von Produktion, Distribution und Konsumption von Waren ermöglichende und vereinfachende Hilfsmittel. Individuen begehren und beschaffen sich bedürfnisbefriedigende Gebrauchswerte oder akkumulieren Mittel, um diese zu bekommen (Vermögen); Unternehmen verkaufen konsumierbare Waren (oder ihre Vorstufen), um Überschüsse zu generieren. Handlungsfähigkeit wird archetypisch durch die Herstellung von Gebrauchswerten und deren Tausch erzeugt (inklusive Arbeitskraft), zum wirtschaftlichen Handeln motivieren Bedürfnisse (Hunger, Obdach, Unterhaltung, was auch immer), die durch die Waren anderer befriedigt werden können, oder akkumulierte Mittel (Vermögen, Geld). Deswegen scheint es nicht zuletzt den Anhängerinnen der marxistischen Arbeitswertlehre so naheliegend, das Konzept des Wertes von der Herstellung bedürfnisbefriedigender Gebrauchswerte wie Lebensmittel oder Obdach abzuleiten, wodurch gerade Forderungen – Schulden – als sekundäre, abgeleitete, «fiktive» ökonomische Kategorien erscheinen.

Die bilanztheoretische Perspektive verneint nicht die Existenz von «realen» Bedürfnissen, Gebrauchswerten oder Sachvermögen und Waren, die keine Verpflichtungen, keine Gläubiger-Schuldnerinnen-Beziehungen sind. Aber sie gründet ihre Beschreibung ökonomischer Praxis auf einer alternativen Ausgangsbeobachtung: Wir sehen nun nicht mehr zuallererst isolierte Haushalte, die Bedürfnisse und Ressourcen haben und ihre Ressourcen (z.B. ihre eigene Arbeitskraft) zur Produktion tauschbarer Waren einsetzen, um so (womöglich in einer längeren Kette von Tauschakten) Eigentum an jenen Gütern erlangen zu können, deren Konsum ihre Bedürfnisse befriedigt. Stattdessen sehen wir Akteure, die Forderungen gegeneinander erheben und sich so zu Handlungen verpflichten. Wir sehen Akteure, die in ein Gefüge des «Sollens» verstrickt sind und sich immer wieder solchen Forderungen aussetzen. Auch dabei geht es um die Kontrolle über Ressourcen – aber der Ausgangspunkt einer Analyse ökonomischer Praxis ist die Verpflichtung, nicht die bereits bestehende Kontrolle über Ressourcen, die zur Produktion eingesetzt wird (deren Ergebnisse dann getauscht werden). Um diese kontraintuitive Semantik besser zu verstehen und erklären zu können, welche Rolle Geld in einer so beschriebenen Praxis spielt, werde ich mit dem Begriff der *Positionierung* arbeiten.

Geldwirtschaft als Praxis der Positionierung

Soziologisch kann man das Eingehen von Gläubigerinnen-Schuldner-Beziehungen als *Positionierung* bezeichnen, etwa so, wie man im Alltag davon spricht, jemand sei «(nicht) in der Position», dieses oder jenes zu entscheiden oder zu tun. Eine Positionierung bedeutet also ein Set bestimmter und begrenzter Handlungsmöglichkeiten und Handlungserwartungen. Ein Chef einer Firma kann Arbeitsabläufe organisieren, ein Auszubildender ist hingegen nicht «in der Position», dies zu tun. Ein Fußballtrainer positioniert einen Spieler als Manndecker, eine engagierte Kollegin wird befördert und nimmt fortan die Position der Vorgesetzten ein, biologisch und nichtbiologisch Verwandte übernehmen die Positionen von Eltern, eine affirmative Antwort auf die Frage «Sind wir jetzt zusammen?» positioniert zwei oder mehr Menschen als Partnerinnen und/oder Partner in einer intimen Nahbeziehung. Der Sozialphilosoph Tony Lawson hat den Begriff der Positionierung gerade aufgrund dieser Vertrautheit als sozialontologischen Grundbegriff vorgeschlagen.[5] Positionen oder Positionierungen sind also, so jedenfalls der Anspruch, Begriffe allgemeiner Ontologie, Grundbausteine *jeder* sozialen Koexistenz und damit auch jeder Gesellschaftsbeobachtung, nicht nur eine akademische Beschreibung von Schulden. Mit ihnen lässt sich aber besonders gut verdeutlichen, wie man Geld im Allgemeinen, d.h. Zahlungsfähigkeit, aus einer bilanztheoretischen Betrachtungsweise der Geldwirtschaft heraus verstehen kann.

Wir alle nehmen in unserem Leben viele verschiedene Positionen ein, als Angestellter oder Firmenchefin, als Ehepartner oder Richter, als Mittelstürmerin beim Fußball oder Bundeskanzler. «Gläubigerin» oder «Schuldner» sind solche Positionen, genauso wie «zahlungsfähig» zu sein. All diese Positionen sind mit spezifischen Handlungsmöglichkeiten und Handlungszwängen verbunden, die entstehen, indem jemandem ein von den Mitmenschen allgemein akzeptierter (und mit bestimmten Erwartungen verbundener) Status verliehen, er oder sie also im Hinblick auf ein soziales Gefüge platziert und mit den für jene spezifischen Handlungsmöglichkeiten notwendigen Ressourcen ausgestattet wird. Positionierungen können also gleichermaßen kognitive, physische, materielle, symbolische, rechtliche oder kulturelle Komponenten haben; so muss etwa jemand, die als Universitätsdozentin positioniert wurde, nicht nur ein sie ermächtigendes Dekret erhalten (ein Deputat oder einen Lehrauftrag), sondern auch Zugriff auf einen Raum, die Berechtigung (und den Account) zur Vergabe von Noten, die Veröffentlichung des Lehrangebots und so weiter. Die durch eine solche Positionierung entstehende Handlungsfähigkeit (und Handlungserwartung) ist also keineswegs bloß symbolisch oder abstrakt, sondern durch verschiedene konkrete sozio-materielle Faktoren bedingt.

Wichtig ist dabei, sich Positionen nicht als Eigenschaften der sie einnehmenden Person vorzustellen, sondern als systemische oder «emergente» Effekte des Zusammenwirkens eines Ganzen, vielleicht besser: einer Ordnung (Lawson spricht von «totalities»). Streng genommen sollte es also nicht heißen, dass eine Person ihre Position als Lehrende inne*hat*, sondern dass eine Ordnung diese Person als Dozentin in einer Universität *positioniert*. (Gerade die Übertragung dieses Gedankens auf das Phänomen der Zahlungsfähigkeit birgt politischen Sprengstoff: Ich werde später in der Tat davon sprechen, dass das Geld im eigenen Portemonnaie oder auf dem eigenen Bankkonto keine Zahlungsfähigkeit ist, die man in einem theoretisch anspruchsvollen Sinne *hat*, sondern eine systemische, um nicht zu sagen: kollektiv erreichte Positionierung.) Positionen entstehen in allen möglichen sozialen Kontexten, indem bestimmten Akteuren durch Statuszuweisungen, Rechtstitel, Erwartungen anderer oder schlichte Kontrolle materieller Ressourcen die Möglichkeit verliehen wird, bestimmte Handlungen innerhalb des jeweiligen Kontexts – einer *Ordnung* wie etwa der Universität, der Fußballmannschaft, der Firma usw. – erfolgreich durchzuführen.[6] Positionierung bedeutet damit immer eine Form spezifischer Macht oder Handlungsfähigkeit, die einem Akteur dadurch zuteilwird, dass er innerhalb einer Ordnung durch symbolische, materielle und rechtliche Auszeichnungen einen gesellschaftlich definierten Ort einnehmen darf und kann.[7]

Anders als viele andere positionierende Beziehungen, die uns beim Wort «Beziehung» vielleicht zunächst in den Sinn kommen (etwa Freundschaften), sind Schulden auf *ihre eigene Terminierung/Beendigung* ausgerichtete Beziehungen. Von einer Schuldnerin wird erwartet, dass sie ihre Schuld begleicht, ansonsten macht es keinen Sinn, von jemandem zu sagen, er oder sie trage jemandem gegenüber «eine Schuld» oder jemand habe eine Forderung gegen jemand anderen. Die Position einer Schuldnerin ist demnach vornehmlich durch die Erwartung bestimmt, durch eine Leistung die Tilgung der Beziehung herbeizuführen, während die Position des Gläubigers durch die Erwartung bestimmt ist, die Beziehung bei erbrachter Leistung als getilgt zu betrachten. Das Begleichen einer Schuld ist in diesem Sinne ein Angebot des Schuldners, welches von der Position der Gläubigerin aus akzeptiert werden und zur Auflösung der Beziehung führen muss. Tilgung ist ein Akt der Anerkennung; sie liegt schließlich nicht im Papierschein oder der Münze selbst begründet, deren Übertragung an der Kasse den Einkauf als Rechtsakt besiegelt. Kurz: Die Position des Schuldners will verlassen werden, in der Position der Gläubigerin kann dieses Verlassen gewährt werden.

Die Ausrichtung auf die eigene Terminierung, die der Gläubiger anerkennen kann (oder nicht), trifft offensichtlich auf jene Dinge zu, die wir in Analogie zur Alltagssprache als Schulden betrachten, also etwa Bankkredite oder Darlehen unter Freunden. Wenn sie existieren, dann positionieren sie den Schuldner so, dass er die Terminierung der Beziehung herbeizuführen hat. Auch bei einem Kaufvertrag ist diese Beschreibung noch unmittelbar einleuchtend: Die Übergabe der Waren geschieht als Vorleistung, die aber unmittelbar (oder mit einer Frist) vergolten werden muss. Weniger offensichtlich ist das bei Zahlungsverpflichtungen, die eigentlich auf Dauer ausgerichtet sind oder wenigstens nicht in der Aufgabe ihrer Selbstaufhebung bestehen, etwa bei einem Arbeitsvertrag. Aber auch hier ist es sinnvoll, sich diesen Vertrag als eine Kette von Vorleistungen und Vergeltungsakten vorzustellen, die schließlich nicht weitergeführt wird, sollten Vorleistung oder Vergeltung (dauerhaft) ausbleiben. Ein Mietvertrag für eine Wohnung ist eine serielle Verkettung von Verschuldung und Tilgung, die vom Mieter als Schuldner erwartet, seine Position durch Zahlung zum Monatsanfang zu verlassen, nur, um ihn für den nächsten Monat sofort wieder so zu positionieren.

Die wechselseitige Positionierung als Gläubigerin und Schuldner lässt sich nun, wie gesagt, in Form von Bilanzen darstellen: Die Gläubigerin hat fortan ein Vermögen, nämlich das Versprechen des Schuldners, eine Leistung zu erbringen. Der Schuldner hat dementsprechend eine Vergeltungspflicht, eine Verbindlichkeit, wie es in der Sprache der Buchhaltung heißt. Gläubigerin und Schuldner sind nun, durch ihre korrespondierenden Positionierungen, durch eine Beziehung verbunden: eine Gläubigerinnen-Schuldner-Beziehung, die gleichzeitig ein Vermögen und eine Schuld ist, je nachdem, welche Rolle man in der Beziehung hat.

Das Eingehen solcher Zahlungsverpflichtungen darf nicht nur individuell (oder: mikrotheoretisch) und einseitig (aus der Perspektive von Schuldnerinnen) als Vorgriff auf künftige Einnahmen verstanden werden, sondern muss systemisch (oder: makrotheoretisch) und unter Einbeziehung beider Beziehungsteilnehmer – Gläubiger *und* Schuldnerin – betrachtet werden. So besehen transferiert der Akt der Verschuldung keine Handlungsfähigkeit (Einkommen) aus der eigenen Zukunft in die eigene Gegenwart der Schuldnerin, sondern erzeugt vielmehr Handlungsspielräume im Hier und Jetzt – für beide Partner der Beziehung. Die Schuldnerin erhält eine Vorleistung des Gläubigers (eine Unternehmerin erhält von ihrem Angestellten dessen Arbeitskraft), die sie mit Ressourcen ausstattet (das Unternehmen kann durch die verfügbare Arbeitskraft produzieren), und der Gläubiger erhält ein Tilgungsversprechen, ein Vermögen, das er im Hier und Jetzt als Vermögen verwenden und bilanzieren kann (den Arbeitsvertrag, der es ermöglicht, eine Wohnung zu mieten). Die Erzeugung von Schulden ist deswegen, so Joseph Vogl, «ein Schöpfungs-

Abb. 2: Bilanzen als Beziehungsdarstellungen

akt. Mit ihnen entsteht etwas, das vorher nicht da war: eine Verpflichtung, ein Band».[8]

Die fundamentale Bedeutung von Schulden als Stifterinnen von Handlungsfähigkeit und als Ermöglicherinnen materieller und sozialer Reproduktion zeigt schon der Blick in die ersten Hochkulturen der Menschheit. Schriftlich festgehaltene Verbindlichkeiten gehören zu den frühsten Zeugnissen von Kultur. Mit der Sesshaftigkeit entstehen einige Jahrtausende vor Christus im Zweistromland zwischen den Flüssen Euphrat und Tigris erste große Siedlungen, in denen Menschen in arbeitsteiliger Struktur aufeinander und auf die Bewirtschaftung des fruchtbaren Umlands angewiesen sind. Diese Bewirtschaftung und die Versorgung der Stadt funktionierten über die Buchhaltung der Tempel oder Paläste, die politische Zentren des Zusammenlebens bildeten. Man hielt also Vorleistungen und Vergeltungspflichten als «Haben» und «Soll» in Form von – zunächst – Tonfiguren, später Tontafeln fest. Auch wenn derart lange zurückliegende Praktiken kaum vollständig rekonstruiert werden können, so spricht doch immerhin einiges dafür, dass die babylonische Keilschrift als symbolische Repräsentation von Tonfiguren entstanden ist, die auf Warengattungen wie Vieh oder Getreide verwiesen und nicht zuletzt zur Aufzeichnung von Lieferverpflichtungen verwendet wurden. Dazu waren die Tonfiguren im Umfang der Schuld in einem Gefäß eingeschlossen, welches zur Überprüfung der Tilgung zerstört wurde. Zu den frühsten Zeugnissen der Keilschrift wiederum gehören Tontafeln, auf denen Verbindlichkeiten niedergeschrieben wurden.[9]

Eine der ersten Städte der Menschheit überhaupt war Uruk, gegründet ungefähr 3000 Jahre vor Christus am Ufer des Euphrat, nahe des Persischen Golfs. Uruk war eine große Gemeinschaft sesshafter und arbeitsteilig wirtschaftender Menschen mit einem Tempelpalast als Herrschaftszentrum. Die materielle Reproduktion der Stadt war auf den Zustrom von Nahrung und anderen Waren angewiesen, die nicht innerhalb der Siedlung produziert werden konnten.[10] Um Siedlungen dieser Größe zu versorgen, mussten vor Ort produzierte und nicht konsumierbare Überschüsse abgegeben und vor Ort nicht produzierbare Ressourcen eingeführt werden, vor allem, aber natürlich nicht nur, Lebensmittel. Uruk war vom Wasser aus gut zu erreichen und bildete einen Umschlagsplatz für ausgedehnte Handelsrouten, die von der Golfregion bis tief in den europäischen Mittelmeerraum, das Gebiet der heutigen Türkei und in die Berge des modernen Afghanistans reichten. Um die bronzezeitlichen Handelskarawanen für solch ausgedehnte Routen auszurüsten, brauchte es Transportmittel, Schutz und natürlich ausreichend Güter, damit sich die entbehrungsreiche und lange Reise auch lohnte. Das Überleben der Stadt hing von der erfolgreichen Etablierung solcher Warenströme ab, die wiederum auf Vorleistungen und Versprechen, kurz: Gläubiger-Schuldner-Beziehungen beruhten. Wer Güter auf die Reise schickte, ging in Vorleistung und erwartete zu einem späteren Zeitpunkt eine Vergeltung durch die erworbenen Handelsgüter. Die Sesshaftigkeit in großen Gruppen hing in entscheidendem Maße davon ab, dass man untereinander Verbindlichkeiten eingehen konnte und diese wieder vergolten wurden. Zivilisation wäre ohne Schulden nicht möglich gewesen.[11]

Aber nicht nur in den Palast- und Tempelökonomien der mesopotamischen Hochkulturen zeigt sich der fundamentale Charakter von Gläubiger-Schuldnerinnen-Positionierungen für das menschliche Zusammenleben. Nach allem, was wir aus dieser Forschung wissen, irrte sich Adam Smith schlicht, als er dem Menschen eine anthropologische Vorprägung für das Tauschen von Besitztümern attestierte und daraus die Annahme ableitete, der Realtausch von Gütern (im Englischen: *barter*) sei die Essenz ökonomischer Praxis. Tatsächlich aber gilt der reine Tausch heute eher als randständige Erscheinung vormonetärer Lebensweisen, deren Protagonisten schließlich keine isoliert agierenden Haushalte, sondern Mitglieder einer Gemeinschaft waren, die sich kannten und vertrauten. Wenn man sich eine nichtmonetarisierte Wirtschafts- und Lebensweise in Dorfgemeinschaften vorstellt, so wird man dort wohl keine solitär agierenden Haushalte vorfinden, die sich, sofern sie denn das Problem der doppelten Koinzidenz der Bedürfnisse überwinden konnten, zum Realtausch von Waren in der Dorfmitte trafen. Vielmehr ist davon auszugehen, dass man sich auch in Dorfgemeinschaften, d.h. in einer durch dichte Nahbeziehungen wie Verwandtschaft verbundenen Gruppe, geholfen hat, wenn Bedarf entstand – und dies auch von anderen erwartete.[12]

«Die typische Form des Besitzwechsels einzelner Gegenstände zwischen Familien oder zwischen einzelnen Bewohnern eines Dorfes», schreibt der Soziologe Axel Paul nach einer Auswertung entsprechender anthropologischer Forschungsergebnisse über nichtmonetär organisierte Gemeinschaften, «war die Leihe oder die Gabe»,[13] also: das Überlassen von Ressourcen in expliziter (Leihe) oder impliziter (Gabe) Erwartung ihrer Erwiderung.[14] Wirtschaft bedeutet zunächst und zumeist: Vorleistungen und Verpflichtungen. Benötigte etwa ein langjähriger und über drei Ecken verwandter Nachbar neue Hufeisen für sein Pferd, damit er das Feld pflügen und bestellen konnte, so dürfte der Hufschmied nicht auf einen direkten Tausch des beschlagenen Eisens gegen die Feldfrüchte bestanden haben, zumal diese erst noch gesät und das Feld dafür mithilfe des beschlagenen Pferdes gepflügt werden mussten. Arbeitsteilig organisierte Gemeinschaften produzieren asynchron, so dass Angebot und Nachfrage zeitlich versetzt auftreten (das Hufeisen wird jetzt benötigt, Getreide gibt es aber erst mit der Ernte usw.). Diese Asynchronität tritt in auf dichten Nahbeziehungen beruhenden Gemeinschaften nicht zutage, weil die Mitglieder dieser Gemeinschaften wechselseitige Gläubigerinnen- und Schuldnerpositionen einnehmen. Man partizipiert also an der Ernte, wenn sie da ist, und erweist eine Gegenleistung, wenn man selbst etwas anzubieten hat. Eine derart asynchrone Interaktion weiterhin unter das Raster des Tauschbegriffs zu subsummieren, überreizt die Abstraktion. Soziologisch fruchtbarer ist es, die wechselseitigen Schulden als eine Ordnung auf Zeit angelegter sozialer

Beziehungen ernst zu nehmen, die ich mit Sören Wolf ein «Verpflichtungsgefüge»[15] nenne.

Im Falle urbaner Ansiedlungen wie der ersten Städte im Zweistromland waren solche Verpflichtungsgefüge vertikal strukturiert, also durch und um ein Herrschaftszentrum organisiert. Ein Tempel oder Palast verteilte Ressourcen an die Bürgerinnen und Bürger der frühen Städte, verlangte aber auch Leistungen von ihnen; Soll und Haben wurden vom Zentrum administrativ erfasst und organisiert. Die *vertikale* Dimension von Verpflichtungsgefügen (gegenüber *horizontalen* Vorleistungen und Tilgungen zwischen Mitgliedern einer Dorfgemeinschaft zum Beispiel) ist für die Entstehung des Geldes, für die Konzeptualisierung des Geldwertes und für die Analyse des Verhältnisses öffentlicher und privater Hände in der Geldwirtschaft von entscheidender Bedeutung. Auf alle drei Aspekte wird das siebte Kapitel zurückkommen.

Halten wir hier zunächst die grundlegende Einsicht fest: Wechselseitige Verschuldung und Tilgung, das Vorleisten und Vergelten, das als Bilanzen darstellbare Sollen und Haben sollte als – mit Joseph Schumpeter gesprochen – «embryonale»[16] Form des Wirtschaftens gelten. Es ist deswegen sinnvoll, wenn nicht gar zwingend, auch die theoretische Semantik einer Beschreibung und Analyse von Wirtschaft insgesamt auf dieser Idee eines Verpflichtungsgefüges aufzubauen. Genau das schlägt die Bilanztheorie vor. Im Paradigma der Bilanz verweist der Begriff «Wirtschaft» also auf die soziale Praxis der Erbringung von Vorleistungen, die Vergeltung erfordern; es geht um die Schaffung, Aufrechterhaltung und Auflösung von Beziehungen, die Akteure zueinander als Gläubigerinnen und Schuldner positionieren und dadurch mit Handlungsfähigkeit ausstatten. Personen gehen ständig gegenseitig in Vorleistung – überlassen sich Güter oder Dienste – und versetzen sich so in die Lage, sich zu versorgen und ökonomisch «am Leben», d.h. ihre Bilanz über Wasser zu halten. Das Verpflichtungsgefüge nötigt dazu, sich ökonomische Akteure als Bilanzen und damit die Wirtschaft insgesamt als ein Gewebe durch Gläubiger-Schuldner-Beziehungen verbundener Bilanzen vorzustellen. Diese relationale Sichtweise unterscheidet sich im Grundsatz von der Unterstellung autonomer (und dadurch atomisierter) Haushalte, die – in der theoretischen Abstraktion – nur zum Austausch ihrer Überschüsse miteinander in Kontakt treten.

Um zu demonstrieren, dass die Praxis des wechselseitigen Gewährens und Vergeltens von Vorleistungen auch unter der Oberfläche monetarisierter Ökonomien fortbesteht, berichtet Felix Martin von einer Bankenkrise in Irland.[17] Im Mai 1970 schlossen fast alle Bankfilialen aufgrund unlösbarer Differenzen im Arbeitskampf ihre Tore und stellten damit die Abwicklung des Zahlungsverkehrs ein. Ein rascher Anstieg der Lebenshaltungskosten hatte zu Forderungen nach höheren Löhnen geführt, die von Banken nicht gezahlt werden wollten. Als sich die Krise anbahnte (1966 gab es bereits eine ähnliche Episode, man war also vorgewarnt), erhöhte die irische Zentralbank vorsorglich die Summe ihrer als Münzen und Scheine umlaufenden Verbindlichkeiten, damit Transaktionen in bar anstatt per Überweisung abgewickelt werden konnten. Allerdings war die Nachfrage nach Bargeld geringer als gedacht. Der Grund dafür war, dass sich die Bürgerinnen und Bürger Irlands weiter ihrer Scheckhefte bedienten, um ihre Einkäufe zu bezahlen – sie lösten die Schecks nur nicht mehr ein, die Banken waren schließlich geschlossen.

Sicherlich sollte man diese Episode nicht überbewerten, dürfte doch kaum eine Irin und kaum ein Ire ernsthaft davon ausgegangen sein, dass die Banken ihre Dienstleistungen dauerhaft einstellen würden. Dennoch war die mehr oder weniger bruchlose Fortsetzung eingespielter Routinen bemerkenswert: Man verschuldete sich weiter beieinander, um benötigte und begehrte Güter und Dienstleistungen zu erwerben, und hinterließ diese Schuldkontrakte schriftlich, als Zahlen auf einem Papier, als Scheck, der irgendwann durch eine Buchung auf dem Bankkonto ausgeglichen werden sollte. Man führte also Buch über «Haben» und «Soll». Im Sommer 1970, erläutert Martin, waren diese Bankgeschäfte aber immer noch nicht wiederaufgenommen worden; ob die ausgestellten Schecks «gedeckt» waren, also durch Bankguthaben tatsächlich getilgt werden konnten, ließ sich somit nicht überprüfen. Die Verkäuferinnen und Verkäufer waren also auf ihr Einschätzungsvermögen und persönliches Vertrauen zurückgeworfen –

der vormonetären Dorfgemeinschaft nicht unähnlich. Die gesellschaftliche Buchhaltung regredierte für einen Moment in diese altbekannte Form, bis die Banken im November 1970 wieder ihre Arbeit aufnahmen.

Die Bilanztheorie wählt also eine Verschuldungssemantik – ein bestimmtes Paradigma – zur Beschreibung ökonomischer Praxis und Prozesse. Allerdings kann niemand durch eine noch so gut durchdachte Studie oder ein Experiment zweifelsfrei belegen, dass es sich bei ökonomischen Interaktionen in letzter Konsequenz um Tauschakte oder Verschuldungs- und Vergeltungsprozesse handelt. Man kann nur versuchen, Plausibilitäten herzustellen, indem man durch die Anwendung und Anreicherung der basalen Grundüberlegung zeigt, was sich mithilfe dieses Paradigmas sehen, verstehen und – die Soziologie ist schließlich nicht nur staatstragende Wissenschaft – kritisieren lässt. Der Hinweis auf die historische Bedeutung von Schulden für die Etablierung und Organisation menschlichen Zusammenlebens ist ein solcher Versuch der Plausibilisierung. Jede empirische Beobachtung beruht notwendig auf konzeptuellen Vorentscheidungen, so dass auch die gründlichste, ja selbst die formalisierte Erhebung von Daten auf Voraussetzungen beruht, die sie selbst nicht schaffen kann.

Wie schon der Verweis auf Kauf-, Miet- oder Arbeitsverträge gezeigt hat, gehen wir alle ständig Gläubiger-Schuldner-Beziehungen ein, die wir vergelten müssen. Wir alle sind in Verpflichtungsgefüge eingewoben, die uns mit Handlungsfähigkeit ausstatten (indem sie uns als Gläubigerin positionieren) und von uns Handlungen verlangen (indem sie uns als Schuldnerin positionieren). Die fundamentale Annahme einer Bilanztheorie besteht darin, dass es bei «Wirtschaft» darum geht, Verbindlichkeiten einzugehen und zu bedienen. Um unsere eigene materielle Reproduktion zu sichern und unsere Bedürfnisse zu befriedigen, müssen wir anderen gegenüber in Vorleistung gehen und hoffen, dass diese vergolten werden; und wir müssen uns darum bemühen, die Vorleistungen anderer zu erwidern. Das eine – Gläubiger zu sein – versetzt uns dabei in die Lage, das andere zu tun – unsere Schulden zu tilgen. Gläubigerpositionen und Schuldnerinnenpositionen, Haben und Soll, stellen nur zusammen Handlungspotenziale bereit. Füreinander in Vorleistung zu gehen und dabei die Erwartung ihrer Erwiderung als Handlungsfähigkeit – als «Vermögen» – zu «verbuchen», kann als basale Form ökonomischer Interaktion betrachtet werden. Versucht also die Volkswirtschaftslehre seit ihren (modernen) Anfängen bei Smith zu behaupten, der wechselseitige und «zeitpunktmäßige» Austausch zweier Eigentumsobjekte sei die fundamentale, ja die Wirtschaft als solche definierende Interaktionsform ökonomischer Praxis, so rücken historische und anthropologische Forschungen, heterodoxe Ökonominnen und Ökonomen und wirtschaftssoziologische Studien nun immer öfter erbrachte und erwiderte Vorleistungen an den Ausgangspunkt der Theoriebildung, kurz: die Schuld. Schulden werden so zum Inbegriff ökonomischer Koexistenz. Deswegen setzen die hier als Bilanzparadigma angesprochenen Ansätze nicht den Tausch, sondern «Schuldkreisläufe und Verpflichtungsstrukturen» als die «elementaren Operationen»[18] ökonomischer Praxis voraus. Nur als Teil dieser Praxis des Registrierens und Tilgens von Verpflichtungen – wie Schumpeter sagte: als die Praxis der «sozialen Buchhaltung»[19] – ist Geld zu verstehen.

Geld als generalisierte Gläubigerschaft

Schulden sind Beziehungen zwischen Gläubigerinnen und Schuldnern, die von den Gläubigerinnen als Vermögen und von den Schuldnern als Verpflichtungen behandelt werden. Sie existieren immer zusammen, so dass sie dann auch in der «Bilanz» von Schuldnern und Gläubigerinnen registriert werden. Die «Bilanz» meint gemeinhin eine schriftliche Aufstellung von Vermögen und Verbindlichkeiten eines Akteurs. Hier meinen wir damit aber einen Mechanismus. «Bilanz» ist hier also nicht im Sinne eines Dokuments zu verstehen, das aufgrund der Rechenschaftspflicht gegenüber einer Regulierungsinstanz de facto geschrieben und abgezeichnet werden muss; vielmehr meinen wir mit «Bilanz» einen sozialen Mechanismus, den wir heuristisch zur Beschreibung und Analyse der Trias Geld, Geldwirtschaft und Geldpolitik anlegen.[20] Wir unterstellen also, inspiriert von den einleitend zitierten Ansätzen aus der heterodoxen Ökonomik, dass alle Akteure einer Geldwirtschaft ihre «Bilanz» organisieren müssen, um ihre ökonomische Existenz zu reproduzieren. Wirtschaften bedeutet, sich in ein Verpflichtungsgefüge zu verstricken, wirtschaften heißt also, Schulden zu machen und zu bedienen – oder es bedeutet, sich immer wieder in die Position einer Schuldnerin begeben zu wollen und zu müssen, die von einem verlangt, sie wieder zu verlassen. Die Möglichkeit dazu, also seine eigenen Verpflichtungen zu verdienen, erwächst aus der Vermögensspalte der eigenen Bilanz: Wir zahlen unsere Miete oder unsere Einkäufe, indem wir entweder Dinge verkaufen oder (und das ist die Regel) selbst Forderungen gegen andere etablieren, die uns ein Einkommen garantieren – indem wir beispielsweise einen Arbeitsvertrag unterschreiben oder eine Aktie kaufen. Beide Spalten der eigenen Bilanz, seien wir nun Privatpersonen oder Organisationen, müssen zusammen funktionieren: Die Vermögensspalte muss es ermöglichen, die Verbindlichkeiten zu erfüllen. Die Positionierungen auf beiden Seiten unserer Bilanz müssen aufeinander abgestimmt werden – die Arbeit an dieser Abstimmung heißt «ökonomische Praxis» oder einfach: «Wirtschaft». Jeder Akteur muss also seine Vermögen und seine Verbindlichkeiten so arrangieren, dass die Verbindlichkeiten – die Schulden – tilgbar erscheinen und getilgt werden können, Vermögenswerte und Verbindlichkeiten also «in Balance» sind. Diese Balance ist das basale Funktionsprinzip einer Bilanz und macht sie damit zu einem heuristischen, aber eben auch im tatsächlichen Verhalten beobachtbaren Mechanismus.

Er ist insofern beobachtbar, als Akteure de facto mit sozio-ökonomischen Konsequenzen zu rechnen haben, wenn sie ihre Verbindlichkeiten nicht bedienen, wenn eine Mieterin etwa keine Miete, ein Arbeitgeber keinen Lohn, eine Bürgerin keine Steuern, ein Hausbesitzer keinen Hypothekenabschlag oder eine Kundin keinen Abopreis für ihren Streamingdienst bezahlt. Um innerhalb des Verpflichtungsgefüges zu bestehen, müssen alle Akteure ihre eigene Bilanz so organisieren, dass ihr Vermögen die Bedienung ihrer Verbindlichkeiten auch ermöglicht. Das ist in der Ökonomie mit der Unterscheidung von Solvenz und Liquidität adressiert. Solvent ist eine Bilanz, deren Vermögenswerte die Verbindlichkeiten aufwiegen; liquide ist eine Bilanz, deren Vermögenswerte die Verbindlichkeiten auch bedienbar machen. Akteure in einer Geldwirtschaft müssen ihre Bilanzen also vor allem so organisieren, dass ihre Vermögen Ansprüche auf Zahlungsfähigkeit beinhalten, d.h. Zahlungsversprechen oder Zahlungspflichten anderer Akteure sind. Kurz: Sie müssen Schulden anderer als Vermögen verbuchen können, um ökonomisch zu überleben. In diesem Sinne bedeutet Wirtschaften, die Vergeltung von Zahlungspflichten zu organisieren.

In der tauschtheoretischen Semantik ist Geld individuelles «Haben», ein eigenständiges Vermögen, das im Tausch abgegeben oder zurückgehalten werden kann. Der Begriff «Geld» bezieht sich (tauschtheoretisch) also nur auf eine Seite einer Bilanz und dient – wie besprochen – als Sammelkategorie für den gesamten Vorrat einzelner Guthaben. Ein bilanztheoretischer Geldbegriff leitet sich hingegen von der Idee her, dass die ökonomische Praxis ein Prozess des fortwährenden Eingehens und Begleichens von Schulden ist. Sie beginnt nicht mit der Denkfigur von vereinzelten Haushalten, die Überschüsse produzieren und Bedürfnisse haben, sondern mit dem Bild durch ein Verpflichtungsgefüge verbundener Akteure, die sich stetig darum bemühen müssen, diese Verpflichtungen aufzulösen, also ihre Verbindlichkeiten zu vergelten (mit Akteuren also, die «an ihrer Bilanz arbeiten»). In geldlosen Gemeinschaften war diese Praxis auf persönliche Verlässlichkeit, Bekanntschaft und Erfahrung gegründet. Auch die irischen Marktverkäuferinnen und Wirte waren darauf zurückgeworfen, sich darauf zu verlassen, dass die Verbindlichkeiten ihrer Kunden später, mit der Rückkehr der Banken, vergolten werden konnten, die Bankkonten ihrer Kundinnen und Kunden also gedeckt waren. Sie hatten nichts als ihr Wort und eine Unterschrift. Die Verkäuferinnen und Wirte wurden zu Gläubigerinnen und Gläubigern spezifischer Schuldner. Um aber ein heterogenes Verpflichtungsgefüge dauerhaft betreiben zu können, braucht es eine Positionierung als allgemeiner Gläubiger; eine Position also, von der aus man Typen von Schulden und nicht nur bestimmte Schulden tilgen, also Gläubiger-Schuldnerinnen-Beziehungen für beendet erklären kann. Ich schlage vor, hier von einer *generalisierten Position* zu sprechen. Zahlungsfähig zu sein bedeutet, eine solche generalisierte Position einnehmen zu können.

Ich will den Gedanken plausibilisieren: Wir haben zuvor von einer Arbeitnehmerin gesprochen, die ihren Arbeitsvertrag als Vermögen «bilanziert», weil er ihr Zugriff auf Geld verschafft und dadurch die Tilgung der eigenen Verbindlichkeiten, etwa des Mietvertrags oder von Kaufverträgen, ermöglicht. Monetäres Einkommen erzeugt eine Position, von der aus man Schulden gegenüber Vermieterinnen, Verkäufern oder auch dem Staat tilgen kann – Typen von Schulden also, nicht nur gegenüber einer spezifischen Gruppe, die sich an die eigenen Vorleistungen erinnern und deswegen zu Erwiderungen bereit sind. Geld ist bilanztheoretisch betrachtet ein Zahlungsmittel, eine gesellschaftliche «Positionierung», von der aus man Schulden tilgen kann. Geld dient dazu, ein «*vorab* bestehendes Schuldverhältnis aufzuheben»,[21] und setzt damit die Existenz eines ebensolchen Schuldverhältnisses voraus.[22] Dabei geht es aber nicht einmal vornehmlich um konkrete Schulden, wie die Vorleistungen einer befreundeten Dachdeckerin, die als Vergeltung ihres Gefallens womöglich ein leckeres Abendessen oder ein aufwändigeres Geschenk erwartet. In einer geldlosen Wirtschaft kann man Vorleistungen, die Verbindlichkeiten hinterlassen, nur durch konkrete Leistungen vergelten. Geld hingegen ermöglicht die Vergeltung von Schuldtypen in abstrakter oder eben: *generalisierter* Form. Wir müssen uns um unsere Zahlungsfähigkeit bemühen, nicht weil damit ganz bestimmte Verbindlichkeiten vergolten werden können, sondern alle in der Geldeinheit ausgewiesenen Kauf-, Arbeits- oder Mietverträge. All diese Schuldnerpositionen kann man verlassen, indem man zahlt.

Wenn wir über Geld reden, sprechen wir also über eingespielte und institutionalisierte Interaktionsmuster (Praxen), mit denen nicht nur konkrete Schulden bestimmter Akteure vergolten werden. Durch sie entstehen vielmehr Gläubigerpositionen, die Akteure in die Lage versetzen, Typen von Schulden und nicht nur die Verbindlichkeiten einzelner Personen tilgen zu können. Wer zahlungsfähig ist, kann all jene schriftlichen oder mündlichen Kontrakte innerhalb des Geltungsbereichs einer bestimmten Währung (Euro, Dollar, Pfund etc.) erfüllen, die eine Obligation als Geldsumme quantifizieren. Quintessenz des Monetären ist die Tilgung von Schuldtypen. Das schließt nicht aus, dass Geld nicht auch noch weitere bedeutende ökonomische Funktionen erfüllen würde: den Mechanismus der Preisbildung etwa und die damit verbundenen Koordinationsleistungen für die Verteilung von Ressourcen via Märkten – oder, als Ansammlung größerer Summen, Statusdistinktion. Neben den ökonomischen kann Geld viele weitere soziale Aufgaben übernehmen und damit auch in ganz unterschiedliche Verwendungskontexte eingebettet sein. Wenn es aber darum geht, die Spezifik des Geldes zu bestimmen, das, was diese soziale Praxis von anderen unterscheidet, dann ist das der Umstand, dass das Haben von Geld eine besondere Gläubigerinnenpositionierung bereitstellt, von der aus ganze Kategorien von Schuldnerpositionen verlassen werden können. In diesem Sinne ist die spezifische Leistung des Geldes die Tilgung von Schuldtypen; eine bestimmte Summe tilgt einen durch einen Zahlenwert angegebenen Schuldumfang, z.B. einen Kaufpreis, unbeschadet der konkreten Beziehungseigenschaft, etwa wer der Verkäufer ist oder was gekauft wird. Als sozialwissenschaftliches Konzept bezeichnet der Begriff «Geld» aber sinnvollerweise nicht die Position selbst (eine generalisierte Gläubigerinnenposition, die kommerzielle Schulden tilgen kann), sondern jene gesellschaftliche Ordnung – oder: Praxis –, die diese Positionen bereitstellt und organisiert. Wie etwa auch Geoffrey Ingham oder Felix Martin argumentieren, sollte sich ein gehaltvoller Geldbegriff nicht auf einen Vorrat immergleicher Funktionsträger beziehen – also nicht nur eine Typenbezeichnung für einzelne Exemplare (Geldbeträge) sein, wie das Wort «Schraubenschlüssel», sondern sich (in meiner Diktion) auf die Prozeduren und Arrangements beziehen, die generalisierte Gläubigerinnenpositionierungen registrieren und den Ausgleich von Bilanzen innerhalb eines Vergeltungsgefüges ermöglichen und prozessieren. Daraus ergibt sich eine allgemeine Definition für «Geld»: *Der Begriff «Geld» bezeichnet gesellschaftliche Praxen der Produktion, Distribution und Elimination generalisierter Gläubigerinnenpositionen.*

Diese bilanztheoretische Definition ist damit von Funktionsdefinitionen wie der volkswirtschaftlichen Sammlung Tauschmittel, Wertspeicher und Recheneinheit ebenso zu unterscheiden wie vom marxistischen universellen Äquivalent oder dem kommunikationstheoretischen Medienbegriff. Auch wird Geld nicht mit der Recheneinheit (dem «money-of-account») als solcher gleichgesetzt. Durch Geoffrey Ingham wurde diese Gleichsetzung von Geld und Recheneinheit scheinbar auch in die Soziologie überführt, jedenfalls wird er dafür kritisiert.[23] Allerdings ist diese Kritik nicht ganz fair, da Geld in Inghams *Nature of Money* eben gerade nicht nur als abstrakte Messeinheit für «Vorleistungen» (Kredit), sondern auch als das System oder die Ordnung – wie ich sagen würde: die Praxis – ihrer Prozessierung verstanden wird.[24] Geld «besteht» nicht aus einem Vorrat einzelner Exemplare von Trägern einer Funktion, die «zirkulieren»; es ist auch nicht die Funktion selbst, sondern es *ist* eine Praxis. Zu dieser gehört, wie Felix Martin erklärt, zwar selbstredend eine «abstrakte Werteinheit», in der Guthaben ausgewiesen sind, aber eben auch ein «System von Konten, das die Haben- oder Sollsalden von Privatpersonen oder Institutionen erfasst, die miteinander handeln».[25] «Konto» ist hier im weitesten Sinne als soziale Technologie der Erinnerung – vielmehr: der Bilanzierung – von Soll- und Habenpositionen zu verstehen, seien es Münzen, verzierte Steine oder Muscheln oder auch in einem rechtlichen Sinne bilanzierte Bankkonten.

All jene Dinge waren einmal oder sind Teil einer *Praxis* der Produktion, Distribution und Elimination generalisierter Gläubigerpositionen, von denen aus konkrete Schuldnerpositionen innerhalb des tagtäglich erneuerten Verpflichtungsgefüges verlassen werden können. Solche einzelnen Beträge (seien es Münzen oder Kontostände), die als individuelle Guthaben gehalten und verwendet werden können, müssen bilanztheoretisch als *Markierungen* der generalisierten Positionen verstanden werden, die ihre Bedeutung durch die Praxis und das Verpflichtungsgefüge erhalten, dessen unselbstständige Komponenten sie sind. Banknoten, Münzen oder Bankkonten markieren generalisierte Gläubigerinnenpositionen, machen sie also bilanzierbar – heißt: registrierbar, kommunizierbar und damit anwendbar. Positionen sind allerdings, wie oben gesagt, keine individuellen Eigenschaften, sondern systematische Effekte positionierender Ordnungen. «Geld» ist deswegen kein Oberbegriff für die Menge aller Markierungen (Geldbeträge), sondern die Bezeichnung der Praxis ihrer Bereitstellung und Prozessierung – und diese Praxis wird in modernen Geldordnungen durch eine maschinelle Entität betrieben, die wir in Analogie zu anderen solcher Gebilde als Infrastruktur analysieren sollten.

Moderne Ordnungen

Im nächsten Teil dieses Buches wird gezeigt, wie die Praxis der Bereitstellung, Distribution und Vernichtung generalisierter Gläubigerinnenpositionen in modernen Geldordnungen organisiert ist. Wir kommen damit also auf jene politische Architektur zu sprechen, die heute das Grundgerüst aller offiziellen Währungen bereitstellt. Dieses heute «annähernd universelle Muster»[26] ist seit Jahrhunderten derart präsent, dass wir manchmal, wie Kate Raworth es formuliert, dem Eindruck einer monetären Monokultur erliegen,[27] als ob die uns bekannte und vertraute Architektur von Währungen die einzig mögliche Form wäre, in der die Praxis Geld organisiert sein kann. Dass es eine mehr oder weniger einheitliche Form und Gestalt gibt, in der Geld heute zumeist auftritt, sollte nicht dazu verleiten, eine Theorie modernen Geldes mit einer allgemeinen Theorie des Geldes zu verwechseln. Deswegen ist es wichtig, diese Abgrenzung hier zu markieren.

Die Bezeichnung der Verfassung heutiger Währungen als «modernes» Geld stößt Kritikerinnen und Kritikern des Modernebegriffs manchmal auf; diese Irritation kann und soll hier nicht ausgeräumt werden, weil sie argumentativ und analytisch nicht weiterführt. Dass es nämlich eine spezielle Verfassung von Geld gibt, die sich in der Neuzeit durchsetzt und heute verfasste Währungssysteme auszeichnet, ist unumstritten. Sie wird in der Forschung als *modernes* Geld bezeichnet, so wie es etwa in der Bezeichnung *Modern* Monetary Theory vorkommt. Von Interesse ist dabei weniger das bezeichnende Wort, sondern die bezeichnete Sache: Was zeichnet modernes Geld aus?

Die tauschtheoretische Antwort war dessen Stoffwertlosigkeit: Modernes Geld ist «Fiat-Geld», eine stoffwertlose Stellvertreterware. Das Paradigma der Bilanz greift demgegenüber auf das zurück, was nicht zuletzt von Joseph Schumpeter *Kredittheorien* des Geldes genannt wurde; für sie ist die *Rechtsform* modernen Geldes der für eine Theoretisierung ausschlaggebende Punkt, nicht seine Stoffwertlosigkeit. Modernes Geld ist nämlich rechtlich als Schuld des Bankensektors verfasst. Es ist also eine konkrete Schuld (ein «Kredit»), die zum Begleichen aller Schulden eingesetzt werden kann; eine generalisierte Gläubigerposition, die aus einer konkreten Gläubigerposition (gegenüber einer Bank) entsteht. Während es von wirtschaftswissenschaftlichen und marxistischen Theorien in eine Geschichte des Warentausches eingebettet wird, ist dieses moderne Geld bei den «Kredittheorien» elementarer Bestandteil einer Geschichte der Verpflichtung und Verpflichtungstilgung, also einer Schuld- oder Kreditgeschichte. Wer Geld als Stellvertreterware in einer Praxis des indirekten Warentauschs betrachtet, für den sind Schulden und Kredite immer ein Umgang mit wertvollem ökonomischem Eigentum, ein Verleihen *von* Geld, das bereits existiert, nicht dessen Grundlage.[28]

Da im vorliegenden Buch Geldtheorie aber nicht zum Selbstzweck betrieben, sondern stets als Komponente einer Theorietrias aus Geldtheorie, Geldwirtschaftstheorie und Geldpolitiktheorie betrachtet wird, spreche ich hier von einer bilanztheoretischen Variante der gesamten Trias, nicht nur von einer «Kredittheorie des Geldes», obwohl ich mich dieser Tradition anschließe. «Kredit» rekurriert dabei auf eine Sensibilität für die Relationalität des Monetären im Allgemeinen, für den Vorgang der Positionierung in einer abstrahierten oder generalisierten Schuldner-Gläubigerinnen-Beziehung, die Handlungsfähigkeit für Akteure bereitstellt, während ebenjene Akteure fortlaufend in Vergeltungsgefügen manövrieren müssen.

In modernen Ökonomien wird die Produktion, Distribution und Elimination von generalisierten Gläubigerpositionen durch eine Infrastruktur übernommen. Das ist die Kernthese dieses Buches. Im folgenden fünften Kapitel werde ich Infrastrukturen als Vorleistungsmaschinerien definieren, die sich durch zwei primäre Eigenschaften auszeichnen. Erstens sind Infrastrukturen (so wird der Begriff jedenfalls hier verwendet) großangelegte Konstruktionen mit interdependenten und dynamisch verschalteten Bauteilen, Maschinen also, die innerhalb von Gemeinwesen (mehr oder weniger) kollektiv verfügbare Leistungen vorstrecken. Zweitens involviert der Betrieb dieser Maschine in der Regel direkt oder indirekt die öffentliche Hand, sei es im Hinblick auf den Aufbau, die Organisation und das Management der Struktur, ihre Absicherung oder die Definition gesellschaftlicher Vorgaben für die Leistungserbringung. Die Produktion, Distribution und Elimination generalisierter Gläubigerinnenpositionen wird heute von einer solchen Maschine geleistet. Geld selbst nimmt so die Form einer Infrastruktur an.

5. Über Infrastrukturen

Um modernes Geld richtig zu verstehen, so lautet die leitende These dieses Buches, dürfen wir es nicht länger als Vorrat persönlicher Werkzeuge in Warentauschwirtschaften konzipieren, sondern müssen es als *Infrastruktur* unserer Gesellschaft begreifen. Kurz: Wir dürfen das Wort «Geld» nicht mehr mit einem Haufen immaterieller Münzen verbinden, sondern müssen, wenn wir es lesen oder hören, an etwas anderes denken, an eine große, dynamische Entität, eine komplexe, sozio-technische *Maschine* zur Herstellung und Aufrechterhaltung von in Geldwirtschaften privilegierter Handlungsfähigkeit, nämlich: Zahlungsfähigkeit. Genau diesen Perspektivwechsel ermöglicht die Bilanztheorie des Geldes und der Geldwirtschaft.

Diese theoretische Umstellung von der Tauschtheorie auf die Bilanztheorie ist *erstens* analytisch geboten, weil es erst einer solchen Betrachtung der Geldwirtschaft gelingen kann, die monetären Irritationen der Gegenwart in eine adäquate soziologische Fassung der Trias von Geldtheorie, Geldwirtschaftstheorie und Geldpolitiktheorie einzubauen. Dieses Buch wird also von der Behauptung geleitet, dass wir unser Geld besser verstehen, d. h. eine dem Phänomen angemessenere Semantik verwenden, wenn wir von einer Tausch- auf eine Bilanztheorie des Geldes umstellen und Geld so als Infrastruktur statt als persönliches Werkzeug, als «Stellvertreterware», begreifen. Damit richtet sich das Argument zunächst an die Wirtschaftssoziologie. *Zweitens* ist der Perspektivwechsel vom Werkzeug zur Infrastruktur aber außerdem politisch geboten, weil die monetären Irritationen und finanziellen Spannungen der Gegenwart nur so gesellschaftlich bearbeitbar respektive überhaupt erst einmal als *politische* Konstellationen erfassbar und erfahrbar werden. Nur wenn es der Soziologie gelingt, modernes Geld konzeptuell als Infrastruktur zu erfassen, können dessen politische Dimensionen theoretisch vermessen und, darauf aufbauend, diskursiv vermittelt werden. Damit soll das theoretische Argument nicht nur die Sehkraft der Wirtschaftssoziologie schärfen helfen, sondern auch der politischen Öffentlichkeit Denkanstöße liefern und Handlungsoptionen dort eröffnen, wo dies ausgeschlossen oder unmöglich erscheint. Ein zentrales Problem der aktuellen öffentlichen Debatten ist nicht zuletzt die hochemotionale Ablehnung der MMT, die auf völlig falschen Prämissen beruht.

Diesen Standpunkt gilt es nun nach und nach zu plausibilisieren. Im folgenden Kapitel wird eine begriffliche Einhegung modernen Geldes vorgenommen, die sich von der immateriellen Goldmünze – die mit der Vokabel «Fiat-Geld» angesprochen wird – grundsätzlich unterscheidet. Diese Perspektive wurde im Feld heterodoxer Ökonomik ausgearbeitet, zu dem nicht zuletzt auch die MMT gehört. Die Reichweite und die Bedeutung dieses semantischen Wechsels aber wurden bisher nicht hinreichend gesehen. Die konzeptuelle Einordnung von modernem Geld als Infrastruktur, welche mit der Kategorie des Werkzeugs konkurriert, soll dabei helfen, das drastische Ausmaß der Neuausrichtung fassbar zu machen. Bevor wir uns also dem Geld selbst zuwenden, gilt es in diesem Kapitel vorab zu erklären, was damit gemeint sein kann, Geld *sei* eine Infrastruktur. Dabei wird keine Theorie von Infrastrukturen zur Anwendung kommen, schon gar keine mit Allgemeingültigkeitsanspruch. Es geht vielmehr um eine Analogie: Der Vorschlag lautet, dass wir uns Geld nicht länger als Sammlung von Stellvertreterwaren vorstellen, sondern in Analogie zu Arrangements wie der Infrastruktur für elektrische Energie. Zwischen dem «Stromnetz» und unserem Geld gibt es erstaunliche Parallelen, beide haben, genauer gesagt, eine vergleichbare Gestalt. Weil wie diese Gestaltähnlichkeit übersehen, erscheinen uns allzu häufig an das Geld gerichtete politische Ansprüche als irrational und illegitim – Ansprüche, die wir an das Stromnetz aber bedenkenlos stellen, seien es Versorgungserwartungen, Preiskontrollen oder die Nachhaltigkeit der verwendeten Energiequellen.

Zwei Eigenschaften des Stromnetzes als Infrastruktur gilt es herauszuarbeiten, um eine Beschreibung unseres Geldes abseits der Werkzeuganalogie vorzubereiten: Erstens ist das Stromnetz eine komplexe und dynamische sozio-technische Maschine, die eine bestimmte (Vor-) Leistung erbringt. Zweitens haben diese Leistungserbringung und der Betrieb der «Strommaschine» einen genuin politischen Charakter, weil diese – auch unter Zeiten der Privatisierung – ihre Verfassung als ein öffentliches Gut nicht verliert. Beides – die Gestalt als Maschine (dazu das sechste Kapitel) und die gesellschaftliche oder gemeinschaftliche Bereitstellung ihrer Vorleistung (Thema des siebten Kapitels) – machen das Geld zu einer Infrastruktur, auch und gerade unter Bedingungen der Privatisierung (dazu schließlich mehr im achten Kapitel).

Holzwege

Die Behauptung, modernes Geld sei eine Infrastruktur, könnte zunächst als Abzweigung auf zwei triviale Irrwege missverstanden werden. Halten wir also erst einmal fest, was mit der These *nicht* gemeint ist. Erstens ist die These, modernes Geld sei soziologisch als Infrastruktur zu konzeptualisieren, nicht zu verwechseln mit der Behauptung, Geld *benötige* eine Infrastruktur. In den tauschtheoretisch dominierten Diskursen erscheint Geld als Werkzeug im persönlichen Gebrauch, das, weil alle ökonomischen Akteure dieses Werkzeug gebrauchen, eine Schlüsselfunktion für Marktwirtschaften erfüllt. Märkte funktionieren nur, so das im ersten Kapitel aufgerufene Argument, wenn Waren gegen die besondere Ware Geld getauscht werden können. Solch eine Tauschabwicklung beruht auf einer Reihe von Voraussetzungen. Banknoten müssen gestaltet, gedruckt, in Umlauf gebracht und aus diesem wieder entfernt werden, wenn sie beschädigt sind oder durch neugestaltete Noten ersetzt werden sollen. Geldbeträge werden an der Supermarktkasse in bar oder per EC-Karte oder auf elektronischen Plattformen per Überweisung von einer Eigentümerin an eine andere übertragen. Damit das so einfach geht, müssen zahllose Rädchen im Getriebe reibungslos ineinandergreifen: Kassensysteme, Geldtransporter, Bankkonten, Abrechnungssysteme, Onlinebanking-Portale, Interbankenverrechnungssysteme, Computerserver und Tiefseekabel, Buchhaltungsprogramme, Organisationsprinzipien, persönliche Kompetenzen und vieles mehr. Dieser funktionale Komplex aus sozialer und technischer Soft- und Hardware wird häufig als *Zahlungsinfrastruktur* bezeichnet. Einer solchen Begriffswahl ist nichts entgegenzusetzen, sie ist aber hier in diesem Buch ausdrücklich nicht gemeint, wenn eben nicht von der Infrastruktur *des* Geldes, sondern von Geld *als* Infrastruktur die Rede ist. Geld *als* Infrastruktur zu begreifen heißt folglich *gerade nicht*, es als ein Etwas – eine Stellvertreterware – zu verstehen, das *mithilfe* einer Infrastruktur verwendet und prozessiert wird, weshalb jene Infrastruktur von diesem Etwas – dem Geld – zu unterscheiden wäre.

Ein Beispiel für diesen Unterschied: Der Straßenverkehr umfasst eine unbestimmte Zahl an Personen, die sich allein oder in Gruppen, motorisiert oder nicht motorisiert, geordnet in dem Raum bewegen, der durch die kommunale, Landes- oder Bundesverwaltung der Allgemeinheit zur Verfügung gestellt wird. Damit sich eine unbestimmte Anzahl an Personen individuell oder in Gruppen, motorisiert oder nicht motorisiert, geordnet bewegen kann, ist dieser Raum nicht leer, sondern materiell und symbolisch strukturiert. Er besteht also aus baulichen Arrangements, Regeln und Zeichen, durch die erst eine geordnete Bewegung der Fußgängerinnen und Fahrzeuge ermöglicht wird. Weniger kryptisch ausgedrückt: Es gibt Straßen, eine Straßenverkehrsordnung (StVO), Hinweisschilder und Ampeln, aber auch kognitiv verankertes Know-how der Autofahrerinnen, Fahrradfahrer und Fußgängerinnen, welches die Straßen überhaupt erst als Straßen nutzbar macht. Diese aus materiellen (z. B. Straßen) und immateriellen (z. B. StVO) Komponenten bestehende Großkonstruktion, die den Verkehr sowohl ermöglicht als auch – darauf wird noch gesondert einzugehen sein – ordnet und lenkt, bezeichnen wir gemeinhin als die Verkehrsinfrastruktur. Würden wir nun versuchen, den Straßenverkehr sinnbildlich als Vergleich heranzuziehen, kämen einem vielleicht die Autos als Repräsentanten des Geldes in den Sinn. Schließlich liegt Geld doch, in einzelne Beträge aufgeteilt, in individuellen oder kollektiven Besitzverhältnissen vor, genauso wie Personenkraftwagen oder Busse in privater oder öffentlicher Hand sind und einzeln für sich eingesetzt oder nicht eingesetzt werden können. Ihre Eigentümerinnen entscheiden, wie und wann die Fahrzeuge auf den gegebenen Bahnen zu verwenden sind, genauso – so scheint es jedenfalls intuitiv – wie Geldbesitzer darüber befinden, ob und wann sie ihre Geldbeträge ausgeben. So wie die Autos für ihren Einsatz eine Verkehrsinfrastruktur brauchen, benötigen die Geldbeträge Fahrbahnen für Geldströme – eine Zahlungsinfrastruktur. Von diesem intuitiven, aber tauschtheoretisch gedachten Bild rücken wir in diesem Buch ab. Geld mag zwar seinerseits auch Infrastrukturen benötigen, so wie die Infrastruktur der Kommunikationsnetzwerke von der Infrastruktur für Elektrizität abhängt, aber es ist selbst eben kein «Etwas», das durch eine solche Apparatur verschoben und vertrieben wird. *Geld ist eine Infrastruktur.* Insofern kann der scheinbar naheliegende Vergleich von Geld mit Autos oder Bussen, die ja eine verkehrstechnische Infrastruktur benötigen, hier nicht weiterhelfen.

Der zweite zu vermeidende Irrweg besteht in dem Missverständnis, «Infrastruktur» sei lediglich ein prätentiöses Synonym für eine besonders wichtige Voraussetzung, mit dessen Verwendung einem an sich schlichten Argument der Anschein von Tiefsinnigkeit verliehen werden soll. Wie Eva Barlösius anmerkt, ist «Infrastruktur» insbesondere in jüngerer Zeit «ein geradezu beliebig dehnbarer und auslegbarer Begriff» geworden, dessen Verwendung sich von seiner herkömmlichen Bedeutung verabschiedet habe.[1] «Infrastruktur» würde heutzutage häufig als Appell fungieren, mit dem etwas als schützenswert markiert und darüber dann finanzielle Unterstützung oder politische Privilegierung eingefordert würden. In diesem Sinne werden die Energie-, Nahrungs- und Trinkwasserversorgung, das Transport-, Gesundheits-, Rechts-, Telekommunikations- und Finanzwesen ebenso als «Infrastruktur» bezeichnet wie von medialen, kulturellen, religiösen, fossilen, natürlichen («grünen»), mentalen, gastronomischen oder Wellness-Infrastrukturen die Rede ist. Solche mehr oder weniger metaphorischen Bezüge appellieren an eine politische Öffentlichkeit, indem sie mithilfe des Infrastrukturbegriffs die systemische Bedeutung von etwas – beispielsweise Restaurants oder Fitnessstudios – hervorheben. Soziologisch könnte man diese veränderte Gebrauchspraxis des Wortes als Sonde in gegenwartsdiagnostischer Absicht heranziehen und darüber spekulieren, ob sich im Wandel des Infrastrukturverständnisses eine gesellschaftliche Transformation Ausdruck verschafft, die es auf eine pointierte Formel für das Feuilleton zu bringen gilt. Dieser Bedeutungswandel soll uns aber hier nicht weiter interessieren, weil sich ein derart aufgeweichter und appellativer Infrastrukturbegriff nicht zur Analyse eines konkreten Phänomens *als* Infrastruktur eignet. Die These, Geld sei eine Infrastruktur, würde auf die Banalität zusammengedampft, Geld sei wichtig.

Wenn in diesem Buch behauptet wird, dass, erstens, die Bilanztheorie des Geldes jene Geldtheorie sei, die diesen infrastrukturellen Charakter des Geldes am treffendsten erfassen könne, und dass, zweitens, nur eine solche Bilanztheorie auch eine sachadäquate Theorie der Geldpolitik und, drittens, eine ebenso problembewusste Theorie der Geldwirtschaft ermögliche, dann kehren wir damit zu dem «ursprünglichen Gebrauch» des Begriffs zurück, «der einzig große technische Einrichtungen umfasste, wie Talsperren, Eisenbahnen oder Wasser- und Elektrizitätsleitungen».[2] Wenn hier modernes Geld als eine Infrastruktur moderner Geldwirtschaften (oder: des Kapitalismus) bezeichnet wird, dann ist damit also nicht bloß die Trivialität gemeint, dass kapitalistische Ökonomien auf Geld angewiesen sind. Vielmehr geht es um die Behauptung, dass modernes Geld selbst die Gestalt einer solchen «große[n] technische[n] Einrichtung» annimmt, wie sie mit dem Infrastrukturbegriff ursprünglich adressiert war. Geld ist also im Bilanzparadigma nicht die Summe aller Geldbeträge, die wie Fahrzeuge im Besitz von irgendwem auf ihren Einsatz auf der Infrastruktur Straße warten, es ist auch nicht mit der Funktion der Fahrzeuge identisch, Mobilität – oder im Falle des Geldes: indirekten Markttausch – zu katalysieren. Modernes Geld ist vielmehr eine große Entität, eine komplizierte «Einrichtung», eben eine Infrastruktur im «ursprünglichen» Sinn des Wortes. Das ist eine womöglich kurios anmutende Behauptung, die es dringend weiter zu spezifizieren gilt. Im Folgenden werden deswegen Kerneigenschaften solcher Einrichtungen beschrieben, die auch für die Theoretisierung und Analyse modernen Geldes entscheidend sein werden. Diese Eigenschaften werden nicht zwingend auf alle Instanzen solcher Großeinrichtungen in gleichem Ausmaß zutreffen, sie sollten aber hinreichend plausibel sein, um das Argument insgesamt zu stützen. Die Spezifikation des Konzepts hat hier also nicht das Ziel, eine allgemeine Theorie von Infrastrukturen vorzulegen, sondern eine, die es plausibel macht, Geld in Analogie zu anderen «großen Einrichtungen» als solche zu theoretisieren.

Vorleistungsmaschinen

Verkehrswege, Wasserrohre, Abwasserkanäle, Stromtrassen oder das Fernmeldesystem sind so etwas wie «Lebensadern unserer Gesellschaft»,[3] weil sie mehr oder weniger essenzielle, in jedem Fall aber aus unserem Alltag kaum mehr wegzudenkende Leistungen bereitstellen. Der Strom aus der Steckdose erlaubt es, verderbliche Nahrungsmittel auch im Sommer aufzubewahren, über lange Strecken hinweg zu kommunizieren, in den Abendstunden zu lesen und Wasser zu erwärmen. Fällt er aus oder gäbe es ihn nicht als bequeme Versorgungsleistung der Steckdose, müssten wir uns nach alternativen Praktiken umsehen oder die Versorgung mit elektrischer Energie selbst sicherstellen. Jeder müsste sich selbst um Solarpanels oder mit fossilen oder sonstigen Brennstoffen betriebene Generatoren bemühen, sie eigenhändig warten und regelmäßig betanken – also die Produktion und Distribution individuell organisieren, ebenso die Abfallprodukte dieser Vorgänge beseitigen und Reparaturen ausführen. Für die meisten Bürgerinnen und Bürger der sogenannten Ersten Welt ist so etwas kaum vorstellbar, in vielen Regionen der Erde aber Normalität, wenn nicht sogar Luxus. Ohne Wasserleitungen müssten wir uns darüber den Kopf zerbrechen, wie vor jedem Waschgang oder vor jeder Zubereitung einer Mahlzeit Wasser vom Ort seines natürlichen Vorkommens zum Ort seiner Verwendung gebracht und verwendungsfertig aufbereitet werden kann. Infrastrukturen für elektrische Energie oder fließendes Wasser entlasten uns. Sie sind Einrichtungen, die vielen verschiedenen Menschen ganz unterschiedliche Praktiken – im weitesten Sinne also: Handlungsmuster wie kochen, waschen, im Internet surfen, bei Nacht lesen, Texte schreiben usw. – ermöglichen oder zumindest erleichtern, ohne dass man sich für jede einzelne Durchführung solcher Praktiken um die Bereitstellung der Ressource eigens und individuell bemühen müsste. Das Angebot der Leistungen ist vom konkreten Bedarf unabhängig und liegt auch dann vor, wenn nicht darauf zugegriffen wird. Infrastrukturleistungen sind in einem emphatischen Sinne allgemeine *Vorleistungen*.[4]

Man könnte nun im Hinblick auf eine Analogie zu Geld auf den zweiten zuvor aufgezeigten Holzweg abbiegen und erklären, Geld sei als Vorrat an Stellvertreterwaren verfügbar und ermögliche so die Praxis des indirekten Tausches, ohne dass der Umtausch von verfügbaren in benötigte Überschüsse durch jeden Haushalt eigens organisiert werden müsste, um das Dilemma der Unwahrscheinlichkeit einer doppelten Koinzidenz der Bedürfnisse zu vermeiden (siehe erstes Kapitel). Geld muss zwar individuell verdient werden, liegt aber systemisch vor, so wie eben Wasser (gegen Gebühr) aus dem Hahn und Strom (gegen Gebühr) aus der Steckdose kommt. Wir verwenden den Begriff der Infrastruktur hier aber nicht in diesem Sinne für Geld, weil damit wiederum der Blickwinkel individueller Nutzerinnen und Nutzer von Geld eingenommen würde. Für individuelle Nutzerinnen und Nutzer stellen sich Wasser, Strom und auch Geld in der Tat als persönliche Werkzeuge dar, die erwirtschaftet (d. h. gegen vorgeleistete Überschüsse getauscht) werden müssen.

Verlassen wir allerdings das unmittelbare Sichtfeld der Nutzerinnen und Nutzer einzelner Geldbeträge (Mikroebene) und nehmen die Vogelperspektive ein (Makroebene), um die Gestalt von Infrastrukturen wie Strom oder eben Geld zu überblicken (und diesen Blick im nächsten Kapitel auf das moderne Geld zu übertragen), kommen wir zu einer anders verfassten Beschreibung und darüber zu einer anders justierten Theorie von Geldwirtschaft und Geldpolitik. Vollziehen wir diesen Weitwinkel zunächst am Strom nach: Die Ressource elektrischer Strom liegt weder einfach wie von Zauberhand an der Steckdose vor, noch wird sie lediglich irgendwo eingefüllt und fließt dann zum Abnehmer, wo sie verbraucht wird. Die Bereitstellung der Ressource Elektrizität an der heimischen Steckdose erfordert einen Betrieb, d. h. eine komplexe Entität aus interdependenten Bauteilen, die dynamisch ist, also betrieben werden muss, um zu funktionieren. Die Strominfrastruktur ist kein Verbindungsgraben wie der Nord-Ostseekanal, durch den, wenn er einmal gegraben und geflutet ist, Meerwasser selbstständig fließt.[5] Vielmehr ähnelt die Strominfrastruktur einer riesigen *Maschine*. Diese Maschinenanalogie ist schnell überstrapaziert, hilft aber doch, den Kontrast zum Bild von modernem Geld als Vorrat stoffwertloser Tauschwerkzeuge scharf zu stellen. Denken wir uns also immer Anführungszeichen um das Wort «Maschine»: *Maschinen sind (erstens) Entitäten, deren Bauteile (zweitens) interdependent und (drittens) dynamisch verschaltet sind, um (viertens) Leistung(en) zu generieren.*

Wir müssen uns verdeutlichen, inwiefern es sinnvoll ist, von modernem Geld als einer solchen Maschine, als einer Entität interdependenter und dynamisch verschalteter Bauteile zu sprechen. Dann können wir das gesellschaftliche Anforderungsprofil modernen Geldes nicht nur als Erhalt der Funktionalität von Geldbeträgen im Tausch, sondern als Aufrechterhaltung des Betriebs der Struktur insgesamt bestimmen. Was also Gesellschaften leisten müssen, um sich modernes Geld leisten zu können, ist die Gewährleistung des Betriebs einer gigantischen Maschine. Machen wir uns das, was hier gemeint ist, am Beispiel Strom klar.

Das Stromnetz besteht hierzulande aus einem Geflecht von Metallkabeln, die auf vier Spannungsebenen elektrische Energie leiten. Die Höchstspannungsebene (oder: das Übertragungsnetz) dient der überregionalen und internationalen Verbindung von Großkraftwerken mit Ballungsräumen und lokalen Netzen mit niedrigerer Spannung. Die Höchstspannungsebene operiert mit einer Spannung von entweder 220 oder 380 Kilovolt und hat in Deutschland eine Gesamtlänge von etwa 35 000 Kilometern. Um diese Ebene mit den Hochspannungsleitungen zu verbinden, braucht es Umspannungswerke, die den Strom mit einer Spannung von 60 bis 220 Kilovolt weitergeben. Auf ungefähr 77 000 Kilometern verbinden die Hochspannungsnetze die Höchst- mit lokalen Niederspannungsnetzen, beliefern aber auch

Industrieanlagen oder Gewerbebetriebe. Dazwischen reiht sich die Mittelspannungsebene, welche regionale Verteilernetze und Spezialabnehmer wie Krankenhäuser mit einer Spannung von 6 bis 60 Kilovolt versorgt. Die Steckdose in den eigenen vier Wänden verbindet den Laptop und den Smartphone-Akku mit der Niederspannungsebene, einem lokalen Netzwerk physischer Leitungen mit den haushaltsüblichen 230 Volt. Ihre Länge beträgt in Deutschland etwa 1,23 Millionen Kilometer. Die Spannungsebenen werden landesweit mit etwa 550 000 Transformatoren verkoppelt.

Schon in dieser einfachen und auf die bauliche Struktur beschränkten Skizze zeigt sich, dass im Stromnetz weniger eine Handlungsressource – Elektrizität – an Ort A produziert und zu Ort B transportiert wird, wo ihre Nutzung stattfindet. Mit dem von Kraftwerken produzierten Hochspannungsstrom könnten die Smartphone- und Laptopnutzerinnen an der Steckdose gar nichts anfangen, insofern werden also auch keine Handlungsressourcen «eingespeist» und dann bloß logistisch distribuiert. Die Handlungsressource elektrische Energie wird vielmehr durch das systemische Zusammenwirken von Kraftwerken, Leitungsebenen, Transformatoren und Umspannwerken überhaupt erst erzeugt. Wir haben es mit einer komplexen Montage aus Kabeln und Maschinen, Vorrichtungen und Arrangements zu tun, die erst in der Emergenz – d. h. im systemischen Verbund – Handlungsressourcen konstituieren. Kraftwerke, Spannungsebenen und Transformatoren sind interdependente Bauteile, die nicht einzeln entnommen werden können, ohne (wenigstens potenziell) Effekte im gesamten Maschinenverbund zu erzeugen und die Leistungsbereitstellung zu gefährden.

Die Infrastruktur für elektrische Energie wäre allerdings als zwar komplexes und interdependentes, aber letztendlich doch passives *Bauwerk* aus Kraftwerken, Kabeln und Transformatoren weiterhin noch immer unterbestimmt, welches schlicht durch seine fachkundige Einrichtung fortan jene Vorleistungen erbrächte, die wir von ihm erwarten. Die materiellen Bausteine müssen um immaterielle Bausteine wie Normen und Regeln oder um praktische Bausteine wie Aufmerksamkeit, Steuerungen oder Wartung ergänzt werden, also: um handelnde Akteurinnen und Akteure, die wissen, was zu tun ist, und auf ständige Fluktuationen und Störungen reagieren, die der Maschinenverbund notorisch selbst produziert. Über die räumliche Struktur legt sich also eine soziale, eine koordinierende Ordnung aus Verabredungen, Rechtsvorschriften, Verhaltenserwartungen und Know-how. Die Infrastruktur für elektrische Energie ist soziologisch betrachtet also keine rein materielle Verschaltung, sondern eine Praxis. Das heißt hier nicht mehr und nicht weniger, als dass die Bauteile des Stromnetzes nicht aus sich selbst heraus, quasi automatisch ihre Vorleistung erbringen, sondern weil sie von einer unüberschaubaren Vielzahl von Akteuren gemeinsam betrieben werden. Es sind koordinierte und abgestimmte, also: geordnete Handlungen, die zur Bereitstellung der Leistung «Strom» an der Steckdose führen.

Man sieht das vor allem daran, dass die Bauteile der Infrastruktur – Energieträger, Kraftwerke, Leitungen, Umspannwerke, Endnutzer – nicht nur interdependent, sondern auch dynamisch verschaltet sind (das dritte Element der Maschinendefinition). Dabei geht es auch, aber nicht nur darum, dass elektrische Energie nur begrenzt gespeichert und deswegen kontinuierlich für den mehr oder weniger direkten Verbrauch produziert werden muss (ein Umstand, der die Energiewende hin zu Stromerzeugungsformen mit periodischen Output-Schwankungen verkompliziert). Im Haushaltsbereich haben wir es im heutigen Deutschland mit Dreiphasenwechselstrom zu tun, der mit einer Frequenz von 50 Hertz seine Polung regelmäßig sinusförmig ändert. Diese Frequenz ist keine technische Notwendigkeit, sondern eine Norm, die sich über viele Jahre und in holprigen Vereinheitlichungsprozessen in Europa und anderen Erdteilen herausgebildet hat. Einmal eingestellt, sind Produzenten, Verteiler und Abnehmer auf einen Stromfluss mit stabilen Hertz angewiesen. Einspeisung, Transport und Entnahme der Energie müssen aufeinander eingestellt sein, damit der im Kraftwerk produzierte Strom auch an der Steckdose Handlungsressourcen bereitstellt. Die Bereitstellung einer zu hohen oder zu niedrigen Frequenz würde die Nutzung der durch die elektrische Energie konstituierten Handlungsmöglichkeiten nicht nur vermindern, sondern viele Geräte beschädigen und zu umfassenden

Versorgungsausfällen führen. Die Frequenz des Wechselstroms ist allerdings nicht nur eine Normierung im Sinne einer einmal getroffenen und in Europa als EN 50160 kodifizierten, verbindlichen Entscheidung und dann eine technisch fest eingestellte Stellgröße. Sie ist vielmehr eine Soll-Größe, die durch aktives Management des Stromnetzes kontinuierlich hergestellt werden muss. Die Frequenz wird also nicht einmal justiert und bleibt dann so, wie sie ist, sondern muss in der alltäglichen Praxis der Energiedienstleister aufrechterhalten werden. Nur wenn sich Stromeinspeisung und Energieentnahme die Waage halten, wechselt der Strom bei Einspeisung und Abnahme mit der normierten Frequenz (es kann deswegen beispielsweise sehr lange dauern und erfordert viel Aufwand und Geschick, laufende Wechselstromnetze zu verbinden, weil diese synchronisiert werden müssen). Diese Frequenzhaltung wird heutzutage durch das ständige und schnelle Hoch- und Runterfahren konventioneller Großkraftwerke ermöglicht (im Zuge der Energiewende müsste diese Systemdienstleistung vermehrt auf niedrigeren Spannungsebenen erbracht werden, was mit einigen technischen und organisationalen Herausforderungen verbunden ist). Das Hoch- und Runterfahren (oder Zu- und Abschalten) folgt größtenteils routinierten Plänen, die etwa von einem geringeren Verbrauch in der Nacht oder einem gesteigerten Verbrauch zur Feierabendzeit ausgehen. Kurzfristige Schwankungen können zum Beispiel durch die Trägheit der Generatoren ausgeglichen werden. Für diese und andere dynamische Stabilisierungen (etwa auch die Spannungshaltung[6]) sind Betreiber zuständig. Deutschland ist (als Teil des Europäischen Verbundnetzes) in vier Verantwortungszonen mit je eigener Betriebsorganisation eingeteilt. Die dadurch angedeutete soziale (inklusive rechtlich-normative) Ordnung legt sich über die materielle Verschaltung der interdependenten Bauteile, gehört aber in gleichem Maße selbst zur Infrastruktur.

Es ist deswegen begrifflich unscharf, die Strominfrastruktur lediglich als ein Set physischer Bauwerke und Kabel zu fassen, das Strom von den Erzeugern zu den Verbrauchern transportiert. Die Strominfrastruktur ist vielmehr das reibungsarme Zusammenwirken von aktiven und passiven Bauteilen wie Kraftwerken, Kabeln und Umspannwerken, bestimmten Aufmerksamkeiten und Handlungen, welche die Frequenz und Spannung erhalten, indem sie routiniert oder kreativ auf Fluktuationen reagieren, Normen, die regeln, wer welche Art Strom zu welchem Zeitpunkt und wann nicht und wie an das System anschließen und abnehmen darf und so weiter. Erst durch den Erfolg des Zusammenspiels von Netzwerk, Maschinerie, Akteuren, Organisationsformen und Normen entsteht das Handlungspotenzial, das uns die Infrastruktur bereitstellen kann. Die Strominfrastruktur ist in diesem Sinne selbst eine gigantische Maschine, eine Entität aus dynamisch verschalteten, interdependenten sozio-materiellen Bauteilen.[7]

Gesellschaftliche Reproduktion

Neben der makroskopischen Gestalt als Maschine werden wir bei modernem Geld noch eine weitere Eigenschaft wiederfinden, die sich auch bei anderen Infrastrukturen identifizieren lässt. Gemeint ist ihre gesellschaftliche Verfassung, oder anders ausgedrückt: die Tatsache, dass die Bereitstellung der Vorleistungen eine politische Qualität hat. Die genuin politische Qualität von Infrastrukturleistungen hat, genauer gesagt, zwei Facetten.

Erstens sind die von Infrastrukturen erbrachten Vorleistungen nicht unschuldig und neutral, sondern im Kern politisch, weil sie das Zusammenleben in dem an dieser Infrastruktur partizipierenden Gemeinwesen beeinflussen und regeln. Indem sie für ein Gemeinwesen Vorleistungen bereitstellen, welche die Durchführung bestimmter Praktiken wenigstens erleichtern, wenn nicht gar überhaupt erst ermöglichen, sind Infrastrukturen immer auch Manifestationen von Macht. Die Vorleistungen privilegieren und strukturieren die durch sie *in einer bestimmten* Weise ermöglichten oder beförderten Praktiken, sie verteilen ihre Ressourcen nicht gleichmäßig, sondern bevorzugen und benachteiligen Akteure, Gruppen und Verhaltensweisen. Insofern sind einmal installierte Strukturen «Verkörperungen von Standards»,[8] die zwar Verhaltenskorridore öffnen, aber eben auch ausrichten und begrenzen.[9] Der Straßenverkehr kann beispielsweise nicht irgendwie, sondern nur auf bestimmte Weise genutzt werden, geregelt durch materialisierte räumliche Ordnungen, Gesetze und Verordnungen, soziale Konventionen, technische Bedingungen und so weiter. Gleichzeitig bevorzugt die Gestalt der Straßenverkehrsinfrastruktur bestimmte Nutzungsweisen: So kommt man etwa insbesondere in ländlichen Regionen nur mit einem eigenen Personenkraftwagen mit Verbrennungsmotor sicher und rasch genug an sein Ziel. Die durch Infrastrukturen vorgegebenen Verhaltenskorridore verleihen Akteuren unterschiedliche Grade an Handlungsfreiheit und Einfluss. Infrastrukturen sind in diesem Sinne «Ordnungsmaschinen».[10]

Der Vorleistungscharakter und die Verfügbarkeit dieser betrieblichen Leistungen tragen dazu bei, diese Machtverteilungen zu legitimieren. Schließlich würden Veränderungen der interdependenten Struktur das alltägliche Leben zahlloser Beteiligter berühren und damit nicht nur Momente der Vergesellschaftung in Frage stellen, sondern auch – zumindest für eine Phase der Transformation – die Leistung der «Lebensader» selbst gefährden. Wer dem sozio-technischen Betrieb für elektrische Energie Gleich- statt Wechselstrom zuführen oder entnehmen will, ist vorsichtig formuliert in der argumentativen Bringschuld, weil der Wechsel eine Umstellung aller Nutzer, Produzentinnen und Betreuer bedeuten kann. Wer dafür plädiert, gesamtgesellschaftlich vom durch das Straßensystem privilegierten motorisierten Individualverkehr auf das Fahrrad umzusteigen, ist mit der Faktizität der gebauten Strukturen und ihrer eingespielten Praktiken konfrontiert. Das heißt nicht, dass der Umstieg unmöglich wäre; er erfordert aber Änderungen an der räumlichen Gestaltung von Stadt und Land, an zahllosen eingespielten Handlungsmustern, an individuellem Eigentum und kulturellen Deutungen. Eine Version dieser Beharrungskräfte erleben Verfechter der Energiewende. Hier geht es nicht nur darum, auf der einen Seite nunmehr «grünen» Strom aus erneuerbaren Energien in das System einzuspeisen, um ihn zuhause mit gutem Gewissen entnehmen zu können. Vielmehr fordert die Energiewende eine weitreichende Neuordnung des Betriebs elektrischer Energie auf technischer ebenso wie auf organisatorischer Ebene.[11]

Zweitens sind öffentliche Institutionen in der Regel fundamental in den Aufbau, den Betrieb und die Lenkung von Infrastrukturen involviert. Infrastrukturen haben also eine politische Qualität, weil das Gemeinwesen Ressourcen investieren muss, damit sie funktionieren – Ressourcen, die anderswo fehlen. Das liegt daran, dass der Aufbau und Betrieb solcher Vorleistungsmaschinen aufgrund ihres Ausmaßes und der dynamischen Verschaltung ihrer interdependenten Bauteile häufig nicht nur große Mengen an Kapital (und Sicherheiten) erfordern, ohne zeitnah (oder überhaupt) unter Marktbedingungen profitabel zu sein, sondern auch gewaltige Koordinationsleistungen. Ferner treten Investitions- und Koordinationsbedarf aufgrund der Komplexität und Größe dieser Strukturen (und wiederum wegen der dynamischen Verschaltung ihrer interdependenten Bauteile) im Betrieb der Maschinen immer wieder auf. Das heißt: Ihre Reparatur oder Rekalibrierung fordert immer wieder öffentliche Subventionen und Investitionen. Die öffentliche Hand schaltet sich aber nicht nur aufgrund funktionaler Notwendigkeiten häufig in den Aufbau und den Betrieb der Vorleistungsmaschinen ein, sondern eben auch, weil Infrastrukturen als «Ordnungsmaschinen» für die Regelung des gesellschaftlichen Zusammenlebens unerlässlich sind.

Öffentliche Institutionen spielen deswegen typischerweise Schlüsselrollen bei der Bereitstellung infrastruktureller Leistungen. Die Art und Intensität der Involvierung sind freilich nicht bei allen Infrastrukturprojekten gleich und unterliegen historischen Schwankungen. Im Zuge der Modernisierung westlicher Gesellschaften im 19. und 20. Jahrhundert sind viele Staaten verstärkt in den Aufbau weitreichender Versorgungsstrukturen eingestiegen.[12] Einige Kapazitäten wurden dabei unmittelbar als öffentliche Güter bereitgestellt, an anderen Stellen wurden private Initiativen staatlich betreut, finanziell subventioniert oder durch kommunale Träger übernommen oder ergänzt. Man kann hier an die Konstruktion von Transportwegen wie Kanälen oder Straßen oder den Aufbau von Kommunikationssystemen wie Briefpost oder Telefon ebenso denken wie an die Nationalisierung von Eisenbahngesellschaften. Die Entwicklung der Versorgung mit elektrischer Energie in den USA wird hingegen gerne als

Heldengeschichte gewinnwirtschaftlich arbeitender Erfinderunternehmer erzählt, die aus Thomas Edisons Keller in der New Yorker Pearl Street heraus die Elektrifizierung Amerikas einläuteten.[13] Hauptdarsteller dieses Epos sind neben Edison zumeist Nikola Tesla und George Westinghouse, die mehr oder weniger ikonisch für die Erfindung (oder geschickte Vermarktung) kommerziell nutzbarer Beleuchtungskraftwerke mit Gleichstrom (Edison), Wechselstromaggregate (Tesla/Westinghouse) und Transformatoren (Westinghouse) stehen. Sowohl Tesla als auch Westinghouse arbeiteten in der Frühphase ihrer Karrieren für und mit Edison, als er 1882 in der New Yorker Pearl Street eines der ersten Kraftwerke zur Elektrifizierung und Beleuchtung eines Stadtviertels in Betrieb nahm. Die enormen Vorteile elektrischer Energie gegenüber Gas- und Dampfkraft sorgten für eine rasche kommerzielle Verbreitung der Technologie, freilich nicht nur in den USA. Große Firmen wie General Electric oder die Berliner Allgemeine Elektricitäts-Gesellschaft AEG (gegründet als Deutsche Edison-Gesellschaft für angewandte Elektricität) prägten den Siegeszug des «power grids» für die Grundversorgung kapitalistischer Ökonomien und konnten so den Eindruck vermitteln, elektrische Energie sei eine privatwirtschaftliche und keine öffentliche Angelegenheit. Allerdings waren einerseits öffentliche Investitionen und Kredite von Beginn an für die Expansion entscheidend, weil der Aufbau komplexer Versorgungsnetze und die Erprobung komplizierter Innovationen, wie etwa der Elektromotorik, riskante Anlageoptionen bedeuteten, die am Markt nur schwer umzusetzen waren. Außerdem erlangte die Elektrizität rasch gesamtgesellschaftliche Bedeutung und rief so Staaten als Infrastrukturunternehmer auf den Plan. Einmal, weil Elektrifizierung eine der wichtigsten ökonomischen Wachstumsquellen sein dürfte – es gibt jedenfalls eine starke Korrelation zwischen Energieverbrauch und dem «Wohlstand der Nationen».[14] Außerdem verbesserte die Vorleistung der elektrischen Energie den Alltag der Angeschlossenen derart, dass es politisch zunehmend schwierig wurde, solche Regionen abgekoppelt zu lassen, deren elektrische Erschließung unprofitabel war. In den USA wurden deswegen ebenso wie beispielsweise in und um das europäische Elektrozentrum Berlin schnell auch staatliche Kraftwerke, Energieliefersysteme und Regulierungsbehörden geschaffen. In den USA der frühen 1930er Jahre war die Stromversorgung noch in der Hand einiger weniger großer Unternehmen, die zwar energisch expandierten, dabei aber vornehmlich lukrative Ballungsräume versorgten, so dass ein nicht unerheblicher Teil des Hinterlands im wahrsten Sinne des Wortes dunkel blieb. Dieser Stadt-Land-Gegensatz wurde vom Präsidentschaftskandidaten Franklin D. Roosevelt auf die bundespolitische Agenda gesetzt. Im Wahlkampf 1932 erklärte er die Elektrifizierung zur nationalen Aufgabe und setzte dieses Programm nach erfolgreicher Wahl auch um. Elektrifizierung wurde so, wie in vielen anderen Ländern auch, zur Staatsräson.

Zwar haben sich viele Staaten im Zuge neoliberaler Privatisierungswellen in der zweiten Hälfte des 20. Jahrhunderts wieder aus der unmittelbaren Bereitstellung von Infrastrukturleistungen zurückgezogen, blieben mittelbar aber zumeist als Regulierer, Subventionsgeber und Gewährleister präsent (oder kehrten schnell zurück, weil die privatwirtschaftlichen Leistungserbringungen nach politisch definierten Kriterien ungenügend waren). Infrastrukturelle Vorleistungen erweisen sich in vielen Fällen als derart wichtig für die Aufrechterhaltung von Normalität, dass ihre Absicherung über den Markt allein zu riskant, wenn nicht gar unpraktikabel erscheint. Nicht selten wurde die Bereitstellung eines Grundrepertoires infrastruktureller Leistungen explizit zur hoheitlichen Aufgabe erklärt. Dieses Grundrepertoire wird heute gerne als «kritische Infrastruktur» bezeichnet. In der sogenannten KRITIS-Strategie zum Schutze kritischer Infrastrukturen des deutschen Innenministeriums werden die Intaktheit der Versorgungswege für Energie, IT-Dienstleistungen, Trinkwasser und Nahrungsmittel und das Transport-, Gesundheits-, Rechts- und Finanzwesen zur vordringlichen Staatsräson erklärt.[15] Infrastrukturelle Vorleistungen unterliegen also vielfach dem speziellen Schutz der öffentlichen Hand, aber auch aus ihrer Bereitstellung haben sich die Staaten trotz Privatisierung vieler Betriebe nicht gänzlich verabschiedet. Im Feld der elektrischen Energie gibt es hierzulande weiterhin eine Vielzahl öffentlicher Anbieter wie Stadtwerke, und auch private Energieversorger unterliegen engmaschigen Kontrollstrukturen, etwa der Genehmigungspflicht für Preisänderungen durch die Bundesnetzagentur (was enorme private Profite keinesfalls ausschließt). Der Aus- und Umbau des Stromnetzes werden deswegen in Deutschland durch einen Bundesbedarfsplan angeleitet und nicht der gewinnwirtschaftlichen Operationslogik der Betreiber überlassen.

Zusammen mit den Infrastrukturen sind gesellschaftliche Ansprüche an diese Versorgungsvorleistungen gewachsen, die politisch anscheinend kaum mehr unterlaufen werden können. Auch entsteht durch den Ausbau des Europäischen Verbundnetzes immer wieder Koordinationsbedarf über nationale Grenzen hinweg, was staatliche Akteure als Prozessverantwortliche auf den Plan ruft. Vorsichtig verallgemeinernd kann man festhalten, dass Infrastrukturen in der Regel in öffentliche Infrastrukturpolitiken eingebettet sind, die Gewährleistungsgarantien und Subventionen bereitstellen, aber auch *gesellschaftliche Leistungskriterien* formulieren – etwa den diskriminierungsfreien Zugang, den Preis oder die Qualität der Leistung betreffend.[16] Man kann deswegen davon sprechen, dass die Vorleistungen von Infrastrukturen «gesellschaftlich»[17] bereitgestellt werden. Es sind in diesem Sinne – mal mehr, mal weniger stark ausgeprägt – *öffentliche* Vorleistungen. Infrastrukturen sind in diesem Sinne gesellschaftliche Maschinen, deren Leistungen als kollektive Gefallen individuellen Aktivitäten vorgeschaltet sind. Die Infrastruktur für elektrische Energie ist aufgrund ihrer Relevanz und ihres gesellschaftlichen Charakters vorbehaltlos *politisiert*, d.h. gesellschaftlichen Hoheitsansprüchen ausgesetzt. Man mag dafür oder dagegen sein, aber es erscheint uns deswegen auch keinesfalls suspekt oder gar skurril, Debatten über Input, Form, Preis oder Finanzierung des Stromnetzes die Berechtigung abzusprechen – der Kohleausstieg, die Subventionierung erneuerbarer Energien, Versorgungssicherheit oder der Ausbau von Stromtrassen werden in den Abendnachrichten, den Polit-Talkshows, in öffentlichen Diskussionsrunden, an Stammtischen und in Parlamenten lebhaft und hochgradig kontrovers diskutiert. In diesen Debatten geht es immer und notwendig darum, wie Strom produziert wird und wie das Stromnetz aufgebaut und strukturiert ist. Das aber ist bei unserem Geld anders.

In den nächsten beiden Kapiteln werden wir sehen, dass modernes Geld auch die Gestalt einer aus interdependenten und dynamisch verschalteten Bauteilen bestehenden Entität – einer sozialen Maschine – annimmt (sechstes Kapitel). Und auch unser Geld muss als eine auf öffentlichen Fundamenten ruhende und öffentlich betriebene Struktur gelten (siebtes Kapitel). Daraus werden aber nicht – das wird das Thema des letzten Teils des vorliegenden Buches sein – vergleichbar komplexe Hoheitsansprüche abgeleitet, im Gegenteil: Angeleitet von der Ideologie unpolitischen Geldes wurden die gesellschaftlichen Ansprüche an das Geld nach und nach zurückgebaut, die monetäre Infrastruktur also privatisiert (achtes Kapitel) – mit eklatanten Folgen für die Leistung dieses «Ordnungsdienstes» (neuntes Kapitel). Das abschließende Kapitel plädiert deswegen dafür, über Gestalt und Betrieb unseres Geldes eine ähnlich breite und offene Debatte zu führen wie über die Infrastruktur für elektrische Energie, ja eine Form zu finden, in der Geldpolitik selbst als Infrastrukturpolitik auftritt (zehntes Kapitel).

Teil III

Die Architektur modernen Geldes

6. Die monetäre Maschine

Um den infrastrukturellen Charakter modernen Geldes zu erfassen, kehren wir nun, die Wirtschaft in Bilanzen denkend, noch einmal zur Ausgangsfrage des ersten Kapitels zurück. Sie lautete: Was tun wir eigentlich, wenn wir zahlen? Im ersten Kapitel haben wir uns vergegenwärtigt, dass wir mit einer Zahlung gemeinhin einen Austausch von Eigentumsrechten an Waren und einem Geldbetrag meinen, der als Stellvertreter der Waren fungiert. Dadurch scheint auf dieser Ebene sozialer Interaktionen eine Zahlung mit vormodernen Goldmünzen dasselbe zu sein wie eine Zahlung mit modernen Geldbeträgen, nur eben mit dem (theoretisch offenbar geringfügigen) Unterschied, dass moderne Zahlungsmittel Fiat-Geld sind, stoffwertlose Stellvertreterwaren. Unter dieser tauschtheoretischen Beobachtungslinse macht es keinen analytischen oder theoretischen Unterschied, ob man zum Tausch gegen Supermarkteinkäufe Goldstücke, Papierscheine oder digitale Ziffern auf einem Speichermedium übergibt; worauf es ankommt, ist die Akzeptanz des jeweiligen Mediums als Tauschmittel, beruhend auf der stabilen Erwartung dessen erneuter Eintauschbarkeit. Die politischen Institutionen sind dementsprechend aufgerufen, die stabilen Erwartungen in diese erneute Eintauschbarkeit der Geldbeträge, das Vertrauen in die Ansprüche, zu erhalten; das Mittel der Wahl war und ist die Preisstabilität. So weit das Paradigma des Tausches in Kurzform.

Ausgangspunkt eines alternativen Verständnisses moderner Zahlungen ist das Bankkonto. Bankguthaben in verschiedenen, aber ähnlichen Formen sind die quantitativ bedeutendsten Geldbeträge offizieller Währungen. Zwar lässt sich das Ausmaß der Verwendung von Bargeld ob dessen Anonymität allenfalls abschätzen, doch ist die Bedeutungsabnahme von Bargeld für die Abwicklung von Zahlungen weltweit offensichtlich.[1] Dennoch ist es nicht die Quantität der unbaren Bankguthaben, die uns hier interessiert, sondern ihre Qualität – sie, und nicht etwa das Material der Münzen und Scheine, bildet den Bezugspunkt des theoretischen Arguments. Blenden wir also zunächst das Bargeld aus, wir werden es zeitnah wieder in unser Argument integrieren (als eine Sonderform des Bankkontos). Eine gedankliche Loslösung vom Bargeld ist zunächst auch deswegen anzuraten, weil die Assoziation von Zahlungen mit der Übergabe von Münzen und Scheinen am Wochenmarktstand oder Kneipentresen jene lebensweltliche Erfahrung mit Geld spiegelt, die, wie im ersten Teil angemerkt, der Tauschtheorie in die Hände spielt. Wenn wir uns beim Wort «Zahlung» eine soziale Interaktion vorstellen, bei der wir Münzen über einen Kneipentresen schieben, um eine Mass Bier entgegenzunehmen, dann erscheint uns das, was wir da tun, verständlicherweise als Eigentumstausch der Ware Bier (W) gegen die Stellvertreterware Geld (G). Aber vielleicht ist das schon ein falsches Bild, das sich durch ein leicht verändertes Szenario korrigieren lässt, nämlich indem man fragt: Was passiert genau, wenn wir die Rechnung des Wirts mit unserer EC-Karte begleichen oder – der Wirt kennt uns, und wir dürfen über Tage oder gar Wochen anschreiben lassen – mit der Bank-App die angesammelte Summe einige Zeit später per Überweisung tilgen?

Da wir aber nicht allzu bierselig werden wollen, soll ein anderes Beispiel an seine Stelle treten – ein Fahrradkauf. Auch hier geht es um scheinbar Materielles, nicht um alkoholhaltigen Gerstensaft zwar, sondern um ein Drahtgestell mit Rädern. Wie sich aber zeigen wird, hat die monetäre Kaufabwicklung in der Tat keine materielle Substanz mehr. Der Kauf und Verkauf eines Fahrrades ist eine hochkomplexe Angelegenheit, ist Teil einer Maschinerie aus Verpflichtungen. Was also heißt es, ganz praktisch gefragt, mit dem Guthaben bei einer Bank für ein Fahrrad zu zahlen? Das nun zu analysierende Beispiel beginnt recht harmlos und sieht sehr einfach aus; es wird aber sehr schnell sehr viel komplexer, wenn man bei dieser Zahlungsabwicklung nicht nur die Käuferin und den Verkäufer, sondern dann auch die beteiligten Geschäftsbanken und schließlich die Zentralbanken in den Blick nimmt. Erst danach begreift man, dass wir es mit einer Maschine zu tun haben, dass Geld also nicht – wie man meinen könnte – eine maschinelle Infrastruktur benötigt, sondern dass Geld in der Tat eine Maschine ist. Schauen wir uns nun also die Bauteile, ihre dynamische Verschaltung und ihre Reproduktionsmechaniken genauer an.

Bauteile: Woraus Geld besteht

Im klassischen tauschtheoretischen Blick erscheint auch diese Zahlung analytisch als Austausch zweier gleich wertvoller Vermögensobjekte, nämlich einer Ware (im folgenden Beispiel ein Fahrrad) gegen eine stoffwertlose Stellvertreterware (Geld). Ganz so eben, als würde man die Eigentumsrechte zweier Sachgüter auswechseln. Tatsächlich aber ist es rechtlich betrachtet etwas komplizierter. Der Geldbetrag auf Bankkonten ist nämlich kein stoffwertloses Sacheigentum wie die Eigentumsurkunde für ein Haus, sondern er ist eine *Forderung* gegen die entsprechende Bank, bei der das Konto läuft. Im Falle von Banken im Sinne privater Unternehmen, die Konten und Finanzdienstleistungen für Endkundinnen anbieten, werden wir im Folgenden auch von Geschäftsbanken sprechen, um sie von Zentralbanken abzugrenzen. Geldbeträge auf Geschäftsbankkonten, die wir per Überweisung, EC-Karte oder Einzugsermächtigung zum Bezahlen nutzen, nennt man auch Giralgeld. Das heißt: Unser Giralgeldbetrag ist eine Schuld der Geschäftsbank, deren Kundin oder Kunde wir sind. Die Begriffe Forderung, Schuld oder Verbindlichkeit werden wir hier im Folgenden synonym verwenden. Forderungen gegen Banken sind in deren Buchhaltungssystem registrierte Zahlen, die für einen Rechtsanspruch stehen. Das ist die materielle Beschaffenheit unseres Bankkontoguthabens. Der Geldbetrag ist nur deshalb ein Vermögen des Kontoinhabers, weil er gleichzeitig eine Verbindlichkeit in einer Bankbilanz ist. Inhaberinnen von Bankkonten sind also Gläubigerinnen von Banken, weil Geldbeträge Gläubigerinnen-Schuldner-Beziehungen sind. Geld haben bedeutet (im Falle von Bankguthaben) also, Gläubigerin einer Bank zu sein. Wenn man sich nun Geschäftsbanken und ihre Kundinnen und Kunden als Bilanzen vorstellt (zumindest Banken müssen ja in der Tat eine solche ausweisen), also ihre Vermögen und Verbind-

Geschäftsbank	
Vermögen	*Schulden*
	Kontoguthaben (= Forderung der Kundin)

Kundin	
Vermögen	*Schulden*
Kontoguthaben (= Forderung gegen die Geschäftsbank)	

Abb. 3: Bankguthaben

lichkeiten gegenüberstellt, dann ließe sich der Sachverhalt grafisch wie in Abbildung 3 repräsentieren.

Dieses Guthaben ist in einem materiellen Sinne bloß eine Zahl, die in einer Tabelle im Buchhaltungssystem der Bank verzeichnet ist; eine Zahl, die in der Rechtsform der Forderung verfasst ist, was sofort die absolut legitime und wichtige Frage aufwirft, was die Kundin von ihrer Bank *fordern* kann. Die Mainstreaminterpretation dieser Forderung ist tauschtheoretisch: Weil wir (allerdings nur!) unser Giralgeld gegen Bargeld tauschen können, ist die Forderung gegen die Geschäftsbank ein Anspruch auf «eigentliches» Geld, sozusagen ein Stellvertreter der Stellvertreterware. Auch hier müssen wir uns jedoch von der Denkfigur der Vertretung lösen; die nur auf den ersten, flüchtigen Blick überzeugende Unterscheidung zwischen Bargeld als «eigentlichem» Geld und Giralgeld als dessen «uneigentlichem» Stellvertreter führt schon angesichts der im vierten Kapitel eingeführten allgemeinen Gelddefinition auf Abwege. Dort hatte ich vorgeschlagen, Geld als eine soziale Praxis generalisierter Gläubigerinnenpositionen zu verstehen: Positionierungen, aus denen sich Typen von Schuldnerpositionen verlassen lassen. Giralgeld ist eine solche Positionierung, kein uneigentlicher Ersatz. Auf diesen Punkt werden wir noch mehrmals zurückkommen müssen, weil er in der geldtheoretischen Debatte (seltsamerweise) zentral ist. Aber der Reihe nach.

Giralgeld spielt für unser aller Zahlungsfähigkeit eine Schlüsselrolle, das ist unbestreitbar. Wir erhalten (in der Regel) unseren Lohn als Giralgeld, bezahlen damit unsere Miete und die meisten unserer Ausgaben. Giralgeld ist rechtlich betrachtet eine Forderung gegen eine private Geschäftsbank, d. h. eine Schuld dieser Bank. Eine Forderung ist soziologisch betrachtet eine Beziehung, nämlich eine Gläubigerin-Schuldner-Beziehung. Kontoinhaberin zu sein, bedeutet also, Gläubigerin einer Geschäftsbank zu sein. Nur insofern die Beziehung existiert, ist Geld ein Vermögen der Kundin und als solches als Geld einsatzfähig. Klar ist, dass Geld im Sinne einer Forderung gegen eine Bank keine Forderung auf Waren ist. Der Ausgangspunkt ist damit ein ganz anderer als bei den vielen, an Georg Simmels Notation von Geld als einem Anspruch an den Warenvorrat anschließenden soziologischen Definitionen, die wir in den Anfangskapiteln aufgerufen haben. Zwar kann man mit Geld Waren kaufen. Aber das bedeutet «Forderung» hier nicht, schließlich betrachten wir es als Forderung gegen eine Bank, und die Bank verspricht uns eben keine Waren.

Wenn hier also von Geld als einer Forderung die Rede ist, dann nicht als einer Forderung auf *etwas* (Bargeld, Waren). Was man mithilfe seines Bankguthabens hingegen fordern kann, ist die Tilgung von Schulden, eine Handlung also. Bilanztheoretisch betrachtet fordern Forderungen *Handlungen*. Genau das passiert nämlich, wenn wir die Bank mithilfe unserer *Forderung* zu etwas *auffordern*, nämlich: zu zahlen. Durch die Übertragung von Eigentumsrechten an Waren im alltäglichen Handel – eben etwa auch dann, wenn wir im Supermarkt unsere Lebensmittel eintüten oder bei einem Händler ein Fahrrad erstehen – entstehen Verbindlichkeiten gegenüber den Verkäuferinnen und Verkäufern dieser Waren. Es entsteht eine Schuld des Käufers gegenüber der Verkäuferin, die getilgt werden muss, will man die Waren legal mitnehmen und behalten. Zwar tilgen wir diese Schulden in der Regel umgehend, nichtsdestotrotz sind sie da. Wir wollen diese Forderungen, die durch einen Kauf am Markt angebotener Produkte jedweder Art entstehen (also nicht nur durch Kaufpreise, sondern auch durch Mieten, Abonnements, Arbeitsverträge etc.), *kommerzielle Schulden* nennen. Kommerzielle Schulden sind Zahlungsverpflichtungen, die durch die Übertragung einer Summe (d.h. einer in einer monetären Recheneinheit ausgewiesenen Zahl) zu einem Termin oder innerhalb einer Frist vergolten werden müssen und können. Solche Verpflichtungen können (z.B. Mietvertrag), müssen aber nicht schriftlich fixiert sein (z.B. Einkauf an der Super-

Schritt 1

Geschäftsbank

Vermögen	*Schulden*
	Forderung der Kundin

Kundin

Vermögen	*Schulden*
Forderung gegen Geschäftsbank	

Verkäufer

Vermögen	*Schulden*
Ware	

Schritt 2

Geschäftsbank

Vermögen	*Schulden*
	Forderung der Kundin

Kundin

Vermögen	*Schulden*
Forderung gegen Geschäftsbank + Ware	Forderung des Verkäufers

Verkäufer

Vermögen	*Schulden*
Forderung gegen Kundin	

Schritt 3

Geschäftsbank

Vermögen	*Schulden*
	Forderung des Verkäufers

Kundin

Vermögen	*Schulden*
Ware	

Verkäufer

Vermögen	*Schulden*
Forderung gegen Geschäftsbank	

Abb. 4: Zahlung mit Bankschulden

marktkasse). Jede monetäre Transaktion involviert in diesem Sinne Verschuldung.[2]

Kommerzielle Schulden machen wir also, indem wir Mietverträge abschließen oder im Supermarkt einkaufen usw., und wir tilgen sie, indem wir Verbindlichkeiten des Bankensektors übertragen. Abbildung 4 unterstellt zur Vereinfachung eine Bankkundin, die den gesamten Inhalt ihres Kontos für den Kauf eines Fahrrads überweist. Die Darstellung erfolgt in Bilanzform, d. h. als Aufstellung einer Vermögens- und einer Verbindlichkeitsspalte. Eine solche Bilanz ist solvent, wenn die Verbindlichkeiten die Vermögenswerte nicht übersteigen, und sie ist liquide – also zahlungsfähig –, wenn sie ein (Handlungs-) Vermögen hat, das von anderen zur Tilgung kommerzieller Schulden akzeptiert wird. In der Regel besteht diese Liquidität aus Forderungen gegen Geschäftsbanken, wie das Geld auf unseren Girokonten. Zunächst (Schritt 1) ist das Fahrrad Vermögen des Verkäufers und die Forderung gegen eine Geschäftsbank Vermögen der Kundin. Das Eigentum des Fahrrads wird nun an die Kundin übertragen, dadurch entsteht eine kommerzielle Schuld, eine Forderung des Verkäufers gegen die Kundin (Schritt 2). Sie hat nun eine Schuld – und der Verkäufer anstelle der Ware einen neuen Vermögenswert. Dabei könnte man es nun theoretisch belassen, wäre es für den Verkäufer attraktiv, eine Forderung gegen die Kundin zu halten; das ist es in der Regel aber nicht. Deswegen verlangt der Verkäufer die Tilgung der Schuld, und die Kundin nutzt ihren Rechtsanspruch gegenüber ihrer Geschäftsbank, um eine Zahlung anzuweisen. Das bedeutet, dass sie als Gläubigerin der Bank erklärt, die Schuld der Bank ihr gegenüber – das Guthaben auf dem Konto – solle dadurch vergolten werden, dass die Bank dafür dem Verkäufer die entsprechende Summe als Forderung ausweist (wir unterstellen hier, der Verkäufer sei bei derselben Bank wie die Kundin). Nun hat der Verkäufer anstelle des Fahrrads (Ware) eine Forderung gegen die Geschäftsbank (Geld); die Gläubigerin-Schuldner-Beziehung zwischen der Bank und der Kundin wurde beendet und eine neue Beziehung zwischen dem Verkäufer als Gläubiger und der Bank als Schuldnerin ist entstanden (Schritt 3).

Bezahlen bedeutet demnach, Schulden dadurch zu tilgen, dass man andere Schulden – nämlich Bankschulden – überträgt. Oder, soziologisch gewendet: Mit Bankguthaben zu zahlen bedeutet, bestimmte Gläubiger-Schuldner-Beziehungen zu beenden, um dann neue zu knüpfen. Durch die Übergabe des Fahrrads positioniert sich die Kundin zunächst als Schuldnerin gegenüber dem Fahrradverkäufer. Wir haben es mit einer spezifischen oder konkreten Beziehung zwischen ganz bestimmten Akteuren zu tun – der Kundin und dem Verkäufer. Allerdings ist die Beziehung in einer allgemein anerkannten Recheneinheit verfasst und somit als kommerzielle Schuld ausgewiesen. Anders als bei einem Versprechen zwischen Freunden haben wir es also mit einer Verpflichtung zu tun, die zu einem Typus monetär verfasster Schulden – hier: kommerzielle Schulden genannt – gehört. Gleichzeitig steht die Kundin in einem konkreten Schuldverhältnis mit ihrer Bank. Diese Positionierung kann sie nutzen, um die Schuld gegenüber dem Fahrradverkäufer zu tilgen. Sie nutzt also ihre Gläubigerinnenposition gegenüber ihrer Geschäftsbank, um die Schuldnerinnenposition gegenüber dem Fahrradverkäufer zu verlassen.

Das ist eine *bilanzsoziologische* Beschreibung einer Zahlung mit modernem Geld, wie sie in Abbildung 4 schematisch dargestellt ist. Bilanzsoziologisch sieht man in der Zahlung rein deskriptiv keinen Austausch zweier Sachgüter, sondern eine ganz andere Handlungsfolge, nämlich die Ersetzung einer Schuld durch eine andere, einer kommerziellen Privatschuld (aufgrund des Fahrradkaufs) durch eine Geschäftsbankschuld (Geld). Die Zahlung der Miete oder des Einkaufs an der Supermarktkasse tilgt eine private Forderung zwischen Mieter und Vermieterin oder Kundin und Supermarkt und hinterlässt eine neue Schuldbeziehung, nämlich die zwischen Vermieterin oder Supermarkt und der Bank, die den Geldbetrag ausweist. Durch die Überweisung eines Geldbetrags schuldet mir die Bank nun entsprechend weniger; ihre Schuld mir gegenüber wird also (teilweise) getilgt. Dafür aber schuldet meine Bank meiner Vermieterin oder dem Supermarkt nun den Betrag, nicht mehr ich als Mieter, jedenfalls nicht im laufenden Monat. Durch eine Zahlung ersetzen wir also eine private Schuld (Miete) durch eine Bankschuld, eine Forderung des Vermieters gegen uns wird gegen eine Forderung des Vermieters gegen unsere Bank gewechselt, und damit wird unsere Schuld gegenüber dem Vermieter vergolten. Modernes Geld bedeutet, Schulden mit Schulden zu bezahlen.

Der Vermieter bevorzugt eine Geschäftsbankschuld anstelle einer Forderung gegen die Mieterin, weil man mit dieser persönlichen

Schuld – also dem Versprechen der Mieterin – keine anderen Schulden tilgen kann. Er hat also keinen Vorteil davon, kann keine Handlungsfähigkeit daraus ziehen, sich gegenüber der Mieterin als Gläubiger zu positionieren. Die Bankschuld, also Giralgeld auf Bankkonten, hingegen ist in der Lage, einen *Typus* von Schulden zu tilgen, nämlich kommerzielle Schulden, zumindest überall dort, wo Zahlungen per Überweisung, Lastschrift oder EC-Karte akzeptiert werden.[3] Persönliche Zahlungsversprechen (die Mietschuld der Mieterin) und Bankschulden unterscheiden sich also markant in der Reichweite ihrer Akzeptanz als Tilgungsinstrument. Geschäftsbankschulden haben eine weitreichendere Tilgungsfähigkeit. Man sagt deswegen auch: Es besteht eine *Hierarchie* zwischen den Schuldnern – und damit zwischen den Schulden selbst.[4] Was Bankschulden zu einem attraktiveren Tilgungsmittel macht, ist der Umstand, dass Bankschulden hierarchisch höherrangig sind als andere kommerzielle Forderungen. Eine Forderung gegen die Hamburger Sparkasse und eine Forderung gegen den Autor dieses Buches sind beides Forderungen, aber nur eine davon ist Geld, weil nur eine – die Forderung gegen die Sparkasse – zur Tilgung anderer kommerzieller Schulden herangezogen werden kann. Bankschulden können innerhalb eines Währungsraumes *Typen* von Schulden tilgen, nämlich kommerzielle Schulden insgesamt. Freilich gibt es für die Tilgungsfähigkeit von privaten Bankguthaben immer wieder Ausnahmen, zum Beispiel weil in einer Verkaufssituation nur Bargeld akzeptiert wird. Aber für die große Mehrheit kommerzieller Schulden, seien es Mieten, Löhne oder Warenkaufpreise im Einzelhandel, gilt diese Hierarchie: Bankschulden tilgen kommerzielle Privatschulden, d.h. (fast) all jene Schulden, die entstehen, wenn man die Dinge in Besitz nimmt, die mit einem Preis versehen und auf dem Markt angeboten werden. Wir bezahlen unsere Einkäufe also durch den Austausch der dadurch entstehenden Verbindlichkeit mit einer höherrangigen Verbindlichkeit aus dem Bankensektor.

Die Tilgungsfähigkeit von Bankschulden ist also hierarchisch organisiert. Wenn wir Zahlungen mit modernem Geld betrachten, nehmen wir eine Forderungshierarchie in den Blick. Im Rang über den Forderungen gegen private Banken – das Geld auf unseren Konten – stehen nun Forderungen gegen die jeweilige Zentralbank eines Währungsraumes. Erzeugen EC-Kartenzahlungen oder Überweisungen Soll- und Habendifferenzen zwischen privaten Geschäftsbanken, weil die Kunden nicht, wie im Beispiel zuvor, ihre Konten bei derselben Bank haben, können diese Defizite nicht mit privaten Bankschulden getilgt werden. Die Tilgungsfähigkeit dieser Forderungen ist begrenzt. Dies gilt es zu erläutern.

Private Banken benötigen Zentralbankschulden, um ihre Verbindlichkeiten untereinander zu tilgen. Warum ist das so? Die Antwort darauf erfolgt wieder anhand des schon bekannten Beispiels, das wir um die Annahme erweitern, die Kundin und der Verkäufer hätten ihre Bankkonten bei unterschiedlichen Geschäftsbanken im selben Land (Abbildung 5). Als solche führen beide Banken ein Konto bei ihrer Zentralbank. Dieses Zentralbankgeld ist eine Zahl, die rechtlich als Forderung gegen die Zentralbank verfasst ist. Es ist deswegen nicht möglich, Zentralbankgeld auf Geschäftsbankkonten zu überweisen, weil es sich eben nicht um beliebig transferierbare immaterielle Münzen, sondern um konkrete, rechtlich kodifizierte Beziehungen (in diesem Fall zwischen der Zentralbank als Schuldnerin und Geschäftsbanken als Gläubigerinnen) handelt. Als Ausgangspunkt unseres Beispiels hat also Geschäftsbank A, die Bank der Kundin, die ein Fahrrad erwirbt, Guthaben auf ihrem Zentralbankkonto, also eine Forderung gegen die Zentralbank (Schritt 1). Weist die Kundin nun ihre Geschäftsbank A an, Geld auf das Konto des Verkäufers bei Geschäftsbank B zu «überweisen», dann erzeugt die Bank des Verkäufers durch ihr Buchhaltungssystem eine neue Verbindlichkeit, die dem Verkäufer als neues Kontoguthaben angezeigt wird. Dadurch aber gerät ihre Bilanz ins Ungleichgewicht, weil die neue Schuld nicht durch ein neues Vermögen ausgeglichen wird. Deswegen vermerkt sie in ihrer Vermögensspalte eine Forderung gegen Geschäftsbank A (Schritt 2). Diese Interbankschuld ist nicht durch Giralgeld zu begleichen, denn private Bankschulden sind in der Schuldhierarchie auf derselben Ebene. Geschäftsbank B will nun aber, dass Geschäftsbank A die Schuld zwischen ihnen tilgt, also nutzt sie die Rechtsansprüche gegenüber der Zentralbank, um diese aufzufordern, ihre Gläubigerin-Schuldner-Beziehung

Schritt 1

Zentralbank

Vermögen	*Schulden*
	Forderung von A

Geschäftsbank A

Vermögen	*Schulden*
Forderung gegen Zentralbank	Forderung der Kundin

Geschäftsbank B

Vermögen	*Schulden*

Schritt 2

Zentralbank

Vermögen	*Schulden*
	Forderung von A

Geschäftsbank A

Vermögen	*Schulden*
Forderung gegen Zentralbank	Forderung von B

Geschäftsbank B

Vermögen	*Schulden*
Forderung gegen A	Forderung des Verkäufers

Schritt 3

Zentralbank

Vermögen	*Schulden*
	Forderung von B

Geschäftsbank A

Vermögen	*Schulden*

Geschäftsbank B

Vermögen	*Schulden*
Forderung gegen Zentralbank	Forderung des Verkäufers

Abb. 5: Zahlung mit Zentralbankgeld

aufzulösen und stattdessen eine mit Geschäftsbank B einzugehen, also: den zur Tilgung der Schuld zwischen Geschäftsbank A und Geschäftsbank B erforderlichen Betrag vom Zentralbankkonto von A auf das Zentralbankkonto bei B zu verlagern (Schritt 3).

Die Geldbeträge auf unseren Geschäftsbankkonten sind somit auch nicht mit Anrechten auf Stellvertreterwaren zu verwechseln. Giralgeld ist auch – wie zu Beginn dieses Abschnitts bereits festgehalten – kein Versprechen auf Geld im Sinne einer anderen monetären Substanz (z. B. Bargeld). Unsere Beschreibung würde unpräzise, wenn wir nun schlicht feststellen würden, Zentralbankguthaben seien «eigentliches» Geld, während die Guthaben auf Konten privater Geschäftsbanken nur «uneigentliche» Anrechte auf dieses Geld seien, also Stellvertreter der Stellvertreterware, Gutscheine für das Tauschwerkzeug sozusagen. Die von der Zentralbank ausgewiesenen Geldbeträge sind ebenso als Forderungen verfasst, sie sind kein Gold, gegen das man seine Papierzettel eintauschen könnte, sondern mehr vom Selben: Bankschulden, in Buchhaltungssystemen gespeicherte und rechtlich als Forderung verfasste und deswegen als Verbindlichkeit bilanzierte Zahleninformationen. Der Unterschied besteht in der Reichweite ihrer Fähigkeit, andere Schulden zu vergelten, also in ihrem Rang innerhalb einer Tilgungshierarchie.

Zentralbankgeld gibt es in zwei Formen, als Buchgeld und als Bargeld. Auch die Barmittel in unseren Portemonnaies sind ein Teil der als Verbindlichkeit der Zentralbank verfassten Geldbeträge.[5] Anders als das reine Buchgeld der Zentralbank, das nicht in den sogenannten Publikumsverkehr eintritt, sondern nur von Banken und politischen Gebietskörperschaften (der deutsche Staat hat beispielsweise auch ein Konto bei der Bundesbank) genutzt werden kann, können Zentralbankschulden in Form von Bargeldbeträgen auch von Privatpersonen und Unternehmen zur Tilgung kommerzieller Schulden eingesetzt werden. Auch die Zentralbank schuldet mit ihren als Geld eingesetzten Schulden nichts anderes als die Akzeptanz von Beziehungsterminierungen, d. h. ihren Einsatz zur Vergeltung von Verbindlichkeiten. Auch hier geht es also um eine Forderung auf *Handlungen*, nicht auf *Sachen*. Wenn wir festhalten, dass unser Geld aus Schulden besteht, dann sind diese Schulden eben keine Versprechen, zu einem späteren Zeitpunkt Geld zu zahlen – denn außer Bankschulden gibt es kein Geld, das gezahlt werden könnte. Konnte man in Zeiten eines Goldstandards zumindest hypothetisch noch bei der Zentralbank Geld in Gold eintauschen, hatte mit dem Zentralbankgeld also eine Forderung gegen die Bank in der Hand, die durch Gold getilgt werden konnte, so ist das heute nicht mehr der Fall. Man kann deswegen mit seiner Forderung gegen eine Geschäftsbank (Geld auf einem Geschäftsbankkonto) kein Vermögen fordern – mit Ausnahme von Bargeld, das wiederum Teil der Zentralbankverbindlichkeiten ist. Was man mit dem aus Forderungen gegen Banken bestehenden Geld also fordert, ist keine Sache, kein «Etwas», sondern eine Handlung: die Tilgung bzw. die Übernahme einer (kommerziellen) Schuld: Durch das Bezahlen mit Giralgeld tilgen wir eine Schuldbeziehung zwischen uns als Käuferinnen und dem Verkäufer, der fortan mit unserer Bank in einer Gläubiger-Schuldner-Beziehung ist. Denn: Geld auf einem Bankkonto zu «haben», bedeutet, mit der Bank in einer Gläubiger-Schuldner-Beziehung zu sein, also von ihr etwas fordern zu können.

Auch Zentralbankschulden schulden den Begünstigten von Zentralbankkonten (Banken und Staaten) keine Vermögenswerte; sie stellen vielmehr eine Möglichkeit zur Tilgung von Verbindlichkeiten desselben oder niederen Ranges in der Hierarchie von Vergeltungspotenzialen bereit. Dabei findet Zentralbankgeld als höherrangige Schuld nicht nur für den Schuldenausgleich innerhalb des Bankensystems Verwendung, sondern – das wird im nächsten Kapitel noch wichtig – für den Schuldenausgleich zwischen Staaten und ihren Bürgerinnen und Bürgern. Wir benötigen Zentralbankschulden, um unsere Steuerschulden gegenüber dem Staat zu tilgen, weil dieser das «Zentralkonto des Bundes» bei der Deutschen Bundesbank führt. Wir merken das nur in der Regel nicht, weil wir die Überweisung von Nachzahlungen von unserem Girokonto aus vornehmen. Nichtsdestotrotz muss unsere Bank unsere Steuerüberweisung auf das Zentralkonto des Bundes mithilfe ihres Zentralbankguthabens abwickeln, weil auf das Zentralkonto des Bundes kein Giralgeld eingezahlt werden kann; Giralgeld besteht schließlich aus privaten Geschäftsbankschulden, die nach ihrer rechtlichen Verfassung als Forderung gegen eine Geschäftsbank nicht in der Zentralbankbilanz geführt werden können. Geld ist keine Sache, die man einfach in der einen oder anderen Bank zwischenlagern könnte. Eine Forderung gegen eine Geschäftsbank (Giralgeld) kann deswegen nicht einfach auf ein Zentralbankkonto «übertragen» werden, weil Guthaben auf einem Zentralbankkonto eine Forderung gegen die Zentralbank ist – und eben nicht gegen eine Geschäftsbank.

Zentralbank		Geschäftsbanken		Privatsektor	
Vermögen	*Schulden*	*Vermögen*	*Schulden*	*Vermögen*	*Schulden*
Forderungen gegen öffentlichen Sektor (Staatsanleihen)	Forderungen der Geschäftsbanken (Zentralbankgeld)	Forderungen gegen Zentralbank (Zentralbankgeld)	Forderungen des Privatsektors (Giralgeld)	Forderungen gegen Geschäftsbanken (Giralgeld)	Forderungen des Privatsektors und des öff. Sektors (Steuern)

Abb. 6: Eine Währung als Forderungshierarchie[6]

Die offiziellen Währungsbestände bestehen aus Forderungen gegen das Bankensystem, mit denen sich keine Vermögen oder Waren außerhalb des Bankensystems «fordern» lassen, sondern die Tilgung von Schulden. Natürlich gibt es in den Bilanzen der Banken auch andere Vermögenswerte und Schulden, die nicht Geld sind, weil sie eben nicht in die Hierarchie der Schuldentilgung eingebunden sind. So hatten beispielsweise die Vermögenswerte der EZB im Jahr 2019 einen Wert von 475 Milliarden Euro, (fast) alles Schuldpapiere und Zahlungsansprüche. Nicht viel anders sieht es bei Geschäftsbanken aus. Aber auch Forderungen (Schulden), die von anderen Firmen oder Staaten eingehen und als Vermögen in Bankbilanzen eingetragen werden, versprechen außerhalb der Struktur interdependenter Forderungen: nichts. Wenn in der Bilanz der EZB etwa eine deutsche Staatsanleihe verbucht würde, wäre das ein Versprechen des deutschen Staates, zum Fälligkeitstermin Schulden der EZB in einer bestimmten Höhe zu zahlen, denn die Schulden der EZB sind ebenjenes Geld, mit dem eine Staatsanleihe getilgt wird. Es geht immer nur um Forderungen, die Forderungen tilgen (Abbildung 6).

Gestalt: Modernes Geld als Beziehungsgeflecht

Wir interessieren uns für Infrastrukturen als gesellschaftliche Vorleistungsmaschinen, die Gemeinwesen mit bestimmten Handlungsressourcen versorgen. Die Vokabel «Maschine» soll den Umstand erfassen, dass Infrastrukturen – wie jene für die Erzeugung elektrischen Stroms – aus materiellen und immateriellen Komponenten und Handlungen bestehen, die ihre Vorleistung nur dann erbringen, wenn die Bauteile im Betrieb ineinandergreifen. Maschinen zeichnen sich durch eine *dynamische Verschaltung* ihrer *interdependenten Bauteile* aus – und beides lässt sich auch über Geld sagen. Das ist mehr als ein Wortspiel. Ein alternatives «Betriebssystem» für unsere geldpolitischen Diskurse darf sich Geldbeträge nicht länger als Einzeldinge eines gewaltigen Vorrats vorstellen, sondern muss sie als interdependente und dynamisch verschaltete Bauteile einer Entität fassen, die dann auch als solche politisch angesprochen werden kann.

Die Bauteile unseres Geldes sind hierarchisch strukturierte Forderungen gegen Geschäfts- und Zentralbanken. Der die Bauteile verbindende Mechanismus ist die Bankbilanz. Durch diesen Mechanismus entsteht die wechselseitige Abhängigkeit. Mit «Bilanz» ist hier nicht (zwingend) das turnusmäßig den Aktionärinnen und Behörden vorgelegte Dokument gemeint, sondern die de facto organisatorische Notwendigkeit, Verbindlichkeiten und Vermögen in Balance zu halten. Wir sprechen schließlich über den sozialen *Mechanismus* «Bilanzausgleich», also die Notwendigkeit, Vermögen und Verbindlichkeiten so zu organisieren, dass beide Seiten der Bilanz dieselbe Summe haben, weil es nicht nur eine rechtliche Vorschrift ist, sondern auch eine praktische Erwartung anderer ökonomischer Akteure und eine organisatorische Notwendigkeit (siehe viertes Kapitel). In der Vermögensspalte von Bankbilanzen befinden sich in zumeist nur sehr geringem (und deswegen zu vernachlässigendem) Umfang Realvermögen wie die Bankgebäude, vergleichsweise geringe Bargeldbestände, vor allem aber Kredite und Schuldpapiere (also Forderungen gegen Kunden). Auf der anderen Bilanzseite befinden sich, wie gesagt, Forderungen der Kunden (sofern sie umstandslos zur Tilgung einsetzbar sind, nennen wir diese Forderungen einen Geldbetrag) und nachrangige Ansprüche der Eigentümer, letzteres nennen wir Eigenkapital. Eigenkapital ist nicht mit Barbeständen oder einem irgendwie anfassbaren Schatz im Keller einer Bank zu verwechseln, sondern Formen von Gläubiger-Schuldner-Beziehungen, die mit ganz bestimmten Rechten und Pflichten verbunden sind. Beide Bilanzseiten einer Bank sind ausgeglichen, weil – das erfordert der Mechanismus Bilanz, nur dann konstituiert er ökonomische Handlungsfähigkeit – Forderungen gegeneinander aufgerechnet werden. Kommt bei der Aufrechnung ein negativer Zahlenwert heraus, ist die Geschäftsbank insolvent. Mit «Bilanz» meinen wir hier also einen Feedbackmechanismus, der dazu führt, dass eine Veränderung in der einen Spalte (Vermögen oder Schulden) auch eine Justierung in der anderen Spalte nach sich ziehen muss, damit die Bilanz ausgeglichen bleibt. Dieser Mechanismus wird durch Erwartungen anderer Marktteilnehmer genauso konstituiert wie durch Recht, also die schlichte Festlegung, dass eine Firma, bei der die Verbindlichkeiten die Vermögenswerte übersteigen, als insolvent gilt und aus dem ökonomischen Spiel ausscheiden muss.

Ökonomische Akteure wie Banken müssen also ihre Bilanzen ausgleichen, um wirtschaftlich zu überleben, und dieser Mechanismus setzt schon bei einer einfachen Zahlung eine ganze Kaskade der Terminierung, Veränderung und Erzeugung von Gläubiger-Schuldnerinnen-Beziehungen in Gang, die schon im schematischen Beispiel des Fahrradkaufes sichtbar wurde. Wir werden dieses Beispiel jetzt noch einmal um eine Landesgrenze erweitern. Stellen wir uns nun also vor, Kundin und Verkäufer seien in verschiedenen Ländern der Eurozone tätig. Das Beispiel aus der Eurozone ist deswegen so anschaulich, weil der Euro als transnationales Zahlungsmittel angepriesen und von den Bürgerinnen und Bürgern im Alltag auch so erfahren wird – als Geld, das sich um die Binnengrenzen der Eurozone genauso wenig schert wie um die innerdeutsche Grenze zwischen Niedersachsen und Hamburg. Wenn wir den Euro als Geld verwenden, dann fühlt er sich in der Tat wie eine Geldsumme an, die man transnational herumtragen und einsetzen kann. Das ist aber ein Irrtum.

Tatsächlich sind die Landesgrenzen bei einer Zahlung mit Euro-Bankguthaben noch sehr real. Die Käuferin des Fahrrads ist in unserem erweiterten Beispiel nun eine Unternehmerin aus Frankreich (und hat ein französisches Bankkonto), und der Fahrradverkäufer ist ein Import-Export-Händler aus Deutschland (und führt dementsprechend ein Konto bei einer deutschen Geschäftsbank). In Deutschland mit einem Geldbetrag auf einem französischen Bankkonto für ein Fahrrad zu bezahlen, bedeutet bilanzlogisch, in Frankreich Bankschulden zu tilgen und sie in Deutschland zu erzeugen. Das mag sich kurios oder wenigstens übertrieben technisch anhören, folgt aber aus der grundsätzlicheren Einsicht, dass es sich bei Geldbeträgen um Forderungen gegen Banken handelt, um konkrete Schuldverträge mit Firmen, die in einem Rechtsraum gemeldet und verankert sind. Auch wenn es suspekt klingt: Geld einzunehmen heißt für ein Individuum genauso wie für eine Volkswirtschaft, Bankschulden zu akkumulieren; ein «Fluss» von Geld aus Frankreich nach Deutschland bedeutet dementsprechend, dass in Frankreich Bankschulden *ab*gebaut und in Deutschland *auf*gebaut werden. Mehr Geld heißt mehr Schulden.

Würde nun aber einfach nur eine neue Schuld (Kontoguthaben) in der Bilanz der deutschen Geschäftsbank des Verkäufers entstehen, hätte die deutsche Geschäftsbank neue Schulden, aber noch keine neuen Vermögen, um die Bilanz auszugleichen. Das würde nicht funktionieren, deswegen kommen Zentralbankschulden als hierarchisch höherrangiges Tilgungsinstrument zum Zuge. Der Abbau und Aufbau von Schulden verändern die Balance von Bilanzen, erfordern also Korrekturen. Allerdings haben die französische und die deutsche Geschäftsbank ihre Zentralbankkonten bei ihrer jeweiligen nationalen Zentralbank, also der Banque de France und der Deutschen Bundesbank. Die über Staatsgrenzen hinweg erfolgenden Ab- und Aufbuchungen erzeugen also Schieflagen der beiden Zentralbankbilanzen, die wiederum in einer höherrangigen Bilanz ausgeglichen werden müssen. Hier kommt die EZB ins Spiel. Sie gleicht das Defizit in der Bilanz der Bundesbank durch eigene Forderungen aus, die wiederum durch Forderungen an die Banque de France austariert werden (Abbildung 7).

Im Detail läuft es so ab: Die französische Käuferin weist ihre Geschäftsbank an, den Kaufbetrag auf das Konto des deutschen Händlers zu überführen. Damit werden die Schulden der französischen Geschäftsbank bei ihrer Kundin getilgt (die Menge an Giralgeld wird in der Bilanz reduziert). Die deutsche Geschäftsbank weist hingegen nun mehr Schulden auf und gleicht diese durch einen Anspruch an die französische Bank aus, die für sie ein Vermögen ist. Die französische Geschäftsbank hat also Schulden (der Geldbetrag auf dem Konto der Käuferin) gegen andere Schulden (Anspruch der deutschen Geschäftsbank) getauscht. Der deutsche Verkäufer hat nun anstelle des Fahrrads eine Bankschuld (Geld) – und seine Bank dafür eine Schuld der französischen Geschäftsbank. Diese wiederum hat eine Schuld (Forderung ihrer Kundin, also Geld) gegen eine andere ausgewechselt (Forderung der deutschen Geschäftsbank). Diese Forderung will mit einer höherrangigen Schuld, nämlich nationalem Zentralbankgeld getilgt werden. Die Geschäftsbank des deutschen Fahrradverkäufers will von der französischen Geschäftsbank deswegen Forderungen gegen die Zentralbank. Allerdings hat die deutsche Geschäftsbank nur bei der deutschen Bundesbank ein Konto, braucht also Forderungen gegen die Bundesbank. Deswegen muss die französische Geschäftsbank sich zunächst bei ihrer eigenen Zentralbank, der Banque de France, Guthaben leihen, und die Banque de France weist dann über die Bilanz der EZB der deutschen Bundesbank eine entsprechende neue Forderung, also neues Geld aus. Am Ende führt eine einzelne Überweisung für einen grenzüberschreitenden Fahrradkauf dazu, dass die Bundesbank einer deutschen Geschäftsbank eine neue Forderung an die Hand gibt, diese Forderung durch eine neue Forderung gegen die EZB ausgleicht; die EZB stellt dafür wiederum der Banque de France eine Schuld aus, welche ihrerseits nun allerdings eine neue Forderung gegen eine französische Geschäftsbank hat. Die EZB ist hier also so etwas wie eine vermittelnde Bilanz, die im immer noch über die nationalen Zentralbankbilanzen laufenden Zahlungsverkehr innerhalb der Eurozone Forderungen zur Verfügung stellt, um zwi-

Schritt 1: Ausgangslage

Geschäftsbank (F)

Vermögen	*Schulden*
	Forderung der Käuferin (F)

Käuferin (F)

Vermögen	*Schulden*
Forderung gegen Geschäftsbank (F)	Kaufpreis

Geschäftsbank (D)

Vermögen	*Schulden*

Verkäufer (D)

Vermögen	*Schulden*
Fahrrad	

Schritt 2: Das Fahrrad wechselt die Besitzerin

Geschäftsbank (F)

Vermögen	*Schulden*
	Forderung von Geschäftsbank (D)

Käuferin (F)

Vermögen	*Schulden*
Fahrrad	

Geschäftsbank (D)

Vermögen	*Schulden*
Forderung gegen Geschäftsbank (F)	Forderung des Verkäufers (D)

Verkäufer (D)

Vermögen	*Schulden*
Forderung gegen Geschäftsbank (D)	

Schritt 3: Interbankenschulden müssen getilgt werden

Geschäftsbank (F)

Vermögen	*Schulden*
	Forderung der Banque de France

Geschäftsbank (D)

Vermögen	*Schulden*
Forderung gegen Bundesbank	Forderung des Verkäufers (D)

Banque de France

Vermögen	*Schulden*
Forderung gegen Geschäftsbank (F)	Forderung der EZB

Bundesbank

Vermögen	*Schulden*
Forderung gegen EZB	Forderung der Geschäftsbank (D)

EZB

Vermögen	*Schulden*
Forderung gegen Banque de France	Forderung der Bundesbank

Abb. 7: Grenzüberschreitende Zahlung in der Eurozone

schenstaatliche Soll- und Habensalden auszubalancieren. Zahlungen werden so durch die Interdependenz der Forderungen zu einem komplexen Prozess aus Handlungen, die mit der Akzeptanz und Tilgung von Verpflichtungen zu tun haben.

Das um die Binnengrenze der Eurozone erweiterte Beispiel des Fahrradkaufes zeigt, dass der Euro nicht einfach eine Währung ist, die von allen zahlungskräftigen Akteuren in der Eurozone überall gleichermaßen als Zahlungsmittel eingesetzt werden kann. Sieht man noch einmal vom Bargeld ab, kann man in den einzelnen Ländern nur mit den Schulden der jeweiligen nationalen Geschäftsbanken zahlen. Französisches Giralgeld muss in deutsches Giralgeld transformiert werden, und diese Transformation involviert Bilanzen der nationalen Zentralbanken und der Europäischen Zentralbank. Wie etwa Michel Aglietta pointiert herausarbeitet, funktioniert der Euro wie internationaler Zahlungsverkehr zwischen verschiedenen Währungen, nicht wie eine gemeinsame Währung.[7] Auch Zahlungen zwischen zwei Währungen erzeugen Forderungen, die getilgt werden müssen, zwischen Zentralbanken und zwischen privaten Akteuren. Auch hier gibt es Tilgungshierarchien. Zahlungsabwicklungen brauchen immer eine für die Verrechnung von Schulden akzeptierte und damit höherrangige Bilanzverbindlichkeit.

Das Eurosystem ist gewissermaßen ein Arrangement, das grenzüberschreitende Zahlungen ermöglicht und vereinfacht, ohne die nationalen Bankschulden strukturell obsolet zu machen. Im internationalen Handel brauchen Zahlungen ebenso Brückenkonstruktionen. Um innerhalb Deutschlands Geld von einem Konto bei einer Geschäftsbank auf ein anderes Konto bei einer anderen Geschäftsbank zu transferieren, brauchen beide Banken schließlich Konten bei der Zentralbank, um mit höherrangigen Forderungen (eben dem Guthaben auf dem Zentralbankkonto) ihre Differenzen auszugleichen. Für internationale Zahlungen gibt es eine solche Ausgleichsstelle aber nicht; zwar gibt es die Bank für Internationalen Zahlungsausgleich (BIZ), die auch Forderungen gegen sich selbst als eine Art Weltgeld anbietet (die Special Drawing Rights; auf Deutsch: Sonderziehungsrechte), das sich bisher aber nicht als allseits akzeptiertes und hierarchisch höchstes Tilgungsmittel durchsetzen konnte.

Diese Funktion erfüllen häufig in US-Dollar denominierte Forderungen. Im internationalen Handel leisten zumeist Dollarschulden das, was für Zahlungen innerhalb der Eurozone durch die EZB geleistet wird. Auch wenn sich der Euro auf internationalen Märkten als Zahlungsmittel durchaus behaupten kann, werden Schulden hier doch in aller Regel in US-Dollar ausgewiesen und getilgt. Auf internationalen Märkten etwa sind Dollarforderungen zur Tilgung deutlich satisfaktionsfähiger als etwa die türkische Lira oder selbst das britische Pfund oder der Euro, besonders wichtig dabei sind Ölgeschäfte. Dadurch entsteht eine ständige Nachfrage nach Dollar, was bedeutet, dass man ein Gläubiger des US-Bankensystems (oder eines Offshore-Dollar-Substituts) sein muss, um international Handel treiben zu können.[8] Diese globalen Abhängigkeiten sind in vielerlei Hinsicht entscheidend, wenn man sich darüber verständigen will, welche geldpolitischen Handlungsspielräume einzelne Länder für sich reklamieren können. Die aus der Abwicklung des Welthandels über das US-Geldgeflecht resultierenden Abhängigkeiten werden uns als einer der Gründe für Skepsis gegenüber den Vorschlägen der MMT wiederbegegnen. Halten wir an dieser Stelle zunächst nur die Schlüsseleinsicht fest: Geldbeträge «fließen» nicht von A nach B; Zahlungen werden durch das Tilgen und Knüpfen hierarchischer Gläubiger-Schuldnerinnen-Beziehungen abgewickelt. Diese Hierarchien setzen sich über die basale Formel *Zentralbankschulden tilgen Geschäftsbankschulden tilgen kommerzielle Schulden* hinaus auch in der globalen politischen Ordnung fort. Hier sind bestimmte Forderungen breiter akzeptiert und begehrt und damit auch tilgungsfähiger als andere – allen voran die Schulden von US-amerikanischen Banken.

So weit ein erster Einblick in die Maschine Geld. Das Beispiel des Fahrradkaufes zeigt, dass schon durch eine einfache Zahlung zwischen verschiedenen Bilanzen mehrfache Auflösungen und Neuerschaffungen von Forderungen notwendig werden, um alle Bilanzen insgesamt in Balance, also ausgeglichen, zu halten. Schon dieses hochgradig simplifizierte Beispiel verdeutlicht, inwiefern die Bauteile der Entität Geld *interdependente*, also wechselseitig voneinander abhängige Forderungen sind, die nichts weiter «fordern» als die Tilgung ebensolcher

Gläubiger-Schuldnerinnen-Beziehungen. Etwas außerhalb dieser Forderungen existiert nicht. Zwar lassen sich mit einigen dieser Forderungen – etwa Giralgeld – Waren kaufen (mit einigen aber auch nicht, wie den unbaren Forderungen der Banken gegen die Zentralbanken), es sind also in gewisser Weise, mit Simmel, Ansprüche auf Waren. Aber innerhalb der Entität, die wir hier als modernes Geld unter die Lupe nehmen wollen, verweisen die Forderungen nur aufeinander. Keine dieser Forderungen ist eine Forderung im Sinne eines Rechtsanspruchs auf etwas anderes, zum Beispiel Gold. Die Forderungen dienen der Tilgung anderer Forderungen, etwa kommerzieller Privatschulden im Falle von Giralgeld, Interbankenschulden im Fall von Forderungen gegen die Zentralbank oder trans- und internationaler Schulden im Falle von Forderungen gegen die amerikanische Zentralbank Fed oder den amerikanischen Staat (weil auch US-Staatsanleihen im internationalen Handel eine wichtige Rolle spielen). Forderungen fordern Forderungen, die durch Forderungen in Bilanzen gegeneinander gerechnet werden. Es sind aber keine Forderungen auf irgendetwas anderes als (die Tilgung von) Forderungen. Geschäfts- und Zentralbanken bilden somit ein dichtes *Geflecht* aus wechselseitig voneinander abhängigen und nach der Reichweite ihrer Tilgungsfähigkeit hierarchisch strukturierten Forderungen. Dieses «Beziehungsgeflecht»[9] nennt der Ökonom Perry Mehrling das «money grid».[10] In diesem Sinne ist Geld eine Entität aus interdependenten Bauteilen, wie eine Maschine. Nur als unselbständiger Teil eines Netzwerks oder Geflechts aus Schulden kann ein einzelnes Guthaben als Geld verwendet werden, nur durch die bilanzielle Verschaltung und Gegenrechnung von Forderungen von und gegen Banken im «money grid» entstehen generalisierte Gläubigerpositionen. Aus einer bilanzsoziologischen Perspektive bezeichnet der sozialwissenschaftliche Begriff «modernes Geld» also nicht länger einen Vorrat individueller Beträge stoffwertloser Stellvertreterwaren, sondern diese Entität: ein Beziehungsgeflecht aus nur noch aufeinander verweisenden und deswegen voneinander wechselseitig abhängigen – d. h. interdependenten – Forderungen. Modernes Geld ist diese Entität: die Forderungsstruktur «money grid», das Geldgeflecht.

Das Geflecht sich wechselseitig in Bilanzen ermöglichender und bestätigender Forderungsbeziehungen ist freilich in der Realität wesentlich komplexer, als es hier in der schematischen Darstellung deutlich wird. Erstens, das wurde bereits gesagt, befinden sich in den Bilanzen der Banken viele verschiedene Finanzinstrumente, die jeweils Gläubigerinnen-Schuldner-Beziehungen sind, deren Einordnung in die Tilgungshierarchie unklar oder schlicht nicht gegeben ist. Sie sind also keine solchen Forderungen, die wir Geld nennen. Anders herum gesagt: Nicht alle Schulden sind Geld. All diese Verbindlichkeiten, die jemand anderes Vermögen sind, nennen wir Finanzen, und nur insgesamt sind Finanzvermögen und Schulden gegeneinander aufgerechnet gleich null und alle Bilanzen, aggregiert betrachtet, in Balance. Zweitens gibt es nicht nur in den Bilanzen von Zentralbanken und Geschäftsbanken in der jeweiligen Währung denominierte Verbindlichkeiten, die zur Tilgung anderer Forderungen eingesetzt werden. Auch andere Finanzfirmen und Finanzprodukte können als teilweise oder sogar weitreichende Substitute fungieren, etwa für Transaktionen innerhalb der Finanzindustrie. Daniela Gabor spricht hier von «Schattengeld» («shadow money»).[11] Welche Forderungsformen von wem unter welchen Bedingungen erzeugt und zur Tilgung welcher anderen Forderungen eingesetzt werden können, ist dabei in einem ständigen Fluss.[12] Gleichsam tummeln sich in den Bilanzen von Zentral- und Geschäftsbanken eines Landes, drittens, auch Vermögen und Verbindlichkeiten, die in anderen Währungseinheiten ausgewiesen sind, also etwa Dollarforderungen in europäischen Bilanzen. Die Produktion und der Handel mit Dollarforderungen außerhalb der Jurisdiktion der USA, sogenannte Offshore Dollar, gehören nicht erst seit dem jüngeren Globalisierungsschub zu den Bauteilen des *globalen* Forderungsgeflechts (*money grid*). Schon in den 1950er Jahren entstand der sogenannte Eurodollarmarkt, eine Sammelbezeichnung für Kreditgeschäfte und Transaktionen mit Dollarguthaben, die nicht von Banken in den USA herausgegeben wurden. Das Forderungsgeflecht Geld ist also eine globale Entität aus hierarchischen Schulden.[13]

Die Bilanztheorie betrachtet einzelne Geldbeträge damit als unselbständige Erscheinungen einer gewaltigen Entität, die wir «modernes Geld» nennen. Nicht unähnlich dem Stromnetz («power grid») ist das «money grid» eine Art Versorgungssystem der Wirtschaft – mit Betonung auf *System*, also einem engen Zusammenhang, bei dem einzelne Elemente (Geldbeträge) oder Handlungen (Zahlungen) durch den Feedbackmechanismus Bilanzausgleich mit allen anderen Akteurinnen und Handlungen in diesem System verschaltet sind. Ganz simpel gesagt: Banken müssen ihre Bilanzen mit (ganz bestimmten) anderen Forderungen ausgleichen, um ihre eigenen Forderungen als Geld anbieten zu können; das ist ein Mechanismus, der die einzelnen Bauteile – Forderungen – zu interdependenten, d. h. unselbständigen Bauteilen eines Ganzen und damit Geld nicht zu einem Haufen, einer Menge oder einem Vorrat einzelner Geldbeträge, sondern zu einem einzigen großen Geflecht macht. Auch der Strom lässt sich zwar als Verbrauch in einzelne Kilowattstunden portionieren, die dann einzelnen Haushalten in Rechnung gestellt werden können, ohne dass damit die Behauptung verbunden wäre, Elektrizität wäre das Aggregat all dieser Portionen. Genau wie das Stromnetz, das aus vielen Kilometern Leitungen unterschiedlicher Spannungsebenen, aus unzähligen Umspannwerken und Kraftwerken besteht, deren Zusammenwirken ständig betreut und justiert werden muss, damit alle Haushalte mit Strom in der richtigen Stärke, Frequenz und Spannung versorgt werden, muss Geld selbst als eine komplexe, systemisch verschaltete, riesige Entität verstanden werden, in der die Veränderung eines Bauteils – einer Forderung – potenziell mit allen anderen Bauteilen rückgekoppelt ist.

Diese Rückkopplung wird bei kleinen Transaktionen virtuell bleiben, ist aber dennoch da, wie man am Beispiel des Fahrradkaufs einer Französin in Deutschland sieht, bei der die Tilgung einer Schuld (die Anweisung der Zahlung) die Veränderung mehrerer Bilanzen (d. h. die Veränderung mehrerer Gläubigerinnen- und Schuldnerbeziehungen) nach sich zieht. In diesem Sinne kann man tatsächlich und ernsthaft von Geld als einer Entität sprechen, einem Geflecht aus interdependenten Bauteilen, das in seinem Verhältnis zu den Waren – also im Schema G – W – nicht mehr so dargestellt werden kann, wie wir es mit der Tauschtheorie aufgerufen haben. Die Tauschtheorie evoziert ein Bild von der Geldwirtschaft als räumlich ausgedehntes Feld, auf dem sich Waren und Stellvertreterwaren jeweils im Eigentum einzelner Akteure verteilt vorfinden, ganz so, als wären einzelne Geldbeträge je für sich jeweils bloß Instanzen desselben Typs – so wie alle Schraubenschlüssel einerseits Einzeldinge im Besitz von Heimwerkerinnen und Heimwerken, aber eben auch Exemplare des Typus «Schraubenschlüssel» sind. Das durch die Bilanztheorie evozierte repräsentative Bild ist ein anderes: Hier findet sich ein Geflecht kommerzieller Verpflichtungen (Mietverträge, Kaufakte, Kredite), die durch ein spezielles Geflecht aus Schulden tilgbar werden – das Geldgeflecht aus Forderungen gegen Banken.

Dynamische Verschaltung: Wie Geld entsteht und vernichtet wird

Die interdependenten Bauteile der «Maschine» modernes Geld sind, vergleichbar mit Elektrizität, keine statisch vorliegenden, sondern beständig zu reproduzierende Komponenten. Die interdependenten Bauteile (Forderungen) sind also *dynamisch verschaltet*. Diese dynamische Verschaltung ist der Schlüssel zur bilanztheoretischen Vermessung des Anforderungsprofils modernen Geldes. Weil eben Forderungen (als Verbindlichkeiten) durch Forderungen (als Vermögen) ausgeglichen werden, ist keine Bilanz für sich genommen in Balance, sondern nur innerhalb eines Geflechts aus Forderungen. Durch diese Interdependenz erzeugt jede einzelne Zahlung (bei geringen Summen weniger, bei hohen Summen mehr) nicht nur in den unmittelbar an der Transaktion beteiligten Bilanzen Unruhe, sondern zieht weitere Anpassungen nach sich – etwa in der Bilanz der EZB bei einer grenzüberschreitenden Überweisung in der Eurozone. Man könnte also schon allein deswegen von einer dynamischen Verschaltung der Bauteile der Entität Geld sprechen, weil, wie zumindest schematisch gesehen, jede Zahlung (wenigstens prinzipiell) Justierungen des Beziehungsgeflechts bedeutet.

Weit bedeutsamer ist aber der Umstand, dass Zahlungen in Bankbilanzen nicht nur durch das Ein- und Austragen von Schulden abgewickelt werden, sondern dass auch ständig neue Zahlungsfähigkeit entsteht und vernichtet wird. Sie entsteht sozusagen auf Zeit bei der Vergabe von Krediten. Wer sich zum ersten Mal mit diesem alltäglichen Vorgang der Geldschöpfung auseinandersetzt, mag verdutzt den Kopf schütteln. Das liegt daran, dass wir Bankkredite in der Regel mit Darlehen verwechseln. Darlehen kennt man aus dem Freundeskreis: Jemand leiht sich von einer anderen Person Geld, die also Geld verleiht, das es bereits gibt. So etwas gibt es selbstverständlich, allerdings ist es nicht das, was Banken tun, wenn sie Kredite vergeben. Zwar erwarten auch sie die Rückzahlung des verliehenen Geldes, aber sie verleihen eben Geld, das extra zum Verleihen erschaffen wird. Und das können sie aufgrund der Funktionsweise von Bilanzen und der Tatsache, dass wir ihre Forderungen als Geld verwenden.

Wie funktioniert das? Zunächst sei an den Funktionsmechanismus erinnert, der schlicht besagt: Bilanzen müssen ausgeglichen bleiben. Um neues Geld, also neue Forderungen gegen sie selbst erschaffen zu können, brauchen Geschäftsbanken (und ebenso, aber darauf kommen wir noch, Zentralbanken) einen Vermögenswert, der das neu geschaffene Geld «deckt», also die Bilanz in Waage hält. Eine gleich große Summe muss also die neue Forderung gegen die Bank selbst – das Giralgeld – austarieren. Von Geschäftsbanken gehaltene Vermögenswerte sind aber wiederum Forderungen. Deswegen können sie die Kredite selbst, also jemandes Versprechen, zum Fälligkeitsdatum X die Summe Y zurückzuzahlen, als Vermögen verwenden und damit die neue Geldsumme bilanziell gegenrechnen. Denn auch dabei handelt es sich ja um eine Forderung! Ein solches Rückzahlungsversprechen, ein Kredit, ist eine Forderung einer Bank gegen den Kreditnehmer, während das verliehene (und dafür geschaffene) Geld eine Forderung gegen die Bank ist. Deswegen ist die Geldschöpfung ökonomisch-technisch auch als ein «Wechsel» (im Englischen: *swap*) zweier Schulden zu bezeichnen: Ein neuer Geldbetrag entsteht als Forderung gegen eine Bank durch die Erzeugung einer Forderung gegen eine Kreditnehmerin. Beides wird gleichzeitig in die Geschäftsbankbilanz eingetragen und bedingt sich somit gegenseitig. Kredite erschaffen Geld.

Schritt 1: Kreditantrag

Bank

Vermögen	*Schulden*

Kundin

Vermögen	*Schulden*

Schritt 2: Kreditgewährung schöpft Geld

Bank

Vermögen	*Schulden*
Forderung gegen Kundin (Kredit)	Forderung der Kundin (Geld)

Kundin

Vermögen	*Schulden*
Forderung gegen Bank (Geld)	Forderung der Bank (Kredit)

Schritt 3: Kreditrückzahlung vernichtet Geld

Bank

Vermögen	*Schulden*

Kundin

Vermögen	*Schulden*

Abb. 8: Bankgeldschöpfung (und -vernichtung) als doppelte Verschuldung und Tilgung

Abbildung 8 zeigt einen schematischen Vorgang der Geldschöpfung, der bei Zentralbanken und privaten Geschäftsbanken nach derselben basalen Logik funktioniert: als «Wechsel» zweier Schulden, die vor der Vereinbarung – deswegen die Anführungszeichen – nur potenziell oder virtuell existieren. In Wahrheit entstehen beide Schulden – die Schuld der Bank, also das Geld, und die Schuld der Kreditnehmerin, also der Kredit selbst – im Moment der Einigung; Geld entsteht durch das akzeptierte Versprechen, es zurückzuzahlen. Und deswegen – darauf kommen wir nun – verschwindet es auch wieder, wenn die Rückzahlung erfolgt.

Gehen wir ins Detail: Eine potenzielle Kundin (der Einfachheit halber gehen wir hier von einem Unternehmen oder einer privaten Konsumentin aus) beantragt einen Kredit. Das heißt: Sie beantragt die Verfügungsgewalt über eine Summe Geld als eine Forderung gegen die Geschäftsbank, bei der sie den Antrag einreicht. Als Gegenleistung verspricht die Kundin die Rückzahlung der Summe (plus Zinsen), bietet der Bank also eine Forderung gegen sie selbst an. Nun stehen also zwei potentielle Forderungen im Raum: eine gegen die Geschäftsbank (Geld), eine gegen die Kundin, die das Geld gerne hätte und später zurückzahlen will (Kredit). Hält die Bank die Kundin für kreditwürdig, gewährt sie den Kredit und verbucht die Forderung gegen die Kundin (das Rückzahlungsversprechen, also: den Kredit) als eigenes Vermögen. Da sie nun neues Vermögen in ihrer Bilanz hat, kann sie im Buchhaltungssystem auch eine neue Verbindlichkeit eintragen: das neue Guthaben der Kundin. Kredite müssen deswegen nicht vorfinanziert werden, sondern finanzieren sich selbst: Sie erschaffen Vermögen und Verbindlichkeit gleichzeitig, die Bilanz bleibt ausgeglichen. Kredite sind somit keine Darlehen. In unserer Geldordnung entsteht Zahlungsfähigkeit durch das Versprechen ihrer Rückgabe, durch Kredit. Entgegen der landläufigen Vorstellung können Banken also nicht nur dann Kredite gewähren, wenn sie selbst irgendwo in ihren Tresoren Sparguthaben angesammelt haben.

Bisher umfasste unser Beispiel eine private Geschäftsbank und ihre Kundin. Es ging also um Giralgeld. Aber auch Geschäftsbanken brauchen natürlich dann und wann neues Geld, um untereinander handeln zu können. Und auch Staaten beantragen gerne Kredite. Beide, Geschäftsbanken und Staaten, führen ihre Konten nicht bei einer privaten Bank, sondern bei ihrer jeweiligen Zentralbank. Auch hier funktioniert die Gelderzeugung so wie in unserem Beispiel: Geschäftsbanken leihen sich Geld bei der Zentralbank, versprechen also dessen Rückzahlung und bekommen dafür eine neue Forderung gegen die Zentralbank – Zentralbankgeld – gutgeschrieben. Man spricht hier auch von Refinanzierungsgeschäften. In der Regel müssen die Geschäftsbanken hierzu ein Pfand hinterlegen – das gilt für die Kundin in unserem Beispiel aber auch und lenkt zunächst nur vom Verständnis des grundlegenden Vorgangs ab. Denn was passiert bei der Hinterlegung eines Pfandes, der, wie es heißt, Besicherung des Kredits? Welches Pfand eine Geschäftsbank bei einem Refinanzierungsgeschäft mit der Zentralbank hinterlegen darf, ist klar geregelt. Vor allem sind es Staatsanleihen, aber auch Schuldverschreibungen von Unternehmen sind erlaubt.

Überträgt nun eine private Geschäftsbank eine Staatsanleihe an die Zentralbank, geschieht nichts anderes als ein Wechsel zweier Schulden: Die Zentralbank schöpft Geld und hält ihre Bilanz dabei in Waage, weil sie das neue Guthaben – als Forderung gegen sie selbst – durch ein neues Vermögen – jetzt eben eine Forderung gegen den Staat, der die Forderung gegen die Geschäftsbank besichert – in ihre Bilanz einsetzt. In der Bilanz der Zentralbank finden wir also auf der einen Seite Vermögenswerte, bei denen es sich um Kredite (vor allem) der öffentlichen Hand handelt (Staatsanleihen), und auf der anderen Seite unser Geld, in unbarer Form, auf Konten von Geschäftsbanken und den Staaten selbst und, in barer Form, als Münzen und Scheine, die ebenfalls als Verbindlichkeiten der Zentralbank verbucht werden. Auch dieses Geld entsteht also «auf Kredit», das heißt, es wird einfach buchhalterisch erzeugt, indem man gleichzeitig das neue Geld (als Schuld) und einen Kredit (als Vermögen) in der Bilanz registriert.

Eine Staatsschuld, die den Kredit der Geschäftsbank besichert, ist ein Dokument, mit dem der Staat verspricht, zu einem bestimmten Termin eine Summe Geld zu zahlen. Man muss sich verdeutlichen, was für ein Versprechen – also was für eine Art von Gläubiger-Schuldner-Beziehung – ein solcher öffentlicher Kredit eigentlich ist. Nehmen wir also an, eine Staatsanleihe wird von der Zentralbank als Vermögen gehalten. Die Zentralbank ist also die Gläubigerin des Staates, sein Versprechen, zum Zeitpunkt der Fälligkeit X die Summe Y zu bezahlen, ist ihr Vermögen. Diese Schuld wird der Staat in Zentralbankgeld begleichen – also, was dasselbe ist, in Zentralbankschulden; das «Vermögen» der Zentralbank besteht also in einem Versprechen des Staates, Summe Y ihrer eigenen Forderungen (Zentralbankgeld) zum Zeitpunkt X zurückzuzahlen. Das wäre so, als wenn ich (als Zentralbank) meiner Ehefrau (als Staat) einen Schuldschein ausstellen würde (Zentralbankgeld), weil sie mir verspricht (Staatsanleihe), in zwei Tagen einen meiner Schuldscheine (Zentralbankgeld) zur Erfüllung ihres Versprechens (Staatsanleihe) einzureichen. Mit dem Unterschied, dass Zentralbankschulden, anders als unsere innerehelichen Verbindlichkeiten, auch für andere Handlungsfähigkeit konstituieren können.

Die Kreditvermögen in der Zentralbankbilanz sind also Forderungen auf ihre eigenen Forderungen – denn sie sind ja das Geld, mit dem der Kredit beglichen wird. Und genauso sind von Geschäftsbanken vergebene Kredite Forderungen auf die eigenen Forderungen der Geschäftsbank: Wenn man sich zum Kauf eines Fahrrads eine Summe Y leiht, dann bekommt man schließlich Giralgeld, also Guthaben auf dem Geschäftsbankkonto. Genau mit solchem Giralgeld zahlt man den Kredit aber auch wieder zurück; man überweist also die Forderungen gegen die Geschäftsbank (Geld) der Geschäftsbank, um eine Forderung der Geschäftsbank (Kredit) gegen einen selbst zu tilgen. Modernes Geld entsteht also, indem ein Geldbetrag (als Schuld) gleichzeitig mit der Forderung seiner Rückerstattung (als Kredit) in einer Bankbilanz eingetragen wird. Auf dieselbe Weise erzeugen private Geschäftsbanken ständig neues Geld, indem sie Kreditanträge bewilligen und dadurch zwei Gläubigerinnen-Schuldner-Beziehungen in ihrer Bilanz verbuchen: eine Forderung gegen die Kundin (erste Beziehung: Kredit), d.h. ein Rückzahlungsversprechen für jene Summe, die als Forderung der Kundin (zweite Beziehung: Geld) simultan entsteht (siehe Abbildung 8).

Dieser alltägliche Vorgang der Geldschöpfung durch Kreditvergabe ist vielen Menschen immer noch unbekannt, wie anekdotische Evidenzen eines Soziologen, der seit Jahren öffentlich über dieses Thema spricht, genauso belegen wie handfeste Umfrageergebnisse.[14] Aufgrund einer ideengeschichtlichen Verirrung sind wir es nämlich gewohnt, Geschäftsbanken als Logistiker von Geld zu denken, nicht als Produzenten[15] – also als Firmen, die Geld verleihen, das ihnen durch Sparerinnen und Sparer zur Verfügung gestellt wird. Auch in Standardlehrbüchern der Volkswirtschaftslehre wurden Banken immer wieder als *Intermediäre* bezeichnet, die Spareinlagen einsammeln und als Kredit ausleihen, ganz so, als würden sie vorhandenes Geld nur verteilen. Damit trügen sie zur effizienten Allokation von Ressourcen bei, so das klassische Argument, weil das Geld von jenen, die es nicht ausgeben wollten (den Sparerinnen), zu jenen käme, die es wieder in die Wirtschaft einspeisten, sei es durch Konsum oder Investition. Dieses Verteilungsmodell von Banken impliziert damit Kausalannahmen darüber, wie die Geldwirtschaft insgesamt angetrieben wird, nämlich durch Sparsamkeit. Asketisch vom Munde abgesparte Überschüsse werden zur Bank gebracht und von dieser zum eigenwirtschaftlichen Vorteil verliehen. Im volkswirtschaftlichen Mainstream spiegelt sich das in der Formel S = I, die Höhe der Spareinlagen (S) bestimmt das Geld, das für Investitionen (I) zur Verfügung steht; überschüssiges Geld wird von den Sparern an die Schuldner ausgeliehen. An anderer Stelle habe ich hier von einem «distributiven» Kreditbegriff gesprochen,[16] man könnte aber auch schlicht sagen: Bankkredite werden gemeinhin wie Darlehen verstanden, als würden sich Freundinnen und Freunde untereinander Geldbeträge leihen und später zurückzahlen.

Auch marxistische Denker wie Costas Lapavitsas sind aufgrund der tauschtheoretischen Verfassung des Marx'schen Denkgebäudes offenbar darauf verpflichtet, im Einklang mit den orthodoxen Lehrbüchern der Volkswirtschaftslehre in der Bank eine Verteilungsanstalt von Geldwerten zu sehen. Das Bankensystem wird von Lapavitsas dementsprechend als «Mechanismus» bezeichnet, der «ungenutztes Geld» (*idle money*) mobilisiert und verleiht, «gehortete» Bestände (*money hoards*), die im normalen Produktions- und Handelsprozess G – W – G angespart werden.[17]

In Wahrheit sind Bankkredite aber keine solchen Darlehen angesparter und ungenutzter Bestände. Mit Bankkrediten wird kein Geld verliehen, das es schon vor dem Kredit gegeben hätte. Guthaben, die Sparerinnen und Sparer auf Girokonten halten, werden nicht nur nicht verliehen, sie können gar nicht verliehen werden, weil es keine dinglichen Werte, keine stoffwertlosen Goldmünzen sind, sondern Forderungsverträge. Nochmal: Das Geld auf unseren Konten wird von den Banken nicht verliehen, nicht weggegeben, weil sie Beziehungen – und nichts anderes ist eine Forderung – nicht einfach übertragen können. Die Vergabe von Bankkrediten ist, anders als von Darlehen, ein «kreativer» Prozess, der neue Vermögenswerte schafft: das Guthaben des Schuldners und das Kreditvermögen der Bank. Es handelt sich um eine Vorleistung, also eine Art Gefallen, durch den etwas erschaffen, nicht verteilt wird. Es ist ein Gefallen, der eine Vergeltung fordert und dadurch funktioniert.

Stellungnahmen von Zentralbanken, unzählige, von konventionellen Lehrbüchern abweichende ökonomische Bücher und Aufsätze und empirische Forschungsbeiträge sind sich inzwischen einig, dass Joseph Schumpeter Recht hatte, als er den Banker nicht nur als «Zwischenhändler», sondern vor allem als «Produzenten» des Geldes bezeichnete.[18] Zahllose klassische ökonomische Lehrbücher liegen also falsch. Wie ein solcher Irrtum genau zustande kommt, wird weiter unten noch einmal aufgegriffen (achtes Kapitel). Genau wie die Zentralbank, die öffentliche und private Schulden in ihre Bilanz übernimmt und dafür neues Geld als Verbindlichkeit erschafft, schaffen auch private Geschäftsbanken Schulden gegen Schulden. Jeder bewilligte Kreditantrag, sei es eine Überziehung des Girokontos mittels Dispo, die Finanzierung einer größeren Anschaffung oder Unternehmensgründung oder eine Hypothek für eine Immobilie: Das Geld, das der Schuldner erhält, war vor dem Geschäft nicht da. Es ist jeweils eine neue Forderung gegen die Bank (Geld), die zusammen mit der Forderung gegen den Schuldner (Kredit) erschaffen wird. Geld, das von Geschäftsbanken per Kredit zur Verfügung gestellt wird, kommt somit nirgendwo her, schon gar nicht wird es aus Spareinlagen genommen. Das neue Guthaben wird «aus dem Nichts» erzeugt, «per Knopfdruck», und durch das Rückzahlungsversprechen gegenfinanziert, das die Schuldnerin abgibt. Formulierungen wie «Geld aus dem Nichts», «aus Feenstaub» oder «per Knopfdruck» betonen das eindrucksvolle Privileg, das Geschäftsbanken damit zuteilwird, dass ihre Einbindung in die Tilgungshierarchie es ihnen erlaubt, mit dem Geldschöpfen Geld zu verdienen. Dieses Privileg wird uns im finalen vierten Teil des Buches (achtes bis zehntes Kapitel) aus politischer Sicht weiter beschäftigen. An dieser Stelle geht es vornehmlich darum, modernes Geld theoretisch einzuordnen.

Allerdings sei hier schon angemerkt, dass die Formulierung einer creatio ex nihilo («aus dem Nichts» etc.) in Diskussionen immer wieder für Irritationen sorgt, weil sie zu suggerieren scheint (allerdings eben nur scheint), Geschäftsbanken könnten beliebige Summen durch simple Buchhaltungsoperationen erzeugen, wie es ihnen gefällt. Das stimmt jedoch so nicht, wobei ihre Spielräume, wie wir im achten Kapitel sehen werden, enorm groß sind und eher durch ihr eigenes Gewinnmaximierungskalkül und die Nachfrage als durch die Verfügbarkeit von Ressourcen begrenzt werden. Außerdem, so eine weitere häufig artikulierte Irritation, müsse die Bank doch den Kredit durch einen Vermögenswert, zum Beispiel eine Immobilie absichern. Die Wirtschaftstheoretiker Gunnar Heinsohn und Otto Steiger hatten deswegen das Eigentum als Grundlage jeder Geldschöpfung betrachtet und mit dieser «Eigentumsökonomik» einen ganzen Zweig heterodoxer Theoriebildung begründet. Auch das wäre aber bilanzlogisch betrachtet am hier vorgestellten Befund vorbei argumentiert.[19]

Mit der Erzeugung auf Kredit ist auch die Vernichtung des Geldes vorprogrammiert. Dieser Zusammenhang mag die Geldschöpfung aus dem Nichts im Hinblick auf die Irritation alltäglicher Vorstellungen noch einmal übertreffen. Geld wird ständig und ganz regulär vernichtet, also dem System wieder entzogen. Denn genauso wie die Kreditvergabe als Bilanzverlängerung neue Forderungen gegen die Geschäftsbank erzeugt, verkürzt die Rückzahlung die Bilanz wieder, vernichtet das erzeugte Geld also! Den Kredit für das Eigenheim, die Küche oder die Unternehmensgründung zurückzubezahlen bedeutet, einen Rechtsanspruch gegen die Bank an diese selbst zu übertragen und damit den Rechtsanspruch der Bank gegen einen selbst (als Schuldnerin) zu tilgen. Dementsprechend verschwindet das zur Begleichung des Kredits an die Bank überwiesene Geld auf dieselbe Weise, wie es entstanden ist: Es wird zusammen mit dem Kredit aus der Bank ausgetragen, wenn der Rechtsanspruch erfüllt ist.

Der Vorgang von Zentralbankgeldschöpfung ist dann auch nicht grundsätzlich anders, auch wenn hier (in der Regel) ein Zahlungsversprechen eines Staates gegen ein neues Guthaben für eine Bank erzeugt wird – dieses die neue Bankschuld (Geld) «finanzierende» Vermögen ist eine weitere Forderung. Dass nun viele private Bankkredite durch Eigentumstitel, etwa Hypotheken, zusätzlich abgesichert werden, ändert an diesem Produktionsmodus nichts; es ist ein Zahlungsversprechen, eine Schuld, die Geld als Bankschuld erzeugt – und es ist die Rückzahlung der kreierenden Schuld, die Geld vernichtet.

Das Ende der Kredit-Schuldner-Beziehung bedeutet die Vernichtung von Geld! (Schritt 3 von Abbildung 8)

Diese Geldvernichtung geschieht also am laufenden Band, und zwar jedes Mal, wenn ein Kredit bei einer Zentral- oder Geschäftsbank beglichen wird. Dadurch werden die interdependenten Bauteile modernen Geldes – die Forderungen gegen Banken – dynamisch verschaltet. Ganz ähnlich der Infrastruktur für Strom: Weil elektrische Energie nur begrenzt gespeichert werden kann, muss sie jeden Tag von neuem in Hinblick auf Prognosen des täglichen Bedarfs und Nutzungsverhaltens produziert werden, damit sie mit exakt der benötigten Spannung und Frequenz an der Steckdose zuhause anliegt. Von einer vergleichbar dynamischen Verschaltung der interdependenten Bauteile modernen Geldes kann man vor allem deswegen sprechen, weil die ständige «Betriebsamkeit» des Forderungsgeflechts nicht nur durch Zahlungen zustande kommt (die jeweils, wenigstens potenziell, Änderungen vieler Gläubigerinnen-Schuldner-Beziehungen nach sich ziehen, wie wir gesehen haben), sondern schon in die Bauteile selbst eingebaut ist. Bankschulden (und damit Geld) existieren *befristet*. Sie entstehen zusammen mit dem Versprechen, die Geldbeträge wieder zu löschen. Neue Geldbeträge kommen per Kredit in die Welt, das heißt zusammen mit dem Versprechen ihrer Rückzahlung und damit dem Zeitpunkt ihrer Vernichtung. Genauso wie Geld durch die Vergabe von Bankkrediten entsteht, verschwindet es auch wieder, wenn Kredite beglichen werden. Geldbeträge haben ein Verfallsdatum. Somit ist Geld nicht knapp, weil es aus einer endlichen Menge an Material hergestellt werden muss (wie eine Goldmünze), sondern weil die Lebensdauer einzelner Geldbeträge terminiert ist und die Bank auf diese Terminierung (die Rückzahlung des Kredits) vertrauen muss, um der Geldschöpfung per Kreditantrag zuzustimmen. Wir haben es mit einem System *befristeter Knappheit* zu tun.

Genauso wie beim Stromnetz Spannung und Frequenz kontinuierlich aufrechterhalten und im Notfall durch eine koordinierte Aktion wiederhergestellt werden müssen, ist das Geldgeflecht (*money grid*) deshalb darauf angewiesen, dass Bilanzen ausbalanciert, d.h. ständig neue Schulden gemacht und alte zurückgezahlt werden. Das ist die entscheidende Einsicht, um das Anforderungsprofil modernen Geldes zu verstehen: Die Tauschtheorie ist davon ausgegangen, dass Geld bereits dann hinreichend funktioniere, wenn alle beteiligten Akteure die Wiedereintauschbarkeit ihrer Geldbeträge (ihren Tauschwert) erwarten würden. Man spricht hier (nicht unkontrovers) auch von Vertrauen als Grundlage des Geldes. Was Gesellschaften also leisten müssen, um sich modernes Geld leisten zu können (Anforderungsprofil), ist – tauschtheoretisch gedacht – der Erhalt der Eintauscherwartung stoffwertloser Goldmünzen.

Die bilanztheoretische Fassung des Anforderungsprofils modernen Geldes setzt ganz anders an, nämlich bei einer Beschreibung des Geldes als eines Beziehungsgeflechts dynamisch verschalteter, interdependenter Forderungen. Was Gesellschaften also leisten müssen, um sich solches Geld leisten zu können, ist die kontinuierliche Bereitschaft zu neuer Verschuldung und Tilgung bestehender Kredite in ausreichender Menge – also Verpflichtungen gegenüber dem Bankensektor einzugehen und zu erfüllen. Wäre von heute auf morgen kein Staat, Unternehmen oder Privathaushalt mehr bereit, bei einer Bank einen Kredit zu beantragen, wäre nicht nur kein Geld mehr da, sondern es blieben zahllose kommerzielle Schulden unbeglichen. In den Bilanzen des Bankensektors stehen der verfügbaren Zahlungsfähigkeit jeweils die sie konstituierenden Kredite gegenüber; würde man diese Kredite allesamt abbezahlen (nicht nur ein rein hypothetisches, sondern auch abstraktes Szenario), aber keine neuen aufnehmen, würde die Bilanz des Bankensektors in sich zusammenschrumpfen. Am Ende würde das Tilgen aller Kredite alles Geld vernichten. Das Verpflichtungsgefüge, in das wir alle verstrickt sind und in das wir uns tagtäglich aufs Neue verstricken müssen, um unsere sozio-ökonomische Reproduktion zu sichern, wäre aber noch da – wir alle wären weiterhin in konkreten Gläubigerinnen- und Schuldnerpositionen, als Mieter und Vermieterin, als Verkäufer und Käuferin, als Arbeitgeber und Arbeitnehmerin. Was fehlen würde, wären die generalisierten Positionen, jene Gläubigerpositionen, die das Verlassen all dieser konkreten Schuldpositionierungen erlauben. Weil Kreditrückzahlung Geld vernichtet, muss es ständig durch neue Kredite neu geschaffen werden, bloß um das Geldgeflecht zu erhalten!

Stellen wir uns zum besseren Verständnis dieses Problems als Szenario eine Wirtschaft vor, in der es nur eine Bank und zahlreiche Nichtbanken (Konsumenten etc.) gibt, aber noch kein Geld. Forderungen gegen Banken sind in dieser fiktiven Ökonomie aber bereits etablierte Zahlungsmittel. Eine Nichtbank, also ein Haushalt oder ein Industrieunternehmen, benötigt nun Geld und leiht es sich deswegen von der Geschäftsbank. Die schreibt nun das Rückzahlungsversprechen als Vermögen und den neuen Geldbetrag als Schuld in ihre Bilanz; eine Bilanzverlängerung, durch die Geld entsteht. Trägt die Nichtbank (die Kundin) die Forderungen gegen die Bank (das Geld) zu dieser zurück, kann sie damit die Forderung der Bank gegen sie (den Kredit) tilgen, und beide Elemente werden durch diesen Vorgang gegeneinander aufgerechnet und negieren sich somit – ganz so, als würde eine Leserin dieses Buches ihrer besten Freundin fünf Euro schulden und diese ihr (die Forderungen addieren sich zu Null). Allerdings will die Bank einerseits mit diesem Service auch Geld verdienen und geht andererseits ein Risiko ein, schließlich kann sich die Kreditrückzahlung als unmöglich erweisen und der Kredit somit ausfallen. Es gibt also ein Risiko. Die Bank verlangt deswegen Zinsen. Im Moment der Erschaffung muss also – sieht man mal von der Möglichkeit negativer Zinsen ab – mehr Geld zurückgezahlt werden, als erschaffen wird. Dementsprechend stellen zwar alle Bankkredite zusammengenommen unser Geld bereit, sie sind aber gleichzeitig nur deswegen kreditwürdig und deswegen überhaupt nur als Vermögen in der Lage, bilanziert zu werden, weil man ihre Rückzahlung erwartet. Die kann aber schon beim fiktiven Beispiel einer einzelnen Bank in einer ansonsten geldlosen Ökonomie nur dann klappen, wenn vor der Fälligkeit des Kredits noch mehr Geld erschaffen wurde – und zwar nicht durch Arbeit oder Produktion, sondern eben wiederum durch Verschuldung.[20] Die Zinsrückzahlung ist überhaupt nur möglich, wenn an anderer Stelle Forderungen erhoben werden, also eine Gläubiger-Schuldner-Beziehung entsteht, aus der dann der Zins gewissermaßen «entnommen», aber in Wahrheit erneut bilanziert werden muss.

Das ganze Geldgeflecht funktioniert also nur weiter, wie etwa Geoffrey Ingham einschlägig argumentiert hat, wenn kontinuierlich

Forderungen termingerecht beglichen werden und gleichzeitig immer wieder neue Forderungen entstehen, mit denen jene Schulden getilgt werden können, die noch weiter existieren.[21] Das sind die beiden Momente des gesellschaftlichen Anforderungsprofils des Forderungsgeflechts Geld: ständige Neuverschuldung und sichergestellter Bilanzausgleich, hinreichend zurückgezahlte und neu vergebene Kredite, zu jeder Zeit, immer und solange wir unsere Praxis der Bereitstellung, Distribution und Elimination generalisierter Gläubigerpositionen mit einer solchen Maschine betreiben.

Letzteres heißt nicht, dass nicht einzelne Banken auch mal insolvent werden dürfen – aber jeder (größere) Ausfall eines solchen «Knotens» im Beziehungsgeflecht gefährdet aufgrund der Interdependenz potenziell das gesamte Geldgeflecht. Weil Forderungen (als Vermögen) Forderungen (als Schulden) ausbalancieren, sind die Bilanzen nur insgesamt und zusammengenommen in Balance. Werden zu viele Forderungen ohne Ersatz aus dem System getilgt, steigt die Unsicherheit und das gesamte Geflecht droht zu kollabieren. Bilanzausgleich beschreibt damit eine Hälfte des gesellschaftlichen Anforderungsprofils modernen Geldes aus bilanztheoretischer Sicht, deren Kehrseite die ständige Neuverschuldung ist. Modernes Geld zu betreiben heißt nicht bloß, Vertrauen in den Tauschwert eines reinen Tauschvermögens aufrechtzuerhalten, sondern zahllose miteinander verflochtene Bilanzen in Balance zu halten und für Nachschub an Schulden zu sorgen. Modernes Geld verlangt die ständige *Verschuldungsbereitschaft* und Aufrechterhaltung einer *Vergeltungssicherheit*.

Freilich ist diese Aufgabe in gewisser Weise dezentralisiert, weil es jeder einzelnen Bank (jedem einzelnen ökonomischen Haushalt) selbst überantwortet ist, im Sinne ihrer Eigentümerinnen und Eigentümer die eigene Liquidität und Solvenz zu erhalten. In der Praxis allerdings entsteht das Geldgeflecht als ein in mehrfacher Hinsicht staatlich rückversichertes System. Das Funktionieren des Ausgleichs von Bankbilanzen wird erst durch die Absicherung durch Zentralbanken auf Dauer gestellt. Und in der Tat: Mit der Durchsetzung von Bankschulden als Zahlungsmitteln im 19. Jahrhundert setzte sich alsbald die Einsicht durch (maßgeblich war hier etwa Walter Bagehots *Lombard*

Street von 1873[22]), das System funktioniere nur dann mehr oder weniger stabil, wenn die Zentralbanken bereit wären, im Notfall stets bereitzustehen, um Engpässe der Banken durch die Schöpfung neuen Geldes gegen Pfand zu überbrücken.[23] Dieses Rollenverständnis wird auch *Lender of Last Resort* genannt. Diese Funktion stellt aber nur eines der kollektiven Halteseile dar, mit deren Hilfe das Geldgeflecht verankert wird. Die Finanzgeschichte des 19. und 20. Jahrhunderts kennt eine ganze Reihe solcher Momente, in denen nicht nur Liquidität durch die Zentralbankbilanz bereitgestellt werden musste, um das Geldgeflecht unter Spannung, d. h. die Bilanz ausgeglichen zu halten, sondern auch die Regierungen ihren Haushalt zur Verfügung stellen mussten, indem sie Eigenkapital einspeisten oder Kreditgarantien aussprachen. Ohne das ständige Engagement des, wie es Hyman Minsky nennt, «Big Government», den Einsatz der Bilanzen von Zentralbank und Regierung, ist der Betrieb des Beziehungsgeflechts nicht aufrechtzuerhalten.[24] Das hat nichts mit mangelnder unternehmerischer Kompetenz zu tun, sondern schlicht mit der Interdependenz im Beziehungsgeflecht: Wie sorgsam auch kalkuliert und gewirtschaftet werden mag, kann der Ausfall einzelner Schulden nie verhindert werden. Dieses und vor allem das Scheitern einzelner Akteure irgendwo im Geflecht können immer das Versagen des gesamten Geldgeflechts nach sich ziehen.[25] Nicht umsonst hat sich die Architektur einer Tilgungshierarchie aus Geschäfts- und Zentralbankschulden zusammen mit einem Rollenverständnis der Zentralbanken als «Banken der Banken» und Feuerwehr historisch durchgesetzt – als eine politische Architektur! Im Jahr 2008 haben wir diese Abhängigkeit und die Interdependenz der Bauteile des Geldgeflechts eindrucksvoll zu spüren bekommen, als mit der amerikanischen Bank Lehman Brothers ein Knoten aus dem Beziehungsgeflecht rausgeschnitten wurde und sich gleichsam die (drohende) Insolvenz nicht nur einer, sondern vieler Bilanzen im globalen Geflecht offenbart hat. Die Folgen waren gewaltige Eruptionen in Schieflage geratener Bilanzen, die nur deswegen keinen Totalzusammenbruch auslösten, weil die Zentralbanken mit unkonventionellen Maßnahmen ihre eigenen Bilanzen zur Verfügung stellten, also neues Geld schöpften und dafür unsicher gewordene

Forderungen und toxische Schuldpakete aus den Bilanzen notleidender Banken in ihre eigenen übernahmen.

Diese Notwendigkeit routinierter Absicherung der Verschuldungsbereitschaft und Vergeltungssicherheit durch Vorleistungen oder Tilgungen politischer Institutionen – also die Generierung neuen Geldes und die Übernahme alter Schulden in die Bilanzen von Zentralbanken und Regierungen – entspringt aber nicht der Interdependenz allein, sondern vor allem der dynamischen Verschaltung der Bauteile modernen Geldes. Jede getilgte Schuld verringert die zur Tilgung anderer Schulden verfügbaren Geldbeträge und macht damit die Rückzahlung weiterer Forderungen (ein wenig) unwahrscheinlicher. Fallen größere Bilanzen auf einmal aus, wie etwa im Fall von Lehman Brothers, so kann mit einem Schlag der grassierende Eindruck entstehen, die Forderungsketten seien unerfüllbar, und das ganze Gebilde droht zusammenzubrechen. Man sprach für die Finanzkrise von 2008 deswegen auch vom «credit-crunch», von der abrupt erliegenden Bereitschaft, wechselseitige Verschuldungen einzugehen und auf ihre termingerechte Tilgung zu vertrauen. Das Geldgeflecht braucht deswegen einen beständigen Nachschub an Akteuren, die bereit sind, sich zu verschulden, und von Banken als kreditwürdig eingestuft werden, um neue Guthaben zu erschaffen und damit all die Geldbeträge zu ersetzen, die durch die Rückzahlung bestehender Kreditverträge fortlaufend aus der Wirtschaft entfernt werden. Das ist der Kern des gesellschaftlichen Anforderungsprofils modernen Geldes: Das Geldgeflecht braucht einen ständigen Nachschub an Schuldnern und eine kontinuierliche Tilgung von Schulden; Verschuldungsbereitschaft und Vergeltungssicherheit müssen hergestellt und immer wieder, besonders in Krisen, erneuert werden. Beide Tendenzen – Kreditschöpfung und Geldvernichtung – müssen sich in einem fragilen und nicht konkret quantifizierbaren Gleichgewicht befinden, so dass wiederum stets neue Akteure bereit und willens sind, Kreditgeschäfte abzuschließen.[26] Jede Schuldnerin verschafft sich also nicht nur einen individuellen Vorteil, sondern leistet ihren Beitrag zu einem kollektiven Projekt: der Reproduktion der monetären Maschine. Diese kollektive Dimension des Betriebs der Geldmaschine ist nun für die politische Debatte mindestens ebenso wichtig wie für die wirtschaftssoziologische Analyse. Sie wird uns deswegen im nächsten (siebten) Kapitel noch einmal genauer beschäftigen.

Leistung: Der Vorteil modernen Geldes

Ich habe Infrastrukturen als Vorleistungsmaschinen bezeichnet, als große Einrichtungen mit dynamisch verschalteten, interdependenten Bauteilen, die individuell abrufbare Leistungen für ein Gemeinwesen bereitstellen. Dafür verbrauchen sie Treibstoff. Im Zuge der Energiewende und Debatten um den Kohleausstieg und erneuerbare Energieformen streiten wir momentan gesellschaftlich darüber, welchen Treibstoff wir für die Leistung der Infrastruktur des elektrischen Stroms verwenden (und verbrauchen) wollen. Die Leistung der Infrastruktur modernen Geldes ist die Bereitstellung befristeter Zahlungsfähigkeit, d.h. die Bereitstellung von Bankschulden, mit denen sich entweder kommerzielle Schulden oder kommerzielle und öffentliche Schulden begleichen lassen (Giralgeld tilgt kommerzielle Schulden, Zentralbankgeld tilgt kommerzielle Schulden und Staats- und Steuerschulden). Der Treibstoff dieser Leistungsbereitstellung sind Schulden, also Rückzahlungsversprechen, die von Banken als kreditwürdig eingestuft und als Vermögen in ihren Bilanzen registriert wurden. Weil Geldbeträge befristet existieren und deswegen durch die tagtäglich stattfindende Tilgung von Staatsanleihen, Eigenheim-, Konsum-, Unternehmens- oder sonstigen Krediten absorbiert und damit aus dem Spiel genommen werden, muss unser Geld nicht nur okkasionell (in Krisen), sondern tagtäglich durch Neuverschuldung reproduziert und am Leben erhalten werden. So wie das Stromnetz auf die ständige Verbrennung fossiler Brennstoffe oder die Umwandlung kinetischer oder solarer Energie angewiesen ist, braucht das Geldgeflecht kontinuierlich neue Schulden. Wer immer sich verschuldet, trägt also zur Reproduktion unserer Maschine bei.

In diesem Sinne entsteht Geld nicht durch Arbeit oder geschicktes Wirtschaften, d.h. weder durch die Transformation knapper Ressourcen in tauschwertvollere Waren noch durch das Erzielen von Überschüssen in der Einnahmen- und Ausgabenrechnung. Es entsteht nicht, weil jemand bereits fleißig war, um auf Kant zurückzukommen, und auch nicht automatisch, weil neue Waren produziert wurden, die nun mit Geld gekauft werden können. Modernes Geld entsteht schließlich weder einfach noch notwendig als Nebenprodukt ökonomischer Wertschöpfung. Wie viel Geld es gibt und geben kann, hat bloß indirekt mit wirtschaftlicher Leistungsfähigkeit zu tun und vielmehr damit, ob Schulden nachgefragt und die Schuldner für kreditwürdig befunden, Vereinbarungen termingerecht beglichen und – das ist eben entscheidend! – kontinuierlich neu erzeugt werden. Neue Guthaben entstehen durch die Kreditvergabe von Banken und verschwinden wieder, wenn diese Kredite zurückgezahlt werden. Die Ausdehnung oder Kontraktion des Beziehungsgeflechts Geld folgt Zukunftserwartungen, die zu erfolgreichen Kreditkontrakten führen, und basiert also nicht auf in der Vergangenheit bereits erwirtschafteten ökonomischen Leistungsbeständen. Nicht der in der Vergangenheit bereits erbrachte Fleiß bestimmt, wie viel Geld es gibt, sondern das Ausmaß an kreditwürdiger Nachfrage nach Schulden. Damit wird das Geldangebot unabhängig vom bereits erwirtschafteten Kapitalstock.

Das ist das spezifische Leistungsangebot modernen Geldes: Durch die befristete Produktionsweise ist Zahlungsfähigkeit nicht länger durch die faktische Verfügbarkeit materieller Ressourcen wie Gold oder Silber begrenzt. Das moderne Geldangebot ist, ökonomisch gesprochen, «annähernd unendlich elastisch»,[27] weil *prinzipiell* (!) jeder Bedarf nach neuem Geld bedient werden könnte. Man könnte auch sagen: Das Angebot an Zahlungsfähigkeit ist in modernen Geldordnungen *hyperelastisch*. Das ist gleichsam die Crux und der gigantische Vorteil modernen Geldes. Das Material für neues Geld muss nicht mehr zunächst mühsam aus der Erde gewonnen werden, was die Versorgung immer auch von Zufallsfunden neuer Edelmetalladern abhängig machen würde. Vielmehr kann es nach Bedarf hergestellt werden, weil es sich um Zahlen in den Büchern einer Bank handelt. Zahlen allerdings, die in einer Bilanz als Verbindlichkeit ausgewiesen und deswegen mit anderen Forderungen gegengerechnet werden müssen. Neues Geld kann dadurch immer entstehen, wenn sich eine Bank und ihre Kundin – ein Staat, ein Unternehmen, eine Konsumentin, eine andere Bank – auf den Deal einlassen, wechselseitige Versprechen abzugeben. Damit wird auch deutlich, wieso die Möglichkeit einer unabhängigen Entwicklung von Geldbeständen und Wirtschaftsleistung gegeben ist, die wir – man denke an die Einleitung zurück – besonders im letzten halben Jahrhundert beobachten konnten, als die Menge verfügbaren Geldes *im Verhältnis zur Wirtschaftsleistung* immer weiter angewachsen ist.

Diese Möglichkeit, verfügbare Zahlungsfähigkeit an den Bedarf anzupassen, ist für die Dynamik kapitalistischer Ökonomien entscheidend.[28] Joseph Schumpeter hatte in seiner *Theorie der wirtschaftlichen Entwicklung* eine theoretische Erklärung dieses Zusammenhangs geliefert: Die moderne monetäre Maschine schafft die strukturelle Voraussetzung kapitalistischer Dynamik, weil sie *Kapital* flexibilisiert. Auch wenn der Kapitalbegriff ein umstrittenes und in vielfältigen Varianten verwendetes Konzept ist, so werden sich doch viele auf eine einfache Betrachtung einigen können: Kapital ist eine Form von Macht. Der Kapitalismus, so etwa Geoffrey Ingham, ist von zwei Machtquellen geprägt: der privaten Verfügungsgewalt über ökonomisch verwertbares Eigentum – Kapital – auf der einen und der Herrschaftsgewalt des Staates auf der anderen Seite.[29] Die Verfügungsgewalt über Eigentum geht zwar über Zahlungsfähigkeit hinaus, die als Quelle von Macht (Handlungsfähigkeit) in diesem Buch im Mittelpunkt steht; doch Eigentum muss in der Regel in Geld übersetzt werden, um als Kapital investiert und als Rendite realisiert werden zu können. Dementsprechend ist dem Vorschlag Joseph Schumpeters viel abzugewinnen, «Kapital» entsprechend seiner sozialen Wirkung als Machtmittel zu definieren:

> «Das Kapital ist nichts andres als der Hebel, der den Unternehmer in den Stand setzen soll, die konkreten Güter, die er braucht, seiner Herrschaft zu unterwerfen, nichts andres als ein Mittel, über Güter zu neuen Zwecken zu verfügen, oder als ein Mittel, der Produktion ihre neue Richtung zu diktie-

ren. […] Was ist nun dieser ‹Hebel›, dieses Beherrschungsmittel? Sicherlich besteht es nicht in Gütern irgendeiner bestimmten Kategorie, nicht in einem irgendwie abzugrenzenden Teile des vorhandenen Gütervorrats.»[30]

«Was also ist denn das Kapital, wenn es weder in Gütern bestimmter Art noch in Gütern überhaupt besteht? Die Antwort liegt nunmehr nahe genug: Es ist ein Fonds von Kaufkraft.»[31]

Die Grundlage dieses Gedankens ist mehr oder weniger selbstevident, wir können ihn auch in der zuvor aufgerufenen Diktion von Marx formulieren: Um Waren (W) produzieren zu können, braucht es Ressourcen und Arbeitskraft – und die müssen gekauft werden. Deswegen beginnt die Produktion von Waren mit dem Einsatz von Geld (G), das, wenn die Waren am Markt erfolgreich sind, dem Kapitalisten im Verkauf mehr Geld (G') einbringen; G – W – G'. Es ist also freilich Geld (G), das in Marx' Diktion in Waren (W) angelegt wird, um durch deren Umwandlung und Verkauf mehr Geld (G') zu verdienen. Woher aber, so fragt Schumpeter nun, bekommt der angehende Kapitalist das G, wenn genau genommen alle Zahlungsfähigkeit als Kapital in Ressourcen angelegt ist, die nach Produktion und Verkauf Renditen abwerfen sollen? Wenn alle Kapitalisten sind, muss alles Geld für Ressourcen und Löhne verwendet werden, es dürfte also, so Schumpeter, «keine großen Reservoirs freier Kaufkraft geben, an die sich wenden könnte, wer neue Kombinationen durchsetzen will».[32] Schließlich brauchen die Arbeiter, seien sie nun in der Gewinnung der Ressourcen oder der vom Kapitalisten aufzusetzenden Fabrik beschäftigt, ihre Einnahmen wiederum zum Kauf von W, um die eigene Reproduktion zu sichern. Die Durchsetzung neuer Kombinationen an Ressourcen, neuer Wertschöpfungsprozesse und Produkte, die für jene innovative Dynamik stehen, die wir gemeinhin mit «Kapitalismus» assoziieren, wäre also Schumpeter zufolge im großen Stil gar nicht möglich, wenn sie bereits existierende Vermögen voraussetzen würde, die verkauft werden müssten, um zahlungsfähig und damit handlungsfähig zu werden.

Die den Kapitalismus und seine Dynamik begründende «Art der Geldbeschaffung» ist deswegen laut Schumpeter die «Geldschaffung durch die Banken». Dabei handelt es sich nämlich nicht um einen Entzug bereits angelegten Kapitals, es handelt «sich nicht um Transformation von Kaufkraft, die bei irgendwem schon vorher existiert hatte, sondern um die Schaffung von neuer aus Nichts».[33] Nur wenn Unternehmer ihre Investitionen (auch) durch neu geschaffenes Geld finanzieren können – und nicht nur durch Kaufkraft, die zuvor in der Wirtschaft akkumuliert werden muss –, werden systematisch Neukombinationen und damit innovative Wachstumssprünge möglich. Durch Geldschöpfung «wird den Unternehmern der Zutritt zum volkswirtschaftlichen Güterstrom eröffnet, ehe sie den normalen Anspruch darauf erworben haben».[34]

Mit der Geldschöpfung auf Kredit können sich Innovationen leichter durchsetzen, weil die Ressourcen für ihre Umsetzung nicht aus dem gegebenen Kapitalstock finanziert und damit nicht bereits laufenden Wertschöpfungsprozessen entnommen und von Kapitaleigentümern vorgestreckt werden müssen. Nicht in der Vergangenheit, mithilfe der «alten» Kombinationen akkumulierte und als Spareinlagen gehaltene Geldvorräte finanzieren schließlich die Kreditvergabe von Banken, sondern glaubhafte Rückzahlungsversprechen, also Zukunftserwartungen. Unternehmerinnen und Unternehmer können, wie Schumpeter erklärte, nur dann immer wieder (also strukturell und nicht nur okkasionell) neue Kombinationen von Ressourcen und Prozessen durchsetzen, also innovative Produkte auf den Markt bringen, Wertschöpfungsketten verändern oder verbessern oder zusätzliche Ressourcen erschließen, wenn sie die monetären Mittel für diese Neukombinationen nicht von jenen ausleihen müssen, die mit den alten Kombinationen reich geworden sind.[35] Durch die Entstehung eines aus Forderungen gegen Banken bestehenden Zahlungsmittels werden die «Fonds an Kaufkraft», wird das potenzielle Angebot an Kapital unbegrenzt; die «Leistung» der modernen monetären Maschine ist deswegen als Bereitstellung der *strukturellen Möglichkeit* von Wachstum und ökonomischer Entwicklung zu sehen, nicht von Wohlstandszunahme selbst.[36] Es ist deswegen sicherlich kein Zufall, dass die industrielle Revolution in England stattfand, das ebenso als Geburtsort der modernen monetären Maschine gilt.[37]

Dieser Zusammenhang zwischen Geldschöpfung und Innovation oder Wachstum ist allerdings lediglich ein Potenzial, ein Leistungs*angebot* der Infrastruktur. Die Verschränkung oder «Kopplung» der Dynamik der modernen monetären Maschine mit Produktion und Handel neuer Güter ist nicht von vornherein oder gar automatisch fixiert, sondern variabel.[38] Ann Pettifor schreibt dazu:

> «Wenn wir Bankgeld verstehen wollen, müssen wir begreifen, dass das in Banken gehaltene Geld nicht unbedingt dem entspricht, was wir als Einkommen verstehen. Es entspricht auch nicht den Ersparnissen. Es entspricht nicht notwendigerweise irgendeiner wirtschaftlichen Aktivität. [...] Bankgeld existiert nicht als Folge wirtschaftlicher Aktivität.»[39]

Der letzte Satz ist entscheidend: Geld entsteht nicht durch Arbeit, Produktion oder geschickten Handel, sondern durch Verpflichtungen – durch das Versprechen, es zurückzuzahlen. Die Bilanztheorie erkennt damit die Verpflichtung als genuine Quelle von monetärem Wert an, weil sie das Handlungspotenzial schafft, das Geld auszeichnet. Es gibt keinen Grund, den monetären Wert zum «uneigentlichen» Stellvertreter «echter», etwa durch Arbeit konstituierter Werte zu degradieren. Die monetäre Maschine – unser Geld! – *reflektiert* keine bisherigen Wirtschaftsleistungen, sondern *finanziert* Projekte; sie stellt eine spezifisch monetäre Handlungsfähigkeit als Vorschuss bereit. In diesem Sinne müssen wir unser Nachdenken über Geld von der Denkfigur der *Vertretung* ablösen und zur Figur der *Vorleistung* wechseln.

Kredite können dabei ökonomische Aktivität bewirken, müssen es aber nicht; in jedem Fall liegt die Verknüpfung von Geld und Wirtschaft in der Zukunft, nicht in der Vergangenheit, wie es beim Blick durch die tauschtheoretische Brille scheint. Weder bewirkt Geldschöpfung noch behindert sie notwendig das Wachstum des allgemeinen Wohlstands; es kommt darauf an, wie viel wofür und zu welchen Konditionen geschaffen wird, wie wir im finalen Kapitel zum Entwurf einer «Geldschöpfungspolitik» noch genauer sehen werden. Dieser Umstand macht die Kopplung von Geldmaschine und Wirtschaft zum zweiten Element des Anforderungsprofils modernen Geldes. *Was Ge-*

meinwesen «leisten» müssen, damit Geld funktioniert, ist nicht nur (erstes Element) die ständige Aufrechterhaltung von Verschuldungsbereitschaft und Vergeltungssicherheit, sondern auch (zweites Element) die Kopplung der Gelddynamik an die Wirtschaft. Es ist nämlich keinesfalls so, dass Geld stets nur oder auch nur in der Mehrheit für produktive Zwecke – Schumpeters «Neukombinationen» – geschaffen wird, geschweige denn für gesellschaftlich sinnvolle. Wir haben einleitend darauf hingewiesen, dass die globalen Geldmengen seit den 1960er Jahren deutlich stärker gewachsen sind als die ökonomische Leistungskraft der Weltwirtschaft. In den Ländern der späteren Eurozone betrug die Summe an Giralgeld 1960 knapp 34 Prozent des Bruttoinlandprodukts, 2015 waren es fast 80 Prozent.[40] Und genau diese Entkopplung müssen wir uns näher anschauen. Sie ist nicht zuletzt auf den institutionellen Siegeszug der Ideologie unpolitischen Geldes zurückzuführen, kurz gesagt: auf die erfolgreiche Umsetzung einer politischen Agenda des Rückzugs öffentlicher Hoheitsansprüche an die Reproduktion der monetären Maschine. Die Politik spielt zwar weiterhin eine entscheidende Rolle bei der Wartung und Instandhaltung der modernen monetären Maschine, zieht sich in der zweiten Hälfte des 20. Jahrhunderts aber in mehrfacher Hinsicht aus der Direktion von Geldschöpfung zurück. Die daraus resultierende fehlende Kopplung der monetären Eigendynamik und der wirtschaftlichen Entwicklung ist ein Problem, weil es für die dreifache Zahlungskrise der Gegenwart mitverantwortlich ist. Diese Dysfunktionalität (neuntes Kapitel), ihre Ursachen (achtes Kapitel) und ihre Überwindung (zehntes Kapitel) sind Gegenstand des folgenden Teils des Buches.

Kommen wir also mit dieser Betrachtung der Gestalt des Geldes und der Reproduktion seiner Existenz und Funktionalität zum Ende, um auf die Dysfunktionalitäten der Maschine zu sprechen zu kommen und deren Überwindung zu diskutieren. Die Bauteile des Geldgeflechts sind dynamisch verschaltete, interdependente Forderungen. Mit einer solchen Maschine kann prinzipiell alles finanziert werden, völlig unabhängig davon, was bisher produziert oder wie viel Kapital bereits akkumuliert wurde. Schließlich hängt die Frage der Geldschöpfung nicht davon ab, ob jemand bereits fleißig war, sondern davon, ob eine potenzielle Schuldnerin glaubt, den Kredit zurückzahlen, und eine Bank meint, sich darauf verlassen zu können. Das macht modernes Geld zu einer hoch dynamischen und fragilen sozialen Entität, die aber nicht einfach nur ökonomische Produktionsdynamiken spiegelt und begleitet, wie es noch die unter dem Stichwort der Kritik an Beardsley Ruml und der MMT zitierten Stimmen im ersten Kapitel unterstellen, sondern, wie schon in der Einleitung bemerkt, eine Eigenlogik hat. Damit richtet sich die Bilanztheorie modernen Geldes gegen die konventionelle Vorstellung, Geld müsse erwirtschaftet werden, sei also allgemeinen ökonomischen Reproduktionslogiken unterworfen. Das stimmt allenfalls für die individuelle Bilanz, nicht aber für den Gesamtzusammenhang. Es stimmt also allenfalls für die Mikroebene der Nutzerinnen und Nutzer, nicht für die Makroebene der modernen monetären Maschine. Die Rückzahlung der das Geld erzeugenden Kreditforderungen muss individuell erwirtschaftet werden, d. h., dafür muss mehr Geld eingenommen werden, als ausgegeben wird; gesamtwirtschaftlich betrachtet muss dafür aber Geld zunächst «erschuldet» werden. Jemand muss sich verschulden, um Geld zu erzeugen. Jemand muss bereit sein, eine Schuldnerinnenposition bei einer Bank einzunehmen, und die Bank muss bereit sein, ihrerseits Schuldnerin der Kreditnehmerin zu werden. Es gibt keinen anderen Weg in dieser Architektur modernen Geldes. Damit zeigt sich in aller Deutlichkeit, wie absurd eine generelle moralische Abwertung von Verschuldung ist, wie sie sich etwa in der etymologischen Verwandtschaft von ökonomischer Schuld und moralischer Schuld in der deutschen Sprache zeigt. Wenn sich jemand verschuldet, um Geld zu erzeugen, dann mag er oder sie damit freilich persönliche Ziele verbinden; systemisch betrachtet aber erweist uns die Schuldnerin einen *Gefallen*, für deren Vergeltung sie selbst die Verantwortung übernimmt. Die Schuldnerin hilft nämlich dabei, unsere Zahlungsfähigkeit zu reproduzieren. Verschuldung ist Mitarbeit an einem kollektiven Projekt: dem Betrieb der monetären Maschine. Geld muss durch Verschuldung als Vorleistung in die Wirtschaft eingespeist werden – und zwar nicht einmal, sondern immer wieder, weil es *befristet existiert* –, bevor mit seiner Hilfe Arbeiter entlohnt, Häuser gebaut und schließlich, darauf läuft es immer hinaus, Schulden wieder getilgt werden können. Jede geldschöpfende Schuldnerin und jeder geldschöpfende Schuldner erweist uns allen einen Gefallen damit, dass sie oder er sich in eine Position bringt, die nach Vergeltung verlangt.

Damit ermöglicht erst die Verfassung des Geldes als Geflecht aus Forderungen so etwas wie hyperflexible Zahlungsfähigkeit. Wäre modernes Geld tatsächlich nur ein Vorrat an Stellvertreterwaren, ergäbe sich dieser dynamische Zusammenhang nicht, oder: Wir übersähen ihn, würden wir Geld nur als Stellvertreterware beschreiben und untersuchen. Erst die in die Produktion neuer Geldbeträge eingebaute Befristung schafft die Möglichkeit, dass eine solche Architektur funktionieren kann. Das Angebot an Zahlungsfähigkeit kann im modernen Kapitalismus hyperelastisch sein, weil es gleichsam die Absorption des Geldes in seine Produktion einbaut und damit den Mechanismus der Verknappung des Geldes mitliefert. Jede Geldschöpfung führt zu einem Bedarf an Geldvernichtung. Da das Rückzahlungsversprechen (der Kredit) als Vermögenswert die Erzeugung neuer Verbindlichkeiten (das Geld) ermöglicht, muss dieses Rückzahlungsversprechen mehr oder weniger vertrauenswürdig, die Schuldnerin also kreditwürdig sein. Im Falle eines Kreditausfalls müssen Banken die Differenz in ihrer Bilanz durch ihr Eigenkapital ausgleichen und so dafür Sorge tragen, dass ihre Bilanz ausgeglichen bleibt. Die Leistung der Infrastruktur modernen Geldes ist die hyperelastische Bereitstellung befristeter Zahlungsfähigkeit durch Bankschulden.

Zusammenfassung und Ausblick

Wie wir gesehen haben, kann Geld nur als unselbstständiger Teil eines Netzwerks oder Geflechts aus Schulden als Geld verwendet werden. Aus einer bilanztheoretischen Perspektive bezeichnet der sozialwissenschaftliche Begriff «modernes Geld» also genau genommen nicht länger eine immaterielle Münze, sondern diese Entität: ein Beziehungsgeflecht aus nur noch aufeinander verweisenden Forderungen, die andere Obligationen abgelten können. Verschuldungsbereitschaft und

Vergeltungssicherheit, d. h. die Notwendigkeit einer ständigen Organisation von (Neu-)Verschuldung und Schuldentilgung zum Ausgleich von Bilanzen bilden die eine Hälfte des gesellschaftlichen Anforderungsprofils modernen Geldes und machen die Entität zu einer Art Maschine. Um modernes Geld zu verstehen und politisch zu adressieren, müssen wir deswegen die Vorstellung einer im Raum verteilten «Geldmenge» ablegen. Das Wort weckt die Assoziation eines Vorrats an einzelnen Geldbeträgen, die, verteilt in individuellen Eigentumsportionen, von Haushalten als Werkzeug im Markttausch eingesetzt werden. Diese Vorstellung ersetzen wir durch das Bild einer «großen Einrichtung», einer komplexen und gigantischen Maschine. Damit ist der Kern der bisherigen und folgenden Argumentation ein Set aus sieben Einsichten:

Modernes Geld ist (1) eine kolossale Entität, (2) deren interdependente Bauteile (3) dynamisch verschaltet sind, weil es sich (4) um befristete Beziehungen handelt. Diese «Maschinerie» sorgt für eine (5) bedarfsgerechte Bereitstellung von Zahlungsfähigkeit, (6) sofern Verschuldungsbereitschaft und Vergeltungssicherheit gegeben sind. (7) Die moderne monetäre Maschinerie schafft damit eine strukturelle Voraussetzung für kapitalistische Wachstumsdynamiken.

Das Bankensystem ist in seiner Bereitstellung von Zahlungsfähigkeit hyperflexibel. Prinzipiell kann jeder Bedarf nach zusätzlichem Geld durch eine Buchhaltungsoperation gedeckt werden, wenn gleichzeitig eine neue Forderung so in das Geflecht von Bilanzen eingebaut werden kann, dass sie weiter im Gleichgewicht bleiben.[41] Die entscheidende Frage ist also: *wessen* oder *welcher* Bedarf vom Bankensystem mit Zahlungsfähigkeit versorgt wird. Damit leiten wir zum zweiten Aspekt über, der Geld zu einer Infrastruktur moderner Gesellschaften macht. Erstens hatten wir im vorherigen Kapitel festgehalten, dass mit Infrastrukturen hier Vorleistungsmaschinen gemeint sind: komplexe Konstruktionen aus materiellen, immateriellen und praktischen Bauteilen, die interdependent und dynamisch verschaltet bestimmte Handlungsreservoirs (hier: Zahlungsfähigkeit) für eine Gruppe oder ein Gemeinwesen bereitstellen. Zweitens haben wir von einer gesellschaftlichen Dimension der Reproduktion von Infrastrukturleistungen gesprochen und Geld damit als *genuin politische Architektur* bezeichnet.

Dies wiederum aus zwei Gründen: einerseits, weil sie als «Ordnungsbetriebe» nie neutral sind, sondern ihre Leistungen auf bestimmte Weisen, nach bestimmten Kriterien bereitstellen, damit Ein- und Ausschlüsse generieren und diese gleichzeitig legitimieren. Für eine Soziologie modernen Geldes bedeutet das, den Betrieb der Geldmaschine selbst als Quelle von Macht- und Chancenverteilung ernst zu nehmen, nicht nur die Verteilung von Geldbeträgen in Eigentumsverhältnissen. Zweifellos begründet die ungleiche Verteilung von Geldvermögen eklatante Machtasymmetrien; genügend Geld zu haben hat einen unbestreitbaren Einfluss auf Lebenschancen, schon in dem ganz essenziellen Sinne, dass es das Leben statistisch nachweislich verlängert. Allerdings wird die Verteilung von Geldvermögen in der Kapitalismusforschung gemeinhin auf zwei Mechanismen zurückgeführt, nämlich Märkte – auf denen einige erfolgreicher sind als andere – und Staaten, die durch Steuern und Abgaben Geldvermögen abschöpfen und umverteilen. Es gibt also einen primären Mechanismus zur Distribution von Vermögen (den Markt) und einen zur Redistribution (den Staat). Ausgeblendet wird dabei die Frage, wie das Geld, das auf Märkten verteilt und durch Steuern umverteilt wird, eigentlich in die Wirtschaft eintritt und welche Effekte die Eintrittskanäle für die Verteilung von Lebenschancen haben. Die monetäre Infrastruktur dieser *Distribution* (Märkte) und *Redistribution* (Steuerstaat) von Vermögen – also ökonomische Handlungsfähigkeit – stellt selbst auch einen selektierenden Mechanismus dar, der schon durch die Bereitstellung der Leistung Handlungsressourcen ungleich verteilt. Der Ordnungsbetrieb modernes Geld ist, wie wir später sehen werden, ein *Prädistributions*mechanismus für monetäre Handlungsfähigkeit. Schließlich wird Geld durch Verschuldung stets als Vorleistung in die Wirtschaft eingebracht, bevor damit etwas produziert, gehandelt, verdient und gespart werden kann. Die Art und Weise, wie diese Vorleistungen in die Wirtschaft eingespeist werden – nach welchen Verfahren oder

Mechanismen, wer darüber entscheiden darf und kann und wer sich mit den Gefallen begnügen muss, die andere erbringen –, hat bereits Effekte auf die Verteilung von Geldvermögen, bevor allgemeine Marktmechanismen und staatliche Umverteilungspolitiken greifen. Geldschöpfung ist ein Prädistributionsmechanismus, den wir verfolgen, verstehen und – in Anbetracht der multiplen Zahlungskrisen – verändern müssen. Geldpolitik ist damit immer Geldschöpfungspolitik, die sich zu der Frage verhält, wer sich verschuldet (oder verschulden muss), um neues Geld zu produzieren, wer entscheidet, wofür es produziert wird, und wie sich diese Entscheidungen auf die Rückzahlbarkeit von Krediten auswirken. Geldschöpfungspolitik operiert im Raster von Emission (Geldschöpfung) und Absorption (Geldvernichtung).

Andererseits ist Geld politisch, weil die öffentliche Hand in die Bereitstellung seiner Leistung an zentraler Stelle involviert ist. Erstens wird der Staat immer wieder zur Absicherung der Verschuldungsbereitschaft und Vergeltungssicherheit (erste Komponente des Anforderungsprofils modernen Geldes) in Krisenzeiten gebraucht. Ohne ihn läuft gar nichts. Zweitens sind Staatsschulden auch abseits von Krisensituationen die Grundlage und der basale Treibstoff der Maschine. Zentralbanken stellen die hierarchisch höchsten Schulden bereit, indem sie Zahlungsversprechen von Staaten als Vermögen verbuchen. Staatsschulden sind die primären Vorleistungen, mit denen private Wirtschaftstätigkeit möglich wird. Dennoch haben sie einen denkbar schlechten Ruf. Der Grund dafür liegt in der Ideologie unpolitischen Geldes, die im ersten Teil aufgerufen wurde. Aber auch schon im ersten Kapitel sind wir auf die Spuren der (moralisch-intellektuellen) Abwertung von Staatsschulden gestoßen, die auch damit einhergehen, dass tauschtheoretische Denkfiguren Schulden generell als uneigentliche Formen ökonomischer Praxis betrachten und damit bereits theorieimplizit verteufeln. Moralische Verurteilungen des Schuldenmachens sind dann nicht weit; sie sind allerdings nicht nur kurios, weil Wirtschaft aus Schulden besteht, sondern auch gefährlich, weil sie zu institutionellen Architekturen geführt haben, die Staaten im Hinblick auf die Herstellung ihrer eigenen Zahlungsfähigkeit die Hände binden. Die Eurozone ist die Speerspitze dieser Ideologie unpolitischen Geldes.

Die Frage nach den Handlungsspielräumen politischer Gemeinwesen bei der Produktion ihrer eigenen, kollektiven Zahlungsfähigkeit ist gleichsam der Schlüssel zu einem Verständnis der politischen Qualität modernen Geldes wie auch der Kern einer Geldpolitik, die sich als Infrastrukturpolitik versteht.

Durch die fragile Interdependenz der Bauteile der Geldmaschine bleibt modernes Geld ferner, wie gesagt, permanent auf staatliche Gewährleistung und auf einen ständigen Nachschub kollektiver Defizite angewiesen. Schon deswegen müsste uns das Geld im emphatischen Sinne als eine öffentliche Vorleistung gelten, ein kollektiver Gefallen, den die Märkte anschließend in private Hände verteilen. Diese öffentliche Verfassung modernen Geldes aber wird in populären Diskursen durch die Tauschtheorie ideologisch verstellt. Im Alltag betten wir monetäre Fragen in die oben vorgestellte Semantik, die diese zu einer Privatangelegenheit werden lassen, einer Frage von persönlichem Haben oder Nichthaben, von Interaktionen auf Tauschmärkten, einer Frage des individuellen Einsatzes und Geschicks in Produktion und Handel.[42] Geld erscheint als etwas, das erwirtschaftet oder verdient werden muss, nicht aber gesellschaftlich betrieben, sondern allenfalls technisch überwacht. Die Werkzeuganalogie des Tauschparadigmas verschleiert die politische Qualität des Geldes als Infrastruktur, indem sie seine Beschaffenheit und Gestalt als öffentlicher sozio-technischer Großbetrieb ausblendet und Geld auf ein bloßes Funktionsmittel für Märkte (das Werkzeug Stellvertreterware) und eine bloße Messzahl von Vermögen reduziert. Öffentlichen Institutionen kommt dadurch in letzter Konsequenz nur noch die Aufgabe zu, diese Funktion zu überwachen und zu garantieren, also das Werkzeug arbeitsfähig zu halten. Alle anderen Ansprüche, die gesellschaftliche Willensbildungsprozesse an das Geld richten könnten, werden durch diese theoretisch gestützte Diskursverengung schon im Grundsatz delegitimiert. Die Funktionalität des Geldes wird deswegen zwar weiterhin öffentlich gewährleistet und subventioniert, aber die Formulierung von *gesellschaftlichen Leitkriterien* für die Qualität monetärer Vorleistungen wurde in der zweiten Hälfte des 20. Jahrhunderts zunehmend zurückgefahren und diskursiv diskreditiert – im achten Kapitel wird dieser

Rückbau als Privatisierung monetärer Souveränität bezeichnet und genauer verfolgt. Einer sich als echte Infrastrukturpolitik verstehenden Geldpolitik fehlt damit die Chance, legitimatorischen Halt in öffentlichen Willensbildungsprozessen zu finden. Während die Politik sich darauf versteift, die Verschuldungsbereitschaft und Vergeltungssicherheit privater Akteure so gut es geht abzusichern, hat sie das zweite Element des Anforderungsprofils modernen Geldes, die Verkopplung von Geldschöpfung und Wirtschaft, weitestgehend ignoriert. Das nun folgende Kapitel wird sich diesem zentralen (und gesellschaftspolitisch so folgenreichen) Befund noch einmal systematisch widmen und damit unsere Vorstellung von Geld auch in der theoretischen Reflexion vom privatwirtschaftlichen Kopf auf die öffentlichen Füße stellen.

7. Zahlungsfähigkeit als kollektives Angebot

Zahlungsfähig zu sein bedeutet aus tauschtheoretischer Perspektive, ein Stück sofort tauschbares, weil allseits im Austausch begehrtes und akzeptiertes Eigentum zu besitzen. Zahlungen sind dementsprechend, wie wir im ersten Kapitel besprochen haben, der Austausch dieses reinen Tauschwertes gegen andere tauschwertvolle Dinge. Diese alltagsnahe Beschreibung passt für die Bilanzlogik nicht mehr. Eine Zahlung – etwa die Anweisung zu einer Banküberweisung – setzt vielmehr einen Prozess in Gang, bei dem die Auflösung einer Gläubigerinnen-Schuldner-Beziehung (zwischen der Fahrradkäuferin und ihrer Bank) ein mehrfaches Tilgen und Erzeugen solcher Forderungen nach sich zieht. Zu zahlen bedeutet also, das Geldgeflecht (*money grid*) in einer bestimmten Weise zu verändern, um Schulden zu tilgen, d. h. als eine in Verpflichtungen verstrickte Bilanz zu überleben. Eine Zahlung mit modernem Geld bedeutet in der bilanztheoretischen Beschreibung, Schulden durch Schulden zu tilgen – und nicht, ein Vermögen gegen ein stoffwertloses Stellvertretervermögen zu tauschen. Wir haben es hier also mit einer Beschreibung von Geld und Zahlungen zu tun, die interessanterweise ohne die Kategorie des Gebrauchs- oder Tauschwertes auskommt, sondern allein auf die Fähigkeit bestimmter Gläubiger-Schuldner-Beziehungen verweist, andere Gläubiger-Schuldner-Beziehungen zu ersetzen. Es geht also weniger darum, etwas zu «haben», so wie man ein Fahrrad *hat*, das man nutzen oder verkaufen kann, sondern darum, eine *Position* in einem Machtgefüge einzunehmen.

Die moderne monetäre Maschinerie kann nun – wir kommen hier auf das Vokabular der Positionierung zurück, welches im vierten Kapitel von Tony Lawson übernommen wurde – als eine (Positionierungen ermöglichende) «emergent totality» verstanden werden, als das rechtlich-materielle Substrat der Geldordnung, in der Akteure Positionen der Zahlungsfähigkeit einnehmen können. Geld «zu haben» bedeutet innerhalb dieser Ordnung, die *Position eines Gläubigers* einnehmen und dadurch bestimmte Veränderungen am Forderungsgeflecht vornehmen zu können, nämlich die Tilgung und Erzeugung von Forderungen, wie in unserem Beispiel des Fahrradkaufes gesehen. Zahlungsfähig zu sein bedeutet, etwa durch einen Girokontovertrag, ein gedecktes Konto und entsprechende Zugangsmittel (EC-Karte & Pin, Überweisungsträger und Unterschrift, TAN-Nummer oder Fingerabdruck-Verifizierung per Smartphone etc.) in der Position zu sein, die Kapazitäten des Bankensystems zu nutzen. Indem man also einen Status als Gläubigerin des Bankensystems bekommt, kann man über positionelle Anrechte (Forderungen) Kapazitäten freisetzen, um über einen komplizierten Vorgang der Auflösung und Neuknüpfung von Gläubiger-Schuldner-Beziehungen eigene Verbindlichkeiten tilgen und damit eine andere soziale Position – die der Schuldnerin (des Fahrradverkäufers) – verlassen zu können. Zahlungen sind in diesem Sinne Re-Positionierungsprozesse: Wer etwas kauft, gerät dadurch in eine soziale Position, nämlich die Position einer Schuldnerin (des Verkäufers), von der eine Gegenleistung erwartet wird. Jede monetäre Transaktion ist in diesem Sinne immer eine Ver- oder Entschuldung. Durch den Kaufakt nehmen wir eine Ware in Besitz und schulden dem Verkäufer nun den Kaufbetrag. Die Käuferin akzeptiert also, dass der Verkäufer nun ihr Gläubiger ist, dafür akzeptiert er, dass die Ware nun ihr gehört. Diese Schuld begleichen wir, indem wir mit unserer Bankkarte eine Zahlung anweisen. Das Geld, das wir damit «übertragen», ist eine Forderung gegen diese Bank, eine immaterielle, quantifizierte Verpflichtung. Geld auf einem Bankkonto zu haben bedeutet, in der Position einer Gläubigerin zu sein, also etwas von anderen (hier: der Bank) erwarten und verlangen zu können. Indem wir unsere Ware an der Kasse bezahlen, tilgen wir die Schuld gegenüber dem Verkäufer, können also unsere Schuldnerinnenposition verlassen. Dafür schuldet uns nun aber auch die Bank weniger, wir verlassen (oder verkleinern) also unsere Gläubigerinnenposition gegenüber der Bank. Unsere Bank schuldet nun dem Verkäufer etwas. Er befindet sich nun in einer Gläubigerposition gegenüber der Bank. Wer Gläubiger in einer monetären Schuldbeziehung ist, kann von dieser *Position* aus gleich- und niederrangige Schulden tilgen, was nichts anderes bedeutet, als aus einer *Schuldnerposition* herauszukommen, indem man eine andere *Gläubigerposition* aufgibt. Das ist eine Zahlung mit modernem Geld.[1] In Zahlungen kommt Zahlungsfähigkeit zum Einsatz, bei der es sich – das folgt aus unserer Beschreibung der rechtlichen Verfassung von Geldbeträgen als Forderungen – um eine *generalisierte Gläubigerposition* handelt, die einen ganzen Schuldtypus (im Falle von Giralgeld ist das die oben eingeführte Kategorie der kommerziellen Schulden) tilgen kann. Banken stellen der Wirtschaft Forderungen gegen sie selbst als Zahlungsfähigkeit, d.h. als generalisierte Gläubigerinnenpositionen bereit.

Generalisierte und konkrete Gläubigerinnenpositionen bedingen sich in der modernen monetären Maschine wechselseitig. Generalisierte Gläubigerpositionen können nur durch konkrete Gläubigerinnenpositionen (z.B. dem Girokontovertrag) eingenommen werden, die Positionierung ist nur attraktiv, wenn mit ihrer Hilfe bestehende konkrete Positionierungen verlassen (Schulden getilgt) werden können, und nur konkrete Gläubigerpositionen erlauben uns generalisierte Positionierungen. Das naheliegendste Beispiel für den letztgenannten Aspekt ist der Arbeitsvertrag. Lohnarbeit ist aus bilanzlogischer Perspektive eine Gläubigerpositionierung, die Zugang zu jenen Forderungen ermöglicht, die wir Geld nennen. Es ist eine konkrete Gläubigerposition, die die Einnahme einer generalisierten Gläubigerinnenposition ermöglicht. Moderne Geldwirtschaften zeichnen sich demnach nicht zuletzt dadurch aus, dass die meisten Menschen (als Arbeiterinnen oder Angestellte) zunächst eine bestimmte Gläubigerposition gegenüber einem Unternehmen einnehmen müssen, bevor sie Gläubiger des Bankensektors werden, also auf eine generalisierte Gläubigerinnenposition wechseln können. Diese konkrete Gläubigerposition nennen wir einen Arbeitsvertrag mit einem Unternehmen. Alltagsnäher formuliert heißt das nicht mehr als das: Die meisten Menschen müssen arbeiten, um Geld zu verdienen. Ein Lohnarbeitsverhältnis bedeutet, durch einen Arbeitsvertrag einen Zahlungsanspruch gegen eine Firma zu haben. Seinen Lohn zu bekommen bedeutet, dass diese Firma ihre

Schuldnerinnenposition gegenüber dem Arbeiter oder der Arbeiterin durch die auf den Arbeiter/die Arbeiterin erfolgende Übertragung einer Gläubigerposition gegenüber dem Bankensektor verlässt (also Geld überweist). Auch die Eigentümerinnen eines Unternehmens sind Gläubigerinnen, die über ihre Anteile (z. B. Aktien) Ansprüche auf die Einnahmen des Unternehmens anmelden, genau wie die Angestellten. Hinzu kommen Kapitalgeber wie Banken oder Zulieferer, die Forderungen an das Unternehmen stellen, ohne an ihm selbst beteiligt zu sein. Wie Katharina Pistor darlegt, lässt sich die kapitalistische Unternehmung so als Bilanz von Firmen darstellen, die zum Verkauf stehende Waren (Realwirtschaftsunternehmen) oder Forderungen (Finanzunternehmen) als Vermögen bilanzieren und gegenüber Eigentümerinnen, Zulieferern, Kapitalgebern und Arbeiterinnen Schuldnerpositionen einnehmen. Eine bilanzsoziologische Forschung würde in dieser Denklinie besonders, wie Pistor zeigt, auf die Hierarchieunterschiede dieser verschiedenen Forderungen eingehen, also grundsätzlich rechtssensitiv vorgehen müssen. Schließlich unterscheiden sich Forderungen von Kapitalgebern, Eigentümerinnen und Angestellten im Hinblick auf ihre Priorisierung bei der (rechtlichen) Durchsetzung ihrer Forderungen, was man besonders eindrücklich in Insolvenzverfahren sieht.[2]

Wir haben uns nun also vergegenwärtigt, was es grundlegend bedeutet, die moderne Geldwirtschaft aus einer bilanztheoretischen Perspektive in den Blick zu nehmen: Wir sehen nun Akteure, die in Verpflichtungsgefügen handlungsfähig bleiben müssen (um die Forderungen von Verkäuferinnen, Vermietern, Angestellten oder Kapitalgebern erfüllen zu können) und deswegen darauf angewiesen sind, an einem speziellen Forderungsgeflecht zu partizipieren, das man ganz unironisch als Maschine bezeichnen kann, weil dieses spezielle Geflecht durch die dynamische Interdependenz seiner Bauteile ständig reproduziert werden muss, um seine Leistung – hyperflexible Zahlungsfähigkeit – bereitstellen zu können und damit das Agieren innerhalb des Verpflichtungsgefüges zu ermöglichen. Großformatige Maschinen, die ihre Leistungen wenigstens prinzipiell einem Gemeinwesen – und nicht nur jenen Personen, die sich eines Werkzeugexemplars aus einem Vorrat vieler baugleicher Werkzeuge bemächtigen – zur Verfügung stellen, kann man Infrastruktur nennen (mit den oben genannten Einschränkungen). Infrastrukturen sind außerdem in Aufbau und Betrieb in der Regel von der öffentlichen Hand abhängig – daraus werden gemeinhin auch Steuerungsansprüche abgeleitet. Auch die Bereitstellung von Zahlungsfähigkeit muss als ein «öffentliches Gut» verstanden werden – in welchem Sinne genau, darum soll es nun gehen.

Über den Geldwert

Die Modern Monetary Theory gehört zur sogenannten chartalistischen Schule der Geldgeschichte. Der Wortbestandteil «charta» in «Chartalismus» verweist auf den Wortstamm für Dokument oder Urkunde. Damit wird schon etymologisch der immateriell-soziale Charakter des Geldes gegenüber seiner materiellen Beschaffenheit betont: Nicht das Material eines Dokuments wie einer Heiratsurkunde besiegelt die formelle Partnerschaft zweier Menschen, sondern dessen rechtliche Auszeichnung und sozio-politische Einbettung, also: die Verbindung des Dokuments mit einem Herrschaftsapparat. Chartalismus ist also ein Oberbegriff für die These, Geld sei in seiner Geschichte keine Angelegenheit privater Märkte (alleine) gewesen, wie es sich Adam Smith oder Carl Menger ausgemalt haben, die Herrschern allenfalls Gewährleistungsfunktionen zugestehen wollten. Der Chartalismus ist – so der Titel eines Schlüsselwerkes von Georg Friedrich Knapp – eine *Staatstheorie des Geldes.*

Knapps Staatstheorie des Geldes beginnt (im englischen Original) mit einem Bekenntnis zu ihrem entscheidenden Axiom. Dort heißt es: «Money is a creature of law»,[3] Geld sei ein «Geschöpf der Rechtsordnung». Daher wird unter der chartalistischen Position manchmal die These verstanden, Geldordnungen würden (allein) durch legislative Setzung etabliert, d. h. der Staat (und nur der Staat oder ein ihm prästaatliches Herrschaftszentrum) könne per Dekret jeden Ausgangsstoff zu Geld werden lassen, indem er diesen in seinen monetären

Status hineinbefiehlt. Diese These wird dann gelegentlich mit der Implikation verbunden, auch der Geldwert könne (präzise) durch rechtliche Setzung bestimmt werden, da Geld nun mal nur dann funktioniert, wenn einzelne Geldbeträge einen bestimmten Preis vis-a-vis des Warenvorrats bekommen.[4] Für die Etablierung monetärer Ordnungen – kurz: einer funktionierenden Praxis der Bereitstellung und Prozessierung generalisierter Gläubigerinnenpositionen – ist aus Sicht der Chartalisten vor allem ein bestimmter Typus von Rechtspflichten entscheidend, nämlich Steuern. Einige Chartalistinnen nennen ihren eigenen Ansatz deswegen auch einen «tax-driven-money-approach»,[5] also einen «Steuergetriebenes Geld»-Ansatz. Dahinter steckt die umstrittene Behauptung, der Grund dafür, dass Gold- oder Silbermünzen, Bankguthaben oder Papierzertifikate Geldfunktionen erfüllen konnten, sei vor allem darin zu suchen, dass politische Autoritäten von ihren Untertanen Abgaben in diesen Formen verlangt hätten. «Der moderne Staat», schreibt etwa Abba P. Lerner,

> «kann allem, was ihm gefällt, zu einer allgemeinen Akzeptanz als Geld verhelfen. [...] Wenn der Staat bereit ist, das vorgesehene Geld zur Zahlung von Steuern und anderen Verpflichtungen gegenüber sich selbst anzunehmen, ist das Kunststück vollbracht. Jeder, der Verpflichtungen gegenüber dem Staat hat, wird bereit sein, solche Papiere zu akzeptieren, weil er weiß, dass die Steuerzahler usw. sie auch akzeptieren werden».[6]

Diese *starke* chartalistische Position sieht sich verschiedentlicher Kritik ausgesetzt, die hier nur angedeutet zu werden braucht, weil ich im Folgenden selbst einen *schwachen* oder *differenzierten* Chartalismus vertreten werde. Es wird etwa bezweifelt, dass Staaten – oder, da die chartalistische Hypothese nicht selten auf die Zeit vor modernen Nationalstaaten ausgedehnt wird: Herrschaftszentren – einfach per Dekret funktionierendes Geld aus der Taufe heben können. Insbesondere marxistische Autoren widersprechen hier scharf und bleiben der traditionellen Marktgeschichte der Geldentstehung explizit verpflichtet.[7] Sie argumentieren, der Preis (Tauschwert) des Geldes bilde sich im Handel heraus, nicht im Regierungssitz. Aber auch ohne den radikalen Rückfall in die Tauschtheorie ist die in vielen chartalistischen Texten wie auch im vorherigen Zitat anklingende Monokausalität – ein Herrschaftszentrum befiehlt wertvolles Geld in Existenz – historisch fragwürdig.[8] Weder können Steuern (alleine) erklären, warum bestimmte Geldmittel begehrt werden (und andere nicht), noch kann der Preis konkreter Geldbeträge vis-a-vis des Warenvorrats hoheitlich schlicht fixiert werden, die Gegenbeispiele sind zahlreich.[9]

Ferner lassen sich insbesondere die Vertreterinnen und Vertreter der MMT nicht selten dazu hinreißen, die Staatstheorie der Geldentstehung deduktiv zu wenden und den Begriff «Geld» allein für staatlich emittierte Zahlungsfähigkeit, heute: Zentralbankgeld zu reservieren. Sie leiten aus der Staatstheorie also die Konklusion ab, *nur* staatliches Geld *sei* Geld, weil *nur* politische Herrschaftszentren Geld erzeugen könnten. Giralgeld (Forderungen gegen private Geschäftsbanken) etwa wird von ihnen dann zu einem bloßen Geldsurrogat erklärt, einem Ersatz für eigentliches Geld – eine Art Revitalisierung der tauschtheoretischen Unterscheidung zwischen eigentlichem und uneigentlichem Geld, die auch in der konventionellen Volkswirtschaftslehre Anklang findet.[10] Nur auf Basis dieser Unterscheidung kann etwa Stephanie Kelton in *The Deficit Myth* die Aussage vertreten, die nationale Währung der USA entstamme der US-Regierung («sie kann nirgendwo anders herkommen»[11]) – unbeschadet der Tatsache, dass auch private US-Geschäftsbanken (und, wie man etwa von Andrea Binder lernen kann, auch viele ausländische Banken[12]) Dollarguthaben produzieren. Hier zeigen die chartalistischen Thesen, wonach (erstens) Geld historisch als Herrschaftsprojekt entstanden sei, (zweitens) die Spielräume von Herrschaftszentren bei der Etablierung fungibler Geldordnungen groß (schier unbegrenzt) seien und (drittens) hoheitliche Steuern den Wert des Geldes begründen würden, ihre Kehrseite, indem damit gleichsam unterstellt wird, dass nur staatliches Geld wirkliches Geld sei. Auch Rechtswissenschaftlerinnen und Rechtsgelehrte und – wie oben bereits erwähnt – Soziologen neigen zu dieser scharfen Unterscheidung, die Giralgeld zu bloß sekundärem, theoretisch jedenfalls zu vernachlässigendem Surrogat eigentlichen, d. h. öffentlichen Geldes degradiert. Wie im vorherigen Kapitel bereits erklärt, macht diese scharfe Unterscheidung aus soziologischer Sicht (insbesondere im Kontext der Positionierungssemantik) nur wenig Sinn.

Trotz der weitreichenden Plausibilität der Kritik verpflichtet sich die hier vorgestellte Bilanztheorie dennoch einem geldhistorischen Chartalismus, der allerdings – viele Punkte der Kritik aufnehmend – einige Prämissen und Schlussfolgerungen abschwächt.[13] Dieser schwache oder differenzierte Chartalismus hält die Behauptung Knapps aufrecht, dass Geld eine Kreatur des Rechts ist. Er betont damit die genuin öffentliche Verfassung monetärer Ordnungen. Zunächst könnte man sich darauf beschränken, die Formulierung des Geldes als einer «Kreatur des Rechts» als reine Deskription der Architektur modernen Geldes zu verwenden. Denn in der Tat bestehen die interdependenten und dynamisch verschalteten Bauteile der monetären Maschine «aus Recht», genauer gesagt: aus Kontrakten – aus Forderungen gegen und Forderungen von Banken. Im Sinne eines Geflechts aus Forderungen ist Geld dann wohl tatsächlich als «Kreatur aus Recht» zu beschreiben, wohl wissend, dass zu einer Praxis des Erzeugens, Unterhaltens und Auflösens solcher Forderungen unzählige nicht-rechtliche Aspekte gehören, wie soziale Netzwerke, kulturelle Deutungen, kognitive Erwartungen, politische Konflikte, technische Systeme und so weiter. Ein solches Gewebe aus Kontrakten ist schon in einem schlichten, aber grundsätzlichen Sinne von öffentlichen Institutionen abhängig, insofern diese die Durchsetzung von Kontrakten sanktionieren. Eine chartalistische Argumentation nun aber auf die Trivialität einzudampfen, dass Recht selbst eine öffentliche Dimension hat und – in den allermeisten, allerdings wohl nicht in allen Fällen – auf staatlichen Zwang verweist, wäre unbefriedigend.

Der Clou chartalistischer Einsichten liegt vielmehr darin, dass sie den Geldwert nicht mehr als eine kollektive Glaubensfrage, sondern eine politische Praxis begreifbar machen. In der tauschtheoretischen Tradition ist mit dem ökonomischen (wohlgemerkt: nicht monetären) Wert in der Regel der Nutzen oder Gebrauchswert einer Ware gemeint. Marxisten führen diesen dann auf die für die Produktion der

Ware notwendige Arbeit zurück, liberale Theoretiker verweisen hingegen auf die Bewertungen – d. h. darauf, wie viel Interessentinnen im Eintausch aufzugeben bereit sind. Geld als der Stellvertreter dieser Waren (d. h. dieser Gebrauchswerte) hat somit einen bloß abgeleiteten Wert. Der Geldwert wird traditionell im Konjunktiv gedacht. Wie etwa Jens Beckert sagte: Man «behandle» Geld schließlich nur so, als «wäre» es wertvoll.[14] Nur, wenn diese kollektive Fiktion – die «moralische Atmosphäre» – fortbesteht, gibt es überhaupt monetäre Werte; sie sind dann (und nur dann) mit dem Glauben identisch, dass jeder Geldbetrag im Austausch gegen einen echten Gebrauchswert akzeptiert wird. Der Geldwert ist somit eine horizontale kollektive Fiktion (der alle Teilnehmerinnen einer indirekten Tauschwirtschaft gleichermaßen anhängen müssen), aber keine vertikale Angelegenheit – kein politisches, d. h. kein herrschaftliches Phänomen (auch wenn freilich politische Instanzen an der Aufrechterhaltung der moralischen Atmosphäre, auch bei Beckert, maßgeblich beteiligt sind).

Die Bilanztheorie versteht Geld nicht als einen abstrakten Anspruch auf Güter, sondern als eine Praxis der Bereitstellung generalisierter Gläubigerpositionen. Damit ist auch ein von der Tauschtheorie abweichendes Konzept monetären Wertes impliziert (wie im vierten Kapitel bereits angedeutet). Monetärer Wert ist nicht mehr der (durch den Preis quantifizierte) Glaube an die Eintauschbarkeit gegen Güter, sondern die Fähigkeit zur Tilgung. Zu Wirtschaften bedeutet, im Verpflichtungsgefüge zu überleben. Wirtschaft ist das Eingehen und Auflösen von Verbindlichkeiten, die Organisation von Soll- und Habenpositionen auf eine Weise, in der das Haben (das Vermögen) die Erfüllung der Sollpositionen (das Bedienen der Schulden) ermöglicht. *Monetär* von Wert wäre dann, was Verbindlichkeiten bedienbar macht.[15]

Die schlichte Aufteilung ökonomischer Werte in Nutzwert und Tauschwert, wie sie etwa, wenn auch nicht nur, in der marxistischen Forschung prägend ist, liegt zu dieser Bestimmung quer und geht deswegen an den geldwirtschaftlichen Realitäten vorbei, wie sie durch die Linse der Bilanztheorie erscheinen. Ein bilanztheoretischer monetärer Wertbegriff ist deswegen nicht, wie etwa im Marxismus, aus der

Idee eines realen Nutzens, eines Gebrauchswertes der Dinge abgeleitet. Der Wert des Geldes ist hier keine Abstraktion oder Deformation (keine Entfremdung) von einem «echten» Gebrauchswert, sondern meint eine (andere) Form der Handlungsmacht, eben: eine Positionierung. Liquidität – die Einnahme einer generalisierten Gläubigerposition – ist *etwas anderes* als ein Nutz- oder Tauschwert, eben eine soziale Positionierung innerhalb eines komplexen Gefüges aus Forderungen, die es ihrer Inhaberin ermöglicht, *andere* Schuldnerinnenpositionen zu verlassen. Dieses Gefüge selbst macht Geld notwendig und deswegen begehrt – «das Vorliegen einer Schuld verleiht dem Geld einen Wert».[16] Dieser Wertbegriff ist von dem Gedanken abgeleitet, die Essenz ökonomischer Praxis sei das Agieren innerhalb eines Verpflichtungsgefüges. Verpflichtungen statten Geld erst mit Relevanz aus, erst die Existenz von Verpflichtungen schafft die Kategorie des «monetären Werts» für ebenjene Dinge, die zur Tilgung dieser Schulden akzeptiert werden. Während man also tauschtheoretisch argumentieren würde, es sei der Glaube an die Umtauschbarkeit von Geld in echte Gebrauchswerte, der den Wert des Geldes begründet, stellt die bilanztheoretische Betrachtung auf das Verpflichtungsgefüge ab: Wir wollen Geld, weil wir Verbindlichkeiten zu bedienen haben; das macht es wertvoll – das *bedeutet* hier «wertvoll». Der monetäre Wertbegriff der Bilanztheorie ist also als Indikativ formuliert, nicht als Konjunktiv.

In diesem Sinne der Erzeugung eines Geldbedarfs durch die Einflechtung einzelner Bilanzen (auch die der Leserinnen und Leser oder des Autors dieses Buches) in ein Gefüge von Vergeltungspflichten ist der «Wert» des Geldes eine Kreatur des Rechts; Geld ist wertvoll, weil es notwendig ist, eine generalisierte Gläubigerinnenposition einzunehmen, weil Akteure in ein Vergeltungsgefüge aus Schuldkontrakten (Kauf-, Miet- und Arbeitsverträgen) eingewoben sind, die sie bedienen *müssen*. Es geht also um die Frage, warum Geld generell nachgefragt wird, nicht, warum es einen bestimmten Preis hat. Dass Geldbeträge einer Währung Marktpreise haben (es also ein allgemeines Inflationsniveau, Wechselkurse und Zinshöhen gibt), ist mit der Behauptung von Geld als einer rechtlichen Kreatur nicht notwendig adressiert, zumindest wenn man sie soziologisch-konstruktiv liest. Vielmehr ist gemeint, dass wir mit dem Konzept «Geld» eine komplizierte soziale Praxis der Positionierung als Gläubigerinnen und Schuldner in den Blick nehmen, in der Rechtsansprüche auf Rechtsansprüche, nämlich Forderungen auf Forderungen verweisen und dadurch füreinander Bedarf erzeugen, ohne dass die theoretischen Kategorien des Tausch- oder Nutzwertes hier eine explizite Rolle spielen. Diese Feststellung sollte nicht mit der Behauptung verwechselt werden, Gebrauchswerte spielten in der Wirtschaft keine oder auch nur eine untergeordnete Rolle, da eine solche Behauptung freilich absurd wäre. Natürlich geht es in der Ökonomie auch um die materielle Reproduktion, die Befriedigung von Bedürfnissen wie Nahrung, Obdach, Unterhaltung oder Distinktion. Dementsprechend haben Güter und Dienstleistungen natürlich Gebrauchswerte und werden in letzter Instanz (auch) aus diesem Grund begehrt. Will sagen: Menschen sind bereit, sich in Schuldnerpositionen zu begeben, also Verpflichtungen einzugehen, um Gebrauchswerte zu erhalten. Gebrauchswerte sind ebenso wie Eintauscherwartungen (Tauschwerte) sozusagen Verschuldungsmotivatoren. Der springende Punkt an dieser Stelle ist lediglich, dass man den Wert des Geldes nicht in dieses Schema zwängen sollte. Die ökonomische Praxis ist von unterschiedlichen Formen von Wert geprägt (weswegen es auch wenig Sinn macht, alle Formen von Wert monotheistisch auf ein einziges Prinzip – etwa Arbeit oder subjektive Bewertung – zurückführen zu wollen). Wenn wir unter «Wirtschaften» die Praxis des Manövrierens in Verpflichtungsgefügen verstehen, in der jeder Akteur versucht, seine eigene Bilanz auszugleichen, also Schuldnerinnen- und Gläubigerinnenpositionen so zu arrangieren, dass die Schuldnerinnenpositionen immer wieder rechtzeitig verlassen werden können, dann muss man Wertbegriffe auf die Handlungsmöglichkeiten beziehen, die sie in diesem Kontext stiften. Die Aussage, etwas habe einen Gebrauchswert, meint, sein Verbrauch oder seine Verwendung befriedige Bedürfnisse. Ein Tauschwert impliziert, dass andere (möglicherweise) bereit sind, sich für Eigentumsrechte an diesem Etwas in einem bestimmten Umfang beim Vorbesitzer zu verschulden. Geld hingegen ermöglicht es, die daraus resultierende

Positionierung auf eine rechtlich legitime und sozial akzeptierte Weise zu verlassen. In diesem Sinne stiften Schulden den Wert des Geldes, schaffen also die Bedingung spezifisch monetärer Handlungsfähigkeit.

Für die moderne Architektur des Geldes lässt sich die rechtliche Konstitution der Nachfrage nach Geld in zwei Hinsichten schematisch darstellen. *Erstens* in der bereits beschriebenen Weise, dass alle Akteure Forderungen haben müssen, um Forderungen bedienen zu können. Ihr Bedarf an Schuldverträgen entsteht durch ebensolche Verträge. Selbst wenn ein Individuum sein «Vertrauen» in das Geld verliert, fordern die Verpflichtungen zum Bezahlen der Miete, der Einkäufe, Steuern oder Abonnements dazu auf, Einkommen zu generieren – durch eigene Forderungen gegen andere. Der Geldwert ist also (erstens) ein Geschöpf der Rechtsordnung, weil rechtlich abgesicherte Vergeltungspflichten (konkrete Schuldnerinnenpositionen) Nachfrage nach generalisierten Gläubigerpositionen erzeugen.

Zweitens besteht das Geld aus Rechtskontrakten, die auf ihresgleichen verweisen. Die Forderungen gegen den Bankensektor, aus denen unser Geld besteht, bilden einen selbstreferentiellen Verweisungszusammenhang von Schuldkontrakten: Forderungen gegen Geschäftsbanken (Giralgeld) stehen in den Bilanzen privater Banken Forderungen gegen den Privatsektor (Kredite, Aktien, Sonstiges) und Forderungen gegen die Zentralbank (Reserven an unbarem Zentralbankgeld) gegenüber. In der Bilanz der Zentralbank stehen die Forderungen des privaten Bankensektors ihrerseits Forderungen gegenüber, vornehmlich gegen Staaten. In der Bilanz des Staates (oder des Schatzamtes, Finanzministeriums) bilden wiederum Forderungen gegen den Privatsektor das bilanzierte Vermögen, die ebenso auf rechtlichen Verfügungen beruhen: den Steuerpflichten (Abbildung 9).

Insbesondere von Vertreterinnen und Vertretern der MMT wird dieser bilanzielle Zusammenhang aber immer wieder durch die Behauptung überhöht, das ganze Geflecht aus Forderungen würde *primär* durch Steuern (auf Herrschaft basierenden Forderungen) ermöglicht – oder anders ausgedrückt: dass Steuern der Treibstoff sind, mit dem das Verpflichtungsgefüge läuft. «Geld wird akzeptiert», schreibt

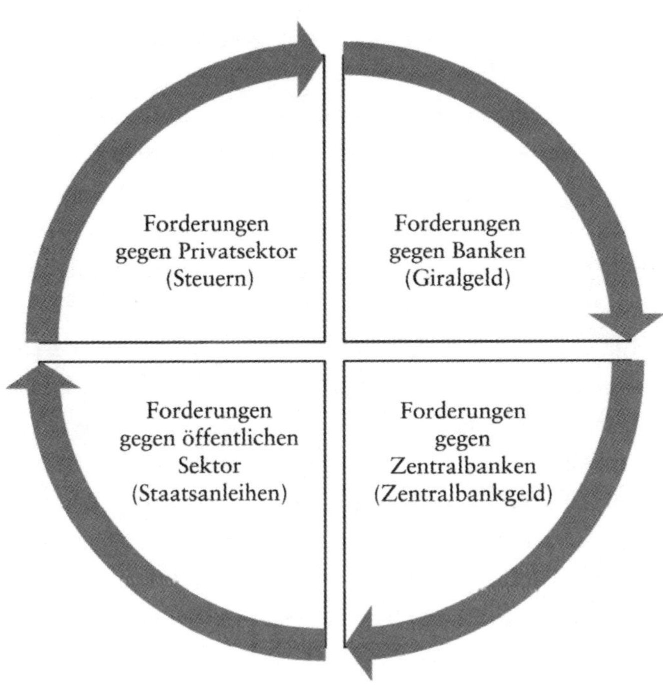

Abb. 9: Geld als ein Geschöpf der Rechtsordnung

etwa Randall Wray, «weil es eine erzwungene Steuerpflicht gibt».[17] In ihrer starken Ausprägung behauptet die chartalistische These der Steuergetriebenheit des modernen Geldsystems also, herrschaftliche Forderungen seien hinreichende Bedingungen für die Akzeptanz einer bestimmten Währung, dass also die Bürgerinnen und Bürger der Bundesrepublik Deutschland ihre Arbeitskraft und ihr Eigentum gegen Geld in der Währung Euro verkaufen, weil sie Abgaben gegenüber dem Fiskus in Euro leisten müssen – und ansonsten ins Gefängnis kämen. Geld ist also offenbar eine Art «Du-kommst-aus-dem-Gefängnis-frei»-Karte, wie man sie vom Brettspiel Monopoly her kennt.[18] Als Verursachungshypothese ist dies, wie gesagt, nicht wirklich überzeugend. Weder funktionieren generalisierte Gläubigerinnenpositionen in etablierten Geldordnungen, weil alle Steuern zu zahlen haben, noch lassen sich Geldordnungen per Dekret schon dadurch etablieren, dass Steuern erhoben werden.[19]

Konstruktiv (d. h. im Sinne eines schwachen oder differenzierten Chartalismus) gewendet, muss die These der «Steuergetriebenheit» von Praxen der Produktion, Distribution und Elimination generalisierter Gläubigerinnenpositionen aber nicht behaupten, dass es zur Etablierung und Aufrechterhaltung einer solchen Praxis ausreicht, konsequent Steuern zu erheben. Die These beleuchtet vielmehr (*erstens*), dass die Architektur des Geldes ein selbstreferentieller Verpflichtungszusammenhang ist – und Geld damit kein Aggregat wertvoller Dinge, die «erwirtschaftet» und dann von nehmenden Händen abgezweigt und angeeignet würden. Um in einem solchen Zusammenhang generalisierte Positionen zu schaffen, die in der Lage sind, Typen von Forderungen (und nicht nur spezifische) zu tilgen, war es allerdings offenbar – darauf kommen wir jetzt – historisch betrachtet notwendig, sie gleichsam als konkrete Positionierungen zu erzeugen. Generalisierte Gläubigerinnenpositionen existieren in der Regel als Beziehungen mit bestimmten Schuldnern: Man wird schließlich heute dadurch zahlungsfähig, dass man gleichzeitig ein Konto bei einer konkreten Bank hat (eine konkrete Gläubiger-Schuldner-Beziehung, also eine spezifische Forderung). Durch die Einbindung dieser konkreten Forderung in das übergeordnete Geflecht aus Forderungen nimmt man aber eben *auch* eine generalisierte Position ein. Und genau das funktioniert in der Genealogie modernen Geldes dadurch, dass die innerhalb eines Währungsraumes hierarchisch höchstrangigen Forderungen mit Forderungen des Herrschaftszentrums (des Staates) verwoben sind (das vollzieht der nächste Abschnitt detaillierter nach). Eine konstruktive Lesart der chartalistischen Hypothese behauptet also nicht mehr, dass Geld vornehmlich aufgrund von Steuerpflichten begehrt wird, sondern (*zweitens*), dass die Architektur des Geldes als selbstreferentieller Verpflichtungszusammenhang empirisch offenbar dann funktioniert, wenn er durch ein Herrschaftszentrum hierarchisch strukturiert wird. Die Formulierung der «Steuergetriebenheit» verweist also auf die Rolle der öffentlichen Hand für die Konstitution von Geldordnungen – nicht nur, weil erst der Staat Rechtskontrakte absichern kann, sondern auch, weil herrschaftliche Schuldverhältnisse, also Staatsschulden (als Forderungen gegen den Staat) und

Steuerpflichten (als Forderungen des Staates) das Rückgrat sind, an dem monetäre Architekturen festgeschraubt werden. Zahlungsfähigkeit ist, wie wir nun sehen werden, auch und gerade deswegen eine Infrastruktur, weil die Maschine an der öffentlichen Hand hängt: Forderungen des Staates und Forderungen gegen den Staat bilden das Fundament des Geldes. Das wollen wir uns nun genauer anschauen.

Herrschaftliche Forderungen

Geld ist bilanztheoretisch als Praxis der Reproduktion generalisierter Gläubigerinnenpositionen zu verstehen. Die *Generalisierung* von Positionen verlangt zunächst die *Formalisierung* des Inhalts oder Umfangs von Gläubigerinnen- und Schuldnerpositionen, d. h. die eindeutige Quantifizierung des Umfangs der Handlungsfähigkeit, die aus den Positionierungen erwächst. Auf generalisierten Gläubigerinnenpositionen dürfen den Inhaberinnen nicht mehr Qualitäten (ein *bestimmter* Gefallen, eine *konkrete* Leistung) geschuldet werden, sondern formale Quantitäten – ein Guthaben. Die Grundlage einer sozialen Praxis der Bereitstellung generalisierter Gläubigerpositionen ist deswegen die Etablierung einer eindeutigen und akzeptierten Skala, mit der ausgedrückt wird, «wie viel» Schuld von der Gläubigerposition aus getilgt werden kann. Deswegen hatte John Maynard Keynes auch gleich zu Beginn seiner Abhandlung «Vom Gelde», ja sogar schon im allerersten Satz, festgehalten: «Wir gehen aus von dem Begriff der Rechnungseinheit, also jener Einheit, in der Schulden, Preise und allgemeine Kaufkraft ausgedrückt werden.»[20]

Die Recheneinheit ist für Keynes also die Grundlage einer jeden Geldbetrachtung, weil erst die mit Namen wie Gulden, Pfund, Dollar, Yen oder Euro versehene Metrik und Unterteilung überhaupt die Möglichkeit schafft, von so etwas wie Geld, d. h. von generalisierten Gläubigerpositionen zu sprechen, die sich von jenen Vorleistungen unterscheiden, die entstehen, wenn man Freunden (unbestimmt) einen Gefallen oder (bestimmt) ein neues Hemd schuldet, weil man das alte in Trunkenheit mit Bier befleckt hatte. Die gesellschaftliche Bereitstellung von generalisierten Gläubigerpositionen fußt also zuallererst auf der Etablierung einer eindeutigen und metrisch verfassten Referenzskala – einem, wie es im Englischen etwas verwirrend heißt (weil hier das zu Definierende bereits in der Bezeichnung vorkommt), «money-of-account» –, die dann, wenn das Geld und mit ihm die Recheneinheit etabliert ist, als Standard für den Ausdruck ökonomischer Werte fungiert: also als Einheit, in der «Schulden, Preise und allgemeine Kaufkraft» ausgedrückt werden. Die Suche nach dem Ursprung der Registrierung von Forderungen in einer allgemeinen Recheneinheit hat die Geldgeschichte weg von den *horizontalen* Vorleistungen und Verbindlichkeiten unter Mitgliedern einer Gemeinschaft zu *vertikalen* Forderungen in archaischen Kulturen geführt, zu Forderungen also, die von einem hierarchisch höhergestellten Akteur auferlegt wurden oder die dieser einzugehen bereit war.

Schon in frühen Phasen menschlicher Sesshaftigkeit war, wie im vierten Kapitel festgehalten, der Alltag der Menschen von vertikalen und horizontalen Positionierungen als Gläubigerinnen und Schuldner geprägt. Die horizontalen Schuldbeziehungen zwischen ihnen bezogen sich dabei auf die Existenz einer Skala zur Quantifizierung von Schulden. Die Existenz dieser Recheneinheit für Schuldverhältnisse ist wiederum auf eine vertikale Schuldbeziehung zurückzuführen, also auf Forderungen der Herrscher gegen ihre Untertanen. Die Untertanen der mesopotamischen Hochkultur schuldeten dem politischen Zentrum (einem Tempel oder Palast) Tribute. Diese Tribute waren allerdings keine Einbahnstraße, standen ihnen doch Vorleistungen an Ressourcen oder Werkmaterialien entgegen. Das Verhältnis des Herrschaftszentrums zu den Untertanen war ein wechselseitiges Verpflichtungsgefüge, das jedoch vertikal, also zwischen Herrscher und Untertanen, aufrechterhalten wurde.

Zur Tilgung der vertikalen Forderungen des Herrschaftszentrums war die Abgabe unterschiedlicher Waren (je nach Beruf des Untertanen) möglich, ihre Quantität wurde allerdings nicht in Volumen oder Stückzahl angegeben, sondern in einer Recheneinheit, die sich von Silber oder Getreidebündeln ableitete.[21] So konnte etwa ein mesopotamischer Schmied der Bronzezeit zunächst Metall in einem bestimmten Wert vom Palast erhalten, das er zu Werkzeugen verarbeitete und mit dem er dann die Vorleistungen des Zentrums vergelten konnte. Solche vertikalen Schulden von Beherrschten gegenüber einem Herrschaftszentrum stellten die Basis für verallgemeinerte Wertskalen bereit – dienten also als Recheneinheit für Preise. Herrschaftliche Institutionen schufen einheitliche Wertskalen zu administrativen Verwaltungszwecken, stellten quantifizierte Forderungen an ihre Untertanen und rückten damit ihre eigene «Bilanz» in das Zentrum früher wirtschaftlicher Ordnungen.[22]

Die allgemeinen Recheneinheiten ermöglichten Äquivalent- und damit Preisbildungen, und die Forderungen (und Vorleistungen) des Herrschaftszentrums zwangen zu Überschussproduktion und Handel; beides beförderte die Entstehung von Märkten.[23] Das Denken und Bewerten von Gütern und Forderungen anhand abstrakter Skalen (und nicht den Sachen je eigenen Qualitäten wie Gewicht oder Anzahl), das für die Entstehung von generalisierten Positionen so wichtig ist, hatte seinen Ursprung auch in der Formalisierung von Strafen und Opfergaben, bei denen sich ebenfalls die durch Forderungen politischer Zentren konstituierte Recheneinheit durchsetzte. Auf diese Weise quantifizierte wechselseitige Verpflichtungen wurden zum Material der bronzezeitlichen Ökonomien.[24]

Waren die Mittel zur Begleichung vertikaler Forderungen eines politischen Zentrums in der Bronzezeit noch in derselben Recheneinheit (Getreide) bewertete Quantitäten unterschiedlicher Dinge (ein Bauer musste dem Tempelherrscher andere Tribute liefern als ein Baumeister, ihr Umfang aber wurde nicht in Stückzahl oder Gewicht, sondern in einer Einheit gemessen), so kamen mit Münzen schließlich anonyme Repräsentanten dieser fundierenden Schuldnerposition zum Einsatz. Sie wurden zu einer Art Markierung der generalisierten Gläubigerpositionen, die individuell verwahrt, herumgetragen und ohne Rückgriff auf das Hauptbuch eines zentralen Tempels oder Palasts verwendet werden konnte, um eine konkrete Schuldnerinnenposition zu verlassen. Während die Ursprünge des Geldes in der administrativen Registrierung von Gläubiger-Schuldner-Beziehungen und formalisierten Opfergaben im Detail schwierig zu durchleuchten sind, weil nur wenige Funde von ihrer Existenz zeugen (etwa weil tönerne Instrumente der Registrierung nach der Tilgung der Schuld vernichtet wurden), sind Münzen – materielle Markierungen generalisierter Gläubigerpositionen – viel besser erforscht. Seit etwa dem siebten Jahrhundert vor Christus verbreiten sie sich vom Nahen Osten in die griechische Hochkultur. Auch für die Herausgabe dieser Repräsentanten waren (proto-)staatliche Gläubiger- und Schuldnerpositionen von zentraler Bedeutung.[25]

Ein einschlägiges Beispiel ist die Entlohnung antiker Söldnerarmeen. Herrscher, so argumentieren einige Geldhistoriker, hätten irgendwann damit begonnen, ihre Schulden gegenüber Söldnerarmeen durch die Ausgabe gestanzter Edelmetallstückchen zu vergelten und gleichzeitig von ihrer Bevölkerung Abgaben in Form dieser Münzen zu verlangen, nicht mehr in Form konkreter Leistungen. Dadurch erzeugte die formalisierte Steuerforderung erst die Nachfrage nach dem gestanzten Metall, und die Soldaten konnten mit ihrem Sold tatsächlich Güter am Markt erwerben. Weil also die Bevölkerung per Dekret in eine Schuldnerinnenposition gegenüber dem Herrscher versetzt wurde, die nur noch mit den gestanzten Metallplättchen getilgt werden konnte, machten die Forderungen des Herrschers aus den Münzen generalisierte Gläubigerpositionen. Die Soldaten erhielten sie zur Tilgung *ihrer* Forderungen *gegen* den Herrscher (Sold) und konnten mit ihnen Schuldnerpositionen gegenüber Händlern verlassen (kommerzielle Schulden). Somit waren es offenbar Forderungen *des* Herrschers und Forderungen *gegen den* Herrscher, die Münzen zu Geld machten.[26]

Diese Darstellung ist in Teilen der Literatur insofern überzeichnet, so Axel Paul, als sie suggeriert, gewiefte Herrscher hätten mit der Erfindung von Münzen den Umschlag von Waren auf Märkten zielgerichtet gleich miterfunden.[27] Es wird aller Wahrscheinlichkeit nach nicht so gewesen sein, dass solche Herrscher durch die Produktion von Münzen und die gleichzeitige Festsetzung von Steuern Märkte aus dem Nichts geschaffen haben, die vorher, mangels Münzgeld, nicht existierten. Allerdings konnten sich Münzen nur entwickeln und durchsetzen, weil es gleichsam *vertikale* Verbindlichkeiten gegenüber zentralen Autoritäten gab, die ihren Einsatz verlangten und ihren Preis absicherten. Auch die Geldordnung des römischen Imperiums wurde um die Säule herrschaftlicher Forderungen herum organisiert, als aristokratische Tribute an das Herrschaftszentrum, die in Form von Münzen zu begleichenden Steuern, standardisiert und formalisiert wurden.[28] Damit ist die (aus meiner Sicht gut belegte) chartalistische Erklärung der Münzentstehung jener Marktgeschichte der Tauschtheorie überlegen, die Münzen stets als schlagende Evidenz einer Theorie des Geldes als Stellvertreterware missverstanden hat. Bei Menger und Co. wurde Edelmetall zu einem leicht tauschbaren Stellvertreter im indirekten Warenverkehr, so dass für die Händler selbst ein Bedarf an Standardisierung aufkam; um nicht immer wieder neu und bilateral herausfinden zu müssen, wie viel Gold oder Silber von welchem Reinheitsgrad man gerade angeboten bekam, stanzten hilfreiche Herrscher eine Zahl auf die wertvollen Klumpen und verbürgten so ihren Reinheitsgrad. In der Tauschtheorie kommt die Politik damit erst und nur in ihrer Gewährleistungsfunktion ins Geldspiel: Sie ermöglicht es, einen von ihr unabhängigen, nämlich auf dem Markt herausgebildeten Wert besser zu erkennen, indem sie Münzen prägt. Münzen gelten der Tauschtheorie deswegen als idealisiertes «Warengeld» (*commodity money*), eine Stellvertreterware, die (noch) ganz eindeutig aus einer eigentlichen Ware (Edelmetall) besteht.

Die bilanztheoretische Geschichte geht anders: Für sie sind Münzen Ausdruck des hoheitlichen Bedarfs an Ressourcenbewegungen, die zur Etablierung einer Art dezentralen Buchführung zwischen Herrschaftszentrum und Untertan veranlassten. Die vertikalen Verpflichtungen wurden so nicht nur quantifiziert, sondern auch zirkulationsfähig, anders als bei der Ein- und Austragung von vertikalen Forderungen in der Bilanz des archaischen Tempelpalastes. Christine Desan spricht von einer «politischen Alchemie des Warengeldes», also der Münzen, die eben nicht als Marktergebnis, sondern als Form der Buchführung zur Welt kommen.[29] In der weiteren Geschichte der Münzen zeigt sich die Bedeutung der vertikalen Säule auch (eben bloß vermeintlich) «materiellen» Geldes immer wieder. Im Hochmittelalter kommt es etwa wiederholt zu Münzverschlechterungen: Herrscher zogen umlaufende Münzen ein, schmolzen das Metall aus und prägten neue mit geringerem Nennwert. Um ihren Preis auf dem Markt zu stabilisieren, mussten sie weiterhin zum Nennwert (und nicht etwa zum nunmehr verringerten Materialwert) für die Abgeltung von Abgaben akzeptiert werden.[30] In ihrer umfassenden Studie der niederländischen Wirtschaft zwischen 1500 und 1815 halten die Historiker Jan de Vries und Ad van der Woude fest, Geld habe für die einfachen Bürger des Landes nur zu zwei Anlässen wirkliche Bedeutung gehabt: Es wurde für saisonale Märkte und Steuern gebraucht.[31] Damit verweisen die Historiker auf die Relevanz horizontaler wie vertikaler Verschuldungen für die Bewältigung des ökonomischen Alltags: Die basale Nachfrage nach Geld entsteht einerseits durch den Bedarf, sich innerhalb einer arbeitsteiligen Ökonomie auch bei Fremden (Menschen, mit denen man nicht in verwandt- oder freundschaftliche Nahbeziehungen verwoben ist) zu verschulden, weil die eigenen Produkte (noch) nicht fertig sind, derzeit oder vom Gegenüber generell nicht nachgefragt werden. Auf saisonalen Märkten handelt man Güter mit Menschen außerhalb der eigenen, durch Nahbeziehungen verwobenen Gemeinschaft. Man erzeugte horizontale Gläubiger- und Schuldnerpositionen und löste sie auf, indem man mit Münzen zahlte. Diese Münzen entstammten aber vertikalen Positionierungen, wurden von Fürsten ausgegeben und für die Abgeltung der Steuerschuld zurückverlangt.

Am Beispiel der «Wiederentdeckung» von Münzgeld auf den britischen Inseln nach dem Zusammenbruch der römischen Geldordnung zeigt Desan, dass Edelmetalle gerade nicht deswegen zu Geld wurden, weil sie von Händlern nach und nach aufgrund ihrer guten Tauschbarkeit akkumuliert wurden, wie es die Tauschtheorie vermutete. «Tatsachlich ließen Monarchen Münzen aber nicht deshalb aus Edelmetall anfertigen, weil es verbreitet, sondern weil es selten war, schwer zu bearbeiten und für gewöhnliche Menschen kaum zu bekommen».[32] Weder war Edelmetall vor der Prägung von Münzen durch die Herrschenden bereits eine Stellvertreterware, noch ist es den englischen Märkten von selbst gelungen, universelle Zahlungsfähigkeit bereitzustellen. Parallel zur Prägung erhoben die britischen Lords «Steuern in Münzen, zwangen ihre Untertanen, das Land auf Silbererz abzusuchen, es in den Münzstätten abzuliefern und ihre Abgaben in Silberpennys zu entrichten.»[33] Münzen sind aus kredittheoretischer oder chartalistischer Perspektive keine Werkzeuge findiger Händler, die sich, wie Adam Smith vermutete, die Hilfe der Herrscher beim Wiegen und Standardisieren geholt hätten. Smith hatte erklärt, politische Autorität könne das aus Marktprozessen entstandene Tauschmittel stabilisieren, indem sie die Reinheit einer jeden Münze durch das Aufprägen ihres Siegels garantiere. Demgegenüber muss man auch ihre Entstehung und Funktion im Kontext von Forderungen politischer Autorität verorten.[34] Eingewoben in vertikale Forderungen, wurden Münzen so auch für horizontale Beziehungen (kommerzielle Schulden) als generalisierte Gläubigerpositionen tilgungsfähig. Diese «Generalisierung», so Desan (in etwas anderen Worten), sei ohne die vorhergehende Existenz herrschaftlicher Forderungen nicht erklärbar.[35] Das heißt: Nicht der «Inhalt der Münzen», sondern die Einbettung in einen vertikal verankerten Verpflichtungszusammenhang «verwandelte Münzen in Geld»,[36] ließ sie also zu generalisierten Positionen werden.

Das die Einführung der Pennys begleitende Versprechen des «free minting», die Möglichkeit also, jederzeit Edelmetall zu einem nominell festgelegten Preis in Münzen tauschen zu können, und die Orientierung der durch die Pennys verkörperten Recheneinheit am Marktwert von Getreide ließen den Preis des Geldes zu einem Amalgam werden: Er wurde nicht politisch bestimmt, war aber auch keine Reflexion des kommerziellen Wertes seines Materials, das lediglich – wie Menger vermutete – durch seine gute Tauschbarkeit immer weiter aufgewertet wurde. Das Angebot, jederzeit Material in Münzen umtauschen zu können, und die Orientierung dieses Preises an einem an einer ganz anderen Ware orientierten Wertmaß (Getreide) beeinflussten freilich wiederum den Preis des Metalls, so dass keines der in dieser Architektur verbundenen Elemente den kommerziellen Interaktionen privater Hände allein zugerechnet werden kann. Vielmehr waren der Marktpreis eines Pennys ebenso wie die ursprüngliche Nachfrage nach ebensolchen Artefakten das Ergebnis einer ganzen Architektur aus Getreidewert, royalem Free-Minting-Angebot, davon abhängigem Metallpreis und staatlichen Forderungen, die diese Pennys und nicht ein bestimmtes Gewicht an Edelmetall verlangten.[37]

Im Zuge der Re-Monetarisierung Englands und vergleichbarer Initiativen für das politische Design von Münzordnungen auf dem Kontinent entstanden auch die Bauteile modernen Geldes. Ab dem 12. Jahrhundert etablierte sich in manchen Regionen Europas die Praxis des Messewesens: regelmäßig stattfindende Handelsmärkte, die Händler von einem Ort in den nächsten brachten.[38] Aus den regionalen Messeumzügen entwickelten sich bis zum 15. Jahrhundert überregionale Routinen des Zusammentreffens von Kaufleuten aus ganz Europa; Messestädte wie Lyon, die Hanseregion oder die französische Champagne brachten immer wieder Käufer und Verkäufer aller möglichen Güter zusammen. So bildeten sich Netzwerke von Händlern, die in der Regel nicht nur einmal miteinander zu tun hatten, sondern mehrmals und so Erfahrungen gewinnen und Vertrauen aufbauen konnten. In dieser Petrischale moderner Geldarchitekturen war es unüblich, neben den begehrten und profitablen Waren auch noch Münzen oder, wenn es an ihnen mangelte, Edelmetallstückchen mit sich herumzutragen; sie nahmen Platz weg, erhöhten auf den Reisen von Messe zu Messe das Risiko und – am wichtigsten – wurden gar nicht gebraucht. Man zahlte mit privaten Forderungen, also Schuldkontrakten, die zumeist von spezialisierten Kaufleuten angeboten wurden; letztere tätigten damit jene Geschäfte, die wir heute mit Banken verbinden. Solche «Wechsel» waren Forderungen, die in der Regel gegen die Einlage von Geld oder Warenwerten ausgegeben wurden und dem Halter und Begünstigten des Wechsels die Auszahlung einer bestimmten Summe versprachen, entweder zu einem festgelegten Termin oder auf Verlangen. Die Grundidee war, dass man Münzen in einer Stadt hinterlegte, dafür eine Art Quittung bekam (den Wechsel), die auf den eigenen Namen ausgestellt war, mit dieser Quittung zu einem späteren Zeitpunkt zum Einlagernden zurückkam oder eine Filiale in einer anderen Stadt aufsuchte und die Münzsumme auslöste. Wechselgeschäfte konnten so auch grenzüberschreitende münzgeldlose Zahlungen genauso ermöglichen wie Währungstausch oder Kredite, nämlich dann, wenn Wechsel nicht gegen eine tatsächliche Einzahlung vergeben wurden.

Wechselgeschäfte beruhten in der Regel auf der durch hoheitliches Münzgeld bereitgestellten Recheneinheit, waren also in Gulden, Pfund usw. verfasst[39] und kamen als Forderungen *auf* diese in vertikale Schuldbeziehungen mit dem Herrscher eingebetteten Münzgeldbeträge in die Welt. Es waren also formalisierte Gläubigerpositionen, aber noch keine generalisierten, weil sie zunächst nur Zugriffsrechte auf Geld darstellten.[40] Das aber änderte sich bald: Die als Wechsel ausgestellten Forderungen gegen private Akteure wurden nach und selbst benutzt, um Forderungen zu tilgen; man begann also, mit ihnen – den Zahlungsversprechen! – selbst zu bezahlen. Man zahlte also, indem man eine Forderung (den Wechsel) weiterreichte und so seine Kaufschulden tilgte. Wir nähern uns damit der modernen Form der Zahlung: Schulden mit anderen Schulden zu vergelten.

War die Praxis des Ausstellens und Verrechnens von Wechseln in den mittelalterlichen Handelsnetzwerken erst einmal hinreichend etabliert, hatte es sich erübrigt, die für die Wechsel hinterlegten Münzkontingente (es waren freilich viel weniger Münzen, als Ansprüche dafür in Form von Wechseln in Umlauf waren) überhaupt noch einmal auszulösen. Da alle Beteiligten Wechsel akzeptierten, konnte man diese schlicht in einem Bilanzbuch gegeneinander aufrechnen. Wenn Händler viel kauften und verkauften, verblieb am Ende allerhöchstens eine kleine Differenz, die eine Bezahlung mit Münzen notwendig gemacht hätte.[41] Zahlungen wandelten sich von einer physischen Interaktion, dem Übergeben von Münzen, zu einem buchhalterischen Vorgang: dem Eintragen, Verrechnen und Streichen von Zahlenwerten in Büchern. Findige Geschäftsleute boten sich auf den Messen gleichermaßen als Gläubiger und Schuldner an, um die auflaufenden Geschäfte als Soll- und Habendifferenzen zu erfassen und gegeneinander aufzurechnen. Was diese «Messebanken» taten, tun Banken noch heute. Die Forderungen gegen die Messebanken wurden so zu (innerhalb von Handelsnetzwerken) generalisierten Gläubigerpositionen,[42] weil man mit den (Wechsel-)Forderungen gegen die Messebanken auch wirklich bezahlen, d. h. innerhalb des Netzwerks Typen von Schulden tilgen konnte, nicht nur Forderungen gegen bestimmte Akteure.

Solche Forderungen gegen Banken bilden noch heute die Bausteine des Geldes. Davon hat das vorherige Kapitel berichtet. Der erste Schritt für die Generalisierung der Gläubigerpositionen gegenüber Wechselgebern (Banken) war die Etablierung der legalen Übertragbarkeit solcher Schuldscheine. Dadurch wurden aus konkreten Zahlungsversprechen, die ganz bestimmte Akteure konkreten Handelspartnern gaben, Forderungen, die von jedem eingefordert werden konnten, der den Zettel besaß.[43] Nur wenn Schulden übertragbar sind, lassen sich mit ihnen perspektivisch kommerzielle Schulden insgesamt tilgen, auch solche, mit denen man nicht in einem dichten Netzwerk persönlicher Bekanntschaft und individueller Reputation verbunden ist. Erst dadurch entstehen die generalisierten Gläubigerpositionen, die mit dem Begriff «Geld» angesprochen sind. Etwa mit dem 15. Jahrhundert (das europäische Messewesen hatte sich inzwischen zu einer terminlich koordinierten Veranstaltung großer Messestädte auf dem ganzen Kontinent entwickelt) setzte sich das Indossament-Verfahren durch. Eine Bemerkung auf der Rückseite des Zettels erlaubte es nun auch am eigentlichen Wechselgeschäft unbeteiligten Dritten, die Forderung einzulösen. Damit machte der Wechsel einen wichtigen Schritt in der Entwicklung zur Banknote: einer Forderung, die von jedem, der ihrer habhaft wird, zur Tilgung kommerzieller Schulden eingesetzt werden kann, und zwar so routiniert, dass ihr Forderungscharakter und damit die Beziehung zu ihrem Emittenten – der Bank – in der Verwendungspraxis keine Rolle mehr zu spielen brauchen. Widerstände gegen die Nutzung übertragbarer Wechselzettel kamen nicht zuletzt von den Messebankiers, die befürchteten, dass dadurch die Nachfrage nach Wechseln sinken würde, weil sie – salopp gesagt – wiederverwendbar wurden. Und tatsächlich läuteten die Erfindung und rechtliche Stabilisierung interpersonal übertragbarer Forderungen das Ende von Wechselbanken und reinen Wechselmessen ein.[44]

Hinzu kommt nun die Praktik der Diskontierung als die neben

dem Indossament zweite entscheidende Veränderung der Zahlungspraxis ab dem späten 16. Jahrhundert, welche die Generalisierung von Forderungen gegen Banken (Wechseln) und damit ihre Verwandlung in Geld im heutigen Sinne ermöglicht hat.[45] Diskontierung bedeutet, andere Forderungen unter ihrem Nennwert «anzukaufen», die Schuld also durch die Erzeugung einer eigenen Schuld zu tilgen. Das kann prinzipiell bedeuten, sie mithilfe von hierarchisch höherrangigen Geldbeträgen zu begleichen, die als staatliche Münzen vorliegen; das eigentlich interessante und sich in diesem Kontext etablierende Verfahren ist aber der – ökonomisch gesprochen – Swap von Schuldscheinen, also der Aufkauf von Wechseln mit eigenen Forderungen. Die Bank bezahlt ein Schuldpapier (z. B. eine Staatsanleihe) oder ein neues Rückzahlungsversprechen (einen Kredit) mit neu geschaffenen Forderungen gegen sich selbst, weist also ein Kontoguthaben zur Bezahlung aus, welches es vor dem Kauf noch nicht gab. Sind diese Forderungen wiederum routiniert übertragbar, können sie als schriftliche Wechsel auch in materieller Form ausgegeben werden. Ein solch herumtragbares Bankguthaben nennen wir Banknote.

Indossament und Diskontierung ermöglichten es, Forderungen gegen spezialisierte Firmen zur Tilgung kommerzieller Schulden zu verwenden. Das kam einer epistemischen und rechtlichen Revolution gleich,[46] die aus konkreten Forderungen gegen bestimmte Schuldner (etwa den Kaufmann, mit dem man Handel getrieben hatte, oder die Wechselbank) generalisierte(re) Gläubigerpositionen werden ließ. Waren Schulden zunächst in der kontinentaleuropäischen sowie der angelsächsischen Rechtstradition (mit Unterschieden im Detail) bestimmte Beziehungen zwischen zwei konkreten Personen, wurden sie nun zu einer abstrahierten Beziehungsform, deren Elemente Rollen waren (Gläubigerin und Schuldner); sie wurden also zu Markierungen für Positionen. Durch die Übertragbarkeit erhielten die Forderungen das Potenzial, auch zur Tilgung anderer Schulden eingesetzt zu werden, sofern das Gegenüber bereit war, den nunmehr auf ihn ausgestellten Wechsel gegen den ursprünglichen Kaufmann oder die Wechselbank zu akzeptieren. Dadurch wurden konkrete Gläubigerpositionen gleichsam in die Lage versetzt, auch das Verlassen anderer

Schuldnerpositionen zu bewirken, also auch von ihnen formal unabhängige Verbindlichkeiten zu vergelten.[47]

Um auch für die breite Bevölkerung – also über die Netzwerke von Händlern hinaus – als Geld fungieren zu können, mussten Bankkonten und Banknoten wiederum mit vertikalen Forderungen verbunden werden: Sie wurden zu einer Markierung generalisierter Positionierung durch ihre Anerkennung als Tilgungsmittel für Steuerschulden von Herrschern.[48] Das zeigt sich auch im England des späten 17. und vor allem des 18. Jahrhunderts, das als eigentlicher Geburtsort modernen Geldes gilt, weil hier die verschiedenen Bauteile – übertragbare Forderungen, Diskontierung, spezialisierte Firmen, die ihre Forderungen zur Abwicklung kommerzieller Schulden anbieten – zu der dynamisch-hierarchischen Struktur verschraubt werden, die wir im vorherigen Kapitel als moderne monetäre Maschinerie betrachtet haben. Hier entsteht, wie Ingham es formuliert, das Muster modernen Geldes.[49] Zu dieser Zeit operierte in England ein Netzwerk aus Banken auf dem Land und in der City of London. Banken gaben mit dem klassischen Wechsel verwandte und ohne großen Aufwand übertragbare Schuldscheine als immaterielle Kontostände oder Papierscheine (Banknoten) aus, die für Zahlungen eingesetzt wurden. Sie waren alle einheitlich in der Recheneinheit Pfund denominiert, die in Gold definiert ist; aber aus dem Gold geschlagene Edelmetallmünzen sind für die Abwicklung alltäglicher Zahlungen nicht (länger) notwendig, sondern im Alltag mehr oder weniger auf ihre Funktion als Berechnungsstandard für die Gläubigerpositionen reduziert. Als hierarchisch höherrangiges Vergeltungsmittel bleiben sie allerdings (im Notfall) einsetzbar. Die privaten Forderungen gegen die Banken sind somit konkrete Gläubigerinnenpositionen (in Bezug auf die ausgebende Bank), die gleichsam – im Einzugsbereich der jeweiligen Bank – zu generalisierten Gläubigerpositionen werden. Die formalisierten Gläubigerpositionen lassen sich individuell übertragen und werden so generalisiert.[50] Bankschulden werden so zu einer Positionsmarkierung eigenen Rechts, die als bloße Repräsentation «eigentlichen» Metallgeldes – als Anspruch *auf* dieses – soziologisch missverstanden wäre.

Banknoten werden von den Banken gegen die Einlage von Münzen, vor allem aber als Kredit, d. h. gegen ein Rückzahlungsversprechen ausgegeben. Es sind sofort einsetzbare Forderungen, die gegen langfristige Forderungen (den Kredit) bilanztheoretisch möglich werden, indem Banken den Kredit als Vermögen und die Banknoten als Verbindlichkeit in ihrer Bilanz verbuchen. Als langfristige Forderung können die Banken aber freilich nicht nur private (langfristige) Rückzahlungsversprechen der emittierten Banknoten eintragen, sondern auch öffentliche Schulden, in dieser Zeit also: Forderungen gegen die Krone. Englische Banken ab dem späten 17. Jahrhundert praktizieren vor allem die Diskontierung von Wechseln, übernehmen also kommerzielle Schulden in ihre Bilanz und bieten dafür ihre eigenen Schulden zur Positionierung an.

Es ist kein Wunder, dass nicht nur findige Messehändler, sondern auch Herrscher die Möglichkeit entdeckten und schätzen lernten, Forderungen gegen sie selbst – also keine materiell wertvollen Metallklumpen, sondern immaterielle Beziehungen – zur Tilgung ihrer Schulden anzubieten. In England fanden bei Zahlungen der Krone über Jahrhunderte Kerbhölzer (*tally sticks*) ihren Einsatz. Kerbhölzer sind archaische Formen der Bilanzierung, bei denen die Verbindlichkeiten eines Akteurs auf einem Stück Holz eingekerbt werden. Das Holz wird dann zerbrochen, so dass Gläubigerin und Schuldner jeweils eine Hälfte mitnehmen und am Zahltag wieder zusammenführen können; die Passung der Bruchstelle verbürgt die Legitimität der Tilgung. Solche Kerbhölzer spielten bei der Finanzierung der britischen Krone noch im 17. Jahrhundert eine nicht unbedeutende Rolle; sie wurden als *Exchequer tallies*, als Forderungen gegen die Krone zur Begleichung von deren Rechnungen ausgegeben und sollten mit zukünftigen Steuereinnahmen zurückgezahlt werden. Die Kerbhölzer wurden Ende des 17. Jahrhunderts durch ähnlich funktionierende *Exchequer Orders to Pay* oder: *Exchequer bills* ergänzt. Beide wurden von der Krone auch zur Tilgung von Steuerpflichten akzeptiert und konnten vom Halter auch an andere übertragen, also selbst für Zahlungen verwendet werden.[51]

Kerbhölzer und *Exchequer Orders* waren also Forderungen gegen den Herrscher, die zur Tilgung von Forderungen des Herrschers

(Steuern) verwendet werden konnten. Außerdem versprachen sie, sozusagen als Bonus, Zugriff auf künftige Einnahmen des Herrschers, machten die Halter dieser Forderungen also zu (privaten) Gläubigern der Untertanen. Durch die Amalgamierung dieser Faktoren wurden die Zahlungsversprechen der Krone als Tilgungsmittel auch für private Forderungen – kommerzielle Schulden – attraktiv; also wurde die konkrete Gläubigerposition, die die Halter der Kerbhölzer und Orders gegen die Krone einnahmen, zu einer generalisierten Gläubigerposition, aus der sich auch bei allen möglichen Geschäften entstehende Schuldnerpositionen verlassen ließen (aus der folglich kommerzielle Schulden getilgt werden konnten). Forderungen gegen den Herrscher waren Teil der Praxis des Geldes.[52]

Mit der Gründung der Bank of England 1694 werden nun die herrschaftlich generalisierten Gläubigerpositionen mit der etablierten Praxis, mit privaten Forderungen andere Forderungen zu tilgen, verschraubt; die Infrastruktur des Geldes nahm infolgedessen Konturen an. Vergleichbare vorherige Experimente – insbesondere die Wisselbank von Amsterdam (gegründet 1609) – müssten aus historischer Perspektive ebenfalls gewürdigt werden, doch will ich mich hier auch aus Platzgründen auf das britische Muster beschränken.[53] Im Jahr 1694 wird die Bank of England als eine private Firma gegründet, die gleichsam von der Krone zahlungsrechtlich privilegiert wird. Beispielsweise erhält sie 1708 das Monopol auf die Banknotenausgabe in London, die gleichzeitig von der Regierung als Tilgungsmittel für Steuerschulden akzeptiert werden. Hier offenbart sich die auch heute noch praktizierte Verschränkung privat vorgeleisteter und vergoltener Schulden und vertikaler, also von einem Herrschaftsapparat auferlegter Forderungen, indem Bankschulden als Tilgung der vertikalen Steuerschuld akzeptiert werden. Die Gründung der Bank of England ist nicht nur ein weiteres Beispiel für die Bedeutung staatlicher Forderungen für die Architektur von Geldordnungen, sondern verdeutlicht auch die Bedeutung von Forderungen gegen den Staat. Nicht nur Schuldnerpositionen gegenüber der britischen Krone (Steuerpflichten), sondern auch Gläubigerpositionen (Staatsschulden) sind Funktionselemente des Musters. Die Bank of England wird mit ihrer Entstehung die Hauptgläubigerin der britischen Regierung. Das heißt: Als Vermögen verbucht sie vor allem Zahlungsversprechen des Herrschers, der gleichsam bereit ist, die Schulden der Bank (seiner Gläubigerin) zur Tilgung der (Steuer-)Schulden seiner Bürgerinnen und Bürger zu akzeptieren. Moderne Geldordnungen machen Schulden *des* Staates und Schulden *gegenüber* dem Staat *gleichermaßen* zu ihrer tragenden Säule. Die gesamte Konstruktion generalisierter Gläubigerpositionen funktioniert durch konkrete Gläubigerpositionen gegenüber privaten Banken (Kontoguthaben), weil diese in einem Verweisungszusammenhang stehen (dem Geldgeflecht), der durch konkrete vertikale Gläubigerinnenpositionen (Staatsschulden) und Schuldnerpositionen (Steuern) in der öffentlichen Hand verankert ist. Es entsteht eine durch wechselseitige Verpflichtungen des Staates und seinen Bürgerinnen und Bürgern begründete und durch die Achtung dieser Verpflichtungen stabilisierte Infrastruktur.

Mit der Entstehung moderner Zentralbanken wird eine hierarchisch herausgehobene und öffentlich privilegierte Bankbilanz zwischen die hoheitlichen Forderungen und die im Privatsektor verfügbare Zahlungsfähigkeit geschaltet. Anstatt die Forderungen gegen den Herrscher selbst als Zahlungsmittel zu verwenden, werden sie von der Zentralbank «aufgekauft» und als Vermögen gehalten; dafür verwendet man dann die Forderungen gegen die Zentralbank als generalisierte Gläubigerpositionen und höchstrangiges Tilgungsinstrument innerhalb der Forderungshierarchie einer Währung. Indem man die Forderungen gegen die Krone – heute: den Staat – als Vermögen in einer Bankbilanz platzierte, konnten Forderungen gegen die Bank als simple Kontoguthaben oder Banknoten ausgegeben und verwendet werden. Sie wurden gleichsam als Tilgungsmittel auch für Forderungen des Herrschers – Steuern – akzeptiert und somit in die kollektive Verankerung generalisierter Gläubigerinnenpositionen eingebunden. Damit waren aber nicht mehr die Forderungen gegen den Herrscher selbst generalisiert, sondern die Bankschulden, die dann etwa auch (anders als die Forderungen gegen Krone oder Staat) ohne Zinsen herausgegeben und verwendet werden konnten. Die Wechselgeschäfte privater Geschäftsbanken konnten mit dieser Struktur zur Architektur der modernen monetären Maschinerie verschraubt werden. Statt mit Forderungen gegen den Staat direkt zu bezahlen, werden Forderungen gegen die Zentralbank mittelbar (als Guthaben der Geschäftsbanken auf Zentralbankkonten, also Forderungen gegen die Zentralbank) oder unmittelbar (als Banknoten und sonstiges Bargeld, also ebenfalls Forderungen gegen die Zentralbank) herausgegeben. Private Geschäftsbanken können auf dieser Basis Forderungen gegen sich selbst (Giralgeld) anbieten und dieses Angebot durch ihre eigene Kreditvergabe hyperflexibel erweitern. Man spricht von der politischen Architektur modernen Geldes deswegen auch als einem «Public-Private-Partnership», einem «Hybrid» oder einem «Franchisesystem», bei dem der Franchisegeber (der Staat und die Zentralbank) die Produktion seines Produkts – generalisierte Gläubigerpositionen – an Franchisenehmer (die Geschäftsbanken) ausgelagert hat.[54] Modernes Geld kommt auf diese Weise als zinsfreie Forderung gegen eine Bank in unsere Hände, beruht aber im Kern weiterhin auf vertikalen Forderungen gegen das Herrschaftszentrum und Forderungen des Herrschaftszentrums (Steuern).

Fassen wir also zusammen: Geld ist eine soziale Praxis der Bereitstellung, Distribution und Elimination von generalisierten Gläubigerinnenpositionen. In modernen Ordnungen werden diese generalisierten Positionen in den meisten Fällen durch konkrete horizontale Positionierungen repräsentiert. Das heißt: Man wird zahlungsfähig, kann also alle möglichen Obligationen tilgen, indem man Kunde einer privaten Geschäftsbank wird, mit der man einen Kontokontrakt aufsetzt. Die Generalisierung der Positionierung als Bankgläubigerin hängt dabei aber von der Existenz vertikaler, eben hierarchisch distinkter Schulden ab. Forderungen gegen die Zentralbank (Zentralbankgeld) werden durch Forderungen gegen den Staat bilanziell ermöglicht, die wiederum mit den Forderungen gegen die Zentralbank vergolten werden können. Dementsprechend vernichtet die Rückzahlung von Staatsanleihen auch, wie jede Kreditrückzahlung, Zentralbankgeld – und Staatsverschuldung erzeugt (mal direkt, mal indirekt) neues Geld.

Forderungen gegen Staaten können auf zwei Wegen als Vermögen in der Bilanz einer Zentralbank landen. Entweder «kauft» die Zentralbank sie direkt vom Schatzamt oder Finanzministerium. Das nennt man eine *direkte* Monetarisierung von Staatsanleihen, oder auch, vor allem wenn man das politisch kritisieren will: «monetäre Staatsfinanzierung». Dabei übergibt das Schatzamt die Anleihe an die Zentralbank, diese verbucht die Summe als Vermögen und erzeugt dafür eine neue Forderung gegen sich selbst, die als Guthaben dadurch auf dem Zentralbankkonto des Schatzamts erscheint. Nun gibt es also neues Geld (Forderung gegen die Zentralbank), weil es eine neue Forderung gegen den Staat gibt (Staatsanleihe). Mit dem Verkauf der Staatsanleihe verspricht das Schatzamt, zum Fälligkeitstermin die entsprechende Summe zu zahlen, d. h. Zentralbankguthaben (eine Forderung gegen die Zentralbank) *an die* Zentralbank selbst zu zahlen. Eine Staatsanleihe in der Bilanz der Zentralbank ist also ein Versprechen, der Zentralbank ihren eigenen Schuldschein zurückzugeben, genauso wie ein Kredit bei einer privaten Geschäftsbank das Versprechen ist, einen Privatbankschuldschein (Giralgeld, also Forderungen gegen private Geschäftsbanken) an seine Ausstellerin zurückzugeben. In beiden Fällen verschwindet der zurückgegebene Schuldschein (das Geld) genauso wie der damit abgegoltene Kredit (oder die Staatsanleihe) wieder aus der Bankbilanz.

In vielen Währungsräumen ist die direkte Monetarisierung von Staatsschulden verboten. Das Schatzamt muss in diesen Ländern seine Zahlungsversprechen zunächst an private Investorinnen und Investoren verkaufen, so etwa in der Eurozone. Hier dienen die gemeinhin als sicher geltenden Schulden etwa als Vermögensanlage oder Pfand zur Besicherung von Finanzgeschäften. Insbesondere aber werden sie von Banken zur Refinanzierung bei der Zentralbank genutzt, also zum Wiederauffüllen des Reservekontos. Dazu leihen sich die Banken neu geschaffenes Geld von der Zentralbank (wie im sechsten Kapitel besprochen) und hinterlegen dafür die Staatsanleihe als Pfand. Die Zentralbank übernimmt sie also genauso wie bei der direkten Monetarisierung als Vermögen in ihre Bilanz und erzeugt dafür neues Guthaben als Verbindlichkeit. Der Effekt einer (erfolgreich) emittierten Staatsschuld bleibt also derselbe, genauso wie der ihrer Rückzahlung (oder ihres «Verkaufs» an den Privatsektor): Erzeugung und Verminderung der Basis unserer Geldordnung.

Mit der Erfindung der modernen monetären Maschine gelingt Staaten also ein Coup: Ihre eigenen Schulden werden ganz unmittelbar zur bilanztheoretischen Voraussetzung der Geldversorgung, weil sie in der als öffentlich-privater Hybrid organisierten modernen monetären Maschine die hierarchisch höchsten Gläubigerpositionen bereitstellen. Würden alle Staaten der Eurozone ihre Schulden von einem Tag auf den anderen abbauen, wäre der Euro (bis auf Restbestände, die in der Bilanz der EZB durch Forderungen gegen andere Akteure ausbalanciert wären) weg.[55] Staatsschulden sind geldschöpfend und für die Reproduktion der modernen monetären Maschinerie essenziell. Damit wird Geld im Grundsatz, auch wenn einzelne Geldbeträge privat (durch Geschäftsbanken) geschaffen werden, zu einer kollektiven Vorleistung, ganz im Sinne des Infrastrukturbegriffs: Geld ist, wie für Infrastrukturen üblich, nicht nur eine Maschinerie (eine dynamisch verschaltete Struktur, die Vorleistungen erbringt), sondern auch eine kollektiv – nämlich mit unser aller Schulden, insbesondere aber mit unseren gemeinsamen Schulden! – betriebene Vorleistungsmaschine.

Damit präsentiert die bilanztheoretische Beschreibung ein gegenüber dem Alltagsdiskurs radikal anderes Bild von Staatsschulden (Forderungen gegen das Herrschaftszentrum). Ist der Ruf von Schulden aufgrund tauschtheoretischer Missverständnisse schon allgemein schlecht, erfahren Staatsschulden in weiten Teilen der Bevölkerung noch einmal verstärkte Abneigung. Es besteht in angeregten politischen Tisch- und Kneipengesprächen wohl selten so viel Einigkeit wie bei der Skepsis gegenüber Staatsschulden. In einer repräsentativen Umfrage in Deutschland erklärten sogar fast zwei Drittel der Befragten (67,5 Prozent), sie wären auch dann gegen neue Staatsschulden, wenn dieser Verzicht unmittelbare Einschnitte für ihr eigenes Leben hätte, etwa für sie persönlich geringere monetäre oder infrastrukturelle Leistungen bedeutete.[56] Der «Schuldenberg» des Staates wird durch Schuldenuhren öffentlich an den Pranger gestellt und rhetorisch gerne auf die ökonomisch bedeutungslose Einheit von Staatsschulden pro Bürgerin oder Bürger heruntergerechnet. Insofern konnte nach der Finanzkrise von 2008 – die erste Zahlungskrise der öffentlichen Hand, die ich in der Einleitung aufgerufen habe – angesichts nachhaltig angewachsener Schuldenberge die Strategie der Austeritätspolitik breite gesellschaftliche Zustimmung mobilisieren.[57] In Deutschland wurde die auf einen ausgeglichenen Staatshaushalt ohne Neuverschuldung zielende Politik mit dem Symbolbegriff der «schwarzen Null» geadelt und von Lukas Haffert 2016, d.h. vor der Pandemie von 2020, als die «symbolmächtigste politische Zahl unserer Zeit»[58] bezeichnet. In einer Rede vor dem Parlament im Jahr 2014 sprach Bundeskanzlerin Angela Merkel von einem Epochenbruch: «Jahrzehntelang» hätte der «Staat über seine Verhältnisse gelebt. Damit machen wir Schluss».[59]

Nur schafft ein Staat, der Defizite macht, die Grundlage modernen Geldes! Mit ihrer populistischen Formel kultivierte Merkel nicht nur einen Argwohn gegenüber einer öffentlichen Hand, die Zahlungsverpflichtungen eingeht, sondern gegenüber Schulden im Allgemeinen. Das in dieser Zeit ebenfalls zirkulierende positiv konnotierte Bild von der «schwäbischen Hausfrau» verweist auf ein Wirtschaften «innerhalb» der eigenen Verhältnisse, das bedeutet: eine *Vorfinanzierung* von Ausgaben durch Einnahmen anstatt durch Schulden. Wer Einkommen anspart, bis Ausgaben bezahlbar werden, lebt gemäß den eigenen Verhältnissen, führt einen sorgsam wirtschaftenden Haushalt. Wer nicht nur gelegentlich, sondern ständig Zahlungsverpflichtungen eingeht, handelt unverfroren und verbraucht Ressourcen, die noch nicht da zu sein scheinen oder dem Haushalt noch nicht zustehen, jedenfalls lebt er (der Haushalt) «über seine Verhältnisse».

Schulden gelten als *Ersatz* für angespartes Steuereinkommen, als ein riskanter Vorschuss auf die Zukunft, auf künftige Einnahmen, die auch eingeholt werden müssen – durch die Tilgung. Öffentliche Schulden gelten in dieser Beschreibung wenigstens potenziell als parasitär, als voreiliger Verbrauch von noch nicht (durch die Hände der Steuerzahlerinnen) erwirtschafteten Ressourcen. Das bildet den Nährboden des *sentimentalen* Schuldverhältnisses, das unsere gesellschaftlichen Diskurse prägt. Schulden gelten also als ein riskantes Substitut für die «reguläre», als legitim geltende, positiv besetzte Finanzierungsform des *Ansparens*. Besser doch, alle würden sich geduldig verhalten, zunächst erwirtschaften, was sie auszugeben gedenken, und auf Vorgriffe verzichten, die, wenn sie scheitern, finanzielle Einbußen für die Gläubiger und (wenigstens) Reputationsverluste für die Schuldnerinnen bedeuten – so die gängige Erzählung!

Immer wieder liest man deswegen davon, durch Verschuldung würde der Staat die Einkommen der Zukunft vorgreifend besteuern, sozusagen von der nächsten Generation erst noch zu erwirtschaftende Steuerabgaben voreilig in die Gegenwart transferieren und hier und jetzt verprassen. Staatsschulden gelten somit als Problem der Generationengerechtigkeit; daher können sie sogar demokratietheoretisch in Zweifel gezogen werden.[60] Betrachtet man aber Geld nicht als eine Menge individueller Guthaben, die von der öffentlichen Hand als Schuldner entliehen wird, sondern als Geflecht interdependenter Forderungen, das auf der doppelten Säule von Forderungen gegen und Forderungen der Gemeinschaft ruht, macht dieses negative Narrativ über Kollektivschulden keinen Sinn mehr.

Es bleibt zwar unzweifelhaft richtig, dass private Akteure durch Arbeit und die Produktion und den Handel mit Gütern individuell legitime Ansprüche auf Geldsummen erheben, die sie deswegen auch legal als Eigentum besitzen (d. h. als Vermögen in ihrer Bilanz halten) dürfen. Die bloße Summe individuellen «Wirtschaftens» kreiert und erhält aber unser Geld nicht. Vielmehr kommt es hier auf eine gesellschaftliche Reproduktion an. Die Existenz des Geldes ist nicht auf individuelle Aktivität («gutes Wirtschaften»), sondern auf eine kollektive Anstrengung zurückzuführen. Die moderne monetäre Maschinerie existiert und besteht fort, weil sich ständig eine Vielzahl von Akteuren verschuldet und diese Schulden auch wieder begleicht, ansonsten würde das Geldgeflecht zusammenbrechen, egal wie gut einzelne Haushalte, Unternehmen oder Staaten wirtschaften oder wie viel Arbeit geleistet wird. Die Reproduktion der Maschine hängt dabei in entscheidender Weise davon ab, dass staatliche Verschuldung – im Sinne der positiven Umdeutung des Schuldenbegriffs kann man hier auch von kollektiver Verschuldung sprechen – die hierarchisch höchstrangigen Forderungen bereitstellt (Zentralbankgeld), dass die

Obligationen, aus denen die Maschinerie (und damit der «Wert» des Geldes) besteht, durch staatliche Strukturen durchgesetzt und durch vertikale Forderungen (nicht zuletzt Steuern) verankert werden – und dass staatliche Verschuldungs- und Tilgungsbereitschaft die immer wieder auftretenden Kontraktionen des Geflechts abfedern. Die Reproduktion von Zahlungsfähigkeit (generalisierten Gläubigerinnenpositionen) ist eine gemeinschaftliche Praxis, keine Leistung eines wie auch immer zu bestimmenden (aber diskursiv omnipräsenten) Feldes namens «Privatwirtschaft».

Wozu Steuern?

Die Bilanztheorie korrigiert damit die These einer strukturell gegebenen Abhängigkeit der öffentlichen Zahlungsfähigkeit von der Zahlungsfähigkeit seiner Bürgerinnen und Bürger. «Es gibt kein öffentliches Geld, es gibt nur das Geld der Steuerzahlerinnen und Steuerzahler», wurde die ehemalige britische Premierministerin Margaret Thatcher im ersten Teil zitiert – eine Überzeugung, die nicht nur im öffentlichen Diskurs ubiquitär ist, wie etwa auch die Sloterdijk-Debatte verdeutlicht, sondern sich etwa auch im zitierten Handbuch der Wirtschaftssoziologie wiederfand, welches die Abhängigkeit der öffentlichen Hand von der Zahlungsfähigkeit privater Hände als «unstrittig» bezeichnete. Dieses Theorem erweist sich nun jedoch aus zwei Gründen als problematisch:

Erstens – um das Fazit des vorangegangenen Abschnitts zu wiederholen – ist es zwar unzweifelhaft richtig, dass private Akteure als Unternehmerinnen oder Arbeiter an der Produktion von Waren beteiligt sind, die entweder verbraucht oder als Verschuldungsangebote – d.h. zum Verkauf – in einer Bilanz gehalten werden. Auch trifft zweifellos zu, dass private Akteure durch Arbeit und Verkauf legitime Ansprüche auf Geldsummen erwerben, die sie deswegen auch legal als Eigentum besitzen (d.h. als Vermögen in ihrer Bilanz halten) dürfen. Allerdings gibt es streng genommen keine einzelnen Geldbeträge, sondern nur eine Architektur aus Forderungen, die ganz oder gar nicht funktioniert. Existenz und Persistenz des Geldes sind damit nicht auf individuelle, privatwirtschaftliche Aktivität (Produktion und Handel oder individuelles «gutes Wirtschaften»), sondern auf eine kollektive Anstrengung zurückzuführen, die individuelle und öffentliche Defizite als kombinierte Ressourcen der Reproduktion des Geldes bereitstellt. Geld existiert und besteht fort, weil sich ständig eine Vielzahl von Akteuren verschuldet und diese Schulden auch wieder begleicht, ansonsten würde das Geldgeflecht zusammenbrechen. Es braucht also beständig Gründe, sich zu verschulden: einerseits beim Bankensystem, um neue Geldbeträge zu schaffen, andererseits bei Produzenten und Handelnden, um für diese Einkommen zu generieren, mit denen die geldschöpfenden Kredite beglichen werden. Das Verpflichtungsgefüge bedingt Geld und Geldbedarf gleichermaßen – nicht zuletzt, aber eben auch keinesfalls nur, durch seine Verankerung in herrschaftlichen Forderungen. Öffentliche Verschuldungs- und Tilgungsbereitschaft müssen immer wieder auftretende Kontraktionen des Forderungsgeflechts abfedern. Auch das Geld in privaten Händen ist also nie bloß privat «erwirtschaftetes» Vermögen, sondern steht überhaupt nur als kollektive Vorleistung privater Aneignung zur Verfügung. Der öffentlichen Hand eine allein extraktive Rolle zuzuschreiben und ihre Funktion als gebende Hand in modernen Geldwirtschaften auszublenden, wie es Thatcher, Tilly, Sloterdijk und Co. tun, ist schlicht falsch.[61] Private Geldvermögen sind Aneignungen gesellschaftlicher, also kollektiver Gefallen.

Zweitens entsteht der Eindruck einer *Abhängigkeit* der öffentlichen Hand von der durch Steuern eingeforderten Zahlungsfähigkeit privater Hände durch die Gewöhnung an eine buchhaltungstechnisch optionale Selbstbeschränkung, die Zahlungsfähigkeit eines Staates wie die eines Privathaushalts zu beurteilen, der monetär abhängig von anderen ist, also Geld einnehmen muss, bevor er es ausgeben kann. Da kollektive Zahlungsversprechen das Fundament modernen Geldes bilden, ist die Analogie zwischen privater und öffentlicher Zahlungsfähigkeit (in der eigenen Landeswährung) ebenso falsch.[62] Wie insbesondere die MMT zuletzt öffentlichkeitswirksam betont (was nicht heißt, dass sie diese Einsicht monopolisieren könnte), verwechseln wir in unseren ökonomischen und politischen Debatten zur Finanzierung des Gemeinwesens häufig *reale* (also unserem unmittelbaren Einfluss entzogene) mit (aus welchen guten oder schlechten Gründen auch immer) *selbstauferlegten* Beschränkungen.[63] Die Regeln etwa, dass das Schatzamt (wie ein privater Haushalt) über Guthaben verfügen muss, um Ausgaben tätigen zu können, oder dass – wie in Deutschland – im Falle unzureichenden Guthabens zur Finanzierung Bonds an den Privatsektor verkauft werden müssen, sind keine faktischen Notwendigkeiten, sondern politisch gesetzte Vorgaben. Sie sind durch diesen Hinweis nicht automatisch falsch oder unbegründet, doch ist es für eine politische Auseinandersetzung über Geldpolitik essentiell, dass der Kategorienfehler aufgeklärt wird. Auf diesen Aspekt (und andere) wird das folgende Kapitel unter dem Titel «monetäre Souveränität» eingehen.

Schlagen wir zum Abschluss dieses Kapitels nun aber noch einmal den Bogen zum Beginn des Kapitels, als die MMT als ein «tax-driven money»-Ansatz charakterisiert und damit der chartalistischen Denkschule zugeordnet wurde. Schon in der Einleitung hatte ich außerdem auf Beardsley Rumls auf den ersten Blick irrsinnigen Hinweis verwiesen, die USA (auf die sich Ruml bezog) seien nicht auf Steuereinnahmen angewiesen, um ihre Ausgaben zu finanzieren. Dort hatte ich behauptet, diese These sei nicht als Appell für Sorglosigkeit zu verstehen, sei also kein Aufruf zu schlechter und fahrlässiger Haushaltsführung, sondern impliziere eine alternative Theorie von Geld, Geldwirtschaft und Geldpolitik. Tatsächlich steckt in der (von Kelton selbstbewusst so bezeichneten) «kopernikanischen Wende» der MMT in der Kontinuität zu Ruml ein Dissens darüber, was Steuern *sind*, wie wir also über ihre Beschaffenheit und Funktionsweise denken sollten. Es geht nicht darum, wie wir zu Steuern und solider Haushaltsführung stehen. Moralisierende Metaphern wie jene der «schwäbischen Hausfrau» gehören also nicht nur aufgrund ihrer diskriminierenden Konnotation aus dem Diskurs verbannt, sondern auch, weil sie geldpolitische Entscheidungen zu kulturellen Differenzen zwischen sorglosen Hallodris und tugendhaften Sparern verzerren.

Man muss einmal durchdenken, was es unter der aufgerufenen bilanztheoretischen Beschreibung bedeutet, Steuern an einen Staat in dessen eigener Währung zu zahlen. Die Einkommenssteuer wird beispielsweise von unserem Bruttogehalt abgezogen, bevor wir unser Nettoeinkommen ausgezahlt bekommen. Negative Differenzen gleichen wir nach dem Eintreffen des Steuerbescheids per Banküberweisung aus, zu viel gezahlte Steuern bekommen wir auf unser Geschäftsbankkonto gutgeschrieben. Es sieht also zunächst so aus, als würden wir unsere Steuerschuld beim Staat mit Giralgeld (Forderungen gegen Geschäftsbanken) vergelten, denn in dieser Form bekommen wir unser Gehalt und die Differenzbeträge vom Amt ausgezahlt. Das stimmt so aber nicht, auch hier gibt es wieder eine zweite bilanzielle Ebene.[64]

Wenn ich meine Geschäftsbank auffordere, Geld von meinem Konto an den Staat (repräsentiert durch das Konto des zuständigen Finanzamts) zu überweisen, geschieht Folgendes: Als Gläubiger meiner Geschäftsbank (Kontoinhaber mit ausreichend Guthaben) bin ich qua Positionierung in der Lage, mit der Anweisung einen Teil der Schuld meiner Geschäftsbank mir gegenüber zu streichen. Die Bundesrepublik Deutschland, die wenigstens in letzter Instanz die Empfängerin meiner Steuerzahlung ist, hat ihr Konto aber bei der Deutschen Bundesbank, also: einer Zentralbank. Wie kommen meine Steuern von meinem Geschäftsbankkonto dorthin? Man kann einer Zentralbank schließlich kein Giralgeld überweisen, weil Giralgeldbeträge der Sache nach Forderungen gegen Geschäftsbanken sind und eine Zentralbank logischerweise nur Forderungen gegen sich selbst als eigene Verbindlichkeiten (d. h. als Geld) verbuchen kann.

Sowohl der deutsche Staat als auch meine Geschäftsbank führen allerdings glücklicherweise beide Konten bei der Bundesbank, so dass hier die entsprechende Summe von einem auf das andere Konto übertragen werden kann. Man muss sich nun vergegenwärtigen, was das auf der Beziehungsebene bedeutet, also: wie hier Gläubigerinnen-Schuldner-Beziehungen geknüpft und getilgt werden. Genauso wie meine Anweisung an meine Geschäftsbank eine Tilgung war (die Überweisung der Steuern), ist auch die dadurch ausgelöste Anweisung der Geschäfts- an die Bundesbank eine Beziehungsterminierung

(Tilgung); Guthaben bei der Zentralbank sind schließlich ebenso Forderungen gegen die Zentralbank wie Guthaben bei einer Geschäftsbank rechtlich betrachtet Forderungen gegen diese Geschäftsbank sind. Nunmehr schuldet meine Geschäftsbank mir also weniger, und auch die Bundesbank schuldet der Geschäftsbank weniger, dafür aber der Bundesrepublik mehr – denn auf diesem Konto gab es nun eine Aufbuchung.

Wir haben gesehen, dass die selbstreferentielle (d. h. auf kein anderes Tilgungsmittel mehr verweisende) Architektur von Staatsschulden (geldermöglichenden Vermögen) und Zentralbankschulden (Geld) – die Basis des modernen Geldsystems – als eine Verkomplizierung einer eigentlich einfacheren Praxis entstanden ist: die Versprechen der britischen Krone (Kerbhölzer und *Exchequer bills*) direkt als Zahlungsmittel zu verwenden. Damals hat man, wenn man mit diesen Dingen seine Steuern bezahlte, einfach die Schulden der Krone an diese zurückgegeben und damit die eigene Steuerschuld vergolten. Man hat also eine Forderung mit einer Gegenforderung aufgelöst. In diesem historischen Kontext wirkt Beardsley Rumls Diktum, Staaten seien auf die Einnahme von Kerbhölzern oder *bills* durch Steuern zur Finanzierung gar nicht angewiesen, alles andere als absurd: Warum sollte jemand auf die vorherige Einnahme der *eigenen* Schulden angewiesen sein, um mit diesen bezahlen zu können? Schließlich bedeutete eine Steuerzahlung mithilfe von *Exchequer bills* die Rückgabe eines Schuldzettels an den Schuldner. Vielmehr brauchte es Staatsausgaben, also Zahlungen der Krone, um die *bills* überhaupt erst in Umlauf zu bringen.

Völlig anders ist das Verhältnis heute nicht, wenn auch etwas komplizierter und deswegen leicht zu übersehen: Wer die Forderungen des Staates (Steuerpflichten) tilgt, tut dies anhand von Forderungen gegen die Zentralbank (Geld), mit denen letztendlich nur Staatsschulden getilgt werden, um die Bilanz der Zentralbank wieder zu verringern. Betrachten wir zur Aufklärung dieses kontraintuitiven Zusammenhangs die Steuereinnahmen (hier der USA, weil ich dieses Beispiel aus einem Aufsatz von Kelton übernehme) mit Blick auf die monetären Bestände.[65] Es gibt folglich zu einem Zeitpunkt Z eine

Summe X an Zentralbankgeld in der Wirtschaft, die – Bargeld ausgeklammert – als Kontoguthaben der Geschäftsbanken in der Bilanz der Zentralbank verbucht ist. Diese Summe hat ihren Ursprung in Refinanzierungskrediten der Banken, die dafür in der Regel US-Staatsanleihen als Sicherheit hinterlegt haben, und in Käufen von US-Staatsanleihen, aus denen ein Guthaben des US-Schatzamts (der Regierung der Vereinigten Staaten von Amerika) folgt. Das sind die Verbindlichkeiten und Vermögen der Zentralbank.

Will die US-Regierung nun eine Zahlung anweisen, schreibt sie einen auf ihr eigenes Konto laufenden Scheck, der von der Geschäftsbank des Empfängers bei der Zentralbank platziert und damit gegen Reserveguthaben getauscht werden kann. Damit erhält der Empfänger Giralgeld, die Geschäftsbank Zentralbankgeld (Reserveguthaben) und die Zentralbank eine Forderung gegen die US-Regierung: Kollektive Schulden haben also Zahlungsfähigkeit erzeugt.[66] Dementsprechend ist es nur logisch, wenn auch sicherlich nicht besonders intuitiv, dass das Abtragen kollektiver Schulden – und damit auch das Bezahlen von Steuern – Zahlungsfähigkeit vernichtet. Was kurios klingt, ist der Architektur unseres Geldes geschuldet; gehen wir das Schritt für Schritt durch: Zunächst einmal sollte klar sein, dass durch das Bezahlen von Steuern Geld vom Privatsektor (den Unternehmen und Haushalten) in den öffentlichen Sektor fließt. Durch Steuerzahlungen verbleibt weniger Zahlungsfähigkeit im Privatsektor – das Geld geht ja in die öffentliche Hand. Die öffentliche Hand zahlt aber auch mit einer ganz anderen Geldsorte, nämlich mit Zentralbankgeld und nicht, wie der Privatsektor, mit Giralgeld. Wenn wir also unsere Steuern von unserem Bankkonto (Giralgeld) an den Fiskus überweisen, muss unsere Geschäftsbank ihr Zentralbankkonto belasten. Das bezahlte Giralgeld wird also weggebucht (verschwindet), während dieselbe Summe vom Zentralbankkonto unserer Geschäftsbank auf das Zentralbankkonto des Bundes wandert. Die Zentralbankgeldmenge bleibt durch die Steuerzahlung also zunächst gleich, die Giralgeldmenge – also die im Privatsektor verfügbare Zahlungsfähigkeit (Bargeld ausgeklammert) – schrumpft. Schon in diesem Sinne sind Steuern also ein Mittel der Geldvernichtung. Nun liegt das Steuergeld buchhalterisch betrachtet auf dem Konto des Staates, bei dem es sich – zur Erinnerung! – um Schulden der Zentralbank handelt. Die Vermögen der Zentralbank hingegen sind, auch daran sei erinnert, mehrheitlich Schulden des Staates. Nur durch diese Staatsschulden kann die Zentralbank überhaupt Geld auf den Konten der Staaten und Banken ausweisen. Wenn der Staat nun sein durch Steuerzahlungen gefülltes Konto nutzt, um Staatsschulden zu begleichen, dann wird die entsprechende Summe vom Staatskonto gelöscht und die korrespondierende Staatsschuld aus der Bilanz der Zentralbank getilgt. Beide Seiten der Bilanz verkleinern sich: Staatsschulden und Zentralbankschulden (das Geld auf dem Staatskonto) werden weniger.

Steuereinnahmen sind also überhaupt nicht mit den Einnahmen privater Haushalte vergleichbar. Die Überweisung eines Monatsgehalts auf das Konto einer Angestellten (privater Haushalt) bedeutet, dass der Arbeitgeber die monatliche Schuld gegenüber seiner Angestellten tilgt, indem er ihr eine Forderung gegen eine Geschäftsbank überlässt, die von der Angestellten fortan als Vermögen verbucht werden kann, weil es sich um eine generalisierte Gläubigerinnenposition handelt. Überweist man hingegen Steuern an den Staat, entzieht man das Guthaben einfach seinem Verwendungsraum: Mit ihm kann (als Guthaben auf dem Zentralbankkonto) nur noch eine Staatsschuld gestrichen werden; soll das Geld ausgegeben werden, muss es zunächst wieder in Umlauf gebracht werden – aber hier unterscheiden sich ein «volles» oder ein «leeres» Konto des US-Schatzamts nicht voneinander. Steuerzahlungen *zerstören* also zunächst Giralgeld, indem Geschäftsbanken entsprechend der Summe Zentralbankgeld überweisen, und *zerstören* dann Zentralbankgeld, wenn sie zum Ausgleich des Defizits des Schatzamts verwendet werden. Da Steuern also Zahlungsfähigkeit auflösen, anstatt sie zu erzeugen, sind sie aus bilanztheoretischer Perspektive *der Sache nach* keine Einnahmen.

Steuern sind im Paradigma der Bilanz also vor allem ein Hebel zur Geldvernichtung. Wenn ein Staat wie die USA mehr durch Steuern einnimmt, als er durch eigene Verschuldung neu in Umlauf bringt, reduziert er die im Privatsektor verfügbare Menge an Geld, verkleinert also das Dollar-Forderungsgeflecht. Dadurch, dass Steuern generalisierte Gläubigerinnenpositionen im Privatsektor auflösen, können sie inflations- oder verteilungspolitische Zwecke erfüllen. Sie sind aber in der Tat nicht wirklich als Einnahmen zu verstehen, weil die Steuerzahlenden mit den Zentralbankschulden (mit denen sie ihre Steuerpflichten vergelten) ebenfalls nur Schuldzettel an den Schuldner zurückgeben – Schuldzettel, die buchhalterisch durch Staatsausgaben entstanden sind bzw. durch sie mitkonstituiert werden. Steuern dienen deswegen nicht der Finanzierung (Ermöglichung) von Staatsausgaben im Sinne einer Abhängigkeit öffentlicher von vorgängiger privater Zahlungsfähigkeit. Vielmehr ist private Zahlungsfähigkeit von öffentlicher Zahlungsfähigkeit (und Zahlungswilligkeit) abhängig.

Stattdessen haben Steuern erstens den Zweck, die Nachfrage nach Geld zu verankern, weil die Pflicht ihrer Ableistung (die vertikale Forderung) die Bürgerinnen und Bürger dazu motiviert, dem Gemeinwesen Ressourcen bereitzustellen. Zweitens dienen sie geldwertpolitischen Zielen, weil sie ökonomischen Sektoren Zahlungsfähigkeit entziehen können, wenn hier etwa inflationäre Spiralen drohen (also die Durchschnittspreise rasant steigen). Drittens erlauben Steuern (wenn auch de facto nicht besonders präzise) Gesellschaftsgestaltung, indem unerwünschte oder schädliche Tätigkeiten höher und favorisierte niedriger besteuert werden.

Dieser bilanztheoretische Blick auf die politische Fundierung der Bereitstellung von generalisierten Gläubigerinnenpositionen verweist auf ein spezifisches gesellschaftliches Machtpotenzial, die genuin politische monetäre Maschine nicht nur für gesellschaftlich definierte Zwecke einzusetzen, sondern solche Zwecksetzungen auch gegen Kritiken zu immunisieren, die mithilfe tauschtheoretischen Sperrfeuers von einer Neutralität des Geldes und seinem Ursprung in privatwirtschaftlicher Tätigkeit ausgehen wollen. Das nächste Kapitel wird diese Steuerungsfragen unter dem Titel der monetären Souveränität aufrufen.

Teil IV

Hoheitsansprüche in Krisenzeiten

8. Zur Privatisierung monetärer Souveränität

Ein bilanztheoretisches Verständnis von Geldpolitik wird durch den Begriff der monetären Souveränität organisiert. In der Forschung wird der Begriff in zwei unterschiedlichen, mehr noch, widerstreitenden Bedeutungen verwendet. Man kann hier, wie ich zusammen mit Carolin Müller in Anlehnung an Katharina Pistor vorgeschlagen habe, einerseits von einer *territorialen* und andererseits von einer *agentiellen* Interpretation des Begriffs «monetärer Souveränität» sprechen.[1] In einem territorialen Sinne bedeutet monetäre Souveränität, Macht über die Verfügbarkeit von Zahlungsfähigkeit innerhalb eines Währungsraums reklamieren und exekutieren zu können. In einem agentiellen Sinne bedeutet monetäre Souveränität, Hoheit über die *eigene* Zahlungsfähigkeit beanspruchen zu können. «Territorial» bezieht sich auf ein Staatsgebiet als Währungsraum, «agentiell» bezieht sich auf die monetäre Handlungsfähigkeit des Staates als Akteur innerhalb einer Geldwirtschaft. Um auf den Punkt zu bringen, inwiefern die Infrastruktur modernen Geldes als gesellschaftliche Vorleistungsmaschine bzw. gesellschaftlicher Ordnungsdienst dysfunktional, d. h. eigentlich zu Lasten der Mehrheit funktioniert, müssen wir beide Interpretationen monetärer Souveränität verbinden und als Feld politischer Auseinandersetzungen ausweisen.

Die eklatanten Zahlungsengpässe der öffentlichen Hand trotz immer weiter steigender Geldmengen haben mit einer *Privatisierung* monetärer Souveränität zu tun, die in diesem Kapitel für die Eurozone beschrieben und im abschließenden Kapitel mit Alternativen konfrontiert werden soll. Die Privatisierung monetärer Souveränität bedeutet eine diskursive Delegitimierung und einen institutionellen Rückbau gesellschaftlicher Ansprüche an die (Re-)Produktion von Geld als moderne monetäre Maschinerie – als Infrastruktur.[2] Die Privatisierung monetärer Souveränität im Hinblick auf gesellschaftliche Ansprüche an die Generierung und Verteilung von Zahlungsfähigkeit (territoriales Verständnis monetärer Souveränität) und die Hoheit über kollektive Zahlungsfähigkeit (agentielles Verständnis monetärer Souveränität) wurde nicht nur tauschtheoretisch legitimiert, sondern wird auch aufgrund der unsere politischen Debatten strukturierenden tauschtheoretischen finanziellen Vernunft in ihrer Dysfunktionalität übersehen. Dieses Kapitel wird also die doppelte Privatisierung monetärer Souveränität herausarbeiten, die wir der Ideologie unpolitischen Geldes zu verdanken haben. Das folgende neunte Kapitel wird die Dysfunktionalitäten der Privatisierung aufrufen und das abschließende zehnte Kapitel auf alternative Politikoptionen verweisen, die allesamt Geldpolitik als Infrastrukturpolitik begreifen und einen Ausweg aus der dreifachen Zahlungskrise der öffentlichen Hand weisen können.

Wer regiert das Geld?

Im Frühjahr 2019 erhitzte Facebook-Chef Mark Zuckerberg die Gemüter europäischer Finanzpolitiker. Der Internetgigant hatte sich mit Partnern aus dem Geldgeschäft, etwa dem Kreditkartenanbieter Mastercard und dem digitalen Zahlungsdienstleister PayPal, zusammengefunden und eine Gesellschaft gegründet, die die Herausgabe einer eigenen privaten Währung vorbereiten sollte. Diese Währung sollte zunächst «Libra» heißen und wurde Ende 2020 in «Diem» umbenannt. Die Privatwährung sollte über die Plattformen von Facebook, also nicht nur die Webseite Facebook selbst, sondern auch über den Kurznachrichtendienst WhatsApp und das Bilder- und Videonetzwerk Instagram verwendbar sein.[3] Weltweit sollten Menschen in der Recheneinheit Diem ausgewiesene Guthaben elektronisch halten und ausgeben können. Man kündigte also an, nicht nur als privater Dienstleister für Guthaben und Zahlungen in traditionellen Währungen – Dollar, Euro, Pfund usw. – aufzutreten, sondern eine eigene Währung zu verwenden, in der Guthaben gehalten und Zahlungen abgewickelt werden können. Dieses Angebot könnte prinzipiell jede Firma ihren Kundinnen unterbreiten, und Gutscheine oder Kundenbindungsprojekte wie Payback sind einem solchen Vorhaben auch verwandt. Allerdings werden hier Preise und Guthaben weiterhin in der jeweiligen Landeswährung berechnet. Diem hingegen soll eine echte eigene Währung sein, d. h. sowohl als Recheneinheit als auch als Zahlungsmittel fungieren. *In Diem* ausgewiesene Guthaben sollen dazu dienen, *in Diem* ausgepreiste Güter und Dienstleistungen per WhatsApp, Facebook-Messenger oder Instagram-Nachricht zu bezahlen. Ein solches Modell würde, böte es etwa ein Unternehmen aus der Automobilbranche oder des Einzelhandels an, wohl auf wenig Interesse stoßen. Warum schließlich sollte man Guthaben in einer Auto- oder Supermarktwährung halten wollen, mehr noch, warum sollten andere Unternehmen bereit sein, ihre Produkte in der Auto- oder Supermarktwährung auszupreisen und anzubieten? Insbesondere die Konkurrenz des Automobilkonzerns oder des Supermarktes dürfte hier zögerlich sein. Facebook verkauft aber nicht «sein» Produkt für Diem-Guthaben, sondern bietet eine Plattform an – ein ganzes «digitales Ökosystem»[4] –, indem Verkäuferinnen und Verkäufer Milliarden potenzieller Kundinnen und Kunden treffen können: die bereits etablierten Nutzerinnen und Nutzer der verschiedenen sozialen Medien des Konzerns. Um Guthaben in Diem halten und Zahlungen tätigen zu können, soll es ausreichen, einen Account auf der Plattform zu haben – so zumindest der Plan.

Die Ambitionen der Gruppe scheinen im Lichte der bereits existierenden Reichweite von Facebooks Netzwerk ernstzunehmend. So sehr, dass die Pläne nach ihrer Bekanntgabe politische Aufmerksamkeit auf sich zogen – vor allem Kritik. Die Reichweite der geplanten Privatwährung und die ökonomische Schlagkräftigkeit der Diem-Gruppe wurden von Vertreterinnen und Vertretern der europäischen Politik als Angriff auf die Souveränität, genauer gesagt: die *monetäre* Souveränität der europäischen Nationalstaaten gewertet: Der Europäische Rat sah in einer solchen «Initiative von potenziell globaler Reichweite» ein «Risiko für monetäre Souveränität».[5] In einem gemeinsamen Statement im September 2019 verkündeten der deutsche und der französische Finanzminister einhellig: «Kein privater Akteur darf jene monetäre Macht beanspruchen, die zum Kern nationaler

Souveränität gehört».[6] Ergänzend stellte der damalige deutsche Finanzminister Olaf Scholz klar, dass insbesondere die «monetäre Macht» zur Geldschöpfung, also zur «Herausgabe einer Währung», aus seiner Sicht «nicht in die Hände eines Privatunternehmens» gehöre, da sie «ein Kernelement staatlicher Souveränität» sei.[7] Bei der Produktion von generalisierten Gläubigerinnenpositionen (Geld) haben private Unternehmen also offenbar nichts verloren!

Hoheitsansprüche auf die Kontrolle ihrer Währungen gehören seit dem Aufkommen des modernen Ideals staatlicher Souveränität nach dem Westfälischen Frieden im späten 17. Jahrhundert zum Basisrepertoire staatlich verfasster Gemeinwesen. Souveränität, obgleich ein notorisch umstrittenes Konzept, meint zumeist den Anspruch oder sogar die De-facto-Kapazität eines Staates, sein Territorium eigenständig verwalten zu können. Wer Souveränität beansprucht, will damit innerhalb eines Gebiets als letzte Instanz über die Ordnung entscheiden, ohne dass andere Staaten intervenieren. Dazu gehörte wenigstens implizit, häufig aber auch ganz explizit die Kontrolle über eine eigene Währung. Schon Jean Bodin hatte in seinen einflussreichen *Sechs Büchern über den Staat* von 1576 die Herrschaft über das Geld selbstverständlich zu den Hoheitsansprüchen autonomer Gemeinwesen gezählt. Souveräne Herrscher dürften und sollten, so Bodin, über das gesetzliche Zahlungsmittel in ihrem Staatsgebiet verfügen, also etwa festlegen, aus welchem Material die Münzen geschlagen werden sollten – d. h., welcher Gold- oder Silberanteil zulässig war –, und damit auch, wie viel Währung mit welchem (materiellen) Wert innerhalb ihres Territoriums zirkulierte. Diese Kapazität gilt als wichtiges Element der Entstehung moderner Nationalstaaten.[8]

In Zeiten von stoffwertlosen Fiat-Geldbeträgen kann dieses Recht freilich nicht mehr auf die Prägung von Münzen und die Festlegung des Edelmetallgehalts bezogen werden, wohl aber auf ihr funktionales Äquivalent. In der staatsrechtswissenschaftlichen Literatur findet Claus Zimmermann folglich einen «kleinsten gemeinsamen Nenner» des Begriffs monetärer Souveränität: Darunter sei der hoheitliche Anspruch eines Staates zu verstehen, (1) sein Staatsgebiet mit Zahlungsmitteln zu versorgen und (2) die Funktionalität, also letztlich den

Wert des Zahlungsmittels in diesem Staatsgebiet zu beeinflussen – fortan allerdings nicht mehr durch die Manipulation des Metallgehalts der Münzen, sondern durch geldwertpolitische Maßnahmen, die entweder den Inlandspreis (das Preisniveau) oder die Wechselkurse (den Wert nach Außen) verändern, zum Beispiel durch Leitzinsänderungen oder Devisenhandel.[9] Dieses Verständnis monetärer Souveränität kann man mit Pistor *territorial* nennen, weil es dabei um die Hoheit über Zahlungsmittel innerhalb eines Staatsgebietes geht, die dort von unterschiedlichen Nutzerinnen und Nutzern gehalten und gebraucht werden. Das ist wichtig, weil es beim *agentiellen* Verständnis um die *eigene* Zahlungsfähigkeit eines souveränen Staates geht – aber dazu später mehr.

In einem territorialen Verständnis beansprucht ein Staat mit monetärer Souveränität (1) die Hoheit über die Produktion von Zahlungsmitteln und (2) die Legitimität für die monetäre Wertsteuerung seines Währungsraumes, man könnte auch sagen: Er entscheidet souverän über Geldschöpfungs- und Geldwertpolitik. In der Kritik europäischer Politiker an den Plänen für eine digitale Privatwährung ging es vor allem um den ersten Aspekt, die «Herausgabe einer Währung» (Scholz) oder eben: um die Geldschöpfung.[10] Diese Beschränkung der Kritik auf die hoheitlichen Ansprüche auf die Produktion von Zahlungsmitteln ist zunächst wenig verwunderlich, wurden doch, von der Ideologie unpolitischen Geldes angeleitet, die Kapazitäten und Entscheidungsbefugnisse im Hinblick auf die Geldwertpolitik auf vom Parlament unabhängige Zentralbanken verlagert. Dadurch blieben sie zwar staatlichen Institutionen (Zentralbanken) überantwortet, aber gleichsam als Feld legitimer politischer Ansprüche diskreditiert. Das heißt: Politiker können keine Ansprüche an die Geldwertpolitik formulieren, ohne sofort als fehlgeleitete Tabubrecher zu erscheinen. Deswegen werden unabhängige Zentralbanken (aus Sicht der Tauschtheorie: vernünftigerweise) als Träger monetärer Souveränität im geldwertpolitischen Sinne vom Staat mandatiert.[11]

Weder Staaten noch von ihnen mandatierte Zentralbanken können interne und externe Preise einer Währung bestimmen, sondern allenfalls auf Basis von Kausalannahmen zu beeinflussen versuchen, etwa durch Leitzinsen oder die Festlegung von Kriterien für die Kreditvergabe an den Bankensektor. Transnationale Warenströme fordern allerdings auch international koordinierte Zahlungsmittel, schlicht und ergreifend: den Handel mit Devisen, d.h. den «Umtausch» von einer Währung in die andere. Mit zunehmender Verflechtung weltwirtschaftlicher Warenströme waren Staaten deswegen immer wieder gezwungen (und willig), ihre geldpolitischen Handlungsspielräume durch Selbstverpflichtungen und Verträge einzuschränken (natürlich auch zum eigenen Vorteil). Solche Selbstverpflichtungen waren etwa die verschiedenen Formen des Goldstandards, die die internationale Geldordnung vom 19. bis zum 20. Jahrhundert geprägt haben, unterbrochen von Weltkriegen und den dazugehörigen Kriegswirtschaftsregimen. Das nach dem Zweiten Weltkrieg etablierte System von Bretton Woods – der Gold-Dollarstandard – bestand etwa in dem Versprechen der USA, den Dollar zu einem Fixpreis in Gold umzutauschen, kombiniert mit den Zusicherungen der anderen Länder, den Wechselkurs ihrer Währungen zum Dollar stabil zu halten. Dieses Bekenntnis zu einem bestimmten Außenwert der Währung beeinträchtigte die Handlungsspielräume in Bezug auf Inflationspolitiken. Wie Roy Kreitner ausführt, muss die Bindung eines eigentlich stoffwertlosen Zahlungsmittels an eine knappe, materielle Ressource wie Gold machtpolitisch als Depolitisierung verstanden werden – als Depolitisierung in Form einer Naturalisierung. Eingebettet in die Vorstellung von Geld als einer Repräsentation natürlicher Knappheit – diesen Gedanken führt Michel Aglietta sozialanthropologisch aus – symbolisierte die Bindung an Gold eine Extraktion geldpolitischer Fragen aus den Prozessen gesellschaftlicher Willensbildung. Über die Knappheit des Goldes kann man nicht streiten, es ist so viel da, wie da ist; mit der Natur kann man nicht verhandeln. Wenn jede Banknote und jedes Bankkonto einen Verweis auf Metall darstellen, steht jedes Argument für eine Ausweitung oder Begrenzung der Geldschöpfung, die sich nicht von veränderten Metallmengen herleitet, in der Bringschuld. Niklas Luhmann führte für solche Arrangements den Begriff der nichtkontingenten Knappheit ein, die von der Notwendigkeit sozialer Aushandlungsprozesse entlastet war.[12] Ein solches Arrangement ist damit aber kein Zeichen einer «vernünftigen», weil den vorausgesetzten apolitischen Charakter der Stellvertreterware bloß berücksichtigenden und sichernden Architektur – sondern eben selbst eine Depolitisierung, eine institutionelle Exklusion einer Infrastruktur aus den allgemeinen Prozessen gesellschaftlicher Willensbildung.

Das änderte sich auch nicht mit dem Ende des Gold-Dollarstandards 1973 – im Gegenteil. Mit zunehmender Verflechtung von Handelsströmen und Wertschöpfungsketten in der Globalisierung sahen sich Staaten einem dreipoligen Zielkonflikt ausgesetzt, der auch das Mundell-Fleming-Trilemma genannt wird: Autonome Geldpolitik ist nur möglich, wenn man entweder auf feste Wechselkurse oder auf Beschränkungen des internationalen Kapitalverkehrs setzt; alle drei Ziele zusammen lassen sich nicht erreichen. Wer den Zu- und Abfluss von Geld reglementiert, kann seine Währung zu einem festen Wechselkurs anbieten und dabei geldpolitische Ziele im Inneren verfolgen. Wer allerdings feste Wechselkurse mit freiem An- und Verkauf von Währungen und transnationalen Finanzgeschäften kombiniert, wird seine Geldpolitik in den Dienst des Wechselkurserhalts stellen müssen und so weiter. Deswegen setzte sich in Ländern wie den USA oder auch in Europa nach dem Ende des Bretton-Woods-Systems eine Ordnung flexibler Wechselkurse und freien Kapitalverkehrs durch, die den Zentralbanken Spielräume in ihren Leitzins- und Refinanzierungsentscheidungen verschaffte. Freier Kapitalverkehr und flexible Wechselkurse aber setzten ebenso Korridore für die geldwertpolitischen Entscheidungen von Zentralbanken, die nun immer auch die Möglichkeit zu- und abfließender Zahlungsmittel aufgrund von schwankenden Wechselkursen mitbedenken mussten. Das führte nach Kreitner zur Herausbildung einer internationalen Geldordnung, in der in arkanen Gremien und Strukturen wie Weltbank, IWF, BIS und G20 über gesellschaftlich hochbrisante Fragen so gesprochen und entschieden wurde, als handele es sich lediglich um technische Justierungen, die ein neutrales Tauschmittel bei der Arbeit unterstützen: eine Depolitisierung als Technisierung, anstelle der Naturalisierung des Goldstandards.[13]

Festzuhalten ist: Die territoriale Kontrolle der Zahlungsmittel in Staatsgebieten (oder in einem Währungsraum, der einen Staatenbund umfasst, wie die Eurozone) wurde im Sinne von (2) Geldwertpolitik an unabhängige Zentralbanken übertragen, deren Handlungsspielräume durch die Globalisierung gleichzeitig begrenzt wurden. Scholz und Co. konzentrieren ihre Kritik an Facebook und die Warnung vor einem drohenden Verlust monetärer Souveränität deswegen – zunächst: nachvollziehbarerweise – auf die erste Komponente der territorialen Souveränitätsdefinition, weil sie hier offenbar meinen, noch etwas gegen den Einfluss des Privatsektors verteidigen zu müssen: die Geldschöpfung nämlich, die Herausgabe einer Währung, die nicht in private Hände gelegt werden dürfe.

Im Lichte der Geschichte und Gestalt unserer offiziellen Währung als Maschinerie dynamisch verschalteter Forderungen allerdings wirkt die öffentliche Zurückweisung privatwirtschaftlicher Steuerungsansprüche – insbesondere im Hinblick auf die Geldschöpfung – mehr als kurios. Schließlich sind es ja Forderungen gegen private Banken, die vor allem als Geld eingesetzt werden, zur Bezahlung der Miete oder des Lohns etwa. Modernes Geld wird seit Jahrhunderten in Arbeitsteilung durch öffentliche Institutionen (Zentralbanken) und private Firmen (Geschäftsbanken) bereitgestellt, die beide Forderungen ausgeben und damit Zahlungsfähigkeit konstituieren. Manche bezeichnen diese Architektur, wie weiter oben festgehalten, als «Public-Private-Partnership» oder als ein «Franchisesystem», bei dem eine Mutterorganisation (die Zentralbank) ihre Aufgabe (die Geldschöpfung) an private Subunternehmen (die Geschäftsbanken) ausgelagert hat und diese nun aus dem Hintergrund unterstützt. Ebenso wie das Label der «Public-Private-Partnership» erhellt der Franchisebegriff die «Hybridität» modernen Geldes, das weder gänzlich der öffentlichen noch der privaten Sphäre zugeordnet werden kann. Allerdings sagen Begriffe wie «Partnerschaft» oder «Hybridität» noch nichts über die Machtverhältnisse innerhalb dieser politischen Architektur aus – und auch «Franchise» suggeriert eine Top-down-Kontrolle, die zumindest in der Gegenwart so nicht anzutreffen ist.

Einige Theoretiker, nicht zuletzt auch Vertreterinnen und Vertreter der MMT, widersprechen der Hybridität zwar nicht in der Sache, wohl aber in der theoretischen Konsequenz, indem sie eine scharfe

Unterscheidung zwischen barem Zentralbankgeld als «echtem» Geld und Giralgeld (Privatbankgeld) als bloßem Surrogat ziehen.[14] Sie sagen also: Nur Bargeld (oder: Zentralbankgeld) ist wirklich Geld. Dies wird dann etwa damit begründet, dass nur Bargeld gesetzliches Zahlungsmittel, somit nur Bargeld als Tilgungsmittel staatlich garantiert sei. Das aber tut aus soziologischer Perspektive nichts zur Sache; in der Praxis ist die mit der Haltung von Giralgeld verbundene Generalisierung häufig sogar weitereichender als die des Bargelds, selbst in einem Land wie Deutschland, wo Münzen und Scheine sich noch großer Beliebtheit erfreuen. In Wohnungsmietverträgen oder Arbeitsverträgen etwa ist in der Regel die Tilgung der Schuld per Banküberweisung vorgeschrieben, so dass Bargeld hier gar nicht oder wenigstens nicht umstandslos verwendet werden kann. Diese Praxis ist für die soziologische Theoriebildung ausschlaggebend, nicht die rein formelle juristische Unterscheidung.[15]

Unser sentimentales Verhältnis zu Schulden als einem vermeintlich ungeduldigen und lasterhaften Vorgriff auf Zahlungsfähigkeit, die man alternativ durch geduldiges Ansparen erhalten könnte, ruht auch auf einem Missverständnis über Bankkredite. Dieses Missverständnis bedingt eine hartnäckige (aber glücklicherweise im Abschied begriffene) Fehleinschätzung der Verhältnisse territorialer monetärer Souveränität. Wir betrachten Bankkredite in der Regel – und dabei folgen wir der tauschtheoretischen Axiomatik – als Darlehen, d.h. als riskante Transfers von bereits existierendem Geld von einer Verleiherin zu einem Leihenden, oder, ökonomisch gesagt, von Sparern zu Schuldnerinnen. Mit der modernen monetären Maschinerie haben wir im sechsten Kapitel aber einen anderen Blick auf Kredite kennengelernt. Er lag auch in der Umstellung von der Mikro- auf die Makroperspektive begründet, d.h. einem Verlassen des Blickwinkels individueller Nutzerinnen und Nutzer von Geld und der Einnahme einer Vogelperspektive, die versucht, Geld (und Geldwirtschaft) aus dem Krähennest mit Blick auf größere soziopolitische bzw. systematische Zusammenhänge zu beschreiben. Während es aus Sicht von individuellen Personen oder Unternehmen (man könnte auch sagen: aus betriebswirtschaftlicher Sicht) einleuchtet, die Entscheidung für oder gegen die

Aufnahme von Schulden als ein Abwägen von Verschulden versus Ansparen zu begreifen, gilt dies für die systemische Ebene nicht mehr. Hier lassen sich Schulden nicht als Ersatz für durch geduldiges Wirtschaften angesammeltes Einkommen beschreiben. Schließlich besteht schon das Geld, das durch geduldiges Wirtschaften eingenommen werden kann, wie wir im vorherigen Teil gesehen haben, aus Schulden. Ohne Bankschulden gäbe es nichts, was gespart werden könnte, weil die Art und Weise, wie gespart wird, die Form der Schuld ist. Außerdem wird dieses Geld auch noch dadurch produziert und reproduziert, dass sich Akteure gegenüber einer Bank verschulden. Bankkredite sind eben keine Darlehen, die angespartes Geld von den Habenden zu den Habenichtsen transferieren; es sind Akte der Schöpfung, der Geldwertschöpfung. Bankkredite sind kreative, schöpferische Praktiken. Erst die ständige Verschuldung erschafft und ermöglicht das Geld, das wir einnehmen und ansammeln.

Es besteht nun in der Tat eine enorme Differenz zwischen der tauschtheoretischen und der bilanztheoretischen Perspektive. Woher rührt die langanhaltende Persistenz und Überzeugungskraft der ersteren? Der Grund liegt in der schon einmal angesprochenen Dominanz einer Vorstellung, die private Bankkredite als bloße Verteiler von Ersparnissen, nicht als Schöpfer neuer Guthaben auffasst. In der Kurzform kann man sagen: Generationen von Ökonomielehrbüchern haben behauptet, Zentralbanken würden die Geldmenge kontrollieren und darauf achtgeben, dass das Verhältnis von Waren und Stellvertreterware konstant bleibt. Die Geldmenge würde durch die Zentralbanken also «von außen» (man sagt auch: exogen) vorgegeben. Unternehmen und Privathaushalte greifen für ihre je individuelle Herstellung von Zahlungsfähigkeit dann auf Kredite privater Banken zu, die das von der Zentralbank bereitgestellte Geld verteilen. Einige Haushalte und Unternehmen erwirtschaften Zahlungsmittelüberschüsse, indem sie mehr einnehmen, als sie ausgeben, und legen diese Überschüsse dann als Sparguthaben bei einer Bank an. Diese Sparguthaben kann die Bank an jene ausleihen, die es dringend benötigen und deswegen auch bereit (oder gezwungen) sind, einen Zins zu zahlen. Sie zahlen diesen Zins auf das Darlehen aus zwei Gründen: einerseits, weil die Sparer während der Laufzeit des Kredits ihre eigenen Sparguthaben nicht verwenden können, weil sie ja ausgeliehen sind. Diese zinsliche Entlohnung wird auch als *Liquiditätsprämie* bezeichnet. Sie ist die erste von zwei Rechtfertigungen für Zinsen: Wer Geld verleiht, kassiert dafür einen Gewinn, weil er das verliehene Geld für die Dauer des Darlehens nicht verwenden kann. Die zweite Rechtfertigung für Zinsen ist die *Risikoprämie*: Schließlich verzichten die Sparerinnen nicht nur für eine gewisse Zeit auf ihr Guthaben, sie laufen auch Gefahr, es niemals zurückzubekommen, nämlich dann nicht, wenn der Schuldner insolvent wird und der Kredit dadurch ausfällt, die Beziehung also scheitert.

Bankkredite erscheinen so als intertemporaler Tausch von Zahlungsfähigkeit heute gegen Zahlungsfähigkeit morgen: Sparerinnen geben ihre heutige Zahlungsfähigkeit auf, um Schuldner zahlungsfähig zu machen, und diese geben wiederum in der Zukunft Zahlungsfähigkeit auf, um mit der Rückzahlung die Sparerinnen wieder zahlungsfähig zu machen. Kredite ermöglichen scheinbar einen Hin- und Rückfluss von Stellvertreterwaren – eine Vorstellung, die sich leicht mit alltäglichen Erfahrungen in Einklang bringen lässt. Gewährt eine Freundin einem Freund ein Darlehen, so verzichtet die Freundin auf Zahlungsfähigkeit, indem sie einen Geldbetrag an ihren Freund übergibt. Dieser Freund wird nun gleichzeitig zahlungsfähig und Schuldner. Später, wenn das Darlehen fällig wird, gibt er die Summe zurück, verliert also Zahlungsfähigkeit und macht dadurch seine Gläubigerin, die Freundin, wieder liquide – ein intertemporaler Tausch von Zahlungsfähigkeit. Viele Menschen gehen deswegen nachvollziehbarerweise davon aus, dass Bankkredite im Prinzip genau wie solche Darlehen funktionieren, wie das Verleihen von angesparten Geldbeträgen an bedürftige Schuldner. Und genau so haben es auch Generationen von Wirtschaftsstudierenden mit dem sogenannten Intermediärenmodell von Banken gelernt, welches genau diese (falsche) Vorstellung von Bankkrediten als Distribution von Geld – als Darlehen bereits verfügbarer Geldbeträge – verbreitet hat.[16] Man spricht hier auch von der Theorie der «loanable funds», nach welcher der Umfang der Bankkredite durch die verfügbaren Geldsummen begrenzt ist, die als verleihbare («loanable») Spareinlagen bereits existieren.[17] Es handelt sich dabei um (besonders in der öffentlichen Debatte) hartnäckige, aber «graue Theorie».[18] Das Intermediärenmodell gründet nämlich auf einer Fehleinschätzung der Macht von Zentralbanken, die Geldmenge innerhalb eines Währungsraumes kontrollieren zu können.

Auch den traditionellen Lehrbuchautoren ist natürlich bewusst, dass private Geschäftsbanken, wenn sie Kredite vergeben, neues Guthaben als eigene Verbindlichkeiten in ihre Bilanz einbuchen, also: durch die Kreditvergabe selbst Geld erschaffen. Die Lehrbuchautoren argumentieren aber, man müsse diesen Vorgang heuristisch anders interpretieren, nämlich nicht als Schöpfungs-, sondern als Verteilungsakt. Warum? Private Geschäftsbanken sind, so diese Lesart, darauf angewiesen, einen Teil, eine «Fraktion» des von ihnen selbst geschaffenen Guthabens – Giralgeld – in Form von «Reserven» ihrer Zentralbank zu halten. Sie brauchen also Guthaben auf ihrem Konto bei der Zentralbank, um eigenes Geld schaffen zu können. Man spricht deswegen auch von einem «fraktionalen Reservesystem». Diese Bezeichnung ist fragwürdig, weil sie eine tragende Rolle ebenjener Reserven, der Zentralbankguthaben, behauptet, die es so nicht gibt.[19] Geschäftsbanken benötigen Zentralbankguthaben, weil sie diese in Bargeldform an ihre Kundinnen und Kunden auszahlen können; und dieser Service wird, in Ländern wie Deutschland zumindest, auch konsequent nachgefragt. Außerdem dient das Konto bei der Zentralbank zur Tilgung von Zahlungsdifferenzen zwischen Banken, die etwa dadurch entstehen können, dass Kundinnen mehr Giralgeld von der einen zu der anderen Bank überweisen, als umgekehrt zurückfließt. Schließlich benötigen Geschäftsbanken Reserven, weil es ihnen durch einen Mindestreservesatz vorgeschrieben ist; in der Eurozone beträgt er momentan ein Prozent. Das Intermediärenmodell unterstellt nun, dass sich Geschäftsbanken um ausreichendes Reserveguthaben bemühen müssen, *bevor* sie selbst neues Geld als Forderungen gegen sich selbst durch die Vergabe von Krediten (als Forderungen gegen die Schuldnerin) erzeugen, indem sie es in ihrer Bilanz verbuchen. Ansonsten würden sie sich selbst dem Risiko aussetzen, zahlungsunfähig zu werden, weil sie nicht genug Reserven übrighätten, um Bargeld auszuzahlen, Schulden bei anderen Banken zu tilgen oder die Reservepflicht zu erfüllen (Liquiditätsrisiko). Benötigtes Zentralbankgeld können sie durch eingehende Kundenüberweisungen von Konten anderer Banken (die einen Transfer von Zentralbankgeld nach sich ziehen) erhalten, durch Kredite von anderen Banken (Interbankenkredit) oder durch neue Kredite von der Zentralbank, wodurch neues Zentralbankgeld entstünde, das die private Geldschöpfung dann ermöglichen würde. So weit die «graue Theorie».

Wenn dem so wäre, müsste zu einem bestimmten Zeitpunkt und bei einer fixen Menge an Zentralbankgeld die privat produzierbare Geldmenge nicht nur endlich, sondern sogar als ein Mehrfaches der Zentralbankgeldmenge durchaus berechenbar sein; man spricht (oder: sprach) hier auch vom Geldmultiplikator. Damit wäre die Giralgeldmenge so etwas wie eine bloß weiter verteilte und dabei «verdünnte» Zentralbankgeldmenge. Das Intermediärenmodell argumentiert also, dass private Geschäftsbanken, obwohl sie de facto neues Geld durch Buchhaltung erzeugen, dennoch von einem *vorherigen* Zufluss an Geld abhängig seien, das sie nicht selbst herstellen können – von Reserven eben. Insofern müsse also die Giralgeldschöpfung doch vorfinanziert werden: Bankkredite verteilen demzufolge offenbar die Fraktionen an Reserven, die Banken zuvor schon zur Verfügung haben und die in diesem Sinne die Geldschöpfung «finanzieren».

Doch das Intermediärenmodell scheitert schlicht und ergreifend an der Realität. Darauf weisen nicht nur unzählige Expertinnen und Experten immer wieder hin; der Befund wird auch von zahlreichen Studien unterstützt. Und sogar die Eigendarstellungen der Zentralbanken hinsichtlich ihrer systemischen Rolle strafen die traditionellen Lehrbücher Lügen. In einem ihrer Monatsberichte formulierte vor einigen Jahren die Deutsche Bundesbank ihre Einschätzung der Sachlage in vermeintlich gebotener technischer Nüchternheit:

> «Die Fähigkeit der Banken, Kredite zu vergeben und Geld zu schaffen, [hängt] nicht davon ab, ob sie bereits über freie Zentralbankguthaben oder Einlagen verfügen. Vielmehr wird der Geldschöpfungsprozess durch eine Reihe von ökonomischen und regulatorischen Faktoren begrenzt.

Bankseitig findet die Geldschöpfung ihre Grenzen im Ertrags-Kosten-Kalkül der einzelnen Banken sowie in mikro- und makroprudenziellen Regulierungsvorschriften. Darüber hinaus wird deutlich, dass auch die Kreditnachfrage und das Portfolioverhalten der Nichtbanken die Geldschöpfung beschränken.»[20]

Wieso aber – so wird derjenige hochgradig verwirrt fragen, dem die tauschtheoretische Semantik als unhinterfragte Prämisse gilt – hängt die Geldschöpfungsfähigkeit von Geschäftsbanken nicht von der Verfügbarkeit freier Zentralbankguthaben (Reserven) oder Spareinlagen ab, sondern, innerhalb gesetzlich-regulatorischer Rahmenbedingungen, von der Nachfrage nach Krediten (also, ob sich jemand verschulden will, was dann im technischen Jargon des Zitats «Portfolioverhalten der Nichtbanken» heißt) und Rentabilitätskalkulationen der Geschäftsbanken selbst (also davon, ob die Expertinnen und Experten ihrer Risiko- und Investmentabteilung den Kredit für profitabel halten)? Denn das hieße ja, dass Geschäftsbanken jede Nachfrage nach Geld bedienen könnten, die sie für profitabel halten. Kann das sein?

Nun, die Notwendigkeit einer fraktionalen Reserve an Zentralbankguthaben beschränkt die Geldschöpfung privater Geschäftsbanken jedenfalls nicht von vornherein. Das liegt etwa daran, dass die Reserven von der Geschäftsbank in der Regel nicht vor der Geldschöpfung vorrätig gehalten werden müssen, sondern als nachträglicher Durchschnitt bilanziert werden. Dabei können Banken zu- und abfließende Zahlungen untereinander auch intern verrechnen, so dass am Ende – zumindest bei hinreichend großen Banken – nur geringe Differenzen auf den Zentralbankkonten auftreten. Außerdem steht der Interbankenmarkt bereit, auf dem Überschüsse an Zentralbankgeld, sieht man einmal von Krisen ab, schnell und unkompliziert verliehen werden, so dass illiquide Banken ihre eh schon geringe Reservepflicht erfüllen können. Bleibt am Ende dieser Bemühungen ein Defizit auf dem Reservekonto einer Geschäftsbank übrig, so kann sie sich neues Zentralbankgeld nach klar vorgegebenen Kriterien (etwa das zu hinterlegende Pfand) leihen. Schließlich ist auch das Angebot an

Zentralbankgeld – immaterielle Forderungen gegen die Zentralbank – hyperflexibel und kann und wird deswegen neu geschaffen, wann immer ein Bedarf entsteht. Der Grund liegt im Mandat der Zentralbanken und in der Bedeutung des Geldes für das gesamte ökonomische System. Die Rede von oder gar die gesetzliche Pflicht zu fraktalen Reserven begrenzen also mitnichten in ernsthafter Weise die Geldschöpfung durch Geschäftsbanken.

Denken wir zurück an die dynamische Verschaltung der modernen monetären Maschine: Wir haben es hier mit einem Geflecht wechselseitig voneinander abhängiger Forderungen zu tun, die stets zugleich als Schuld und Vermögen in Bilanzen gegeneinander aufgerechnet werden und so das Geflecht aus Bilanzen erzeugen; diese Bilanzen müssen je individuell ihre Vermögen und Verbindlichkeiten so organisieren, dass sie ausgeglichen sind. Weil aber ständig Forderungen beglichen werden oder ausfallen, verschwinden ständig für den Ausgleich von Bilanzen essenzielle Bauteile (eben die Forderungen) aus der Maschine und müssen durch neue ersetzt werden. Geschähe das nicht, würde die Maschine als solche in Gefahr geraten, das Geld könnte also zusammenbrechen. Und die Erfahrung des Kollapses von Lehman Brothers im Jahr 2008, vom Nachrichtenmagazin *Der Spiegel* retrospektiv als «Der Gelduntergang» bezeichnet, hat gezeigt, dass das keine bloß theoretische Möglichkeit ist.[21] Deswegen haben Regierungen und Zentralbanken auf der ganzen Welt in den folgenden Monaten und Jahren versucht, der damaligen Entscheidung der US-Regierung, Lehman Brothers *nicht* zu retten, eine andere Politik entgegenzusetzen, indem man dem Bankensektor Kredite gewährte und Eigenkapital zur Verfügung stellte. Aufgrund der immer bestehenden Gefahr des Zusammenbruchs sind die Zentralbanken in der Regel dazu aufgefordert, die Funktionsweise des Zahlungssystems zu garantieren. Es ist deswegen der Zentralbank gar nicht möglich, eine Bank wegen einer buchhalterischen Lappalie, nämlich fehlender Reserven, bankrottgehen zu lassen. Durch die Garantie des Zahlungssystems aber werden Geschäftsbanken in die Lage versetzt, jede Nachfrage nach Kredit, die sie für profitabel halten, durch eigene Geldschöpfung zu bedienen. Zentralbankgeld wird also durch private Geldschöpfung miterschaffen und geht ihr nicht als begrenzendes Angebot voraus.[22] Dieses Privileg hat, wie angedeutet, gesamtwirtschaftliche und gesellschaftliche Konsequenzen, die uns im nächsten Kapitel interessieren werden; es hat aber auch theoretische Konsequenzen, weil die Interpretation von Bankkrediten als Transfer von bereits existierenden Spareinlagen und damit von Banken als Geldlogistikern (statt Geldproduzenten) an ebendieser Annahme hing. Tatsächlich aber müssen Bankkredite als produktive Quellen von monetärer Handlungsfähigkeit gelten: Sie *schaffen* Zahlungsfähigkeit, anstatt sie bloß durch die Zeit zu verschieben.

Paradoxerweise kommt aber gerade durch die Vorstellung einer durch den Zwang zur Haltung von Zentralbankreserven vermeintlich begrenzten Geldschöpfung die Geldschöpfungsautonomie privater Geschäftsbanken zustande, weil wir es mit einer tauschtheoretisch geprägten Denkweise zu tun haben, die nicht nur die ökonomische Wissenschaft, sondern auch die institutionelle Ausgestaltung der Geldordnung geprägt hat: Nur wer Bankkredite als durch die Vorgaben der Zentralbanken begrenztes «Verleihen», also intertemporales Tauschen, von Geld versteht, übersieht den Gestaltungsspielraum, den ein solches Privileg – das Privileg zur Geldschöpfung – in einer Geldwirtschaft mit sich bringt. Der Zusammenhang des Tauschparadigmas und der Autonomie privater Geschäftsbanken ist konkret als Dreischritt zu verstehen: (1) Weil Geld am besten als Stellvertreterware verstanden ist, muss sich die Politik auf den Funktionserhalt – Preisstabilität – beschränken. (2) Das Mandat der Zentralbanken wird entsprechend ausgeschrieben, (3) eine Steuerung der Geldschöpfung ist dann (scheinbar!) nicht mehr notwendig: Geld leistet, was es leisten kann, am besten, wenn man nicht weiter eingreift.

War es in den Nachkriegsjahrzehnten noch üblich, der Geldschöpfung per Kredit durch sogenannte *Kreditkontrollen* politische Vorgaben zu machen – ganz so, wie politische Gemeinwesen auch anderen privaten Akteuren, die Infrastrukturleistungen erbringen, klare Qualitätsvorgaben machen (können) –, änderte sich diese Praxis im letzten Viertel des 20. Jahrhunderts. Dieser Wandel hat, wie Udo Reifner schreibt, «eine Erosion aller historisch gewachsenen Mittel der Geldkontrolle gebracht», einen «Abbau von Regeln in Recht und Moral und damit den Abbau von Kultur gegenüber dem Geldsystem».[23] Legitimiert von der tauschtheoretisch fundierten Ideologie eines unpolitischen Geldes wurden seit den späten 1970er Jahren die gesellschaftliche Kontrolle der Geldschöpfung in den meisten kapitalistischen Ländern demontiert und damit die Spielräume privater Firmen und ihrer Kunden erhöht.[24]

Neben allgemeinen politischen Vorgaben wie einer Mindestreserve an Zentralbankgeld oder Beschränkungen transnationaler Zahlungen wurden etwa auch Zinsrichtlinien demontiert. Strenge Vorgaben dafür, wie hoch die Zinsen für einen Privatkredit sein durften, haben noch in den 1970ern hochriskante Geschäfte unprofitabel gemacht, weil das erhöhte Risiko nicht durch einen entsprechend hohen Zins rentabel werden konnte. Bei hochriskanten Kreditgeschäften mag man an abstrakte Hochgeschwindigkeitsspekulationen und Leerverkäufe denken; zu dieser Kategorie zählen aber auch Unternehmensgründungen und Finanzierungen im Feld kleiner und mittelständiger Unternehmen. In der Tat führten die Restriktionen der Nachkriegsära dazu, dass die strenger rationierte Hyperflexibilität der monetären Infrastruktur mehr oder weniger großen und sicheren Geschäften vorbehalten blieb.[25] Der Rückbau von Kreditkontrollen und anderen einschränkenden Regularien ging also nicht zuletzt auf den Geldschöpfungsbedarf breiter Kreise der Bevölkerung – und nicht etwa die Gewinnfantasien von Finanzlobbyisten – zurück.

Mit dem Abbau solcher Steuerungsmechanismen – auf die das zehnte Kapitel noch einmal eingehen wird – wurden auch die gesellschaftlichen, von der Marktlogik der Profitmaximierung potenziell abweichenden Ansprüche an die Geldschöpfung rückgebaut. Mit Dutraive und Théret könnte man hier von einem Auseinandertreten von politischer (d. h. für staatliche Handlungsfähigkeit sorgender) und monetärer Souveränität sprechen,[26] durch die sich die Entscheidungsgewalt privater Akteure – das Privileg der Geschäftsbanken zur Geldschöpfung – in vollem Umfang entfalten konnte. Auch die Deutsche Bundesbank sah sich im Jahr 2017 zu einer drastischen Formulierung gezwungen, um die Sachlage klarzustellen: Zwar gebe es wirksame regulatorische Rahmenbedingungen, aber letztendlich seien es zwei Faktoren, die bestimmen würden, wie viel Geld zur Verfügung steht: die Nachfrage nach Krediten und das «Gewinnmaximierungskalkül der Banken selbst».[27] Die territoriale Kontrolle über die Versorgung des Währungsraumes mit Geld haben in den kapitalistischen Ländern – hier aber spezieller: in der Eurozone – die privaten Geschäftsbanken. Sie können also so viel Geld sie wollen für all jene Zwecke schaffen, die – eingedenk der selbstkalkulierten Risiken des Kredits – am meisten Gewinn abwerfen. Das Auseinandertreten von politischer und monetärer Souveränität ist also noch viel konkreter die Ausrichtung der modernen monetären Maschinerie am Prinzip der Gewinnmaximierung. Wir haben es also mit einer *Privatisierung* monetärer Souveränität im territorialen Sinne des Begriffs zu tun.

Die Bindung der öffentlichen Hand in Europa

Im agentiellen Verständnis bezieht sich der Begriff der monetären Souveränität auf Autonomiespielräume eines Akteurs bei der Reproduktion seiner Zahlungsfähigkeit.[28] Der Begriff bezieht sich auf den grundlegenden Imperativ von Geldwirtschaften, also den Zwang, dem jeder Akteur dort unterliegt: Akteure in Geldwirtschaften müssen zahlungsfähig bleiben, um innerhalb der Geldwirtschaft handlungsfähig zu sein. Zahlungsfähigkeit ermöglicht den Zugriff auf Güter und Dienste, die man zum (Über-)Leben braucht, egal, ob man Individuum, Organisation oder Staat ist; bilanztheoretisch gesagt: Man muss sich ständig in eine generalisierte Gläubigerinnenposition begeben, um die Schuldnerinnenpositionen verlassen zu können, die man einzunehmen gezwungen ist, um sich zu versorgen. Man muss also Geld bekommen. Dazu gibt es vier Möglichkeiten:

Erstens kann man Geld einnehmen, indem man anderen etwas zum Verkauf anbietet. In dem Fall gelangt man in eine generalisierte Gläubigerposition, weil man zuvor eine konkrete Verschuldungsmöglichkeit offeriert, also etwa ein Fahrrad zum Kauf anbietet. Ist jemand anderes an diesem Fahrrad interessiert, wird dieser jemand die entstehende kommerzielle Schuld (siehe sechstes Kapitel) durch eine Zahlung tilgen. Man bekommt also Zahlungsfähigkeit von einem anderen Akteur. Die Reproduktion der eigenen Zahlungsfähigkeit ist also von der Entscheidung eines anderen abhängig. *Zweitens* kann man sich Zahlungsfähigkeit bei einer Bank (oder jemand anderem) leihen. In diesem Fall wird man also zahlungsfähig, indem man gleichzeitig ein Darlehen oder einen Kredit aufnimmt; die generalisierte Gläubigerinnenposition (Geld) wird zusammen mit einer konkreten Schuldnerinnenposition (gegen die Bank oder den Darlehensgeber) eingenommen. Auch hier bekommt man Zahlungsfähigkeit von anderen. Die Reproduktion der eigenen Zahlungsfähigkeit ist vom Befund der Bank (oder des Darlehensgebers) über meine Kreditwürdigkeit abhängig. *Drittens* kann man anderen die Zahlungsfähigkeit wegnehmen, ohne eine eigene Rückzahlungsverpflichtung einzugehen, durch Diebstahl beispielsweise oder per Steuerdekret. In allen drei Varianten ist man allerdings abhängig von der Zahlungsfähigkeit anderer: Sie müssen zunächst Geld haben (oder machen), damit man es – durch Variante 1–3 – entgegennehmen kann. In diesen drei Fällen ist man also *monetär dependent* von der Zahlungsfähigkeit anderer oder von ihrem Privileg, Zahlungsfähigkeit produzieren zu dürfen.

Anders sähe es aus, könnte man seine Zahlungsfähigkeit dadurch wiederherstellen, dass man sich selbst Geld erschafft. Diese *vierte* Möglichkeit, die eigene Zahlungsfähigkeit durch (4) Geldschöpfung herzustellen, ist also von (1) Einnahme, (2) Kredit/Darlehen oder (3) Entwendung zu unterscheiden. Wer Geld produzieren und über dessen Verwendung entscheiden kann, dessen Zahlungsfähigkeit ist nicht mehr abhängig von bereits existierendem bzw. von anderen Akteuren gehaltenem Geld, die zu dessen Übergabe motiviert werden müssen. Monetär souverän wäre dementsprechend in dieser agentiellen, also auf die eigenen Handlungsspielräume bezogenen Variante des Konzepts nicht, wer die Menge und den Wert des Geldes innerhalb eines Gebietes (maßgeblich) kontrollieren kann (wie im territorialen Verständnis des Konzepts monetärer Souveränität), sondern wer in der Lage ist, die eigene Zahlungsfähigkeit wiederherzustellen, ohne auf das Geld anderer angewiesen zu sein. Im agentiellen Sinne bezeichnet «monetäre Souveränität» also, wie ich es zusammen mit Friedo Karth und Carolin Müller in Anlehnung an Pistor formuliert habe, «eine von der Zahlungsfähigkeit anderer Akteure unabhängige Form der Zahlungsfähigkeit. *Monetär souverän ist, wer über seine eigene Zahlungsfähigkeit verfügen kann*; und das kann *ceteris paribus* nur jemand, der zahlungsfähig *ist*, wenn er zahlungsfähig sein *will*, weil er mit neu geschaffenem Geld zu bezahlen vermag.»[29]

Während die moderne monetäre Maschinerie mit ihrer Arbeitsteilung zwischen öffentlichen und privaten Banken im Sinne territorialer Kontrolle über die Menge (und die Wege) des Geldes bereits als Verlust monetärer Souveränität gelten muss,[30] entsteht die Möglichkeit monetärer Souveränität im agentiellen Verständnis überhaupt erst mit der Erfindung modernen Geldes. Solange monetäre *Markierungen* (Guthaben) – die herumtragbaren Zeichen für die Einnahme generalisierter Gläubigerpositionen – ein physisches Material wie Gold oder Silber benötigen, kann sich selbst ein politischer Souverän nicht nach eigenem Ermessen zahlungsfähig machen. Er braucht dafür Zugriff auf das Material. Natürlich haben auch die Fürsten vormoderner Münzgeldordnungen zahlreiche Möglichkeiten, an Geld zu kommen, allen voran Steuern. Aber damit sind sie im Sinne des agentiellen Verständnisses monetärer Souveränität abhängig vom Zugriff auf bereits von anderen Akteuren (ihren Subjekten) gehaltenes Geld. Handlungsspielräume gewinnen die Herrscher in vormodernen Münzgeldordnungen hingegen durch ihr Vorrecht, die materielle Zusammensetzung des Zahlungsmittels zu variieren. Dadurch konnten die Münzherren (zumindest nominelle) Zahlungsfähigkeit auch für sich selbst generieren, indem sie etwa alte Münzen für ungültig erklärten und neue ausgaben oder Münzen zum Nennwert aufkauften, einschmolzen und mit weniger Edelmetall wieder zum selben Wert ausgaben (*debasement*). Dennoch bleibt die Produktion materieller Markierungen für generalisierte Gläubigerinnenpositionen von physischen Endlichkeiten und Zufällen – dem Finden oder Nichtfinden von neuen Edelmetallvorkommen – abhängig.

Herrscher haben ihre monetären Handlungsspielräume, also die Möglichkeiten zur Reproduktion ihrer Zahlungsfähigkeit, deswegen häufig und gerne durch den Einsatz von edelmetallfreien Zahlungsmitteln ausgedehnt und sich damit im Spektrum monetärer Souveränität in Richtung einer vollständigen Autonomie bewegt (das Spektrum monetärer Souveränität im agentiellen Sinne ist ja auf der einen Seite durch vollständige Dependenz und auf der anderen Seite durch volle Souveränität im Sinne der Verfügungsgewalt über die eigene Zahlungsfähigkeit definiert, wobei niemand je absolute Souveränität erreichen dürfte, das haben Spektren so an sich). Im vorherigen Kapitel haben wir auf britische Kerbhölzer, Steuergutschriften und Banknoten verwiesen. Solange allerdings eine Währung als Recheneinheit in einem Edelmetallstandard denominiert blieb, waren selbst die Herrschaftszentren im Hinblick auf ihre Hoheit über die eigene Zahlungsfähigkeit begrenzt.

Die MMT argumentiert nun, dass die Möglichkeit, die eigene Zahlungsfähigkeit zum Gegenstand einer autonomen Entscheidung zu machen, prinzipiell gegeben und für einige Staaten – mit der Entkopplung der modernen monetären Maschinerie von Gold als finalem (höchstrangigem) Tilgungsmittel – auch Realität geworden ist. Deswegen argumentierte auch Beardsley Ruml, die Zahlungsfähigkeit der USA sei nicht länger durch Einnahmen von Steuern oder Darlehen begrenzt. Aus Sicht der MMT ist die Entstehung des modernen Geldgeflechts, auch wenn es ein öffentlich-privater Hybrid ist, kein Moment des Souveränitätsverlusts, sondern des potenziellen Souveränitätsgewinns. In modernen Geldordnungen entsteht Geld durch das Eintragen zweier Schulden in eine Bankbilanz: einer Forderung gegen die Bank (Geld) und einer Forderung gegen den Empfänger des Geldes (Kredit). Dadurch kann prinzipiell jeder Akteur immer zahlungsfähig werden, wenn sein Rückzahlungsversprechen (Kredit) von einer Bank akzeptiert und in Geld umgewandelt wird.[31]

Neues Geld kann unter diesen Bedingungen jedenfalls immer entstehen, wenn eine Bank dazu bereit ist, ihre eigene Bilanz mithilfe eines angebotenen Rückzahlungsversprechens zu verlängern und so neue Zahlungsfähigkeit bereitzustellen. Die Bilanzen des Schatzamts (Finanzministeriums) und der Zentralbank haben dabei aber eine (potenzielle) Sonderstellung: Das Schatzamt verwaltet die vertikalen

Schatzamt		**Zentralbank**	
Vermögen	*Schulden*	*Vermögen*	*Schulden*
Forderungen gegen Bürgerinnen und Bürger (Steuerpflichten)	Forderungen gegen den Staat (Staatsschulden)	Forderungen gegen den Staat (Staatsschulden)	Forderungen gegen die ZB (Guthaben von Staat und Geschäftsbanken)

Abb. 10: Der Zentralbank-Schatzamt-Nexus

Forderungen, an denen die ganze moderne monetäre Maschinerie aufgehängt ist – Forderungen gegen den Staat (Staatsschulden) und Forderungen des Staates (Steuerpflichten). In der Zentralbankbilanz werden die Forderungen gegen den Staat (Staatsschulden) in die innerhalb des jeweiligen Währungsraumes höchstrangige Geldform verwandelt, d.h. in diejenigen Forderungen, mit denen sich andere Verbindlichkeiten final tilgen lassen. Diese De-facto-Verschränkung kann rechtlich unterschiedlich organisiert sein – und darauf kommt es an.

In diesem Fundament des Geldgeflechts steckt politisches Handlungspotential. Überlegen wir also zunächst, wie das Verhältnis von Schatzamt und Zentralbank organisiert sein könnte. Das Schatzamt (Finanzministerium) ist für die Abwicklung und die Finanzierung der von der Regierung beschlossenen Ausgaben zuständig. Will eine Regierung auf Ressourcen zugreifen, also Arbeitskräfte anstellen oder Infrastrukturprojekte in Auftrag geben, weist sie das Schatzamt an, die Beamten oder Vertragsnehmer zu bezahlen. Was tut das Schatzamt nun? Es wendet sich an die Zentralbank, denn hier führt das Amt im Auftrag der Regierung ein Konto. Das Geld des Staates sind also Forderungen gegen seine eigene Zentralbank. Das Schatzamt weist die Zentralbank nun an, die benötigte Summe vom Regierungskonto auf das Reservekonto der Geschäftsbank zu überweisen, bei der die Beamtin oder der Infrastrukturbaubetrieb ihr bzw. sein Konto führt. Schließlich wollen die Beamtin und der Betrieb in Giralgeld bezahlt werden, denn damit können beide wiederum ihre eigenen Verbindlichkeiten (z.B. Miete im Falle der Beamtin oder Löhne im Falle des

Baubetriebs) vergelten. Aufgrund der Überweisung von Guthaben vom Regierungs- auf das Reservekonto (beides Konten bei der Zentralbank) kann die Geschäftsbank nun ihren Kunden ein entsprechendes Guthaben in Giralgeld ausweisen, bleibt ihre Bilanz doch durch das zusätzliche Reserveguthaben in Balance. Auch für die Zentralbank ändert sich wenig, nur dass nun der Bankensektor mehr Forderungen gegen sie hält und der öffentliche Sektor weniger.

Was aber, wenn das Guthaben auf dem Regierungskonto nicht ausreicht, um notwendige Infrastrukturprojekte durchzuführen und dafür bereitstehende (reale) Ressourcen zu mobilisieren, wenn ungenutzte Arbeitskraft auf dem Markt verfügbar ist und öffentliche Leistungen unerfüllt bleiben, aber die öffentliche Hand kein Guthaben mehr hat? In einem solchen Fall könnte die Regierung auf die Idee kommen, ein Gesetz zu erlassen, das ihr einen privilegierten Zugang zu den Geldschöpfungskapazitäten der Zentralbank einräumt, heißt: Sie könnte die «Attraktivität» der Forderungen gegen sie selbst für die Zentralbank rechtlich fixieren. Dann würde das Schatzamt im Falle fehlenden Guthabens automatisch eine Staatsanleihe emittieren, welche die Zentralbank als Vermögen verbucht und in der entsprechenden Summe als Forderung gegen sie selbst auf das Konto der Regierung aufbucht. Beide beteiligten Bilanzen wären im Gleichgewicht: Das Schatzamt hätte nun eine Verbindlichkeit gegenüber der Zentralbank, dafür aber ein entsprechendes Guthaben als Forderung gegen die Zentralbank. Die Zentralbank wiederum hätte dieselbe Summe als Vermögen und als Schuld zu verbuchen, einmal als Forderung gegen den Staat und einmal als Forderung gegen sie selbst, d. h. als neues Guthaben auf dem Konto des Schatzamts.

In dieser Skizze würde die politische Architektur der modernen monetären Maschinerie dem politischen Souverän mit eigener Zentralbank und eigener Währung erlauben, die eigene Zahlungsfähigkeit zum Gegenstand einer politischen Entscheidung zu machen. Ein Staat, der auf einer solchen (wir hatten diesen Begriff bereits im vorherigen Kapitel eingeführt) direkten Monetarisierung seiner Schulden besteht, wäre im Sinne der agentiellen Definition monetär souverän. Ein solcher Staat wäre *in der eigenen Währung* immer dann zahlungsfähig, wenn er sich entscheidet, zahlen zu wollen. Eine in Beiträgen der MMT immer wieder gebrauchte Formulierung lautet deswegen, ein monetärer Souverän könnte hypothetisch jedes in seiner eigenen Währung zum Verkauf stehende Gut kaufen.[32]

Die Realität vieler Länder sieht anders aus. Die öffentliche Hand hat sich der Macht, die eigene Zahlungsfähigkeit zum Gegenstand einer Entscheidung zu machen, vielerorts versagt – oder hat sie verloren, weil sie zur Finanzierung ihrer Importe oder Stabilisierung ihrer Zahlungssysteme auf Fremdwährungen wie den US-Dollar zurückgreifen muss.[33] Sie ist also abhängig von Geld, das sie nicht per Gesetz selbst herstellen kann, weil sie ihre Zahlungsfähigkeit auf internationalen Märkten reproduzieren muss, da ihr Binnenmarkt keine hinreichenden Ressourcen liefern kann oder die Akzeptanz der eigenen Währung zu gering ist. Und das gilt für nicht wenige Länder. Weil somit sehr viele Staaten monetär eher abhängig als souverän sind, ist die Nützlichkeit des agentiellen Verständnisses monetärer Souveränität umstritten. Vielfach wird dem Konzept zwar eine formelle (d. h. buchhaltungstechnische) Richtigkeit, aber wenig analytische und praktische Relevanz zugesprochen. Das heißt: Dem agentiellen Verständnis als Hoheit über die eigene Zahlungsfähigkeit wird die Kraft abgesprochen, zu einem besseren Verständnis der Welt (analytische Relevanz) oder zu politisch gangbaren Lösungen für drängende Probleme (praktische Relevanz) beitragen zu können. Gerade die Tatsache aber, dass wir es dabei mit einer vielfach brachliegenden oder sogar politisch aktiv dekonstruierten Ressource staatlicher Handlungsfähigkeit zu tun haben, ist angesichts der dreifachen Zahlungskrise der öffentlichen Hand – Finanzkrise, Coronakrise und Klimakrise – zumindest brisant. Das Verhältnis von Schatzamt und Zentralbank ist für die finanzielle Handlungsfähigkeit der öffentlichen Hand entscheidend. Dem Rechtsverhältnis von Schatzamt und Zentralbank kommt deswegen enorme politische Bedeutung zu. Darauf kann das agentielle Verständnis monetärer Souveränität aufmerksam machen.

Damit kehren wir zurück zu den Bedenken gegenüber der Digitalwährung Libra (heute: Diem), als Olaf Scholz und Co. erklärten, die Produktion der Währung dürfe niemals in die Hände eines privaten

Unternehmens gelegt werden. Das hat sich im Angesicht der Autonomie privater Geschäftsbanken als kurios erwiesen, wird aber zu einer Farce, wenn man außerdem auf die Herstellung öffentlicher Zahlungsfähigkeit in der Eurozone blickt, wo nicht zuletzt Scholz lange finanzpolitische Verantwortung trug. Die Eurozone treibt die Dekonstruktion der monetären Handlungsfähigkeit der öffentlichen Hand in Extreme, indem sie der Privatisierung territorialer Kontrolle eine zweite Dimension der Privatisierung monetärer Souveränität hinzufügt. Nicht nur im territorialen Sinne geht hier also Gestaltungsmacht an private Hände über (vorheriger Abschnitt dieses Kapitels), sondern auch im agentiellen. Mit der Finanzkrise von 2008 und der Coronakrise von 2020 ist dieses Arrangement allerdings in eine tiefe Krise geraten, die Veränderungsprozesse angestoßen und die Handlungsspielräume der Euroländer bei der Reproduktion ihrer eigenen Zahlungsfähigkeit vergrößert haben.[34] Schauen wir uns aber zunächst die ursprünglichen Konstruktionsprinzipien der Gemeinschaftswährung an, um später für eine Fortführung der angestoßenen Veränderungsprozesse zu plädieren.

Wie ist das Verhältnis zwischen den Schatzämtern und den Kapazitäten der Geldschöpfung in der Eurozone geregelt? Der Artikel 123 des Vertrags über die Arbeitsweise der Europäischen Union (AEUV) verbietet es, die jeweilige nationale Zentralbank oder die EZB zur direkten Finanzierung von Ausgaben eines Mitgliedsstaates heranzuziehen. Die Schatzämter der Mitgliedsländer müssen, wenn das Staatskonto bei der eigenen nationalen Zentralbank nicht gedeckt ist (die nationalen Zentralbanken der Eurozone führen weiterhin die operativen Geschäfte, die EZB dient als Ausgleichsinstitution für den Zahlungsverkehr und gibt die politischen Leitlinien vor), die Forderung gegen den Staat auf dem Markt an private Investorinnen und Investoren verkaufen. Weil eine Staatsanleihe zunächst nur an ausgewählte Banken verkauft wird und erst später frei gehandelt werden kann, spricht man hier auch vom «Primärmarkt» und bei einem Weiterverkauf vom «Sekundärmarkt». Der Primärmarkt für Schulden der Bundesrepublik Deutschland wird durch die Bundesrepublik Deutschland Finanzagentur GmbH bestimmt, deren alleinige Gesellschafterin die Bundesrepublik Deutschland ist, vertreten durch das Bundesministerium der Finanzen. Die GmbH bestimmt die Bietergruppe Bundesemissionen, deren Mitglieder vom Finanzministerium direkt neu emittierte Staatsanleihen kaufen dürfen. Zu ihr gehören 36 inländische und ausländische private Banken, zum Beispiel die Deutsche Bank, BNP Paribas, Goldman Sachs, Danske Bank oder Bayerische Landesbank.

Ist das «Zentralkonto des Bundes» (das Bankkonto des deutschen Staates) bei der Deutschen Bundesbank nicht ausreichend gedeckt, müssen also dem Primärmarkt Staatsanleihen angeboten werden. Gibt es hier eine Nachfrage, nehmen die Geschäftsbanken die Forderungen gegen den Staat als Vermögen in ihre Bilanz und überlassen ihm dafür Forderungen gegen die Bundesbank von ihren Reservekonten. Haben sie selbst nicht genug Zentralbankgeld auf ihren Reservekonten, können sie die Staatsanleihe auch als Sicherheit hinterlegen und sich die Reserven leihen. Dieser Vorgang ist, wie gesagt, an sich nicht ungewöhnlich. Die Bereitschaft des Privatsektors (also zunächst der kleinen Gruppe des Primärmarkts, die ihre Staatsanleihen danach aber natürlich auf dem Sekundärmarkt an alle und jeden, d. h. den Privatsektor verkaufen darf), Anleihen des deutschen Staates zu kaufen, ist gemeinhin groß, manchmal sogar derart ausgeprägt, dass manch einer leer ausgeht, weil Deutschland zu wenig Schulden macht. Konstant hoher Nachfrage können sich auch andere wohlhabende und wirtschaftsstarke Länder erfreuen.

Gründe für die konstant hohe Nachfrage nach Staatsschulden sind etwa deren Privilegierung durch die Zentralbank: So wird zum Beispiel die Deutsche Bundesbank (respektive die EZB) immer Anleihen der Bundesrepublik als Sicherheit für Zentralbankkredite an Geschäftsbanken akzeptieren. Außerdem sind (einige) Staatsanleihen auch in anderer Hinsicht buchhaltungsrechtlich bevorzugt und müssen für Kredite an die öffentliche Hand etwa weniger oder gar kein Eigenkapital vorhalten. Geschäftsbanken müssen ihre Kredite nämlich normalerweise mit einer kleinen Menge eigener Mittel absichern (Eigenkapitalvorschriften), in den sogenannten Basel-Richtlinien wurden gut bewertete Staatsanleihen davon aber ausgenommen. Sie können ohne Eigenkapital in der Bilanz verbucht werden. Vor allem aber gelten die Anleihen als ausfallsichere Vermögensanlagen – sogenannte *super safe assets* –, die deswegen dazu genutzt werden, Investmentportfolios zu stabilisieren. Ferner dienen sie – gerade weil sie als ausfallsicher gelten – als Benchmarks für die Berechnung von Kreditrisiken im Allgemeinen.

Warum aber ist das so? Warum gehen Investoren in der Regel davon aus, dass Staatsschulden immer bezahlt werden, Staaten also nie zahlungsunfähig werden können? Für eine Verortung von Staaten auf dem Spektrum zwischen vollständiger monetärer Dependenz und vollständiger monetärer Souveränität ist es wichtig, wie bereits angedeutet, zwischen Zahlungsfähigkeit im eigenen Land und Zahlungsfähigkeit auf den internationalen Märkten zu unterscheiden. Jeder Staat muss also auf zwei Spektren verortet werden. International sind die meisten Staaten abhängig von Einnahmen (sei es durch Handel oder Verschuldung) in fremden Währungen, können also ihre *internationale* Zahlungsfähigkeit nicht zum Gegenstand einer autonomen Entscheidung machen. Um auf internationalen Märkten Importe zu finanzieren, ist nämlich in der Regel Guthaben in US-Dollar nötig. Mit Ausnahme der US-Regierung muss diese Form von Zahlungsfähigkeit von allen anderen Staaten durch Handel (Exporte) oder Schulden eingenommen werden, bevor sie eingesetzt werden kann. Im Hinblick auf Zahlungsfähigkeit in US-Dollar sind also die allermeisten Akteure monetär dependent von Geld, das jemand anderes als sie selbst emittiert. Damit können Staaten im Hinblick auf internationale Verbindlichkeiten auch zahlungs*un*fähig werden. Berühmte Staatspleiten der jüngeren Vergangenheit, etwa von Argentinien und Russland um die Jahrtausendwende, bedeuteten einen Ausfall von Fremdwährungsschulden, also Verbindlichkeiten, die nicht in der eigenen Währung aufgenommen wurden. Mit Ausnahme der USA, deren Währung für den internationalen Handel eingesetzt wird, müssen sich genau genommen alle Staaten in Währungen verschulden, die ihre eigene Zentralbank nicht selbst erzeugen kann. Die Platzierung auf dem Spektrum monetärer Souveränität im internationalen Kontext kann sich also signifikant von jener im nationalen Kontext unterscheiden.[35]

Zahlungs*un*fähigkeit in der eigenen Währung allerdings gilt als ausgeschlossen. Dem britischen Staat wird nie das Pfund ausgehen, genauso wenig wie der japanischen Regierung die Yen oder der chinesischen Zentralverwaltung die Yuan (Renminbi) ausgehen werden. Der Grund dafür ist, dass auch bei einem Verbot direkter Monetarisierung von Staatsanleihen die Gläubigerinnen und Gläubiger der öffentlichen Hand immer davon ausgehen, dass die Zentralbanken für eine indirekte Monetarisierung bereitstehen, also dass sie stets bereit sind, Anleihen «ihres» Staates selbst zu übernehmen, d. h. gegen das höchstrangige Tilgungsmittel innerhalb einer Währung – Zentralbankschulden – zu tauschen. Man geht also von einer Art Liquiditätsgarantie der Zentralbanken aus. Durch diese Garantie gehen die Gläubigerinnen eines Staates gemeinhin nicht davon aus, dass er in die Lage geraten könnte, in seiner eigenen Währung denominierte Zahlungsversprechen nicht mehr vergelten zu können (vielleicht allerdings: nicht mehr vergelten zu *wollen*; das ist aber etwas anderes).

Durch die Garantie ihrer Zahlungsfähigkeit durch ihre eigene Zentralbank genießen viele Länder trotz Verbot direkter Monetarisierung von Staatsausgaben ein hohes Maß an Autonomie bezüglich ihrer Zahlungsfähigkeit in der eigenen Währung; sie könnten also mehr oder weniger zahlen, wann immer sie zahlen wollen. Einige Staaten schöpfen das Potenzial der kollektiven Konstitution der modernen monetären Infrastruktur sogar explizit aus. So ist etwa die Zentralbank Kanadas verpflichtet, vakante Staatsschulden in die eigene Bilanz zu übernehmen, was Kanada im Spektrum monetärer Souveränität im agentiellen Sinne nah am Maximum platziert.[36] Auch Großbritannien hat mit der als *Ways and Means* bezeichneten Einrichtung die Möglichkeit, das Zentralbankkonto mehr oder weniger automatisch zu «überziehen» und so Ausgaben in britischen Pfund zu tätigen, auch wenn das Konto nicht gedeckt ist. Länder wie die USA, Japan oder Schweden werden ebenfalls häufig im agentiellen Sinne als eher autonom, d. h. nahe dem Maximum monetärer Souveränität angesiedelt, obwohl sich etwa die USA einen Mechanismus zum automatischen Aufkaufen von Staatsschulden durch die Fed selbst versagt haben. Die implizite Garantie der Fed aber blieb – und ihre Belastbarkeit wurde in der Finanz- und auch in der Coronakrise dokumentiert, als nahezu alle großen Zentralbanken anfingen, mehr und mehr Staatsschulden in ihre eigenen Bilanzen zu übernehmen. Allein zwischen 2008 und 2018 hat sich die Summe der in den Bilanzen der Fed, EZB, Bank of Japan und Bank of England gehaltenen Anleihen der jeweiligen Staaten etwa verachtfacht – und das war vor den gewaltigen Ankaufprogrammen im Zuge der Coronakrise.[37]

Die Prekarität der Eurozone im Hinblick auf die Autonomie öffentlicher Zahlungsfähigkeit wurde durch die beiden Zahlungskrisen offensichtlich. Die rechtliche Verfassung des Euros kann als ein (gescheitertes) Experiment verstanden werden, selbst noch die implizite Garantie staatlicher Zahlungsfähigkeit aufzulösen und damit die Mitgliedsländer auf eine Weise monetär abhängig zu machen, die der Situation privater Unternehmen gleicht. Staatliche Zahlungsfähigkeit wurde also auch in diesem Sinne «privatisiert», dass sie der Zahlungsfähigkeit privater Akteure strukturell angeglichen werden sollte – ein *wirklich* depolitisiertes Geld, wie einer der Euro-Konstrukteure, Otmar Issing, in einem Zitat im zweiten Kapitel sagte.

Die Vertragsstruktur der Eurozone verbietet der EZB explizit, ihre Geldschöpfungskapazitäten zur Unterstützung der Haushaltspolitik der Mitgliedsländer zu nutzen. Ihre geldpolitischen Entscheidungen – d. h. die Festlegung eines Leitzinses und damit Richtpreises zur Geldproduktion und das Auflegen von Programmen zum Aufkaufen von Schuldverschreibungen vom Markt mit neu geschaffenem Geld – müssen immer im Hinblick auf ihr enges Mandat der Preisstabilität begründet werden. Sie darf zwar, wie in den Ankaufprogrammen zur Pandemie 2020 (PEPP), Unternehmensanleihen und Staatsschulden vom Sekundärmarkt kaufen und dadurch Geld für den Privatsektor schöpfen, aber eben nur für den Privatsektor – und nur, wenn sie diese Maßnahmen im Hinblick auf das Ziel Preisstabilität begründen kann. Dass Mitgliedsländer in Zahlungsschwierigkeiten sind, also schlicht Geld brauchen, ist kein hinreichender Grund. Der sogenannte «No Bailout»-Paragraph (Artikel 125 AEUV) verbietet wechselseitige finanzielle Hilfe generell – sogar im Notfall.

Die Geldschöpfungspolitik der Zentralbank braucht deswegen

eine wertpolitische Begründung und bedarf privatwirtschaftlicher *Nachfrage*, oder politisch gewendet: privatwirtschaftlicher *Zustimmung*. Die finale Entscheidungsgewalt über die Erzeugung neuer Zahlungsfähigkeit durch die Zentralbank liegt folglich bei privaten Akteuren. Strukturell sind die Euroländer demnach monetär abhängig von der Bereitschaft privater Bieter, ihnen Zahlungsfähigkeit zur Verfügung zu stellen. Die Anreize dafür sind zwar hoch; nichtsdestotrotz ist die staatliche Autonomie bei der Reproduktion öffentlicher Zahlungsfähigkeit in der Eurozone im Sinne des agentiellen Verständnisses monetärer Souveränität eindeutig strukturell begrenzt.

Da sich auch viele andere Länder eine unabhängige Zentralbank leisten, der zwar die direkte Monetarisierung von Staatsausgaben verboten ist, die aber implizit weiterhin die öffentliche Zahlungsfähigkeit garantiert, sind auch die privaten Investorinnen und Investoren in Eurozonen-Anleihen zunächst davon ausgegangen, dass die Garantie auch hier gilt. Sie glaubten folglich, dass die Zahlungsfähigkeit der Euroländer entgegen ihrer rechtlichen Codierung zumindest im Notfall unabhängig von ihren Einnahmen sei. Das sieht man daran, dass sich die Zinsen für Staatsanleihen der Eurozone vor der Finanzkrise von 2008 auf ungefähr demselben, sehr niedrigen Niveau eingependelt haben. Die Investoren verlangten also für spanische, griechische, deutsche oder französische Anleihen etwa gleich viel, was darauf hinweist, dass sie ihnen keine unterschiedlich hohe Ausfallwahrscheinlichkeit zuschrieben. Die Erwartung war offenbar: Kein Land der Eurozone steht ernsthaft in Gefahr, zahlungsunfähig zu werden – zumindest nicht für Verbindlichkeiten in der Währung Euro.

Als im Zuge der Krise nach 2008 dann allerdings Zweifel an der Schuldbelastung einiger Staaten im Raum standen und von einem Ausscheiden etwa Griechenlands aus der Währungsunion («Exit») und drohendem Staatsbankrott die Rede war, schnellten die Zinsen in die Höhe. Die Investorinnen befürchteten, dass der Verzicht auf eine Garantie öffentlicher Zahlungsfähigkeit wirklich ernst gemeint sein könnte. Es wurde deutlich, dass die Euroländer entscheidenden Einfluss auf ihre eigene Währung eingebüßt und sich damit der realen Gefahr ausgesetzt hatten, in ihrer eigenen Währung zahlungsunfähig werden zu können – etwas, das Staaten normalerweise nur mit Fremdwährungen widerfahren kann. Eine Verschuldung in Fremdwährungen wird in der politischen Ökonomie auch als «Erbsünde» (*original sin*) der Geld- und Wirtschaftspolitik bezeichnet, weil sie durch die Notwendigkeit, zur Vergeltung dieser Sollpositionen tatsächlich immer Einkommen generieren zu müssen, die öffentliche Hand in ihrer Gestaltungsfähigkeit fesselt. Die Verfassung der Eurozone lässt den Mitgliedsländern aber gar keine andere Wahl mehr, als sich in einer Fremdwährung zu verschulden, schließlich können sie auch über den Euro nicht souverän verfügen. Auch sie verschulden sich in einer Währung, die sie nicht nach eigenen Maßstäben selbst produzieren können – so wie sich viele Länder in US-Dollar verschulden müssen, um international zahlungsfähig zu bleiben. Die Staaten in der Eurozone haben zumindest gemäß der Verfassung des Eurosystems *nur noch* Fremdwährungen zur Finanzierung ihrer Ausgaben zur Verfügung.[38]

Geoffrey Ingham spricht deswegen von einem «Souveränitätsvakuum» in der Eurozone:[39] Die öffentliche Hand verliert nicht nur die Kontrolle über ihre *eigene* Zahlungsfähigkeit in ihrer *eigenen* Währung, sondern unterwirft ihre Reproduktion und Absicherung durch die Zentralbank auch einem Mandat, das gezwungen ist, Markterwägungen zu folgen. Das «Vakuum» entpuppt sich so als eine weitere Dimension der Privatisierung monetärer Souveränität: Nicht nur die Steuerung der Geldschöpfung für den Privatsektor wurde den Maximen privater Profitwirtschaft unterworfen, sondern auch die Verfügungsgewalt über öffentliche Geldschöpfung. Damit wurde nicht nur die territoriale Souveränität, sondern auch die agentielle Souveränität der Euroländer beschnitten. Die rechtliche Verfassung des Euro lässt ihn für die Eurozonenstaaten wie eine privat gemanagte Fremdwährung funktionieren. Nicht nur ist eine direkte Monetarisierung von Staatsanleihen ausgeschlossen, auch die indirekte Bereitstellung öffentlicher Zahlungsfähigkeit darf lediglich als geldwertpolitisches Mittel eingesetzt werden – nicht jedoch, jedenfalls nicht vordergründig, um finanzielle Engpässe auf den Staatskonten auszugleichen. Außerdem haben sich die Eurozonenstaaten ihre eigenen Hände weiter gebunden, indem sie im Stabilitäts- und Wachstumspakt vertragliche Höchstgrenzen für Neu- und Gesamtverschuldung festsetzten und so die Möglichkeit, sich durch die Ausgabe von Staatsanleihen zahlungsfähig zu machen, weiter erschwert haben. Diese Regelungen und Maßnahmen machen die Staaten nicht nur abhängig von der Zahlungsfähigkeit und -willigkeit privater Investorinnen, sondern vermindern auch die Zahlungsfähigkeit der öffentlichen Hand, die nunmehr im Prinzip tatsächlich insolvent werden kann. Auf diese Weise hat der Euro seine Mitglieder haushaltspolitischen Abhängigkeiten ausgesetzt, die sonst nur für privatwirtschaftliche Akteure üblich sind.

Die Länder der Eurozone regieren also nicht nur nicht ihr eigenes Geld, sondern haben auch die Kontrolle über ihre eigene Zahlungsfähigkeit bereitwillig abgetreten. Beide Prozesse verweisen auf eine je eigene Dimension oder ein je eigenes Verständnis von monetärer Souveränität. Sowohl im territorialen wie auch im agentiellen Sinne können wir hier eine *Privatisierung monetärer Souveränität* beobachten, die die politische Architektur des Geldes charakterisiert. Im Zuge der sich zu einer Staatsschulden- und Eurokrise entwickelnden globalen Finanzkrise von 2008 und der Folgewirkungen der Pandemie von 2020 wurde das Eurozonenexperiment im Hinblick auf die agentielle monetäre Souveränität ihrer Mitglieder repariert. Die steigenden Zinsaufschläge für Anleihen konnten nur durch die Versicherung der EZB beruhigt werden, alles in ihrer Macht Stehende zu tun, um die bedrohte Funktionalität und Akzeptanz des Euro zu bewahren. Der damalige Präsident der Bank, Mario Draghi, stellte sich im Sommer 2012 der Presse und erklärte, sein Institut werde tun, was immer nötig sei (*whatever it takes*), um den Euro zu retten. Draghis in Medien und Forschung seitdem rauf und runter zitierte Losung *whatever it takes* kann als erster Schritt einer Restauration der Garantie staatlicher Zahlungsfähigkeit gedeutet werden. Die Abstände zwischen den Zinsen auf Staatsanleihen reduzierten sich jedenfalls wieder. Dieser «Draghi-Effekt» hielt bis zu den jüngeren Turbulenzen an. Das vage Versprechen der Unterstützung wurde durch verschiedene Ankaufprogramme, also Geldschöpfungsmaßnahmen ergänzt (auch als

«Quantitative Easing» bezeichnet). Unter Namen wie *Public Sector Purchase Programme* (2015) oder, infolge der Coronakrise, dem *Pandemic Emergency Purchase Programme* (seit März 2020) bietet die EZB den Gläubigern der Eurozonenstaaten an, im Notfall Staatsanleihen gegen neues Geld zu tauschen. Außerdem hat die EU im Jahr 2020 eine (vorübergehende) Lockerung der Verschuldungsgrenzen des Stabilitäts- und Wachstumspaktes beschlossen.

Die Handlungsspielräume der öffentlichen Hand, über ihre eigene Zahlungsfähigkeit zu verfügen, sind also im Angesicht der Zahlungskrisen gestiegen.[40] Noch allerdings hat sich an der vertraglichen Verfassung der Zone aber nichts geändert. Die EZB muss ihre Garantien weiterhin im Hinblick auf die Währungsstabilität begründen, weshalb die Ankaufprogramme rechtlich umstritten sind. Im Mai 2020 meldete etwa das Bundesverfassungsgericht, auch wenn es den Ankaufprogrammen nicht generell widersprach, Bedenken hinsichtlich des Artikels 123 AEUV – dem Verbot der Staatsfinanzierung – an. Außerdem haben die Ankaufprogramme der EZB klare Grenzen im Hinblick auf ihr Gesamtvolumen und auf die Übernahme der Verbindlichkeiten einzelner Schuldner; so verpflichtet sich die EZB, nach Maßgabe der Marktneutralität zu operieren, also im Verhältnis gleich viele Anleihen aller Staaten zu kaufen (und nicht etwa mehr von jenen, die unter größeren Zahlungsschwierigkeiten leiden) – und zwar nur bis zu einer Menge von zunächst 33 Prozent, später dann 50 Prozent der am Markt verfügbaren Papiere.

Die wiederentdeckte Notwendigkeit der öffentlichen Inanspruchnahme von Geldschöpfungskapazitäten wird von verschiedenen, bisher freilich recht wirkungsarmen Aufrufen zu einer Restauration politischer Kontrolle über die Geldschöpfungskapazitäten privater Geschäftsbanken ergänzt. Reformvorschläge wie das sogenannte Vollgeld werden von Interessengruppen propagiert, aber auch von institutioneller Seite evaluiert (wenn auch eher kritisch). Ebenso tabuisiert waren lange Zeit die nunmehr an Aufmerksamkeit gewinnenden Kreditkontrollen und andere historische Formen der Formulierung gesellschaftlicher Ansprüche an die Steuerung der monetären Maschine. Die Privatisierung territorialer und agentieller monetärer Souveränität hat sich in den Augen vieler Beobachterinnen und Beobachter als Fehler herausgestellt. Diesem Fehler (neuntes Kapitel) und seiner Überwindung (zehntes Kapitel) werden sich nun die beiden abschließenden Kapitel widmen.

9. Betriebsprobleme der Maschine

Die Privatisierung monetärer Souveränität wurde durch eine finanzielle Vernunft legitimiert, die sich auf die Tauschtheorie des Geldes und ihren Begriff von Geld als einem neutralen Werkzeug beruft. Die Diskreditierung öffentlicher Gestaltung von Geldschöpfung und die Einengung von Geldpolitik auf universalistische Geldwertpolitik – Preisstabilität als finaler Sinn und Zweck allen «vernünftigen» geldpolitischen Handelns – haben dazu geführt, dass man eine komplexe gesellschaftliche Vorleistungsmaschine (eine Infrastruktur) den Dynamiken einer Gewinnmaximierungspraxis überlassen hat. Die Einengung von «vernünftiger» Geldpolitik auf universalistische Geld*wert*politik ist als Versuch zu lesen, die maschinelle Eigendynamik von Verschuldung und Tilgung allein durch das Mittel der Preisstabilisierung an die wirtschaftliche Generierung von Wohlstand durch die Produktion von Waren und die innovative Weiterentwicklung von Wertschöpfungsprozessen zu koppeln. Die Idee war, dass es genügen müsste, auf ein stabiles Preisverhältnis von Stellvertreterwarenvorrat und Warenvorrat zu achten, damit Geld sein tauschtheoretisches Leistungsangebot – die (neutrale) Vermittlung des indirekten Tausches – bereitstellen kann. Nach dem Motto: Wir sorgen für Preisstabilität, dann wird Geld schon leisten, was es leisten soll und kann. Man hat damit versucht, eine komplexe Infrastruktur mit einem Betriebssystem für «Werkzeugpolitik» zu betreiben. Dabei wurde den privaten Geschäftsbanken die Steuerungshoheit über die monetäre Maschine übertragen, während die Einflussmöglichkeiten der öffentlichen Hand (im territorialen sowie im agentiellen Sinne) gleichsam massiv zurückgebaut wurden. Allein durch die Stabilisierung des Durchschnittspreises für Verbrauchsprodukte (das ist die für das Preisstabilitätsziel der EZB und anderer entscheidende Bezugsgröße) sollte sichergestellt werden, dass die monetäre Maschine im Sinne der Allgemeinheit arbeitet. Dieses Vorhaben kann man nur dann als Erfolg werten, wenn man voraussetzt, dass ein erfolgreicher Betrieb der Infrastruktur durch Preisstabilität allein gegeben sei, man also von vornherein das Allgemeinwohl mit stabilen Preisen identifiziert und alle anderen Erwartungen an die Leistung der Infrastruktur Geld delegitimiert. Aber selbst dann kann die Funktionsweise des «Werkzeugs» nur eingeschränkt als Erfolg gelten. Schließlich erreichen viele Zentralbanken ihr Inflationsziel seit einer Weile nicht mehr, obwohl sie – im Falle von Fed, EZB oder BoE – Milliarden um Milliarden frischen Geldes in die Märkte pumpen.

Derweil aber hat die monetäre Maschine mit der Privatisierung monetärer Souveränität ihre Leistungserbringung aus bilanztheoretischer Perspektive umgestellt: Während die Verbraucherpreise über Jahre und Jahrzehnte mehr oder weniger hinreichend stabil blieben, hat sich die Reproduktion des Forderungsgeflechts mit eklatanten gesellschaftlichen Folgen verändert – also die Fragen, für wen wie viel Geld geschaffen und wie dieses Geld wieder vernichtet wird. Diese Reproduktion aber wird als politisches Thema gar nicht diskutier- und (demokratisch) verhandelbar, weil sie unter der tauschtheoretischen Ideologie unpolitischen Geldes diskreditiert und ausgeblendet wird. Wer nämlich über Geldschöpfung – d.h., wer für wen wie viel Geld erschaffen sollte – sprechen will, sieht sich sofort dem tauschtheoretischen Totschlagargument ausgesetzt, Geldschöpfungspolitik sei nur als Hilfsmittel geldwertpolitischer Ziele zulässig. Wer dann sogar gesellschaftliche Ansprüche an die Reproduktion der Maschine und damit Kriterien für ihre Leistungserbringung, die Bereitstellung von Zahlungsfähigkeit, formulieren will, bricht das Tabu der Politisierung eines – vermeintlich! – eigentlich politisch neutralen Werkzeugs.

Bilanztheoretisch betrachtet ist die Leistung des Geldes aber nicht die möglichst neutrale Vermittlung einer Tauschpraxis individueller Akteure, die es nur gut oder schlecht, d.h. richtig (ohne politischen Einfluss) oder falsch (wenn sich die öffentliche Hand bereichert), erfüllen kann. Aus bilanztheoretischer Sicht ist die Leistung der monetären Maschine die hyperflexible Bereitstellung von Zahlungsfähigkeit – einer generalisierten, also gesellschaftlich verfassten Position, die es *legitimerweise* (und insofern sind Positionen soziale Konstruktionen) ermöglicht, Typen von Schulden zu tilgen. Die Leistung der monetären Maschine ist also die *Ermöglichung* von Ressourcenbewegungen und Akkumulation, nicht die *Reflexion* vergangener Wertschöpfung, wie in der Theorie des Geldes als Stellvertreterware vorausgesetzt.

Die kreditbasierte Bereitstellung von Zahlungsfähigkeit reflektiert nicht vorherige ökonomische Leistungen, sie wird also nicht von privaten Händen «erwirtschaftete», so dass eine geldpolitisch agierende öffentliche Hand stets Gefahr laufen würde, manipulierend in eine gesetzte, weil «erwirtschafte» Menge an Zahlungsfähigkeit einzugreifen. Zahlungsfähigkeit wird in der monetären Maschine durch Verschuldung und dabei nicht zuletzt durch öffentliche Verschuldung konstituiert, als unselbständiger Teil eines interdependenten Geflechts, das die öffentliche Hand als vorleistende und schuldentilgende Macht braucht, um zu bestehen. Zahlungsfähigkeit wird also nie individuell erzeugt, sondern immer kollektiv, durch eine als Staat zum Schuldner *und* Gläubiger werdende Gesellschaft.

Von diesem Standpunkt aus kann und sollte sich eine Gesellschaft immer fragen, was sie als Gegenleistung für diesen Betrieb der Infrastruktur und die Bereitstellung von flexibler Zahlungsfähigkeit für private ökonomische Tätigkeiten eigentlich erhält – insbesondere unter Bedingungen der Privatisierung monetärer Souveränität, unter denen das Steuerruder an gewinnwirtschaftlich operierende Akteure abgetreten wurde. Anders gesagt: Als Gesellschaft sollten wir uns fragen, ob unsere Infrastrukturen im Sinne des Gemeinwohls arbeiten. Freilich ist die Frage, ob die monetäre Infrastruktur im Sinne eines «Gemeinwohls» operiert, nie eindeutig und stets allenfalls temporär und reversibel zu beantworten. «Gemeinwohl» ist kein mess- oder beobachtbarer Zustand, sondern ein normatives Gut, für das es notwendig konkurrierende Definitionen gibt. Schließlich ist auch Preisstabilität ein hohes Gut, was kaum zu bezweifeln ist, schaut man sich die ökonomischen und psychologischen Folgen grassierender Inflation an. Auch wenn also von einem einzelnen Beobachter einer Gesellschaft wie mir nicht festgelegt werden kann und darf, was «im Gemeinwohl» ist und was nicht, kann dafür doch ein Diskussionsangebot unterbreitet werden. Vor allem aber – und das gehört zur Kernaufgabe der Soziologie – muss auf eine Abschottung für die Gestaltung und Reproduktion der Gesellschaft kritischer Institutionen und Strukturen von politischen Willensbildungsprozessen hingewiesen werden. Eine solche Struktur ist die monetäre Maschine. Womöglich wären aber sogar viele einverstanden mit dem Anspruch, eine monetäre Maschine sollte so konstruiert sein, dass sie die Wirtschaft auf eine stabile und mehr oder weniger unparteiliche Weise mit Zahlungsfähigkeit versorgt, so dass diese wachsen und gedeihen kann. Warum sollten wir alle die Vorleistung von Zahlungsfähigkeit durch gemeinschaftliche Schulden und Absicherungsversprechen mittragen, wenn sie nicht für Wohlstandswachstum sorgte, stabil wäre und Übervorteilungen ausschlösse? Es ist schließlich – im Sinne des vorherigen Teils – unser gemeinsames Geld, mit dem da gewirtschaftet wird.

Reichtum statt Wohlstand

Die Voraussetzung, dass eine Geldordnung wie die monetäre Maschine Wohlstandswachstum befördern, dass sie stabil und unparteilich sein sollte, ist insofern interessant, als dass ihre Bilanz dann ernüchternd ausfällt. Die mit der Steuerung der Maschine beauftragten privaten Geschäftsbanken haben in den vergangenen dreißig bis vierzig Jahren gar nicht daran gedacht, Kredite im Hinblick auf die Generierung von Wirtschaftswachstum, Beschäftigungszuwachs oder allgemeinen Einkommenssteigerungen zu vergeben. Warum auch? Schließlich haben sie zwar die Steuerung einer Infrastruktur übertragen bekommen, wurden aber keinem spezifischen Mandat unterworfen und sind so allein der Gewinnmaximierung verpflichtet. Die Folge war eine Entkopplung der Bereitstellung von Zahlungsfähigkeit vom Wirtschaftswachstum.

Schon in der Einleitung wurde auf das rasante Wachstum monetärer Guthaben im Verhältnis zur globalen Wirtschaftsleistung hingewiesen. In einer weiten Definition von Geld, die bei der Weltbank «broad money» heißt, gab es 1960 Geld im Wert von etwa 50 Prozent der ökonomischen Jahresleistung (BIP), im Jahr 2019 waren es 126 Prozent. Doch das hat nicht nur damit zu tun, dass zu diesem weiten Geldbegriff auch Forderungsverträge gezählt werden, die eher etwas mit komplexen Finanzgeschäften als mit generalisierten Gläubigerpositionen zu tun haben. Denselben Trend zeigen auch Geldbeträge auf Geschäftsbankkonten: Giralgeldguthaben (Forderungen gegen Geschäftsbanken) sind weltweit von etwa 13 Prozent der Wirtschaftsleistung im Jahr 1960 auf etwa 50 Prozent im Jahr 2015 angewachsen.[1] Zwischen 1987 und 2014 hat jeder zehnprozentige Zuwachs an Zahlungsfähigkeit nur gut ein Prozent an Wirtschaftswachstum erzeugt, in den wohlhabenden Ländern ist der Zusammenhang sogar noch etwas schwächer.[2]

Hinter dieser Entwicklung verbirgt sich eine folgenreiche Neuausrichtung der Art und Weise, wie die monetäre Maschine ihre Leistung – die Bereitstellung und Aufrechterhaltung von Zahlungsfähigkeit – erbringt. Gesteuert von privaten Händen, wurde sie von einer Finanzierung kapitalistischer Dynamik im Schumpeter'schen Sinne auf eine Finanzierung von Bereicherungsspiralen umgestellt. Banken haben weniger Geld für die Erschaffung neuer Dinge und mehr Geld für den Handel mit Vermögenswerten produziert.[3] Die Kreditvergabe privater Banken hat sich im Zuge der regulatorischen Vergrößerung ihrer Handlungsspielräume also von der produktiven Wirtschaft auf den Handel mit Anlagen verlagert. Diesen Vorgang bezeichnet der Ökonom Dirk Bezemer als den *debt shift*.[4] Bezemer und sein Team haben einen Datensatz erstellt, der für eine ganze Reihe von Volkswirtschaften Informationen über das Verhältnis des Gesamtvolumens an Bankkrediten und der Wirtschaftsleistung (BIP) ausweist. Ihre Annahme: Würden Banken Geld für wirtschaftliche Investitionen erzeugen, würden beide Größen – Kredite und BIP – etwa gleichmäßig wachsen. Und tatsächlich war das lange mehr oder weniger der Fall, zumindest für die regulierten und eher lokal operierenden Bankensysteme der Vergangenheit, die bis in der 1980er zwar nicht ausschließlich, aber doch eher die Realwirtschaft und damit (indirekt) Produktions- und Beschäftigungswachstum finanziert haben.[5]

Das aber hat sich in den letzten 40 bis 50 Jahren geändert: Während sich für die vielen in Bezemers Datensatz versammelten Volkswirtschaften zeigt, dass die Geldschöpfung für die Realwirtschaft (die sogenannten Nichtfinanzfirmen, also alle Industrie- oder Dienstleistungsfirmen, die nicht primär Bank- und Finanzgeschäfte anbieten) seit den 1990ern mehr oder weniger stabil bei 40 Prozent der Wirtschaftsleistung lag, ist die Geldschöpfung für Konsumkredite, andere Finanzfirmen, vor allem aber für den Immobilienmarkt gestiegen – und zwar von etwa 25 Prozent des Bruttoinlandsprodukts auf ungefähr 65 Prozent. In den 1970ern wurden beispielsweise in Frankreich fünfmal mehr Bankkredite an realwirtschaftliche Unternehmen vergeben als an private Haushalte. Dieses Verhältnis hat sich bis 2018 halbiert, d. h., mehr Geld wird für den Kauf von Vermögenswerten (vornehmlich Häusern) und Konsumausgaben geschaffen.[6] Der Wirtschaftssoziologe Joseph Huber geht davon aus, dass zuletzt nur etwa mit 20 bis 28 Prozent der Bankkredite Geld für realwirtschaftliche Unternehmen und private Haushalte geschaffen wird, die anderen etwa drei Viertel kaufen Immobilien oder finanzieren Finanzgeschäfte mit Unternehmensanteilen oder Schuldpapieren.[7]

Anhand von Immobilienkrediten lässt sich die Entkopplung von Geld- und Wirtschaftswachstum am eindrucksvollsten demonstrieren. Die gesteigerte Geldschöpfung für den Immobilienmarkt hat nämlich nicht einmal annähernd in gleicher Weise dazu geführt, dass Häuser gebaut wurden – das hätte man nämlich an einem parallellaufenden Anstieg der Wirtschaftsleistung sehen müssen. Der politische Ökonom Sebastian Kohl hat sich diesen Zusammenhang genauer angesehen. Seine Daten zeigen für eine Auswahl von 17 Ländern, dass – zwar nicht überall in derselben Weise und Geschwindigkeit, aber doch insgesamt sehr deutlich – der *Kauf* von Immobilien mit dem *Bau* von Häusern immer weniger zu tun hat. Wir haben es hier also mit einer Produktion von Zahlungsfähigkeit zu tun, mit deren Hilfe vor allem Immobilien als Vermögenswerte gekauft wurden, d. h., um sie gewinnbringend wieder abzustoßen – nicht, um neue Häuser zu bauen.[8]

Vergleichbares ist durch die ständige Vermehrung von Zahlungsfähigkeit für den Kauf von Unternehmensanteilen (wie Aktien) und

Schuldpapieren geschehen. Der Wert aller Unternehmensanteile (Marktkapitalisierung) lag 1980 bei knapp 31 Prozent der globalen Wirtschaftsleistung. Kurz vor dem Dotcom-Crash im Jahr 2000 waren es 116 Prozent, danach brach der Wert kurz ein und erholte sich bis zur Finanzkrise wieder – 2007 waren es knapp 114 Prozent, zehn Jahre später gut 111 Prozent. Gedrückt wurde der Trend einer Entkopplung von Aktienmarkt und Wirtschaftswachstum also nur durch Krisen. Auch der restliche Finanzsektor hat sich, geldschöpfungsgetrieben, von realwirtschaftlichem Wachstum losgelöst entwickelt. Zusammen mit den Unternehmensanteilen ist das Volumen von – im weitesten Sinne! – Schuldverschreibungen von global etwa 12 Billionen Dollar 1980 auf 239 Billionen Dollar 2015 angewachsen, deutlich schneller als die Wirtschaft.[9]

Das Bruttoinlandsprodukt (BIP) ist die gängige (wenn auch nicht unumstrittene) Messzahl für ökonomische Leistungsfähigkeit. Es umfasst, sehr grob gesagt, alle in einem Jahr eingenommenen Löhne und Unternehmensgewinne. Schon in der Rate des kreditfinanzierten Wachstums der Finanzeinlagen (und damit Finanzeinkommen), das deutlich über den BIP-Wachstumsraten liegt, zeigt sich ein Verteilungsungleichgewicht an. Schließlich wachsen mit den Finanzeinlagen die Kapitaleinkommen gegenüber den Arbeitseinkommen, die für die große Mehrheit der Bevölkerung die Primärquelle für die Reproduktion (und bestenfalls den Ausbau) ihrer Zahlungsfähigkeit darstellen. Das Eigentum an Finanzanlagen (Geldvermögen in der oben genannten statistischen Definition) und damit die Ansprüche auf Finanzeinkommen waren schon vor der Ungleichheitswende bei einer Minderheit wohlhabender Haushalte konzentriert – und diese Konzentration hat seit den 1980ern nur noch weiter zugenommen. In den USA besitzen die reichsten 10 Prozent der Bevölkerung etwa 90 Prozent der Unternehmensbeteiligungen, Schuldpapiere oder Fondsanteile. In der Eurozone ist die Situation nur bedingt besser. Laut einer Studie des Deutschen Instituts für Wirtschaftsforschung (2020) besitzt das reichste Prozent der deutschen Bevölkerung alleine etwa 35 Prozent des Vermögens, die ärmere Hälfte der Bevölkerung nur ein Prozent. In einer solchen Situation führen steigende Aktien- oder Immobilienpreise zu zunehmender Ungleichheit, weil sie Zugewinne für jene wenigen bedeuten, die den Großteil dieses Anlagevermögens besitzen. Das Problem: Auf genau solche Preissteigerungen war und ist die Geldschöpfung ausgerichtet.[10]

Die Produktion von Zahlungsfähigkeit vor allem für den Kauf bereits existierender Vermögenswerte – Immobilien, Unternehmensanteile und Schuldpapiere – hat die Preise dieser Vermögenswerte (*assets*) über einen langen Zeitraum in die Höhe getrieben. Man spricht hier auch von einer *asset price inflation*, zu Deutsch: Vermögenspreisinflation. Diese Preissteigerung wäre ohne die schier unendliche Produktion von neuem Geld so nicht möglich gewesen. Sie hat in nicht geringem Ausmaß zur Ungleichheitswende beigetragen, die maßgeblich Thomas Piketty in die akademische und öffentliche Debatte gebracht hat.[11] Nach seinen (und anderen) Daten hat sich der langsame Trend zur Egalisierung von Einkommen und Vermögen seit den 1980ern in entwickelten Volkswirtschaften umgekehrt. Seitdem nimmt die Konzentration von Einkommen, vor allem aber von Vermögen bei sehr wenigen sehr wohlhabenden Haushalten zu. Zwar kann man schon mit geringen Mitteln prinzipiell am Kapitalmarkt partizipieren, wodurch bei einigen Politikern das Phantasma entsteht, steigende Aktienkurse oder Vermögenspreise im Allgemeinen würden auf einen Wohlstandsgewinn für die Gesamtbevölkerung hindeuten; das ist aber, wie gesagt, in der Realität nicht der Fall. Die überwältigende Mehrheit der Vermögenswerte wird von einer immer kleiner werdenden Minderheit besessen, so dass auch die inflationierten Wertsteigerungen vor allem dieser Minderheit zugutekamen. Somit hat der *debt shift* eine bereits sehr ungleiche Verteilung dieser Werte noch einmal dramatisiert.

Die geldschöpfungsbedingte Lukrativität von Vermögensspekulationen ist von der wirtschaftssoziologischen und polit-ökonomischen Forschung ferner als eine entscheidende Triebkraft der Finanzialisierung identifiziert worden. Damit ist nicht nur das reine Wachstum von Finanzvermögen gemeint, sondern eine Veränderung globaler Akkumulationsmuster, also ein Wandel der Profitgenerierung auch in der Realwirtschaft. Dieser Wandel zeigt sich nicht in allen Ländern im gleichen Ausmaß, prägt als langfristiger Trend aber die Weltwirtschaft seit dem Beginn der Deregulierung und Internationalisierung der Finanzmärkte in den 1970er Jahren. Im Zuge dessen ist das Volumen gehandelter Finanzanlagen wie Aktien, Schuldpapiere oder Derivate um ein Vielfaches der globalen Wirtschaftsleistung angewachsen – nicht zuletzt durch die stetige Versorgung mit Krediten aus dem Bankensektor. Die Preissteigerungen haben es dabei auch für realwirtschaftliche Unternehmen attraktiv werden lassen, Geld auf den Finanzmärkten statt mit ihren eigentlichen Produkten zu verdienen. In der Tat ist dieser relative Bedeutungsgewinn – wiederum besonders, aber nicht nur in den USA – von Finanzspekulationen für die gesamte Wirtschaft gut aus den Statistiken ablesbar.[12]

Dass auch die geldschöpfungsgetriebene Finanzialisierung ein treibender Faktor zunehmender Ungleichheit war, ist inzwischen robust belegt. Die zunehmende Wichtigkeit von Finanzspekulationen hat allenfalls zu Lohnsteigerungen auf der Leitungsebene, nicht aber zu einem zusätzlichen Bedarf an Arbeitskraft und damit zu steigenden Löhnen insgesamt geführt. Sie ist damit ein Faktor der Polarisierung von Gehältern, die in der Mehrheit – siehe Einleitung – in dieser Zeit nicht oder kaum, auf jeden Fall aber deutlich langsamer gestiegen sind als die hohen Gehälter und die Einnahmen der Unternehmen. Kurz gesagt: Wenn mehr und mehr private Haushalte und Unternehmen versuchen, ihre Verbindlichkeiten durch Einnahmen aus Finanzspekulationen zu decken und damit ihr Vermögen zu steigern, dann kommt es den – statistisch betrachtet – wenigen Akteuren zugute, die die allermeisten dieser Anlagen besitzen. Es werden außerdem kaum neue Jobs geschaffen oder Möglichkeiten kreiert, Lohnsteigerungen einzufordern und durchzusetzen, weil die Unternehmen auf den Kapitalmärkten Einnahmen generieren, weniger durch ihre Arbeiterschaft.[13]

Da es vielen Zentralbanken so wie der EZB nicht erlaubt ist, ihre eigenen Geldschöpfungskapazitäten zu etwas anderem einzusetzen, als Schuldscheine von privaten Investorinnen zu kaufen, fehlt ihnen die Möglichkeit, in diesen Kreislauf der Geldschöpfung für den Handel mit existierenden Anlagen zu intervenieren. Abstrakt gesagt: Es fehlt ihnen das Mandat für eine Kopplung von Geld und Wirtschaft – also für eine direkte Injektion neuer Zahlungsfähigkeit in die Produktion (oder den Konsum). Ein Beispiel, warum das problematisch ist: Auf die Finanzkrise von 2008 und die dadurch ausgelöste Rezession reagierten die großen Zentralbanken mit gigantischen Geldschöpfungsprogrammen, genannt «Quantitative Easing». Ein explizites Ziel der EZB war es dabei, die Unternehmen dadurch zu entlasten, dass man ihnen unbeliebte Schuldpapiere von Staaten und Firmen abkaufte – in der Hoffnung, dass sie das Geld dann investieren und so für Wirtschaftswachstum und Beschäftigung, also allgemeine Wohlstandsgewinne sorgen. Eines von mehreren solcher Geldschöpfungsprogramme war das 2016 beginnende *Corporate Sector Purchase Programme* (CSPP), bei dem riskante Unternehmensschulden gegen neues Geld getauscht wurden. Die auf diese Weise in den Unternehmenssektor gepumpten Summen wurden allerdings mehrheitlich nicht für Investitionen, sondern für die Ausschüttung von Dividenden an die Anteilseigner verwendet, wie eine Studie herausfand.[14] Diese Einschätzung lässt sich durchaus verallgemeinern, auch wenn die Verteilungseffekte der großangelegten Geldschöpfungsprogramme schwer zu messen sind. Klar aber ist, dass sie intentional auf eine Absicherung oder Steigerung von Vermögenspreisen abzielen und damit natürlich jene Ungleichverteilung verstärken, die durch die geldschöpfungsinduzierte Vermögenspreisinflation der vorigen Jahrzehnte zementiert wurde. Solange die EZB aufgrund ihres rechtlichen Mandats eben nur neues Geld an private Investorinnen und Investoren ausschütten darf, lässt sich daran auch strukturell nichts ändern.[15]

Die weit über ökonomische Wachstumsraten hinaus beschleunigte Vermehrung der Zahlungsfähigkeit fällt also nicht zufällig in die Zeit der von Piketty identifizierten Wende hin zu wieder steigender Einkommens- und Vermögensungleichheit. Sie ist ein treibender Faktor dieser Entwicklung.[16] Für die meisten Menschen ist das Arbeitseinkommen die wichtigste Ressource für die Tilgung der eigenen Verbindlichkeiten und den Aufbau von Rücklagen und Vermögen. Arbeitseinkommen unterscheiden sich von Krediten, weil sie Tilgungen sind, die generalisierte Gläubigerpositionen für ihre Empfänger erzeugen, ohne sie gleichzeitig in neue Verbindlichkeiten zu verstricken. Die Entkopplung von Geld- und Wohlstandswachstum muss als Leistungswechsel der Maschine verstanden werden: Die Maschine arbeitet nunmehr, in der pointierten Diktion von Rana Foroohar, nicht mehr für die Macherinnen (*makers*), sondern für die Nehmer (*takers*) – sie produziert Reichtum für diejenigen, die an den Preisspiralen teilhaben können, zu Lasten der Finanzierung von Beschäftigung, höheren Löhnen, erweiterten Produktionskapazitäten, Wohnraumbau oder Transformationsprozessen. Anstatt Wohlstand für alle produziert die monetäre Maschine Reichtum für wenige.[17]

Destabilisierungsdynamiken

Das zweite Betriebsproblem der monetären Maschine sind Destabilisierungsdynamiken. Ökonomisch neigt die privatisierte monetäre Maschine dazu, sich selbst zu destabilisieren, indem sie zu viel Geld produziert, wenn sie gebremst werden sollte, und zu wenig, wenn es gebraucht wird. In der Wirtschaftstheorie spricht man auch von *prozyklischem* Verhalten. Die Maschine destabilisiert sich unter dem Profitregime immer wieder selbst, weil ihr ein *antizyklischer* Mechanismus fehlt, der in Boomphasen die Geldschöpfung bremst und so eine Bildung von Spekulationsblasen verhindert, die irgendwann platzen, und der in der Kontraktionsphase neue Liquidität bereitstellt, damit die weiter bestehenden Kredite und neue Investitionen bezahlbar bleiben. Zuletzt haben wir so etwas in der globalen Kontraktion 2008 erlebt. «Im Herzen dieser Krise standen die Ausdehnung und der anschließende Kollaps der Bilanzen des Bankensystems», erklärte der (ehem.) Gouverneur der Bank of England, Mervyn King, 2010; die Grundlage der Krise war zunächst exzessive und dann plötzlich kontrahierende Geldschöpfung in den Bilanzen der Geschäftsbanken.[18]

Diese Expansions-Kontraktions-Dynamik ist kein Zufall. In unserem Geldsystem entsteht neue Zahlungsfähigkeit immer dann, wenn eine Kundin einen Kredit bei einer Bank beantragt und die Bank die Kreditrückzahlung samt Zinsen für wahrscheinlich und das Geschäft deswegen für lukrativ befindet – immer dann also, wenn es eine kreditwürdige Nachfrage nach neuem Geld gibt, wenn also zwei positive Zukunftserwartungen (der Kundin und der Bank) aufeinandertreffen. Solange diese doppelte Erwartung eines Erfolgs des Kreditgeschäfts besteht, kann immer mehr Geld entstehen.

Weil den Banken bei optimistischer Erwartungslage das Geld nicht ausgehen kann, ist hier die Gefahr einer Steigerungsspirale strukturell angelegt. Den Mechanismus hat der Schumpeter-Schüler Hyman Minsky beschrieben. Als Geflecht aufeinander bezogener und aufeinander angewiesener Forderungen destabilisiert sich die privat gemanagte monetäre Maschine immer wieder selbst. Minskys Formel dafür lautet sinngemäß: *Instabilität entsteht aus Stabilität*, nicht (nur) aus einer Störung eines ökonomischen Gleichgewichts «von außen». Eine reiner Marktlogik überantwortete monetäre Maschine neigt dazu, gerade dann aus dem Ruder zu laufen, wenn eigentlich alles gut läuft, Forderungen nachgefragt und verlässlich getilgt werden.[19]

In Phasen stabiler ökonomischer Konjunktur, in der die Produktionskapazitäten ausgeweitet werden, die Beschäftigung floriert und die Löhne steigen, wird die Nachfrage nach Krediten genauso wachsen wie die Bereitschaft des Bankensektors, diese zu finanzieren. In Wachstumsphasen macht die Kreditaufnahme für Unternehmen Sinn, weil sie damit investieren können, um am Aufschwung teilzuhaben, Arbeiterinnen und Arbeiter wollen kostspielige Immobilien oder Konsumprodukte erwerben, die sie durch die höheren Löhne abtragen zu können meinen und so weiter. Zunächst ist das unproblematisch, schaffen doch die erweiterten Produktionskapazitäten und die zunehmende Beschäftigung auch die Einnahmen, mit denen diese Kredite beglichen werden können. Schließlich können die zusätzlichen Waren durch die durch Lohnsteigerungen und Kreditschulden vermehrte Zahlungsfähigkeit auch erworben werden.

Solche Situationen müssen sich nicht, aber sie können sich in der gegenwärtigen Architektur der monetären Maschine stets zu ungebremsten Steigerungsspiralen entwickeln, wie wir das zuletzt auf globaler Ebene in der Dotcom-Blase um die Jahrtausendwende oder der Immobilienblase vor der Finanzkrise von 2008 (und in gewisser

Weise auch danach) erlebt haben. Das liegt daran, so argumentiert Minsky, dass die Erwartungen der (potenziellen) Schuldnerinnen und die Erwartungen der Banken nicht unabhängig voneinander sind, sondern von einer allgemeinen Stimmung beeinflusst werden, die Minsky «Erwartungsklima» nennt.[20] Prosperiert die Wirtschaft eine Weile, so dass Kredite nachgefragt, aufgenommen und auch erfolgreich zurückgezahlt werden, gewöhnen sich die beteiligten Akteure sozusagen an die Stabilität und den Erfolg von Kreditgeschäften. Durch diese Gewöhnung an die Stabilität werden nun mehr Kredite nachgefragt, und gleichzeitig werden die bankseitigen Bewertungen der Kreditwürdigkeit laxer, schließlich läuft alles zunächst noch mehr oder weniger rund. Die Einschätzungen der Wahrscheinlichkeit, dass Kredite auch erfolgreich getilgt werden können, werden von Seiten potenzieller Schuldnerinnen und Gläubiger optimistischer. Weitere Kredite pumpen damit immer mehr Geld in das System, so dass auch tatsächlich weiterhin genügend Geld verfügbar ist, um die Schulden zu tilgen. Solange das läuft, gibt es weder für die Kundinnen noch für die Banken einen Grund, aufzuhören – denn zurückgezahlte Kredite sind lukrative Kredite, und das ist es, was zählt. Einen eingebauten Mechanismus der Mäßigung gibt es nicht.

Durch die Selbstverstärkung der Kreditvergabe in Zeiten von Stabilität und Prosperität wird das Geldgeflecht nun insgesamt abhängiger davon, dass sich dieser (vermeintliche) Normalzustand der stabilen Prosperität auch fortsetzt. Schließlich entstehen mit jeder – ja stets befristeten – Geldschöpfung auch Verbindlichkeiten, die zum Termin beglichen werden müssen. Und hier macht es jetzt einen enormen Unterschied, wofür das Geld erschaffen wurde und wer sich für seine Erschaffung verschuldet hat. Deswegen ist auch hier der *debt shift*, also die durch die Privatisierung monetärer Souveränität ermöglichte Verlagerung der Geldschöpfung von der produktiven Realwirtschaft auf den Handel mit bereits existierenden Vermögenswerten, so entscheidend: Kredite für den Kauf von bereits existierenden Vermögenswerten anstelle von produktiven Unternehmungen machen die monetäre Maschine unsicherer.[21] Verdeutlichen wir uns das an einem fiktiven Beispiel. Stellen wir uns ein Unternehmen vor, das bei einer

Bank einen Kredit aufnimmt, um dadurch 10 Arbeiterinnen und Arbeiter anzustellen, die das Produkt des Unternehmens herstellen sollen. Das Unternehmen verkauft die Produkte und tilgt mit dem Erlös den Gründungskredit. So oder so ähnlich stellt man sich eine erfolgreiche, kreditfinanzierte Unternehmensgründung im Schumpeter'schen Sinne vor. Eine erfolgreiche Unternehmensgründung *vernichtet* also Geld – schließlich wurde der Gründungskredit zurückgezahlt und damit die entsprechende Geldsumme aus dem System entfernt. Tatsächlich hat die Unternehmerin wegen der Zinsen etwas mehr Zahlungsfähigkeit an die Bank zurücküberwiesen, als durch sie geschaffen wurde – und bestenfalls noch einen Gewinn eingenommen, aus dem sie Rücklagen gebildet hat. Besser also: Eine erfolgreiche Unternehmensgründung vernichtet das Geld, das sie zusätzlich in die Wirtschaft gebracht hat, und eignet sich einen Teil der verfügbaren Zahlungsfähigkeit als Gewinn für Eigentümerin, Angestellte und Bankensektor an. So weit, so gut.

Die Unternehmerin hat sich also gegenüber einer Bank in eine Schuldnerposition gebracht und dafür eine Forderung gegen die Bank als generalisierte Gläubigerinnenposition erhalten. Damit konnte sie die Forderungen ihrer 10 Angestellten tilgen. Sie hat sich durch die Arbeitsverträge schließlich auch ihnen gegenüber in eine (konkrete) Schuldnerinnenposition gebracht, die nun abgegolten ist. Die dabei entstandenen Produkte hat sie verkauft – d. h., sie hat sie Interessenten überlassen, die dafür bereit waren, eine Schuld gegenüber der Unternehmerin zu akzeptieren (in Höhe des Kaufpreises) und diese mit Forderungen gegen den Bankensektor (Geld) zu tilgen. Dadurch konnte die Unternehmerin ihre Position als Schuldnerin ihrer Bank verlassen (den Kredit tilgen). Die erfolgreiche Unternehmung hat also elf Bilanzen mit der Möglichkeit ausgestattet, generalisierte Gläubigerpositionen einzunehmen und damit unterschiedliche Schuldnerinnenpositionen zu verlassen – den Bankkredit im Falle der einen Unternehmerin, Konsumschulden und andere Verbindlichkeiten im Falle der zehn neuen Angestellten.

Stellen wir uns nun stattdessen einen privaten Haushalt vor, der zum Kauf eines Hauses einen Kredit von einer Million aufnimmt. Die

Bank schöpft das Geld, der Haushalt bezahlt das Haus und hat fortan ein Haus im Wert von einer Million als Haben und einen Kredit im Wert von einer Million (wir vernachlässigen zurzeit noch Zinsen) als Soll in seiner Bilanz. Wenn das viele so machen, werden – wie durch den *debt shift* – die Immobilienpreise steigen. Unser Haushalt hat nun also vielleicht ein Vermögen von 1,5 Millionen, weil der Hauspreis gestiegen ist. Nun wird unser Haushalt optimistisch und nimmt einen weiteren Kredit zum Kauf eines weiteren Hauses auf – wenn die Preise weiter steigen, sollte das ja kein Problem sein. Er hat also nun die Verbindlichkeiten zweier Kredite zu bedienen, eine Million für den ersten und 1,5 Millionen für den zweiten Kauf. Dafür besitzt er Vermögen und Verbindlichkeiten im Wert von 2,5 Millionen. Wiederum steigen die Immobilienpreise, weil unser Haushalt nicht der einzige ist, der das so macht; er hat deswegen schnell ein Vermögen im Wert von 3,5 Millionen bei konstanten Verbindlichkeiten von 2,5 Millionen. Warum also nicht ein drittes Haus kaufen?

Auch das dritte Haus könnte problemlos vom Bankensektor finanziert werden, solange Hauskäufer und Bank an weiter steigende Preise glauben. Da Zahlungsfähigkeit gegen ein Rückzahlungsversprechen auf Zeit erschaffen wird, wann immer eine Bank ein solches Rückzahlungsversprechen für attraktiv hält und in ihre Bilanz übernimmt, kann die Hauskaufspirale immer weitergehen. Gleichzeitig entstehen aber auch immer mehr Verbindlichkeiten, was nicht nur unseren Haushalt, sondern auch die Bilanz der Bank – und, aufgrund der Interpendenz des Forderungsgeflechts, damit potenziell auch die Maschine insgesamt – immer abhängiger von weiter steigenden Hauspreisen werden lässt. Die an den Geschäften beteiligten Bilanzen sind schließlich nur dann in Balance, wenn die Hauspreise tatsächlich weiter steigen. Solange genug Leute mitziehen, die Nachfrage nach Krediten für den Kauf von Immobilien steigt und die Käufe finanziert werden, kann die monetäre Maschine jede Investitionsentwicklung zu einer sich durch die inflationierten Preise selbsterfüllenden Prophezeiung aufblasen, ohne in Zahlungsschwierigkeiten zu geraten. Durch das Kaufen immer neuer Vermögenswerte auf Kredit entstehen – anders als im Beispiel einer Unternehmensgründung zuvor – keine neuen

Gläubigerpositionen, die Einkommen, d.h. neue Zugriffe auf generalisierte Gläubigerinnenpositionen ermöglichen (anders als bei den neuen Jobs oder den zum Verkauf stehenden Produkten bei der Unternehmensgründung) – mit Ausnahme der gekauften Häuser selbst und auch nur unter der Annahme, dass sie in Zukunft zu einem noch höheren Preis verkauft werden können, um die Kreditschuld zu tilgen.

Allerdings hört jede Musikkapelle irgendwann mit dem Spielen auf. Irgendwann wird das optimistische Erwartungsklima getrübt – sei es, weil jeder Aufschwung mal zu einem Ende kommt oder weil die immer weiterwachsenden Zahlungsverpflichtungen im interdependenten Geflecht Zweifel an ihrer Rückzahlbarkeit säen. Es bedarf also keines externen Schocks, um die ungebremste Steigerungsspirale zu beenden. Nur ist es dann eben in der Regel nicht so, dass die Kreditvergabe langsam abnimmt und vorsichtig die Luft aus der Blase gelassen wird. Auch die Kontraktion des Forderungsgeflechts funktioniert prozyklisch, also selbstverstärkend, nicht mäßigend. Vergegenwärtigt man sich noch einmal die Gestalt unseres Geldes als Geflecht wechselseitig voneinander abhängiger und unterschiedlich befristeter Forderungen, ist leicht ersichtlich, warum das so ist. Wenn erste Zweifel an der Nachhaltigkeit eines im Boom aufgeblähten Geldes aufkommen, werden die Skeptiker auf die Aufnahme neuer Kredite verzichten und womöglich sogar damit beginnen, sofern möglich, ihre eigenen Kreditverbindlichkeiten abzubauen. Damit verlangsamt sich die Produktion neuen Geldes oder die verfügbare Liquidität beginnt sogar abzunehmen. Das ist aber fatal, weil die bestehenden Kredite auf eine weitere Expansion verfügbarer Zahlungsfähigkeit angewiesen sind. Schließlich werden Bankkredite mit Zinsen vergeben, ein Schuldner muss also immer mehr zurückzahlen, als er aufgenommen hat. Das heißt: Neue Geldbeträge werden auf Kredit, d.h. zusammen mit einer Verbindlichkeit erschaffen, die ihre Rückzahlung fordert, aber die Summe der Kreditverbindlichkeiten übersteigt die Summe des per Kredit geschaffenen Geldes. Wenn das Geldgeflecht also zu wachsen aufhört, wird die Wahrscheinlichkeit, dass andere Kredite zurückgezahlt werden können, geringer.

Ferner gilt auch hier wieder der Hinweis auf das geteilte Erwartungsklima: Beginnen sich bei einigen Akteuren Zweifel an der Rückzahlbarkeit von Forderungen oder dem Fortgang der prosperierenden Stabilität breitzumachen, so dass sie auf eine Neuverschuldung verzichten oder ihre Verschuldung abbauen, kann sich diese Erwartungshaltung schnell verbreiten. Man spricht hier auch von einer Schuldendeflation. Dann beginnen mehr und mehr Akteure, ihre Bilanzen von Verbindlichkeiten zu befreien. Wiederum entsteht eine Spirale, nur diesmal keine der Expansion, sondern der Kontraktion. Beschleunigt sie sich, wird dem System immer mehr Geld entzogen, die Rückzahlbarkeit bestehender Schulden wird unwahrscheinlicher und man beginnt, eigentlich die eigene Bilanz absichernde Vermögenswerte zu Schleuderpreisen abzustoßen (ein sogenannter *fire sale*), nur um möglichst vor allen anderen seine Kreditschulden tilgen zu können, bevor das Geld alle ist. Denn: Modernes Geld wird eben nicht nur wie eine Stellvertreterware herumgereicht, sondern dem System ganz regulär kontinuierlich entzogen. Wenn also am nötigsten mehr Geld gebraucht wird, hört der private Bankensektor auf, zu produzieren; in Zeiten ökonomischer Rezessionen oder finanzieller Kontraktionen, also genau dann, wenn *mehr* Geld gebraucht wird, ist *weniger* Geld da. Jetzt können nur noch die Zentralbanken helfen, wie wir es aus der jüngeren Vergangenheit zur Genüge kennen. Im Falle eines *bust*, der irgendwann auf jeden *boom* folgt, können nur noch Zentralbankkredite oder -käufe und staatliche Garantien helfen. In Minskys Worten: «Big Government» ist gefragt.

Dementsprechend irrational ist es, wenn sich im Falle finanzieller und ökonomischer Kontraktionen der Staat zur Austerität verpflichtet (womöglich noch durch eine selbstbindende «Schuldenbremse»), also genau dann auf Schulden verzichtet, wenn die Wirtschaft mit neuer Zahlungsfähigkeit zu versorgen wäre. Während man sich in Deutschland über die «schwarze Null» freute, war die EZB in der Krise der vergangenen Dekade praktisch gezwungen, ihre umfangreichen Geldschöpfungsprogramme für den Privatsektor aufzusetzen («Quantitative Easing»), um einen Totalzusammenbruch zu verhindern. Das Problem: Die EZB konnte nur den Privatsektor entschulden, also anbieten, vom Bankensektor gehaltene Unternehmens- und Staatsschulden gegen eigene Schulden (Zentralbankgeld) zu tauschen. Sie konnte nicht für einen Neustart der Wirtschaft und damit für eine Rückkehr stabiler Prosperität sorgen. Ihr Mandat lässt das nicht zu. Neue Staatsschulden anstatt eines (ökonomisch schädlichen und monetär irrationalen) ausgeglichenen Haushaltes hingegen hätten – nach dem weiter oben beschriebenen Mechanismus – nicht nur zusätzliche Zahlungsfähigkeit erzeugt, sondern diese Zahlungsfähigkeit auch für die Empfänger von Staatsausgaben zugänglich gemacht, die in der Regel in die Realwirtschaft fließen. Die Betriebsstörungen der monetären Maschine fordern somit ein diesen realen Zusammenhängen angemesseneres gesellschaftlich-politisches Verständnis von der Rolle der öffentlichen Hand in der monetären Maschine. Dazu gleich mehr.

Durch ihre eigendynamische Verstärkung von *boom and bust* muss die monetäre Maschine, auch wenn Krisen stets hochkomplexe Ereignisse mit zahlreichen Ursachen und vielschichtigen Entstehungskontexten sind, als «Wurzel» der meisten Finanzkrisen gelten.[22] Insbesondere Immobilienbooms, die durch das hyperelastische Angebot des Geflechts (für eine Weile) scheinbar grenzenlos wuchern können, gelten als klare Indikatoren bevorstehender Finanzkrisen.[23] Aufgrund der Privatisierung monetärer Souveränität fehlen effektive Stabilisierungsmechanismen, die die Maschine antizyklisch bremsen, wenn sie zu überhitzen droht; was bleibt, ist der mehr oder weniger elegante Neustart nach dem Knall – mit kollektiven Schulden.

Jenseits des Ökonomischen

Die Destabilisierungstendenz der monetären Maschine geht in zweifacher Hinsicht über das Ökonomische hinaus. *Erstens* deuten empirische Daten mit Nachdruck darauf hin, dass die endogen ausgelösten finanziellen Turbulenzen eines auf interdependenten Schulden basierenden Geldes auch die politische Kultur demokratischer Gesellschaften berühren. In einer historisch-vergleichenden Studie der politischen Auswirkungen von Finanzkrisen konnten Manuel Funke, Moritz Schularick und Christoph Trebesch kürzlich einen wichtigen Befund vorlegen.[24] Sie haben in 20 demokratischen Ländern zwischen 1870 und 2014 über 800 Wahlergebnisse untersucht und mit über 100 Finanzkrisen ins Verhältnis gesetzt. Ihr Befund ist, dass «Finanzkrisen die Demokratien belasten».[25] Freilich sind die Ursachen solcher Krisen vielschichtig und komplex, aber die hyperelastische Geldversorgung dürfte, wie gesagt, durch ihre prozyklische Veranlagung als Wurzel der meisten Krisen gelten, so dass auch eine Verbindung zwischen Geldpolitik und ebendiesen politischen Folgen sichtbar wird. Die Studienergebnisse zeigen, dass im Nachklang von Finanzkrisen Regierungsmehrheiten kleiner und die Fragmentierung der Parlamente größer werden. Es kommt zu einer Polarisierung der politischen Landschaft, und besonders rechte Parteien erfahren elektorale Zugewinne. Wirtschaftliche Abschwünge oder Schocks ohne großflächige Finanzturbulenzen zeigen solche Tendenzen nicht im selben Ausmaß. Das Potenzial zur selbstinduzierten Destabilisierung des Forderungsgeflechts, das wir zur Bereitstellung und Abwicklung von Zahlungsfähigkeit verwenden, übersetzt sich so über elektorale Verwerfungen in demokratische Destabilisierungsprozesse.

Neben der Selbstdestabilisierung der Maschine und der sie umgebenden politischen Ordnung erkennen einige Autorinnen und Autoren *zweitens* eine von ihr ausgehende Destabilisierung unseres Verhältnisses zu den Lebensgrundlagen des Planeten. Dabei wird die strukturelle Ausrichtung kapitalistischer Gesellschaften auf ökonomisches Wachstum, ein ewiger Imperativ des Mehr und Mehr, vielfach als Mühlstein identifiziert, unter dem ökologische Gleichgewichte, Biodiversität und klimatische Stabilität abgeschliffen werden.[26] Für diese Wachstumstendenz, so der Verdacht, sei das Geld, spezieller: modernes, kreditbasiertes Geld mitverantwortlich.

Zunächst und ganz grundsätzlich argumentiert etwa der Soziologe Axel Paul, schon der basale geldwirtschaftliche Zwang zur ständigen Erneuerung der eigenen Zahlungsfähigkeit unter Bedingungen der Konkurrenz würde den Verbrauch von Ressourcen vorantreiben.[27] Denn auch wenn modernes Geld hyperflexibel angeboten wird, weil der Bankensektor Zahlungsversprechen (Kredite) in generalisierte Gläubigerinnenpositionen umsetzen kann, so erhalten freilich nur jene

Zugriff auf dieses Angebot, deren Zahlungsversprechen für den Bankensektor attraktiv sind, sei es aus Profitabilitätskalkülen oder rechtlicher Privilegierung (wie bei agentieller Souveränität). Die Hyperflexibilität des Angebots bedeutet daher nicht, dass Geld *für alle* und *zu jeder Zeit* in unbegrenztem Ausmaß verfügbar wäre. In den allermeisten Fällen sind Akteure aufgerufen, Gelegenheiten zu finden, konkrete Gläubigerpositionen einnehmen zu können, die mithilfe von Zahlungen der Schuldner verlassen werden. Heißt: Sie sind gezwungen (oder schlicht bereit), ihre Arbeitskraft oder ihr Eigentum als Vorleistung anzubieten, dadurch den Vorleistungsempfänger (z. B. den Arbeitgeber) zum Schuldner zu machen und so auf dessen Zahlungsfähigkeit zugreifen zu können. Lohnarbeiter, so Paul, müssten sich also darum bemühen (d. h. darum konkurrieren), den Bedarf der Arbeitgeber zu erfüllen. Genauso wie Unternehmen, die schon deshalb wachsen müssen, um sich gegen die Konkurrenz zu behaupten und ihren Marktwert zu stabilisieren, kümmern sich auch die Anbieterinnen und Anbieter von Lohnarbeit um die Dynamik der eigenen Qualifikation oder Karriere. Sie müssen ihren Einsatz steigern, um sich gegen den drohenden Verlust von Zahlungsfähigkeit abzusichern. Das «Spiel» der Geldwirtschaft funktioniere nur, so Paul, «weil es Verlierer produziert». Dadurch

> «zwingt es die Spieler, nach immer neuen Möglichkeiten der Bewährung Ausschau zu halten. Die Erfindung immer neuer Produkte und die Verbesserung (und Verbilligung) der alten, die Ausweitung des Angebots und die enorme Innovativität des Kapitalismus haben in der durch den Markt verallgemeinerten Konkurrenz, dem Ansporn oder gar der Nötigung, sich durch Zugewinne gegen die Gefahr der Geldlosigkeit zu versichern, einen wichtigen Grund».[28]

Darüber hinaus identifiziert Paul eine für den kreditären Modus der Geldschöpfung konstitutiven Wachstumsimperativ: den Zins. Neues Guthaben wird schließlich zusammen mit einer Forderung gegen die Empfängerin geschaffen, Einnahmen zu generieren, um den Kredit zu tilgen. Kredite sind (in der Regel positiv) verzinst. Das heißt, dass nicht nur die einzelne Schuldnerin mehr einnehmen und zurückzahlen muss, als sie sich geliehen hat, sondern auch insgesamt nicht genug Geld da ist, um alle ausstehenden Kredite abzutragen. Die Maschine muss also ständig ihre Leistung steigern, was dadurch «erreicht» wird, dass individuelle Schuldnerinnen und Schuldner mehr einnehmen müssen, als sie ausgeben, um einen Kredit samt Zinsen tilgen zu können. Deswegen werden immer einige gezwungen sein, neue Kredite aufzunehmen, um die alten zu begleichen – nicht zuletzt Staaten. Da das Geldgeflecht insgesamt (prozyklisch) dazu tendiert, sich auszudehnen, müssen also immer mehr und mehr Zahlungsüberschüsse generiert werden. Aus diesem Grundgedanken leiten auch andere einen monetären Wachstumsimperativ ab, der die endlichen Ressourcen unseres Planeten mit der mathematisch unbegrenzten Steigerbarkeit von Bilanzsummen schleift.[29]

Nun haben wir zuvor festgestellt, dass die Vermehrung von Zahlungsfähigkeit als solche keineswegs notwendig mit der Vermehrung von Produktionskapazitäten und damit Ressourcenverbrauch verknüpft sein muss; es genügt (zumindest für eine Weile), neue Zahlungsfähigkeit zu generieren, also Kredite zu vergeben, ohne die Umwandlung von endlichen Ressourcen zu steigern, schließlich haben sich im Prozess der Finanzialisierung gerade BIP und Geldmenge autonom entwickelt. Für unser Verhältnis zu den Lebensgrundlagen unseres Planeten macht es einen Unterschied, ob man mehr und leistungsstärkere Autos produziert, um Zins- und Tilgungsraten zu bezahlen, oder mehr Schuldpapiere.

Das ist allerdings ein buchhalterisches und kein realweltliches Argument. In der echten Welt führt eine reine Verlängerung der Bilanz des Bankensektors irgendwann zu einem Vertrauensverlust in die Einholbarkeit von Gläubigerpositionen und damit zu einem Kollaps. Kulminieren die Verschuldungsspiralen in Krisen, reagieren die in Panik versetzten Regierungen mit Finanz- und Konjunkturförderprogrammen, die den Schutz von Umwelt und Klima zugunsten «der Wirtschaft» hintanstellen. Zu den beliebtesten Krisenpolitiken in Deutschland zählen etwa Förderungen der Kraftfahrzeugindustrie – man denke hier nur an die «Abwrackprämie» für den Kauf eines Neuwagens, die 2009 erstmals im Konjunkturpaket II nach der Lehman-Pleite eingesetzt wurde. Außerdem treiben die prozyklischen Verschuldungsspiralen der privatisierten Maschine – wie gesehen – Vermögenspreise und damit Renditeerwartungen an, die dann auch von der Realwirtschaft eingeholt werden müssen – durch Investitionen in die Produktion, also durch Wachstum.[30] Hohe Schulden, die ein schuldbasiertes Geld nun mal mitbringt, die aber erst durch die prozyklische Dynamik der privatisierten monetären Maschine den Steigerungsspiralen anheimfallen, legen Unternehmen und Individuen irgendwann doch wieder auf Steigerung in Form ausgeweiteter Produktionskapazitäten, Preiserhöhungen oder Lohnforderungen fest, weil sich zwar das Geldgeflecht insgesamt – bilanzlogisch gedacht – ohne Produktionswachstum ausweitet, aber eben einzelne Bilanzen ihre Position *real* verbessern wollen. Heißt: Unternehmen und Haushalte wollen ihr Nettovermögen steigern, ihr «Haben» abzüglich ihres «Sollens» – und auch wenn sich Immobilieninvestments «ressourcenschonend», also ohne Neubauten rentieren können, steht diese Option eben nur als spekulative Blase und nicht gesamtwirtschaftlich bereit. Salopp gesagt: Nicht alle können an einer Blase gewinnen, einige müssen in der Zeit auch arbeiten gehen.

Die dem Kalkül der Profitmaximierung unterworfene monetäre Maschine macht ferner vor allem diejenigen zahlungsfähig, die die höchsten Renditen versprechen – und das waren und sind in der Regel nicht die besonders nachhaltigen und ressourcenschonenden Investoren. Selbst wenn man also bezweifelt, dass eine auf verzinsten Krediten basierende Geldschöpfung notwendig *strukturell* auf Wirtschaftswachstum per se ausgelegt ist – sie lässt sich offenbar zumindest ohne einen solchen Zwang simulieren –, so unterlag und unterliegt ihre politische Architektur doch *de facto* einer Steigerungslogik zu Lasten der Nachhaltigkeit.[31] Eine 2021 veröffentlichte Studie der NGO *Rainforest Action Network* zeigt etwa, dass die 60 weltweit größten Banken in fünf Jahren nach der Ratifizierung des Pariser Abkommens zum Klimaschutz – genauer gesagt zwischen 2016 und 2020 – etwa 3,8 Billionen US-Dollar für Geschäfte mit fossilen Energieträgern zur Verfügung gestellt haben.[32] Das Dilemma liegt hier also weniger in der Kreditverfassung als solcher als vielmehr in der Privatisierung monetärer Souveränität. Die privaten Gewinnmaximierungsmaximen folgende Geldschöpfung – aber (womöglich) nicht die monetäre Maschine als solche – erzeugt also nicht nur Ungleichheit und instabile Finanzen, sondern verschleißt auch den Planeten. Ann Pettifor oder Kate Raworth stellen deswegen eine Reform des Geldes in den Mittelpunkt ihres Werbens für *green growth* oder *post growth*[33] – beide Ziele, ein nachhaltiges Wachstum oder eben eine Dekonstruktion der Wachstumsorientierung, machen eine Überwindung der Privatisierung monetärer Souveränität notwendig. Grünes Wachstum und Postwachstum brauchen eine Geldpolitik, die Geld nicht als Werkzeug für Märkte adressiert, sondern als gesellschaftliche Infrastruktur. Und diese Geldpolitik als Infrastrukturpolitik gilt es nun abschließend zu umreißen.

10. Geldpolitik als Infrastrukturpolitik

Ein besseres Betriebssystem

Für Infrastrukturen lässt sich ein gesellschaftliches Anforderungsprofil und ein ihm korrespondierendes Leistungsangebot identifizieren. Das Leistungsangebot der Infrastruktur für elektrischen Strom etwa ist es, eine hochkonzentrierte und vielseitige Energie in standardisierter Form gleichzeitig an zahllosen Anschlusspunkten und für Akteure mit ganz unterschiedlichen Bedürfnissen und Plänen bereitzustellen. Damit das funktioniert, muss eine anspruchsvolle Koordination gelingen, Bauwerke errichtet und instandgehalten und politische Entscheidungen getroffen werden: Es müssen Primärenergieträger erschlossen und umgewandelt werden, um damit ein gewaltiges Netzwerk aus Energielieferanten, Kabeln, Umspannungsstationen und Abnehmern mit diversen Bedürfnissen so zu beliefern, dass Spannung und Frequenz innerhalb minimaler Spielräume stabilisiert werden. Dem gemeinschaftlichen Leistungsangebot der Strominfrastruktur korrespondiert in diesem Sinne ein komplexes Anforderungsprofil, ein Bedarf an kollektiver Koordination und Handlungsnormierung, welche die Vorleistungsmaschine des Stroms am Laufen halten. Auch unter Bedingungen der Privatisierung spielt die öffentliche Hand beim Aufbau und bei der Betreuung der Infrastruktur für elektrische Energie eine Schlüsselrolle – auch, weil die durch den Strom bereitgestellte Handlungsfähigkeit, allgemeiner gesagt: sein Nutzen, für das Leben und Zusammenleben in unserer Gesellschaft von derart großer Bedeutung ist. Deswegen leuchtet es wohl den meisten ein, dass über die Ressourcen der Stromgewinnung debattiert, kommunalen und privatwirtschaftlichen Energieversorgern behördliche Vorgaben gemacht und Entwicklungen des Netzes politisch geplant und gefördert werden.

Vergleichbares gilt für modernes Geld. Es ist ein selbstreferentielles Geflecht aus Forderungen von und gegen Banken, die auf nichts außerhalb dieses Geflechts verweisen, das gefordert werden könnte. Die Forderungen, von denen wir hier sprechen, sind keine Forderungen auf Güter, sondern Ansprüche auf Handlungsspielräume, nämlich das Verlassen-Können von Schuldnerpositionen. Geld erscheint in dieser Beschreibung nun nicht mehr als Menge ökonomischer Tauschwerte, die je einzeln als Werkzeug indirekten Handels akquiriert und aktiviert werden können. Vielmehr erweist sich Geld als eine Struktur aus befristeten und durch den Mechanismus der Bilanz mit anderen Forderungen essentiell verbundenen Beziehungen, die eine Entität bilden, eine Struktur, die dieses Verlassen-Können von Schuldnerinnenpositionen, diese für Geldwirtschaften spezifische und essenzielle Handlungsfähigkeit, genannt: Zahlungsfähigkeit, bereitstellt. Die moderne monetäre Maschine erlaubt es den zugriffsberechtigten Akteuren, sich im Verpflichtungsgefüge, das wir Geldwirtschaft nennen, bewegen und behaupten zu können – und zwar als Vorleistung, nicht als Reflexion bereits erwirtschafteter Gebrauchswerte. Ein Geflecht spezieller Schulden (Bankschulden) erlaubt das ständige Bedienen von Verbindlichkeiten – und die Verbindlichkeiten anderer erlauben den Zugriff auf diese speziellen Schulden. Die Organisation und Reorganisation solcher Verpflichtungen ist der Gegenstand einer bilanztheoretisch denkenden Soziologie des Geldes.

Die moderne monetäre Maschine ermöglicht dabei einen hyperflexiblen Nachschub an Zahlungsfähigkeit, weil stets neue Forderungen gegen Banken (Guthaben) bilanzbuchhalterisch durch Forderungen gegen Schuldnerinnen (Kredit) erzeugt werden können. Geld kann also produziert werden, wenn es gebraucht wird – und nicht nur, wenn ein Material, das es vermeintlich deckt, gefunden wird. Durch das Leistungsangebot einer hyperflexiblen (und gleichzeitig befristet existierenden, also endogen verknappten) Versorgung mit Zahlungsfähigkeit schafft modernes Geld eine strukturelle Grundlage für kapitalistische Dynamik, sei es allgemeines Wohlstandswachstum oder profitable Bereicherung Weniger – eine Unterscheidung, die uns im vorherigen Kapitel beschäftigt hat.

Diesem Leistungsangebot der monetären Maschine korrespondiert nicht bloß zufällig ein Anforderungsprofil. Denn dadurch, dass generalisierte Gläubigerinnenpositionen in einer Bilanz gegen ein Rückzahlungsversprechen als Vermögen aufgerechnet werden, werden sie auf Zeit, also befristet erschaffen. Die Bereitstellung nach Bedarf hat so ihren eigenen Modus der Verknappung eingebaut: die Geldvernichtung durch die Kreditrückzahlung. Erst durch diesen Mechanismus wird die hyperflexible Bereitstellung von Zahlungsfähigkeit bilanziell möglich. Wer neues Geld erhält, muss sich um dessen Vernichtung kümmern. Durch die Befristung des Geldes und die Interdependenz einzelner Forderungen aber entsteht auch der Bedarf an ständiger Neuverschuldung zur Reproduktion von Zahlungsfähigkeit. Da einzelne Geldbeträge als Komponenten eines interdependenten Geflechts erzeugt werden, kann ausbleibende genauso wie übermäßige Kredittilgung das Geld selbst in Gefahr bringen, weil das Geflecht als Ganzes an Belastbarkeit verliert. Dem Leistungsangebot einer bedarfsgerechten Versorgung mit Zahlungsfähigkeit korrespondiert also das Anforderungsprofil, für ein funktionales Gleichgewicht an Neuverschuldung und Tilgung zu sorgen – es braucht ständige Verschuldungsbereitschaft und Vergeltungssicherheit. Damit es Geld gibt, müssen die Bilanzen des Bankensektors – im Großen und Ganzen – in Balance bleiben. Das ist die Voraussetzung der Geldentstehung, nicht (notwendigerweise) die Produktion von Waren, nicht das «Erwirtschaften» von Überschüssen, sondern das Vertrauen in Verschuldungsangebote und die Tilgung von Kreditschulden.

Geld wird zwar nicht erwirtschaftet, sondern erschuldet, allerdings macht es einen Unterschied, ob seine (notwendige) Vernichtung – also die Tilgung des Kredits – durch die Produktion und den Verkauf von Gütern organisiert wird oder nicht. Wer einen Kredit aufnimmt, um davon Ressourcen zu erwerben, Waren zu produzieren und diese zu verkaufen, der wird zahlungsfähig, ohne dafür wiederum Verpflichtungen einzugehen. Wer also durch Einnahmen in die Gläubigerposition gelangt, von der aus der Kredit getilgt werden kann, verlässt seine Schuldnerinnenposition wirklich. Wer hingegen einen alten Kredit mit einem neuen abbezahlt, wechselt nur von einer Schuldnerposition in eine andere. Was im Einzelfall allenfalls ein persönliches Risiko darstellt, kann zu einem systemischen werden, wenn dieses Modell Schule macht. (Wir haben im vorherigen Kapitel über die selbstinduzierte Destabilisierungsdynamik der monetären Maschine gesprochen, die – folgt man Minsky – zu einer Normalisierung genau solchen Agierens neigt.) Die Bereitstellung von Zahlungsfähigkeit auf Kredit ist eben gleichsam Chance wie Risiko. Dieser Modus erlaubt ein flexibles Angebot, weil die Frage der Verknappung, der Geldvernichtung, nicht separat sozial ausgehandelt werden muss. Die Schuldnerin bekommt Geld, muss es aber zurückzahlen – so wird die Entnahme aus dem System im Moment seiner Geburt vereinbart. Anders gesagt: Die generalisierte Gläubigerinnenposition wird zusammen mit einer konkreten Schuldnerinnenposition geschaffen, die zusammen – mit der Tilgung des Kredits – wieder aufgelöst werden. Werden nun systematisch neue Schuldnerinnenpositionen geschaffen, um Kredite zu tilgen, so wächst die Geldmenge (der Umfang der Schuldnerpositionen), ohne dass die Warenwelt mitwächst. Ein solcher Prozess wird irgendwann das Vertrauen in die Fortsetzbarkeit dieser Praxis und damit auch die Bereitschaft, sich zu verschulden, um das notwendige neue Geld zu erschaffen, schlagartig zerstören. Dann kommt es zu einer Finanzkrise.

In der zweiten Hälfte des 20. Jahrhunderts konnte man beobachten, wie die Geldversorgung in stabilen ökonomischen Perioden stetig zunahm, also viel mehr neue Kredite vergeben wurden, als im selben Zeitraum abgetragen wurden. Diese Expansion wurde vornehmlich durch die Geldschöpfung privater Banken angetrieben, denen die Kontrolle über die monetäre Maschine abgetreten wurde. Immer wieder aber kam es zu Momenten, in denen zunächst einzelne Bilanzen insolvent wurden, ihre Kredite also nicht zurückzahlen konnten, und damit im interdependenten Geflecht, sei es durch ihre tatsächliche Größe oder das von ihrer Insolvenz ausgehende Signal, Eruptionen auslösten, welche die öffentliche Hand als Retter auf den Plan riefen. Die Reproduktion von Zahlungsfähigkeit in der modernen monetären Maschine musste und muss immer wieder durch eine öffentliche Hand abgesichert werden, die sich als gebende Hand verschuldet, um Geld in das System zu pumpen, oder die Tilgung von Schulden übernimmt oder garantiert. Nicht zuletzt der lange Atem der Pleite von Lehman Brothers 2008 hat bis in die pandemiegeplagte Gegenwart Regierungen und Zentralbanken als sorgende Betreuer der Maschine zum Handeln gezwungen. Die Erfüllung des Aufgabenprofils modernen Geldes ist aus heutiger Sicht unzweifelhaft als öffentliche Angelegenheit erkennbar.

Die monetäre Maschine ist aber nicht nur im Hinblick auf ihre Stabilisierung ein kollektiver Betrieb: Mit der Etablierung von Forderungen gegen Banken als Zahlungsmittel gelingt dem Staat ein Trick, der ein – heute vielfach politisch ungenutztes – Handlungspotenzial bereitstellt: Öffentliche Schulden werden zum Fundament und zum wichtigsten Treibstoff der Geldversorgung. Im Fundament der Geldwirtschaft stehen kollektive Verschuldungsangebote und kollektive Kredittilgungen. Dieses öffentliche Fundament modernen Geldes birgt das Potenzial agentieller monetärer Souveränität, d.h. die Chance, kollektive (staatliche) Zahlungsfähigkeit in der eigenen Währung von privaten Händen unabhängig zu machen – und damit letztendlich auch zum Gegenstand demokratischer Entscheidungen werden zu lassen anstelle von privatwirtschaftlicher Zustimmung.

Außerdem bereitet die Abhängigkeit der Geldversorgung von kollektiven Schulden die (ebenso ungenutzte) legitimatorische Grundlage für Besteuerung als geldpolitisches Steuerungsinstrument. Denn: Wenn alles Geld letztendlich kollektiv zur Verfügung gestellt (und nicht individuell erwirtschaftet) wird, kann es auch nach gesellschaftlichen Vorgaben wieder zurückgefordert werden, ohne dass der liberale Einspruch, der den Staat als «nehmende Hand» stets mit einer Räuberbande gleichsetzt, durch die Realität gedeckt wäre. Mit der Erhebung von Steuern fordert ein Staat in bilanzieller Hinsicht nur zurück, was er selbst aufgebaut hat und ständig selbst (mit)betreibt: die Leistungen der monetären Infrastruktur.

Die Rolle der öffentlichen Hand bei der Bereitstellung und Reproduktion generalisierter Gläubigerinnenpositionen spiegelt sich in der Gegenwart aber nicht im Leistungsangebot. Während der Staat den Krisenrückzug des Forderungsgeflechts absichert, ist dessen Steuerung – die Frage, zu welchem Zweck, für wen und wie viel Geld produziert wird, wie also das Leistungsangebot genutzt wird – privatisiert worden. Bei der Versorgung des Privatsektors mit Zahlungsfähigkeit können wir durch den neoliberalen Umbau des Verhältnisses von Staat und Banken seit den 1970er Jahren einen Macht- und Autonomiegewinn privater Banken beobachten, der im vorherigen Kapitel als Privatisierung territorialer monetärer Souveränität bezeichnet wurde; aber auch die Autonomie kollektiver Zahlungsfähigkeit wurde massiv beschnitten, indem die Möglichkeiten staatlicher Geldschöpfung – besonders eklatant in der Eurozone – delegitimiert und institutionell rückgebaut wurden. Dieser Prozess wurde im vorherigen Kapitel als Privatisierung agentieller monetärer Souveränität bezeichnet. Das Regime der Autonomiegewinne privater Geschäftsbanken und des Abbaus staatlicher Befugnisse zur Geldschöpfung entsteht durch den Siegeszug der Ideologie unpolitischen Geldes: einer radikalen Version der Tauschtheorie von Geld, Geldschöpfung und Geldpolitik, die untere finanzielle Vernunft verzerrt.

Die Ideologie des unpolitischen Geldes ist das «Betriebssystem», jenes gesellschaftlich verbreitete und virulente Denkmuster, mit dem die Gestaltung und die Wirkung der monetären Maschine als privatisierter Betrieb erklärt und legitimiert wird. Die Tauschtheorie des Geldes schafft dafür die Grundlage, indem sie Geld als funktionales Werkzeug denkt, als Menge von Stellvertreterwaren, die bereits erbrachte wirtschaftliche Leistungen repräsentieren und damit die Geldwirtschaft als indirekten Tausch ermöglichen. Soziologie und politische Ökonomie haben dieser Fiktion eines neutralen Funktionsgehilfen zahlreiche Hinweise auf immerwährende Konflikte um den Geldwert entgegengestellt und deswegen argumentiert, Geld sei – ganz grundsätzlich! – kein neutrales Tauschwerkzeug, sondern ein Kampfmittel. Die Tauschtheorie selbst ist also nicht mit dem Denkstil einer genuin unpolitischen Stellvertreterware identisch, bereitet ihr aber den Weg und die theoretische Grundlage.

Die Ideologie unpolitischen Geldes mischt der Denkweise über Geld als Tauschwerkzeug und der Geldwirtschaft als Produktion und Handel mit Waren, die im Geldwert nachträglich reflektiert und aufgrund dessen indirekt gehandelt werden können, eine Theorie der

Geldpolitik bei, die nicht nur Geldpolitik im Kern als Werkzeugpolitik, sondern sogar als bestenfalls gesellschaftlichen Willensbildungsprozessen gänzlich enthobenes Politikfeld konzipiert. Staatliche Institutionen sollen sich auf die Aufgabe der Gewährleistung eines stabilen Geldwertes zurückziehen, der die optimale – und neutrale! – Funktionsweise eines Werkzeugs garantieren soll, das vorgeleistete Warenwerte speichern und friktionslos auszutauschen in der Lage sei. Da aber «wirkliches» Geld im Jargon der Neutralität mit Wertstabilität praktisch bedeutungsgleich ist, entsteht so eine hermetische Tautologie, die alle anderen Ansprüche an Geldpolitiken sofort diskreditiert. Insbesondere Fragen der Geldschöpfung werden dem Primärziel der Stabilität untergeordnet; die Geldordnung sollte im Sinne der Ideologie unpolitischen Geldes so eingerichtet werden, dass politische Institutionen nur dann und insofern Geld schöpfen, wenn es für die Herstellung eines Gleichgewichts von Geld- und Warenvorrat gebraucht wird, die Geldschöpfung also geld*wert*politischen Neutralitätszielen dient. Allein schon der Vorschlag, Geld zur Herstellung von Zahlungsfähigkeit zu produzieren, wie es Beardsley Ruml getan hat – also etwa zu sagen: Wir brauchen Geld in öffentlicher Hand, um die auflaufenden Rechnungen einer Pandemie zu bezahlen –, ist damit in Erklärungsnot gebracht, weil hier Geldschöpfung als von Geldwertfragen zunächst entkoppelte, eben gesellschaftsgestaltende, also *politische* Ratio präsentiert wird. Geld*schöpfungs*politik wird als eigenes Politikfeld diskreditiert. Deswegen scheint unter dem Einfluss dieser Logik wenig so einleuchtend wie die Trennung von Fiskal- und Geldpolitik: Die Regelung der Einnahmen und Ausgaben der öffentlichen Hand (Fiskalpolitik) kann und darf nichts mit der Geld(wert)politik zu tun haben, die sich eben nicht mit Einnahmen oder Ausgaben – wie viel Geld wohin fließt –, sondern mit der Betreuung eines Tauschmittels beschäftigt.

Das diskursiv und institutionell dominante Betriebssystem der Ideologie unpolitischen Geldes wirbt damit auf Basis der Tauschtheorie von Geld, Geldwirtschaft und Geldpolitik für eine entsprechende institutionelle Gestaltung der Geldordnung, die vom reinen Erhalt des Funktionsimperativs abweichende politische Einflussnahmen auf das Geld erschwert und verteufelt. Die tauschtheoretische Beschreibung und Analyse unseres Geldes übersieht dessen Gestalt als Schuldmaschine und verschätzt sich deswegen bei der Bestimmung seines Anforderungsprofils und Leistungsangebots. Dadurch kann die politische Interpretation der Tauschtheorie zur Ideologie werden, die sich in der Privatisierung monetärer Souveränität im agentiellen wie territorialen Sinne materialisiert, in der Zurückdrängung gesellschaftlicher Hoheitsansprüche und Einflusschancen auf unsere eigene Infrastruktur. Angesichts der eklatanten Dysfunktionalitäten jener privatisierten Ordnung, die Bereicherungs- und Destablisierungsspiralen fördert, statt Wohlstandssteigerungen zu ermöglichen und eine hinreichende Versorgung der öffentlichen Hand in Zeiten von ökonomischen, pandemischen und klimatischen Zahlungskrisen bereitzustellen, muss die gesamte tauschtheoretische Ausrichtung und Einschränkung der Geldpolitik auf Geld*wert*politik aufgelöst und durch eine im Grundsatz als Geld*schöpfungs*politik gedachte Geldpolitik umgestellt werden. Kurz gesagt: Wir dürfen bei «Geldpolitik» nicht mehr sofort und umstandslos an «Preisstabilität» denken, sondern müssen dabei die gemeinschaftlich auszuhandelnden Fragen in den Fokus rücken, wer wie viel Geld für wen erschafft und wie wir dieses Geld später wieder vernichten wollen. Die bilanztheoretische Interpretation des Phänomens «Geld» hat gezeigt, dass die politische Interpretation der Tauschtheorie die Wirklichkeit zugunsten Weniger verzerrt. Auf den abschließenden Seiten sollen deswegen die Eckpfeiler einer Geldpolitik umrissen werden, die sich auf die Bilanztheorie des Geldes und der Geldwirtschaft stützt – eine Vorstellung von Geldpolitik, die die Gestalt des Geldes als öffentlicher Infrastruktur – einer gemeinsam betriebenen, aber derzeit zum Wohle Weniger arbeitenden Maschine – ernst nimmt.

Geldschöpfungspolitik

Die Privatisierung monetärer Souveränität hat – wie im vorherigen Kapitel gesehen – zu einer Entkopplung von Geldproduktion und Wohlstandszuwachs, zu Instabilität und zu zunehmender Ungleichheit geführt. Diese fatale Bilanz hat zahlreiche Vorschläge zu einer

Reform der modernen monetären Maschine provoziert, die angesichts der dreifachen Zahlungskrisen der öffentlichen Hand – Finanzkrise ab 2008, Coronakrise ab 2020 und Klimakrise – an Dringlichkeit kaum zu übertreffen sind. Auch wenn diese Lösungen vom soziologischen Beobachter und Autor nicht vorweggenommen werden können, so ist es doch die Aufgabe der Soziologie als kritischer Wissenschaft, auf die Pathologien einer finanziellen Vernunft hinzuweisen, die als «Betriebssysteme» gesellschaftliche Debatten, Problemidentifikationen und Lösungswege gleichermaßen ideologisch verstellen. Die Ideologie unpolitischen Geldes ist als Quelle von Wohlstandsverlusten, Instabilität und Ungleichheit nur zu identifizieren, und man kann über Alternativen zu ihr nur dann angemessen urteilen, wenn man die Radikalität des Perspektivenwechsels anerkennt, der in Teilen dieser neuen geldpolitischen Begehren – etwa der MMT – zur Sprache kommt.

Wer eine monetäre Maschine anstrebt, die mehr leistet als Bereicherung und Destabilisierung, muss bereit sein, die monetäre Souveränität der öffentlichen Hand zu restaurieren und damit das Ende der rein gewinnwirtschaftlichen Steuerung des Geldes einzuläuten. Die Bilanztheorie kann dabei verdeutlichen, dass es keinesfalls absurd, sondern vielmehr äußerst naheliegend ist, an das Geld die Erwartung heranzutragen, gesellschaftlich ausgehandelte und dann politisch umgesetzte Ziele zu erfüllen – zum Beispiel Wachstum (oder bestimmtes, etwa grünes Wachstum) zu fördern. Denn Geld ist eben kein neutrales Werkzeug, das durch solche gesellschaftlichen Ansprüche irregulär manipuliert werden würde. Es ist vielmehr eine Infrastruktur unseres Gemeinwesens, die staatlich gefüttert und gestützt und gemeinschaftlich betrieben werden muss. Dass uns eingeredet wurde, dem sei nicht so, es handle sich beim Monetären um eine reine Funktion, eine abstrakte Sozialtechnologie, um einen neutralen Stellvertreter, ist eine Ideologie, von der wenige profitieren und die viele benachteiligt.

Mit dem Verweis auf eine solche *Re-Politisierung monetärer Souveränität* versammeln sich weiter unten (im Grundsatz) bilanzlogisch denkende geldpolitische Positionen. Sie alle brechen die enge tauschtheoretisch gedachte Identifikation von «Geldpolitik» und «Geldwertpolitik» auf. Sie ist nämlich Teil des Problems: Die Geldordnung der Eurozone ist in diskursiver wie auch institutioneller Hinsicht von der Einengung von Geldpolitik auf die Gewährleistung von Preisstabilität und gleichzeitig von einer technokratischen Auslegung dieser Geldwertpolitik geprägt, die eine Depolitisierung bedeutet. Geldpolitik wurde scharf von Fragen der Zahlungsfähigkeit der öffentlichen Hand (Fiskalpolitik) getrennt und mit der als technisch imaginierten Betreuung einer Geldfunktion, also: mit der Herstellung von Preisstabilität gleichgesetzt. Diese Aufgabe wurde dann nur folgerichtig in eine institutionelle Rahmung eingebettet, die sie von der Breite gesellschaftlicher Bedürfnisse und Konflikte abschirmen sollte. Die unabhängige Zentralbank mit engem Mandat ist die Speerspitze dieser Verdrängung.

Eine die bilanztheoretische Beschreibung von Geld und Geldwirtschaft ernst nehmende und im Lichte der Zahlungskrisen wirklichkeitssensitive Geldpolitik hingegen würde den infrastrukturellen Charakter des Geldes in den Mittelpunkt stellen. Die Bilanztheorie bereitet also die Basis einer als Infrastrukturpolitik verstandenen Geldpolitik. Das heißt *erstens*, sie würde Geld nicht mehr als Privatangelegenheit behandeln, zu der sich der Staat nur als nehmende Hand – in letzter Konsequenz also als Räuber – verhalten kann. Schließlich ist die monetäre Maschinerie eine durch Staatsschulden ermöglichte und durch politische Absicherung unterhaltene *öffentliche Vorleistung*. Eine als Infrastrukturpolitik konzipierte Geldpolitik dürfte sich *zweitens* nicht von vornherein auf eine dem Wert von Geldbeträgen, also dem Erhalt der Funktionalität des Werkzeugs Stellvertreterware verpflichtete Steuerungsrationalität festlegen. Sie muss vielmehr die Struktur des Geldes als ein Forderungsgeflecht ernst nehmen, in dem ständig Geldbeträge (durch Verschuldung) geschaffen und (durch Tilgung) vernichtet werden. Geldpolitik als Infrastrukturpolitik muss diese Reproduktion adressieren und eine Position zur Steuerung dieser Reproduktion einnehmen; sie wäre dann zumindest zunächst nicht Geldwertpolitik, sondern *Geldschöpfungspolitik*.

Ein erster Schritt zu einer engagierten und breiten gesellschaftlichen Debatte über ein als Geldschöpfungspolitik initiiertes Betriebssystem ist also ein Aufbrechen des tauschtheoretisch verengten Begriffs der Geldpolitik. Aus einer Bilanztheorie von Geldwirtschaft und Geld folgt zwar keine Vorschrift, welche politischen Entscheidungen in einem Gemeinwesen zu treffen sind – eine Kritik der finanziellen Vernunft gibt also nicht vor, was zu tun ist –, kann aber die Gleichsetzung von Geldpolitik und Geldwertpolitik zurückweisen: Wer Geld als Praxis der Reproduktion von generalisierten Gläubigerpositionen mithilfe eines Geflechts aus befristeten Gläubiger-Schuldnerinnen-Beziehungen beschreibt, für den ist Geldpolitik zuallererst die gesellschaftliche Betreuung der ständigen Neuschöpfung und Vernichtung dieser Positionen. Die Reproduktion modernen Geldes bedarf einer kontinuierlichen Nachfrage nach und Rückzahlung von Bankkrediten. Der Verschuldungsbedarf gegenüber dem Bankensektor ist Teil des Anforderungsprofils dieser Infrastruktur. Dadurch werden gleichzeitig aber auch ständig neue Geldbeträge in jemandes Hände gelegt, der dem Bankensektor die Rückzahlung des Betrags glaubhaft machen kann. Die monetäre Maschine vernichtet kontinuierlich alte Geldbeträge und schafft neue – zu bestimmten Zwecken, nämlich als Investitionskredit, Immobilienkredit, Konsumkredit oder öffentlichen Kredit. Wer sich wozu in welchem Ausmaß verschuldet, um (mikroskopisch/individuell) zahlungsfähig zu werden und damit (makroskopisch/gesamtgesellschaftlich) die monetäre Maschine am Laufen zu halten, bildet die Kernfrage einer so verfassten Geldpolitik.

Ferner lässt sich aus einer bilanztheoretischen Beschreibung zumindest der nachdrückliche und folgenreiche Hinweis ableiten, dass die Formulierung gesellschaftlicher Ansprüche an die monetäre Maschine keinesfalls eine per se fadenscheinige Politisierung eines ansonsten unpolitischen Werkzeugs wäre. Tatsächlich werden generalisierte Gläubigerpositionen auf dem Fundament von Forderungen der und Forderungen gegen die öffentliche Hand errichtet und ihre Reproduktion durch die öffentliche Hand abgesichert. Dementsprechend ist eine Formulierung öffentlicher Ansprüche an diese Maschine, die über die Preisstabilität hinausgehen, keine Regression in voraufgeklärte und vormoderne Zerfalls- und Kriegsökonomien, sondern kann und sollte zum normalen Repertoire politischer Willensbildungsprozesse gehören.

Geldpolitik im Sinne von Geldwertpolitik zielt auf die Geldmenge als Aggregat ab, versucht also, den Inlandspreis (Inflation) oder die Auslandspreise (Wechselkurse) insgesamt zu beeinflussen. Eine als Geldschöpfungspolitik ausgerichtete Geldpolitik würde hingegen zwar die Preise der Geldbeträge nicht ignorieren, sie allerdings dem Steuerungsanspruch an die Reproduktion des Forderungsgeflechts unterordnen. Geldschöpfungspolitik nimmt damit den infrastrukturellen Charakter unseres Geldes als gesellschaftlich betriebene, aus interdependenten und dynamisch verschalteten Bauteilen bestehende Maschine ernst – sie ist der Sache nach Infrastrukturpolitik. Geldschöpfungspolitik zielt grundsätzlich auf das Anforderungsprofil und Leistungsangebot der monetären Maschine: Sie formuliert gesellschaftliche Ansprüche an das Wieviel und Wofür der Geldschöpfung, an dessen Ursprung, also: wer sich verschuldet, um Geld zu erzeugen und so die Maschine am Laufen zu halten – und sie sorgt sich um die Vernichtung überschüssiger Geldbeträge. Eine grundsätzlich als Geldschöpfungspolitik ausgerichtete Geldpolitik würde also gesellschaftliche Kontrollansprüche formulieren und durchsetzen, die, genauer gesagt, beeinflussen, von wem wofür wie viel Geld *erschaffen* wird und wann und wie es wieder *vernichtet* werden muss.

Im Hinblick auf Geldschöpfung entsteht insbesondere durch die Bedeutung der *Erstverwendung* von neuem Guthaben ein politischer Aushandlungsbedarf. Dieser Erstverwendung («primary creation»[1]) kommt also große gesamtgesellschaftliche Bedeutung zu. Die freigesetzte Macht privater Geschäftsbanken, Zahlungsfähigkeit gemäß der eigenen Profitkalküle zu produzieren, hat deswegen in mehrfacher Hinsicht eine gesellschaftliche und damit politische Qualität. In einer Geldwirtschaft unterliegen alle Akteure dem Imperativ, die eigene Zahlungsfähigkeit zu erneuern. Ihr sozio-ökonomisches Überleben hängt davon ab, die Dinge am Markt erwerben zu können, die sie nicht selbst herstellen. Zahlungsfähigkeit erlaubt aber nicht nur den Zugriff auf diese Dinge, sondern kann auch, wenn sie über den konkreten Bedarf hinaus vorhanden ist, als Kapital zur eigenen Vermehrung eingesetzt werden. In einer solchen Gesellschaft ist die Kapazität, Akteure zahlungsfähig zu machen, indem man es erschafft – und nicht, indem man ihnen eigenes Geld überlässt –, ein Schlüsselprivileg.

Per Kredit geschaffenes Geld muss vom Schuldner allerdings zurückgezahlt werden. Man könnte also einwenden, die freigesetzte Geldschöpfungsfähigkeit der Geschäftsbanken habe doch keine gesellschaftliche, d. h. politische Dimension, weil die Schuldnerin individuell am Markt erfolgreich sein muss, um nach der Tilgung des Kredits (und damit der Vernichtung der für sie erschaffenen Geldsumme) einen Mehrwert aus dem Vorgang behalten zu können. Richard Cantillon hatte allerdings 1755 schon argumentiert (und damit die Gleichgewichtsökonomik provoziert), dass sich Geldschöpfung nie neutral auf den Preis der gesamten verfügbaren Geldsumme auswirke.[2] Das widerspricht der tauschtheoretischen Imagination von Warenvorrat und Geldvorrat, die sich als Menge einzelner Waren und Stellvertreterwaren wie im Raum verteilt gegenüberstehen und ihre Tauschwerte aneinander angleichen. Cantillon aber argumentierte, dass neu geschöpftes Geld nicht einfach gleichmäßig im Geldvorrat auftauchen würde, sondern für einen bestimmten *Erstzweck* geschaffen werde und deswegen auch in einem spezifischen Wirtschaftssegment in die Geldwirtschaft eintrete. Etwas *Bestimmtes* wird schließlich mit dem neuen Geld gekauft, nicht nur abstrakt «eine Ware». Die Schöpfung neuer Geldmittel vergrößert nicht nur rein quantitativ die verfügbare Geldmenge, sondern verteilt Vorteile. Jene Zwecke, für die neue Zahlungsmittel zunächst erschaffen und eingesetzt werden, können den größten Nutzen, das heißt den meisten Wohlstand aus der monetären Produktion ziehen. Man spricht hier auch vom *Cantilloneffekt*. Wenn es nach der Erstverwendung allen Marktteilnehmenden zugänglich ist, nehmen Nutzen und Wohlstandsgewinne der neuen Geldbeträge, so Cantillon, mit der Zeit ab, weil sich das Preisgefüge (potenziell) verändere.

Nehmen wir zur Illustration dieser wichtigen Erkenntnis etwa an, neues Geld würde geschaffen, weil sich ein Investor bei einer Bank verschuldet, um Erdöl für seine Fluglinie zu kaufen. Oder weil sich eine Kundin in einem Autohaus verschuldet, um eben ein Auto zu kaufen – mit neu geschaffenem Geld, und so weiter. In beiden Fällen entsteht zusätzliches Geld, aber sowohl Investor als auch Kundin zahlen für Erdöl und Auto keinen durch Inflation erhöhten, sondern sich aus der bestehenden Kondition von Geld und Waren ergebenden Preis. Erst wenn sich die zusätzliche Nachfrage in diesem Produktsegment (Erdöl, Autos) verstetigt und mehr Zahlungsfähigkeit mittelbar oder unmittelbar für den Kauf von Öl oder Autos geschaffen wird, können Ölproduzenten oder Autoverkäufer versuchen, die Preise zu erhöhen. Schließlich ist eine Preiserhöhung nur dann unternehmerisch erfolgreich, wenn sie nicht zu einem Absatzeinbruch führt, d. h., wenn genug Nachfrage und genügend Zahlungsfähigkeit zur deren Befriedigung verfügbar sind. Cantillon argumentierte deswegen: Wer immer über den Erstzweck von Geld verfügen könne, könne auch dann einen Machtgewinn verbuchen, wenn er das Geld später zurückzahlen müsse. Wer über die Produktion und damit Erstverwendung von Zahlungsmitteln entscheiden kann, stattet die Empfängerin mit einem Zeitvorteil aus; die Nützlichkeit der neuen Geldsumme nimmt nach der Erstverwendung (potenziell) ab und kann dabei – ceteris paribus – das Preisgefüge insgesamt beeinflussen. Genau das haben wir bei der Verlagerung der Geldschöpfung von Wohlstandszuwachs auf den Handel mit Anlagen (*debt shift*) gesehen: Die Verlagerung der Geldproduktion auf den Markt für Vermögenswerte hat die Preise dieser Vermögenswerte, vor allem von Immobilien, aber auch von Unternehmensanteilen, *relativ zu anderen Preisen* im Wert steigen lassen. Das ist ein Cantilloneffekt, eine Veränderung des Preisgefüges, die all denjenigen Vorteile verschafft, die kreditwürdig sind und somit auf hinreichend Zahlungsfähigkeit in Erstverwendung zugreifen können. Auch das unterstreicht noch einmal den Charakter der monetären Maschine als Infrastruktur, die – mit Barlösius – als «Ordnungsdienst» das Zusammenleben in einem Gemeinwesen nicht nur unterstützt, sondern mitorganisiert.

Unsere monetäre Maschine vermehrt den Reichtum von wenigen, obwohl sie den Lebensstandard von vielen verbessern könnte. Sie destabilisiert sich selbst in einem Maße, das vermeidbar wäre. Und sie verhindert die wirksame Bekämpfung der Klimakrise eher, als dass sie sie befördert, weil sie im Privatsektor das finanziert, was hohe Renditen verspricht, und gleichsam die öffentliche Hand monetär bindet. Und all das nur deshalb, weil man unter dem Eindruck der Ideologie des unpolitischen Geldes darauf verzichtet hat, der Leistungserbringung durch die Infrastruktur Geld vielschichtige und variable politische Standards vorzugeben, also vor allem die Erstverwendung des Geldes genauso wie die Menge des produzierten Geldes Profitdynamiken zu entziehen. Angeleitet von der Tauschtheorie von Geld, Geldwirtschaft und Geldpolitik hat diese Ideologie nämlich jedwede Standardsetzung als Manipulation einer eigentlich neutralen Technologie diskreditiert, die von privaten Händen bereitgestellt wird. Damit hat uns die ideologisch überformte Tauschtheorie eine öffentliche Infrastruktur als privates Werkzeug verkauft. Politische Standards für die Leistungserbringung unserer monetären Infrastruktur würden bedeuten, der ständigen Neuschöpfung und Vernichtung von Guthaben eine Richtung zu geben, die eher als jene der reinen Profitinteressen zu den Ergebnissen führt, auf die sich die Betreiber dieser Maschine – wir – einigen können. Der *Inhalt* dieser Einigung kann nicht von der Soziologie, der politischen oder der heterodoxen Ökonomik vorgegeben werden; wohl aber kann die Semantik bereitgestellt werden, die eine Aushandlung überhaupt erst ermöglicht und die Setzung von Standards legitimiert.

Jede Politik der Standardsetzung für die Leistung der monetären Maschine wäre dabei Geldschöpfungspolitik, d. h. eine Politik der Lenkung von Geldschöpfung und Geldvernichtung. Das kann stets auf zwei Weisen passieren: entweder, indem politische Vorgaben für die Versorgung des Privatsektors mit Zahlungsfähigkeit durch die Geldschöpfung privater Geschäftsbanken formuliert werden (das würde eine Restauration *territorialer* monetärer Souveränität der öffentlichen Hand bedeuten); oder aber, indem der Staat selbst entscheidet, wofür er (durch die Zentralbank) Geld schöpfen möchte und wie er es der Wirtschaft wieder entzieht (das würde eine Restauration *agentieller* monetärer Souveränität der öffentlichen Hand voraussetzen). Beide Reformen wären Varianten einer dringend notwendigen *Re-Politisie-*

rung zuvor fahrlässig privatisierter monetärer Souveränität. Die einzelnen Optionen werde ich im Folgenden nur andeuten. Der Schwerpunkt dieses Buches liegt auf dem Versuch, für eine Kritik der herrschenden finanziellen Vernunft und eine neue Semantik der Trias von Geld, Geldwirtschaft und Geldpolitik zu werben.

Die Maschine vergesellschaften

Für eine Re-Politisierung monetärer Souveränität kursieren unterschiedliche Vorschläge. Die gemeinhin unter «Vollgeldreform» zusammengefassten Programmentwürfe setzen auf ein Verbot privater Geldschöpfung und, darüber hinaus, auf eine Beendigung kreditbasierter Bereitstellung generalisierter Gläubigerinnenpositionen. Sie gehören damit zu den radikalsten Initiativen im Umgang mit den Betriebsproblemen der monetären Maschine. Diesen Kritikerinnen und Kritikern ist das Geldschöpfungsprivileg privater Banken auch deswegen ein Dorn im Auge, weil es auf private Verschuldung als Ressource der Reproduktion der monetären Maschine angewiesen ist. Sie argumentieren, die Dysfunktionalität einer privatisierten monetären Infrastruktur ließe sich nur durch eine Entmachtung privater Banken und eine Beendigung der Geldschöpfung auf Kredit herstellen. Da eine Abschaffung kreditbasierter Geldschöpfung auch ein Ende des im modernen Geld angelegten Modus der Selbstverknappung (nämlich: befristete Existenz), der dynamischen Verschaltung der Maschinenbauteile und der spezifischen Beschaffenheit der Bauteile (sie wären dann keine Forderungen gegen Banken mehr) bedeuteten, ist eine Vollgeldreform als Demontage der monetären Maschine zu verstehen. Damit aber schüttet sie das Kind mit dem Bade aus.

In einer Vollgeldordnung würden Mieten, Gehälter und Einkäufe weiterhin über Bankkonten bezahlt werden, auf denen wir weiterhin den größten Teil unseres Guthabens halten könnten. Diese Konten könnten bei privaten Geschäftsbanken abgelegt werden, obwohl auch – mitunter abseits der Vollgeldbewegung – Überlegungen dazu angestellt werden, ob nicht auch die Zentralbank Bankkonten für

Privatkunden anbieten könnte.[3] Diese Geldbeträge auf Bankkonten wären dann aber nicht mehr durch die Kreditvergabe der Geschäftsbanken selbst geschaffen worden. Sie müssten auf das Konto eingezahlt werden und würden dann als Haben der Geschäftsbank auftauchen, als Vermögen, das sie jemandem verspricht – nämlich dem Kontoinhaber. Mit der Produktion von Zahlungsfähigkeit wäre allein eine staatliche Institution beauftragt. Nur die Zentralbank wäre noch dafür zuständig, einen Währungsraum mit Zahlungsfähigkeit zu versorgen.[4]

Verbietet man Geschäftsbanken die Geldschöpfung und führt ein dem privaten Banksektor externes Geld ein, so würden Geschäftsbanken zu genau jenen Logistikern, für die sie viele ökonomische Lehrbücher halten: Sie wären darauf angewiesen, Geldbeträge von Sparerinnen einzusammeln, die sie akut nicht ausgeben wollen, und könnten diese an interessierte Schuldnerinnen verleihen, sofern die Kontoinhaber das wollen. Geschäftsbanken würden also Darlehen vergeben (bereits existierendes Geld verleihen) und keine Kredite mehr (Geld schöpfen). Erst durch eine Vollgeldreform würden Geschäftsbanken zu dem, was sie in klassischen ökonomischen Lehrbüchern noch sind, zu Intermediären, die Guthaben nur noch distribuieren und nicht länger produzieren. Geschäftsbanken könnten in einer Vollgeldordnung nur noch verleihen, was sie zuvor von Sparern bekommen haben, wären also monetär abhängig von bereits verfügbarer Zahlungsfähigkeit. Die Vollgeldreform will in diesem Sinne die fiktive Welt ökonomischer Lehrbücher Realität werden lassen.[5]

Die von der Vollgeld-Zentralbank als Monopolistin bereitgestellte Zahlungsfähigkeit würde dabei nicht mehr auf Nachfrage der Banken, sondern aufgrund bestimmter Kriterien angeboten. Diese Kriterien sollen, folgt man etwa Joseph Huber, einem der wichtigsten Theoretiker der Vollgeldreform, nicht fiskalischer, sondern rein monetärer Natur sein. Huber will die Zentralisierung der Kontrolle in einem Währungsraum verfügbarer Zahlungsfähigkeit keinesfalls mit agentiellen monetären Souveränitätsgewinnen für die Fiskalpolitik – die von der Regierung vorgeschlagenen und vom Parlament bewilligten Haushaltspläne – verbunden wissen. Geldschöpfung soll, der Ideologie des unpolitischen Geldes entsprechend, weiterhin den finanziellen Bedürfnissen politischer Gestaltung entzogen bleiben. Die Zentralbank soll vielmehr eine unabhängige «Monetative»[6] werden, die, ebenso wie die Judikative, eine eigene, von parlamentarischen und gouvernementalen Einflüssen möglichst frei gehaltene Staatsgewalt wäre – eine Staatsgewalt, die der Sache, also dem Geld, und nicht der Gemeinschaft verpflichtet wäre. Die Vollgeldreform ist in diesem Sinne der Wunsch nach einer ordoliberalen Einhegung des Status quo; ihre Vertreterinnen und Vertreter versprechen sich ein «technisch» einwandfreies Funktionieren des Geldes durch den institutionellen Schutz vor politischer Einflussnahme und privaten Fisimatenten.[7]

Das heißt nicht, dass eine Vollgeldreform nicht die Spielräume politischer Zahlungsfähigkeit erweitern würde. Als einen Kanal zur Emittierung neuer Geldbeträge schlägt Huber auch das Schatzamt vor. Die Monetative sollte neue Zahlungsfähigkeit vornehmlich zunächst der Regierung gutschreiben, die somit in der Lage wäre, die Erstverwendung des Guthabens zu kontrollieren und damit auch Cantillon-effekte zu beeinflussen. Neues Geld würde also zu politisch definierten Zwecken als Staatsausgaben ohne zusätzliche Verbindlichkeiten (also nicht auf Kredit) in die Wirtschaft eintreten und könnte dann, nachdem es einmal eingenommen wurde, im Bankensektor gespart und dort als Darlehen verteilt werden. Die Erstverwendung neuen Geldes, nicht aber seine Menge wäre politisch definiert. Um die Stabilität des Finanzsektors zu gewährleisten (nach der Reform wären auch Geschäftsbanken ganz normale, monetär abhängige Finanzunternehmen, wie im Lehrbuch), sollte weiterhin auch Finanzunternehmen neues Geld geliehen werden können; nur sollte man laut Huber darauf verzichten, die Emittierung an den privaten Bankensektor als primären oder gar einzigen Weg festzulegen, Zentralbankgeld in Umlauf zu bringen (wie es heute etwa in der Eurozone ist).

Weder der Zahlungsbedarf der Regierung noch des Bankensektors soll nach Huber allerdings die geldpolitischen Ziele bestimmen. Vielmehr soll die Zentralbank versuchen, den künftigen ökonomischen Bedarf an Zahlungsfähigkeit zu ermitteln und die Geldmenge, die sie ja nunmehr kontrollieren würde, entsprechend anzupassen. Sie könnte sich dabei generell an realwirtschaftlichen Wachstumsprognosen orientieren, bei Anzeichen einer Blasenbildung antizyklisch eine Drosselung der Geldversorgung andeuten und auf drohende Zahlungsnotstände mit einer Ausweitung reagieren. Da ein Abtragen von Schulden nicht länger eine Vernichtung von Geld bedeuten würde, wäre in Zeiten der Verunsicherung – in denen unter den gegebenen Bedingungen Schulden und damit Geld abgebaut werden, was sich zu einer Illiquiditätskrise verdichten kann – der Notstand nicht länger vorprogrammiert. Ziel wäre, so Huber, eine Steuerung der Produktion von Zahlungsfähigkeit «mit ruhiger Hand».[8]

Eine solch radikale Demontage der monetären Maschine birgt eine Reihe von Gefahren. Sie sind darauf zurückzuführen, dass das Vollgeldprogramm zwar eine Rückabwicklung der Privatisierung territorialer monetärer Souveränität vorsieht, die Kontrolle über monetäre Belange dann aber wiederum an eine «neutrale» Instanz abtritt, die sich weiterhin im technokratischen Denkstil der Tauschtheorie bewegen soll. Auch die Monetative soll ja die Geldversorgung so steuern, dass die Summe der bereitgestellten Geldbeträge die Marktwirtschaft möglichst reibungsfrei betreiben hilft. Geld dient auch in dieser Vorstellung dazu, den indirekten Tausch möglichst unparteilich zu vermitteln. Die Vollgeldreform verspielt damit das Leistungsangebot modernen Geldes, alles finanzieren zu können, sofern die Verknappung (durch Rückzahlung) organisiert werden kann und dadurch – abstrakt gesprochen – die Bilanzen in Balance bleiben.

Das Ansinnen, die Lehrbuchwelt einer ansonsten wiederum nur technisch betreuten Geldwirtschaft zu erschaffen, droht zu verspielen, was mit der monetären Maschine historisch gewonnen wurde. Vieles spricht etwa dafür, dass es gerade die Kombination aus dezentraler und nachfragegeleiteter Produktion von Geld im Bankensektor und politisch-hierarchischer Absicherung war, welche die Wachstumsdynamiken moderner Ökonomien befeuert, wenn nicht gar ermöglicht hat. Dass wir der monetären Maschine für die Gegenwart Betriebsprobleme unterstellen, die sich aus der Entkopplung von Geld und Wohlstand ergeben, heißt ja gerade nicht, dass diese Entkopplung notwendig ist – im Gegenteil. Die noch nicht globalisierten und regulatorisch betreuten Bankensysteme der Vergangenheit – ich komme gleich noch einmal darauf zurück – haben durchaus ebenjene Neukombinationen von Wertschöpfungsprozessen, jene Erschließung neuer Ressourcen und jene Innovationen befördert, die wir «dem Kapitalismus» anrechnen müssen. Anstatt nun die geldschöpfenden Banken «vor Ort» mit der Versorgung von Unternehmen und Konsumentinnen zu betrauen, soll eine einzelne Behörde vorab wissen, wie viele vielversprechende Innovationen, Unternehmensgründungen, die Produktion ausweitende Investitionen oder wie viel Konsumnachfrage es geben wird. Huber verweist zwar darauf, dass eine souveräne Zentralbank für die erfolgreiche Umsetzung einer solchen Mammutaufgabe viele Informationen bräuchte, auch mehr, als gegenwärtig in Statistiken zur Verfügung stünden;[9] dennoch braucht es einen gewaltigen Vertrauensvorschuss, um einer einzelnen Behörde so etwas zuzutrauen.

Schumpeter hatte in seiner Theorie der wirtschaftlichen Entwicklung argumentiert (siehe weiter oben, sechstes Kapitel, im Abschnitt über die Leistung modernen Geldes), es sei gerade die dezentrale Hyperflexibilität eines geldschöpfenden Bankensystems, die zumindest die Chancen auf jene Wachstumsdynamiken eröffnet, die wir mit moderner ökonomischer Performance verbinden. Nicht umsonst haben sich moderne Entwicklungsgeschwindigkeiten und Wachstumsdynamiken dort entfaltet, wo viele Banker je auf eigenes Risiko darüber entscheiden konnten, ob ein Geschäft erfolgversprechend ist oder nicht. Diese Entscheidungen können sich als falsch herausstellen oder, wenn sie unreguliert sind, auch zu dysfunktionalem Herdenverhalten führen, wie wir es im *debt shift* gesehen haben. Aber der Beweis, dass eine zentrale Steuerungsbehörde hier bessere Arbeit macht, ist noch nicht erbracht worden.[10]

Zudem muss sich die Idee der Abschaffung dezentraler Geldschöpfung mit einer simplen Tatsache auseinandersetzen: der bestehenden Ungleichverteilung von Geldvermögen. Geldvermögen bedeuten Macht, nämlich Zahlungsfähigkeit. In einem Vollgeldsystem würden sie außerdem noch etwas anderes bedeuten: den Zugang zu Darlehen. Denn Darlehen kämen nur dann zustande, wenn Geldbesitzer ihr Vermögen ausleihen würden. Ökonomien haben aber einen ständigen

Bedarf an Verschuldung, sei es, um ein neues Unternehmen zu gründen, Produktionskapazitäten auszuweiten oder einfach nur kurzfristige Illiquidität auszugleichen. Das muss nichts mit Übereifer oder schlechtem Wirtschaften zu tun haben, ein einfaches Beispiel wäre die Landwirtschaft: Hier treten die Phasen der Einnahmen und Ausgaben, modellhaft gedacht, auseinander, die Aussaat findet saisonal statt, dafür braucht es Arbeitskraft und Saatgut, also: Zahlungsfähigkeit. Einnahmen erzielt der Betrieb aber erst nach der Ernte. Es ist also nicht auf schlechte Buchhaltung, sondern auf simple Notwendigkeiten zurückzuführen, dass die Landwirtin sich zunächst verschuldet, um Arbeiter und Saatgut zu bezahlen, und die Verbindlichkeit tilgt, wenn die Ernte verkauft ist. Die erste Frage ist nun, ob man die Möglichkeit einer solchen Finanzierung vom Bestand an Zahlungsfähigkeit abhängig machen sollte, der von einer weit entfernten Behörde nach Kalkulationen ihrer Statistikabteilung festgelegt wurde. Die zweite Frage lautet, ob man es riskieren will, die Möglichkeit der Aussaat an die Zustimmung der Geldbesitzer zu binden, wie in vorkapitalistischen Zeiten. Zur Erinnerung: In einem Vollgeldsystem muss der gesamte Verschuldungsbedarf der Wirtschaft dadurch gedeckt werden, dass Geldeigentümer Geld bei einer Geschäftsbank deponieren und dessen Verleih zustimmen. Es gibt nur noch Darlehen bereits existierender Guthaben, keine Kredite, die neues Geld erschaffen. Gespartes Geld könnte dann nicht, wie etwa auf dem Girokonto angelegtes Guthaben, ausgegeben werden. Warum sollte man es aber systematisch darauf anlegen wollen, dass die Finanzierung der Aussaat auf bestehende Zahlungsfähigkeit zurückgreifen muss, die den Wertschöpfungsprozessen entzogen und als Sparguthaben an die Landwirtin verliehen wird (Darlehen), wenn man der Landwirtin auch neues Geld (wie es heute, beim Bankkredit, geschieht) zur Verfügung stellen könnte, das eben genau niemandem weggenommen werden muss?

In der Transitionsphase von der gegenwärtigen auf eine Vollgeldordnung müssten die krass ungleich verteilten Geldvermögen zudem in Vollgeldguthaben umgewandelt werden, will man rechtsstaatliche Prinzipien und den sozialen Frieden nicht verletzen. Die Reform selbst ändert also nicht nur nichts an der Ungleichheit, sondern vergrößert auch die Macht der Geldbesitzer, die für die Finanzierung der permanent notwendigen Darlehen nun zum Sparen motiviert und entsprechend belohnt werden müssten. Das heißt: Der gewaltige und permanente Verschuldungsbedarf der Wirtschaft müsste vor allem dadurch gedeckt werden, dass vermögende Haushalte dazu motiviert würden, ihr Geld im Bankensektor zu deponieren. Diese Abhängigkeit von Leihkapital bedeutet einen strukturellen Machtgewinn für Geldeigentümerinnen, ergo, unter Bedingungen von Ungleichheit, einen größeren Machtgewinn der wenigen Superreichen.[11] Doch die Umsetzung der Vollgeldreform würde nicht nur das Angebot an Zahlungsfähigkeit arkanen Prognosen überlassen, Vermögende ermächtigen und das Geldangebot verknappen, sondern eben auch den Vorteil modernen Geldes verspielen, indem sie das, was finanzierbar ist, von einem Bestand abhängig macht. Noch einmal: Es stellt sich ja nicht nur die Frage, warum sich unsere Landwirtin das Geld für die Aussaat unbedingt von einem reichen Leihkapitalgeber ausleihen muss, sondern noch viel grundsätzlicher, warum es überhaupt notwendig sein sollte, die Finanzierung der Aussaat unserer Landwirtin davon abhängig zu machen, ob es *bereits genug Geld* gibt?

Eine Demontage der monetären Maschine nach Anleitung der Vollgeldreform würde die möglichen Investitionen wieder vorherigen Einnahmen unterwerfen, sei es als direkte Einkommen oder als Spareinnahmen der Banken. Wir müssten wieder zunächst akkumulieren, was wir ausgeben können, als wären wir wieder von einem Minenschacht abhängig, aus dem Gold gefördert werden muss – nur, dass nun eine vermeintlich neutrale Instanz bestimmt, wie viel «Gold» darin zu finden ist. Erst dann und nur in diesem Umfang können Unternehmen anschließend zusätzliche Leute einstellen, Löhne erhöhen, neue Wertschöpfungsprozesse etablieren oder Ressourcen erschließen. Dabei war es gerade der Witz der monetären Maschine – ihr Vorteil! –, die Wirtschaft (und mit ihr eben auch: die Gesellschaft) vom Zwang zu befreien, sich von der Vergangenheit geißeln zu lassen. Können wir nicht diesen *kapitalistischen* Vorteil retten und trotzdem die Betriebsprobleme beheben, die Maschine also nicht demontieren, sondern reparieren?

Eine auf die Betriebsprobleme der Maschine reagierende Geldschöpfungspolitik muss nicht auf eine derart radikale Demontage der monetären Maschine setzen. Vielversprechender scheint es doch zu sein, die Illusion einer «objektiven» und «neutralen» Makrosteuerung des Geldangebots, wie sie auch der Vollgeldreform vorschwebt, mit einer Vergesellschaftung des Leistungspotenzials im Sinne der oben abstrakt skizzierten Geldschöpfungspolitik zu verbinden. Dabei ist es keinesfalls notwendig, auf die Flexibilität einer kreditbasierten und dezentralen Architektur zu verzichten. Anstatt also territoriale monetäre Souveränität durch eine Monopolisierung zu restaurieren und damit das Rad des Geldes auf eine Zeit vor den mittelalterlichen Handelsmessen zurückzudrehen (und die Aufgabe der Geldpolitik weiter in der Aufrechterhaltung einer Werkzeugfunktion zu sehen), könnte es auch um eine Führung der Dezentralität gehen. Man müsste also wieder verstärkt gesellschaftliche Hoheits- und Steuerungsansprüche an unsere Infrastruktur zu stellen.

Eine solche Führung würde bedeuten, gesellschaftliche Standards für die Produktion von Giralgeld zu setzen, um Cantilloneffekte zu beeinflussen. Es ginge nicht mehr darum, wie auch bei der Vollgeldreform, die Quantität[12] (oder eben vornehmlich den Preis) extern (d.h. zentralbankseitig) vorzugeben, sondern den Erstzweck zu steuern. Ein Beispiel für Geldschöpfungspolitik *in diesem Sinne* wären etwa die in den Nachkriegsjahrzehnten beliebten Kreditkontrollen (*credit guidance policies*):[13] Sie zielten auch darauf ab, die Menge, vor allem aber die «Fließrichtung» neuen Geldes zu beeinflussen und damit die Struktur des Geldgeflechts – also *wo* (etwa im Häusermarkt, in der Industrie, in den Taschen der Verbraucher etc.), *von wem* (Zentralbank, Geschäftsbank), *für wen* (private Haushalte, Unternehmen, Staaten) und *zu welchen Konditionen* Kredite vergeben werden. Solche Maßnahmen können dauerhaft installiert werden oder flexibel zum Einsatz kommen, also etwa automatisch greifen, wenn antizyklische Maßnahmen notwendig werden oder für den parlamentarischen oder exekutiven Zugriff bereitstehen, um auf Unwägbarkeiten – etwa Pandemien oder Wirtschaftskrisen – zu reagieren.[14]

Als politische Vorgaben für die private Geldschöpfung können

Kreditkontrollen Cantilloneffekte beeinflussen, indem sie dirigieren, wo die Erstverwendung neuen Guthabens stattfindet. Es könnten Quoten für die jeweilige anteilige Menge an Geld festgelegt werden, die Geschäftsbanken für unterschiedliche Sektoren der Wirtschaft erschaffen dürfen, bevor sich die Kreditvergabe für sie etwa aufgrund rechtlich vorgeschriebener Eigenmittel verteuert. Ferner können ganze Bereiche – temporär oder generell – von den prozyklischen Blasenbildungsprozessen privater Geldschöpfung ausgenommen werden. Zum Beispiel innerstädtischer Wohnraum: Wer heute in guten Innenstadtlagen eine Wohnung sucht, kann auf Partys mit dem rasanten Anstieg der Preise für Miete und Eigentum ein beliebtes Gesprächsthema nähren. Die Politik zeigt sich angesichts der Spiralen träge, nur mit viel Mühe und großem Streit hat man sich in manchen Regionen zu Mietpreisdeckeln durchgerungen – freilich nicht ohne den ein oder anderen Vorwurf, die Befürworterinnen wären geschichtsvergessene Anhänger «sozialistischer» Planwirtschaft. Die Erfolge dieser Maßnahmen sind, gelinde gesagt, bescheiden. In den Nachkriegsjahrzehnten waren in vielen Ländern allerdings erfolgreiche Regularien am Werk, die nicht am Effekt (steigende Mieten), sondern an einer Ursache (Geldschöpfung für den Immobilienmarkt) ansetzten. Bis in die 1980er etwa war in vielen Ländern der Zugang zum Markt für Wohnimmobilien auf Genossenschaftsbanken und Sparkassen beschränkt, die strengerer Kontrolle unterlagen als andere Banken.[15] Man versuchte also damals, Immobilienblasen zu verhindern, anstatt sie, unter dem Regime privatisierter monetärer Souveränität, politisch zu fördern. Man könnte also – generell oder situativ – Geldschöpfung für den Kauf von Immobilien verbieten, die der Schuldner nicht selbst bewohnen will, oder für den Kauf von Grund und Boden, auf dem kein zusätzlicher Wohnraum gebaut werden soll. Wir müssen beginnen, solche Maßnahmen als Teil von Geldpolitik zu diskutieren, um das Betriebssystem einer sich als neutrale, technische Steuerung inszenierenden Geldwertpolitik zu überwinden. Denn wer fordert, ein Gemeinwesen müsse sich bei der Steuerung der Geldschöpfung raushalten und etwa bereitwillig zulassen, dass sich wenige zu Lasten der vielen an Hauspreisspiralen bereichern, der unterstellt meistens, dass wir über ein privates Werkzeug sprechen. Wer aber geldpolitische Debatten unter der Prämisse führt, die Reproduktion einer kollektiv betriebenen und öffentlich verankerten Infrastruktur zu eruieren, operiert unter anderen, ja fast schon gegensätzlichen Vorzeichen. Nun wäre derjenige in argumentativer Bringschuld, der die Infrastruktur so aufgestellt sehen will, dass sie das Wohnen in Ballungsräumen verunmöglicht – warum sollten wir unsere Infrastruktur weiter so betreiben wollen?

Historische Beispiele für «Qualitätskontrollen» privater Geldschöpfung sind zahlreich. Die Zentralbanken von Japan, Korea und Taiwan führten vor und nach dem Zweiten Weltkrieg dirigierende Programme aus, die Kredite im Hinblick auf strategische Projekte und spezifische Wachstumsziele rationierten.[16] Eric Monnet zeigt in einer umfangreichen Studie, wie es Frankreich gelang, durch koordinierte Kreditpolitik die «Trente Glorieuses» zu ermöglichen. Zwischen 1948 und 1973 erlebte das Land «die höchste durchschnittliche Wachstumsrate seiner Geschichte, eine relativ moderate Inflation, eine niedrige Arbeitslosigkeit und eine beträchtliche Kreditausweitung ohne Bankenkrisen».[17] Auch Kanada kann als exponiertes Beispiel jahrzehntelang erfolgreich eingesetzter Kreditkontrollen gelten, in den meisten kapitalistischen Ländern finden sich allerdings bis zur neoliberalen Revolution der 1970er und 1980er Jahre vergleichbare Qualitätskontrollen für die Leistungserbringung der monetären Maschine.[18] Auch der jüngste Aufstieg asiatischer Volkswirtschaften wie China ist auf den politisch-strategischen Einsatz von Geldschöpfungskapazitäten zurückzuführen. Es wäre ein Fehler, solche Politiken und ihre Finanzierung von Infrastrukturprojekten, landwirtschaftlicher Erneuerung und ökologischem Umbau als «Teufelszeug» zu verunglimpfen, nur weil die Volksrepublik China in vielerlei Hinsicht in der Tat nicht als leuchtendes Vorbild herhalten sollte.

Wie auch immer man sie rechtlich und technisch umsetzt: Politische Vorgaben für die private Produktion von Geld setzen eine gewisse Kontrolle über die Geldzu- und Geldabflüsse in einem Territorium voraus, und das heißt eben auch: Einschränkungen des freien, grenzüberschreitenden Geldverkehrs. Solche Kapitalverkehrskontrollen erscheinen den Ideologen des Neoliberalismus als freiheitsfeindlich und staatssozialistisch. Sie wurden deswegen fast schon mit einer Art Tabu belegt, so als sei die Herrschaft eines freien Geldverkehrs universelle liberale Ratio und nicht Interessenpolitik. Die vergangenen Jahrzehnte haben aber gezeigt, dass der Verzicht auf politische Leitkriterien für Erstzweck und Menge der Geldschöpfung gesamtgesellschaftliche Schäden hervorbringt, weil eine den Profitmaximen globaler freier Märkte unterworfene monetäre Maschine Reichtum statt Wohlstand produziert und ökonomische Prozesse destabilisiert. Kreditkontrollen (und die sie eventuell unterstützenden Kapitalverkehrskontrollen) würden jenen Vorgaben ähneln, welche die Bundesrepublik Deutschland an ihre Energieversorger stellt, etwa im Hinblick auf Versorgungssicherheit, Versorgungsdichte oder die Nachhaltigkeit der verbrauchten Treibstoffe. Die an die Energieversorger gestellten politischen Ansprüche mögen vielen zu wenig ambitioniert, anderen zu behäbig oder fehlgeleitet erscheinen; aber dass an die Grundversorgung mit Strom gewisse gesamtgesellschaftliche Ansprüche gestellt werden – *was* kommt *wie wo* an? –, kann nur von radikalen Kräften per se in Abrede gestellt werden.

Die soziologische Geldtheorie kann freilich nicht argumentativ herleiten, dass beispielsweise die deutsche Bevölkerung nun für eine Rationierung von Immobilienkrediten oder für Kapitalverkehrskontrollen votieren muss. Darum geht es auch nicht. Aber sie kann für eine Neuordnung eines Debattenraumes werben, in dem solche Maßnahmen bislang als illiberale «Repression» verteufelt, die Trennung von Fiskal- und Geldpolitik als Zivilisationskriterium gesetzt und vernünftige Geldpolitik mit Preisstabilität identifiziert werden. Wer immer so argumentiert, agiert ideologisch. Das hat die Kritik der finanziellen Vernunft gezeigt. Insbesondere der privaten Geldschöpfung muss stärkeres Gewicht in den öffentlichen politischen Debatten gegeben werden, damit abseits ideologischer Verblendungen überhaupt erstmal eine Pro- und Kontradiskussion gesellschaftlicher Steuerungsansprüche *geführt* werden kann – eine Debatte, die eine solche Steuerung nicht sofort zurückweist, weil sie entweder die Geldschöpfungsmacht privater Banken (wie viele volkswirtschaftlichen Lehrbücher) schlicht ignoriert oder gesellschaftliche Ansprüche im Sinne der Ideologie des unpolitischen Geldes als Störung der Funktion eines privaten Werkzeugs grundsätzlich für illegitim und unvernünftig erklärt. Hier verweist die Bilanztheorie auf einen alternativen Ausgangspunkt der gesamten Debatte: die Beschreibung von Geld nicht als Set privater Tauschwerkzeuge, sondern als kollektive Vorleistungsmaschine – als unsere gemeinsame Infrastruktur.

Genauso wie man auch die Infrastruktur für fließendes Wasser umbauen würde, wenn es durch ihren Fehlbetrieb irgendwo zu einem Absacken des Fundaments eines Grundschulgebäudes käme, sollte man auch Umbaumaßnahmen der politischen Architektur des Geldes erwägen, wenn die Leistung ausbleibt – oder nur noch einige wenige mit (dafür aber sehr viel) Wasser versorgt. Man würde einen Wasserrohrbruch doch nicht schicksalsergeben hinnehmen, mit dem Argument, eine Reparatur würde den «natürlichen» Funktionsfluss des Leitungswassers kompromittieren. Dauerhafte und/oder flexible Kreditkontrollen wären nicht weniger legitim als die zumeist als unproblematisch geltenden Steuerungsansprüche an andere Infrastrukturen wie die Wasser- oder Stromversorgung. Wer solche Maßnahmen in diffamierender Absicht als «Sozialismus» abkanzelt, verlässt freiwillig das Spielfeld vernünftigen Diskurses.

Neben der Steuerung privater Geldschöpfung (territoriale Souveränität) beschäftigt eine Debatte um Geldschöpfungspolitik die öffentliche Geldschöpfung, das heißt das Mandat und die Rolle der Zentralbank (und damit, letztendlich, die agentielle Souveränität des Staates, zu dem die Zentralbank gehört). In den westlichen Volkswirtschaften gilt deren «Unabhängigkeit» häufig als zivilisatorischer Fortschritt gegenüber dunkleren Tagen, als sich gierige Herrscher durch ihre Macht zur Geldschöpfung bereicherten. Auf Verschränkungen zwischen Regierung und Zentralbank im globalen Süden reagiert man deswegen häufig mit hochnäsigem Kopfschütteln. Wer auf dem internationalen Parkett mitspielen will, so der Tenor, muss seine monetären Verhältnisse vor gierigen Kleptokraten genauso schützen wie vor maßlosen Wählerinnen und Wählern, die sich das Schlaraffenland herbeiwählen wollen. Nüchtern betrachtet ist diese «Unabhängigkeit» allerdings alles andere als erfolgreich. Zwar ist das Zeitalter operativ freischwebender Währungshüter in der Tat eines langfristig abnehmender Teuerungsraten, doch hat ihre «Unabhängigkeit» die Zentralbanken gleichzeitig dazu verurteilt, nie versiegende Quellen der Unterstützung von Marktergebnissen zu werden, die der unter gewinnwirtschaftlichen Imperativen operierende Geschäftsbankensektor vorgegeben hat.[19] Damit mussten sie die Steigerungsspiralen für Vermögenspreise genauso unterstützen wie auch die prozyklischen Destabilisierungstendenzen – und am Ende die Scherben aufräumen, indem sie noch mehr Anlagevermögen mit noch mehr Geld kauften. Außerdem hat die strikte Entkopplung von Geld- und Fiskalpolitik die öffentliche Hand an die Finanzierungsvorbehalte der Märkte gebunden, von deren Bewertungen staatlicher Schuldpapiere nun alles abzuhängen scheint. Damit wurden nicht nur Politiken der Deregulierung des Finanzsystems befördert, die eine Verschuldung (auch der öffentlichen Hand) zwar erleichterte, aber auch zu den Verteilungseffekten führte, von denen im vorherigen Kapitel die Rede war. Mit ihrer von der Zustimmung privater Märkte abhängigen Zahlungsfähigkeit wurden die Möglichkeiten von Umverteilungspolitik genauso erschwert wie die fiskalischen Spielräume zur Bekämpfung ökonomischer Schwächeanfälle, Massenarbeitslosigkeit oder zur Vorbereitung auf die Folgen der Klimakrise verkleinert – und ganz generell dem Einflussbereich demokratischer Kontrolle entzogen.[20] Unabhängige Zentralbanken sind nicht unpolitisch, sondern ebenso Ergebnis politischer Konfliktlagen und damit Katalysatoren von Vor- und Nachteilen für verschiedene Sektoren, Akteure oder Gruppen in einer Geldwirtschaft.

Man denke hier nur an die Finanzierungssituation der Eurozonenstaaten, die ihre Defizite dem Bankensektor zum Kauf anbieten müssen, um ungedeckte Ausgaben zu finanzieren. Diese – vermeintliche – Notwendigkeit bildet die Grundlage des allgemeinen Argwohns gegen Staatsverschuldung, die schon mehrfach zur Sprache kam. Der sich in hohen Zustimmungswerten zu einer Politik ausgeglichener Haushalte («schwarze Null») äußernde Argwohn basiert auf der Annahme, es handele sich bei Staatsverschuldung *notwendigerweise* um eine *Finanzierungsform*. Der tauschtheoretisch fundierten finanziellen Vernunft erscheint der Fiskus monetär abhängig von Einnahmen, die ihm seine Bürgerinnen und Bürger unfreiwillig (Steuern) oder freiwillig (Schulden) zur Verfügung stellen. Das hielt das Handbuch der Wirtschaftssoziologie noch für «unstrittig». Mit Sloterdijk: Der Staat ist eine nehmende Hand – Punkt. Dementsprechend gilt staatliche Verschuldung aus liberaler Perspektive als schlechte Haushaltsführung, weil sie dem Privatsektor Kaufkraft entzieht, um den aktuellen Haushalt vorzufinanzieren, und es damit der zukünftigen Haushaltsplanung überlässt, sich darum zu kümmern, die Defizite «wirklich» zu finanzieren, indem sie die Schulden zurückzahlt. Ein hoher Schuldenstand gilt deswegen vielfach auch als Problem der Generationengerechtigkeit, weil die Nachfahren verschwenderischer Schuldner immer mehr und mehr Einnahmen erwirtschaften müssen, um die offenen Rechnungen der Eltern zu bezahlen.

Der nüchterne Blick auf die mit der monetären Maschine entstehenden Potenziale zur agentiellen Souveränität zeigen aber, dass die Abhängigkeit der öffentlichen Hand von privaten Vorleistungen in der eigenen Währung eine politische Entscheidung ist, die vom tauschideologischen Geist bloß – und fälschlich! – als simpler Tatbestand und unverrückbare Sachlage vorgestellt wird. Sie ist also alles andere als unstrittig. Staatsschulden sind in der Realität kein Problem der Generationengerechtigkeit, auch wenn diese Unwahrheit von vielen Politikerinnen und Politikern gerne vor laufenden Kameras wie ein Mantra im Buhlen um die Wählergunst wiederholt wird.

Zunächst einmal sind Staatsschulden auch Vermögen, mit seinen Defiziten versorgt ein Staat also den Privatsektor mit sicheren und gern gesehenen Anlagevermögen. Wer also beklagt, dass wir kommenden Generationen Schulden hinterlassen, müsste sich auch darüber beschweren, dass wir Vermögen hinterlassen. Diese Kontrakte haben ferner in der Regel eine Laufzeit von bis zu zehn Jahren; die Aufnahme von Schulden und ihre Rückzahlung sind int*ra*generationale und keine int*er*generationalen Operationen im Verpflichtungsgefüge. Außerdem sind Staatsschulden, wie gesehen, die Grundlage unserer Geldversorgung. Schon aus diesem strukturellen Zusammenhang wird klar, dass jede Politik, die künftigen Generationen lieber verfallene Schulgebäude, wackelige Schienennetze und unterfinanzierte Gesundheitssysteme hinterlässt anstatt eines Vermögensbergs aus Staatsschulden, in einer sinistren Fantasiewelt lebt. Allein deswegen dürften platte Angriffe gegen defizitäre Staatshaushalte zu den unwürdigsten und uninformiertesten, ja regelrecht peinlichsten Strategien im Parteienwettkampf gehören.

Zur Wahrheit gehört aber auch, dass die Warnung vor einer Belastung künftiger Generationen durch zu hohe Staatsschulden im Kern, wenn auch so nicht gemeint, eine Warnung vor einem Verzicht auf agentielle monetäre Souveränität ist. Die Belastung kommender Generationen betrifft ja vor allem die Zinsen: Während sich die Eltern mit Schulden ein gutes Leben finanzieren, so die Erzählung von Liberalen und Konservativen, würden ihre Kinder und Enkel nicht nur die Zinsen für die Defizite der Eltern zahlen müssen, sondern, wegen des bis dahin hohen Schuldenstandes, auch selbst nur zu verteuerten Konditionen neue Schulden aufnehmen können. Mit Staatsschulden bürden wir unseren Kindern und Enkeln also offenbar auf, immer mehr und mehr zu erwirtschaften, um unsere Schulden zu tilgen, und noch höhere Zinsen zahlen zu müssen.

Allerdings ist die Abhängigkeit staatlicher Zahlungsfähigkeit von einer Zinsbewertung durch private Märkte im Hinblick auf die politische Architektur der monetären Maschine (auch) eine Entscheidung, kein (reines) Schicksal: Eine mit der Absicherung staatlicher Zahlungsfähigkeit beauftragte Zentralbank kann versprechen, die Schuldpapiere des Schatzamtes jederzeit zu einem bestimmten Zinssatz aufzukaufen. Dadurch müsste die Zinsbelastung dieser und kommender Generationen nicht nominell steigen, weil man auch den privaten Anbietern keinen höheren Zinssatz anbieten müsste. Wenn sie die Staatsanleihen nicht wollen, kommen sie eben in die Bilanz der Zentralbank. Künftige Generationen mit steigenden Zinsen zu belasten, ist nicht alternativlos, sondern Politik.

Würde das vom Staat geschaffene Geld in die Ausweitung von Beschäftigung und Produktionskapazitäten und damit auch in Löhne, in den Aufbau und die Reparatur von Infrastruktur und die Vorbereitung auf die Veränderungen des Weltklimas fließen, hätten kommende

Generationen eine leistungsstärkere, nachhaltigere Ökonomie und eine bessere Versorgung – ob sie gleichzeitig mehr Schulden bedienen und Zinsen zahlen müssen, hängt vom Aufbau der Maschine ab und damit davon, wie wir heute unsere geldpolitischen Entscheidungen treffen, ob wir die MMT als Skurrilität abtun und weiter vor Staatsschulden warnen, ohne über monetäre Souveränität zu sprechen, oder ob wir die Verfassung des Geldes und die Beziehung zwischen Schatzamt und Zentralbank zu einem Politikum machen und an unsere gesellschaftlichen Bedürfnisse anpassen. Kurzum: Ob wir unseren Kindern finanzielle Belastungen hinterlassen, ist eine Frage der Aus- und Umgestaltung der politischen Architektur unseres Geldes – und damit eine Frage der finanziellen Vernunft.

An dieser Stelle sei außerdem auf einen weiteren Aspekt der notwendigen kognitiven Neubewertung von Staatsschulden verwiesen: Staatsschulden sind aus dem Blickwinkel der MMT kein Mittel der Ausgabenfinanzierung, sondern eher der geldpolitischen Steuerung.[21] Den entsprechenden Mechanismus haben wir uns bereits weiter oben verdeutlicht: Wenn die Zentralbank Anleihen der öffentlichen Hand, die sie als Vermögen verbucht, an den Privatsektor verkauft, dann bezahlen die diese Anleihen erwerbenden Banken mit Guthaben auf deren Zentralbankkonto. Das heißt nichts anderes, als dass sie als Gläubigerinnen der Zentralbank einen Teil ihrer Position aufgeben, die Forderung gegen die Zentralbank also um den Preis der Anleihe reduzieren. Somit wird die Bilanz der Zentralbank kleiner: In der Soll-Spalte verkürzt die Bilanz sich um den Betrag auf dem Konto der die Anleihe erwerbenden Geschäftsbank, in der Haben-Spalte wird die Staatsanleihe entfernt. Durch den Verkauf einer Staatsanleihe wird also ebenso die Geldmenge (Forderungen gegen die Zentralbank) verkleinert. Staatsverschuldung *schafft* (bzw. erhält) Zahlungsfähigkeit, solange sie in der Bilanz der Zentralbank ist. In den 2010er Jahren und in der Coronakrise ab 2020 hat die EZB mit ihren «Quantitative Easing»-Programmen versucht, dem Privatsektor (u. a.) Staatsanleihen abzukaufen, um auf diese Weise Geld zu produzieren. In einem im agentiellen Sinne hinreichend monetär souveränen Staat wären Forderungen gegen diesen Staat damit in der Tat keine Finanzierungsform, sondern ein geldpolitisches Steuerungsinstrument.

Anders als die immer noch am tauschtheoretischen Idealbild einer neutralen Werkzeugpolitik festhaltende Vollgeldreform könnte eine bilanztheoretisch aufgestellte Geldschöpfungspolitik nüchtern Optionen einer Restauration agentieller monetärer Souveränität der öffentlichen Hand durch eine Politisierung der Zentralbank erwägen. Das würde institutionell betrachtet eine *rechtliche Privilegierung* der Beziehung zwischen der Bilanz des Schatzamtes eines Staates und der Bilanz der emittierenden Zentralbank voraussetzen, die, wo sie existiert, genutzt, und wo sie, wie in der Eurozone, fehlt, wiederhergestellt werden müsste. Eine solche Privilegierung könnte bedeuten, dass die Zentralbank verpflichtet wird, jede Staatsanleihe (oder: jede, die nicht vom Privatsektor zu regierungsseitig akzeptablen Konditionen nachgefragt wird) «aufzukaufen» (heißt: als Vermögen in ihre Bilanz zu übernehmen und dem Staat dafür ein neues Guthaben auszuweisen). Dann hätten Parlament und Regierung die Hoheit über ihre eigene Zahlungsfähigkeit, die Geldpolitik würde im Dienst der Fiskalpolitik operieren.

Neben der Lenkung der Cantilloneffekte privater Geldschöpfung durch Kreditkontrollen wäre dies die zweite Säule einer Vergesellschaftung der monetären Maschine. Eine solche Vergesellschaftung anstelle einer Demontage der monetären Maschine würde funktional und legitimatorisch auf die hierarchische Strukturierung und öffentliche Fundierung des Forderungsgeflechts verweisen, das wir zur Bereitstellung generalisierter Gläubigerpositionen verwenden. Zentralbankschulden stellen innerhalb einer modernen Währung die höchstrangige Form von Gläubigerpositionen bereit und basieren gleichzeitig auf öffentlichen Forderungen. Arbeiten die beiden Emittenten dieser Forderungen, das Schatzamt (Finanzministerium) und die Zentralbank, zusammen, können sie das Schatzamt – und damit einen Staat – jederzeit in seiner eigenen Währung zahlungsfähig machen, also geldschöpfend tätig werden, wann immer ein fiskalpolitischer Bedarf entsteht, Regierung und Parlament also bisher ungedeckte Ausgaben beschließen. Die Ausgaben eines monetär souveränen Staats sind in seiner eigenen Währung nicht durch die Einnahmen oder einen von außen gesetzten Kreditrahmen begrenzt, weil die Zentralbank *immer* neues Guthaben ausweisen und dafür eine neue Forderung gegen den Staat verbuchen kann.[22]

Anders als in der tauschtheoretischen Brille erscheint die Erzeugung von Zahlungsfähigkeit auf Bedarf nicht als Manipulation eines vermeintlich neutralen Vermittlungswerkzeugs, sondern als fast schon trivialer Vorgang, da die moderne Form der Geldschöpfung seit langem schon genau so funktioniert: Geld entsteht, indem man zwei Forderungen in einer Bankbilanz verbindet, eine Forderung gegen die Bank (Geld) und eine Forderung der Bank (Kredit), die die Vernichtung des Geldes terminiert. Die geldschöpfungsbasierte Finanzierung von Staatsausgaben durch die Zentralbank wäre also nicht mehr oder weniger anrüchig als jede Nutzung des eigenen Dispositionskredits, jede Hypothek und jeder sonstige Kredit. Alles Geld wird bilanziell «gedruckt», d.h. *als Vorleistung* gegen Rückzahlungsversprechen buchhalterisch erzeugt. Im Gegenteil: Die Geldschöpfung privater Geschäftsbanken hat sich in der Realität immer weiter von einer «Erwirtschaftung» von Zahlungsfähigkeit entkoppelt. Eine kreditbasierte Geldschöpfung muss zwar nie durch die Produktion neuer Überschüsse vorgeleistet werden, kann aber potenziell die neue Produktion neuer Überschüsse bewirken; doch genau das hat der mit der Steuerung der Maschine beauftragte private Bankensektor kaum mehr hinbekommen. Eine für die genannten Zwecke geldschöpfende Regierung wäre also, anders als der vielfach geäußerte Argwohn unterstellt, *gerade nicht* als «bloßes Gelddrucken» zu verunglimpfen, weil *gerade dann* Geld zur Finanzierung von Arbeit und Produktion eingesetzt werden könnte; der Vorwurf einer Geldschöpfung zur eigenen Bereicherung anstatt zur Generierung neuer Produktionskapazitäten und neuer Überschüsse trifft den Privatsektor viel eher als den öffentlichen Sektor.

Auf Basis agentieller Souveränität könnte also gerade die Kopplung von Geld und Wirtschaft fiskalpolitisch hergestellt werden, die sonst schlicht funktional vorausgesetzt wird, indem die Regierung Infrastrukturunternehmen, Beamtinnen, transferleistungsempfangenden Konsumenten, kleinen und mittelständischen Unternehmen, strauchelnden Großarbeitgebern und dergleichen neue Zahlungsfähigkeit zur Erstverwendung zur Verfügung stellt. Die Regierung könnte dann Ausgaben im Hinblick auf den gesellschaftlichen Bedarf treffen, ohne sich – wie monetär abhängige Privathaushalte oder Unternehmen – notwendigerweise auf eine Diskussion über die Deckung ihrer Ausgaben durch Einnahmen einlassen zu müssen.

Die Nutzung der monetären Maschine zur Finanzierung eines öffentlichen Bedarfs anstatt (wie im Status quo) des profitabelsten Bedarfs muss allerdings nicht zwingend über das Konto des Schatzamts laufen. Es kursieren reihenweise Vorschläge, die Mandate der Zentralbanken so zu modifizieren, dass neue monetäre Emissionskanäle direkt in die Wirtschaft entstehen. Die EZB produziert – das wurde bereits des Öfteren festgehalten – derzeit Geld, indem sie es im Tausch gegen Anlagevermögen in den Bankensektor pumpt (QE), mit mäßigem Erfolg. Alternativ könnte man genau hier ansetzen und die EZB anweisen, fortan Geld durch den Kauf bestimmter Anleihen, zum Beispiel solcher mit besonderem Beschäftigungs- oder Wachstumspotenzial oder von nachhaltigen Unternehmen zu kaufen; an die QE-Programme ansetzende Bezeichnungen wie «grünes QE» oder «QE für die Menschen» kursieren seit einiger Zeit.[23] Der ehemalige Führer der britischen Labor-Partei Jeremy Corbyn ging 2015 mit dem Vorschlag eines «People's Quantitative Easing» (PQE) in den Wahlkampf. Die Bank of England sollte angewiesen werden, Anleihen einer staatlichen Investitionsbank zu kaufen, die dann unter anderem den Bau von Sozialwohnungen finanzieren sollte. In diesem Sinne könnten mit der Zentralbank privilegiert verbundene öffentliche Banken vom Parlament mit konkreten Finanzierungsaufträgen ausgestattet werden, wie etwa die deutsche Kreditanstalt für Wiederaufbau (KfW). Man würde auch hier von einer Re-Politisierung monetärer Souveränität sprechen, wenn die Förderbank im öffentlichen Auftrag handelt (also nicht unabhängig ist) und ihre Zahlungsfähigkeit durch die Zentralbank bedingungslos abgesichert wäre.

Anders bei nachfrageorientierten Vorschlägen zu einer Variation des Zentralbankmandats. Einige präferieren direkte monetäre Injektionen der Zentralbank in den Privatsektor. Der sogenannte Hubschrauberabwurf (*helicopter drop*) verweist auf eine Formulierung Milton Friedmans, der darüber nachdachte, ob das Geld nicht durch die Hände privater Konsumentinnen und Konsumenten in die Wirtschaft eintreten sollte, indem es wie aus der Luft auf die Konten der Bevölkerung «abgeworfen» würde. Eine solche Option wurde in den 2000ern prominent vom ehemaligen Chef der Fed, Ben Bernanke, ins Spiel gebracht.[24] Die Zentralbank würde nach eigenem Ermessen oder nach gouvernementalen Vorgaben Reserven für den Geschäftsbankensektor erschaffen, der die entsprechenden Summen privaten Girokonten gutschreibt. Eine solche Maßnahme hat konjunkturpolitisch sicherlich viel für sich, gerade in Zeiten langfristig schwächelnder Nachfrage, und wäre gewiss in vielerlei Hinsicht der derzeitigen Emission neuen Geldes über die Anlagemärkte vorzuziehen. Allerdings wäre das Helikoptergeld als solches noch keine Politisierung der monetären Maschine, weil die öffentliche Hand auf eine steuernde Einflussnahme verzichtete. Der Staat würde keine Hoheit über die eigene Zahlungsfähigkeit gewinnen und müsste Geld, das etwa in die Bekämpfung der Massenarbeitslosigkeit, die klimaneutrale Transformation der Wirtschaft oder den Aufbau eigener Impfstoffentwicklung usw. fließen soll, zunächst durch Steuern generieren. Warum sollten wir unser Gemeinwesen auf diese Weise finanzieren wollen?

Geldschöpfungspolitik im Sinne öffentlicher Geldschöpfung bedeutet in jedem Fall einen politischen Zugriff auf unabhängige Zahlungsfähigkeit – entweder durch das Parlament oder durch eine parlamentarisch legitimierte öffentliche Bank. Angesichts der Tatsache aber, dass nicht nur die produktiven Hände der Realwirtschaft einen konstanten Geldbedarf haben, sondern gerade die öffentliche Hand die Mittel braucht, um die ökonomischen und sozialen Folgen von Finanz- und Coronakrise abzufedern und die Kosten der Klimakrise zu stemmen, ist die Beziehung zwischen Zentralbank und Schatzamt ein Politikum, über das gesprochen werden muss.

Die positiven Beispiele für den politisch-strategischen Einsatz von Geldschöpfungskapazitäten wurden unter dem Tabu monetärer Staatsfinanzierung vergraben. Auch, weil sie besonders als Reaktion auf die Große Depression (und auch Deflation) nach der Weltwirtschaftskrise eingesetzt wurden, die historisch vor der Katastrophe des Zweiten Weltkriegs und des Holocausts stattfand, und deswegen immer auf irgendeine Weise zum Verursachungskomplex dieses doppelten Desasters zu gehören scheinen. Zwischen 1933 und 1937 setzte etwa die NS-Regierung ihre Geldschöpfungskapazitäten ein und konnte so den Wiederaufbau und das Wachstum der Wirtschaft finanzieren. Sich auf diese Episode als positives Beispiel zu berufen, ist aus naheliegenden Gründen schwierig.[25] Aber auch Japan entkam der Depression nach der Weltwirtschaftskrise in den 1930er Jahren mit umfangreichen und gezielt wirkenden Investitionsprogrammen, die auch auf einer politisch initiierten Expansion monetärer Mittel beruhten. Die Zentralbank Neuseelands finanzierte in den 1930er Jahren unter anderem den Bau von Wohnimmobilien und half dem Land damit aus der Weltwirtschaftskrise.[26] Ein besonders eindrückliches Beispiel für die Produktivität öffentlicher Geldschöpfung ist wiederum Kanada, das zwischen 1935 und 1975 verschiedene Formen fiskalisch motivierter Geldschöpfung erfolgreich einsetzte. Die wie viele Zentralbanken zunächst als privates Unternehmen gegründete Bank of Canada wurde 1938 verstaatlicht und danach zur Finanzierung von wohlfahrtsstaatlichen Programmen und des Aufbaus von Infrastrukturen eingesetzt – und natürlich auch zur Finanzierung der Kriegsvorbereitungen. Nach der Niederlage Nazideutschlands ergänzte die Industrial Development Bank als Tochter der Bank of Canada deren Rolle als politische Geldschöpfungsstelle. Beide finanzierten nicht nur die transkanadische Autobahn und neue Wasserstraßen, sondern auch kleine und mittelständische Unternehmen, Sozialleistungen und den Ausbau des Gesundheitssystems.[27]

Kurzum: Ein auf der Bilanztheorie von Geld, Geldwirtschaft und Geldpolitik gründendes gesellschaftliches Betriebssystem würde erstens keinen Anstoß daran nehmen, unter «Geldpolitik» wirklich *Politik* zu verstehen, d. h. die Gestaltung von Gesellschaft durch die Unterwerfung von Geldwert und Geldschöpfung unter gemeinschaftlich beschlossene Zielvorgaben. Es wäre nicht länger nur vermeintlicher Gewährleister, in der Praxis aber Hersteller einer vermeintlich neutralen Funktionalität einer Stellvertreterware im privaten Tauschhandel. Denn diese Ideologie ist gescheitert, sie hat uns Geld eingebrockt, das sich schlecht verteilt und selbst destabilisiert. Daran können nur einige wenige Profiteure ein Interesse haben. Die Ideologie unpolitischen Geldes hat eine politische Architektur befördert und legitimiert, die schlicht darauf hofft, dass private Geschäftsbanken das Richtige tun – dass Profitinteressen die Geldschöpfung so steuern, dass allgemeiner Wohlstand entsteht. Diese Schumpeter'sche Hoffnung aber wurde enttäuscht. Seit der globalen Finanzkrise vor knapp 15 Jahren versuchen wir nun – weiterhin angeleitet von der Tauschtheorie – immer mehr, von den Zentralbanken produziertes Geld durch den Kapitalmarkt in die Realwirtschaft zu pressen. Auch das funktioniert nicht. Es ist an der Zeit, zu gesellschaftlichen Zielvorgaben für die Geldschöpfung zurückzukehren: d.h. zu Kreditkontrollen, die Geld in makroskopisch (oder: gesellschaftlich) sinnvolle Wirtschaftsbereiche lenken, Geldverkehrsregularien, die das Zu- und Abfließen der Infrastrukturleistungen an Bedingungen knüpfen, die das Ganze im Blick haben, und zu moderaten Formen monetärer Staatsfinanzierung, die demokratisch gewählte Regierungen dazu befähigen, zielgerichtet und schlagkräftig auf Fluktuationen und Verwerfungen reagieren zu können (beispielsweise Pandemien), ohne auf die Gnade privater Geldgeber oder Technokraten angewiesen zu sein. Die monetäre Maschine verlangt nach politischer Führung. Eine solche neue Haltung, in der wir als Gesellschaft Geld nicht mehr als Ausweis wirtschaftlicher Vorleistungen, sondern als kollektive Finanzierungsmaschine begreifen: ein solches *Betriebssystem* fordert uns zu einer pragmatischen Haltung zu Inflation und Schulden heraus, mit deren grober Skizze dieses Buch nun enden wird.

Für einen neuen Pragmatismus

Man mag sich nun an die im dritten Kapitel erwähnte Rede des Bundesbankpräsidenten Jens Weidmann erinnert fühlen, der keinen Geringeren als den Dichterfürsten Johann Wolfgang von Goethe anrief, um vor Geldschöpfungspolitik zu warnen. Politisch gesteuerte Geldschöpfung riecht nach heiß laufenden Druckerpressen und Preissteigerungsspiralen bis in den Währungstod durch Hyperinflation. Von liberalen Kritikerinnen und Kritikern einer Politisierung des Geldes wird deswegen besonders gerne auf hyperinflationäre Episoden verwiesen, zum Beispiel Deutschland in den 1920er Jahren, Simbabwe um 2007 oder Venezuela ab 2016, um damit Angst vor einer öffentlichen Geldverwaltung zu schüren. Ihr Argument hat in der Regel drei Komponenten: erstens die monetaristische Grundintuition, dass Geldvermehrung die Primärursache eines steigenden Preisniveaus sei, zweitens die Annahme, dass eine moderate Inflation irgendwann in eine verheerende Hyperinflation kippen werde (und deswegen problematisch sei[28]), und drittens die Behauptung, demokratische Politikerinnen und Politiker würden besonders dazu neigen, zu viel Geld zu produzieren, um sich selbst zu bereichern, um Kriege zu gewinnen oder durch kostspielige Ausgabenpolitiken Wählerinnen und Wähler zu begeistern und so die eigene Wiederwahl zu sichern.

Diese Argumentation ist aus mehreren Gründen unredlich. Zunächst ist es schlicht falsch, Inflation und «Hyperinflation» als bloß graduelle Differenzen eines Vertrauensverlustes in die Funktionalität des Werkzeugs Geld zu interpretieren. Inflation bezeichnet einen Anstieg des Preisniveaus in einem bestimmten Segment. Meistens meinen wir damit einen Anstieg des Durchschnittspreises für Konsumgüter. Der gemeinhin für die Formulierung von geldpolitischen Zielen der Zentralbanken herangezogene Preisindex versucht, den Anstieg der Lebenserhaltungskosten zu berechnen, und stellt deswegen einen (virtuellen) Korb an Produkten zusammen, die die meisten Menschen mit gewisser Regelmäßigkeit erwerben müssen – also etwa Lebensmittel, aber auch Kleidung oder Unterhaltungselektronik. Von Inflation sprechen wir in der Regel, wenn der Durchschnittspreis dieses Warenkorbs über einen längeren Zeitraum hinweg steigt.[29] Die Annahme nun, dass ein solcher Anstieg der Durchschnittspreise immer Gefahr läuft, in eine Episode der «Hyperinflation» zu kippen (ein sogenanntes Dammbruchargument), also eines Hochtempoanstiegs des Durchschnittspreises, ist historisch unbefriedigend. «Hyperinflationen» sind

Währungszusammenbrüche, während moderate Anstiege der Durchschnittspreise das Funktionieren von Geld und Geldwirtschaft unbeschadet lassen; nicht umsonst sind viele Zentralbanken mit dem Zwei-Prozent-Zielwert auf eine moderate Preissteigerung mandatiert. «Hyperinflationen» sind aber keine außer Kontrolle geratenen «normalen» Inflationen, es sind Währungskollapse, die auch so oder ähnlich, jedenfalls nicht als «sehr starke Inflation» bezeichnet werden sollten. Das wäre etwa so, wie Clint Balinger in einem Blogbeitrag anmerkt, als würde man einen Flugzeugabsturz als «Hyperlandung» bezeichnen, so als wäre die beste Strategie zur Klärung der Ursachen eines Flugzeugabsturzes die Prämisse, es handele sich offenbar um eine sehr schnelle normale Landung.[30] Flugzeugabstürze sind aber Katastrophen, deren Ursache wir in technischen Funktionsstörungen oder menschlichen Fehlern suchen und die wir deswegen folgerichtig als Abstürze framen und nicht als Extremform einer normalen Landung (ein entsprechendes Dammbruchargument würde einen Absturz als eine zu schnell gewordene Landung beschreiben). Währungszusammenbrüche werden durch eine Kulmination von Faktoren ausgelöst, die die ökonomischen Kapazitäten und die institutionellen Gefüge eines Landes erschüttern. Sie werden nicht dadurch ausgelöst, dass es inkrementell mehr und irgendwann eben – Dammbruch! – zu viel Geld gibt. Der Verweis auf Währungszusammenbrüche zur Abwehr politischer Gestaltungsansprüche an die monetäre Maschine ist unseriös; solche polemischen Diskreditierungen sollten auch stets als solche markiert werden.

Freilich ist die Bereitstellung zusätzlicher Zahlungsfähigkeit eine Bedingung für einen fortgesetzten und rapiden Anstieg des Preisniveaus – nur eben eine von vielen. Die Währung der Weimarer Republik war etwa durch die hohen, aus der Niederlage im Ersten Weltkrieg resultierenden Reparationsforderungen unter Druck, weil diese in Devisen, also in Fremdwährungen beglichen werden sollten, die angesichts zerstörter Produktionskapazitäten und deswegen geringer Exporte mit zusätzlicher Deutscher Mark gekauft werden mussten. Auf diesen Märkten spekulierten ferner Investoren auf einen sich fortsetzenden Wertverlust der Mark und verstärkten so den Druck auf die

Währung. Natürlich kann man die Weimarer Politik dafür kritisieren, dass sie auf den Preisanstieg beispielsweise mit der Emittierung zusätzlicher, regionaler Zahlungsmittel reagiert hat – aber den Staat und seine Geldschöpfung als Primärursache solcher Prozesse zu betrachten, ist fehlgeleitet, schließlich wäre auch ein Verzicht auf die Emittierung zusätzlicher Mittel bei rasant steigenden Preisen desaströs, weil dann die Mittel des täglichen Bedarfs nicht mehr erworben werden könnten – ein Teufelskreis, bei dem das «Gelddrucken» eher Effekt als Ursache ist.[31] Vielen Hyperinflationsepisoden geht ein drastischer Einbruch der Produktionskapazitäten voraus, der zu einem Preisanstieg führt, auf den dann mit einer Ausweitung der Geldmenge reagiert wird und auch reagiert werden muss, damit die Bürgerinnen und Bürger weiterhin das Lebensnotwendigste kaufen können.[32] Beginnende Preissteigerungen werden dann nicht selten – etwa auch in Russland Anfang der 1990er Jahre – durch Währungsspekulationen verstärkt, die auf eine fortgesetzte Abwertung der Währung setzen.[33] Währungszusammenbrüche sind komplexe und multikausale Prozesse in einer globalen politischen Ökonomie. Hier sowohl simple Monokausalitäten von einer Ursache (Geldschöpfung) auf eine Wirkung (Anstieg des Preisniveaus) zu unterstellen als auch die Politik als Schuldige zu markieren, wäre falsch und fahrlässig.[34] Zumal – das sei im Hinblick auf Weimar auch noch angemerkt – die Reichsbank 1922, also vor dem Kollaps der deutschen Währung, von den Siegermächten des Ersten Weltkriegs *privatisiert* und gouvernementaler Kontrolle entzogen wurde! Es war diese privatisierte Reichsbank, die mit großzügigen Krediten Spekulationen gegen die eigene Währung unterstützt hat.[35] Kurz: Wer immer Weimar anführt, um politische Hoheitsansprüche über die monetäre Maschine pauschal zurückzuweisen, ist an einem zielführenden Gespräch nicht interessiert.

Auch für «normale» inflationäre Entwicklungen ist der Verweis auf eine steigende Geldmenge als deren Primärursache wenig überzeugend. Ein Anstieg des Durchschnittspreises für Verbrauchsprodukte geht zwar in der Tat gemeinhin mit wachsenden Geldmengen einher. Mit einer solchen Korrelation – das eine (Durchschnittspreis) bewegt sich, während sich das andere bewegt (Geldmenge) – ist allerdings wiederum (wie beim Währungskollaps) noch nichts über Kausalität ausgesagt, also darüber, welcher Faktor die Ursache und welcher die Wirkung ist. Es mag zwar vielen ad hoc einleuchten, eine vergrößerte Geldmenge als Primärursache steigender Preise anzunehmen. Notwendig ist diese Schlussfolgerung allerdings nicht: Die Korrelation kann genauso gut andersherum interpretiert werden. Denken wir etwa zurück an das Beispiel zur Illustration der durch den *debt shift* ausgelösten Steigerungsspirale für Immobilienpreise: Eine Person kauft auf Kredit ein Haus als lukrative Anlage, weil die Preise einen positiven Trend zeigen. Weil viele Häuser kaufen, steigen deren Preise auch weiter. Die im Wert gestiegenen Häuser können nun als – wertvollere – Sicherheiten verwendet werden, um weitere Kredite aufzunehmen. Dadurch – durch den gestiegenen Preis der Immobilie – gibt es mehr Geld! Hat also nicht vielmehr die Preissteigerung (der Häuser) die kreditäre Ausweitung der Geldmenge bewirkt? Genauso gut wie die Geldmenge für die steigenden Preise kann man auch hier die steigenden Preise für die Ausweitung der Geldmenge verantwortlich machen. Schließlich braucht Geldschöpfung eine Schuldnerin, die einen Kredit nachfragt, weil sie Konsum- oder Investitionsbegehren verspürt; oder eben, im Kontext der Suche nach einer Erklärung von Inflation, entweder durch steigende Preise dazu gezwungen ist, an mehr Geld zu kommen, oder durch steigende Preise für ihre Vermögen, die sie als Sicherheiten anbieten kann, zu einer gesteigerten und günstigeren Verschuldung in der Lage ist. Geldschöpfung braucht eine Nachfrage nach Kredit, und schon deswegen fällt das «Drucken» von zu viel Geld als herausgestellte Einzel- und Primärursache inflationärer Episoden aus.

Natürlich kann auch ein privilegierter Zugriff einer Regierung auf die Geldschöpfungskapazitäten ihrer Zentralbank – sei es direkt über die Monetarisierung von Haushaltspositionen oder indirekt über eine weisungsabhängige Bank oder einen eigenen Investitionsfonds, der durch die Zentralbank versorgt wird – ein Treiber inflationärer Entwicklungen oder ein Verstärker für Währungszusammenbrüche sein. Anders gesagt: Natürlich kann staatliche Macht ungeschickt, fahrlässig oder sogar in böser Absicht eingesetzt werden. Aber das gilt für alle Felder politischer Macht, nicht für Geld im Besonderen. Wie in anderen Feldern kann auch die monetäre Macht einer Regierung durch Teilung abgesichert oder durch Grundregeln eingeschränkt werden, etwa indem sich auch eine monetär finanzierte Regierung weiterhin Inflationsziele setzt. Bei der Neuausrichtung der Geldpolitik geht es schließlich nicht darum, auf Geldwertpolitik zu verzichten, sondern Geldschöpfungspolitik nicht nur als ihre Erfüllungsgehilfin zu betreiben, sondern aktiv zu steuern, wie neues Geld in die Wirtschaft eintritt und wie sich dadurch Cantilloneffekte entfalten. Das heißt nicht, dass dem nicht Grenzen im Hinblick auf das Preisniveau gesetzt sein können. Außerdem kann der demokratische Souverän, wenn er es will, Regierungen abwählen, die monetären Unsinn machen. Die Tabuisierung politischer Geldschöpfung ist somit ein Effekt von liberalem Anti-Etatismus und genereller Demokratieskepsis. Wir müssten ernsthaft besprechen, warum wir Staatsoberhäuptern lieber die Kontrolle über Atomwaffen anvertrauen als über unsere eigene monetäre Infrastruktur.

Ein Grund dafür liegt sicherlich auch in der unausgewogenen Informationslage. Während so gut wie jeder und jede bei der Erwähnung öffentlicher Geldschöpfung die (falschen) Bezüge zu Weimar, Simbabwe und Co. herstellen kann, sind die positiven Beispiele kaum bekannt – also die Gelegenheiten, in denen herrschaftliche Macht zur Erzeugung von Zahlungsfähigkeit mit Bedacht und für steigenden Wohlstand eingesetzt wurde. Auf Kanada etwa wurde schon verwiesen, dort nutzte man zwischen 1935 und 1975 verschiedene Modi der direkten oder indirekten monetären Staatsfinanzierung. Damit wurden, wie oben erwähnt, Industrialisierungsprozesse angestoßen und der Wohlfahrtsstaat ausgebaut. Eine auf diese Maßnahmen zurückzuführende inflationäre (oder gar hyperinflationäre) Wirkung lässt sich aber nicht feststellen. Von der Nachkriegszeit bis Ende der 1970er hielt die Bank of Canada zwischen 20 und 25 Prozent der Staatsschulden, wobei die Inflation bis zum Ölpreisschock Anfang der 1970er immer unter 5 Prozent blieb.[36] Auch für andere jüngere Episoden offener monetärer Staatsfinanzierung gibt es keine überzeugenden Hinweise auf verstärkte Inflationsgefahr,[37] genauso wenig wie für steigende Staatsverschuldung im Allgemeinen. Tatsächlich nimmt die Inflation in Ländern wie USA, Deutschland, Frankreich, Italien, UK oder Japan 1980–2018, wie Dirk Ehnts und Michael Paetz zeigen, auch bei steigender Staatsverschuldung sukzessive ab.[38]

Die Abwehrreaktionen gegen öffentliche Geldschöpfung irren sich aber nicht nur in ihren Kausalannahmen und im Hinblick auf historische Analogien. Sie tun ferner so, als würde man mit solchen Vorschlägen eine gut funktionierende Geldordnung mutwillig zerstören wollen. Das aber ist, wie im vorherigen Kapitel gesehen, ganz und gar nicht der Fall. Mit der ideologischen Depolitisierung des Geldes und der durch sie legitimierten Privatisierung monetärer Souveränität haben wir die Hoheit über die monetäre Maschine dem privaten Bankensektor und seinen Investorinnen und Investoren übertragen, in der Hoffnung, sie würden den Job besser machen als die Herrscherinnen und Herrscher der Vergangenheit – und in der Tat haben wir, wie besprochen, Jahrzehnte der abnehmenden Teuerungsraten für Verbrauchsprodukte erleben dürfen. Aber zu welchem Preis? Die Depolitisierung der Geldschöpfung wurde mit dem Argument gerechtfertigt, man könne nur so eine letztendlich inflationäre Ausdehnung der Geldmenge verhindern. Übersehen, willentlich ignoriert oder schlichtweg verheimlicht hat man dabei, dass auch die Kreditvergabe privater Banken neues Geld erschafft – und zwar auf eine Weise, die Zahlungsfähigkeit direkt in die privaten Schatzkammern der Reichen transferiert.[39]

Die Beharrungskräfte der Annahme, Politiker könnten nicht mit Geldschöpfung umgehen, weswegen man sie lieber privaten Akteuren überlasse, wäre bloß kurios, wenn sie nicht so gefährlich wäre, weil sie uns in die Privatisierung monetärer Souveränität und damit in Ungleichheit und Instabilität gestürzt hat. Auch im historischen Blick erweist sich privatwirtschaftlich kontrollierte Geldschöpfung als Garant für deutlich problematischere Konsequenzen als ihr regierungsgesteuertes Pendant, wie Jaromir Benes und Michael Kumhof in einem vielzitierten IWF-Papier befinden.[40] Die Ideologie unpolitischen Geldes verdeckt mit ihrer strikten Behauptung, depolitisiertes Geld sei das beste, sei sogar das einzig wahre, wirklich als Geld funktionierende

Geld, die Tatsache, dass die mit der Maschinensteuerung beauftragten Geschäftsbanken genau das tun, was man den Politikerinnen und Politikern gemeinhin unterstellt: *immer mehr Geld zu produzieren, ungeachtet der gesamtwirtschaftlichen und gesamtgesellschaftlichen Folgen*. Gerade privates, «unpolitisches» Geld operiert also so, wie es politisiertem Geld unterstellt wird, nämlich: exzessiv und schlecht.

Man kann das Argument also vom Kopf auf die Füße stellen: Gerade eine strategische Nutzung der Geldschöpfungskapazitäten durch Agenten, die nicht nur dem Profit, sondern gesamtwirtschaftlichen Faktoren verpflichtet sind, kann Investitionen genau dort ermöglichen, wo ökonomische Kapazitäten ungenutzt sind oder Ausweitungen bei stabilen Preisen erreicht werden können, so dass die verfügbare Zahlungsfähigkeit weniger wahrscheinlich zur Preissteigerung führt. Offenbar kann nur die Lenkung der Geldschöpfung sicherstellen, dass bei der Finanzierung von Häusern auch Häuser gebaut werden, dem neuen Geldangebot auch neue Waren gegenüberstehen, so dass sich «Geld- und Warenvorrat» simultan entwickeln. Der Privatsektor bekommt das nicht hin, er schafft lieber Reichtum statt Wohlstand. Der weiter oben bereits zitierte ehemalige Gouverneur der Bank of England, Mervyn King, sagte im Jahr 2010: «Von den vielen Möglichkeiten, das Bankwesen zu organisieren, ist die heutige die schlechteste».[41] Man muss King in dieser Dramatik nicht vorbehaltlos zustimmen, um festzuhalten, dass jede simplifizierende Behauptung, ein vergesellschaftetes Management der monetären Maschine würde in jedem Fall schlechtere Resultate liefern als das Regime privatisierter monetärer Souveränität, von einem Realitätsverlust geleitet sein muss.

Wie schon im zweiten Kapitel unter Verweis auf zahlreiche Forschungsbeiträge aus der politischen Ökonomie festgehalten, darf man Inflation ferner niemals als mechanischen Vorgang missverstehen. Inflation ist vielmehr Ausdruck von und eingebettet in gesellschaftliche Konfliktlagen. Soziologinnen und politische Ökonomen blicken unter partikularistischen, nicht unter universalistischen Prämissen auf Zahlungsfähigkeit. Akteure, die ihre Vermögen zu real (also inflationsbereinigt) positiven Renditen anlegen können, sind von Inflation anders und weniger betroffen als etwa Gläubigerinnen festverzinster Schuldpapiere, die zwar in Zeiten expandierender Geldvorräte nominell positive Zuwächse verbuchen können, die sich nach Abzug der Teuerungsraten aber in Nichts auflösen. Es macht einen gewaltigen Unterschied, ob der Ausgleich einer Bilanz durch Einkommen finanziert ist, das an die Inflation angepasst wird (oder anpassbar ist) oder nicht. Die selbstbewussten, gut organisierten und kampfbereiten Arbeiterschaften der 1950er und 1960er Jahre konnten etwa, wie man bei Wolfgang Streeck erfahren kann, durch Arbeitskampf eine De-facto-Anpassung ihrer Einkommen an die Preissteigerungen und darüber hinaus erstreiten. Bis zur neoliberalen Revolution in den 1970er und 1980er Jahren konnten so die Nachteile des inflationären Drucks auf die Kapitalbesitzer verlagert werden. Mit der von Thatcher, Reagan und Co. vorangetriebenen Zerstörung der Gewerkschaften, der Verunsicherung von Beschäftigungsverhältnissen und der Aufgabe von Vollbeschäftigung als einem konsensualen Ziel der Wirtschaftspolitik änderte sich das – wie wir an den weit hinter den Profiten zurückbleibenden Lohnentwicklungen gut sehen können.[42] Der Anstieg oder Fall des Preisniveaus kann also sowieso nicht als universeller Faktor untersucht werden, sondern hat für die Soziologie nur, wie Jonathan Kirshner ausführt, in seiner «mikropolitischen» Ausprägung Relevanz.[43] Das läuft etwa darauf hinaus, dass man Cantilloneffekte verfolgt, also die Veränderung der Preisstruktur. Wenn Geld – wie im *debt shift* – für den Handel mit Vermögenswerten geschaffen wird, bleiben Verbraucherpreise wenigstens so lange unberührt, wie das Geld auf den Vermögensmärkten verbleibt. Anders wäre es, wenn Geld in die Ausweitung von Produktionskapazitäten, etwa der Beschäftigung von Arbeitssuchenden, fließt, was für Einkommen, aber eben auch für die Bereitstellung neuer Waren für den Markt sorgt. Kurzum: Wofür mehr Geld geschaffen wird, ist für die zu erwartenden Folgen wichtig, nicht die bloße Summe. Wichtig ist, wer seine Zahlungsfähigkeit trotz steigender Preise in für ihn relevanten Segmenten reproduzieren kann und wer den Preisvariationen schutzlos ausgeliefert ist. Der bescheidene Punkt an dieser Stelle ist lediglich, daran zu erinnern, dass die universalistische Behauptung, Inflation sei notwendigerweise für alle Bürgerinnen und Bürger gleichermaßen und im selben Ausmaß nachteilig – und deswegen eher technische Notwendigkeit als politische Verhandlungsmasse –, soziologisch betrachtet mehr als fragwürdig ist. Selbst wenn also beispielsweise eine monetär finanzierte Vollbeschäftigung zu steigenden Verbraucherpreisen (aber eben auch steigenden Einkommen) führen würde, wäre dieser Umstand für sich kein gültiges Argument gegen inflationäre Geldpolitik. Es ist, wie Axel Paul schreibt, schlicht «nicht einsichtig, warum eine ‹demokratisch verantwortliche Inflationierung› des Geldes weniger legitim sein sollte als die Privilegierung von Kapitalbesitzern»,[44] wie es derzeit geschieht.

Mehr noch: Mit der neoliberalen Revolution ist die Arbeitslosigkeit – wieder sei auf Streeck verwiesen – zu einem geldwertpolitischen Mittel geworden. Nach dem Abflauen des Nachkriegsbooms haben die Länder des demokratischen Kapitalismus zunächst auf eine lockere Geldwertpolitik gesetzt, um gleichermaßen für Kapitalrenditen wie für die Befriedigung hoher Lohnforderungen aufkommen zu können, die eine selbstbewusste und gut organisierte Arbeiterschaft einforderte. Mit dem Übergang in die 1980er Jahre brach die politische Unterstützung für ein steigendes Preisniveau zusammen. In den USA begann der Fed-Chef Paul Volcker im Oktober 1979 Maßnahmen zur Begrenzung der Geldproduktion und löste damit den sogenannten Volcker-Shock aus: eine massive Kontraktion der amerikanischen Wirtschaft und einen rasanten Anstieg der Arbeitslosigkeit. Monetäre Restriktionen in Europa hatten ähnliche Effekte. In der politischen Ökonomie gilt dieser Moment als Neuarrangement gesellschaftlicher Machtlagen: Nachdem die Nachkriegszeit von einer breiten Unterstützung für das Projekt der Vollbeschäftigung geprägt war, weil man Massenarbeitslosigkeit mit Blick auf den Aufstieg der Nationalsozialisten 1933 (nicht zu Unrecht) als Gefahr für die Demokratie insgesamt einschätzte, überwog nun eine geldwertpolitische Bewertung: Eine Vollbeschäftigungspolitik, so der durch die vorherrschende Volkswirtschaftslehre unterstützte Eindruck, würde der Arbeiterschaft Rückendeckung für Forderungen nach immer weiter steigenden Löhnen geben, und diese würden in Konsumgüter fließen und so deren Preisniveau fortwährend antreiben. Man erklärte, es gebe so etwas wie eine «nichtinflationäre Arbeitslosenrate» (was im Monetarismus Milton Friedmans deutlich perfider eine «natürliche» Arbeitslosenrate hieß), bei der die Ökonomie zu stabilen Preisen im Normalbetrieb arbeite. Die Federal Reserve richtete ihrer Politik an dieser Non-Accelerating Inflation Rate of Unemployment (NAIRU) aus.[45] Teil unseres (tauschtheoretischen) gesellschaftlichen Betriebssystems für die Betreuung der monetären Maschine ist also die Annahme, man bräuchte Arbeitslosigkeit, um einen Anstieg des Preisniveaus zu verhindern. Arbeitslose wurden ein Mittel zum geldpolitischen Zweck! Bedenkt man die psychologischen, gesundheitlichen, sozialen und ökonomischen Folgen unfreiwilliger Arbeitslosigkeit, kann die Behauptung einer gesellschaftlich neutralen, weil rein technischen Politik der Preisstabilität nur noch als infam bezeichnet werden. Wer politischer Geldschöpfung pauschal unterstellt, inflationär zu sein, und deswegen für den Status quo plädiert, müsste ehrlichweise dessen Mechanismen explizieren: Im Status quo erkaufen wir uns Preisstabilität mit Arbeitslosigkeit.[46]

Ein kursierender Vorschlag für eine alternative Verortung von Arbeitslosigkeit im Problemkomplex der Inflation beruht wiederum auf der Durchsetzung von Hoheitsansprüchen über die monetäre Maschine. Einem im agentiellen Sinne monetär souveränen Staat stünde nämlich ein neuer Stabilisator für das Preisniveau zur Verfügung, der in sozialer wie moralischer Hinsicht schlicht besser ist als der derzeitige: eine universelle Jobgarantie. Der aus dem Kreis von MMT-Ökonominnen und -Ökonomen kommende Vorschlag sieht die garantierte Beschäftigung all jener vor, die Arbeit suchen, aber auf dem Markt keine Anstellung in der Privatwirtschaft finden, zu einem fixen Mindestlohn. Man verspricht sich davon einen stabilisierenden, antizyklisch wirkenden Effekt: In konjunkturellen Abschwüngen würde die Privatwirtschaft Arbeitskräfte freisetzen, die dann aber nicht in eine individuell belastende und volkswirtschaftlich unproduktive Beschäftigungslosigkeit fallen würden. Stattdessen würden staatliche Beschäftigungsprogramme nicht nur Einkommen für die Arbeiterschaft generieren (also gesamtwirtschaftliche Nachfrage), sondern eben auch Güter produzieren und gleichzeitig – weil der Staat für die

Jobs mehr Geld ausgeben müsste und diese Defizite über die Zentralbank monetarisiert würden – zusätzliche Zahlungsfähigkeit direkt in die Wirtschaft einführen. Deswegen ist die Arbeitsplatzgarantie zusammen mit agentieller Souveränität stets im Hinblick auf die prozyklischen Destabilisierungsdynamiken der gegenwärtigen Ordnung zu diskutieren. Preissteigerungsspiralen könnten so – das jedenfalls ist die Hoffnung – ebenfalls unterbunden werden, ohne die schädlichen Folgen gewollter Arbeitslosigkeit zu akzeptieren.[47] Auch die staatliche Beschäftigung zum Fixlohn könnte inflationäre Lohnforderungen verhindern, dabei aber nicht allein Nachfrage finanzieren (wie traditionelle Sozialleistungen), sondern gleichzeitig auch zusätzliche Waren auf den Markt bringen (also ein Angebot schaffen), die mit dem Geld gekauft werden könnten – schließlich produzieren die durch eine Jobgarantie Beschäftigten etwas, sie arbeiten. Solange zusätzliche Zahlungsfähigkeit auch korrespondierende Waren (in bilanztheoretischem Sinne: Verschuldungsmotivationen) hervorbringt, bleiben die Chancen der Unternehmen, ihre – mit Weber – Marktchancen durch Preiserhöhungen zu vergrößern, in etwa gleich. Dennoch auftretende Preissteigerungen in bestimmten Sektoren könnten dann allerdings auch ohne die Befürchtung sozialer Katastrophen durch Kreditkontrollen oder – ich komme gleich darauf – fiskalische Maßnahmen bekämpft werden. Arbeitskraft würde aus dem nunmehr gehemmten inflationierenden Sektor in die staatliche Beschäftigung wechseln, ohne dass zig Erwerbsbiografien durch unfreiwillige und unproduktive Arbeitslosigkeit unterbrochen werden müssen.[48] Freilich blicken wir an dieser Stelle in einen Raum voller ökonomischem, intentionellem und moralischem Erörterungsbedarf, der auf den abschließenden Seiten dieses Buches nicht mehr befriedigt werden kann. Es geht hier allein darum, die Kurzschlüsse eines gesellschaftlichen Betriebssystems zu markieren, das aus Angst vor einer als notwendig inflationär missverstandenen staatlichen Kontrolle über die monetäre Maschine fortbesteht und Massenarbeitslosigkeit als *aus monetären Gründen* naturnotwendig akzeptiert.

Die hyperventilierenden Warnungen vor einer notwendigerweise inflationären Politisierung der Geldschöpfung wirken auch kurios, weil wir es im vergangenen Jahrzehnt nicht mit überbordender Inflation, sondern mit einer mindestens ebenso schädlichen, wenn nicht gar ökonomisch gefährlicheren Deflationsgefahr zu tun hatten. Das gegenwärtige Regime hat sich gegenüber diesem Feind als mehr oder weniger unbewaffnet erwiesen, weil private Banken für den Kapitalmarkt produzieren und Zentralbanken wie die EZB dies nur unterstützen können; die Notenbank kann ihr Geld nicht der Nachfrage nach Verbrauchsprodukten zur Verfügung stellen. Mit ihren QE-Programmen hat allein die EZB zwischen 2015 und 2018 2,6 Billionen Euro geschaffen, in der Coronakrise versprach sie mit dem PEPP mindestens eine weitere Billion, im Grunde aber so viel neues Geld, wie notwendig ist. Dabei versucht sie, die Preise für Vermögenswerte hochzuhalten (das ist alles, was ihr erlaubt ist), in der Hoffnung, dadurch Investitionen in die Realwirtschaft zu stimulieren, die dann nicht nur die Wirtschaft ankurbeln, sondern durch mehr Ausgaben und Einnahmen auch steigende Preise ermöglichen. Das funktioniert aber nicht, weil das Geld in den Spiralen der An- und Verkäufe solcher Vermögenswerte verbleibt. Eine direkte oder indirekte monetäre Staatsfinanzierung für produktive Zwecke und Nachfragesteigerung wäre somit ein vielversprechenderer Weg zu dem Ziel, das wir ohnehin schon verfolgen.

Auch die Mahnung, momentan sei die Inflation zwar noch nicht da, sie würde aber mit Sicherheit kommen, und dann würden die steigenden Zinsen künftige Staatshaushalte aufgrund der hoch aufgeschichteten Schuldenberge derart belasten, dass kein Blut mehr in die öffentliche Hand fließt, ist schlichtweg falsch. Während die monetäre Abhängigkeit von Fremdwährungen für den internationalen Handel den Wechselkurs und damit auch die (realen) Zinsen von Fremdverschuldungen staatlicher Einflussnahme entzieht, gilt dies für die eigene Währung nicht notwendigerweise; schließlich ist die Abhängigkeit von einer Finanzierung der Staatsschulden durch «die Märkte» und die dort angebotenen Konditionen in der politischen Architektur des Euros angelegt, aber nicht sachnotwendig. Zentralbanken können, wie im achten Kapitel besprochen, mit dem entsprechenden Mandat Zinsobergrenzen für Staatsanleihen definieren, indem sie sie zu diesem Fixpreis aufkaufen.

Im territorialen wie agentiellen Sinne monetär souveräne(re) Staaten haben außerdem mehr Möglichkeiten als eine unabhängige Zentralbank, Inflation zu bekämpfen. Auch hier funktioniert eine mit der Geldpolitik paktierende Fiskalpolitik besser. Inflationäre Tendenzen können erstens durch eine Drosselung der Kreditvergabe in die von Preissteigerungen betroffenen Sektoren erfolgen, sofern die monetäre Souveränität der öffentlichen Hand so restauriert wurde, dass sie – etwa durch flexible und antizyklische Kreditkontrollen – hier überhaupt eingreifen kann. Zweitens kann inflationären Tendenzen durch die Vernichtung von Zahlungsfähigkeit begegnet werden. Dazu hat der Staat mit seinem Schatzamt einen Mechanismus bei der Hand: Steuern. Steuerzahlungen entziehen, wie im siebten Kapitel beschrieben, dem Privatsektor Zahlungsfähigkeit. Steuern sollten also dort erhoben werden, wo ein Entzug von Zahlungsfähigkeit am ehesten aus normativen, sozialen, ökologischen oder ökonomischen Gründen gerechtfertigt werden kann. Ein naheliegendes Beispiel sind die gigantischen Vermögen der «Überreichen»,[49] deren ökonomischer Nutzen gen Null tendiert.

In der Regierungspraxis ist der geldpolitische Einsatz von Steuern zunächst jedoch wenig wahrscheinlich. Weder die rechtlichen noch die organisatorischen Bestandteile des deutschen Steuerstaats können beispielsweise einfach auf eine Weise aufgestellt und eingesetzt werden, dass durch flexibel reagierende fiskalische Abgaben Cantilloneffekte reguliert werden und sich das allgemeine Preisniveau in demokratisch beschlossenen Bahnen bewegt. Unter Bedingungen freien Geldverkehrs treten Geldschöpfung und Wirkung häufig auseinander, die fluiden und sekundenschnellen Kapitalflüsse sind längst in den Steueroasen vor Anker gegangen, bevor die öffentliche Hand zugreifen kann. Rechtsstaatlichkeit und behördliche Beharrungskräfte dürften die für einen geldpolitisch-strategischen Einsatz von Steuern als Geldvernichtungs- und Inflationsbekämpfungsinstrument notwendige Elastizität kaum hergeben, weil man eben Steuerabgaben nicht ständig im Hinblick auf monetärkonjunkturelle Hochs und Tiefs anpassen kann. Nicht zuletzt, weil ein solcher Einsatz von an wandelnde Preisentwicklungen angepassten Steuern vor Wählerinnen und Wählern legitimiert werden muss, die Einkommen und Vermögen als selbsterwirtschaftetes Privateigentum und nicht als kollektive Vorleistungen betrachten. Dass ihnen nun privates Eigentum nicht etwa mit dem Argument abgenommen werden soll, damit öffentliche Güter und den gesellschaftlichen Zusammenhalt zu finanzieren, sondern eine monetäre Maschine betreiben und steuern zu helfen, dürfte auf wenig Verständnis stoßen.

Rechtliche, organisatorische und legitimatorische Gründe wecken also Zweifel an allzu optimistischen Ambitionen, Steuern als präzises «makroökonomisches Lenkungsinstrument» legitimieren und einsetzen zu können.[50] Das heißt aber nicht, dass die diesem Ansinnen zugrundeliegenden bilanziellen Semantiken falsch wären. Sie beziehen sich auf makroskopische, also gesamtwirtschaftliche Zusammenhänge, nicht mikroskopische, also auf der individuellen Ebene wirksame Vorstellungen. Aus der makroskopischen Tatsache, dass Steuereinnahmen tatsächlich kein Transfer von Zahlungsfähigkeit aus privaten Händen in die öffentliche Hand sind, folgt aber leider nicht, dass Steuern auch politisch – offen kommuniziert – als Lenkrad für Cantilloneffekte und Inflationshemmnis eingesetzt werden können. Schließlich beeinflusst ein Eingriff in die Positionierung von Bürgerinnen und Bürgern als zahlungsfähige Agenten deren Handlungs- und Reproduktionsfähigkeit innerhalb einer Geldwirtschaft. Organisatorische und technische Details zu einer Ausgestaltung der Restauration monetärer Souveränität und dem Einsatz von Steuern als geldschöpfungspolitisches Steuerungsinstrument zur Geldvernichtung können hier ebenso wenig mitgeliefert wie normative Abwägungen vorweggenommen werden. Ziel des Buches ist es, zunächst überhaupt erstmal die Semantiken zusammenzutragen, die wir brauchen, um eine den Realitäten der monetären Maschine angemessene politische Debatte führen zu können.

Denn eines ist klar: Die sicherlich täglich in der Zeitung, einer Nachrichtensendung, einem Podcast, einem Blogeintrag, dem Parlament oder einer TV-Talkshow geäußerte Behauptung, der Staat finanziere sich, indem die öffentliche Hand den privaten Händen etwas wegnehme, was diese allein erzeugt hätten – *es gibt nur das Geld der Steuerzahlerinnen und Steuerzahler* –, ist schlicht falsch. Von den

Bürgerinnen und Bürgern ausgeführte ökonomische Handlungen wie Produktion oder Markthandel können genauso wenig als alleiniger Ursprung monetärer Werte angenommen werden wie «gutes Wirtschaften» im Sinne einer durch Einnahmen gedeckten Ausgabenrechnung. Deswegen geht jede Vorstellung des Staates als eines diebischen Leviathans, einer bloß nehmenden Hand, an den Tatsachen vorbei. Monetäre Werte entstehen durch Defizite und existieren als Positionierungen innerhalb eines interdependenten Geflechts aus Gläubigerinnen-Schuldner-Beziehungen, dessen tragende Säule die vertikalen Beziehungen zwischen Staat und seinen Bürgerinnen und Bürgern sind – Forderungen des Staates (Steuern) und Forderungen gegen den Staat (Schulden). Die Bilanztheorie liefert damit eine mögliche Legitimationsgrundlage für eine nach geldpolitischen Erwägungen erfolgende Besteuerung, weil sie das tauschtheoretische Phantasma von Geld als einem privaten Werkzeug durch das Bild von Geld als einer gesellschaftlichen Infrastruktur ersetzt. Denn mit Steuern reißt der Staat nicht etwa als Raubritter seinen Bürgerinnen und Bürgern deren hart erarbeitete Werkzeuge aus der Hand, sondern fordert eigene Vorleistungen zur Regulierung einer Infrastrukturmaschine zurück.

Der Kurzschluss, Geldschöpfungspolitik führe notwendig zu Inflation und Hyperinflation, lähmt unsere geldpolitischen Debatten. Damit ist keineswegs die Behauptung verbunden, Inflation sein kein Problem. Teuerungsraten können nominelle Gehaltszuwächse obsolet werden und Sparguthaben wegrosten lassen. Dennoch müssen wir Hysterien vermeiden, wenn wir uns politisch mit solchen Veränderungen auseinandersetzen. Wir müssen von einer angstgeleiteten zu einer pragmatischen Debatte darüber gelangen, wozu die monetäre Maschine in der Lage ist, wann und wie sie überhitzt und wie mit dieser Überhitzung umzugehen ist. Aus dem Gesagten ergeben sich vier Handreichungen eines nichthysterischen, pragmatischen Umgangs mit Inflation:

Erstens ist es verfehlt, moderate Anstiege des Preisniveaus als Vorboten einer «Hyperinflation», also eines Zusammenbruchs einer Währung und damit als Symptom einer neuen Katastrophe zu lesen. *Zweitens* dürfen wir nicht so tun, als sei die schlichte Ausweitung der

Geldmenge eine gesetzte Kausalursache von Preissteigerungen – das ist mitnichten so. Viel deutlicher lässt sich die Erstverwendung, also wofür neues Geld geschaffen wird, kausal interpretieren: Wird mit dem zusätzlichen Geld etwas geschaffen oder bloß etwas angeeignet? *Drittens* ist ein Rückfall in die Ideologie unpolitischen Geldes zu vermeiden, die dann folgerichtig auch Geldwertveränderungen als universell oder transversal wirkende Effekte deutet. Inflation ist Ausdruck und Teil gesellschaftlicher Konfliktlagen, Vor- und Nachteile hängen derart stark vom Kontext ab, dass die Bedeutung der Geldschöpfung für eine Analyse solcher Begebenheiten fast schon verblasst. Man sieht das nicht zuletzt daran, ob persönliche Schicksale – Massenarbeitslosigkeit – zynischer Weise zu den Betriebsmitteln einer preisstabilen Maschine gezählt werden oder nicht. Schließlich kann man nicht davon sprechen, dass die Entscheidung, Arbeitslose für unsere Preisstabilität zahlen zu lassen, eine öffentlich auch so diskutierte und dann per Votum verabschiedete Entscheidung war. Sie war vielmehr ein Nebeneffekt einer sich als rein technische Verwaltung eines neutralen Tauschwerkzeugs inszenierenden Geldwertpolitik. *Viertens* impliziert der Debattenkurzschluss von politischer Geldschöpfung auf Inflationskatastrophen den empirischen Irrtum, eine gewinnwirtschaftlich gesteuerte Geldschöpfung könnte die Befürchtungen der Kurzschließenden zerstreuen, nur weil wir hier enormes Geldmengenwachstum zusammen mit stabilen Verbraucherpreisen haben. Private Banken können es aber nicht, oder wenigstens nur in einem zynischen Sinne, *besser* als die Politik. Gerade die Gleichzeitigkeit von Preisstabilität und ungehemmter privater Geldschöpfung hat schließlich enorme ökonomische, soziale und ökologische Folgen (wie im neunten Kapitel gesehen). Private Geldschöpfung erzeugt nur *scheinbar* stabiles Geld – eben nur dann, wenn man die monetäre Maschine schon von vornherein auf die Bereitstellung neutraler Wertvermittlung festlegen will.

Eine vergesellschaftete Maschine, bei der auf Basis territorialer monetärer Souveränität private Geldschöpfung (etwa mithilfe von Kreditkontrollen) gesellschaftlichen Vorgaben unterworfen wird und die im Sinne agentieller Souveränität die Trennung von Geld- und Fiskalpolitik auflöst, sollte sich Inflation als einen geldschöpfungspolitischen *Indikator*, nicht als Ausdruck der Manipulation eines Werkzeugs und einen Eingriff in private Eigentumsrechte vergegenwärtigen. Ein Anstieg des Preisniveaus zeigt an, dass die produktiven Kapazitäten (in einem Bereich) ausgelastet sind; etwa dann, wenn keine Häuser mehr gebaut, sondern nur noch zur Gewinnabschöpfung gehandelt werden. Darauf kann ein monetär souveräner Staat vielfältig reagieren, etwa durch eine Drosselung eigener Investitionen in diesem Bereich, die Justierung flexibler Kreditkontrollen (die etwa neue Kredite für den spekulativen Kauf von Wohnraum verhindern), wo es möglich ist: den Einsatz von Steuern (die weitere spekulative Käufe unattraktiv machen oder die Gewinne dieser Spiralen zurückfordern) oder durch andere Preispolitiken. Geldschöpfung, Preisveränderungen und Geldvernichtung sind die Register einer fiskal- und geldpolitischen Vernunftehe, die staatliche Zahlungsfähigkeit nicht mehr aus einer positiven Einnahme- und Ausgabenrechnung ableiten, sondern als politische Steuerungsgröße verhandelt: Was sind die Aufgaben, vor der die öffentliche Hand steht, welche Ressourcen (etwa freie Arbeitskräfte) stehen zur Verfügung (und werden sie in der eigenen Währung zum Kauf angeboten), und wie lassen sich die Verknappung des Geldes organisieren und die Folgen der Inflation damit in einem Rahmen halten, der im Verhältnis zum kollektiven Nutzen steht? In etwa so würde eine Debatte beginnen, die von einem bilanztheoretischen gesellschaftlichen Betriebssystem strukturiert würde. In ihm wäre die scharfe Trennung von Geld- und Fiskalpolitik aufgehoben.

Die korrespondierende Grundidee wurde von Abba Lerner auf die Unterscheidung zwischen *sound finance* und *functional finance* gebracht:[51] Das Modell der *sound finance* beschreibt einen Haushalt, der nur ausgibt, was er einnimmt. Die Bilanz eines so finanzierten Haushalts ist also *sound*, «solide». Nicht alle Haushalte können «solide» finanziert sein, manche müssen ein Einnahmedefizit durch Kredite des Bankensektors ausgleichen, damit stets neues Geld in die Wirtschaft kommt und durch Tilgung vernichtetes ersetzt wird. Defizite sind die Ressource modernen Geldes und kapitalistischer Ökonomie. Lerners «postkeynesianischer» Vorschlag ist, dass sich die öffentliche Hand dieser Notwendigkeit bewusst wird und sich deswegen stets bereithält, um per Defizit neues Geld zu emittieren, wenn es volkswirtschaftlich (oder gesellschaftlich) nötig ist; ein solches Defizit ist so lange «funktional», setzt also ungenutzte Kapazitäten frei, wie die Preise stabil bleiben. Es sind solche realen Kapazitäten, etwa verfügbare Ressourcen oder Arbeitskraft, die der funktionalen Finanzierung Grenzen setzen, nicht Ergebnisse vergangener «Erwirtschaftungsprozesse». Bleiben die Preise nicht mehr stabil, deutet das auf ausgelastete Kapazitäten hin – nun muss geld- und fiskalpolitisch gegengesteuert werden. Preissteigerungen sind in diesem Denkmuster keine Manipulation einer eigentlich neutralen Technologie, sondern eine Sonde für die Verfügbarkeit von Ressourcen, an der sich politisch-fiskalische Steuerung orientieren kann – und sollte! Ein solcher Politikstil müsste sich von der Losung lösen müssen, es gäbe nur privates, aber kein öffentliches Geld; sie muss die Fiktion des Staates als eines normalen Haushalts aufgeben, der besser solide (*sound*) finanziert wäre, also besser eine «schwarze Null» verzeichnet, als so lange einen roten Ausgabenwert hinzunehmen, wie Ressourcen und Arbeitskraft ungenutzt und Aufgaben unerledigt sind, seien es die Bekämpfung einer Pandemie, die Restauration und der Ausbau von Infrastrukturen oder die Vorbereitung auf die Folgen der Klimakrise.

Damit haben wir eine implizite, aber tragende Säule einer finanziellen Vernunft umrissen, die in Bilanzen denkt und nicht in den Kategorien des Tausches – und sich deswegen im Angesicht der dreifachen Zahlungskrise nicht in Rückzugsgefechte falscher finanzieller Sachzwänge verstrickt. Eine solches Betriebssystem würde Geldpolitik als Infrastrukturpolitik betreiben wollen, als Geldschöpfungspolitik im Hinblick auf die Versorgung mit Zahlungsfähigkeit; der Begriff «Geldschöpfungspolitik» meint eine grundsätzliche Neuausrichtung unserer gesellschaftlichen Debatten und Willensbildungsprozesse, die den Geldwert zwar nicht vergisst oder verdrängt, aber ihn auch nicht länger als Primärgegenstand der Politik auffasst. Vielmehr wird die Reproduktion des Geldgeflechts durch Verschuldung und Tilgung zu diesem Primärgegenstand – zum Fixstern der Geldpolitik. Geldschöpfungspolitik operiert in den Registern von Menge und Erstverwendung zu schaffenden Geldes, Preisentwicklungen und Geldvernichtungsbemühungen. Dieses Betriebssystem würde Zahlungsfähigkeit als eine flexible Ressource behandeln, die als kollektive Vorleistung auf Zeit bereitgestellt wird. Sie basiert also nicht länger auf einer Theorie unseres Geldes als immaterieller Goldmünze, die als Werkzeug den indirekten Tausch ermöglicht, sondern auf einer Theorie modernen Geldes als kollektiv betriebener Maschine, die monetäre Handlungsfähigkeit produziert und prozessiert, indem sie Vorleistungen durch Verbindlichkeiten bereithält. Das alternative Betriebssystem würde zusammen mit der Maschinengestalt unseres Geldes damit auch dessen Reproduktionsbedürftigkeit durch Verschuldung und Tilgung anerkennen. Das bedeutet einerseits, gesellschaftliche Ansprüche an die Emittierung neuen Guthabens zu stellen – also daran, wie viel neues Geld für wen oder was geschaffen wird; es ginge um Hoheitsansprüche über Erstverwendung und damit Cantilloneffekte, weil die monetäre Infrastruktur als «Ordnungsdienst» hier die Struktur der Wirtschaft gestaltet. Geldschöpfungsmacht kann deswegen niemals als reine Ausübung individueller Freiheit gelten.

Das alles setzt voraus, Schulden als Schlüsselressource ökonomischer Praxis anzuerkennen. Die Umstellung unserer gesellschaftlichen Erwartungen an Finanzierungen – die Neuausrichtung unseres Betriebssystems – von einnahmengedeckter auf wirkungsorientierte (oder pragmatische) Finanzierung (von *solider* auf *funktionale Finanzierung*) bedeutet auch, unsere Einstellung zu Schulden im Allgemeinen zu justieren. Wir brauchen für ein solches Betriebssystem notwendigerweise ein *pragmatisches Schuldverhältnis*. Verbindlichkeiten würden dann nicht mehr – wie es leider in unseren öffentlichen Debatten die Regel ist – als individuelles Versagen und Schicksal oder allenfalls unvermeidbares Übel exotisiert werden. Schulden sind in Wahrheit doch notwendige Beziehungen, weil sie Handlungsfähigkeit stiften. Das ist, so banal es auch klingt, etwas Gutes, weil es in unser aller Sinne ist, jedenfalls prinzipiell. *Jemand* muss sich verschulden, um das Geld zu reproduzieren, aber *wer* das tut und *zu welchen Konditionen*, beeinflusst nicht nur die jeweils eigene Biografie der Schuldnerinnen und die je individuellen Lebenslagen der Schuldner, sondern *die gesamte Maschine.* Schulden sind die wichtigste Ressource unseres Wirtschaftssystems. Bekenntnisse zu Verbindlichkeiten schaffen die Wertgrundlage des Kapitalismus. Der Ressourcencharakter von Verschuldung erfordert es, einen solchen Akt – das Einnehmen einer Schuldnerinnenposition – nicht länger als individuelles Risiko, sondern als gesellschaftlichen Beitrag zu lesen und entsprechende Stabilitäts- und Steuerungsansprüche zu formulieren und durchzusetzen.

Die Periode zwischen den 1980er und 1990er Jahren und der Finanzkrise von 2008 wurde von Colin Crouch «privatisierter Keynesianismus» getauft, weil hier in vielen Ländern Politiken realisiert wurden, die private Verschuldung förderten.[52] Die Verbindlichkeiten privater Haushalte wuchsen schneller und deutlicher als die Schulden von Unternehmen und Staaten.[53] Es wurde schon darauf hingewiesen, wie absurd es im Angesicht der politischen Architektur unseres Geldes war, nach der Finanzkrise eine staatliche Austeritätspolitik zu fahren: in einer Zeit, als die Verschuldungsbereitschaft durch den Crash zurückging und gleichsam die Tilgungen all jener Schulden verunsichert wurden. Diese Sparpolitiken verknappten nämlich die Neuschöpfung von Zahlungsfähigkeit durch die Verschuldung der öffentlichen Hand, die Zentralbanken mussten zu «außergewöhnlichen» Maßnahmen greifen. Die Entscheidung für eine Austerität wurde allerdings auch durch die Ausgestaltung der Architektur der monetären Maschine gefordert, die wir als Privatisierung monetärer Souveränität im agentiellen Sinne bezeichnet haben: Staaten, die sich nicht selbst zahlungsfähig machen können, sondern von privaten Kapitalmärkten abhängig sind, unterstellen ihre Fiskalpolitik deren Bewertungen (qua Zinsaufschlägen). Durch die Absicherung öffentlicher Zahlungsfähigkeit durch die Zentralbank können Staatsschulden aber – anders als Privatschulden! – als ausfallsicher gelten, sie sind also viel eher in der Lage, eine stabile Versorgung mit Liquidität sicherzustellen, besonders in Krisenzeiten. Eine der Gestalt des Geldes angemessene öffentliche Debatte müsste in Anerkennung des Verschuldungsbedarfs der Maschine auf diese (oder andere) Weise über die Unterscheidung von «guten» und «schlechten» Schulden als Treibstoff der Infrastruktur nachdenken und auch hier zu Entscheidungen gelangen, die von einer prinzipiellen Verdammung von Defiziten oder der tauschtheoretischen Fiktion einer produktiven Vorleistung («Erwirtschaftung») des Geldes absehen.

Ein pragmatisches Verhältnis zu Schulden, das deren gesellschaftliche Bedeutung anerkennt und deswegen davon absieht, sie prinzipiell als – moralisch zu vermeidendes – persönliches Engagement zu begreifen, könnte auch zu einer offenen Debatte über das Streichen von Schulden aus überforderten Bilanzen führen. Kehren wir ein letztes Mal zurück in die babylonische Vorzeit, die wir mit den Verweisen auf Uruk und andere Palast- oder Tempelökonomien weiter oben schon zweimal kurz gestreift haben (viertes und siebtes Kapitel). Im ökonomischen Leben dieser frühen Gesellschaften waren horizontale und vertikale Verpflichtungen alltäglich. Wie auch in der Gegenwart, wenn auch vielleicht nicht ganz so häufig – noch einmal sei an die hohe Zahl an Finanzkrisen im 20. und 21. Jahrhundert erinnert –, traten solche Verpflichtungsgefüge dann und wann in einen Zustand der Ausdehnung ein, in der die Rückzahlung der Schulden kaum mehr zu bewältigen war. Auch in unserer Gegenwart äußern Expertinnen und Experten immer wieder Zweifel daran, ob die hohe Verschuldung privater Haushalte in Zeiten abnehmender Wachstumsraten für Einkommen überhaupt jemals wieder reduziert werden kann; genauso gelten viele Länder des globalen Südens als (im Ausland) überschuldet, und seit längerer Zeit schon wird für eine Streichung dieser Schulden lobbyiert. Solche Streichungen von Verbindlichkeiten rufen häufig Skepsis hervor, weil mit einem sentimentalen Schuldbegriff operiert wird; Schulden erscheinen so, wie besprochen, als «ungeduldige» Vorgriffe auf noch nicht erbrachte Leistungen, die das geduldige Ansparen ersetzen. Zieht man hingegen einen pragmatischen (und in diesem Sinne auch affirmativen) Schuldbegriff zu Rate und betrachtet Schulden damit als «Substanz» ökonomischer Praxis (Verpflichtungsgefüge) – und erkennt sie dazu noch als Bausteine des Geldes an –, so können sie eben nicht mehr als Ersatz, sondern müssen als Voraussetzung für das Sparen gesehen werden. Vor dem Hintergrund dieses Vorleistungscharakters können Schulden nicht mehr nur als individuelles Schicksal, sondern müssen als kollektives Gut betrachtet werden. Demensprechend sollte es uns auch nicht absurd erscheinen, über Routinen einer gemeinschaftlichen Entschuldung zu sprechen; vielmehr erscheint es ganz pragmatisch betrachtet überaus sinnvoll, die monetäre Ordnung so zu gestalten, dass Verschuldung gesellschaftlich abgesichert ist. In Extremsituationen wie jener, in der wir uns in der Gegenwart befinden, sollten Schuldenschnitte als Elemente des Betriebs der Maschine wenigstens erwogen werden.

Schuldenschnitte sind einerseits mit Befürchtungen einer Rationalitätsfalle (*moral hazard*) verbunden, gelten also als Einfallstore für Trittbrettfahrerverhalten und Vorteilsnahme. Würde man nicht erwarten, dass eine anstehende Streichung von Schulden aus dem Bilanzgeflecht, wenn man sie denn erwarten kann, zu riskanteren und vermehrten Kreditanträgen führte, die in der Hoffnung aufgenommen werden, nie zurückgezahlt werden zu müssen? Oder wäre nicht (andererseits) zu erwarten, dass das Einnehmen einer Gläubigerinnenposition unattraktiv wird, wenn sie periodisch oder im Falle grassierender Überschuldung einfach gestrichen zu werden droht? Solche Befürchtungen sind nicht pauschal von der Hand zu weisen. Dennoch hilft es auch nichts, den Kopf (sentimental) in den Sand zu stecken, schließlich brauchen wir pragmatische Lösungen für eine überschuldete Welt.

Auch wenn man nicht erwarten kann, unmittelbar an drei- oder viertausend Jahre alte Erfahrungen anknüpfen zu können, sei der Blick dennoch gewagt. In der babylonischen Gesellschaft gehörten Schuldenschnitte zu den normalen Umgangsformen mit überschießenden und instabil werdenden Verpflichtungsgefügen. Periodisch (etwa beim Wechsel des Herrschers) oder okkasionell wurden bestimmte Schulden gestrichen und damit nicht nur persönliche Schicksalsschläge abgewendet, sondern auch Versorgung sichergestellt und überschießendes Vermögen egalisiert. Solche «Schuldenjubiläen» (*debt jubilees*) waren über Jahrtausende – mindestens von 2500 Jahren bis in das erste Jahrtausend vor Christus – stabilisierende Eckpfeiler ökonomischer und sozialer Ordnung, bevor dieser pragmatische Umgang mit Schulden als einer kollektiven Ressource mehr oder weniger verloren ging.[54]

Die frühgeschichtlichen Herrscher stellten so sicher, dass Bauern, anstatt in Schuldknechtschaft zu landen und dadurch Arbeitskraft und Vermögen in den Händen immer weniger Gläubiger zu konzentrieren, in der breiten Masse Äcker bestellen konnten, um sich und das Reich zu versorgen. Dabei wurde, ganz pragmatisch, zwischen «guten» und «schlechten» Schulden unterschieden; unternehmerische Geschäftskredite waren etwa typischerweise von den Schuldenschnitten ausgenommen, was einerseits verhinderte, dass sich vor den Schnitten Gelegenheiten zur opportunistischen Gewinnabschöpfung ergaben. Es wurden vor allem solche Schulden gestrichen, die sich aus nicht gezahlten Abgaben oder Steuern ergaben, nicht aus erfolgreichen oder gescheiterten Investitionen zur Vermögensvermehrung. Auch wurden in Reaktion auf Missernten oder nach Kriegen Forderungen auf Getreide pauschal gestrichen, solche Forderungen also als gemeinschaftlich geteilte Probleme behandelt und bewertet, nicht sentimental als gebrochenes persönliches Versprechen. Nichts spricht dafür, dass eine über einen so langen Zeitraum gepflegte Praxis die Bereitschaft, sich zwischen den Schnitten zu verschulden und Schulden zu tilgen, beeinträchtigt hat. Gerade dass Schuldenschnitte üblich waren, zeigt, dass man dennoch über Verpflichtungsgefüge Ökonomien organisieren konnte. Schuldenschnitte haben die Bereitschaft, sich zu verschulden oder Verbindlichkeiten zu akzeptieren, nicht getrübt. Solche Hinweise auf vergangene Routinen eines pragmatischen Umgangs mit Verschuldung können zwar nicht als direkte Vorbilder fungieren, wohl aber am Anfang einer Denkraumerweiterung stehen, durch die der unsentimentale Blick auf Schulden als Matrix ökonomischer Praxis und Material der Geldversorgung auch in unseren politischen Debatten in der Breite anerkannt und bei der Findung von Lösungen für Makroprobleme wie die Überschuldung von Staaten oder Sektoren berücksichtigt wird. Und in der Tat mehren sich die pragmatischen Vorschläge für anlassbezogene oder regelmäßige Schuldenschnitte – moderne Schuldjubiläen –, so dass man nicht bis in die Frühgeschichte zurückwandern muss, um auf der Grundlage eines bilanzlogischen Betriebssystems für unsere monetäre Maschine konkrete Pläne zu entwickeln.[55]

Das bilanztheoretische Betriebssystem für politische Debatten fordert also ein pragmatisches Schuldverhältnis, weil es in einer Geldwirtschaft um das Eingehen, Aufrechterhalten und Terminieren solcher Beziehungen geht; es fordert, über unser Geld als eine betreuungsintensive, aber auch enorm leistungsfähige Maschine nachzudenken, die Zahlungsfähigkeit durch die Rückbindung an öffentliche – d.h. kollektive – Verbindlichkeiten bereitstellt und bereitstellen kann, in Kopplung an oder unabhängig von der Welt der Arbeit und der Produktion. Ist unser Blick so justiert, scheint es keinesfalls mehr als verbrecherische Störung eines unschuldigen Funktionselements freier Märkte, wenn wir an die Reproduktion dieser gesellschaftlichen Infrastruktur gemeinschaftlich definierte Standards anlegen, sie also einsetzen, um systemisch, nicht nur individuell Nützliches zu leisten. Es werden jene in die argumentative Bringschuld versetzt, die auf eine Trennung von Fiskal- und Geldpolitik pochen und das Mandat der Preisstabilität mit Zähnen und Klauen verteidigen, indem sie die Politisierung des Geldes als sozialistisches Teufelszeug verdammen.

Es sollte selbstverständlich sein, dass sich nicht alle Probleme mit Geld aus der Welt schaffen lassen. Die monetäre Maschine ist kein magisches Universalinstrument, mit der sich gesellschaftliche Schieflagen wegzaubern und reale Knappheiten aushebeln lassen. Man kann Zahlungsfähigkeit nur nutzen, wenn jemand etwas anbietet, für das man zahlen kann, will oder muss. Eine generalisierte Gläubigerposition zu erschaffen, macht nur Sinn, wenn es eine Schuld gibt, die damit getilgt werden soll oder kann – ökonomisch gesprochen: wenn ungenutzte Ressourcen da sind. Der ganze Clou einer bilanztheoretischen Beschreibung besteht also darin, von der Fixierung auf Geld abzulenken und die Ressourcen in den Blick zu nehmen. Zahlungsfähigkeit ist keine Reflexion vergangener Kapitalakkumulation, keine Spiegelung bereits erwirtschafteter Leistungen; dementsprechend verweist Arbeitslosigkeit auch nicht auf einen Mangel an bisher erwirtschafteten Leistungen, sondern auf einen Mangel an Geldschöpfung «an der richtigen Stelle» – ungenutzte Arbeitskraft ist eine Ressource, für die man zahlen könnte, kein Schicksal, für das wir «kein Geld haben». Wer so denkt, betrachtet, bewertet und bespricht Zahlungsfähigkeit nicht mehr als ein quasi-natürliches Ergebnis von Ausgaben übersteigenden Einnahmen; wer so denkt, bettet geldpolitische Argumente in eine Theorie der Geldwirtschaft als Verpflichtungsgefüge und des Geldes als Praxis der sozio-politischen Bereitstellung, Prozessierung und Terminierung generalisierter Gläubigerinnenpositionen ein, die in modernen Ökonomien als eine Infrastruktur aus dynamisch verschalteten Beziehungen organisiert ist. Eine Maschine, die derzeit nicht nur nicht das leistet, was sie könnte, sondern sogar mehr Schaden bereitet, als sie – gemessen an ihren eigenen Möglichkeiten! – in der Gesamtheit Nutzen erbringt.

Diese Umstellung von einer tauschtheoretischen auf eine bilanztheoretische Beschreibung von Geld, Geldwirtschaft und Geldpolitik ist analytisch geboten, wenn man die Gestalt modernen Geldes als dynamisch verschaltete Entität nicht übersehen und einem sentimentalen Schuldbegriff verhaftet bleiben will. Sie ist ferner gesellschaftlich geboten, weil die Einsicht in den Infrastrukturcharakter unseres Geldes Legitimations- und Handlungsräume schafft, die uns in die Lage versetzen, unser Zusammenleben zu verbessern – aber natürlich nicht, *alle* Ambivalenzen und Missstände zu beseitigen. Soziale, ökonomische und ökologische Aufgaben kann man nicht durch Bestechung lösen – aber es hilft, die Infrastrukturen so zu gestalten und zu betreiben, dass sie ihre Lösung nicht länger erschweren, sondern unterstützen.

Unsere monetäre Maschine vermehrt unter dem Regime privatisierter Souveränität den Reichtum von wenigen, obwohl sie den Lebensstandard von vielen verbessern könnte. Sie destabilisiert sich selbst in einem Maße, das vermeidbar wäre – und gefährdet damit die gesellschaftliche Reproduktion. Und sie verhindert die wirksame Bekämpfung der Klimakrise, indem sie für die Profitwirtschaft alles finanziert, was Renditen verspricht, aber jene Rechnungen unbezahlt lässt, die uns zwar vor Überschwemmungen und Stürmen schützen oder individuelle Biografien retten, aber eben kaum Renditen abwerfen würden. Gleichsam bleibt die öffentliche Hand durch die Privatisierung monetärer Souveränität gefesselt. All das, weil man unter dem Eindruck der Ideologie eines unpolitischen Geldes darauf verzichtet hat, der Leistungserbringung der Vorleistungsmaschine «Geld» – wie bei anderen Infrastrukturen üblich – gemeinschaftliche Standards vorzugeben. Angeleitet von der Tauschtheorie von Geld, Geldwirtschaft und Geldpolitik hat diese Ideologie jedwede Standardsetzung als Manipulation einer eigentlich neutralen Technologie diskreditiert, die von privaten Händen bereitgestellt wird. Damit hat uns die Ideologie des unpolitischen Geldes eine öffentliche Infrastruktur als privates Werkzeug verkauft.

Politische Standards für die Leistungserbringung unserer monetären Infrastruktur würden bedeuten, der ständigen Neuschöpfung und Vernichtung von Guthaben eine Richtung zu geben, die eher als jene der reinen Profitinteressen zu den Ergebnissen führt, auf die sich die Betreiber dieser Maschine – wir – einigen können. Der *Inhalt* dieser Einigung kann nicht von der Wissenschaft vorgegeben werden; wohl aber kann die Semantik bereitgestellt werden, die die Aushandlung dieses Inhalts überhaupt erst ermöglicht und die Setzung von Standards legitimiert. Das ist ebenso dringlich wie (bilanztheoretisch) legitimierbar, weil wir derzeit unsere Wirtschaft und damit auch unsere «Geldgesellschaft» mit einer monetären Maschine betreiben, die Zahlungsfähigkeit vor allem für wohlhabende Haushalte produziert, in der Hoffnung, dass sie sich im Anschluss verteilt und für Wohlstandswachstum sorgt. Wir pressen neues Geld durch die Anlagemärkte und warten vergeblich darauf, dass es in der Realwirtschaft, auf dem Konto der öffentlichen Hand oder in den Taschen hart arbeitender Mehrheiten ankommt. Das ist weder notwendig noch klug oder gerecht – das ist gefährlich. Nach Jahrzehnten, in denen die monetäre Maschine als kollektiv betriebene Infrastruktur vor allem einige Wenige versorgt hat, die sich ihre Vorleistungen aneignen konnten, ist es nun an der Zeit, umzudenken – und zu handeln. Es ist an der Zeit, als demokratische Gemeinschaft monetäre Souveränität zurückzufordern und gemeinsam das Steuer der Geldmaschine zu übernehmen.

Anhang

Anmerkungen

Einleitung

1 Streeck 2014.
2 Streeck 2015: 366.
3 Christine Desan (2014; 2019) spricht von der «Verfassung» und dem «Design» von Geld.
4 Kreitner 2010: 187, Übersetzung A. S.
5 Für die langfristig abnehmenden globalen Wachstumsraten siehe die Daten der Weltbank, Indikator: GDP Growth (annual %) unter: https://data.worldbank.org/indicator/NY.GDP.MKTP.KD.ZG [01.07.2021]. Ein Fixpunkt dieser Debatte war die Studie *Das Kapital im 21. Jahrhundert* von Thomas Piketty (Piketty 2014, vgl. Piketty 2020). Siehe außerdem Teulings und Baldwin (Hg.) 2014 mit einer Sammlung an Forschungsbeiträgen zu abnehmenden Wachstumsraten. Zur Verteilung von Einkommen und Vermögen generell: wid.world [01.07.2021]. Auf Unterschiede einzelner Länder kann hier nicht eingegangen werden. Deswegen stellvertretend: Der reale (also inflationsbereinigte) mittlere Wochenlohn in den USA lag 2015 nur 30 Dollar über dem von 1980 (U.S. Bureau of Labor Statistics, Employed full time: Median usual weekly real earnings, Federal Reserve Bank of St. Louis; https://fred.stlouisfed.org/series/LES1252881600Q [01.07.2021], jeweils viertes Quartal). In den USA sind die realen Einkommen der unteren Hälfte der Einkommensverteilung zwischen 1980 und 2015 sogar gesunken; d.h. man konnte sich 2015 weniger von einem Monatslohn kaufen als 35 Jahre zuvor (Piketty 2014; 2020 und Alvaredo et al. 2017). Die Zuwachsraten in Europa waren zwar alles in allem höher, allerdings ebenso ungleich verteilt (ebd.). Die realen vereinbarten Bruttolöhne in Deutschland sind zwischen 2000 und 2012 sogar gefallen und steigen erst seit kurzem überhaupt nur wieder leicht an. Der reale Bruttostundenlohn des unteren Drittels der Einkommensverteilung in Deutschland liegt unter dem Niveau von 1995 (Fedorets et al. 2020). Zu den Gewinnern dieser Entwicklung Alvaredo et al. 2013.
6 Laeven und Valencia 2018.
7 Zum «Fetisch» der «Schwarzen Null» Haffert 2016. Für Versuche einer Bestimmung der globalen Infrastrukturlücke siehe https://outlook.gihub.org/und Woetzel et al. 2016. Für eine sozialwissenschaftliche Einordnung der Problematik in der neoliberalen Revolution privatisierter und unterfinanzierter Infrastrukturen siehe Foundational Economy Collective 2019, zu Deutschland außerdem Flassbeck und Steinhardt 2018, Flassbeck 2019.
8 Tooze 2019: 321.
9 So bezeichnet Adam Tooze (2019: 9) die globale Finanzkrise von 2008 ff. Zu den Folgen von Austeritätspolitik Haffert 2016; Stuetzle 2012.

10 Internationaler Währungsfonds 2020b, 2020a. Der Internationale Währungsfonds (IWF) legte eine Datenbank fiskalischer und (darauf wird es im Kontext dieses Buches vor allem ankommen) monetärer Eingriffe an, in 193 Ländern: *COVID 19* Policy Response Databank, abrufbar unter: https://www.imf.org/en/Topics/imf-and-covid19/Policy-Responses-to-COVID-19 [01.07.2021].

11 Für diesen und die folgenden Absätze: Daten der OECD, Indikatoren: Narrow money (M1), doi: 10.1787/7a23d68b-en, Broad money (M3), doi: 10.1787/1036a2cf-en und Quarterly GDP, doi: 10.1787/b86d1fc8-en und Inflation (CPI), doi: 10.1787/eee82e6e-en; Daten der Weltbank, Indikator: Broad Money as % of GDP (global), ID: FM.LBL.BMNY.GD.ZS; Eurostat, Indikator: HVPI (2015 = 100), jährliche Daten (Durchschnittsindex und Veränderungsrate) [alle 01.07.2021].

12 In EZB 2012 zeigt sich für die Eurozone ein konstantes reales (d.h. inflationsbereinigtes) Wachstum der Geldmenge in enger und weiter Definition seit den 1960er Jahren (Beginn der Datenreihe), das lediglich in Ausnahmequartalen durch eine geringfügige Kontraktion unterbrochen wird. Zu dem «Paradox» der Inflation Cao 2015.

13 Im Kontext dieser seltsamen Spannung zwischen Geldüberfluss und Geldmangel diskutieren wir außerdem über den scheinbar unstillbaren Verschuldungshunger des Gegenwartskapitalismus. Für 2019 vermeldete der Internationale Währungsfonds einen neuen globalen Rekord, die Menschen auf unserem Planeten schulden sich gegenseitig nun mehr als 250 Billionen US-Dollar. Im Verhältnis zur Wirtschaftsleistung ist die Verschuldung seit 1999 um 94 Prozentpunkte auf 319 Prozent des Bruttoinlandsprodukts gestiegen. Gesättigt scheint der Hunger dadurch freilich nicht, schließlich flehen Kapitalbesitzer potenzielle Schuldner derzeit fast schon an, sich (noch) weiter zu verschulden: Viele Schuldpapiere werden mit negativen Zinsen gehandelt, d.h. die Gläubigerinnen und Gläubiger zahlen die Zinsen, nicht umgekehrt, wie man es eigentlich erwarten würde. Im Sommer 2019 hatten Bonds im Wert von mehr als 15 Billionen Dollar ein solch negatives Vorzeichen (Deutsche Bank 2019). Viele Beobachterinnen und Beobachter des Wirtschaftsgeschehens ließ diese Situation ratlos zurück.

14 Eine Kurzbiografie kann auf der Webseite der Rockefeller Foundation eingesehen werden unter: https://rockfound.rockarch.org/biographical/-/asset_publisher/6ygcKECNI1nb/content/beardsley-ruml [04.06.2020]. Der Vortrag wurde veröffentlicht als Ruml 1946.

15 Das Essay und eine Übersicht der Debatte finden sich in Sloterdijk 2010.

16 Mises 1981: 458, Übersetzung A.S. Mit dem ersten Zitat spielt Mises auf Abba P. Lerner an, mit dem zweiten auf Beardsley Ruml.

17 Kelton 2020: 3, Übersetzung A.S.

18 So der Covertitel und Titel des Leitartikels der Ausgabe vom 16. Februar 2019.

19 Rogoff (2019) warnt vor dem «Modernen Geldpolitischen Unsinn».

20 Holland und Boesler 2019, Übersetzung A.S.

21 Senator David Perdue forderte in einer offiziellen Resolution vom 01. Mai 2019 den US-Senat dazu auf, die MMT zu verdammen («Recognizing the duty of the Senate to condemn Modern Monetary Theory»). Der Text kann hier eingesehen werden: https://www.govtrack.us/congress/bills/116/sres182/text [01.07.2021].

22 *Süddeutsche Zeitung* Nr. 288 vom Freitag, 14. 12. 2018; Interview in *Die Zeit* Nr. 15/2019, 4. April 2019.

23 Auch als Resultat liegt etwa Dirk Ehnts' Einführung in die MMT, die auf dem deutschsprachigen Buchmarkt lange alleine stand, inzwischen in der vierten Auflage vor (Ehnts 2020).

24 Galvin und Healy 2020.

25 Tcherneva 2020.

26 Im Magazin *New Yorker* wurde Kelton als «die Wirtschaftswissenschaftlerin, die glaubt, dass die Regierung einfach mehr Geld drucken sollte», vorgestellt (Helfand 2019, Übersetzung A. S.).

27 In seiner im Original 1975 erschienenen Studie zu den Folgen hyperinflationärer Episoden in der Weimarer Republik (*Das Ende des Geldes*) bringt Adam Ferguson die in und nach Weimar entstandene Erzählung auf die Lehrformel, «dass man, wenn man eine Nation vernichten will, zunächst am besten ihre Währung vernichtet. Daher muss ein solides Geld das höchste Bollwerk der Verteidigung einer Gesellschaft sein» (Ferguson 2012: 27). Dass diese Warnung bis heute Bestand hat, sieht man interessanterweise am Vorwort des Herausgebers der Neuauflage von 2012. Hier behauptet der Wirtschaftspublizist Max Otte (S. 9), durch die umfassenden Ankaufprogramme für Staatsanleihen, die viele Zentralbanken nach der Finanzkrise von 2008 aufgelegt hätten, sei es nun «wieder möglich, durch politischen Entscheid Geld zu schaffen [...]. Ist der Selbstbedienungsladen der Notenbank aber einmal für die Politik eröffnet, führt der Weg mit großer Wahrscheinlichkeit in den Abgrund». Siehe zum Schreckensbild «Weimarer Verhältnisse» und ihrer Erklärung durch Staaten, die sich monetär finanzieren, Taylor 2013 und zu seiner Dekonstruktion Haffert et al. 2021.

28 Redeker et al. 2019; Galofré-Vilà et al. 2021, Haffert et al. 2021.

29 Quelle: https://www.margaretthatcher.org/document/105454 [01. 07. 2021], Übersetzung A. S.

30 Beck und Prinz 2019; Boushey 2019; Piper 2019; Summers 2019; Grimm und Junginger 2019.

31 Das Interview findet sich als Video und Transkript hier: https://www.cbsnews.com/news/full-transcript-fed-chair-jerome-powell-60-minutes-interview-economic-recovery-from-coronavirus-pandemic/ [01. 07. 2021], Übersetzung A. S.

32 Bofinger 2020a.

33 Kelton 2020. Auch viele akademische Kritiken der MMT drehen sich um deren Neuheitswert (ganz so, als würden wir uns in der Logik des Mediensystems und nicht in der Logik des Wissenschaftssystems über Theorien streiten). Besonders heterodoxe Ökonominnen und Ökonomen, die sich den Werken John Maynard Keynes' verpflichtet fühlen, merken häufig an, viele (oder alle) Positionen der MMT seien im einen oder anderen Beitrag bereits vor Jahren dargelegt worden. Dieserart Argumentationen führen zu gar nichts, weil sie nicht erklären, warum die Positionen der MMT dennoch von vielen für derart «skurril» gehalten werden. Für diese allgemeinen Heuristiken interessiere ich mich in diesem Buch.

34 Interview in *Die Zeit* Nr. 15/2019, 4. April 2019.

35 Im Interview antwortete Kelton auf die Frage, wie sie sich das Interesse besonders jüngerer Menschen an dieser alternativen Makroökonomie begreiflich

mache: «MMT räumt mit dem Mythos auf, dass wir uns die Rettung der Welt nicht leisten können. Wir sagen: *Am Geld wird die Sache nicht scheitern.* Das ist unser Beitrag.» Interview in *Die Zeit* Nr. 15/2019, 4. April 2019.

36 Die Tragik der Wirkungsgeschichte von Keynes liegt darin, dass er von der neoklassischen Mainstreamtheorie in den Wirtschaftswissenschaften als «Synthese-Keynes» assimiliert wurde, obwohl sein Theorieprogramm genau genommen inkompatibel war (Skidelsky 2019). Heute gilt der Name Keynes vielen nur noch als Synonym für den Investitionsstaat.

37 Minsky 1993: 78, Übersetzung A. S. Zum *accounting view*: Bezemer 2018; zum *money view*: Mehrling 2011; Murau 2020; zum *balance sheet approach* speziell Ehnts 2020, zur MMT im Allgemeinen siehe exemplarisch Wray 2012, Mitchell et al. 2019, Kelton 2020; zur *Critical Macro-Finance* siehe etwa Dutta et al. 2020; Gabor 2020, Murau und Pforr 2020.

38 Damit zeigt sich auch: Das Ringen um eine angemessene Theorie der politischen Architektur des Geldes lässt sich nicht auf politische Links-Rechts-Dichotomien und deren theoretischen Surrogate reduzieren; es geht hier nicht um bekannte und eingefahrene Konfliktlinien zwischen individualistisch-bürgerlicher und marxistischer Soziologie. In der Geldtheorie ist Marx Teil des Problems, nicht der Lösung.

39 Bilanzen meinen hier folglich im weiteren Sinne Aufrechnungen von Vermögensbeständen und Zahlungsverbindlichkeiten, von «Haben» und «Soll». Solch eine Aufstellung könnte man für jeden ökonomischen Akteur machen, ganz unabhängig davon, ob er oder sie tatsächlich, im rechtlich-regulatorischen Sinne, eine Bilanz ausweisen muss. Einzelne ökonomische Akteure erscheinen in dieser Perspektive auf Geld, Geldwirtschaft und Geldpolitik nicht als Eigentümerinnen, die ihr «Haben» tauschen wollen, sondern als durch Verbindlichkeiten miteinander verbundene Akteure, die ihre eigene Bilanz so organisieren müssen, dass sie «im Gleichgewicht» bleibt. Jeder ökonomische Akteur muss Einkommen erzielen («Haben»), um seine Verbindlichkeiten zu bedienen («Soll») – gelingt das nicht, geht er insolvent, scheidet also aus dem ökonomischen Prozess aus. Ökonomische Akteure müssen deswegen stets versuchen, ihre individuellen Bilanzen so zu gestalten, dass sie durch den Verkauf von «Haben» oder die im «Haben» verbuchten Ansprüche auf Einkommen in die Lage versetzt werden, die im «Soll» ausgedrückten Ansprüche anderer zu bedienen. Vieles von dem, was jemand als «Haben» verbucht, ist ein «Soll» für jemand anderen – und diese *Schulden*, diese Zahlungsverpflichtungen, dieses «Soll» stellt die basale Vokabel einer bilanztheoretischen Semantik für eine Theorie geldwirtschaftlicher Zusammenhänge bereit. Zahlungsverpflichtungen (Schulden) sind im Paradigma der Bilanz also keine moralisch womöglich sogar fragwürdigen Hilfsmittel für den Betrieb von Marktwirtschaften, auf die man, so man nur sorgsam – wie eine schwäbische Hausfrau – wirtschaftete, auch verzichten könnte. Solche verqueren und schiefen kollektiven Einstellungen liegen bekanntlich den hohen Zustimmungswerten zu Politiken der Schuldenbremse oder des ausgeglichenen Staatshaushaltes zugrunde. Demgegenüber ist festzuhalten, dass Schulden vielmehr die Matrix der Ökonomie und damit unverzichtbar und notwendig sind. Der Kern des bilanztheoretischen «Betriebssystems» ist deswegen ein *pragmatisches* Verhältnis zu Schulden, welches das vorherrschende *sentimentale* Schuldverhältnis ersetzt, in dem

die Aufnahme von Schulden als moralisch und ökonomisch fragwürdige und möglichst zu vermeidende Praxis aufscheint.

40 Man kann grundsätzlich kraftumsetzende Maschinen wie Motoren von signal- oder informationsverarbeitenden Maschinen wie Computern unterscheiden. Erstere dienen als Analogie für Geld.

1. Das Tauschparadigma

1 Luhmann 1994.

2 Zur häufig uneindeutigen Verwendung der Begriffe «Eigentum» und «Ware» und mit dem Vorschlag der hier übernommenen Minimaldefinition siehe Hodgson 2016: 103–111 (Eigentum) und 126–128 (Ware).

3 Die Rede von einer «vormodernen» Geldform ist freilich viel zu grob, weil es zahllose soziale Praktiken gab und gibt, die von irgendjemandem als «Geld» bezeichnet wurden und die wir hier nicht im Einzelnen im Hinblick auf ihre Passung für einen theoretisch versierten Begriff «vormodernen» Geldes werden reflektieren können. Es geht im Folgenden – mit dem Willen zur Vereinfachung und Kontrastierung – lediglich darum, eine Sichtachse im Blickfeld der Tauschtheorie zu konturieren, nicht darum, die Kategorien «vormodern» und «modern» mit substanziellen Bedeutungen aufzuladen.

4 Kraemer 2019.

5 So auch Karl Marx im *Kapital*: «Die Teilung der Arbeit verwandelt das Arbeitsprodukt in Ware und macht dadurch seine Verwandlung in Geld notwendig.» Marx 2005: 122.

6 «Der Umstand, daß die relativ marktgängigsten Waren auf den Märkten des Tauschhandels zu allgemein gebräuchlichen Tauschmitteln werden, bewirkte aber weiter eine gesteigerte Differenzierung zwischen der Marktgängigkeit dieser und derjenigen aller übrigen Waren, die ihrerseits wieder die Stellung dieser ersteren als Tauschmittel gefestigt und erweitert hat», Mises 1912: 7.

7 Zitiert aus: Asmuth et al. 2016: 23.

8 Für Mises (1912: 93 f.) ist Geld etwa ein tauschbarer Eigentumstitel, der keinen Nutzwert hat, sondern reiner Tauschwert ist. In Otmar Issings *Einführung in die Geldpolitik*, dessen Sichtweise später noch einmal zitiert werden wird, weil Issing als einer der Konstrukteure des Euro für einen wichtigen Transmissionsriemen zwischen Theorie und institutioneller Praxis steht, ist Geld ebenfalls eine besondere «Anlageform» (sprich: Vermögenswert), die «sich gegenüber andere Anlageformen dadurch aus[zeichnet], dass es den höchsten Liquiditätsgrad ausweist», dass es also am marktgängigsten ist (Issing 2010: 2).

9 Menger 1900: 104.

10 Marx 2005: 104.

11 Ingham 2004; 2020.

12 Weil auf diese Feinheit oft nicht geachtet wird, gehen viele Kritiken dieser Diagnose, insbesondere marxistische Zurückweisungen der Einordnung von Marx in das Feld der Warentheoretiker, fehl. Lapavitsas und Aguila (2020: 6) schreiben etwa: «Money is a commodity that emerges spontaneously and proceeds to act as the organizer of the total social labor, when production is do-

minated by private, autonomous, and independent units. It is an endogenous creation of markets that does not require any external authority to bring it into existence. The money commodity gravitates toward precious metals because of their properties of divisibility and reconstitution, durability and portability. Yet, there is no inherent ‹metallism› in Marxist theory: money necessarily develops beyond the commodity form and even becomes incorporeal. In all its forms, it remains the universal equivalent spontaneously created by commodity exchange.» Sie meinen also, «Metallismus» würde jene Theorien bezeichnen, die Geld wirklich mit Metall identifizieren, und erklären, Marx gehöre nicht dazu, weil er Geld als «universelles Äquivalent» verstehen würde. Aber genau das *ist* die Position des theoretischen Metallismus.

13 Kellermann 2017: 350; vgl. außerdem Kellermann 2014 und Kraemer 2018.

14 Siehe dazu besonders den Überblick über geldsoziologische Positionen in Gilbert 2005.

15 Weber 1980: 37 f.

16 Simmel 1989: 222, folgende Zitate ebd.: 213.

17 Heinemann 1987: 329; Kellermann 2013: 417; Deutschmann 2007: 162.

18 Burghardt 1988: 11.

19 Carruthers 2005: 355; siehe auch: Carruthers 2017: 73. In seiner Geldgeschichte definiert Michel Aglietta (allerdings als nur eine von mehreren unterschiedlichen Definitionen) Geld als «a privately appropriable (concrete or abstract) object that we call liquidity» (Aglietta 2018: 7), obwohl er eigentlich eine kredittheoretische Perspektive anbietet. Die geldsoziologisch einflussreiche Kultursoziologin Viviana Zelizer will in ihrer Studie *The Social Meaning of Money* unter «Geldern» sogar regelrecht alle «Objekte» verstanden wissen, die in irgendeinem sozialen Kontext einen allgemein anerkannten und regelmäßigen Tauschwert haben (Zelizer 1994: 21). Sie treibt damit die tauschtheoretische Fundierung einer soziologischen Geldtheorie auf die Spitze, verunklart den Begriff aber auch derart, dass analytisch nun fast alles als Geld bezeichnet werden kann. Siehe als prominentes Beispiel außerdem Dodd 1994: 154 f. und 159.

20 Parsons 1976: 233.

21 Streeck 2015: 369; vgl. Ingham 2004.

22 Parsons 1976: 233.

23 Parsons 1976: 233.

24 Ganßmann 1986 und Streeck 2015. Ich verfolge diesen Kritikstrang hier nicht weiter, weil die beiden erwähnten Aufsätze hinreichend sind, ausführlicher Dodd 1994 und Paul 2017.

25 Parson und Smelser 1956: 106, Übersetzung A. S.; vgl. Streeck 2015.

26 Parsons und Smelser wollen etwa Kreditwürdigkeit («credit-standing») im Hinblick auf die Fähigkeit von Geld, Ressourcen zu bewegen, als «strikt analog zu Geld» verstanden wissen (Parsons und Smelser 1956: 74, Übersetzung A. S.). Diese Analogie ist kredittheoretischen Positionen sicherlich deutlich näher als viele andere Soziologien.

27 Parsons und Smelser 1956: 106, Übersetzung A. S.

28 Luhmann 1994: 4.

29 Ingham 2004; siehe auch Sahr 2017a und 2017b.

30 Siehe neben Luhmann 1994 vor allem Luhmann 1991: 46 und 1974: 63.
31 Wicksell 1922: 145.
32 Simmel 1989: 139.
33 Marx 2005: 118–138; siehe zu Marx' Geldtheorie vor allem Brunhoff 2015.
34 Luhmann 1994: 201; auch Marx spricht von einer «Verdopplung der Ware in Ware und Geld» durch den Austauschprozess (Marx 2005: 119).
35 Dazu: Ingham 2004; Paul 2017.
36 Als «universelles Äquivalent» wird Geld in der marxistischen Tradition, wie gesagt, als Inbegriff der Ware selbst verstanden, als «commodity par excellence», Lapavitsas und Aguila 2020: 6.
37 Kraemer 2018; Sahr 2017a.
38 Simmel 1989: 222.

2. Der Nexus von Geld und Politik

1 Menger 1900: 61.
2 Soziologische Beiträge verweisen immer wieder gern auf dieses «Rätsel», etwa: Ganßmann 2002, Carruthers 2017 oder Beckert 2018.
3 Zur Verbreitung der Notation, Geld beruhe auf Vertrauen, siehe kritisch Kraemer 2015, 2019. Beispiele sind Legion, ebenso das mit dieser These gemeinte, etwa in Simmel 1989: 215; Giddens 1992: z. B. 26 ff.; Luhmann 1994: 383; 2014; Dodd 1994: 139 und 160; Kellermann 2007; Ganßmann 2002 und 2015a; Beckert 2018: 164.
4 Beckert 2018: 159–164.
5 Einschlägig dazu Giddens 1992; vgl. Dodd 1994: 136–143.
6 Deutschmann 1995: 379.
7 Beckert 2018: 169.
8 Simmel 1989: 142.
9 Simmel 1989: 131, Hervorhebung A. S.
10 Carruthers und Babb 1996: 1556 f., Übersetzung A. S.
11 Einen kritischen Überblick über die Neutralitätstheorie des Geldes bietet Şener 2016.
12 Dort heißt es dann, auf den ersten, geldlosen Band bezugnehmend: «Im vorigen Bande haben wir die Produktion, die Verteilung und den Tausch so behandelt, als ob sie sämtlich ohne Mitwirkung des Geldes stattfanden, mit anderen Worten, wie wenn die an der Produktion Beteiligten: Arbeiter, Grundbesitzer und Kapitalisten, ihre Anteile an dem Produktionsresultate in natura ausgehändigt erhielten […] und nachher die so erhaltenen Produkte untereinander austauschten. Mit irgendwelchen anderen Preisen als den gegenseitigen Tauschwerten der Waren hatten wir es damals also nicht zu tun […]. Eine derartige Vereinfachung ist bei einer ersten Behandlung der wirtschaftlichen Erscheinungen absolut […] zulässig, denn ohne Zweifel lassen sich die mit Hilfe des Geldes bewerkstelligten Transaktionen in vielen Fällen begriffsmäßig so auffassen, als ob sie ohne Dazwischentreten des Geldes vor sich gegangen seien.» Wicksell 1922: 4.
13 Wicksell 1922: 145.
14 Wicksell 1922: 145.

15 Zur Rolle John Lockes für die Geschichte der Depolitisierung des Geldes siehe Eich 2020.
16 Erläuterung der EZB zur Frage «Warum ist die EZB unabhängig?», online unter: https://www.ecb.europa.eu/explainers/tell-me-more/html/ecb_independent.de.html [01.07.2021].
17 Waller und Walsh 1996; Mas 1994.
18 Rechtsdokumente der Europäischen Union können unter https://eur-lex.europa.eu eingesehen werden.
19 Thiele 2019: 67.
20 Issing 2008: 234, Übersetzung A. S.
21 Skidelsky 2017.
22 Kirshner 2003b: 3, Übersetzung A. S.
23 Ingham 2004; 2020; Streeck 2015.
24 Weber 1980: 57.
25 Kirshner 2003a: 647.
26 Universalismus ist die Unterstellung, politische Entscheidungen könnten (hypothetisch) Ergebnisse produzieren, die für alle Mitglieder einer Gesellschaft gleichermaßen als bestmögliche Ergebnisse gelten können. In der Ökonomik entspricht dies etwa der Idee eines Pareto-Optimums. Partikularismus geht davon aus, dass jede politische Entscheidung immer Profiteure und Leidtragende kennt und deswegen als Ausdruck von Machtverhältnissen interpretiert werden muss. Das Dilemma, auf das Kirshner anspielt, erwächst dem Umstand, dass sich Binnen- und Außentauschwert nicht unabhängig voneinander justieren lassen, so dass sich nicht nur unterschiedliche Interessen in Bezug auf einen der beiden Tauschwerte langfristig bedienen lassen, sondern vor allem widerstreitende Interessen in Bezug auf Binnen- *und* Außenwert nie aufgelöst werden können.
27 Das Ziel einer «Quantität» dem Ziel der «Qualität» gegenüberzustellen ist keine moralisch unschuldige Wortwahl, weil «Qualität» stark positiv besetzt ist und mit der Gegenüberstellung impliziert wird, «Qualität» sei nicht zusammen mit «Quantität» zu haben. In der Tat neigt Davies der Ideologie unpolitischen Geldes zu, die Tauschwertstabilität als Gemeinwohl setzen will: «Although monetary stability may be to the long-term advantage of the majority, there are always strong minorities who tip the net balance of power and who wish to increase or decrease the value of money», Davies 2002: 30.
28 «There is an unceasing conflict between the interests of debtors, who seek to enlarge the quantity of money and who seek busily to find acceptable substitutes, and the interests of creditors, who seek to maintain or increase the value of money by limiting its supply, by refusing substitutes or accepting them with great reluctance, and generally trying in all sorts of ways to safeguard the quality of money. Although most consumers and producers are at some stage both debtors and creditors it is their net power that influences the value of money». Davies 2002: 30.
29 Davies 2002: 29–33. Wohin das Pendel ausschlägt, hängt von der «Nettomacht» (*net power*) der beiden Interessengruppen ab. Mit dem Verweis auf *net power* macht Davies darauf aufmerksam, dass sich konkrete Akteure nicht immer nur ausschließlich einer Seite des Pendels zuordnen lassen, sondern sowohl ein Interesse an «Qualität» wie auch «Quantität» des Geldes haben

können. Geoffrey Ingham sieht hier sogar einen Klassenkampf am Werk, einen Kampf «between the debtor classes, who demand ‹soft credit›, and the creditors, who want safe ‹hard money›» (Ingham 2004: 78). Damit bringt Ingham den notorisch unklaren Begriff der Klasse ins Spiel, den wir an dieser Stelle nicht ausführlich diskutieren und dessen Erwähnung wir deswegen in die Fußnote verbannen. Letztendlich ist damit aber nichts anderes gemeint, als wir bei Davies (2002) oder Streeck (2011) sehen: Profiteure von entweder «Qualität» oder «Quantität». Inghams Beitrag ist interessant, weil er einerseits (wie die MMT) eine Kredittheorie des Geldes vertritt, diese am Ende aber wiederum zur Analyse eines tauschtheoretisch gedachten Konflikts – nämlich eines Konflikts um den Preis der Geldbeträge – heranzieht (dazu Sgambati 2015; Sahr 2017a: 134–140).

30 Carruthers und Babb 1996; Frieden 1997; Davies 2002: 490–504; Friedman und Schwartz 2008: 15–28.

31 Zu diesem Absatz insgesamt: Davies 2002: 491–496.

32 Zu dieser Präferenz ökonomischer Theorien und ihrer wiederholten Thematisierung und Neuverhandlung in der ökonomischen Ideengeschichte siehe unbedingt Skidelsky 2017.

33 Streeck 2015.

34 Streeck 2015: 372 f.

35 Für wie auch immer plausibel man Streecks Einteilung der Eurozone in einen Hartwährungsnorden und einen Weichwährungssüden auch finden mag, die wichtige Einsicht dieser Forschung lautet, dass die moralische Bewertung von Verschuldungs- und Inflationspolitiken, die besonders in Deutschland mit Verweisen auf seltsame Südländer schnell bei der Hand ist, sozialtheoretisch verfehlt (und wenigstens latent rassistisch) ist. Es gibt nicht eine universell richtige Geldwertpolitik, sondern verschiedene geldwertpolitische Traditionen, die nicht in einem Ranking von gut zu schlecht oder vernünftig zu fahrlässig geordnet werden können. Es sind eben schlicht unterschiedliche Geldpolitikstile, die unter Bedingungen europäischer Einigung zu «Kompromissprodukten» kommen müssen. Das gesellschaftliche Anforderungsprofil ist nicht die Bereitstellung eines möglichst stabilen Geldwertes per se, sondern die Aufrechterhaltung eines mehr oder weniger funktionierenden Kompromisses zwischen unterschiedlichen geldwertpolitischen Interessen.

36 Höpner und Seeliger 2018; Höpner und Spielau 2019.

37 Streeck 2015: 374.

38 Der Text kann hier eingesehen werden: https://www.govtrack.us/congress/bills/116/sres182/text [01.07.2021].

39 Sahr 2017b.

40 Es sei stets Aufgabe der Soziologie, so Ingham, zu erklären, was Geld eigentlich leiste oder «tue», wie es erzeugt würde und wodurch es einen Preis erhält und behält (Ingham 2004: 10, 34 und 69 f.). Allerdings verengt Ingham diese Betrachtung auf einen gemeinsamen werttheoretischen Nenner und lässt somit die ersten beiden Fragen in der dritten zusammenlaufen. Ein Konflikt über die Produktion des Geldes ist, hat sich modernes Geld erst einmal etabliert, auf einen Konflikt um den Produktionspreis neuen Geldes, den (Leit-)Zins reduziert (Ingham 2004: 150). Dazu ausführlicher Sahr 2017a: 134–140, 2018,

2019. Zur Neuausrichtung durch Ingham siehe Kraemer 2018 und Koddenbrock 2019b.

3. Gebende und nehmende Hände

1 Die Rede des Bundesbankpräsidenten: Weidmann 2012; zu Goethes Wirtschafts- und Geldtheorie und der Verbindung zur Alchemie: Binswanger 2014; ansonsten Goethe 1822.
2 Steve Hanke und Nicholas Krus (2012) vergleichen in ihrer vielbeachteten Datenbank 56 Hyperinflationsepisoden.
3 https://de.wikipedia.org/wiki/Hyperinflation [01.07.2021].
4 Ryan-Collins 2015, vgl. auch Harvey 2011; Vague 2017; Mitchell und Fazi 2017.
5 Brodbeck 2015.
6 Sloterdijk 2010: 12, 14.
7 Döpking 2018: 4. Im «Verhältnis von Kapitalismus und Steuerstaat», so Döpking, «dominiert entweder der Kapitalismus in einem kumulativ zunehmenden Machtgefälle den Steuerstaat oder der Steuerstaat verschafft sich zuungunsten des Kapitalismus eine gewisse Dominanz» (ebd.).
8 Block und Evans 2010: 505, Hervorhebung und Übersetzung A. S.
9 Tilly 1985; 1990.
10 Levi 1989: 47. Für diese und viele weitere fiskalsoziologische Verweise danke ich Lars Döpking.
11 Huhnholz et al. 2018: 4.
12 Streeck 2011; 2014.
13 Luhmann 1994: 59.
14 Zur tauschtheoretischen «geschichtlichen Entwicklung des Geldes von der Substanz zur Funktion» Simmel 1989: 199–253.
15 Simmel 1989: 222.
16 Mehrling 2011.
17 Kant 1968: 287.
18 Smith 2009: 22.
19 Swedberg 2005.
20 Swedberg 2005: 10, Übersetzung A. S.
21 Dasselbe gilt auch für marxistische Ansätze, die nicht nur die historische Entstehung des Geldes, sondern auch seine (Re-)Produktion, wie Geoffrey Ingham (1999; 2001; 2004) richtig zeigt, von der Warenproduktion und dem Warentausch herleiten und damit eine strukturelle Verknüpfung unterstellen, die, wie wir später sehen werden, so nicht gegeben ist.
22 Swedberg 2005: 12, Übersetzung A. S.
23 Insofern werden auch hier Schulden, genau wie in der klassischen und neoklassischen Mainstreamvolkswirtschaftslehre, als Distribution von Vermögen, nämlich als Verleihen von Geld, das bereits da ist, konzeptualisiert. Das Finanzsystem kommt deswegen in Swedbergs Modell nicht vor, weil es als Teil der Distributionssphäre gilt. Diese verbreitete distributive Theoretisierung von Schulden wurde in früheren Publikationen des Autors ausführlich behandelt: Sahr 2017a; 2018a; 2018b. Gemäß dieser lange vorherrschenden und noch

immer nicht ganz überwundenen Vorstellung verteilen Banken als «Intermediäre» lediglich das Geld, das die Zentralbank als externer Spieler vorgeben wird. Das ist allerdings nicht der Fall.

24 Simmel 1989: 213.

25 Simmel 1989: 142; vgl. Marx 2005: 135 ff.

26 Kant 1968: 287.

27 Marx 2015: 123, vgl. Ingham 1999. Das mag deskriptiv sogar partiell stimmen, etwa für die *Free-minting*-Regelungen im mittelalterlichen England, wo man an den königlichen Münzstätten Edelmetall – Arbeitsprodukte – gegen Münzen eintauschen durfte. Aber es ist weder der einzige Modus, in dem Geld in die Welt kommt, noch der «normale», wie wir im sechsten und siebten Kapitel besprechen werden, schon gar nicht in modernen Geldordnungen, die Geld nicht gegen Arbeitsprodukte (also den Austausch gegen Waren) emittieren, sondern gegen Versprechen, d. h. auf Kredit. Das wird das sechste Kapitel erläutern.

28 Marx 2005: 141.

29 Marx 2005: 123.

30 Turner 2016.

31 Skidelsky 2017: 28; siehe auch: «Liberal economics grew up in reaction to the state. […] vicious, capricious, untrustworthy monarchs who would as soon steal your wealth as look at you. The state was therefore something to be avoided, minimized, bypassed, curtailed, and above all, not trusted. The market, in contrast, emerged in liberal thought as the intellectual and institutional antidote to the confiscatory politics of the king», Blyth 2015: 99.

32 Martin 2014; Davies 2002; Allen 2009; Friedman 1994; Friedman und Schwartz 2008 [1968]; Aglietta 2018.

4. Soll und Haben

1 Smith 2009: 20.

2 Vogl 2014: 74; dazu umfassend und kritisch Graeber 2012.

3 Quelle: Statista.de, abgerufen am 01.07.2021.

4 «All three typical monetary transactions – deferred payment, payment in advance, and payment ‹on the spot› – are debt contracts», Ingham 2020: 41. Schon deswegen kann «Kredit» in diesem Kontext eben nicht ein Verleihen *von* oder Umgang *mit* Geldbeträgen bedeuten, die davon unabhängig sind.

5 Lawson 2016. Meine Fassung des Konzepts der Positionierung unterscheidet sich von Lawson im Hinblick auf Geld vor allem dadurch, dass für Lawson Dinge – Papierscheine, Kontostände – als Geld positioniert werden. Aus meiner Sicht ist es aber fruchtbarer, unter dem Titel Geld eine Praxis zu verorten, in der Akteure *als zahlungsfähig* positioniert werden.

6 «Social positioning is the term for the process whereby, through general acceptance throughout a community, human individuals, things or other phenomena become incorporated as components of […] emergent totalities. In all cases, social positioning involves the generalised acceptance of the following three elements regarding any item that is thereby positioned: (i) the allocation of an agreed status; (ii) its practical placement as a component of a totality;

and (iii) the harnessing of certain of its capacities already possessed to serve as one or more system functions of the totality. In the case of human positioning, the third element is achieved via the allocation or ascription of certain positional rights and obligations», Lawson 2016: 963.

7 Lawson 2016: 963 f.; vgl. außerdem Lawson 2019. Damit unterscheidet sich der Begriff der Position auch deutlich von dem schlichteren, aber üblicheren Konzept der sozialen Rolle. Mit «Rolle» sind in der Regel lediglich Verhaltenserwartungen gemeint, die von den Mitmenschen an ein Individuum herangetragen werden (siehe etwa den Eintrag «Rolle, soziale» in Kopp und Steinbach (2018), 387–390). Positionierungen können ebenso durch Erwartungen, aber eben auch durch materielle, rechtliche, symbolische und viele weitere Elemente erreicht werden, die Teil einer Ordnung sind. Positionen bedeuten Handlungszwänge, vor allem aber Handlungspotenziale, die durch das Zusammenwirken von Ordnungselementen innerhalb eines Gefüges entstehen.

8 Vogl 2014: 73.

9 «The most commonly recorded transaction in Mesopotamian contracts is the loan. Thousands of documents detailing the receipt of goods or silver and the obligation for their repayment, with or without interest, are preserved from the late third millennium on in Babylonia and Assyria», van de Mieroop 1997: 197; siehe außerdem: van de Mieroop 2005; Graeber 2012; Peacock 2004; Goetzmann 2016; Neal 2015; Hudson 2018; 2020. Interessanterweise gründen diese Forschungen auf Zeugnissen des Versagens: Die tönernen Aufzeichnungen erfolgreich beglichener Vorleistungen wurden aller Wahrscheinlichkeit nach vernichtet, so dass es die Historiker allein mit gebrochenen Rückzahlungsversprechen zu tun haben, siehe: van de Mieroop 1997: 197.

10 Neal 2015; Goetzmann 2016.

11 Während Graeber 2012 die Geschichte der Schulden als eine asymmetrischer Herrschaftsverhältnisse erzählt, findet man bei Goetzmann 2016 das notwendige Gegengewicht: Schulden als Medium der Kooperation. Kritisch zu Graeber auch Paul 2017.

12 Wolff 2010; Graeber 2012; Martin 2014; Paul 2017; Morris 2020.

13 Paul 2017: 51 f.

14 Dass auch Gaben erwidert werden wollen, hat für die Anthropologie und Soziologie prominent Marcel Mauss (2016) dargelegt. Für eine geldsoziologische Aktualisierung siehe Degens 2018.

15 Wolff 2010: 13.

16 Schumpeter 2009: 100.

17 Martin 2014: 34–40.

18 Vogl 2014: 75; vgl. Vogl 2010.

19 Schumpeter 1970: 224.

20 Es geht also nicht darum, im Sinne der wirtschaftssoziologischen Buchhaltungsforschung oder der sogenannten *political economy of accounting* (PEA) Buchhaltungsstandards als machtdurchschossene Herrschaftsinstrumente zu entlarven. Es geht vielmehr um ein makroskopisches Analyseraster. Zur wirtschaftssoziologischen Buchhaltungsforschung siehe exemplarisch Kalthoff und Maesse 2012 und zur PEA Tinker 1980 und Perry und Nölke 2006.

21 Paul 2017: 61, Hervorhebung A. S.

22 Damit positioniert sich dieser bilanztheoretische Geldbegriff auch gegen eine

«eigentumsökonomische» Geldgeschichte (Heinsohn und Steiger 2006), die, wie Sören Wolff zusammenfasst, Geld als «standardisierte, konvertible Ansprüche auf Gläubigereigentum» (Wolff 2010: 22) zu verstehen versucht. Der Gedanke dahinter ist, dass moderne Banken beispielsweise Geld als Schuld ausgeben und mit eigenem Vermögen in ihrer Bilanz ausgleichen (dazu mehr im sechsten Kapitel). Die Forderungen gegen Banken sind bilanztheoretisch, so jedenfalls das Argument der Kredittheorien, besser als Forderungen auf eine Handlung (nämlich die Tilgung einer Schuld), nicht als Forderungen auf Eigentum zu verstehen: «The nature of the obligation of the issuer is this: one must always accept one's IOU in payment of oneself» (Wray 2012: 262). In der Tat waren weder antike Münzen noch sind moderne Bankguthaben rechtlich betrachtet Ansprüche auf Gläubigereigentum.

23 Sgambati 2015.

24 Ingham 2004: 73.

25 Martin 2014: 41.

26 Ingham 2020: 62, Übersetzung A. S.

27 Raworth 2018: 182.

28 Schumpeter spricht hier von monetären Theorien des Kredits, die den Kredittheorien des Geldes gegenüberstehen. Schumpeter 2009: 876 f.; vgl. ebd. 367–380.

5. Über Infrastrukturen

1 Barlösius 2019: 9. Für die folgenden Beispiele siehe ebd.: 10 und 33 ff.

2 Barlösius 2019: 10. «Ursprünglicher» Gebrauch meint hier so etwas wie vor dem Bedeutungswandel allgemein gebräuchlich. Das Wort selbst stammt wohl aus dem Eisenbahnbau, siehe Carse 2016.

3 van Laak 2018.

4 Diese Formulierung verwendet etwa Barlösius (2019: 10) prominent, sie ist aber auch im allgemeinen Sprachgebrauch nicht unüblich. Natürlich stehen Infrastrukturen in der Regel nicht umsonst und auch nicht unbedingt allen zur Verfügung, darauf wird noch zurückzukommen sein. Aber ihr Angebot *liegt vor*, in dem Sinne, als dass es ohne zusätzlichen Arbeitsschritt abrufbar ist, sofern die Zugangsberechtigung durch Nutzungsvertrag oder Ticket geregelt ist. Außerdem liegen die Handlungskapazitäten nicht nur für jene vor, die sie errichtet oder im Ganzen erworben haben, sondern – zumindest potenziell – für ganze Gesellschaften. Anders als bei einem Stromgenerator, der regelmäßig mit fossilen Brennstoffen befüllt werden will, die vom individuellen Besitzer oder der individuellen Betreiberin zu besorgen und zu transportieren sind, ist die Bereitstellung beispielsweise der elektrischen Leistung durch die Strominfrastruktur keine individuelle Aufgabe, was Infrastrukturen schon im Grundsatz von Werkzeugen unterscheidet (eine nicht unwichtige Markierung, wenn man das Gesamtargument im Blick behält).

5 Beispiele wie Straßen, Wasserrohre, Telekommunikationskanäle oder Stromleitungen können den Eindruck erwecken, die Vorleistungen der Infrastrukturen wären logistischer Natur. Brian Larkin (2013) schlägt in einem einschlägigen Beitrag dementsprechend vor, Infrastrukturen als «gebaute Netzwerke»

zu definieren, «die den Fluss von Gütern, Personen oder Ideen erleichtern» (Larkin 2013: 328, Übersetzung A. S.). Dieser Engführung folge ich hier nicht. Als physische Netzwerke zum Transport von Materialien wären Infrastrukturen nämlich in zweifacher Hinsicht zu eng verstanden. Erstens, weil sie nicht nur logistische Einrichtungen sind; die Metapher des «Transports» von Handlungsressourcen (Wasser, Personen, Informationen, Energie usw.) überspielt die Interdependenz und Wechselwirkungen der Bauteile dieser Konstruktionen, die erst in der Emergenz ihrer Komponenten am Ende etwas leisten, nämlich Handlungsressourcen bereitzustellen. Zweitens ist die Definition zu eng, weil diese Einrichtungen nicht nur aus physischen Komponenten bestehen, sondern diverse Bausteine haben. Infrastrukturen bestehen aus materiellen Bauteilen, aber auch aus Symbolen und Regeln, Handlungsmustern und menschlichen oder nichtmenschlichen Akteurinnen.

6 Ein weiteres Moment der dynamischen Verschaltung der Bauteile, welche die Maschine elektrische Energie bilden, gilt für die Systemdienstleistung der Spannungshaltung: Auch der Erhalt der richtigen Volt am Entnahmepunkt verlangt Aufmerksamkeit und Arbeit. Um den Spannungsabfall über längere Strecken auszugleichen, muss etwa Blindleistung eingespeist werden. Im Netz und in den Endgeräten gibt es sogenannte Blindwiderstände, die Energie in Form von Magnetfeldern und elektrischen Feldern speichern und wieder an den «Sender» abgeben, nicht aber als Wirkkraft zur Verfügung stehen. Ein Teil der elektrischen Energie fließt ständig zwischen Sender und Empfänger hin und her, ohne an der Steckdose für abrufbare Leistung, also etwa die Saugtätigkeit eines Staubsaugers, zu sorgen. Da dieser elektrische Strom keine Wirkleistung zeitigt, sind die Nutzer für ihn sozusagen «blind». Wirk- und Blindleistung bilden zusammen die Scheinleistung, erst diese stellt die benötigte Spannung bereit. Speicherung und Abgabe der Blindleistung wirken sich dementsprechend auf die Spannung aus. Der schwankende Blindleistungsbedarf durch die Topologie des Netzes und die Variabilität der Inanspruchnahme müssen durch die Stromerzeuger aktiv ausgeglichen werden. Eine Steuerung könnte auch auf Letztnutzungsseite stattfinden, allerdings gilt hier im europäischen Recht ein Diskriminierungsverbot: «Die Anforderungen zu beiden Komplexen – Erzeuger und Verbraucher – müssen diskriminierungsfrei sein. Das bedeutet, dass unterschiedliche Anforderungen nur aufgrund von unterschiedlichen Befähigungen und Voraussetzungen gestellt werden sollen. [...] Letztverbraucher sind in der Regel technisch nicht in der Lage, die Blindleistungsinanspruchnahme ohne zusätzliche Kompensationsanlagen zu steuern. Erzeugungsanlagen können in der Regel bei Wirkleistungseinspeisung auch Blindleistung bereitstellen»(Bundesnetzagentur 2018: 11). Diese Pflichtenverteilung ist als Organisationsprinzip für die Bereitstellung der Vorleistung unabdinglich.

7 Diese Definition folgt dem Geist der Definition Antina von Schnitzlers: «Infrastructures – conceived here broadly as socio-technical assemblages of materiality, discursive, fiscal, and organizational forms and relations» (von Schnitzler 2017: 21, vgl. zu alldem besonders: van Laak 2018).

8 Star 1999: 381.

9 «Infrastrukturen codieren in diesem Sinne menschliche Handlungen, den Habitus und das Wissen, sie bilden also die Basis für kulturelle Praktiken, für

soziale Kommunikation und Information. Darüber hinaus ermöglichen sie deren Kontrolle», van Laak 2018: 26; vgl. Barlösius 2019.

10 Barlösius (2019) nennt Infrastrukturen im Titel ihrer Monografie «Ordnungsdienste».

11 Ebenso muss sich erklären, wer auf die Nutzung der bereitliegenden Leistungen verzichtet. Trotz funktionierender Wasserversorgung regelmäßiger Körperhygiene zu entsagen, einen Amtstermin platzen zu lassen, weil man keine der zur Verfügung stehenden Transportmittel nutzen mag, per Mobiltelefon nicht erreichbar zu sein; solcherart Abweichung von den durch die Strukturen verkörperten Standards müssen bei funktionierenden Betrieben gesondert legitimiert werden. Wer Vorleistungen nicht nutzt, muss sich erklären, wer keinen Zugang zu ihnen hat, ist eh schon abgehängt, wer die Vorleistungen in Frage stellt, berührt das Leben aller.

12 Siehe dazu van Laak (2018) und Barlösius (2019). Die traditionelle Volkswirtschaftslehre gibt zumeist die Reichweite von Infrastrukturleistungen als Grund an. Sie liegen zur Nutzung nicht nur für individuelle Konstrukteurinnen oder Besitzer vor, sondern stehen einer Gruppe Zugangsberechtigter zur Verfügung. Ihre Dienste werden, mit Colin Crouch, «eher kollektiv als individuell konsumiert» (Crouch 2011: 43; vgl. Barlösius 2019: 13.). Ihre profitable Bereitstellung über den Marktmechanismus gilt deswegen aufgrund des sog. Trittbrettfahrerproblems öffentlicher Güter als unwahrscheinlich. Öffentliche Güter ist dabei ein Sammelbegriff für all jene Dinge, die sich gewinnwirtschaftlich nur schwer verwerten lassen, weil ihr Angebot auch ohne Gegenangebot nachgefragt werden kann. Trittbrettfahrer sind Nutznießer eines Angebots, die nicht oder zu wenig für die Nutzung bezahlen. In der Volkswirtschaftslehre würde man deswegen davon ausgehen, dass solche öffentlichen Güter auch von der öffentlichen Hand bereitgestellt oder wenigstens subventioniert werden müssen.

13 Für eine Geschichte der Elektrifizierung der westlichen Welt siehe Hughes (1993) und Bryce (2020).

14 So der Untertitel von Bryce 2020.

15 BMI 2009.

16 van Laak 2018; Ricks 2018.

17 Barlösius 2019: 51.

6. Die monetäre Maschine

1 Siehe McKinsey & Company (2020) für einen Auszug aus der aktuellen Datenlage.

2 Dies ist gleichbedeutend damit zu sagen, jeder Kauf ist eine Form von Kredit, der auf der Stelle von der Schuldnerin getilgt wird, indem sie ihre Gläubigerposition bei einer Bank (in Höhe des Betrags) aufgibt. «Kredit» heißt also im bilanztheoretischen Paradigma nicht Darlehen, ist kein Verleihen von, also ein Umgehen mit einer Stellvertreterware. Dazu nochmal der Verweis auf Ingham 2020: 41. In diesem Sinne ist «kommerzielle Schulden» hier zu verstehen: Jede monetäre Transaktion ist eine Schuld, die getilgt wird.

3 Deswegen verwässert beispielsweise Nigel Dodd den Geldbegriff, wenn er Flugmeilen als Geld bezeichnet (Dodd 2005). Bei Flugmeilen handelt es sich um ein Bonusprogramm, bei dem Vielflieger «Guthaben» bei einer Airline ansammeln, welches sie für den Kauf von Flügen einsetzen können. Dodd vertritt in zahlreichen Publikationen einen solchen begrifflichen Agnostizismus, bei dem alles als Geld bezeichnet wird, was nur irgendeine Art von Tilgungsfähigkeit aufweist (siehe etwa auch Dodd 2014). Der in diesem Buch verwendete Geldbegriff grenzt sich deswegen scharf von Dodd ab.

4 Bell 2001; Mehrling 2017; Ingham 2004, 2020 und viele, viele weitere.

5 Besonders Vertreter der Vollgeldreform betonen gerne die Distinktion von Bargeld (oder Zentralbankgeld insgesamt) und dem Buchgeld auf Konten privater Banken (z. B. Huber 2017): Zwar ist Bargeld gesetzliches Zahlungsmittel und muss (anders als private Bankschulden) zur Vergeltung aller kommerziellen Schulden im Währungsraum dieses gesetzlichen Zahlungsmittels akzeptiert werden (In der Soziologie vertritt etwa Heiner Ganßmann 2002; 2012: 116–128; 2015a; 2015b einen solchen «Bargeldexzeptionalismus» (Sahr 2017a: 104); kritisch zu Ganßmann: Sahr 2017a: 104–109). Der Status als gesetzliches Zahlungsmittel allein rechtfertigt aber keinesfalls eine kategoriale Unterscheidung von Bargeld (als eigentlichem Geld) und dem Buchgeld auf Geschäftsbankkonten (als uneigentlichem Verweis auf eigentliches Geld). Für viele Transaktionen funktioniert Bargeld nicht oder nur mit deutlich größerem Aufwand als Giralgeld; so legen uns Mietvertrage in der Regel auf eine Zahlung per Überweisung fest, das Gehalt wird nicht mehr über eine Lohntüte ausgezahlt, in einigen Ländern geht die Akzeptanz von Bargeld auch an der Ladentheke zurück. Die Eigenschaft, gesetzliches Zahlungsmittel zu sein, ist deswegen soziologisch eher unerheblich. Ein wichtiges Argument, das von den Bargeldexzeptionalistinnen für eine kategoriale Unterscheidung angeführt wird, ist ferner eine angenommene Unsicherheit: Giralgeld kann verloren gehen, wenn die Bank insolvent wird. Heißt: Die durch das Guthaben verkörperte Handlungsfähigkeit (Zahlungsfähigkeit) kann scheitern. Deswegen, so die Schlussfolgerung, sei nur Bargeld sicheres, ergo: echtes Geld. Das aber überzeugt mich nicht: Auch Bargeld kann als Markierung einer generalisierten Gläubigerinnenposition scheitern, zum Beispiel, wenn es zerstört wird. Ob das Risiko des Verlusts von Giralgeld in einem stabilen Land mit einer staatlichen Einlagenversicherung wirklich größer ist, scheint mir mehr als fragwürdig. In jedem Fall lässt sich auf dem Risikoargument keine kategoriale Unterscheidung begründen. Für uns ist Bargeld deswegen im Folgenden nur als Teil der als Zentralbankgeld ausgegebenen Zentralbankschulden interessant, die sich von Geschäftsbankgeld nur graduell (d. h. im Hinblick auf ihre hierarchische Position), nicht aber kategorisch unterscheiden.

6 Aufbauend auf: Mehrling 2012: 4.

7 Aglietta 2018. Siehe auch Sahr 2019.

8 Eichengreen 2011.

9 Sahr 2017a.

10 Mehrling 2017.

11 Gabor und Vestergaard 2016; für eine bilanztheoretische Einordnung siehe auch Murau 2020.

12 Wullweber 2019.
13 Binder 2019; Braun et al. 2020.
14 Kraemer 2018; Kraemer et al. 2020.
15 Dazu im Detail Sahr 2018a.
16 Sahr 2017a.
17 Lapavitsas 2007, bes. 125–146.
18 Schumpeter 1987: 110.
19 Heinsohn und Steiger 2006; siehe auch Wolff 2010. Richtig ist, dass Banken kein neues Geld (eine eigene Schuld) erschaffen können, ohne ihre Bilanz auszutarieren, also gleichzeitig einen Vermögenswert zu verbuchen. Geldschöpfung ist aber ohne Bilanzierung eines externen, von diesem Vorgang unabhängigen Vermögenswerts möglich, weil das Rückzahlungsversprechen als Forderung gegen die Schuldnerin bereits die Bilanz ausgleicht. Es werden schließlich gleichzeitig zwei Schulden erzeugt – die Bankschuld (neues Geld) und das Rückzahlungsversprechen (neues Vermögen) –, die simultan in die Bilanz eingetragen werden. Man nennt diesen Vorgang auch Bilanzverlängerung, weil eben beide Spalten, Vermögen und Schulden, gleichzeitig verlängert werden. Ein Haus als Pfand würde hier lediglich den Risikoabschlag des eingetragenen Kredits verringern, nicht aber den Kredit selbst (bilanziell) obsolet werden lassen. Gleichsam lassen sich Aktien (als Forderungen gegen Unternehmen) als Vermögen verbuchen, so dass diese mit neu geschaffenem Geld bezahlt werden können. (Anders als Sie oder ich können Geschäftsbanken also auch Aktien mit extra für diesen Kauf selbst produziertem Geld kaufen.) Auch hier stellt nicht «Eigentum» im Sinne bereits konstruierter und erwirtschafteter Sachwerte, sondern eine als Vermögen verbuchte Forderung die Grundlage der Geldschöpfung dar.
20 Paul schreibt etwa, es sei «letztendlich die Arbeit oder allgemeiner die menschliche Kreativität, durch welche allein das fortlaufende Zinsversprechen eingelöst werden kann» (Paul 2017: 231). Das stimmt aber nur, wenn diese Arbeit oder Kreativität wiederum zur Verschuldung motiviert. Der nächste Unterabschnitt führt dies noch einmal aus.
21 «Money consists in vast networks of debtor-creditor relationships […] and the seemingly obvious point that monetary systems involve the continuous contracting and discharging of debts must not be overlooked. […] It is the actual operation of the payment system – ‹efflux and reflux› – that constitutes money», Ingham 2004: 77; «any disruption of the system's routines risks the collapse of the credit pyramid and the ‹disappearence› of the money that is constituted by the creditor-debtor relations», ebd.: 140.
22 Bagehot 2014 [1873].
23 Eichengreen und Temin 1997.
24 Minsky 2008.
25 «Banking systems are linked by complex networks of debt which render all banks – regardless of the health of their balance sheet – vulnerable to some extent to the failure of any of the participants», Ingham 2020: 93.
26 Die außergewöhnlichen, schließlich aber zur Routine sedimentierten Maßnahmen der großen Zentralbanken nach der Krise, mit denen allein die EZB zwischen 2015 und 2018 fast drei Billionen Euro in den Bankensektor gepumpt hat, sollten vornehmlich der Belebung privater Kreditvergabe und

damit Geldschöpfung dienen – mit mäßigem Erfolg. Hierin zeigt sich ein Dilemma des Verknappungsmodus Befristung: Auch nach Jahren der Expansion der Geldmenge braucht es in einer Situation allgemein grassierender Verunsicherung, wie sie 2008 eingetreten ist, wiederum mehr Geld, um die Gemüter zu beruhigen und die Rückzahlbarkeit bestehender Kreditverträge zu gewährleisten. Je mehr aber das Beziehungsgeflecht wächst, desto mehr Forderungen müssen erfüllt werden und desto größer ist der Bedarf nach neuen Schuldnern, um die alten zu ersetzen.

27 Unger 2016: 6, Übersetzung A. S.

28 Ingham 2004; 2020; Hodgson 2015; Beckert 2016; Binswanger 2019.

29 «One of capitalism's distinctive characteristics lies in the particular historical coexistence and mutual dependence of two kinds of power: private economic power from the control of property and opportunities for profit-making, and the coercive territorial power of the states», Ingham 2009: 175.

30 Schumpeter 1987: 165.

31 Schumpeter 1987: 170.

32 Schumpeter 1987: 108.

33 Schumpeter 1987: 108 f. «Diese einzige in unserm Sinne wesentliche Funktion des Kredits besteht, wie wir wissen, des Nähern darin, daß die Kreditgewährung es dem Unternehmer ermöglicht, die Produktionsmittel, deren er bedarf, aus ihren bisherigen Verwendungen zu ziehen, indem er eine Nachfrage nach ihnen entfaltet, und so die Volkswirtschaft in neue Rahmen zu zwingen. Der Kredit ist also der Hebel dieses Güterentzuges. Unsre zweite These lautet nun: Soweit Kredit nicht aus vergangenen Unternehmungsresultaten oder überhaupt aus von vergangener Entwicklung geschaffenen Reservoirs von Kaufkraft gegeben wird, kann er nur aus ad hoc geschaffenen Kreditzahlungsmitteln bestehen», Schumpeter 1987: 152.

34 Schumpeter 1987: 153.

35 Von solchen Widerständen gegen die von Schumpeter beschriebene «schöpferische Zerstörung» des Alten durch Innovationen weiß etwa auch die einschlägige Studie *Why Nations Fail* von Daron Acemoğlu und James A. Robinson zu berichten (Acemoğlu und Robinson 2012). Zu jüngeren Verweisen auf die Bedeutung von Neukombinationen für kapitalistische Entwicklung siehe Mazzucato 2015 und Gordon 2016.

36 Binswanger 2015; 2019.

37 Hodgson 2015; Ventura/Voth 2015.

38 Binswanger 2015. Zu Funktionsweisen und Dysfunktionalitäten der Geldschöpfung siehe etwa Moore 1988; Minsky 2008 [1986]; Ingham 2004; Mehrling 2011; Wray 2012; Postberg 2013; Jakab und Kumhof 2015, 2019; Deutsche Bundesbank 2017; Werner 2014a, 2014b; Unger 2016; Pettifor 2018; Huber 2017; Ehnts 2020 oder Sahr 2017b.

39 Pettifor 2006: 60, Übersetzung A. S.

40 Indikator der Weltbank: Bank Deposits to GDP for Euro Area; abgerufen von FRED, Federal Reserve Bank of St. Louis; https://fred.stlouisfed.org/series/DDOI02EZA156NWDB [01.07.2021].

41 Zu den unterschiedlichen «Elastizitätsspielräumen» («elasticity spaces» im Original) siehe Murau 2020.

42 Ferguson 2018.

7. Zahlungsfähigkeit als kollektives Angebot

1 Warum die Soziologie die Zahlung besser als Schuldentilgung denn als Tausch konzeptualisieren sollte, erklärt pointiert und überzeugend, wenn auch nicht mit exakt demselben Begriffsrepertoire, Paul 2017: 60–62.
2 Pistor 2019, insbesondere 47–76.
3 Knapp 1924: 1; die deutsche Version ist erschienen als Knapp 1905. Das englische Zitat ist allerdings passender.
4 Wie Abba P. Lerner schon 1947 in seinem (pro-chartalistischen) Aufsatz *Money as a Creature of the State* (Lerner 1947) erklärt, war die Frage, ob die Kaufkraft des Geldes durch Recht oder durch Knappheit determiniert sei, Kern der Auseinandersetzung um die Staatstheorie des Geldes.
5 Exemplarisch: Bell 2001; Forstater 2005; 2006; Wray 2003; 2012.
6 Lerner 1947: 313, Übersetzung A. S.; vgl. Wray 1998.
7 Prominente marxistische Repliken gegen chartalistische Ansätze (und, weit weniger überzeugend, Kredittheorien des Geldes im Allgemeinen) finden sich in Shaikh 2016 oder Lapavitsas 2017. Beide zeigen die Verbundenheit zwischen konventionell-ökonomischer und marxistischer Analyse der Geldwirtschaft. Anwar Shaikh schreibt etwa, in Menger sehr ähnlichen Worten: «Money is the grammar of exchange. It arises naturally out of the process of exchange when the latter is extended in its reach and regularized in its occurrence. Like grammar, money is codified and controlled by the state at some point in its development. But neither grammar nor money requires the state for its invention» (Shaihk 2016: 167, vgl. Menger 1892: 255). Siehe hierzu auch Stützle 2021.
8 Hier vor allem Martin 2014.
9 Exemplarisch für diese Kritik Febrero 2009 oder Sgambati 2020.
10 Kritisch dazu etwa Huber 2017, Gnos und Rochon 2002 oder Rochon und Vernengo 2003.
11 Kelton 2020: 17, Übersetzung A. S.
12 Binder 2019.
13 Eine präzise (soziologische) Kritik an einigen Prämissen und Schlussfolgerungen eines starken Chartalismus, die am Ende auf eine Affirmation einer historisch aufgeklärten Staatstheorie der Geldentstehung hinausläuft, bietet Paul 2017.
14 Beckert 2018: 159.
15 Lawson 2016: 968.
16 Ingham 2004: 75, im Original kursiv, Übersetzung A. S.
17 Wray 2003: ix.
18 So die Formulierung in Hockett und James 2020: 6, Übersetzung A. S.
19 Siehe etwa Lapavitsas und Aguila 2020; Stützle 2021.
20 Keynes 1983: 1.
21 Zum Verpflichtungsgefüge des späten Uruk schreibt Peacock (2013a: 50): «The palace's allocations of goods to its subjects as well as subject's payments of tribute to the palace were recorded by palace scribes and valued according to a unit of account denominated in the silver shekel (approximately 8.4 grams) or the *gur* of barley (306 litres), whereby the value of the silver shekel

was equivalent to the *gur* of barley». Zum Geldsystem der mesopotamischen Hochkultur jüngst außerdem Pahl 2021.

22 Freilich, das ist auch nicht gemeint, schufen sie diese Berechnungsskalen nicht aus dem Nichts, sondern formalisierten und modifizierten bereits existierende Wertverhältnisse.

23 Peacock 2013a; 2013b; Paul 2017.

24 Michael Hudson sei hier mit einer pointierten Situationszusammenfassung ausführlicher zitiert: «Neolithic and Bronze Age economies operated mainly on credit. Because of the time gap between planting and harvesting, few payments were made at the time of purchase. When Babylonians went to the local alehouse, they did not pay by carrying grain around in their pockets. They ran up a tab to be settled at harvest time on the threshing floor. The ale women who ran these ‹pubs› would then pay most of this grain to the palace for consignments advanced to them during the crop year. These payments were financial in character, not on-the-spot barter-type exchange. As a means of payment, the early use of monetized grain and silver was mainly to settle such debts. This monetization was not physical; it was administrative and fiscal. The paradigmatic payments involved the palace or temples, which regulated the weights, measures, and purity standards necessary for money to be accepted. Their accountants developed money as an administrative tool for forward planning and resource allocation, and for transactions with the rest of the economy to collect land rent and assign values to trade consignments, which were paid in silver at the end of each seafaring or caravan cycle». Hudson 2020: 46.

25 Wray 2006; Bell 2001; Forstater 2006. Auch im antiken Rom war für große Teile der Bevölkerung die Abgeltung von Tributen und Steuern die primäre Verwendung von Geld, Elliott 2020. Zum Geldsystem der griechischen Hochkultur aus soziologischer Perspektive zuletzt Pahl 2021.

26 Paul 2017: 60.

27 Paul 2017: 84–92.

28 Desan 2014: 51–53.

29 Desan 2010.

30 Miskimin 1977: 159; siehe auch Day 1978.

31 Die «essentials» der «peasant's use of money» waren «harvest markets and tax payments», De Vries und van der Woude 2010: 81; vgl. zum vorzeitlichen und antiken Einsatz von Schulden und Zahlungsmitteln auch Hudson 2018.

32 Desan 2019: 114; vgl. Desan 2010 und 2014.

33 Ebd.; siehe auch Desan 2014: 52–58.

34 Desan 2014 und zur Übersicht: Paul 2017: 82–99.

35 Weitere empirische Belege für die Bedeutung vertikaler Forderungen eines Herrschers gegen seine Untertanen für die Etablierung monetärer Ordnungen findet sich in der Kolonialgeschichte des afrikanischen Kontinents, bei der eine Nachfrage für die Währungen der Kolonialmächte nicht zuletzt durch die Einführung und drakonische Durchsetzung von Zahlungspflichten erzeugt wurde. Siehe dazu als Überblick Forstater 2006.

36 Desan 2014: 58, Übersetzung A. S.; vgl. Desan 2010.

37 Desan 2010, bes. 381–382.

38 Ein Beispiel: «Gegen Ende des 12. Jahrhunderts erreichte auch in England ein

regionales Messesystem mit perfekt abgestimmten Terminen seine volle Entfaltung. Es betraf die Orte Stamford (Fastenzeit), St. Ives (Ostern), Boston (Juli), Winchester (September), Northampton (November) und Bury St. Edmunds (Dezember), denen etliche Händler wohl noch die Jahrmärkte von King's Lynn (Ende Juli) und Westminster (Oktober) hinzufügten», Pauly 2010: 52.

39 Bei einigen Messen wurden sogar eigene, durch diese horizontalen Forderungen begründete Recheneinheiten wie der écu de marx oder der scudo di marchio verwendet, die eine Verrechnung der verschiedenen Währungen in einzelnen Bankbüchern vereinfachte, Denzel 2008: 63.

40 Die den Wechsel ausstellende Bank schuldete dem Begünstigten des Wechsels eine Summe an Münzen. In verschiedenen Rechtstraditionen konnte eine solche Schuld zunächst sogar nur durch die Herausgabe genau der eingelagerten Münzen getilgt werden. Konkret: Die Erwartung, mit der man vor der Erfindung und Etablierung von Wechselgeschäften an den Rechtskontrakt einer Schuld heranging, war die, dass, wenn jemand eine Schatulle mit Goldmünzen auslieh, man genau diese Schatulle mit genau diesen Münzen als Inhalt zurückzugeben habe. Es mussten einige Argumentationsketten vor Gericht ausgetauscht werden, bevor man zuließ, dass die Auszahlung der eingezahlten Summe (nicht der konkreten eingelagerten Münzen) hinreichte, um die Wechselschuld zu tilgen (dazu im Detail: Geva 2011; 2016b).

41 Erste Schritte zur Erprobung fanden auf besagten Messen statt. Die diese Veranstaltungen besuchenden und mit Wechseln anstelle von Münzen ausgestatteten Händler trafen durch die Struktur des Messewesens immer wieder aufeinander, kannten sich also mehr oder weniger. Der Handel fand also nicht zwischen Akteuren statt, die einmal miteinander interagierten und sich dann nie wieder trafen. Man kaufte mal von diesem, mal von jenem, untereinander und wechselseitig. Statt nun also Silber oder Gold hin- und herzuschieben, ließen die Händler anschreiben und stellten dafür Schuldscheine aus – Wechsel. Ihre Käufe erzeugten also Forderungen gegeneinander, so dass am Ende einer jeden Messe die beteiligten und untereinander bekannten Händler viele Schuldner und Gläubigerpositionen gegeneinander aufsummiert hatten. Jeder Einzelne hatte also Forderungen gegen andere und gegen sich selbst. Statt nun aber Münzen zum Einsatz zu bringen, wurden nun zu jeder neuen Messe Forderungen gegeneinander aufgerechnet und so vergolten. (Horizontale) Forderungen wurden also durch (Gegen-)Forderungen getilgt, rückversichert durch, aber doch in der Praxis mit einem hohen Grad an Unabhängigkeit vom Münzgeld.

42 Netzwerke aus Firmen, die ihre eigenen Bilanzen zur Abwicklung der Schuldabwicklung anboten – Bankennetzwerke – bildeten sich natürlich nicht nur als Gerüst des Messehandels. Vor allem die Geschichte großer Bankiersfamilien wie der Medici sind über die Kreise von Wirtschaftshistorikerinnen und -historikern hinaus bekannt, weil insbesondere die italienischen Stadtstaaten die Zentren dieser Netzwerke beherbergten. Italien spielt hier auch eine wichtige Rolle, weil es die Organisationsstruktur der katholischen Kirche notwendig machte, Zahlungsflüsse aus der gesamten europäischen Peripherie in den Vatikan zu leiten. Auch hier wurden Formen des Wechsels verwendet. Zu den

Kurienbanken und den Schwierigkeiten des Aufbaus von Netzwerken in Nordeuropa siehe Weissen 2010.

43 Denzel 2008: 62–70; Ingham 2004: 121–131; Hodgson 2015: 147–172.
44 Denzel 2008: 67.
45 Denzel 2008: 69 f.
46 Neal 2015; Wennerlind 2011; Boyer-Xambeu et al. 1994.
47 Allein die Vorstellung, eine Schuld einfach auf jemand anderen zu übertragen und damit auch noch eine weitere Schuld zu tilgen, widersprach tradierten Praktiken und Rechtsvorstellungen. Um dahin zu kommen, war eine Volte im Denken und in der Rechtsprechung notwendig, die sich in vielen kleinen Schritten vollzog. Neben Desan 2014 sei hier vor allem noch einmal auf die Arbeiten von Benjamin Geva verwiesen (zu unserem abstrakten Beispiel vor allem Geva 2016a: 377), der «the transformation of debt as a narrow form of action into a broad legal relationship» (Geva 2016a: 375) ausleuchtet. Siehe außerdem Geva 2011 und Denzel 2008: 62–70.
48 Desan 2014.
49 Ingham 2020: 62.
50 Zum englischen Geld- und Bankensystem dieser Zeit Quinn 1997; 2004.
51 Davies 2002: 253; Neu 2019.
52 «Damit kombinierten die 1696 zur Abfederung einer krisenhaften und wirtschaftsschädigenden Zahlungsmittelknappheit eingeführten *Exchequer bills* Eigenschaften, die sie aus heutiger Sicht zu einem Hybrid machen: Ihre Zahlungsmittelfunktion lässt sie als (Papier-)Geld, ihre Verzinsung hingegen als Staatsanleihe erscheinen – faktisch war sie beides gleichzeitig, ein zinstragendes Zahlungsmittel, das bis weit ins 19. Jahrhundert einen festen Platz im System der britischen Staatsfinanzen einnehmen sollte», Neu 2019: 92.
53 Zu den niederländischen Experimenten mit Geld aus nicht eintauschbaren Zentralbankverbindlichkeiten siehe Quinn und Roberds 2014; 2019.
54 Zum Public-Private-Partnership siehe Ingham 2004; vgl. auch Koddenbrock 2019b; zur Hybridität Weber 2018; zum Franchisekonzept Hockett und Omarova 2017.
55 Dies ist freilich eine starke Simplifizierung. Für eine genauere Darstellung siehe noch einmal Ehnts 2020.
56 Mause 2019.
57 Zur Austeritätspolitik als Herrschaftsstrategie siehe Stützle 2012, Blyth 2015, zum «Fetisch» der «schwarzen Null» siehe Haffert 2016.
58 Haffert 2016: 7; für eine Aktualisierung der Beobachtung siehe Haffert 2020.
59 Zitiert nach Haffert 2016: 7.
60 Thiele 2018. In ihrem Einführungswerk *Staatsverschuldung* verweisen Hanno Beck und Aloys Prinz im Kapitel *Warum lebt der Staat auf Pump?* (Beck und Prinz 2011: 27–42) auf die wenigen legitimierbaren Antworten auf ebendiese Frage. Zunächst, so sagen sie, sei eine Verschuldung plausibel, wenn man damit rentable Projekte finanziere, ganz so, wie es ein Unternehmen tut (oder tun sollte). Damit sind Projekte gemeint, die ein Einkommen generieren, mit dessen Hilfe sich die Schulden wieder abtragen lassen. Schulden müssen sich also selbst rechtfertigen, indem sie etwas «erwirtschaften». Sofern die «Rentabilität» gegeben ist, kann auf die «Dringlichkeit» einer Investition mit Schulden reagiert werden. Schließlich dürfte es nicht nur den meisten Individuen und

Unternehmen, sondern eben auch Staaten «schwerfallen, alle Investitionen aus den laufenden Einnahmen zu bezahlen» (ebd.: 28). «Insofern sind Kredite, ist die Aufnahme von Staatsschulden immer dann gerechtfertigt, wenn mit diesem Geld investierte Projekte finanziert werden, von denen man sich in Zukunft Erträge verspricht» (ebd.). Ist dies nicht der Fall, weil der Staat sich etwa zur Finanzierung von Wohlfahrtsleistungen verschuldet, so wird von einer Verschiebung der Finanzierungslasten von der gegenwärtigen auf kommende Generationen gesprochen, die, wenn diese Beschreibung zuträfe, sogar als Demokratiedefizit und damit als illegitim gewertet werden könnte.

61 Dieser Vorwurf trifft freilich nicht nur den *Handbook*-Artikel oder Margaret Thatcher, sondern auch die anderen, im dritten Kapitel zitierten Beispiele für diese intuitive Denkfigur, etwa Charles Tilly (1985; 1990) oder Margaret Levi (2008).

62 Die Kritik, die öffentliche Hand sei nicht wie ein privater Haushalt zu analysieren, ist in praktisch jedem MMT-Beitrag anzutreffen, dürfte aber weit über diese Denkschule hinaus unter (politischen) Ökonominnen und Ökonomen Zustimmung finden. Ihr dennoch erdrückendes Gewicht im öffentlichen politischen Diskurs ist davon allerdings (und: bedauerlicherweise) unbenommen.

63 «MMT exposes the notion of voluntary *versus* intrinsic constraints in a fiat currency system», Mitchell und Fazi 2017: 189.

64 Ehnts 2020: 117.

65 Bell 2000. Stephanie Kelton hieß damals noch Stephanie Bell.

66 In der Realität läuft der Vorgang freilich nicht immer so ab – dies ist eine Ceteris-Paribus-Erläuterung basaler Kausalzusammenhänge. Details finden sich etwa in Ehnts 2020.

8. Zur Privatisierung monetärer Souveränität

1 Siehe dazu Pistor 2017, Karth et al. 2019a, 2019b, 2019c.

2 Zur depolitisierenden Verfassung internationaler monetärer Ordnungen Kreitner 2010.

3 Die sich damals noch Libra Association nennende, heute aber Diem Association heißende Vereinigung hat zu ihren Plänen ein Whitepaper veröffentlicht, das sich unter https://www.diem.com/en-us/white-paper/ herunterladen lässt [01.07.2021]. Siehe dazu auch noch einmal Karth et al. 2019a, 2019b, 2019c.

4 Zur politischen Ökonomie digitaler Ökosysteme Staab 2019.

5 Hier nachzulesen: https://www.consilium.europa.eu/en/press/press-releases/2019/12/05/joint-statement-by-the-council-and-the-commission-on-stablecoins/ [01.07.2021], Übersetzung A. S.

6 Die Stellungnahme kann unter https://www.bundesfinanzministerium.de/Content/EN/Standardartikel/Topics/Financial_markets/Articles/2019-09–17-Libra-download.pdf [01.07.2021], Übersetzung A. S., heruntergeladen werden.

7 Siehe zu diesem Zitat Karth et al. 2020a.

8 Bellamy 2017; Bodin 2011; Helleiner 1999; Herrmann 2008; Zimmermann 2013a, 2013b.

9 Zimmermann 2013a, 2013b; dazu nochmal Pistor 2017.

10 Karth et al. 2020a.

11 Zur Zentralbank als Trägerin territorialer monetärer Souveränität in der Gegenwart siehe Aglietta 2018 und Steil und Hinds 2009. Das territoriale Verständnis monetärer Souveränität als (vor allem) Geldwertpolitik fassen Steil und Hinds (2009: 107) so zusammen: «As a tool of state political and economic control, money needs to be mutable in value. In order for the state to use money to influence the way the national economy operates, central banks must be able to control the levers determining the rate of change of domestic prices (that is, the inflation rate) as well as the exchange rate against other currencies. This implies a natural difference between money's acquisitive power domestically and internationally. Central banks need to sever the connections between the domestic and international financial markets in order to conduct monetary policy – to exercise monetary sovereignty. Otherwise, international markets, not the central bank, dictate national monetary conditions such as interest rates. A currency of immutable value is not compatible with monetary policy because the very aim of such policy is to allow for directed change in the value of money»; siehe auch Kirshner 2003a.

12 Kreitner 2010; Aglietta 2018. Zum Konzept der (nicht-)kontingenten Knappheit Luhmann 2013: 300ff.; zur geldtheoretischen Anwendung Sahr 2017a: 153–155.

13 Kreitner 2010.

14 Dazu ausführlich und kritisch Sahr 2017a: 104–111. Beispielhaft etwa Ganßmann 2002, 2015a, 2015b.

15 Der Drang, scharf zwischen Währung im Sinne des gesetzlichen Zahlungsmittels Bargeld und Giralgeld als bloßem Stellvertreter dieses «echten» Geldes zu unterscheiden, baut (auch) auf einer fehlgeleiteten Annahme über die kausalen Abhängigkeiten der Geldschöpfung; der Annahme nämlich, die Menge von der Zentralbank herausgegebenen Geldes würde die Produktion von Giralgeld begrenzen, wodurch die Differenz zwischen Echtgeld und bloßem Surrogat auch in der Produktionspraxis zementiert werden würde. Dem ist aber nicht so. Wir wollen diese fachinternen Spitzfindigkeiten hier allerdings nicht weiterverfolgen, weil der Erkenntnisgewinn zu gering wäre. Aus meiner Sicht – und damit in der Argumentation dieses Buches – macht es keinen Sinn, zwischen Geldschöpfung (die dann Giralgeld einschließen würde) und der «Herausgabe einer Währung» im Sinne der Emittierung von Bargeld in dem Sinne zu differenzieren, als dass ersteres als Währung («echtes» Geld) und zweiteres als Surrogat zu bezeichnen wäre. Dazu mehr in Sahr 2017a, 2017b, 2018a. Siehe außerdem Postberg 2013 oder Huber 2017.

16 Zur Unterscheidung eines «distributiven» von einem «kreativen» Kreditbegriff siehe Sahr 2017a: 141–196, Sahr 2017b und Sahr 2018. Das Intermediärenmodell ist (oder war) nicht nur in der vielgescholtenen Volkswirtschaftslehre, sondern auch in der Soziologie dominierend (vgl. Sahr 2017a, 2017b, 2018b). Wer sich für Banken interessiere, so bemerken Davis und Kim in einem Überblicksartikel, beschäftige sich damit «how money is channeled from savers (investors) to borrowers» (Davis und Kim 2015: 204; dazu ferner exemplarisch: Stearns und Mizruchi 2005: 287; Abolafia 2006: 278; Carruthers 2005: 262; Lapavitsas 2017: 45).

17 Vgl. zur Kritik dieser Theorie vor allem, aber neben vielen anderen einschlägig: Moore 1988; Minsky 2008; Ingham 2004; 2020; Mehrling 2011; Wray 2012; Postberg 2013; Jakab und Kumhof 2015, 2019; Deutsche Bundesbank 2017; Werner 2014a, 2014b; Pettifor 2018; Huber 2015, 2017; Ehnts 2020.
18 Huber 2015: 294.
19 Fullwiler 2013; allenfalls in Krisenmomenten, siehe Wullweber 2019.
20 Deutsche Bundesbank 2017: 15.
21 Titel des *Der Spiegel* vom 22.08.2011.
22 Ryan-Collins et al. 2011: 7; Jakab und Kumhof 2015: 5.
23 Reifner 2010: 209.
24 «This contrasts with the 1945–1980s period, when it was commonplace in both advanced and emerging economies to employ various forms of credit controls and credit allocation policies aimed at supporting priority sectors such as exports and manufacturing, while repressing credit to less desirable sectors», Bezemer et al. 2018: 3. Detragiache et al. (2018) haben den wirtschaftspolitischen Wandel zwischen 1975 und 2005 in 91 Ländern verfolgt und für jedes Land Indexwerte berechnet, die den Grad des Rückbaus politischer Vorgaben und Kontrollansprüche angeben. Die Daten zeigen einen deutlichen Trend zur Liberalisierung. Siehe außerdem Lütz 2002, Streeck 2014, Aikman 2018 und Reifner 2010.
25 «Given these constraints, financial intermediaries naturally satisfied the demands of their biggest and safest customers first. There was no call for financial innovation; bank managers were trained to say ‹no›, rather than ‹yes›; and they, and their counterparts in mortgage banking, followed the 3:6:3 rule, i.e. borrow at 3 %, lend at 6 % and be on the golf course at 3 pm. Lunches were long and liquid. The current nostalgia for the controlled conditions of the postwar period is misplaced.» Goodhart 2010: 3.
26 Dutraive und Théret 2017.
27 Bundesbank 2017: 23.
28 Zur Vorstellung von monetärer Souveränität als einem Spektrum siehe Bonizzi et al. 2019 und Kelton 2020.
29 Karth et al. 2020a.
30 Ingham 2004: 128.
31 Dabei ist die «Elastizität» des Geldgeflechts von Akteur zu Akteur verschieden, je nachdem, wie attraktiv eine Forderung gegen ihn als Kredit für das Bankensystem ist. Siehe hierzu den Begriff des «Elastizitätsraums» (*elasticity space*) bei Steffen Murau (2020). Dort werden auch die nachgenannten Faktoren genauer charakterisiert. Die Attraktivität von Kreditanträgen für den Bankensektor wird von verschiedenen Faktoren beeinflusst. Zunächst von der Kreditwürdigkeit des potenziellen Schuldners, denn nur ein erfolgreich getilgter Kredit bringt die Bankbilanz nicht in Schwierigkeiten. Auch regulatorische Vorgaben können Forderungen attraktiver oder unattraktiver machen. Beispielsweise können Staatsschulden von der Pflicht befreit sein, Eigenkapital in einer bestimmten Höhe vorrätig zu halten. Außerdem spielt für Geschäftsbanken eine Rolle, ob die Kredite als Sicherheiten bei Zentralbanken akzeptiert werden (also auch für die Zentralbanken attraktiv sind). Schließlich wird die Attraktivität von Krediten auch durch das allgemeine «Erwartungsklima» (Minsky 2008: 255) bestimmt, also etwa, ob sich die Wirtschaft in einer Auf- oder Ab-

schwungphase befindet oder ob die Zentralbanken und Regierungen glaubhaft versprechen, das ganze *grid* im Krisenfall abzustützen. Murau (2020) spricht hier von «kontingenten» Vermögen, in dem Sinne, als dass schon die belastbare Aussicht auf eventuelle Notfallkredite und Kapitalspritzen aus der Politik die Attraktivität vielleicht ansonsten zu riskanter Kredite für die Geschäftsbanken steigern kann, auch wenn noch gar keine Krise aufgetreten ist.

32 Diese Formulierung soll allein auf den Umstand verweisen, dass es keine Grenzen für die Erzeugung nominell hinreichender Summen gibt; nicht, dass der Prozess tatsächlich realisierbar wäre.

33 Bonizzi et al. 2019.

34 Müller und Sahr 2021.

35 Seit 1960 haben 145 Staaten eingegangene Zahlungsversprechen gebrochen. Siehe dazu die Datenbank der Bank of Canada und Bank of England, zuletzt veröffentlicht als Beers und Mavalwalla 2018. In der Mehrheit ging es dabei in der Tat um Schulden gegenüber öffentlichen Institutionen (z. B. Zentralbanken) und privaten Investorinnen außerhalb des eigenen Währungsraumes. 31 Länder haben seit 1960 aber auch Schulden in der eigenen Währung nicht zurückgezahlt. Dabei handelte es sich aber nicht um das Eingeständnis alternativloser Sachlagen, sondern um Entscheidungen, die etwa mit Währungsumstellung (dem Austausch alter gegen neue Banknoten zum Beispiel, die zu Sollpositionen in der Bilanz des Schatzamts führten), nicht länger anerkannten Altschulden oder dergleichen zu tun hatten (Beers und Mavalwalla 2018: 17–19). Es ist also höchst fraglich, ob man solche Prozesse überhaupt unter den Begriff eines Ausfalls (*default*) bringen sollte, wie die zitierte Datenbank es tut. Dazu: Ehnts 2020: 119 und Mellios und Paget-Blanc 2011: 326.

36 Lavoie 2019.

37 Lennkh et al. 2019.

38 Zur *original sin* Eichengreen und Hausmann 1999. Papadimitriou und Wray (2012) sprechen in Analogie von «Europe's Original Sin». «For the nations who have adopted the Euro», schreibt etwa der MMT-Ökonom Randall Wray, «[it] is as if they had adopted a foreign currency», Wray 2012: 171. So etwa auch Mitchel und Fazi 2017, Ehnts 2020, Kelton 2020.

39 Ingham 2004: 195, Übersetzung A. S.

40 Müller und Sahr 2021; Ehnts und Paetz 2021.

9. Betriebsprobleme der Maschine

1 Daten der Weltbank, Indikatoren: Bank Deposits to GDP for World und Broad Money (% of GDP) [01.07.2021]. Im Jahr 1970 hatte das weltweite Kreditvolumen privater Banken an den Privatsektor ein Volumen von etwa 46 Prozent der Wirtschaftsleistung, 2019 waren es um die 90 Prozent (Weltbank, Indikator: Monetary Sector credit to private sector (% GDP), beide abgerufen am 01.07.2021). Siehe außerdem Huber 2017: 109–111, Turner 2016 und Binswanger 2015.

2 Beck et al. 2020 haben ein Sample von 100 Ländern untersucht; siehe für eine Fallstudie in Russland Fidrmuc et al. 2015.

3 «In most modern banking systems most credit does not finance new capital

investment. Instead, it funds the purchase of assets that already exist», Turner 2016: 61.

4 Bezemer 2019; Bezemer und SamarIna 2019.

5 «Until the 1980s, most bank lending went into the real economy – that is, most bank loans supported investment (the formation of fixed capital) and revolving funds for working capital. Most bank lending supported economic growth in this way.» Bezemer 2019: 138; Jordà et al. 2014; Turner 2016; Huber 2017. «Our econometric modelling shows that the most important macroeconomic variable driving GDP growth is likely to be credit creation by banks for the real economy», Ryan-Collins et al. 2013: 32.

6 Bezemer 2019: 139.

7 Huber 2017: 111; vgl. Turner 2016: 61.

8 Kohl 2020. «This article makes the overall observation that since the 1970s and in many advanced economies, there has been a decoupling of the financial side of housing – mortgages and prices – from real economic activity – new houses and residential capital formation. Beyond a certain country-specific threshold of mortgage indebtedness per GDP, additional mortgage lending does not increase the housing supply further but rather inflates house prices and has construction-depressing effects», ebd.: 21; Jordà et al. 2014.

9 Marktkapitalisierung: Daten der Weltbank, Indikator: Market capitalization of listed domestic companies (% of GDP) [01.07.2021]; Verschuldung: Brandmeier et al. 2015; vgl. Sahr 2017b: 21 f.

10 USA: Brandmeier et al. 2015: 19; Eurozone: Adam und Tzamourani 2015; Deutschland: Schröder et al. 2020. Zur Verteilungswirkung der Finanzialisierung außerdem Huber 2017: 132.

11 Piketty 2014, 2020. Aktuelle Daten finden sich in der World Inequality Database unter der Adresse wid.world. Zur Vermögenspreisinflation: Kimmel 2018.

12 Einen Überblick über den Stand der Forschung bietet Mader et al. 2020.

13 Tomaskovic-Devey und Lin 2011; Lin und Tomaskovic-Devey 2013; Palley 2013; Palladino 2020.

14 Todorov 2020.

15 Zur Verteilungswirkung dieser auf stabile oder weiter steigende Vermögenspreise ausgerichteten Politik hatte die Europäische Zentralbank schon in ihrem Jahresbericht 2016 nüchtern festgestellt: «Im Euroraum sind die privaten Haushalte, die beispielsweise in Aktien oder Anleihen investiert haben, sehr stark an der Spitze der Nettovermögensverteilung konzentriert. Damit profitiert nur ein relativ kleiner Teil der Bevölkerung von den Vermögenspreissteigerungen auf dem Aktien- und Anleihemarkt, drei Viertel der Bevölkerung jedoch gar nicht», Europäische Zentralbank 2016: 54.

16 Ich habe die Verteilungsfolgen freigesetzter privater Geldschöpfung in einer früheren Monografie – *Keystroke-Kapitalismus. Ungleichheit auf Knopfdruck* – ausführlicher behandelt und will es an dieser Stelle deswegen bei dieser kurzen Skizze belassen (Sahr 2017b). Das Buch wurde im Original von der Hamburger Edition, in einer weiteren Auflage aber außerdem von der Bundeszentrale für politische Bildung verlegt; hier trägt es den Titel: *Ungleichheit auf Knopfdruck. Die Spielregeln des Keystroke-Kapitalismus.*

17 Foroohar 2017.

18 King 2010, Übersetzung A. S.

19 Minsky 2011. Manchmal wird vermutet, die in den sogenannten Basel-Regularien fixierten Eigenkapitalvorschriften würden solchen Exzessen Grenzen setzen. Sie bestimmen, dass Geschäftsbanken ihre Kredite mit eigenem Kapital unterlegen müssen. Das bedeutet aber nicht, dass sie vor der Kreditvergabe Geld einnehmen, also um endliche Ressourcen konkurrieren müssen. Eigenkapital ist eine buchhalterische Größe, die sich aus der rechnerischen Differenz von Einnahmen und Ausgaben (zurückgehaltene Gewinne) und dem Aktienwert der Firma zusammensetzt (es gibt weitere Formen von Eigenkapital, die hier nicht weiter aufgeschlüsselt werden können). Eigenkapital ist also nichts, womit man irgendwas bezahlen könnte, es ist keine Liquidität, also Zahlungsfähigkeit, sondern ein buchhalterisches Residuum. Insofern Eigenkapital aus Aktienwerten besteht, vermehrt es sich im Zuge von Kreditspiralen selbst, wenn diese die Aktienpreise und Gewinne der Banken in die Höhe treiben. Außerdem können Eigenkapitalvorschriften durch Verlagerung von Geschäften umgangen oder neues Eigenkapital mithilfe kooperierender Banken aus dem Nichts geschaffen werden. Schließlich hängt die Höhe des notwendigen Eigenkapitals auch von den eigenen Risikoberechnungen der Banken ab. Eigenkapitalregularien verhindern also weder, dass das Bankensystem profitable Geschäfte mit neuem Geld finanzieren kann, noch setzt es Expansionsdynamiken Grenzen. Mehr zu dieser «Endogenität» von Eigenkapital in Sahr 2017a: 174–181 und Sahr 2017b: 110–117.

20 Jens Beckert (2016) hat für die Soziologie des Kapitalismus im Allgemeinen herausgearbeitet, dass Zukunftserwartungen keine individuellen, sondern Gruppen- oder Herdeneigenschaften sind. Ich habe an anderer Stelle anstatt von einem «Erwartungsklima» (Minsky 2008: 255) von einem «Praxisvertrauen» gesprochen: Sahr 2017a: 224–230.

21 «Household – in particular mortgage – credit booms are also more likely to result in financial crises and debt overhangs than credit expansions to non-financial firms [....]. A simple logic lies behind these findings. Credit that supports productive investment and spending raises incomes by enhancing productive capacity and aggregate demand. This typically generates sufficient cash flow incomes to meet the growth in debt obligations. Macroeconomic instability arises when the ratio of this productive credit falls relative to more speculative and unproductive lending. In contrast, mortgage lending or bank lending to other financial corporations typically does not generate income streams sufficient to finance the growth of debt», Bezemer und Ryan-Collins 2018: 2.

22 Huber 2017: 101.

23 Ryan-Collins et al. 2017: 7; Bezemer und Ryan-Collins 2018; Huber 2017; Jordà et al. 2014.

24 Funke et al. 2017; Funke und Trebsch 2017; Vogl 2021.

25 Funke und Trebsch 2017: 6, Übersetzung A. S.

26 Exemplarisch für die wachstumskritische Debatte Raworth 2018.

27 Paul 2017: 228–230.

28 Paul 2017: 230.

29 So z. B. Douthwaite 1993; Binswanger 2010; 2013; Kuzminsky 2013; Paul 2017; Binswanger 2019; Pettifor 2018; 2020.

30 Es ist also, wie etwa die Bewegung *Positive Money* in einem Bericht argumentiert, vor allem die wachsende Verschuldung, die die Generierung zunehmender Einnahmen notwendig macht, nicht (strukturell) die Zinsen, Positive Money 2018: 24 f.
31 Jackson und Victor 2015.
32 Rainforest Action Network 2021; die Daten sind auf der Homepage www.bankingonclimatechaos.org [01.04.2021] einsehbar.
33 Pettifor 2018; 2020; Raworth 2018; siehe auch Positive Money 2018.

10. Geldpolitik als Infrastrukturpolitik

1 Huber 2017: 102.
2 Nicht zuletzt Hayek hat sich intensiv mit Cantillons Theorem auseinandergesetzt, weil es gleichgewichtsökonomische Axiome herausforderte (Hagemann und Trautwein 1998). Hayek hat auch 1931 Schriften Cantillons herausgegeben und damit zugänglich gemacht: Cantillon 1931. Siehe für eine soziologische Einordnung Kirshner 2001. Arkadiusz Sieroń hat 2019 eine umfangreiche Aktualisierung des Cantilloneffekts vorgelegt; siehe außerdem Bordo 1983; Huber 2017.
3 Abseits von Vollgelderwägungen evaluieren gerade viele Zentralbanken die Möglichkeit, auch privaten Haushalten Konten anzubieten. Diese Debatte um «digitale Zentralbankwährungen» (wobei deren Clou eben nicht die «Digitalität» ist, sondern die Tatsache, dass das Bankkonto keine Verbindlichkeit einer privaten Geschäftsbank darstellt, dennoch aber von privaten Haushalten genutzt werden könnte), oder *central bank digital currencies* (CBDC), ist im derzeitigen Stadium weniger revolutionär, als sie vielleicht wirken mag. Insbesondere die EZB hat deutlich gemacht, dass ein eventueller «digitaler Euro» den Status quo des Geldsystems (und damit auch die Machtverhältnisse) keinesfalls antasten soll, lediglich ein Ersatz für physisches Bargeld soll gefunden werden.
4 Huber 2017 spricht auch von *sovereign money*: «The entire stock of sovereign money would be created and issued by an independent and impartial state body» (ebd.: 144). Mit Hubers Vollgeldreform verwandte Programme werden in verschiedenen Ländern von sozialen Bewegungen kleineren Ausmaßes verfolgt, auf die vielen Detailunterschiede kann hier nicht eingegangen werden. Siehe etwa Jackson et al. 2014, Darstellungen auf den Webseiten der Initiativen positivemoney.org, monetative.de oder vollgeld.ch.
5 Die die generalisierten Gläubigerpositionen emittierende Zentralbank würde anders operieren als die Zentralbanken der monetären Maschine heute. Sie würde als Monopolistin der Geldschöpfung Geldbeträge nicht als Verbindlichkeiten ausweisen, die dann (u.a.) gegen Staatsschulden gegengerechnet und somit bilanzlogisch durch sie ermöglicht würden. Staatsschulden wären also nicht länger die Grundlage der Geldversorgung. Vielmehr wären die Geldbeträge ihr Haben, nicht ihr Soll. Würde sich eine Geschäftsbank nun beispielsweise eine Summe von der Zentralbank leihen wollen, würde das geliehene Geld nicht zusammen mit dem Kredit entstehen. Vielmehr würde die Zentralbank einen Vermögenswert (den Geldbetrag) gegen einen anderen tauschen

(eine Forderung gegen die Geschäftsbank); «On no bank balance sheet does it [money, A.S.] appear as a liability», Huber 2017: 145. Zur Buchhaltung von Vollgeld siehe außerdem Dyson und Hodgson 2016.

6 In Deutschland gibt es einen gleichnamigen Verein, der auf eine Vollgeldreform hinarbeiten möchte und unter https://monetative.de/ [01.07.2021] zu finden ist.

7 Huber 2017: 151. «Neither profit-seeking bankers, nor vote-seeking politicians can be trusted with the power to create money», Jackson et al. 2014: 204.

8 Huber 2017: 160.

9 Huber 2017: 158.

10 Die dezentral-hybride Struktur der Maschine verteilt außerdem die Aufgabe der Verknappung des Geldes auf viele Schultern: Jede einzelne Schuldnerin ist für die Rückzahlung ihres Kredits und jede einzelne Bank für den Ausgleich ihrer Bilanz verantwortlich (dass besonders diese Verantwortung routiniert vergesellschaftet, d.h. dem Big Government überlassen wurde, wird auch hier zu einem Problem).

11 Pettifor 2018; Sahr 2017b.

12 Huber 2017: 162.

13 Bezemer et al. 2018.

14 Vorsichtige und temporäre Ansätze zu einer solchen Steuerung der Geldschöpfung gab es infolge der Finanzkrise von 2008. Geldschöpfungsprogramme der Bank of England oder Bank of Japan boten etwa Anreize für die Kreditvergabe an kleine und mittelständische Unternehmen. Die EZB versuchte mit ihren Targeted Long-Term Refinancing Operations (TLTROs) realwirtschaftlichen Unternehmen Geld zur Verfügung zu stellen.

15 Ryan-Collins et al. 2017; Bezemer et al. 2018: 10.

16 «Most bank credit was allocated to productive uses, which meant either investment in plant and equipment to produce more goods, investment to offer more services, or other forms of investment that supported innovations and enhanced productivity», Bezemer et al. 2018: 10.

17 Monnet 2018a: 1, Übersetzung A.S.; Monnet 2018b.

18 Ryan-Collins at. al. 2017. Für Kanada: Ryan-Collins 2015: 25–27.

19 «From a political economy perspective, some have argued that, rather than becoming truly ‹independent› since the 1990s, central banks have rather supported one particular sector – the (international) financial sector – over the state, industry, and production», Ryan-Collins 2015: 4; grundsätzlich dazu Kirshner 2001, 2003a.

20 Aklin und Kern 2021 bringen die Unabhängigkeit auf drei Weisen mit zunehmender Ungleichheit in Verbindung: Erstens begrenzt die Entkopplung von Geld- und Fiskalpolitik die Möglichkeit wohlfahrtsstaatlicher Programme. Zweitens bereitet diese Entkopplung einen Anreiz zur Deregulierung von Geld- und Finanzmärkten, weil diese Deregulierungen auch die fiskalische Refinanzierung vergünstigen; auch damit werden die Anlageblasen begünstigt und verstärkt. Drittens implizieren die Unabhängigkeit und das enge geldpolitische Mandat zeitgenössischer Zentralbanken eine Politik, die zur Vermeidung von Inflationsspiralen auf eine Schwächung der Verhandlungsmacht der Arbeiterschaft setzt, Aklin und Kern 2021; bes. zum letzten Punkt auch Streeck 2014 und Kelton 2020.

21 Mitchell und Fazi 2017: 190.

22 Die Deutsche Bank hat dankenswerterweise verschiedene Modelle einer monetären Finanzierung von Staatsausgaben vorgestellt (Saravelos 2016). Erstens könnte – wie beschrieben – neues Guthaben auf dem Konto des Schatzamts im Tausch gegen Rückzahlungsversprechen gutgeschrieben werden. Damit wäre weiterhin auf eine Verknappung durch Befristung gesetzt, weil das Geld zurückgezahlt werden müsste. Die Anleihen (Rückzahlungsversprechen) stünden für einen Verkauf an den Privatsektor bereit. Zweitens könnte dem Staat neues Geld auf Dauer gutgeschrieben werden, ähnlich wie bei Hubers Vollgeldreform. Buchaltungstechnisch könnte man Ewigkeitsanleihen als Vermögen der Zentralbank bilanzieren, um neues Guthaben aufbuchen zu können – der Staat müsste das Geld also nicht zurückzahlen. Drittens könnte die Zentralbank Staatsschulden in der eigenen Bilanz einfach streichen und somit de facto die Aufnahme von Zahlungsfähigkeit am Markt erleichtern. Dadurch bekäme die Zentralbank eine «schiefe» Bilanz, also negatives Eigenkapital (sie müsste schließlich Vermögen streichen, ohne Verbindlichkeiten zu streichen). Das ist bei Zentralbanken aber kein Problem.

23 Für einen Überblick, der nach meiner Meinung aber Vollgeldreform und monetäre Staatsfinanzierung fälschlich zusammenwirft, siehe Pettifor 2018: 165–174.

24 Beispielsweise in dieser Rede aus dem Jahr 2002: https://www.federalreserve.gov/boarddocs/Speeches/2002/20021121/default.htm [01.07.2021]. Die Hinweise auf eine breitenwirksame Emittierung von neuem Zentralbankgeld brachten Bernanke den Spitznamen «Helicopter Ben» ein. In Bernanke 2016 blickt er reflektierend zurück.

25 Besonders, es unkommentiert zu tun, wie Mitchell und Fazi 2017: 187.

26 Brown 2013: 221–232.

27 Brown 2013: 202–204; Ryan-Collins et al. 2013; Krumbein 2018: 63–73.

28 Kirshner 2001 zeigt, wie schwierig es ist, den Nachweis der ökonomischen Schädlichkeit moderater Inflation zu erbringen. Dennoch wird im Mainstream der Volkswirtschaftslehre häufig genau das unterstellt.

29 Weiter oben haben wir stattdessen von einer «Vermögenspreisinflation» gesprochen, d.h. einem robusten Anstieg der Preise für Kapitalanlagen wie Immobilien oder Aktien. Bei allen Vorbehalten gegen eine politische Erzeugung von Zahlungsfähigkeit muss also von Anfang an mitgedacht werden, dass wir keinesfalls über die Ersetzung eines nichtinflationären gegen ein inflationäres Arrangement sprechen – allenfalls über die Art der Inflation.

30 https://clintballinger.wordpress.com/2020/04/30/airplane-crashes-arent-hyperlandings-notes-on-zimbabwe/ [01.07.2021].

31 Benes und Kumhof 2012; Armstrong und Mosler 2020.

32 Armstrong und Mosler 2020; Brown 2007: 237 f.; Zarlenga 1999.

33 Brown 2007: 229 f.

34 Wray 2006: 85.

35 «In May 1922 the Allies insisted on granting total private control over the Reichsbank. This private institution then allowed private banks to issue massive amounts of currency, until half the money in circulation was private bank money that the Reichsbank readily exchanged for Reichsmarks on demand. The private Reichsbank also enabled speculators to short-sell the currency,

which was already under severe pressure due to the transfer problem of the reparations payments [...]. It did so by granting lavish Reichsmark loans to speculators on demand, which they could exchange for foreign currency when forward sales of Reichsmarks matured», Benes und Kumhof 2012: 16; Zarlenga 1999.

36 Ryan-Collins 2015.
37 Mitchell und Fazi 2017: 187.
38 Ehnts und Paetz 2021: 12 f.
39 Brown 2013: 204.
40 Benes und Kumhof 2012: 17; vgl. Turner 2016.
41 King 2010, Übersetzung A. S.
42 Streeck 2011; 2014.
43 Kirshner 2001.
44 Paul 2017: 192 f.
45 Dazu ausführlich Kelton 2020: 49–54.
46 Wray 2006: 122–154.
47 «The government would choose one important commodity to act as a buffer stock, fixing its price. It would then let the quantity of this commodity purchased ‹float›; as a consequence, the government's budget deficit would also float. By fixing an important price, that is, the price of an item that enters as a major cost in the private sector, the government would impart some price stability to the economy. By allowing its deficit to float, it would help to close the demand gap created whenever private spending is too low, allowing the deficit to increase so that actual saving could rise to equality with desired saving (or fall to equality with desired saving if actual saving were too high). [...] The best commodity to use in such a buffer stock policy is unskilled labour. By stabilizing the wage of unskilled labour, the government will help to stabilize private sector wages and thus costs and prices», Wray 2006: 94.
48 Bill Mitchell und Joan Muysken sprechen in Analogie zur NAIRU von einem NAIBER, einer non-accelerating inflation buffer employment ratio (Mitchell und Muysken 2008, siehe auch Mitchell 1998). Zur Jobgarantie siehe Tcherneva 2020, Kelton 2020, Ehnts 2019, Höfgen 2020.
49 Schürz 2020.
50 Ehnts und Paetz 2019: 80; vgl. auch Höfgen 2020: 116, 125.
51 Lerner 1943, 1947, vgl. Wray 2018.
52 Crouch 2009; Streeck 2014.
53 Mertens 2015.
54 Zur Frühgeschichte von Schuldenschnitten: Hudson 2018.
55 Goodhard und Hudson 2018; Hudson 2018; Montgomerie 2019; Vague 2019, 2021.

Literatur

Abolafia, Mitchel (2006): Financial Markets. In: Jens Beckert und Milan Zafirovski (Hg.): International Encyclopedia of Economic Sociology. London: Routledge, S. 277–282.

Acemoğlu, Daron; Robinson, James A. (2012): Why Nations Fail. The Origins of Power, Prosperity, and Poverty. 1st ed. New York: Crown Publishers.

Adam, Klaus; Tzamourani, Panagiota (2015): Distributional Consequences of Asset Price Inflation in the Euro Area. Deutsche Bundesbank (Discussion Paper, 27).

Aglietta, Michel (2018): Money: 5,000 years of debt and power. London, New York: Verso.

Aikman, David; Bush, Oliver; Taylor, Alan M. (2018): Monetary versus Macropridential Policies: Causal Impacts of Interest Rates and Credit Controls in the Era of the UK Radcliff Report. National Bureau of Economic Research (NBER Working Paper Series, 22380). Online verfügbar unter http://www.nber.org/papers/w22380, zuletzt geprüft am 01. 11. 2021.

Allen, Larry (2009): The Encyclopedia of Money. 2nd ed. Santa Barbara, Calif: ABC-CLIO.

Alvaredo, Facundo; Atkinson, Anthony B.; Piketty, Thomas; Saez, Emmanuel (2013): The Top 1 Percent in International and Historical Perspective. In: *Journal of Economic Perspectives* 27 (3), S. 3–20. DOI: 10.1257/jep.27.3.3.

Alvaredo, Facundo; Chancel, Lucas; Piketty, Thomas; Saez, Emmanuel; Zucman, Gabriel (2017): Global Inequality Dynamics: New Findings from WID.world. In: *American Economic Review* 107 (5), S. 404–409. DOI: 10.1257/aer.p2017 1095.

Armstrong, Phil; Mosler, Warren (2020): Weimar Republic Hyperinflation Through a Modern Monetary Theory Lens. Online verfügbar unter http://moslereconomics.com/wp-content/uploads/2020/11/Weimar-Republic-Hyperinflation-through-a-Modern-Monetary-Theory-Lens.pdf, zuletzt geprüft am 01. 11. 2021.

Asmuth, Christoph; Nonnenmacher, Burkhard; Schneidereit, Nele (Hg.) (2016): Texte zur Theorie des Geldes. Stuttgart: Reclam.

Barlösius, Eva (2019): Infrastrukturen als soziale Ordnungsdienste: ein Beitrag zur Gesellschaftsdiagnose. Frankfurt a. M: Campus.

Beck, Hanno; Prinz, Aloys (2011): Staatsverschuldung. Ursachen, Folgen, Auswege. 1. Aufl. München: Verlag C.H.Beck.

Beck, Hanno; Prinz, Aloys (2019): Schulden machen ohne Reue. In: *Frankfurter Allgemeine Zeitung* vom 15. 04. 2019, S. 16.

Beck, Thorsten; Döttling, Robin; Lambert, Thomas; van Dijk, Mathijs: Liquidity Creation, Investment, and Growth. Centre for Economic Policy Research CEPR (Discussion Papers, 14956). Online verfügbar unter https://cepr.org/active/publications/discussion_papers/dp.php?dpno=14956, zuletzt geprüft am 01.11.2021.

Beckert, Jens (2018): Imaginierte Zukunft. Fiktionale Erwartungen und die Dynamik des Kapitalismus. Berlin: Suhrkamp.

Beers, David; Mavalwalla, Jamshid (2018): The BoC-BoE Sovereign Default Database Revisited: What's New in 2018? Bank of Canada (Staff Working Paper, 30). Online verfügbar unter https://www.bankofcanada.ca/wp-content/uploads/2018/07/swp2018–30.pdf, zuletzt geprüft am 01.11.2021.

Beggs, Michael (2017): The State as a Creature of Money. In: *New Political Economy* 22 (5), S. 463–477. DOI: 10.1080/13563467.2017.1240670.

Bell, Stephanie (2000): Do Taxes and Bonds Finance Government Spending? In: *Journal of Economic Issues* 34 (3), S. 603–620. DOI: 10.1080/00213624.2000.11506296.

Bell, Stephanie (2001): The Role of the State and the Hierarchy of Money. In: *Cambridge Journal of Economics* 25 (2), S. 149–163.

Bellamy, Richard (2017): A European Republic of Sovereign States: Sovereignty, Republicanism and the European Union. In: *European Journal of Political Theory* 16 (2), S. 188–209. DOI: 10.1177/1474885116654389.

Benes, Jaromir; Kumhof, Michael (2012): The Chicago Plan Revisited. Internationaler Währungsfonds (IMF Working Papers, 12/202). Online verfügbar unter https://www.imf.org/external/pubs/ft/wp/2012/wp12202.pdf, zuletzt geprüft am 01.11.2021.

Bernanke, Ben S. (2016): What Tools Does the Fed Have Left? Part 3: Helicopter Money. In: *Brookings*, 11.04.2016. Online verfügbar unter https://www.brookings.edu/blog/ben-bernanke/2016/04/11/what-tools-does-the-fed-have-left-part-3-helicopter-money/, zuletzt geprüft am 01.11.2021.

Bezemer, Dirk; SamarIna, Anna (2019): Debt Shift, Financial Development and Income Inequality. De Nederlandsche Bank (Working Paper, 646).

Bezemer, Dirk J. (2016): Towards an ‹Accounting View› on Money, Banking and the Macroeconomy: History, Empirics, Theory. In: *CAMECO* 40 (5), S. 1275–1295. DOI: 10.1093/cje/bew035.

Bezemer, Dirk J. (2019): Money and its Uses: Development or Wealth? Zeist.

Bezemer, Dirk J.; Ryan-Collins, Josh; van Lerven, Frank; Zhang, Lu (2018): Credit Where It's Due. A Historical, Theoretical and Empirical Review of Credit Guidance Policies in the 20th Century. Institute for Innovation and Public Purpose (Working Paper, 11). Online verfügbar unter https://www.ucl.ac.uk/bartlett/public-purpose/wp2018–11, zuletzt geprüft am 01.11.2021.

Binder, Andrea (2019): All Exclusive: the Politics of Offshore Finance in Mexico. In: *Review of International Political Economy* 26 (2), S. 313–336. DOI: 10.1080/09692290.2019.1567571.

Binswanger, Hans Christoph (2010): Vorwärts zur Mäßigung. Perspektiven einer nachhaltigen Wirtschaft. 2. Aufl. Hamburg: Murmann.

Binswanger, Hans Christoph (2012): Growth Imperative and Money Creation. A New Outlook on Growth Dynamics. In: Giulia Mennillo, Thomas Schlenzig und Elmar Friedrich (Hg.): Balanced growth. Finding strategies for sustainable development. Berlin, Heidelberg: Springer-Verlag (Management for Professionals), S. 3–9.

Binswanger, Hans Christoph (2013): Die Wachstumsspirale. Geld, Energie und

Imagination in der Dynamik des Marktprozesses. 4., überarb. Aufl. Marburg: Metropolis-Verl.

Binswanger, Hans Christoph (2014): Geld und Magie: eine ökonomische Deutung von Goethes Faust. 2., vollständig überarbeitete Ausgabe, 5. Auflage Februar 2014. Hamburg: Murmann.

Binswanger, Mathias (2015): Geld aus dem Nichts. Wie Banken Wachstum ermöglichen und Krisen verursachen. Weinheim: Wiley-VCH.

Binswanger, Mathias (2019): Der Wachstumszwang. Warum die Volkswirtschaft immer weiterwachsen muss, selbst wenn wir genug haben. Weinheim: Wiley Wiley-VCH Verlag GmbH & Co. KGaA.

Blinder, Alan S. (2004): The Quiet Revolution. Central Banking Goes Modern. New Haven: Yale University Press.

Block, Fred; Evans, Peter (2010): The State and the Economy. In: Neil J. Smelser und Richard Swedberg (Hg.): The Handbook of Economic Sociology, Second Edition. Princeton: Princeton University Press, S. 505–526.

Blyth, Mark (2015): Austerity: the History of a Dangerous Idea. Oxford, New York: Oxford University Press.

Bodin, Jean (2011): Über den Staat. Unter Mitarbeit von Gottfried Niedhart. [Nachdr.]. Stuttgart: Reclam (Reclams Universal-Bibliothek, Nr. 9812).

Bofinger, Peter (2020): Coronavirus Crisis: Now is the Hour of Modern Monetary Theory. In: *Social Europe*. Online verfügbar unter https://www.socialeurope.eu/coronavirus-crisis-now-is-the-hour-of-modern-monetary-theory, zuletzt geprüft am 01. 11. 2021.

Bofinger, Peter (2020): Reviving Keynesianism: the Modelling of the Financial System Makes the Difference. In: *ROKE* 8 (1), S. 61–83. DOI: 10.4337/roke.2020.01.06.

Bonizzi, Bruno; Kaltenbrunner, Annina; Michell, Jo (2019): Monetary Sovereignty is a Spectrum. Modern Monetary Theory and Developing Countries. In: *Real-World Economic Review* (89), S. 46–61.

Bordo, Michael David (1983): Some Aspects of the Monetary Economics of Richard Cantillon. In: *Journal of Monetary Economics* 12 (2), S. 235–258.

Boushey, Heather (2019): The Left Should Resist the Siren Song of ‹Modern Monetary Theory›. In: *Washington Post*. Online verfügbar unter https://www.washingtonpost.com/outlook/the-left-should-resist-the-siren-song-of-modern-monetary-theory/2019/04/19/37e92190-5b9b-11e9-b8e3-b03311fbbbfe_story.html, zuletzt geprüft am 01. 11. 2021.

Boyer-Xambeu, Marie-Thérèse; Deleplace, Ghislain; Gillard, Lucien (1994): Private Money & Public Currencies. The 16th Century Challenge. Armonk, N. Y: M. E. Sharpe.

Brandmeir, Kathrin; Grimm, Michaela; Holzhausen, Arne (2015): Allianz Global Wealth Report. München. Online verfügbar unter https://www.allianz.com/content/dam/onemarketing/azcom/Allianz_com/migration/media/economic_research/publications/specials/de/AGWR2015_DE.pdf, zuletzt geprüft am 01. 11. 2021.

Braun, Benjamin (2016): Speaking to the People? Money, Trust, and Central Bank Legitimacy in the Age of Quantitative Easing. In: *Review of International Political Economy* 23 (6), S. 1064–1092. DOI: 10.1080/09692290.2016.1252415.

Braun, Benjamin; Krampf, Arie; Murau, Steffen (2020): Financial Globalization as Positive Integration: Monetary Technocrats and the Eurodollar Market in the 1970s. In: *Review of International Political Economy*, S. 1–26. DOI: 10.1080/09692290.2020.1740291.

Brodbeck, Karl-Heinz (2015): Goethe und das Papiergeld. Cusanus Hochschule für Gesellschaftsgestaltung, Institut für Ökonomie (Working Paper Series, Ök-14).

Brown, Ellen Hodgson (2007): Web of Debt. The Shocking Truth About Our Money System. Baton Rouge, La.: Third Millennium Press.

Brown, Ellen Hodgson (2013): The Public Bank Solution. From Austerity to Prosperity. 1. ed. Baton Rouge, Louisiana: Third Millennium Press.

Brunhoff, Suzanne-Simone de (2015): Marx on Money. London, New York: Verso.

Bryce, Robert (2020): A Question of Power. Electricity and the Wealth of Nations. New York: PublicAffairs.

Bundesministerium des Inneren, für Bau und Heimat (BMI) (2017): Nationale Strategie zum Schutz Kritischer Infrastrukturen. (KRITIS-Strategie). BMI. Online verfügbar unter https://www.bmi.bund.de/SharedDocs/downloads/DE/publikationen/themen/bevoelkerungsschutz/kritis.html, zuletzt geprüft am 01.11.2021.

Cantillon, Richard (1931): Abhandlung über die Natur des Handels im allgemeinen. Jena: Fischer.

Cao, Tong (2015): Paradox of Inflation: The Study on Correlation between Money Supply and Inflation in New Era. Arizona State University. Online verfügbar unter https://repository.asu.edu/items/29856, zuletzt geprüft am 01.11.2021.

Carnevali, Emilio; Deleidi, Matteo (2020): The Trade-off between Inflation and Unemployment in an MMT World: An Open Economy Perspective. In: *SSRN* Journal. DOI: 10.2139/ssrn.3703207.

Carruthers, Bruce (2005): The Sociology of Money and Credit. In: Neil J. Smelser und Richard Swedberg (Hg.): The Handbook of Economic Sociology. 2nd ed. Princeton, N.J.: New York: Princeton University Press; Russell Sage Foundation, S. 355–378.

Carruthers, Bruce (2017): The Social Meaning of Credit, Value, and Finance. In: Nina Bandelj, Frederick F. Wherry und Viviana A. Rotman Zelizer (Hg.): Money talks. Explaining how money really works. Princeton, NJ, Oxford: Princeton University Press, S. 73–88.

Carruthers, Bruce G. (2005): The Sociology of Money and Credit. In: Neil J. Smelser und Richard Swedberg (Hg.): The Handbook of Economic Sociology, Second Edition. Princeton: Princeton University Press, S. 355–378.

Carruthers, Bruce G.; Babb, Sarah (1996): The Color of Money and the Nature of Value: Greenbacks and Gold in Postbellum America. In: *American Journal of Sociology* 101 (6), S. 1556–1591. DOI: 10.1086/230867.

Carruthers, Bruce G.; Espeland, Wendy Nelson (1998): Money, Meaning, and Morality. In: *American Behavioral Scientist* 41 (10), S. 1384–1408. DOI: 10.1177/0002764298041010003.

Carse, Ashley (2016): Keyword: Infrastructure: How a Humble French Engineering Term Shaped the Modern World. In: Penelope Harvey, Caspar Bruun Jense und Atsuro Morita (Hg.): Infrastructures and Social Complexity. A Companion. London: Routledge, S. 27–39.

Cha, Myung Soo (2003): Did Takahashi Korekiyo Rescue Japan from the Great Depression? In: *The Journal of Economic History* 63 (1), S. 127–144.

Crouch, Colin (2011): Das befremdliche Überleben des Neoliberalismus. Berlin: Suhrkamp.

Davies, Glyn (2002): A History of Money: From Ancient Times to the Present Day. 3. Auflage. Cardiff: University of Wales Press.

Davis, Gerald F.; Kim, Suntae (2015): Financialization of the Economy. In: *Annu. Rev. Sociol.* 41 (1), S. 203–221. DOI: 101146/annurev-soc-073014–112402.

Day, John (1978): The Great Bullion Famine of the Fifteenth Century. In: *Past & Present* (79), S. 3–54.

Degens, Philipp (2018): Geld als Gabe. Zur sozialen Bedeutung lokaler Geldformen. Bielefeld: transcript.

Degens, Philipp; Sahr, Aaron (2019): Die Rückkehr des Geldes. In: *Mittelweg 36* 28 (3–4), S. 3–49.

Denzel, Markus A. (2008): Das System des bargeldlosen Zahlungsverkehrs europäischer Prägung vom Mittelalter bis 1914. Stuttgart: Steiner.

Desan, Christine (2010): Coin Reconsidered: The Political Alchemy of Commodity Money. In: *Theoretical Inquiries in Law* 11 (1), S. 361–410. DOI: 10.2202/1565-3404.1245.

Desan, Christine (2014): Making Money: Coin, Currency, and the Coming of Capitalism: Oxford University Press.

Desan, Christine (2019): Über die Verfasstheit des Geldes. Die Produktion der modernen Welt und die Gestaltung von Geld. In: *Mittelweg 36* 18 (3–4), S. 103–130.

Desan, Christine A. (2020): The Key to Value: The Debate over Commensurability in Neoclassical and Credit Approaches to Money. SSRN Scholarly Paper. Social Science Research Network. Rochester, NY (ID 3556127).

Detragiache, Enrica; Abiad, Abdul; Tressel, Thierry (2008): A New Database of Financial Reforms. Washington, D. C: International Monetary Fund (IMF Working Papers, Working Paper No. 08/266). Online verfügbar unter http://elibrary.imf.org/view/IMF001/09741–9781451871241/09741–9781451871241/09741–9781451871241.xml, zuletzt geprüft am 01. 11. 2021.

Deutsche Bank (2019): The History and Future of Debt. Long-Term Asset Return Study. Deutsche Bank.

Deutschmann, Christoph (1995): Geld als soziales Konstrukt: zur Aktualität von Marx und Simmel. In: *Leviathan* 23, 1995 (3), S. 376–393.

Die Gesellschaft nach dem Geld, Projektgruppe (Hg.) (2019): Postmonetär denken. Eröffnung eines Dialogs. Projektgruppe Die Gesellschaft nach dem Geld; Springer Fachmedien Wiesbaden GmbH. Wiesbaden, Germany: Springer VS.

Dillian, Jared (2020): Money Is Losing Its Meaning. In: *Bloomberg Quint*, 15. 04. 2020. Online verfügbar unter https://www.bloombergquint.com/gadfly/money-has-no-meaning-anymore, zuletzt geprüft am 01. 11. 2021.

Dodd, Nigel (1994): The Sociology of Money. Economics, Reason & Contemporary Society. Cambridge: Polity Press.

Döpking, Lars (2018): Fiskalregime. Eine andere Geschichte des modernen Staates. In: *Mittelweg 36* 27 (1), S. 3–28.

Douthwaite, R. J. (1993): The Growth Illusion. How Economic Growth Has Enriched the Few, Impoverished the Many, and Endangered the Planet. Online verfügbar unter https://eric.ed.gov/?id=ED376066, zuletzt geprüft am 01.11.2021.

Dutraive, Véronique; Théret, Bruno (2017): Two Models of the Relationship Between Money and Sovereignty: An Interpretation Based on John R. Commons's Institutionalism. In: *Journal of Economic Issues* 51 (1), S. 27–44. DOI: 10.1080/00213624.2017.1287482.

Dutta, Sahil Jai; Kremers, Ruben; Pape, Fabian; Petry, Johannes (2020): Critical Macro-Finance: An Introduction. In: *Finance and Society* 6 (1), S. 34–44. DOI: 10.2218/finsoc.v6i1.4407.

Dyson, Ben; Hodgson, Graham (2016): Accounting for Sovereign Money. Why State-Issued Money is Not ‹Debt›. Positive Money. Online verfügbar unter http://positivemoney.org/wp-content/uploads/2016/03/AccountingForSovereignMoney_20160309.pdf, zuletzt geprüft am 01.11.2021.

Ehnts, Dirk; Paetz, Michael (2021): COVID-19 and its Economic Consequences for the Euro Area. In: *Eurasian Econ Rev*. DOI: 10.1007/s40822-020-00159-w.

Ehnts, Dirk (2019): The Job Guarantee: Full Employment, Price Stability and Social Progress. In: *Society Register* 3 (2), S. 49–65.

Ehnts, Dirk (2020): Geld und Kredit: eine €-päische Perspektive. 4., überarbeitete und aktualisierte Auflage. Weimar: Metropolis.

Eich, Stefan (2020): John Locke and the Politics of Monetary Depoliticization. In: *Modern Intellectual History*, 17(1), S. 1–28. DOI: 10.1017/S1479244318000185.

Eichengreen, Barry J. (2011): Exorbitant Privilege. The Rise and Fall of the Dollar. Oxford, New York: Oxford University Press.

Elliott, Colin P. (2020): The Role of Money in the Economies of Ancient Greece and Rome. In: Stefano Battilossi, Youssef Cassis und Kazuhiko Yago (Hg.): Handbook of the History of Money and Currency. 2020. Aufl. Puchong, Selangor D.E: Springer Singapore, S. 67–86.

Europäische Union (2012): Protocol Nr. 4 On the Statute of the European System of Central Banks and of the European Central Bank. Official Journal of the European Union (C 326/230).

Europäische Zentralbank (2012): Monatsbericht Februar 2012. Online verfügbar unter www.bundesbank.de, zuletzt geprüft am 01.11.2021.

Europäische Zentralbank (2016): Jahresbericht 2016. Online verfügbar unter https://www.ecb.europa.eu/pub/pdf/annrep/ar2016de.pdf, zuletzt geprüft am 01.03.2021.

Europäische Zentralbank (2019): ECB Economic Bulletin, Issue 2 / 2019. Economic Bulletin. EZB (2). Online verfügbar unter https://www.ecb.europa.eu/pub/economic-bulletin/html/eb201902 a070c3a338.en.html, zuletzt geprüft am 01.03.2021.

Febrero, Eladio (2009): Three Difficulties with Neo-Chartalism. In: *Journal of Post Keynesian Economics* 31 (3), S. 523–541.

Fedorets, Alexandra; Grabka, Markus; Schröder, Carsten; Seebauer, Johannes (2020): Lohnungleichheit in Deutschland sinkt. Deutsches Institut für Wirtschaftsforschung (DIW Wochenbericht, 7).

Ferguson, Scott (2018): Declarations of Dependence: Money, Aesthetics, and the Politics of Care. Lincoln: University of Nebraska Press.

Fergusson, Adam (2012): Das Ende des Geldes: Hyperinflation und ihre Folgen für die Menschen am Beispiel der Weimarer Republik. 3. Auflage. München: FinanzBuch Verlag.

Fidrmuc, Jarko; Fungáčová, Zuzana; Weill, Laurent (2015): Does Bank Liquidity Creation Contribute to Economic Growth? Evidence from Russia. In: *Open Econ Rev* 26 (3), S. 479–496. DOI: 10.1007/s11079-015-9352-1.

Fischer, Peter (2004): Philosophie der Technik. Eine Einführung. München: Wilhelm Fink Verlag.

Flassbeck, Heiner (2019): Schulden – Segen oder Fluch? In: *Vierteljahrshefte zur Wirtschaftsforschung* 88 (4), S. 9–22. DOI: 103790/vjh.88.4.9.

Flassbeck, Heiner; Steinhardt, Paul (2018): Gescheiterte Globalisierung. Ungleichheit, Geld und die Renaissance des Staates. Originalausgabe, erste Auflage. Berlin: Suhrkamp.

Foroohar, Rana (2017): Makers and Takers. Der Aufstieg des Finanzwesens und der Fall der Realwirtschaft. Kulmbach: Plassen Verlag.

Forstater, Mathew: Functional Finance and Full Employment: Lessons from Lerner for Today. In: *Macroeconomics* (9908002). Online verfügbar unter https://ideas.repec.org/p/wpa/wuwpma/9908002.html, zuletzt geprüft am 01.03.2021.

Forstater, Mathew (2005): Taxation and Primitive Accumulation: The Case of Colonial Africa. In: Paul Zarembka (Hg.): The Capitalist State and its Economy. Democracy in Socialism, Bd. 22. Amsterdam: Elsevier JAI, S. 51–64.

Forstater, Mathew (2006): Tax-Driven Money: Additional Evidence from the History of Economic Thought, Economic History and Economic Policy. In: Basil J. Moore und Mark Setterfield (Hg.): Complexity, Endogenous Money and Macroeconomic Theory. Essays in Honour of Basil J. Moore. Cheltenham, U.K, Northampton, Mass: Edward Elgar.

Foundational Economy (2019): Die Ökonomie des Alltagslebens für eine neue Infrastrukturpolitik. Berlin: Suhrkamp.

Frankfurter Allgemeine Zeitung (2014): Die wahre Ursache der Ungleichheit. In: *Frankfurter Allgemeine Zeitung*, 27.09.2014. Online verfügbar unter https://www.faz.net/aktuell/wirtschaft/mayers-weltwirtschaft/mayers-weltwirtschaft-die-wahre-ursache-der-ungleichheit-13177381.html, zuletzt geprüft am 01.03.2021.

Frieden, Jeffry A. (1997): Monetary Populism in Nineteenth-Century America: An Open Economy Interpretation. In: *The Journal of Economic History* 57 (2), S. 367–395.

Friedman, Milton (1994): Money Mischief: Episodes in Monetary History. 1st Harvest ed. San Diego: Harcourt Brace & Co.

Friedman, Milton; Schwartz, Anna Jacobson (2008): A Monetary History of the United States, 1867–1960. Princeton University Press.

Fullwiler, Scott T. (2013): An Endogenous Money Perspective on the Post-Crisis Monetary Policy Debate. In: *ROKE* 1 (2), S. 171–194. DOI: 10.4337/roke.2013.02.02.

Funke, Manuel; Schularick, Moritz; Trebesch, Christoph (2016): Going to Extremes: Politics after Financial Crises, 1870–2014. In: *European Economic Review* 88, S. 227–260. DOI: 10.1016/j.euroecorev.2016.03.006.

Funke, Manuel; Trebesch, Christoph (2017): Financial Crises and the Populist Right. In: *ifo Dice Report* 15 (4), S. 6–9.

Gabor, Daniela (2020): Critical Macro-Finance: A Theoretical Lens. In: *Finance and Society* 6 (1), S. 45–55. DOI: 102218/finsoc.v6i1.4408.

Gabor, Daniela; Vestergaard, Jakob (2016): Towards a Theory of Shadow Money. Institute for New Economic Thinking (INET Working Paper).

Galofré-Vilà, Gregori; Meissner, Christopher M.; McKee, Martin; Stuckler, David (2021): Austerity and the Rise of the Nazi Party. In: *J. Econ. Hist.* 81 (1), S. 81–113. DOI: 101017/S0022050720000601.

Galvin, Ray; Healy, Noel (2020): The Green New Deal in the United States: What it is and how to pay for it. In: *Energy Research & Social Science* 67, S. 101529. DOI: 101016/j.erss.2020.101529.

Ganßmann, Heiner (1986): Geld – ein symbolisch generalisiertes Medium der Kommunikation? Zur Geldlehre in der neueren Soziologie. In: *PROKLA*. Zeitschrift für kritische Sozialwissenschaft 16 (63), S. 6–22. DOI: 1032387/prokla.v16i63.1373.

Ganßmann, Heiner (2002): Das Geldspiel. In: Christoph Deutschmann und Dirk Baecker (Hg.): Die gesellschaftliche Macht des Geldes. 1. Aufl. Wiesbaden: Westdt. Verl. (Leviathan Sonderheft, 21), S. 21–46.

Ganßmann, Heiner (2012): Doing Money: Elementary Monetary Theory From a Sociological Standpoint. London New York: Routledge.

Ganßmann, Heiner (2015): Geld als Fiktion? Warum Geld kein Kredit ist und das Publikum so schwer von seiner Stabilität zu überzeugen ist. In: *PROKLA* 45 (179), S. 199–216. DOI: 1032387/prokla.v45i179.217.

Ganßmann, Heiner (2015): Geld, Kredit und die Finanzkrise von 2007/08. In: Klaus Kraemer und Sebastian Nessel (Hg.): Geld und Krise. Die sozialen Grundlagen moderner Geldordnungen. 1. Aufl. Frankfurt am Main: Campus-Verlag, S. 131–154.

Garbade, Kenneh: Direct Purchases of U. S. Treasury Securities by Federal Reserve Banks. Federal Reserve Bank of New York (Staff Report, 684). Online verfügbar unter https://www.newyorkfed.org/research/staff_reports/sr684.html, zuletzt geprüft am 01. 11. 2021.

Geva, Benjamin (2011): The Payment Order of Antiquity and the Middle Ages. A Legal History. Oxford: Hart.

Geva, Benjamin (2016): ‹Bank Money›. In: David Fox und Wolfgang Ernst (Hg.): Money in the Western Legal Tradition. Middle Ages to Bretton Woods. Oxford: Oxford University Press, S. 359–386.

Geva, Benjamin (2016): The Order to Pay Money in Medieval Continental Europe. In: David Fox und Wolfgang Ernst (Hg.): Money in the Western Legal Tradition. Middle Ages to Bretton Woods. Oxford: Oxford University Press, S. 409–440.

Giddens, Anthony (1992): The Consequences of Modernity. Cambridge: Polity Press.

Gilbert, Emily (2005): Common Cents: Situating Money in Time and Place. In: *Economy and Society* 34 (3), S. 357–388. DOI: 10.1080/0308514050011832.

Gnos, Claude; Rochon, Louis-Philippe (2002): Money Creation and the State: A Critical Assessment of Chartalism. In: International Journal of Political Economy, 32(3), S. 41–57. DOI: 10.1080/08911916.2002.11042881.

Goethe, Johann Wolfgang von (1832): Faust. Der Tragödie zweiter Teil. Stuttgart. Online verfügbar unter https://www.deutschestextarchiv.de/book/view/goethe_faust02_1832?p=30, zuletzt geprüft am 01. 11. 2021.

Goetzmann, William N. (2016): Money Changes Everything: How Finance Made Civilization Possible. Princeton: Princeton University Press.

Goetzmann, William N.; Rouwenhorst, K. Geert (Hg.) (2005): The Origins of Value. The Financial Innovations that Created Modern Capital Markets. International Center for Finance. Oxford: Oxford Univ. Press.

Goodhart, Charles (1985): The Evolution of Central Banks. 3. print. Cambridge Mass: MIT Press.

Goodhart, Charles (2010): The Changing Role of Central Banks. Bank for International Settlements (BIS Working Papers, 326). Online verfügbar unter https://www.bis. org/publ/work326.pdf, zuletzt geprüft am 01. 11. 2021.

Goodhart, Charles; Hudson, Michael (2018): Could/Should Jubilee Debt Cancellations be Reintroduced Today? Centre for Economic Policy Research (Discussion Paper, DP12605). Online verfügbar unter https://cepr.org/active/publications/discussion_papers/dp.php?dpno=12605, zuletzt geprüft am 01. 11. 2021.

Gordon, Robert J. (2016): The Rise and Fall of American Growth. The U. S. Standard of Living Since the Civil War. Princeton, Oxford: Princeton University Press.

Graeber, David (2012): Schulden: die ersten 5000 Jahre. 8. Aufl. Stuttgart: Klett-Cotta.

Grierson, Philip (1978): The Origins of Money. In: *Research in Economic Anthropology* 1, S. 1–35.

Grimm, Christian; Junginger, Bernhard (2019): Olaf Scholz: «Ein Konjunkturpaket wäre jetzt die falsche Medizin». In: *Augsburger Allgemeine*. Online verfügbar unter https://www.augsburger-allgemeine.de/politik/Olaf-Scholz-Ein-Konjunkturpaket-waere-jetzt-die-falsche-Medizin-id54106456.html, zuletzt geprüft am 01. 11. 2021.

Haffert, Lukas (2016): Die schwarze Null. Über die Schattenseiten ausgeglichener Haushalte. Erste Auflage. Berlin: Suhrkamp.

Haffert, Lukas (2020): Die «Schwarze Null» ist Geschichte. Aber hat sie eine Zukunft? In: *Aus Politik und Zeitgeschichte* 70 (48), S. 4–10.

Haffert, Lukas; Redeker, Nils; Rommel, Tobias (2021): Misremembering Weimar: Hyperinflation, the Great Depression, and German collective economic memory. In: *Econ Polit*. DOI: 10.1111/ecpo.12182.

Hagemann, Harald; Trautwein, Hans-Michael (1998): Cantillon and Ricardo Effects: Hayek's Contributions to Business Cycle Theory. In: *The European Journal of the History of Economic Thought* 5 (2), S. 292–316. DOI: 1010 80/10427719800000022.

Hanke, Steve H.; Krus, Nicholas (2012): World Hyperinflations. Cato Institute (Cato Working Paper, 8).

Harvey, John T. (2011): Money Growth Does Not Cause Inflation! In: *Forbes*, 14. 05. 2011. Online verfügbar unter https://www.forbes.com/sites/johntharvey/2011/05/14/money-growth-does-not-cause-inflation/?sh=4ea696d342f5, zuletzt geprüft am 01. 11. 2021.

Heinemann, Klaus (1987): Soziologie des Geldes. In: Klaus Heinemann (Hg.): Kölner Zeitschrift für Soziologie und Sozialpsychologie. s.l.: Westdt. Verl., S. 322–338.

Heinsohn, Gunnar; Steiger, Otto (2006): Eigentum, Zins und Geld. Ungelöste

Rätsel der Wirtschaftswissenschaft. 4., erneut durchges. Aufl. Marburg: Metropolis.

Heitmann, Lars (2019): Eine Gesellschaft nach dem Geld? In: Die Gesellschaft nach dem Geld, Projektgruppe (Hg.): Postmonetär denken. Eröffnung eines Dialogs. Wiesbaden, Germany: Springer VS, S. 9–79.

Helfand, Zach (2019): The Economist Who Believes the Government Should Print More Money. In: *The New Yorker*, 20.08.2019. Online verfügbar unter https://www.newyorker.com/news/news-desk/the-economist-who-believes-the-government-should-just-print-more-money, zuletzt geprüft am 01.11.2021.

Herrine, Luke (2020): The Law and Political Economy of a Student Debt Jubilee. In: *Buffalo Law Review* 68 (2), S. 281.

Herrmann, Christoph W. (2008): Play Money? Contemporary Perspectives on Monetary Sovereignty. In: Rebecca Adler-Nissen und Thomas Gammeltoft-Hansen (Hg.): Sovereignty Games. Basingstoke: Palgrave Macmillan, S. 63–79.

Hockett, Robert; James, Aaron (2020): Money from Nothing. Or, Why We Should Learn to Stop Worrying About Debt and Love the Federal Reserve. Brooklyn, NY: Melville House.

Hockett, Robert C.; Omarova, Saule T. (2017): The Finance Franchise. In: *Cornell L. Rev.* 102, S. 1144–1218.

Hodgman, Donald (1973): Credit Controls in Western Europe: An Evaluative Review. In: Federal Reserve Bank of Boston (Hg.): Credit Allocation Techniques and Monetary Policy. Boston (Conference Series, 11), S. 137–161.

Hodgson, Geoffrey M. (2021): Financial Institutions and the British Industrial Revolution: did Financial Underdevelopment Hold Back Growth? In: *Journal of Institutional Economics*, S. 1–20. DOI: 101017/S174413742000065X.

Hodgson, Geoffrey Martin (2016): Conceptualizing Capitalism: Institutions, Evolution, Future.

Höfgen, Maurice (2020): Mythos Geldknappheit. Modern Monetary Theory oder warum es am Geld nicht scheitern muss. 1. Auflage. Stuttgart: Schäffer-Poeschel Verlag.

Holland, Ben; Boesler, Matthew (2019): MMT Has Been Around for Decades. Here's Why It Just Caught Fire. In: *Bloomberg.com*. Online verfügbar unter https://www.bloomberg.com/news/articles/2019-03-11/mmt-has-been-around-for-decades-here-s-why-it-just-caught-fire, zuletzt geprüft am 01.11.2021.

Höpner, Martin (2018): Modern Monetary Theory: Einwände eines wohlwollenden Zweiflers. In: *Makroskop*. Online verfügbar unter https://makroskop.eu/2018/03/modern-monetary-theory-einwande-eines-wohlwollenden-zweiflers, zuletzt geprüft am 01.11.2021.

Höpner, Martin; Seeliger, Martin (2018): Transnationale Lohnkoordination zur Stabilisierung des Euro? Gab es nicht, gibt es nicht, wird es nicht geben. In: *Köln Z Soziol* 70 (S1), S. 415–437. DOI: 10.1007/s11577-018-0552-8.

Höpner, Martin; Spielau, Alexander (2016): Besser als der Euro? Das Europäische Währungssystem, 1979–1998. In: *Berliner Journal für Soziologie* 26 (2), S. 273–296. DOI: 101007/s11609-016-0314-2.

Huber, Joseph (2015): Monetäre Modernisierung. Vom Giralgeld zum Vollgeld. In: Klaus Kraemer und Sebastian Nessel (Hg.): Geld und Krise. Die sozialen

Grundlagen moderner Geldordnungen. 1. Aufl. Frankfurt am Main: Campus-Verlag, S. 291–308.

Huber, Joseph (2017): Sovereign Money. Beyond Reserve Banking. Cham, s. l.: Springer International Publishing.

Hudson, Michael (2004): The Archeology of Money. Debt versus Barter Theories of Money's Origin. In: Alfred Mitchell Innes und L. Randall Wray (Hg.): Credit and state theories of money. The contributions of A. Mitchell Innes. Cheltenham, U. K, Northampton, Mass: Edward Elgar, S. 99–127.

Hudson, Michael (2012): The Bubble and Beyond. Ficticious Capital, Debt Deflation and the Global Crisis. Dresden: Islet-Verl.

Hudson, Michael (2018): … and Forgive them their Debts. Lending, Foreclosure, and Redemption from Bronze Age Finance to the Jubilee Year. Dresden: Islet Verlag.

Hudson, Michael (2020): Origins of Money and Interest: Palatial Credit, Not Barter. In: Stefano Battilossi, Youssef Cassis und Kazuhiko Yago (Hg.): Handbook of the History of Money and Currency. 2020. Aufl. Puchong, Selangor D. E: Springer Singapore (Handbook of the History of Money and Currency), S. 45–65.

Hughes, Thomas Parke (1993): Networks of Power. Electrification in Western Society, 1880–1930. Baltimore, Md.: John Hopkins Univ. Press.

Huhnholz, Sebastian; Mertens, Daniel; Rixen, Thomas (2018): Demokratieprobleme des Steuerstaates im 21. Jahrhundert: Eine Einführung. In: *Polit Vierteljahresschr* 59 (1), S. 3–11. DOI: 10.1007/s11615-018-0061-4.

Ingham, Geoffrey (1999): Capitalism, Money and Banking: a Critique of Recent Historical Sociology. In: *British Journal of Sociology* 50 (1), S. 76–96. DOI: 10.1111/j.1468-4446.1999.00076.x.

Ingham, Geoffrey (2001): Fundamentals of a Theory of Money: Untangling Fine, Lapavitsas and Zelizer. In: *Economy and Society* 30 (3), S. 304–323. DOI: 10.1080/03085140120071215.

Ingham, Geoffrey (2004): The Emergence of Capitalist Credit Money. In: Alfred Mitchell Innes und L. Randall Wray (Hg.): Credit and state theories of money. The contributions of A. Mitchell Innes. Cheltenham, U. K, Northampton, Mass: Edward Elgar, S. 173–222.

Ingham, Geoffrey (2004): The Nature of Money. Cambridge, UK, Malden, MA: Polity.

Ingham, Geoffrey (2020): Money. Medford: Polity.

Innes, Alfred Mitchell (1913): What is Money? In: *The Banking Law Journal* 30 (May), S. 377–408.

Innes, Alfred Mitchell (1914): The Credit Theory of Money. In: *The Banking Law Journal* 31 (Dec./Jan.), S. 151–168.

Internationaler Währungsfonds (2020a): A Crisis Like no Other, An Uncertain Recovery. World Economic Outlook Update, Juni.

Internationaler Währungsfonds (2020b): Policies for the Recovery. Fiscal Monitor, Oktober.

Issing, Otmar (2008): The Birth of the Euro. Leiden: Cambridge University Press.

Issing, Otmar (2010): Einführung in die Geldtheorie. München: Vahlen.

Jackson, Andrew; Dyson, Ben; Daly, Herman E. (2014): Modernising Money. Why Our Monetary System is Broken and How it Can be Fixed. London: Positive Money.

Jackson, Tim; Victor, Peter A. (2015): Does Credit Create a ‹Growth Imperative›? A Quasi-Stationary Economy with Interest-Bearing Debt. In: *Ecological Economics* 120, S. 32–48. DOI: 101016/j.ecolecon.2015.09.009.

Jakab, Zoltan; Kumhof, Michael (2015): Banks are not Intermediaries of Loanable Funds – and Why this Matters. Bank of England (Working Papers, 529).

Jakab, Zoltan; Kumhof, Michael (2019): Banks are not Intermediaries of Loanable Funds. Facts, Theory and Evidence. Bank of England (Staff Working Paper, 761). Online verfügbar unter https://www.bankofengland.co.uk/working-paper/2018/banks-are-not-intermediaries-of-loanable-funds-facts-theory-and-evidence, zuletzt geprüft am 01. 11. 2021.

Jordà, Òscar; Knoll, Katharina; Kuvshinov, Dmitry; Schularick, Moritz; Taylor, Alan M. (2019): The Rate of Return on Everything, 1870–2015*. In: *The Quarterly Journal of Economics* 134 (3), S. 1225–1298. DOI: 101093/qje/qjz012.

Jordà, Òscar; Schularick, Moritz; Taylor, Alan (2014): The Great Mortgaging: Housing Finance, Crises, and Business Cycles. National Bureau of Economic Research (Working Paper, 20501). Online verfügbar unter https://www.nber.org/papers/w20501, zuletzt geprüft am 01. 11. 2021.

Jürgen Beyer (2018): Wider die Eindimensionalität von Geldtheorien. Zur institutionellen Ambiguität des Geldes. In: *ZTS* Zeitschrift für Theoretische Soziologie 7 (01), S. 62–73.

Kalthoff, Herbert; Maesse, Jens (2012): Die Hervorbringung des Kalküls. Zur Praxis der Finanzmathematik. In: Herbert Kalthoff und Uwe Vormbusch (Hg.): Soziologie der Finanzmärkte. Berlin, Bielefeld: de Gruyter; transcript, S. 201–234.

Kant, Immanuel (1968): Die Religion innerhalb der Grenzen der bloßen Vernunft. Die Metaphysik der Sitten. Berlin: de Gruyter (Kants Werke, Akademie-Textausgabe; Bd. 6).

Karth, Friedo; Müller, Carolin; Sahr, Aaron (2020): Geld in privaten Händen. Missverständnisse und Missverhältnisse monetärer Souveränität in Europa (I). Soziopolis. Online verfügbar unter https://soziopolis.de/geld-in-privaten-haenden.html, zuletzt geprüft am 01. 11. 2021.

Karth, Friedo; Müller, Carolin; Sahr, Aaron (2020): Geldschöpfungspolitik. Missverständnisse und Missverhältnisse monetärer Souveränität in Europa (III). Soziopolis. Online verfügbar unter https://soziopolis.de/geldschoepfungspolitik.html, zuletzt geprüft am 01. 11. 2021.

Karth, Friedo; Müller, Carolin; Sahr, Aaron (2020): Staatliche Zahlungs(un)fähigkeit. Missverständnisse und Missverhältnisse monetärer Souveränität in Europa (II). Soziopolis. Online verfügbar unter https://soziopolis.de/staatliche-zahlungsunfaehigkeit.html, zuletzt geprüft am 01. 11. 2021.

Kellermann, Paul (2007): Moneyismus. Der Glaube an Geld als Alltagsreligion. In: Paul Kellermann (Hg.): Die Geldgesellschaft und ihr Glaube. Ein interdisziplinärer Polylog. 1. Aufl. Wiesbaden: VS Verl. für Sozialwiss, S. 115–125.

Kellermann, Paul (2013): Soziologie des Geldes – Einsichten und Ansichten in Krisenjahren. In: *Soziologische Revue* 34 (4). DOI: 10.1524/srsr.2013.0073.

Kellermann, Paul (2014): Soziologie des Geldes. Grundlegende und zeithistorische Einsichten. Wiesbaden: Springer VS (essentials).

Kellermann, Paul (2017): Geld. In: Andrea Maurer (Hg.): Handbuch der Wirtschaftssoziologie. 2. aktualisierte und erweiterte Auflage. Wiesbaden: Springer VS (Wirtschaft und Gesellschaft), S. 349–383.

Kelton, Stephanie (1998): Can Taxes and Bonds Finance Government Spending? Working Paper. Levy Economics Institute. Annandale-on-Hudson (244).

Kelton, Stephanie (2020): The Deficit Myth: Modern Monetary Theory and the Birth of the People's Economy. First edition. New York: PublicAffairs.

Keynes, John Maynard (1983): Vom Gelde. Unveränd. Nachdr. d. 1931 erschienenen 1. Aufl. Berlin: Duncker und Humblot.

Kimmel, Christoph (2018): Vermögenspreisinflation als wirtschaftspolitische Herausforderung. Doctoral Thesis. 1st, New ed. Frankfurt a. M: Peter Lang GmbH Internationaler Verlag der Wissenschaften (Schriften zur Wirtschaftstheorie und Wirtschaftspolitik, 35).

King, Mervyn (2010): Banking – From Bagehot to Basel, and Back Again. Second Bagehot Lecture. Bank for International Settlements. New York, 25. 10. 2010. Online verfügbar unter https://www.bis. org/review/r101028a.pdf.

Kirshner, Jonathan (2001): The Political Economy of Low Inflation. In: *Journal of Economic Surveys* 15 (1), S. 41–70. DOI: 10.1111/1467–6419.00132.

Kirshner, Jonathan (2003): Money is Politics. In: *Review of International Political Economy* 10 (4), S. 645–660. DOI: 10.1080/0969229031000160191 1.

Kirshner, Jonathan (2003): The Inescapable Politics of Money. In: Jonathan Kirshner (Hg.): Monetary Orders: Ambiguous Economics, Ubiquitous Politics. Ithaca: Cornell University Press (Cornell studies in political economy), S. 3–24.

Knapp, Georg Friedrich (1905): Staatliche Theorie des Geldes. Leipzig: Duncker & Humblot.

Knapp, Georg Friedrich (1924): The State Theory of Money. London: Macmillan & Company.

Kocherlakota, Narayana R. (1996): Money is Memory. Federal Reserve Bank of Minneapolis (Staff Report, 218).

Koddenbrock, Kai (2019): Geld, Weltmarkt und monetäre Dependenz. In: *PROKLA* 49 (194), S. 137–156. DOI: 10.32387/prokla.v49i194.1541.

Koddenbrock, Kai (2019): Money and Moneyness: Thoughts on the Nature and Distributional Power of the ‹Backbone› of Capitalist Political Economy. In: *Journal of Cultural Economy* 12 (2), S. 101–118. DOI: 10.1080/17530350. 2018.1545684.

Kohl, Sebastian (2020): Too Much Mortgage Debt? The Effect of Housing Financialization on Housing Supply and Residential Capital Formation. In: *Socio-Economic Review* 19 (2), S. 413–440. DOI: 10.1093/ser/mwaa030.

Kohl, Tobias (2014): Geld und Gesellschaft: zu Entstehung, Funktionsweise und Kollaps von monetären Mechanismen, Zivilisation und sozialen Strukturen. Marburg: Metropolis-Verl.

Kohn, Meir (2020): Money, Trade, and Payments in Preindustrial Europe. In: Stefano Battilossi, Youssef Cassis und Kazuhiko Yago (Hg.): Handbook of the History of Money and Currency. 2020. Aufl. Puchong, Selangor D. E: Springer Singapore (Handbook of the History of Money and Currency), S. 223–244.

Kopp, Johannes; Steinbach, Anja (Hg.) (2018): *Grundbegriffe der Soziologie*. Wiesbaden: Springer VS.

Kraemer, Klaus (2015): Kommt es bei der Geldverwendung auf Vertrauen an? Eine populäre Annahme auf dem Prüfstand. In: Klaus Kraemer und Sebastian

Nessel (Hg.): Geld und Krise. Die sozialen Grundlagen moderner Geldordnungen. 1. Aufl. Frankfurt am Main: Campus-Verlag, S. 187–219.

Kraemer, Klaus (2019): Geld als Institution. Eine Kritik der Vertrauenshypothese. In: *Mittelweg 36* 28 (3–4), S. 50–74.

Kraemer, Klaus; Jakelja, Luka; Brugger, Florian; Nessel, Sebastian (2020): Money Knowledge or Money Myths? Results of a population survey on money and the monetary order. In: *European Journal of Sociology / Archives Européennes de Sociologie* 61 (2), S. 219–267. DOI: 10.1017/S0003975620000119.

Kraemer, Klaus; Nessel, Sebastian (2015): Einleitung – Geld, Krise und soziale Ordnung: Ein problemorientierter Aufriss. In: Klaus Kraemer und Sebastian Nessel (Hg.): Geld und Krise. Die sozialen Grundlagen moderner Geldordnungen. 1. Aufl. Frankfurt am Main: Campus-Verlag, S. 9–43.

Kreitner, Roy (2010): The Jurisprudence of Global Money. In: *Theoretical Inquiries in Law* 11 (1), S. 177–208.

Krumbein, Wolfgang (2018): Staatsfinanzierung durch Notenbanken! Theoretische Grundlagen, historische Beispiele und aktuelle Konzeptionen einer großen Steuerungschance. Marburg: Metropolis-Verlag.

Kuhn, Oliver (2018): Was bedeutet es, Schulden mit Schuldenzu bezahlen? In: *ZTS* Zeitschrift für Theoretische Soziologie 7 (1), S. 83–99.

Kumhof, Michael; Allen, Jason G.; Bateman, Will; Lastra, Rosa M.; Gleeson, Simon; Omarova, Saule T. (2020): Central Bank Money: Liability, Asset, or Equity of the Nation? (Cornell Legal Studies Research Paper, 20–46).

Kuzminski, Adrian (2013): The Ecology of Money. Debt, Growth, and Sustainability. Lanham: Lexington Books.

Laeven, Luc; Valencia, Fabian (2018): Systemic Banking Crises: Revisited. Working Paper. Internationaler Währungsfonds (18/206).

Lapavitsas, Costas (2017): Marxist Monetary Theory: Collected Papers. Leiden, Boston: Brill (Historical materialism book series).

Lapavitsas, Costas; Aguila, Nicolás (2020): Modern Monetary Theory on Money, Sovereignty, and Policy: A Marxist Critique with Reference to the Eurozone and Greece. In: *The Japanese Political Economy*, S. 1–27. DOI: 10.1080/2329194X.2020.1855593.

Larkin, Brian (2013): The Politics and Poetics of Infrastructure. In: *Annual Review of Anthropology* 42 (1), S. 327–343. DOI: 10.1146/annurev-anthro-092412-155522.

Lavoie, Marc (2019): A System with Zero Reserves and with Clearing Outside of the Central Bank: The Canadian Case. In: *Review of Political Economy* 31 (2), S. 145–158. DOI: 10.1080/09538259.2019.1616922.

Lawson, Tony (2016): Social Positioning and the Nature of Money. In: *CAMECO* 40 (4), S. 961–996. DOI: 10.1093/cje/bew006.

Lawson, Tony (2019): The Nature of Social Reality. Issues in Social Ontology. Abingdon, Oxon, New York, NY: Routledge (Economics as social theory, 49).

Leijonhufvud, Axel (2012): The Economy's Mysterious Web of Contracts. In: *The International Economy* (Spring), S. 48–53.

Lennkh, Alvise; Bartels, Bernhard; Vasse, Thibault (2019): The Rise of Central Banks as Sovereign Debt Holders: Implications for Investor Bases. SUERF (Policy Note, 109). Online verfügbar unter https://www.suerf.org/policynotes/8431/the-rise-of-central-banks-as-sovereign-debt-holders-implications-for-investor-bases, zuletzt geprüft am 01.11.2021.

Lerner, Abba P. (1943): Functional Finance and the Federal Debt. In: *Social Research* 10 (1), S. 38–51.

Lerner, Abba P. (1947): Money as a Creature of the State. In: *The American Economic Review* 37 (2), S. 312–317.

Lin, Ken-Hou; Tomaskovic-Devey, Donald (2013): Financialization and U.S. Income Inequality, 1970–2008. In: *American Journal of Sociology* 118 (5), S. 1284–1329. DOI: 10.1086/669499.

Luhmann, Niklas (1974): Rechtssystem und Rechtsdogmatik. Stuttgart: Kohlhammer (Urban-Taschenbücher, 195).

Luhmann, Niklas (1991): Der Ursprung des Eigentums und seine Legitimation: ein historischer Bericht. In: Werner Krawietz (Hg.): Technischer Imperativ und Legitimationskrise des Rechts. [Kobe 1987] = Technical imperatives and the crisis of the legitimacy of law. Berlin: Duncker & Humblot (… Weltkongreß / IVR, 13), S. 43–57.

Luhmann, Niklas (1994): Die Wirtschaft der Gesellschaft. 1. Aufl. Frankfurt am Main: Suhrkamp (Suhrkamp-Taschenbuch Wissenschaft, 1152).

Luhmann, Niklas (2013): Kontingenz und Recht. Rechtstheorie im interdisziplinären Zusammenhang. 1. Aufl. Berlin: Suhrkamp.

Luhmann, Niklas (2014): Vertrauen. Ein Mechanismus der Reduktion sozialer Komplexität. 5. Aufl. Stuttgart: Lucius & Lucius (UTB für Wissenschaft Soziologie fachübergreifend, 2185).

Lütz, Susanne (2002): Der Staat und die Globalisierung von Finanzmärkten. Regulative Politik in Deutschland, Großbritannien und den USA. Zugl.: Hagen, Fernuniv., Habil.-Schr., 2001. Frankfurt am Main: Campus-Verl. (Schriften des Max-Planck-Instituts für Gesellschaftsforschung Köln, 43).

Mader, Philip; Mertens, Daniel; van der Zwan, Natascha (2020): The Routledge International Handbook of Financialization. London: Routledge.

Martin, Felix (2014): Geld, die wahre Geschichte. Über den blinden Fleck des Kapitalismus. München: E-Books der Verlagsgruppe Random House GmbH.

Marx, Karl (2005): Das Kapital. Band 1. Marx-Engels-Werke [MEW]. Unter Mitarbeit von Friedrich Engels. 21. Aufl., unveränd. Nachdr. der 1. Aufl. 1962. Berlin: Dietz.

Mas, Ignacio (1994): Central Bank Independence: a Critical View. Policy Research Working Paper. World Bank Group. Washington, D.C. (WPS1356). Online verfügbar unter https://documents.worldbank.org/en/publication/documents-reports/documentdetail, zuletzt geprüft am 01.11.2021.

Mause, Karsten (2019): Schulden – Segen oder Fluch? In: *Vierteljahrshefte zur Wirtschaftsforschung* 88 (4), S. 39–50. DOI: 10.3790/vjh.88.4.39.

Mauss, Marcel (2016): Die Gabe. Form und Funktion des Austauschs in archaischen Gesellschaften. 11. Auflage. Frankfurt am Main: Suhrkamp.

Mayntz, Renate (1993): Große technische Systeme und ihre gesellschaftstheoretische Bedeutung. In: *Kölner Zeitschrift für Soziologie und Sozialpsychologie* 45 (1), S. 97–108.

Mazzucato, Mariana (2015): The Entrepreneurial State. Debunking Public vs. Private Sector Myths. New York: PublicAffairs.

McKinsey & Company (2020): Global Payments Report. McKinsey & Company.

Online verfügbar unter https://www.mckinsey.com, zuletzt geprüft am 01. 11. 2021.

McLeay, Michael; Radia, Amar; Thomas, Ryland (2014): Money Creation in the Modern Economy. Bank of England (Quarterly Bulletin, Q1). Online verfügbar unter https://www.bankofengland.co.uk/-/media/boe/files/quarterly-bulletin/2014/money-creation-in-the-modern-economy.pdf?la=en&hash=9A8788FD44A62D8BB927123544205CE476E01654.

Mehrling, Perry (2011): The New Lombard Street. How the Fed became the dealer of last resort. Princeton, NJ: Princeton Univ. Press.

Mehrling, Perry (2017): Financialization and its Discontents. In: *Finance and Society* 2 (2), S. 138–150. Online verfügbar unter http://financeandsociety.ed.ac.uk/ojs-images/financeandsociety/FS_EarlyView_Mehrling.html.

Mehrling, Perry (2020): Payment vs. Funding: The Law of Reflux for Today. In: *INET* Working Paper Series, S. 1–27. DOI: 10.36687/inetwp113.

Mejia, Jackson (2020): On Price Stability with a Job Guarantee (Working Paper). Online verfügbar unter https://www.briancalbrecht.com/publication/mmt/, zuletzt geprüft am 01. 11. 2021.

Mellios, Constantin; Paget-Blanc, Eric (2011): The Impact of Economic and Political Factors on Sovereign Credit Ratings. In: Sovereign Debt: John Wiley & Sons, Ltd, S. 325–333.

Menger, Carl (1900): Geld. In: J. Conrad, L. Elster, W. Lexis und E. Loening (Hg.): Handwörterbuch der Staatswissenschaft, Bd. 4. Jena: Verlag Gustav Fischer, S. 60–106.

Menger, Karl (1892): On the Origin of Money. In: *The Economic Journal* 2 (6), S. 239–255. DOI: 10.2307/2956146.

Minsky, Hyman (1993): On the Non-Neutrality of Money. In: *Quarterly Review* 18 (Spr), S. 77–82.

Minsky, Hyman P. (2008): Stabilizing an Unstable Economy. [New ed.]. New York, NY: McGraw-Hill.

Minsky, Hyman P. (2011): Instabilität und Kapitalismus. 1. Auflage. Hg. v. Joseph Vogl. Zürich: Diaphanes (minima oeconomica).

Mises, Ludwig von (1912): Theorie des Geldes und der Umlaufmittel. München, Leipzig: Duncker & Humblot.

Miskimin, Harry A. (1977): The Economy of Later Renaissance Europe. 1460–1600. Cambridge: Univ. Press.

Mitchell, William; Fazi, Thomas (2017): Reclaiming the State. A progressive vision of sovereignty for a post-neoliberal world. London: Pluto Press.

Mitchell, William; Muysken, J. (2008): Full Employment Abandoned. Shifting Sands and Policy Failures. Cheltenham, Northampton, Mass: Edward Elgar.

Mitchell, William; Watts, Martin; Wray, L. Randall (2019): Macroeconomics. London: Red Globe Press.

Mitchell, William F. (1998): The Buffer Stock Employment Model and the NAIRU: The Path to Full Employment. In: *Journal of Economic Issues* 32 (2), S. 547–555. DOI: 10.1080/00213624.1998.11506063.

Monnet, Eric (2018): Controlling Credit. Central Banking and the Planned Economy in Postwar France, 1948–1973. Cambridge: Cambridge University Press (Studies in macroeconomic history).

Monnet, Eric (2018): Credit Controls as an Escape From the Trilemma. The Bretton Woods Experience. In: *European Review of Economic History* 22 (3), S. 349–360. DOI: 10.1093/ereh/hex029.

Montgomerie, Johnna (2019): Should we Abolish Household Debts? Cambridge, UK, Medford, MA: Polity (The future of capitalism).

Moore, Basil J. (1988): Horizontalists and Verticalists. The Macroeconomics of Credit Money. Cambridge: Cambridge Univ. Pr.

Morris, Ian (2020): Beute, Ernte, Öl. Wie Energiequellen Gesellschaften formen. 1. Auflage. München: Deutsche Verlags-Anstalt.

Murau, Steffen (2020): A Macro-Financial Model of the Eurozone Architecture Embedded in the Global Offshore US-Dollar System. Global Economic Governance Initiative (GEGI Study, Juli). Online verfügbar unter http://www.bu.edu/gdp/files/2020/07/Murau-Eurozone-architecture.pdf, zuletzt geprüft am 01. 11. 2021.

Murau, Steffen; Pforr, Tobias (2020): What is Money in a Critical Macro-Finance Framework? In: *Finance and Society* 6 (1), S. 56–66. DOI: 10.2218/finsoc.v6i1.4409.

Neal, Larry (2015): A Concise History of International Finance. From Babylon to Bernanke: Cambridge University Press (New approaches to economic and social history).

Neu, Tim (2019): Geld gebrauchen: Frühneuzeitliche Finanz-, Kredit- und Geldgeschichte in praxeologischer Perspektive. In: *Historische Anthropologie: Kultur, Gesellschaft, Alltag* 27 (1), 75–103.

Pahl, Hanno (2021): Geld, Kognition, Vergesellschaftung. Soziologische Geldtheorie in kultur-evolutionärer Absicht. 1st ed. 2021. Wiesbaden: Springer Fachmedien Wiesbaden; Imprint: Springer VS.

Palladino, Lenore (2020): Financialization at Work: Shareholder Primacy and Stagnant Wages in the United States. In: *Competition & Change*, 1024529420 93464. DOI: 10.1177/1024529420934641.

Palley, Thomas (2013): Financialization: What It Is and Why It Matters. In: Financialization: Palgrave Macmillan, London, S. 17–40. DOI: 10.1057/98711372 65821_2.

Papadimitriou, Dimitri; Wray, L. Randall (2012): Euroland's Original Sin. Levy Economics Institute (Policy Note, 8). Online verfügbar unter https://econpapers.repec.org/paper/levlevypn/12-08.htm, zuletzt geprüft am 01. 11. 2021.

Parsons, Talcott (1976): Zur Theorie sozialer Systeme. Herausgegeben und eingeleitet von Stefan Jensen. Opladen: Westdeutscher Verlag.

Parsons, Talcott (2005): The Social System. London: Routledge.

Parsons, Talcott; Smelser, Neil Joseph (1956): Economy and Society: a Study in the Integration of Economic and Social Theory. Repr. [Nachdr. der Ausg. London] 1956. London: Routledge (Economics and Society).

Paul, Axel T. (2017): Theorie des Geldes zur Einführung. Hamburg: Junius.

Pauly, Michel (2010): Vom regionalen Messesystem zum internationalen Netz von Messestädten. In: Gerhard Fouquet und Hans-Jörg Gilomen (Hg.): Netzwerke im europäischen Handel des Mittelalters. ... Tagung vom 11. bis 14. März 2008 des Konstanzer Arbeitskreises für Mittelalterliche Geschichte. Ostfildern: Thorbecke (Vorträge und Forschungen / Konstanzer Arbeitskreis für Mittelalterliche Geschichte, 72), S. 49–100.

Peacock, Mark (2013): Introducing money. Milton Park, Abingdon, Oxon: Routledge (Economics as social theory).

Peacock, Mark S. (2013): Accounting for Money: The Legal Presuppositions of Money and Accounting in Ancient Greece. In: *Business History* 55 (2), S. 280–301. DOI: 10.1080/00076791.2012.704513.

Perry, James; Nölke, Andreas (2006): The political economy of International Accounting Standards. In: *Review of International Political Economy* 13 (4), S. 559–586. DOI: 10.1080/09692290600839790.

Pettifor, Ann (2006): The Coming First World Debt Crisis. London: Palgrave Macmillan.

Pettifor, Ann (2018): Die Produktion des Geldes. Ein Plädoyer wider die Macht der Banken. Hamburg: Hamburger Edition HIS.

Pettifor, Ann (2020): Green New Deal. Warum wir können, was wir tun müssen. 1. Auflage. Hamburg: Hamburger Edition.

Philippon, Thomas; Reshef, Ariell (2013): An International Look at the Growth of Modern Finance. In: *Journal of Economic Perspectives* 27 (2), S. 73–96. DOI: 10.1257/jep.27.2.73.

Phillips, Matt (2020): Where Does Money For Coronavirus Relief Come From? Thin Air. In: *The New York Times*, S. 4. Online verfügbar unter https://www.nytimes.com/2020/04/15/business/coronavirus-stimulus-money.html, zuletzt geprüft am 01. 11. 2021.

Piketty, Thomas (2014): Das Kapital im 21. Jahrhundert. München: C. H. Beck.

Piketty, Thomas (2020): Kapital und Ideologie. München: C.H.Beck.

Piper, Nikolaus (2019): Schlaraffenland. In: *Süddeutsche*. Online verfügbar unter https://www.sueddeutsche.de/wirtschaft/pipers-welt-schlaraffenland-1.4406012, zuletzt geprüft am 01. 11. 2021.

Pistor, Katharina (2017): From Territorial to Monetary Sovereignty. In: *Theoretical Inquiries in Law* 18 (2), S. 491–517. DOI: 10.1515/til-2017–0022.

Pistor, Katharina (2019): The Code of Capital. How the Law Creates Wealth and Inequality. Princeton: Princeton University Press.

Pixley, Jocelyn (2018): Central Banks, Democratic States and Financial Power. Cambridge: Cambridge University Press.

Positive Money (2018): Escaping Growth Dependency. Why Reforming Money will Reduce the Need to Pursue Economic Growth at any Cost to the Environment. Positive Money. Online verfügbar unter www.positivemoney.org.

Postberg, Christian (2013): Macht und Geld. Über die gesellschaftliche Bedeutung monetärer Verfassungen. Zugl.: Graz, Univ., Diss., 2012. Frankfurt am Main: Campus-Verl.

Quiggin, A. Hingston (2019 [1949]): Survey of Primitive Money. The Beginnings of Currency. London: Routledge (Routledge library editions. History of money, banking and finance).

Quinn, Stephen (1997): Goldsmith-Banking: Mutual Acceptance and Interbanker Clearing in Restoration London. In: *Explorations in Economic History* 34 (4), S. 411–432.

Quinn, Stephen (2004): Money, Finance and Capital Markets. In: Paul A. Johnson und Roderick Floud (Hg.): The Cambridge Economic History of Modern Britain. Volume 1: Industrialisation, 1700–1860. 1. Aufl. Cambridge: Cambridge University Press, S. 147–174.

Quinn, Stephen; Roberds, William (2014): How Amsterdam Got Fiat Money. In: *Journal of Monetary Economics* 66, S. 1–12. DOI: 10.1016/j.jmoneco.2014.03.004.

Quinn, Stephen; Roberds, William (2019): A Policy Framework for the Bank of Amsterdam, 1736–1791. In: *J. Econ. Hist.* 79 (3), S. 736–772. DOI: 10.1017/S0022050719000305.

Raworth, Kate (2018): Die Donut-Ökonomie. Endlich ein Wirtschaftsmodell, das den Planeten nicht zerstört. 1. Auflage. München: Carl Hanser Verlag.

Redeker, Nils; Haffert, Lukas; Rommel, Tobias (2019): Misremembering Weimar. Unpacking the Historic Roots of Germany's Monetary Policy Discourse. Hertie School Jacques Delors Centre. Berlin (Policy Paper, 1). DOI: 10.5167/UZH-177201.

Reifner, Udo (2010): Die Geldgesellschaft. Aus der Finanzkrise lernen. 1. Aufl. Wiesbaden: VS Verl. für Sozialwiss. Online verfügbar unter http://gbv.eblib.com/patron/FullRecord.aspx?p=750894.

Ricks, Morgan (2018): Money as Infrastructure. SSRN Scholarly Paper. Social Science Research Network. Rochester, NY (ID 3070270).

Roberds, William; Velde, François R. (2016): Early Public Banks I. In: David Fox und Wolfgang Ernst (Hg.): Money in the western legal tradition. Middle ages to Bretton Woods. Oxford: Oxford University Press, S. 321–356.

Rochon, Louis-Philippe; Vernengo, Matias (2003): State Money and the Real World: Or Chartalism and Its Discontents. In: *Journal of Post Keynesian Economics* 26 (1), S. 57–67.

Rogers, James Steven (2016): Early English Law of Bank Notes. In: David Fox und Wolfgang Ernst (Hg.): Money in the Western Legal Tradition. Middle Ages to Bretton Woods. Oxford: Oxford University Press, S. 535–555.

Rogoff, Kenneth (2019): Moderner geldpolitischer Unsinn. In: *Project Syndicate*. Online verfügbar unter https://www.project-syndicate.org/commentary/federal-reserve-modern-monetary-theory-dangers-by-kenneth-rogoff-2019-03, zuletzt geprüft am 01. 11. 2021.

Ruge, Asker Voldsgaard (2018): Master's Thesis: Money and the Fiscal Space of Monetarily Sovereign Governments: The Case of Denmark. In: *SSRN* Journal. DOI: 10.2139/ssrn. 3264010.

Ruml, Beardsley (1946): Taxes for Revenue Are Obsolete. In: *American Affairs* (I), S. 35–39.

Ryan-Collins, Josh (2015): Is Monetary Financing Inflationary? A Case Study of the Canadian Economy, 1935–75. Levy Economics Institute (Working Papers, 848). DOI: 10.2139/ssrn. 2679090.

Ryan-Collins, Josh; Greenham, Tony; Werner, Richard A.; Jackson, Andrew; Goodhart, Charles A. E. (2014): Where Does Money Come From? A Guide to the UK Monetary and Banking System. 2. ed., reprinted. London: nef – New Economics Foundation.

Ryan-Collins, Josh; Lloyd, Toby; Macfarlane, Laurie; Muellbauer, John (2017): Rethinking the Economics of Land and Housing. London: Zed.

Ryan-Collins, Josh; van Lerven, Frank (2018): Bringing the Helicopter to Ground: a historical review of fiscal-monetary coordination to support economic growth in the 20th century. Post-Keynesians Economics Society (Working Papers, 1810). Online verfügbar unter https://neweconomics.org/uploads/files/Bringing-the-helicopter-to-ground.pdf, zuletzt geprüft am 01.11.2021.

Ryan-Collins, Josh; Werner, Richard A.; Greenham, Tony; Bernardo, Giovanni (2013): Strategic Quantitative Easing. Stimulating Investment to Rebalance the Economy. London. New Economics Foundation.

Sahr, Aaron (2017): Das Versprechen des Geldes. Eine Praxistheorie des Kredits. Hamburg: Hamburger Edition.

Sahr, Aaron (2017): Keystroke-Kapitalismus. Ungleichheit auf Knopfdruck. Hamburg: Hamburger Edition HIS.

Sahr, Aaron (2018): Kredit, Kapital, Kaufkraft. In: *ZTS* Zeitschrift für Theoretische Soziologie 7 (1), S. 119–128.

Sahr, Aaron (2018): Sind Banken Distributoren oder Produzenten von Geld? In: Jürgen Beyer und Konstanze Senge (Hg.): Finanzmarktsoziologie. Entscheidungen, Ungewissheit und Geldordnung. Wiesbaden: Springer VS, S. 201–215.

Sahr, Aaron (2018): Von Vermögen zu Versprechen. Für eine beziehungstheoretische Soziologie des Geldes. In: *ZTS* Zeitschrift für Theoretische Soziologie 7 (01), S. 40–61.

Sahr, Aaron (2019): Zwischen Pflichten und Fiktionen. In: *Zeitschrift für Soziologie* 48 (3), S. 209–225. DOI: 10.1515/zfsoz-2019-0016.

Saravelos, George (2016): Helicopters 101: Your Guide to Monetary Financing. Hg. v. Deutsche Bank. Deutsche Bank. Online verfügbar unter https://www.fundresearch.de/fundresearch-wAssets/sites/default/files/GDPBD00000292870.pdf, zuletzt geprüft am 01.11.2021.

Scharpf, Fritz W. (2018): There is an Alternative: A Two-Tier European Currency Community. Cologne: Max Planck Institute for the Study of Societies (MPIfG Discussion PaperUR – https://www.econstor.eu/handle/10419/181493, 18/7).

Schnitzler, Antina von (2017): Democracy's Infrastructure: Techno-Politics and Protest after Apartheid. Princeton: Princeton University Press.

Schreft, S. L. (1991): Welfare-Improving Credit Controls. Federal Reserve Bank of Richmond (Working Paper Series, 91–01).

Schröder, Carsten; Bartels, Charlotte; Göbler, Konstantin; Grabka, Markus; König, Johannes (2020): MillionärInnen unter dem Mikroskop: Datenlücke bei sehr hohen Vermögen geschlossen. In: *DIW* Wochenbericht (29), S. 511–512.

Schumpeter, Joseph A. (1970): Das Wesen des Geldes. Unter Mitarbeit von Fritz Karl Mann. Göttingen: Vandenhoeck & Ruprecht.

Schumpeter, Joseph A. (1987): Theorie der wirtschaftlichen Entwicklung. Eine Untersuchung über Unternehmergewinn, Kapital, Kredit, Zins und den Konjunkturzyklus. 7. Aufl., unveränd. Nachdr. der 1934 ersch. 4. Aufl. Berlin: Duncker & Humblot.

Schumpeter, Joseph A. (2009): Geschichte der ökonomischen Analyse. Unter Mitarbeit von Elizabeth Schumpeter. Neuausgabe. Göttingen: Vandenhoeck & Ruprecht.

Schürz, Martin (2020): Überreichtum. Sonderausgabe für die Bundeszentrale für politische Bildung. Bonn: bpb, Bundeszentrale für politische Bildung (Schriftenreihe / Bundeszentrale für Politische Bildung, Band 10552).

Şener, Ulaş (2016): Die Neutralitätstheorie des Geldes. Ein kritischer Überblick. Dissertation. 2., durchgesehene Auflage. Potsdam: Universität Potsdam (Potsdam economic papers, 4).

Sgambati, Stefano (2015): The Significance of Money. Beyond Ingham's Sociology of Money. In: *European Journal of Sociology / Archives Européennes de Sociologie / Europäisches Archiv für Soziologie* 56 (2), S. 307–339. DOI: 10.2307/26573210.

Sgambati, Stefano (2020): Historicizing the Money of Account: a Critique of the Nominalist Ontology of Money. In: *Journal of Post Keynesian Economics* 43 (3), S. 417–444. DOI: 10.1080/01603477.2020.1788396.

Shaikh, Anwar (2016): Capitalism. Competition, Conflict, Crises. New York, NY: Oxford University Press.

Sieroń, Arkadiusz (2019): Money, Inflation and Business Cycles. The Cantillon Effect and the Economy. London, New York: Routledge, Taylor et Francis Group (Routledge international studies in money and banking, 101).

Simmel, Georg (1989): Philosophie des Geldes. Berlin: Suhrkamp-Verlag (Gesamtausgabe, Bd. 6).

Skidelsky, Robert (2017): Money and Government: a Challenge to Mainstream Economics. UK: Penguin Books.

Slobodian, Quinn (2018): Globalists. The End of Empire and the Birth of Neoliberalism. Cambridge, Massachusetts, London, England: Harvard University Press.

Sloterdijk, Peter (2010): Die nehmende Hand und die gebende Seite. Beiträge zu einer Debatte über die demokratische Neubegründung von Steuern. Orig-Ausg., 1. Aufl. Berlin: Suhrkamp.

Smithin, John (1999): Money and National Sovereignty in the Global Economy. In: *Eastern Economic Journal* 25 (1), S. 49–61.

Spufford, Peter (1988): Money and its Use in Medieval Europe. Cambridge: Cambridge Univ. Press.

Staab, Philipp (2019): Digitaler Kapitalismus. Markt und Herrschaft in der Ökonomie der Unknappheit. Berlin: Suhrkamp.

Star, Susan Leigh (1999): The Ethnography of Infrastructure. In: *American Behavioral Scientist* 43 (3), S. 377–391. DOI: 10.1177/00027649921955326.

Stearns, Linda; Mizruchi, Mark S. (2005): Banking and Financial Markets. In: Neil J. Smelser und Richard Swedberg (Hg.): The Handbook of Economic Sociology, Second Edition. Princeton: Princeton University Press, S. 284–306.

Steffen Muraru (2020): A Macro-Financial Model of the Eurozone Architecture Embedded in the Global Offshore US-Dollar System. Boston University, Global Development Policy Center. Boston (GEGI Study). Online verfügbar unter https://www.bu.edu/gdp/2020/07/27/a-macro-financial-model-of-the-euro zone-architecture-embedded-in-the-global-offshore-us-dollar-system/, zuletzt geprüft am 01. 11. 2021.

Steil, Benn; Hinds, Manuel (2009): Money, Markets, and Sovereignty. New Haven: Yale University Press.

Stirnberg, Ludwig (1975): Geldtheoretische und geldpolitische Probleme der potentialorientierten Kreditpolitik. Berlin: Duncker & Humblot (Untersuchungen über das Spar-, Giro- und Kreditwesen Abt. A, Wirtschaftswissenschaft, 79).

Streeck, Wolfgang (2011): The Crises of Democratic Capitalism. In: *New Left Review* (71), S. 5–29.

Streeck, Wolfgang (2014): Gekaufte Zeit. Die vertagte Krise des demokratischen Kapitalismus. 5. Aufl. Berlin: Suhrkamp (Frankfurter Adorno-Vorlesungen, 2012).

Streeck, Wolfgang (2015): Warum der Euro Europa spaltet statt es zu einigen. In: *Leviathan* 43 (3), S. 365–387.

Strunz, Sebastian; Bartkowski, Bartosz; Schindler, Harry (2017): Is there a Monetary Growth Imperative? In: Peter A. Victor und Brett Dolter (Hg.): Handbook on growth and sustainability. Cheltenham, UK, Northampton, MA, USA: Edward Elgar Publishing, S. 326–355.

Stützle, Ingo (2013): Austerität als politisches Projekt: von der monetären Integration Europas zur Eurokrise. 1. Auflage. Münster: Westfälisches Dampfboot.

Stützle, Ingo (2021): Money Makes the World go Green? Eine Kritik der Modern Monetary Theory als geldtheoretisches Konzept. In: PROKLA. Zeitschrift für Kritische Sozialwissenschaft, 51 (202), S. 71–94. DOI: 10.32387/prokla.v51i2 02.1930.

Summers, Lawrence H. (2019): The Left's Embrace of Modern Monetary Theory is a Recipe for Disaster. In: *Washington Post*. Online verfügbar unter https://www.washingtonpost.com/opinions/the-lefts-embrace-of-modern-monetary-theory-is-a-recipe-for-disaster/2019/03/04/6ad88eec-3ea4-11e9-936 1–301ff b5bd5e6_story.html, zuletzt geprüft am 01. 11. 2021.

Swedberg, Richard (2005): The Economic Sociology of Capitalism: an Introduction and Agenda. In: Victor Nee und Richard Swedberg (Hg.): The economic sociology of capitalism. Princeton, NJ: Princeton Univ. Press, S. 3–40.

Taylor, Fred (2013): Inflation: der Untergang des Geldes in der Weimarer Republik und die Geburt eines deutschen Traumas. 1. Aufl. München: Siedler.

Tcherneva, Pavlina (2020): The Case for a Job Guarantee. Cambridge, UK: Polity Press.

Teulings, Coen N.; Baldwin, Richard E. (Hg.) (2014): Secular Stagnation. Facts, Causes and Cures. London: CEPR (A VoxEU.org eBook). Online verfügbar unter http://www.voxeu.org/content/secular-stagnation-facts-causes-and-cures, zuletzt geprüft am 01. 11. 2021.

Thiele, Alexander (2018): Staatsverschuldung und Demokratie. In: *Leviathan* 46 (3), S. 336–354. DOI: 10.5771/0340-0425-2018-3-336.

Thiele, Alexander (2019): Die Europäische Zentralbank: von technokratischer Behörde zu politischem Akteur? Tübingen: Mohr-Siebeck.

Tilly, Charles (1985): War Making and State Making as Organized Crime. In: Peter B. Evans, Dietrich Rueschemeyer und Theda Skocpol (Hg.): Bringing the State Back In. Cambridge Cambridgeshire, New York: Cambridge University Press, S. 169–191.

Tilly, Charles (1990): Coercion, Capital and European States. Ad 990–1990. Cambridge, Mass.: Blackwell (Studies in social discontinuity).

Tinker, Anthony M. (1980): Towards a Political Economy of Accounting: An Empirical Illustration of the Cambridge Controversies. In: *Accounting, Organizations and Society* 5 (1), S. 147–160. DOI: 10.1016/0361-3682(80)90031-8.

Todorov, Karamfil (2020): Quantify the Quantitative Easing: Impact on Bonds and Corporate Debt Issuance. In: *Journal of Financial Economics* 135 (2), S. 340–358. DOI: 10.1016/j.jfineco.2019.08.003.

Tomaskovic-Devey, Donald; Lin, Ken-Hou (2011): Income Dynamics, Economic Rents, and the Financialization of the U. S. Economy. In: *Am Sociol Rev* 76 (4), S. 538–559. DOI: 10.1177/0003122411414827.

Tooze, J. Adam (2019): Crashed. Wie zehn Jahre Finanzkrise die Welt verändert haben. Erste Auflage. Bonn: Bundeszentrale für politische Bildung.

Trivellato, Francesca (2019): The Promise and Peril of Credit: What a Forgotten Legend About Jews and Finance Tells Us About the Making of European Commercial Society. Princeton: Princeton University Press.

Tucker, Paul M. W. (2019): Unelected Power. The Quest for Legitimacy in Central Banking and the Regulatory State. Princeton: Princeton University Press.

Türcke, Christoph (2015): Mehr! Philosophie des Geldes. 2. Auflage. München: C. H. Beck.

Turner, Adair (2016): Between Debt and the Devil. Money, Credit, and Fixing Global Finance. Princeton, Oxford: Princeton University Press.

Unger, Robert (2015): Asymmetric Credit Growth and Current Account Imbalances in the Euro Area. Deutsche Bundesbank. Frankfurt am Main (Discussion Paper, 36). Online verfügbar unter https://www.bundesbank.de/resource/blob/703958/f2e96d46caa0d6c9d20308f20d9ef8f7/mL/2015-10-27-dkp-36-data.pdf, zuletzt geprüft am 01. 11. 2021.

Unger, Robert (2016): Traditional Banks, Shadow Banks and the US Credit Boom. Credit Origination versus Financing. Deutsche Bundesbank. Frankfurt am Main (Discussion Paper, 11). Online verfügbar unter https://ssrn.com/abstract=2797081, zuletzt geprüft am 01. 11. 2021.

Vague, Richard (2017): Rapid Money Supply Growth Does Not Cause Inflation. In: *Evonomics*, 17. 01. 2017. Online verfügbar unter https://evonomics.com/moneysupply/, zuletzt geprüft am 01. 11. 2021.

Vague, Richard (2019): A Brief History of Doom. Two Hundred Years of Financial Crises. Philadelphia: University of Pennsylvania Press.

Vague, Richard (2021): The Case for a Debt Jubilee. [S. l.]: Polity Press.

van 't Klooster, Jens; Fontan, Clément (2019): The Myth of Market Neutrality: A Comparative Study of the European Central Bank's and the Swiss National Bank's Corporate Security Purchases. In: *New Political Economy*, S. 1–15. DOI: 10.1080/13563467.2019.1657077.

van de Mieroop, Marc (1997): The Ancient Mesopotamian City. Oxford: Clarendon Press.

van de Mieroop, Marc (2005): The Invention of Interest. Sumerian Loans. In: William N. Goetzmann und K. Geert Rouwenhorst (Hg.): The Origins of Value. The Financial Innovations that Created Modern Capital Markets. Oxford: Oxford Univ. Press, S. 17–30.

van Laak, Dirk (2018): Alles im Fluss: die Lebensadern unserer Gesellschaft. Geschichte und Zukunft der Infrastruktur. Frankfurt am Main: S. Fischer.

van Lerven, Frank (2016): A Guide to Public Money Creation. Outlining the Alternatives to Quantitative Easing. Positive Money. Online verfügbar unter http://positivemoney.org/wp-content/uploads/2016/04/Public-Money-Creation-2.pdf, zuletzt geprüft am 01. 11. 2021.

van 't Klooster, Jens; Murau, Steffen (2020): Rethinking Monetary Sovereignty: The Global Credit Money System and the State. SocArXiv. DOI: doi.org/10.31235/osf.io/k9qm8.

Ventura, Jaume; Voth, Hans-Joachim (2015): Debt into Growth: How Sovereign Debt Accelerated the First Industrial Revolution. National Bureau of Economic Research. Cambridge, MA (Working Paper, 21280).

Vogl, Joseph (2010): Das Gespenst des Kapitals. Zürich: Diaphanes.

Vogl, Joseph (2014): Schulden sind ein Schöpfungsakt. Interview. In: Peter Sillger und Bertram Keller (Hg.): Im Minus. Schuld und Schulden. Frankfurt am Main: Campus (Polar, 17), S. 73–78.

Vogl, Joseph (2021): Kapital und Ressentiment. Eine kurze Theorie der Gegenwart. 1. Auflage. München: C.H.Beck.

Vormbusch, Uwe (2019): Wirtschafts- und Finanzsoziologie: eine kritische Einführung. Wiesbaden, Germany: Springer VS.

Vries, Jan de; van der Woude, A.M. (1997): The First Modern Economy. Success, Failure, and Perseverance of the Dutch Economy, 1500–1815. Cambridge: Cambridge University Press.

Waller, Christopher J.; Walsh, Carl E. (1996): Central-Bank Independence, Economic Behavior, and Optimal Term Lengths. In: *The American Economic Review* 86 (5), S. 1139–1153.

Watt, Andrew (2016): Monetary Financing of Public Investment: a Viable Way Forward for the Euro Area? In: *European Journal of Economics and Economic Policies: Intervention* 13 (2), S. 241–254.

Weber, Beat (2018): Democratizing Money: Debating Legitimacy in Monetary Reform Proposals. Cambridge, United Kingdom, New York, NY: Cambridge University Press.

Weber, Max (1980): Wirtschaft und Gesellschaft. Grundrisse der verstehenden Soziologie. Unter Mitarbeit von Johannes Winckelmann. Tübingen: Mohr-Siebeck.

Weidmann, Jens (2012): Begrüßungsrede anlässlich des 18. Kolloquiums des Instituts für bankhistorische Forschung (IBF) Papiergeld – Staatsfinanzierung – Inflation. Traf Goethe ein Kernproblem der Geldpolitik? Institut für bankhistorische Forschung. Frankfurt a.M, 18.09.2012. Online verfügbar unter https://www.bundesbank.de/de/presse/reden/begruessungsrede-710686, zuletzt geprüft am 01.11.2021.

Weissen, Kurt (2010): Das deutsche Handelsnetzwerk der Florentiner Banken in Rom 1410–1470. In: Gerhard Fouquet und Hans-Jörg Gilomen (Hg.): Netzwerke im europäischen Handel des Mittelalters. ... Tagung vom 11. bis 14. März 2008 des Konstanzer Arbeitskreises für Mittelalterliche Geschichte. Ostfildern: Thorbecke (Vorträge und Forschungen / Konstanzer Arbeitskreis für Mittelalterliche Geschichte, 72), S. 213–228.

Wennerlind, Carl (2003): Credit-Money as the Philosopher's Stone: Alchemy and the Coinage Problem in Seventeenth-Century England. In: *History of Political Economy* 35 (5), S. 234–261.

Wennerlind, Carl (2011): Casualties of Credit: the English Financial Revolution, 1620–1720. Cambridge, Mass: Harvard University Press.

Werner, Richard A. (2014): Can Banks Individually Create Money out of Nothing? – The Theories and the Empirical Evidence. In: *International Review of Financial Analysis* 36, S. 1–19. DOI: 10.1016/j.irfa.2014.07.015.

Werner, Richard A. (2014): How do Banks Create Money, and Why Can other Firms Not Do the Same? An Explanation for the Coexistence of Lending and Deposit-Taking. In: *International Review of Financial Analysis* 36, S. 71–77. DOI: 10.1016/j.irfa.2014.10.013.

Wicksell, Knut (1922): Vorlesungen über Nationalökonomie. Zweiter Band: Geld und Kredit. Jena: Gustav Fischer.

Winner, Langdon (1980): Do Artifacts Have Politics? In: *Daedalus* 109 (1), S. 121–136.

Woetzel, Jonathan; Garemo, Nicklas; Mischke, Jan; Hjerpe, Martin; Palter, Robert (2016): Bridging Global Infrastructure Gaps. McKinsey Global Institute. Online verfügbar unter https://www.mckinsey.com/business-functions/operations/our-insights/bridging-global-infrastructure-gaps, zuletzt geprüft am 01.11.2021.

Wolff, Sören (2010): Eine kurze Geschichte des Geldes. Die Entstehung der Vertragsform Kredit und nominaler Geldzeichen in Antike und Neuzeit. Marburg: Metropolis-Verl.

Wray, L. Randall (2012): Modern Money Theory. A Primer on Macroeconomics for Sovereign Monetary Systems. Basingstoke: Palgrave Macmillan.

Wray, Larry Randall (2003): Understanding Modern Money. The Key to Full Employment and Price Stability. Repr. Cheltenham: Elgar.

Wray, Larry Randall (2015): Modern Money Theory: a Primer on Macroeconomics for Sovereign Monetary Systems. 2nd edition. Basingstoke, Hampshire New York, NY: Palgrave Macmillan.

Wullweber, Joscha (2019): Geld, Staat und Liquiditätsketten. Die Politik der Geldschöpfung und Zentralbankpolitik in Postkrisenzeiten. In: *Polit Vierteljahresschr* 60 (1), S. 45–70. DOI: 10.1007/s11615-018-0128-2.

Zarlenga, Stephen (1999): Der Mythos vom Geld – die Geschichte der Macht. Vom Tauschhandel zum Euro – eine Geschichte des Geldes und der Währungen. Zürich: Conzett-Verl. bei Oesch.

Zelizer, Viviana (1994): The Social Meaning of Money. Pin Money, Paychecks, Poor Relief, and Other Currencies. New York: Basic Books.

Zimmermann, C. D. (2013): The Concept of Monetary Sovereignty Revisited. In: *European Journal of International Law* 24 (3), S. 797–818. DOI: 1010 93/ejil/cht041.

Zimmermann, Claus D. (2013): A Contemporary Concept of Monetary Sovereignty. Oxford: OUP Oxford.

Dank

Genauso wie Zahlungsfähigkeit keine individuelle Errungenschaft, sondern eine kollektive Vorleistung ist, entstehen auch Bücher im Kontext sozialer Beziehungsgeflechte. Das Fundament meines Beziehungsgeflechts ist meine Frau Sandra, ohne deren fortwährende Unterstützung, Ermutigung und Begeisterung wenig ginge. Beruflich bildet das Hamburger Institut für Sozialforschung seit vielen Jahren mein Zuhause. Ich bin nicht nur für die im akademischen Betrieb ganz außergewöhnliche Stabilität sehr dankbar, die es mir ermöglicht, Bücher zu schreiben, auf die ich Lust habe, sondern auch für die anregende, angenehme und abwechslungsreiche Arbeitsatmosphäre. Direktor Wolfgang Knöbl möchte ich aber auch noch einmal ganz persönlich für viel Vertrauen und Förderung danken – und auch für die gewissenhafte Lektüre des Manuskripts, dem er einige Flusen ausgetrieben hat. Für letzteres gilt auch Thomas Hoebel Dank, dessen stets konstruktiver Blick weit über dieses Buch hinaus für mich unverzichtbar geworden ist. Auch Jens Bisky möchte ich für wertvolle und umfangreiche Anmerkungen zum Manuskript danken, genauso Martin Bauer, dem außerdem auch für ganz formale Ratschläge. Vielen weiteren Kolleginnen und Kollegen gilt Dank, weil sie durch Recherchen, Kommentierung und Kritik meine eigene Arbeit stützen. Zur Selektion gezwungen möchte ich hier Carolin Müller hervorheben – und abseits des Instituts die Mitglieder des von Kai Koddenbrock und Benjamin Braun geleiteten Netzwerks Politics of Money, das für mich außerordentlich lehrreich war und ist. Viele weitere Personen haben mich in den letzten Jahren unterstützt, etwa Klaus Kraemer, Axel Paul, Wolfgang Streeck oder Sascha Münnich; die unzähligen Gespräche und Streits mit Philipp Staab fordern und formen mein Denken permanent. Ein abschließender Dank gilt meinem Lektor Matthias Hansl für die initiierende Motivation, dieses Buch zu schreiben, den Beitrag zu seiner Umsetzung und die gewissenhafte Sorge um Lesbarkeit und Präzision. Während des Schreibens lag meine Katze Becky meistens direkt neben der Tastatur und hat mir damit geholfen, mich zu konzentrieren. Dass sie das fertige Buch nicht mehr annagen kann, ist traurig.

Register